Die grenzüberschreitende Portabilität
von On-Demand-Streaming-Diensten

Europäische Hochschulschriften Recht

European University Studies in Law

Publications Universitaires Européennes de Droit

Band/Volume **6209**

Michael Eginger

Die grenzüberschreitende Portabilität von On-Demand-Streaming-Diensten

PETER LANG

Bibliografische Information der Deutschen Nationalbibliothek
Die Deutsche Nationalbibliothek verzeichnet diese Publikation in der Deutschen Nationalbibliografie; detaillierte bibliografische Daten sind im Internet über http://dnb.d-nb.de abrufbar.

Zugl.: Bayreuth, Univ., Diss., 2020

D 703
ISSN 0531-7312
ISBN 978-3-631-82948-6 (Print)
E-ISBN 978-3-631-84097-9 (E-PDF)
E-ISBN 978-3-631-84098-6 (EPUB)
E-ISBN 978-3-631-84099-3 (MOBI)
DOI 10.3726/b17807

Peter Lang – Berlin · Bern · Bruxelles · New York · Oxford · Warszawa · Wien

Diese Publikation wurde begutachtet.

www.peterlang.com

Inhaltsverzeichnis

§ 1 Einleitung

A. Problemstellung

Mit der „Strategie für einen digitalen Binnenmarkt für Europa“ vom 06.05.2015 setzte die Europäische Kommission die Etablierung des Binnenmarktprinzips im digitalen Bereich auf die Agenda. Als Grund dafür nannte sie den rasanten technologischen Fortschritt, der dazu führe, dass die Digitalisierung nicht nur das Wirtschaftsleben in den verschiedensten Sektoren zunehmend präge, sondern auch in den gesellschaftlichen und privaten Bereich Einzug halte und erheblich an Bedeutung gewinne.[1] Damit Europa im Rahmen der digitalen Transformation mithalten oder sogar die Vorreiterrolle übernehmen könne, sei es notwendig, die Fragmentierung der Märkte innerhalb der EU zu überwinden und Barrieren zwischen den Mitgliedstaaten, welche es nicht erlauben, das gesamte wirtschaftliche Potenzial der Digitalisierung zu nutzen, abzubauen.[2] Außerdem drohe ohne regulatorischen Eingriff der EU sogar eine zunehmende Zersplitterung des Binnenmarktes, da die einzelnen Mitgliedstaaten vor die Aufgabe gestellt wären, die mit der Digitalisierung einhergehenden Neuentwicklungen selbst in einen regulatorischen Rahmen einzubetten, was nicht nur erhebliche Schwierigkeiten für diese bedeuten, sondern unweigerlich in unterschiedlichen rechtlichen Anforderungen in den einzelnen Mitgliedstaaten münden würde.[3] Die Strategie für einen digitalen Binnenmarkt für Europa fußt auf drei Pfeilern: (1.) Einem besseren Online-Zugang für Verbraucher und Unternehmen zu Waren und Dienstleistungen in ganz Europa. (2.) Der Schaffung der richtigen Bedingungen für florierende digitale Netze und Dienste und (3.) der bestmöglichen Ausschöpfung des Wachstumspotenzials der europäischen digitalen Wirtschaft.[4]

Der erste Rechtsakt der EU, der aus ihrem Versprechen, einen digitalen Binnenmarkt zu schaffen, hervorging, war die am 14.06.2017 verabschiedete und am 30.06.2017 im Amtsblatt der EU veröffentlichte Verordnung zur grenzüberschreitenden Portabilität von Online-Inhaltediensten im europäischen Binnenmarkt,[5] die dem ersten Pfeiler der Strategie zugehörig ist. Sie ermöglicht den

1 *Europäische Kommission*, Strategie für einen digitalen Binnenmarkt für Europa, COM(2015) 192 final, S. 3.

2 *Europäische Kommission* (Fn. 1), S. 3.

3 *Europäische Kommission* (Fn. 1), S. 3.

4 *Europäische Kommission* (Fn. 1), S. 4.

5 EU-ABl. L 168/1 v. 30.6.2017.

Abonnenten[6] von portablen[7] Online-Inhaltediensten während eines vorübergehenden Aufenthalts in einem anderen Mitgliedstaat auf die in ihrem Heimatland abonnierten Online-Inhaltedienste weiterhin zugreifen und diese nutzen zu können. Die Nutzbarkeit von Online-Inhaltediensten war zuvor meist auf den Mitgliedstaat beschränkt, in dem das Abonnement abgeschlossen wurde. Von allen in den 28 Mitgliedstaaten verfügbaren Video-on-Demand-Diensten (VoD-Dienste) ermöglichten weniger als 4 % ihren Abonnenten bei Auslandsaufenthalten den grenzüberschreitenden Zugriff auf den Dienst und dessen Nutzung.[8] Vor dem Hintergrund, dass sowohl der Zugriff auf Online-Inhaltedienste über das Internet als auch die Nutzung portabler Abspielgeräte rasant zunimmt, gewinnt auch die grenzüberschreitende Nutzbarkeit von Online-Inhaltediensten stetig an Bedeutung.[9]

Die Kommission führte die fehlende grenzüberschreitende Portabilität auf vier Gründe zurück: (1.) „Die Territorialität im Urheberrecht", (2.) die „Schwierigkeiten, die sich bei der Klärung der Rechte stellen", (3.) „vertragliche Beschränkungen im Verhältnis zwischen Rechteinhabern" und Anbietern oder auch die „Geschäftsentscheidungen" der Anbieter selbst sowie zuletzt (4.) die „Bedeutung des Gebietsschutzes für die Finanzierung bestimmter Arten von (audiovisuellen) Werken".[10] Unmittelbar verantwortlich und damit auch

---

6 Unter einem Abonnenten versteht die Portabilitätsverordnung gemäß Art. 2 Nr. 1 Portabilitäts-VO jeden Verbraucher, der auf der Grundlage eines Vertrages mit einem Anbieter über die Bereitstellung eines Online-Inhaltedienstes gegen Zahlung eines Geldbetrages oder ohne Zahlung eines Geldbetrages berechtigt ist, im Wohnsitzmitgliedstaat auf diesen Dienst zuzugreifen und ihn zu nutzen. Verbraucher ist gemäß Art. 2 Nr. 2 Portabilitäts-VO jede natürliche Person, die bei einem von dieser Verordnung erfassten Vertrag nicht für die Zwecke ihrer gewerblichen, geschäftlichen, handwerklichen oder beruflichen Tätigkeit handelt.

7 Nach Art. 2 Nr. 6 Portabilitäts-VO bedeutet portabel, dass ein Abonnent in seinem Wohnsitzmitgliedstaat auf den Online-Inhaltedienst tatsächlich zugreifen und ihn nutzen kann, ohne auf einen bestimmten Standort beschränkt zu sein.

8 *Europäische Kommission*, Strategie für einen digitalen Binnenmarkt für Europa, COM(2015) 192 final, S. 8.

9 *Europäische Kommission* (Fn. 8), S. 2; *Europäische Kommission*, Impact Assessment, SWD(2015) 270 final, S. 10; zum Wachstum des VoD-Sektors, siehe *Goldmedia*, Wirtschaftliche Bedeutung der Filmindustrie in Deutschland, S. 188; *Grece*, Trends in the EU SVOD market, S. 1 ff.; *PwC*, Global Entertainment and Media Outlook 2017-2021, S. 16.

10 *Europäische Kommission*, Strategie für einen digitalen Binnenmarkt für Europa, COM(2015) 192 final, S. 8.

die Hauptursache für die nicht vorhandene Möglichkeit der grenzüberschreitenden Portabilität sei der an dritter Stelle genannte Grund gewesen, die vertraglichen Vereinbarungen zwischen Diensteanbietern und Rechteinhabern.[11] Wegen der auf einzelne Mitgliedstaaten oder Sprachgebiete beschränkten Lizenzen war es den Diensteanbietern sowohl vertraglich als auch urheberrechtlich untersagt, die Inhalte grenzüberschreitend zugänglich zu machen.[12] Dies führte im Online-Bereich zu einer Zersplitterung des Binnenmarktes, wie man sie bei körperlichen Gütern niemals hinnehmen würde.[13]

In der *FAPL/Murphy*-Entscheidung des EuGH im Jahr 2011 hatte dieser unter anderem über die Zulässigkeit von territorialen Lizenzen in Verbindung mit vertraglichen Gebietsschutzklauseln im Anwendungsbereich der Satelliten- und Kabel-RL zu befinden.[14] Nachdem er diese für unzulässig erklärte, wurde die Vereinbarkeit territorial beschränkter Lizenzen mit der Dienstleistungsfreiheit und den Wettbewerbsvorschriften erneut ins Schlaglicht gerückt. Es entbrannte die kontroverse Diskussion, ob mit der Entscheidung auch das Ende territorialer Lizenzen im Online-Bereich eingeläutet und beim grenzüberschreitenden Zugriff auf Online-Inhaltedienste ein digitaler Binnenmarkt nun Realität sei.[15] Im Kern ging es dabei um die Frage, ob eine in den Gebietslizenzen begründete Beschränkung der Grundfreiheiten und ein in diesen liegender Wettbewerbsverstoß gerechtfertigt ist. Diese komplexe Frage kann nicht ohne Berücksichtigung der wirtschaftlichen Bedeutung der Gebietslizenzierungspraktiken für die Finanzierungs- und Verwertungssysteme der (europäischen) Filmindustrie erfolgen. In eine Rechtfertigungsprüfung sind sämtliche potenziellen negativen wirtschaftlichen Auswirkungen, die der Wegfall der Gebietslizenzierungspraktiken mit sich bringen könnte, einzubeziehen. Letztlich ist es die Ungewissheit über diese Auswirkungen und die Angst davor, der kulturellen Filmvielfalt in Europa zu schaden, die dazu geführt haben, dass das Primärrecht bisher nicht fruchtbar gemacht wurde, um den territorialen

---

11 Erwägungsgrund 4 Portabilitäts-VO; *Europäische Kommission*, Vorschlag Portabilitätsverordnung, COM(2015) 627 final, S. 2; *Europäische Kommission*, Impact Assessment, SWD(2015) 270 final, S. 12 f.

12 *Europäische Kommission*, Strategie für einen digitalen Binnenmarkt für Europa, COM(2015) 192 final, S. 8; *Europäische Kommission*, Impact Assessment, SWD(2015) 270 final, S. 13.

13 *Grünberger*, AcP 218 (2018), 213, 263.

14 EuGH, Urt. v. 4.10.2011, verb. Rs. C-429/08, C-403/08 – *FAPL/Murphy*, ECLI: EU:C:2011:231.

15 Ausführlich dazu, siehe § 2 A. IV. 1.

Lizenzierungspraktiken den Riegel vorzuschieben und eine Zersplitterung des Binnenmarktes im Online-Bereich zu verhindern. Dies entspricht dem von der Kommission an vierter Stelle genannten Grund, der für die nicht vorhandene Möglichkeit der grenzüberschreitenden Portabilität verantwortlich sei.

Für die Abonnenten von Online-Inhaltediensten hatten die territorial begrenzten Lizenzen den Verlust der Nutzungsmöglichkeit des Online-Inhaltedienstes zur Folge, sobald sie eine Grenze innerhalb des europäischen Binnenmarktes überschritten. Die EU hatte ihr in Art. 3 III UAbs. 1 S. 1 EUV festgeschriebenes Versprechen, einen Binnenmarkt zu errichten, demnach nicht eingehalten. Dies führte in Kombination mit der ansteigenden Nutzung von Online-Inhaltediensten zu einer zunehmenden Verschlechterung der Position der Verbraucher.[16] Während sie ein gebundenes Buch oder eine CD mit gespeicherten Daten nach dem Erwerb ohne Einschränkungen in jedem Land nutzen konnten, entfiel die Nutzungsmöglichkeit bei Online-Inhaltediensten im Moment des Grenzübertritts. Im Online-Bereich wurde der urheberrechtsfreie rezeptive Werkgenuss, wonach die Wahrnehmung eines Werkes und dessen Wahrnehmbarmachung für die eigene Person verwertungsrechtlich freigestellt und ohne Einschränkungen möglich ist, dadurch immer weiter zurückgedrängt. Wollten Abonnenten im europäischen Ausland in den Genuss eines Werkes kommen, hätten sie sich erneut kostenpflichtig Zugang zu diesem verschaffen müssen; es wäre dadurch zu einer finanziellen Doppelbelastung gekommen. Die territoriale Einschränkung der Nutzbarkeit von Online-Inhaltediensten führte bei Abonnenten auch zur Enttäuschung ihrer Erwartung, innerhalb der europäischen Union ohne Einschränkungen auf die von ihnen abonnierten Online-Inhaltedienste zugreifen und diese nutzen zu können.[17] Natürlich ist nicht jeder Erwartung durch das Recht Geltung zu verschaffen, doch soweit diese sowohl ökonomisch als auch rechtlich schützenswert ist, sollte sie gesetzlichen Rückhalt finden.

Das Regulierungsproblem war demnach die Beseitigung der negativen Folgen der territorialen Lizenzen, die zur Zersplitterung des europäischen Binnenmarktes führten und die Nutzungsmöglichkeit von Online-Inhaltediensten entfallen ließen, sobald sich ein Abonnent im Vertrauen auf das Binnenmarktversprechen vorübergehend in einem anderen Mitgliedstaat aufhielt. Dies war jedoch nur eine Seite des Regulierungsproblems. Die andere Seite bestand

---

16 *Ohly*, ZUM 2015, 942, 949.

17 *Europäische Kommission*, Vorschlag Portabilitätsverordnung, COM(2015) 627 final, S. 2; *Grünberger*, AcP 218 (2018), 213, 263 f.

darin, die negativen Folgen der Gebietslizenzierungspraktiken zu eliminieren, ohne intensiv in das geistige Eigentum der Rechteinhaber sowie deren Privatautonomie einzugreifen und eine Existenzgefahr für die (europäische) Filmindustrie zu schaffen. Die Portabilitätsverordnung ist die Antwort auf dieses Regulierungsproblem. Sie schafft einen digitalen Binnenmarkt für Abonnenten, die einen im Heimatland abonnierten Online-Inhaltedienst bei Auslandsaufenthalten in der EU nutzen möchten, wobei sie die Zulässigkeit territorial beschränkter Lizenzen *per se* nicht in Frage stellt und dadurch die Interessen aller beteiligten Akteure bestmöglich in Einklang bringt. Die generelle Möglichkeit, auf Online-Inhaltedienste anderer Mitgliedstaaten zugreifen zu können – wie es für die Vollendung eines digitalen Binnenmarktes notwendig wäre – ist von der grenzüberschreitenden Portabilität zu trennen und wird aufgrund ihrer kaum abzuschätzenden wirtschaftlichen Tragweite zunächst nicht zum Gegenstand einer Regulierung gemacht.[18]

Nachdem die grenzüberschreitende Portabilität bisher sowohl vertraglich als auch urheberrechtlich ausgeschlossen war, muss die Portabilitätsverordnung die grenzüberschreitende Nutzungsmöglichkeit der Online-Inhaltedienste sowohl vertragsrechtlich als auch urheberrechtlich sicherstellen, um ein in sich kohärentes System zu schaffen. Darüber hinaus war die Ursache der territorialen Zugriffsbeschränkungen sowohl im Rechtsverhältnis zwischen Diensteanbietern und Rechteinhabern begründet: konkret den Lizenzvereinbarungen; als auch dem Rechtsverhältnis zwischen Diensteanbietern und Abonnenten: konkret den Nutzungsbedingungen. Ein kohärentes System erfordert daher eine Regulierung der beiden Rechtsverhältnisse, die einen Gleichlauf zwischen diesen schafft. Dieser Gleichlauf ist notwendig, damit sich die Anbieter als Partei, die in einem Rechtsverhältnis sowohl mit den Abonnenten als auch den Anbietern steht, in keiner Konfliktsituation befindet. Die Verknüpfung der beiden durch die grenzüberschreitende Portabilität berührten Rechtsverhältnisse lässt ein trilaterales Rechtsverhältnis entstehen, wodurch die Interessen der einzelnen Akteure nicht nur in den bipolaren Rechtsbeziehungen Berücksichtigung finden. Die Vorgaben der Portabilitätsverordnung sind zum Teil sehr unbestimmt und lassen einigen Raum zur Interpretation. Dies gilt insbesondere für den Begriff des „vorübergehenden Aufenthalts in einem Mitgliedstaat" sowie den des „Wohnsitzmitgliedstaates", welche die zwei zentralen Kriterien der Portabilitätsverordnung sind, da sie darüber entscheiden, ob einem

18 Erwägungsgrund 12 Portabilitäts-VO; *Engels/J. B. Nordemann*, in: Fromm/Nordemann, Portabilitäts-VO Einl. Rn. 3, Art. 1 Portabilitäts-VO Rn. 1.

Abonnenten die grenzüberschreitende Portabilität zu ermöglichen ist. Für die Diensteanbieter bedeutet dies ein gewisses Risiko, da sie sich stets auf dem Grat zwischen einem Verstoß gegen die Lizenzvereinbarungen mit den Rechteinhabern und einem Verstoß gegen ihre Pflichten gegenüber den Abonnenten bewegen. Dadurch ist der vom Wirkungsmechanismus der Portabilitätsverordnung intendierte Ausgleich der Interessen aller beteiligten Akteure in Gefahr.

Ihre primäre Wirkung entfaltet die Portabilitätsverordnung im Rechtsverhältnis zwischen Diensteanbietern und Abonnenten. Durch die Zugangsverschaffungspflicht, die sie den Diensteanbietern in Art. 3 I Portabilitäts-VO auferlegt, nimmt sie unmittelbar Einfluss auf das von den Anbietern vertraglich geschuldete Leistungsprogramm. Die Portabilitätsverordnung sieht keine eigenen Mängelgewährleistungs- und Sekundärrechte für den Fall vor, dass die Anbieter gegen die Verpflichtung, die grenzüberschreitende Portabilität ordnungsgemäß zu ermöglichen, verstoßen. Diese richten sich nach dem nationalen Recht der Mitgliedstaaten, wobei die Digitale-Inhalte-RL[19] das Mängelgewährleistungsrecht für digitale Inhalte und Dienstleistungen zukünftig harmonisiert, sodass ein EU-weiter Gleichlauf bestehen wird.

B. Rahmen der Untersuchung

Der Rahmen der Untersuchung unterliegt einigen Einschränkungen. Dieser entspricht nicht dem gesamten Anwendungsbereich der Portabilitätsverordnung. Nach Art. 1 I, 3 I Portabilitäts-VO müssen die Anbieter von portablen Online-Inhaltediensten, die gegen Zahlung eines Geldbetrages im Wohnsitzmitgliedstaat eines Abonnenten rechtmäßig bereitgestellt werden, den Abonnenten bei vorübergehenden Aufenthalten in anderen Mitgliedstaaten ermöglichen, auf den Dienst zuzugreifen und diesen in derselben Form zu nutzen. Der in Art. 2 Nr. 5 Portabilitäts-VO definierte Begriff des Online-Inhaltedienstes ist sehr weit gefasst und erstreckt sich auf sämtliche audiovisuelle Mediendienste im Sinne des Art. 1 lit. a der RL 2010/13/EU sowie auf Dienste, deren „Hauptmerkmal die Bereitstellung von, der Zugang zu und die Nutzung von Werken, sonstigen Schutzgegenständen oder Übertragungen von Rundfunkveranstaltern in linearer Form oder auf Abruf ist". Der Anwendungsbereich der Portabilitätsverordnung erstreckt sich damit auf Dienste verschiedenster Art, sei es

---

19 Richtlinie (EU) 2019/770 des Europäischen Parlaments und des Rates vom 20. Mai 2019 über bestimmte vertragsrechtliche Aspekte der Bereitstellung digitaler Inhalte und digitaler Dienstleistungen, EU-ABl. L 136/1 v. 22.5.2019.

die Bereitstellung von Musik, e-Books, Filmen oder Computerspielen.[20] Darüber hinaus ist die Portabilitätsverordnung technologieneutral ausgestaltet. Sie erfasst die Bereitstellung von Online-Inhalten auf beliebige Weise, sei es durch Streaming, Herunterladen oder sonstige Techniken.[21]

Die Untersuchung beschränkt sich auf entgeltlich zur Verfügung gestellte VoD-Dienste, die Nutzern für eine monatliche Abonnementgebühr ein Repertoire an audiovisuellen Inhalten zur Verfügung stellen, auf welches diese im Wege des nicht-linearen On-Demand-Streamings, also orts- und zeitunabhängig zugreifen können.[22] Dem On-Demand-Streaming ist im Rahmen dieser Untersuchung ein technologieneutrales Verständnis zugrunde zu legen. Darunter sind sämtliche technische Verfahren zu subsumieren, mit denen Online-Inhalte über das Internet zugänglich gemacht werden, damit sie unverzüglich wiedergegeben werden können, ohne dass es zu einer dauerhaften Vervielfältigung des bereitgestellten Inhalts auf dem Wiedergabegerät oder einem Speichermedium des Rezipienten kommt.[23]

Der Grund für diesen Fokus der Arbeit ist, dass die Portabilitätsverordnung in diesem Sektor ihren Hauptanwendungsbereich hat. Während die Möglichkeit der grenzüberschreitenden Portabilität im Musik-, e-Book- und Computerspielesektor bereits vor Inkrafttreten der Portabilitätsverordnung weitestgehend Realität war,[24] sodass sich dort überhaupt kein Regulierungsproblem stellte, war sie im audiovisuellen Bereich eine Rarität.[25] Außerdem stellt sich das Regulierungsproblem beim On-Demand-Streaming anders als beim Download bestimmter Inhalte in besonderem Maße. Heruntergeladene Inhalte konnten ohnehin leichter im Ausland genutzt werden.

---

20 Erwägungsgrund 1 Portabilitäts-VO; *Europäische Kommission*, Impact Assessment, SWD(2015) 270 final, S. 8 ff.

21 Erwägungsgrund 1 Portabilitäts-VO.

22 Zur Abgrenzung des linearen vom nicht linearen Streaming, siehe *v. Gerlach*, Audio-Video-Streaming im Internet, S. 18; *Büscher/Müller*, GRUR 2009, 558; *Eichelberger*, in: Leible, Der Schutz des geistigen Eigentums im Internet, S. 17, 20 ff.; *Holznagel*, in: Spindler/Schuster, Recht der elektronischen Medien, 8. Teil, § 2 RStV Rn. 30; *Kleinke*, AfP 2008, 460, 461; *Koch*, GRUR 2010, 574; *Schapiro*, in: Bräutigam/Rücker, E-Commerce, 6. Teil C. Rn. 7 ff.; *Spohn/Hullen*, GRUR 2010, 1053.

23 Ähnlich *v. Gerlach*, Audio-Video-Streaming im Internet, S. 17; zur Differenzierung zwischen True-Streaming und progressivem Streaming, siehe *Wiebe*, in: Spindler/Schuster, Recht der elektronischen Medien, 12. Teil, § 44a UrhG Rn. 8 f.

24 *Europäische Kommission*, Impact Assessment, SWD(2015) 270 final, S. 10.

25 *Europäische Kommission* (Fn. 24), S. 8, 10.

Ausgenommen von der Untersuchung sind sämtliche Online-Inhaltedienste, die nicht gegen Zahlung eines Gelbetrages angeboten werden, weshalb die grenzüberschreitende Portabilität nach Art. 3 I Portabilitäts-VO nicht zwingend zu ermöglichen ist, deren Anbieter jedoch von der Opt-in Möglichkeit des Art. 6 I Portabilitäts-VO Gebrauch machen, wodurch sich die Portabilitätsverordnung gemäß ihrem Art. 6 III auf diese erstreckt. Nach Art. 9 I Portabilitäts-VO findet die Portabilitätsverordnung nicht nur auf Verträge, die nach ihrem Geltungsbeginn am 01.04.2018 abgeschlossen wurden, Anwendung, sondern auch auf sämtliche davor abgeschlossenen Bestandsverträge. Diese sowie die damit einhergehenden Auswirkungen auf das Rechtsverhältnis zwischen Anbietern und Abonnenten sowie das Rechtsverhältnis zwischen Anbietern und Rechteinhabern sind ebenfalls nicht Gegenstand der Untersuchung. Ausgeklammert ist zudem die Untersuchung der international privatrechtlichen sowie steuerrechtlichen Auswirkungen der Portabilitätsverordnung.

C. Zielsetzung, Methodik und Gang der Untersuchung

Im ersten Abschnitt (§ 2) befasst sich die Arbeit mit dem Normzweck der Portabilitätsverordnung. Es drängt sich die Frage auf, weshalb es Jahrzehnte nach vermeintlicher Schaffung des europäischen Binnenmarktes einer Regelung wie der Portabilitätsverordnung überhaupt bedarf. Die europäischen Grundfreiheiten und das Wettbewerbsrecht hätten aufgrund ihrer binnenmarktintegrativen Wirkung dafür sorgen müssen, dass weder vertragliche Vereinbarungen, die zur Zersplitterung des Binnenmarktes führen, noch gesetzliche Regelungen der Mitgliedstaaten existieren, die solchen binnenmarktschädlichen Handlungen gesetzlichen Rückhalt geben. Im Rahmen dieses Abschnitts befasst sich die Arbeit zunächst mit der unmittelbaren Ursache dafür, dass die grenzüberschreitende Portabilität von Online-Inhaltediensten vor Inkrafttreten der Portabilitätsverordnung eine Rarität war: den Gebietslizenzierungspraktiken der Rechteinhaber. Dabei wird der Konflikt der territorial beschränkten Lizenzen im Online-Bereich mit der Dienstleistungsfreiheit und dem Wettbewerbsrecht aufgezeigt. Im Mittelpunkt steht zum einen die potenzielle Rechtfertigung eines Verstoßes gegen die Binnenmarktvorschriften über den „spezifischen Gegenstand des Urheberrechts" und zum anderen die Frage, inwieweit die nationalen Lizenzmärkte strukturell bedingt sind, sodass es an einer künstlichen Marktsegmentierung fehlt. Der Dreh- und Angelpunkt der Rechtfertigungsproblematik ist die wirtschaftliche Bedeutung der Gebietslizenzierungspraktiken für die (europäische) Filmindustrie. In methodischer Hinsicht verfolgt die Arbeit in diesem Abschnitt keine vollumfängliche Untersuchung der primärrechtlichen

Zulässigkeit von territorialen Lizenzen im Online-Bereich. Ziel ist es, den Konflikt zwischen den Gebietslizenzen und den Binnenmarktvorschriften aufzuzeigen, um dessen Komplexität und Vielschichtigkeit zu verdeutlichen, die verantwortlich dafür sind, dass die primärrechtlichen Vorschriften bisher nicht fruchtbar gemacht wurden, um dem Binnenmarktprinzip im Online-Bereich Geltung zu verschaffen. Aus diesem Grund werden auch die derzeitigen Finanzierungs- und Verwertungsmodelle der Filmindustrie sowie mögliche Alternativen, die ohne die territorialen Beschränkungen der Lizenzen auskommen, keiner ausführlichen rechtsökonomischen Analyse unterzogen, sondern die Ausführungen haben primär deskriptiven Charakter, um für die wirtschaftliche Bedeutung der Gebietslizenzen zu sensibilisieren. Dadurch tritt das vor Inkrafttreten der Portabilitätsverordnung bestehende Regulierungsproblem sowohl aus rechtlicher als auch ökonomischer Perspektive deutlich zu Tage.

Daran schließt sich die Untersuchung an, weshalb die nicht vorhandene Möglichkeit der Portabilität im europäischen Binnenmarkt ein untragbarer Zustand war und es das zuvor aufgezeigte Regulierungsproblem zu lösen galt. Zur Begründung eines Regulierungsbedarfs stützt sich die Arbeit auf zwei verschiedene Ansätze, wobei der erste von beiden der urheberrechtsfreie rezeptive Werkgenuss ist. Methodisch wird dabei im Ausgangspunkt der Grundsatz der Technologieneutralität herangezogen, wonach eine urheberrechtliche Bewertung unabhängig von der eingesetzten Technologie zu erfolgen hat.[26] Der Grundsatz der Technologieneutralität wird allerdings dahingehend eingeschränkt, dass er den urheberrechtsfreien rezeptiven Werkgenuss nur zu stützen vermag, soweit durch die Berücksichtigung des technischen Verfahrens den Rechteinhabern und Werkvermittlern eine sowohl rechtlich als auch ökonomisch ungerechtfertigte Kontrolle über den Werkgenuss ermöglicht würde, die zu Lasten legitimer Nutzungsfreiheiten der Werkrezipienten ginge.[27] Der

26 Zum Grundsatz der Technologieneutralität, siehe *Frey*, ZUM 2018, 264; *Hofmann*, ZGE 8 (2016), 482, 489 f., 500 ff.; *Pech*, On-Demand-Streaming-Plattformen, S. 32; *Wagner*, GRUR 2016, 874, 877; ähnlich *Becker*, ZGE 8 (2016), 239, 267 f.; zu § 44a UrhG als Ausprägung der Technologieneutralität, *Ensthaler*, NJW 2014, 1553, 1555; zur Technologieneutralität bei § 49 I UrhG, siehe BGH, Urt. v. 11.7.2002 – I ZR 255/00 – *Elektronischer Pressespiegel*, GRUR 2002, 963, 965; zu einem „more technological approach", wonach die technischen Besonderheiten bei der urheberrechtlichen Bewertung Berücksichtigung finden müssen, siehe *Grünbegrer/Podszun*, ZGE 6 (2014), 269, 270; *Grünberger*, ZUM 2015, 273, 276 ff.

27 Ähnlich *Pech*, On-Demand-Streaming-Plattformen, S. 32; *Hofmann*, ZGE 8 (2016), 482, 502; *Grünberger*, ZUM 2015, 273, 276 plädiert für einen „more sociological

zweite Begründungsansatz basiert auf der rechtssoziologischen Annahme, dass es Aufgabe des Rechts ist, schützenswerte normative Erwartungen – konkret die Erwartung der grenzüberschreitenden Portabilität – kontrafaktisch zu stabilisieren.[28] Die Schutzwürdigkeit stützt sich sowohl auf rechtliche als auch ökonomische Erwägungen; in diesem Punkt finden die beiden im methodischen Ausgangspunkt verschiedenen Ansätze ihren gemeinsamen Kern. Anschließend wird der Wirkungsmechanismus, den die Portabilitätsverordnung als Antwort auf das eingangs genannte Regulierungsproblem bereithält, dahingehend analysiert, inwieweit er dem zuvor identifizierten Regulierungsbedarf gerecht wird.

Im zweiten Abschnitt (§ 3) thematisiert die Arbeit die Auswirkungen der Portabilitätsverordnung auf das trilaterale Rechtsverhältnis zwischen Rechteinhabern, Diensteanbietern und Abonnenten. Ziel der Untersuchung ist zunächst die Identifizierung der zum Teil konträren Interessen aller beteiligten Akteure. Anschließend wird zum einen herausgearbeitet, wie sich diese in den Kriterien der Portabilitätsverordnung niedergeschlagen haben, zum anderen, wie sich diese auf die beiden im Rahmen der grenzüberschreitenden Portabilität berührten Rechtsverhältnisse auswirken und beide Rechtsverhältnisse dadurch verknüpft sind. Der Fokus ist dabei auf das Verständnis der zentralen Kriterien der Portabilitätsverordnung gerichtet, mit denen ihr Wirkungsmechanismus – in dem sich sämtliche Interessen der beteiligten Akteure vereinen – arbeitet: „dem vorübergehenden Aufenthalt in einem Mitgliedstaat" und dem „Wohnsitzmitgliedstaat" eines Abonnenten sowie dessen Überprüfung durch die Diensteanbieter. Methodisch bemüht die Untersuchung an dieser Stelle den gesamten juristischen Auslegungskanon, wobei die Auslegung primärrechtskonform erfolgt und daher sowohl grundrechtliche Erwägungen sowie die Grundfreiheiten berücksichtigt werden, wobei beide im Wege der praktischen Konkordanz in Einklang gebracht werden. Außerdem fließen die Wertungen des im Völkerrecht verankerten Dreistufentests in die Auslegung ein. Darüber hinaus wird sich dem Begriff des Wohnsitzmitgliedstaates sowohl über einen Binnenrechtsvergleich auf EU-Ebene als auch einen Rechtsvergleich mit dem nationalen Recht genähert. Die dadurch gewonnenen Erkenntnisse

approach", der sowohl die technischen als auch die ökonomischen Aspekte bei der urheberrechtlichen Bewertung eines Sachverhalts berücksichtigt.

28 *Grünberger*, AcP 218 (2018), 213, 251 f.; *Luhmann*, Recht der Gesellschaft, S. 124 ff., 137; Normen bezeichnet *Luhmann* in diesem Zusammenhang als „kontrafaktisch stabilisierte Verhaltenserwartungen", *Luhmann*, Rechtssoziologie, S. 43.

fließen in die teleologische Auslegung des Wohnsitzmitgliedstaates bzw. des Wohnsitzes im Sinne der Portabilitätsverordnung ein. Abschließend wird eine Verknüpfung beider Rechtsverhältnisse in dem von der Portabilitätsverordnung nicht geregelten Bereich der Haftung thematisiert.

Der dritte und letzte Teil der Arbeit (§ 4) behandelt die vertragsrechtlichen Auswirkungen der Portabilitätsverordnung auf das bilaterale Rechtsverhältnis zwischen Diensteanbietern und Abonnenten von Online-Inhaltediensten. Dabei wird zum einen herausgearbeitet, welche vertragsrechtliche Auswirkung die Verwendung von Vertragsbestimmungen hat, die gegen die Portabilitätsverordnung verstoßen und zum anderen, welche Bedeutung dem Transparenzgebot im Rahmen der grenzüberschreitenden Portabilität zukommt. Die Rechtsfolge des Art. 7 I Portabilitäts-VO wird mittels sämtlicher Auslegungsmethoden untersucht, wobei dem *effet utile* der Portabilitätsverordnung besondere Bedeutung zukommt. Im zweiten Teil dieses Abschnitts wird analysiert, welche Mängel- und Sekundärrechte den Abonnenten von Online-Inhaltediensten zustehen, wenn die Anbieter gegen ihre Pflicht, die grenzüberschreitende Portabilität zu ermöglichen, verstoßen. Methodisch nähert sich die Untersuchung dieser Fragestellung über die klassische Rechtsdogmatik. Mit ihr wird analysiert, wie sich die Vorgaben der vollharmonisierenden Digitale-Inhalte-RL, welche die vertragsrechtlichen Aspekte der Bereitstellung digitaler Inhalte und Dienstleistungen im europäischen Binnenmarkt zukünftig einheitlich festlegt, auf die grenzüberschreitende Portabilität von Online-Inhaltdiensten auswirken. Dies beinhaltet sowohl die Anforderungen an eine vertragsgemäße Leistung als auch die Mängelrechte der Abonnenten gegenüber den Anbietern bei Verstößen gegen die Vorgaben der Portabilitätsverordnung. Überdies wird die verbleibende Relevanz des nicht harmonisierten nationalen Rechts thematisiert und dessen Bedeutung für die Portabilität, insbesondere der Haftung auf Schadensersatz, eruiert. Ziel des letzten Abschnitts ist die rechtsdogmatische Einbettung der Portabilitätsverordnung in einen vertragsrechtlichen Rahmen.

§ 2 Normzweck der Portabilitätsverordnung

Art. 3 III UAbs. 1 S. 1 EUV erklärt die Schaffung eines Binnenmarktes zum Ziel der Europäischen Union. Art. 26 II AEUV knüpft daran an und definiert den Binnenmarkt als „einen Raum ohne Binnengrenzen, in dem der freie Verkehr von Waren, Personen, Dienstleistungen und Kapital gemäß den Bestimmungen der Verträge gewährleistet ist." Allerdings ist dieses Ziel Jahrzehnte nach dessen Festlegung, insbesondere im Bereich des grenzüberschreitenden Zugangs zu audiovisuellen Mediendiensten, noch nicht erreicht. Bis vor Kurzem boten von allen in den 28 Mitgliedstaaten verfügbaren VoD-Diensten nur 1,9 % ihren Dienst für Abonnenten aus anderen Mitgliedstaaten an.[29] Weniger als 4 % ermöglichten ihren Abonnenten den Zugriff und die Nutzung der im Heimatland abonnierten Dienste bei Auslandsaufenthalten.[30] Vor dem Hintergrund, dass sich Online-Inhaltedienste stets zunehmender Beliebtheit erfreuen,[31] wächst auch das Bedürfnis, das Binnenmarktprinzip in diesem Sektor zu etablieren.

Die kaum vorhandene Möglichkeit des grenzüberschreitenden Zugriffs auf Online-Inhaltedienste im audiovisuellen Bereich lässt sich hauptsächlich auf die Lizenzierungspraktiken der Rechteinhaber und die Geschäftsmodelle der Diensteanbieter zurückführen.[32] Danach werden einem Anbieter die Lizenzen für die zur Verfügung gestellten Inhalte auf exklusiver oder auch nicht exklusiver Basis räumlich begrenzt für einen bestimmten Mitgliedstaat oder ein Sprachgebiet erteilt.[33] Eine weitere Ursache dieser zersplitterten Lizenzstrukturen im europäischen Binnenmarkt und den damit einhergehenden Schwierigkeiten beim grenzüberschreitenden Zugriff auf Online-Inhalte sieht die

---

29 *Alaveras/Gomez-Herrera/Martens*, Market fragmentation VoD, S. 11.

30 *Europäische Kommission*, Strategie für einen digitalen Binnenmarkt für Europa, COM(2015) 192 final, S. 8.

31 Zum Wachstum des VoD-Sektors, siehe *Goldmedia*, Wirtschaftliche Bedeutung der Filmindustrie in Deutschland, S. 188; *Grece*, Trends in the EU SVOD Market, S. 1 ff.; *Hugenholtz/Joost*, IIC 2020, 167, 170; *PwC*, Global Entertainment and Media Outlook 2017-2021, S. 16.

32 *Europäische Kommission*, Impact Assessment, SWD(2015) 270 final, S. 12 f.

33 *v. Albrecht/Mutschler-Siebert/Bosch*, ZUM 2012, 93, 96; *Europäische Kommission*, Impact Assessment, SWD(2015) 270 final, S. 13.

Europäische Kommission im Territorialitätsprinzip des Urheberrechts.[34] Auf technischer Seite werden die territorialen Lizenzstrukturen durch Geoblocking abgesichert.[35] Seit geraumer Zeit wird gegen die Gebietslizenzierungspraktiken immer wieder vorgebracht, dass sie mit den europäischen Grundfreiheiten und dem Wettbewerbsrecht nicht vereinbar seien.[36] Die Folge wäre, dass nicht nur die Portabilität von Online-Inhaltediensten möglich sein müsste, sondern auch beim Zugriff auf ausländische Online-Inhaltedienste keine künstlichen Barrieren mehr errichtet werden dürften; damit bestünde ein digitaler Binnenmarkt im Bereich der Online-Bereitstellung audiovisueller Inhalte. Nachdem ein solcher bis heute nicht existiert, führten die Zugriffsbeschränkungen vor Inkrafttreten der Portabilitätsverordnung zu Einschränkungen des digitalen Werkgenusses.[37] Anders als das Lesen eines gebundenen Buchs oder das Abspielen einer CD im Ausland war der Zugriff auf abonnierte Online-Inhaltedienste bei Auslandsaufenthalten nicht möglich.[38] Dadurch wurde die Erwartung, einen Online-Inhaltedienst innerhalb des europäischen Binnenmarktes ohne Einschränkung nutzen zu können, enttäuscht.

Im Folgenden wird zunächst der Konflikt zwischen der territorial segmentierten Rechtevergabe innerhalb der EU auf der einen Seite und der Dienstleistungsfreiheit sowie dem europäischen Kartellrecht auf der anderen Seite aufgezeigt, um das von der Portabilitätsverordnung zu lösende Regulierungsproblem aus rechtlicher und ökonomischer Perspektive aufzuzeigen. Im Anschluss daran ist die Untersuchung darauf gerichtet, inwieweit der urheberrechtsfreie rezeptive Werkgenuss durch die zunehmende Digitalisierung insbesondere bei der grenzüberschreitenden Nutzung audiovisueller Inhalte stetig zurückgedrängt wurde. Zugleich wird analysiert, ob es sich bei diesem um ein schützenswertes urheberrechtliches Prinzip handelt, das es aus wirtschaftlichen, sozialen oder verbraucherschützenden Gründen zwingend zu erhalten gilt, sodass es eines regulatorischen Eingriffs bedurfte. Daran anknüpfend wird untersucht, ob die Erwartungen von Verbrauchern darauf gerichtet sind, Online-Inhaltedienste grenzüberschreitend nutzen zu können und inwiefern es Aufgabe des Rechts ist, diese Erwartungen durch gesetzliche Regelungen

---

34 *Europäische Kommission*, Strategie für einen digitalen Binnenmarkt für Europa, COM(2015) 192 final, S. 8; *Europäische Kommission*, A Digital Single Market Strategy for Europe - Analysis and Evidence, SWD(2015) 100 final, S. 27.

35 *Wiebe*, ZUM 2015, 932, 934.

36 Zum Problemaufriss, siehe *Stieper*, GRUR 2015, 1145, 1146.

37 *Ohly*, ZUM 2015, 942, 944.

38 *Ohly*, ZUM 2015, 942, 949.

zu stabilisieren. Abschließend wird darauf eingegangen, welchen Wirkungsmechanismus die Portabilitätsverordnung als Regulierungsantwort bereithält, um ihren Normzweck zu erreichen.

A. Regulierungsproblem: Gebietslizenzen als Binnenmarkthindernis

Seit der *FAPL/Murphy*-Entscheidung des EuGH[39] im Jahr 2011 ist die Vereinbarkeit von Beschränkungen des grenzüberschreitenden Empfangs von audiovisuellen Inhalten sowie des Zugriffs auf diese mit den Binnenmarktvorschriften wieder Gegenstand einer langanhaltenden, intensiven Diskussion. Im Kern geht es dabei um die Frage, inwiefern die Entscheidung des EuGH, die zur territorialen Einschränkung des Empfangs einer Satellitensendung ergangen ist, auf andere Bereiche, insbesondere die Online-Verbreitung audiovisueller Inhalte, übertragbar ist.[40] Dabei kommt es entscheidend darauf an, ob die Erwägungen des EuGH auf der besonderen Sachlage der Entscheidung beruhen – dem Sendelandprinzip aus Art. 1 II lit. b Satelliten- und Kabel-RL – oder verallgemeinerungsfähig sind und auch für die Gebietslizenzierungspraktiken im Online-Bereich gelten.

I. Ursache der Gebietslizenzen

1. Notwendigkeit von Mehrgebietslizenzen im Europäischen Binnenmarkt

Die Notwendigkeit von Mehrgebietslizenzen für die öffentliche Zugänglichmachung von Online-Inhalten in der EU geht zum einen auf das Territorialitätsprinzip zurück und ist zum anderen der Lokalisierung urheberrechtlich relevanter Verwertungshandlungen geschuldet.[41] Aufgrund des Territorialitätsprinzips

39 EuGH, Urt. v. 4.10.2011, verb. Rs. C-403/08, C-429/08 – *FAPL/Murphy*, ECLI:EU:C:2011:231.

40 Zur Diskussion der Auswirkungen der *FAPL/Murphy*-Entscheidung, siehe *v. Albrecht/Mutschler-Siebert/Bosch*, ZUM 2012, 93, 98 ff.; *Berger*, ZUM 2012, 353, 359 f.; *Brost*, ZUM 2016, 689 ff.; *Christmann*, ZUM 2012, 187 ff.; *Heermann*, ZUM 2016, 835 ff.; *Kreile*, ZUM 2012, 177 ff.; *Ranke/Roßnagel*, MMR 2012, 152 ff.; *Ratjen/Langer*, ZUM 2012, 299 ff.; *Trauschel*, ZUM 2012, 194 ff.; *Vedder*, ZUM 2012, 190 ff.; *Wiebe*, ZUM 2015, 932, 934 ff.

41 *v. Albrecht/Mutschler-Siebert/Bosch*, ZUM 2012, 93, 96.

existiert kein einheitliches europäisches Urheberrecht und dementsprechend keine einheitliche europäische Lizenz, sondern es bedarf eines Bündels an nationalen Lizenzen, um in jedem EU-Mitgliedstaat eine Verwertungshandlung vornehmen zu dürfen.[42] Allerdings ist dies nur der vorgelagerte Grund für die Notwendigkeit von Mehrgebietslizenzen. Unmittelbar dafür verantwortlich ist die Lokalisierung der rechtlich relevanten Verwertungshandlung im Online-Bereich.

Die Frage der Lokalisierung einer urheberrechtlichen Verwertungshandlung wurde erstmals im Rahmen von Satelliten- und Rundfunksendungen intensiv diskutiert. Dabei hat sich die sogenannte „*Bogsch*-Theorie" durchgesetzt, wonach auf die Ausstrahlung einer Sendung sowohl das Recht des Landes anwendbar ist, in dem diese erfolgt, als auch das Recht der Staaten, in denen die Sendung bestimmungsgemäß empfangen werden kann.[43] Diese Theorie gilt nach heute herrschender Auffassung in der Literatur sowie der Rechtsprechung auch im Online-Bereich, was dazu führt, dass eine urheberrechtlich relevante Handlung in sämtlichen Ländern erfolgt, von denen aus ein Zugriff auf die Online-Inhalte möglich ist.[44] Allerdings betont der EuGH, dass die reine Zugriffsmöglichkeit auf bestimmte Online-Inhalte noch nicht ausreicht, um im jeweiligen Land eine urheberrechtlich relevante Handlung vorzunehmen, da über das Internet grundsätzlich von jedem Ort der Welt auf eine Website und Online-Inhalte zugegriffen werden kann.[45] Dies würde dazu führen, dass eine urheberrechtlich relevante Handlung in Staaten erfolgt, an

42 BGH, Urt. v. 7.11.2002 – I ZR 175/00 – *Sender Felsberg*, GRUR 2003, 328, 329; *v. Albrecht/Mutschler-Siebert/Bosch*, ZUM 2012, 93, 94; *Dreier*, in: Dreier/Schulze, Vor §§ 120 ff. UrhG Rn. 1, 31; *Grünberger*, in: Hüßtege/Mansel, Art. 8 Rom II-VO Rn. 3; *Hugenholtz/Joost*, IIC 2020, 167, 174; *Katzenberger/Metzger*, in: Schricker/Loewenheim, Vor §§ 120 ff. UrhG Rn. 110; *Kreile*, ZUM 2011, 719, 721; *Martiny*, ZUM 2018, 772, 774; *Obergfell*, Filmverträge, S. 218; *Peifer*, ZUM 2006, 1, 6; *v. Welser*, in: Wandtke/Bullinger, Vor §§ 120 ff. UrhG Rn. 5.

43 *Katzenberger/Metzger*, in: Schricker/Loewenheim, Vor §§ 120 ff. UrhG Rn. 138 m.w.N.

44 EuGH, Urt. v. 18.10.2012, Rs. C-173/11 – *Football Dataco*, ECLI:EU:C:2012:642, Rn. 34 ff.; *v. Albrecht/Fiss*, ZUM 2020, 18; *Dreier*, in: Dreier/Schulze, Vor §§ 120 ff. UrhG Rn. 41; *Grünberger*, in: Hüßtege/Mansel, Art. 8 Rom II-VO Rn. 42; *Katzenberger/Metzger*, in: Schricker/Loewenheim, Vor §§ 120 ff. UrhG Rn. 145 m.w.N.; ausführlich zur *Bogsch*-Theorie, siehe *Handig*, GRUR Int 2007, 206, 213 ff.; kritisch zur *Bogsch*-Theorie *Schwarz/Reber*, in: Loewenheim, Hdb. Urheberrecht, § 21 Rn. 101 ff.

45 EuGH, Urt. v. 18.10.2012, Rs. C-173/11 – *Football Dataco*, ECLI:EU:C:2012:642, Rn. 35 f. m.w.N.; zu dieser Problematik, siehe auch *Schwarz/Reber*, in: Loewenheim, Hdb. Urheberrecht, § 21 Rn. 103.

deren Bewohner sich das Angebot offensichtlich nicht richtet.[46] Daher müsse für eine Verwertungshandlung in einem bestimmten Staat erkennbar sein, dass dessen Bewohner gezielt angesprochen werden.[47] Dies lässt sich grundsätzlich anhand einer Vielzahl von Kriterien bestimmen, wozu die Sprache und Aufmachung der Website, die beworbenen Inhalte und Produkte sowie die Top-Level-Domain zählen.[48] Bei Websites und Online-Inhaltediensten, die den Download oder das Streaming von Inhalten ermöglichen, kommt es auf diese Kriterien jedoch nicht mehr an. Nach derzeitigem Stand der Technik kann der Zugriff auf bestimmte Dienste, Websites oder Inhalte technisch mit Geoblocking ohne große Schwierigkeiten auf IP-Adressen aus bestimmten Ländern oder Regionen beschränkt werden. Daher ist davon auszugehen, dass ein Anbieter von Online-Inhaltediensten, der kein Geoblocking praktiziert oder den Zugriff auf die Inhalte in bestimmten Staaten zulässt, eine weltweite oder staatenbezogene Abrufbarkeit der Inhalte intendiert.[49]

Zum Teil wird in Abweichung von der *Bogsch*-Theorie die Lokalisierung der öffentlichen Zugänglichmachung bzw. einer sonstigen Handlung der öffentlichen Wiedergabe im Online-Bereich ausschließlich am Serverstandort befürwortet.[50] Begründet wird dies unter anderem mit dem urheberrechtsfreien Werkgenuss. Danach müsse an den Ort der Werkvermittlung und nicht den des anschließenden, in der Privatsphäre des Nutzers erfolgenden Werkkonsums angeknüpft werden.[51] Allerdings ist der Standort eines Servers, auf dem Online-Inhalte gespeichert werden, oftmals nur schwer zu ermitteln und

---

46 EuGH, Urt. v. 18.10.2012, Rs. C-173/11 – *Football Dataco*, ECLI:EU:C:2012:642, Rn. 36.

47 EuGH, Urt. v. 18.10.2012, Rs. C-173/11 – *Football Dataco*, ECLI:EU:C:2012:642, Rn. 39; *Grünberger*, in: Hüßtege/Mansel, Art. 8 Rom II-VO Rn. 43; *Kotthoff*, in: Dreyer u.a., § 120 UrhG Rn. 22; *Lauber-Rönsberg*, in: Ahlberg/Götting, Kollisionsrecht und internationale Zuständigkeit Rn. 26; *Katzenberger/Metzger*, in: Schricker/Loewenheim, Vor §§ 120 ff. UrhG Rn. 146; *Nordemann-Schiffel*, in: Fromm/Nordemann, Vor §§ 120 ff. UrhG Rn. 70.

48 Ausführlich dazu, siehe *Nordemann-Schiffel*, in: Fromm/Nordemann, Vor §§ 120 ff. UrhG Rn. 79.

49 *Nordemann-Schiffel*, in: Fromm/Nordemann, Vor §§ 120 ff. UrhG Rn. 79; *Katzenberger/Metzger*, in: Schricker/Loewenheim, Vor §§ 120 ff. UrhG Rn. 146.

50 *Dieselhorst*, ZUM 1998, 293, 298 f.; *Handig*, GRUR Int 2007, 206; *Schack*, MMR 2000, 59, 64.

51 *Handig*, GRUR Int 2007, 206, 218.

zudem könnte dieser nach Belieben gewählt werden.[52] Daher wäre bei Geltung des Ursprungslandprinzips aufgrund unterschiedlicher Schutzniveaus in verschiedenen Ländern eine Delokalisierung der Serverstandorte zu befürchten, wodurch sich ein hohes urheberrechtliches Schutzniveau unterlaufen ließe.[53] Die Anwendung des Ursprungslandprinzips im Online-Bereich *de lege lata* ist daher abzulehnen.[54]

Nachdem gemäß der *Bogsch*-Theorie in jedem Mitgliedstaat, in dem Online-Inhalte abrufbar sind, eine urheberrechtlich relevante Verwertungshandlung erfolgt,[55] sind Lizenzen für die entsprechenden Mitgliedstaaten notwendig. Dies gilt – gäbe es die Portabilitätsverordnung nicht – auch für den Fall der grenzüberschreitenden Portabilität, wenn ein Anbieter einem Abonnenten den Zugriff auf seine im Heimatland abonnierten Dienste ermöglicht.

2. *Anknüpfungspunkt zur Schaffung eines digitalen Binnenmarktes*

Die Ursache der Beschränkungen beim grenzüberschreitenden Zugang zu audiovisuellen Inhalten wird zum einen immer wieder im Geoblocking[56] und zum anderen im urheberrechtlichen Territorialitätsprinzip gesehen.[57] Richtiger Anknüpfungspunkt, um der territorialen Zersplitterung der Lizenzen für audiovisuelle Inhalte ein Ende zu setzen, sind jedoch ausschließlich die Gebietslizenzierungspraktiken der Rechteinhaber.[58]

---

52 *Katzenberger/Metzger*, in: Schricker/Loewenheim, Vor §§ 120 ff. UrhG Rn. 145; zu weiteren Anknüpfungspunkten, siehe *Thum*, GRUR Int 2001, 9, 19 ff.

53 *v. Albrecht/Mutschler-Siebert/Bosch*, ZUM 2012, 93, 96; *Dreier*, in: Dreier/Schulze, Vor §§ 120 ff. UrhG Rn. 41; *Nordemann-Schiffel*, in: Fromm/Nordemann, Vor §§ 120 ff. UrhG Rn. 76; *Schack*, MMR 2000, 59, 63.

54 Ausführlich dazu, siehe *Wirtz*, Media-Streaming und Geoblocking, S. 261 ff.

55 *Dreier*, in: Dreier/Schulze, Vor §§ 120 ff. UrhG Rn. 40 ff.; *Grünberger*, in: Hüßtege/Mansel, Art. 8 Rom II-VO Rn. 42; *Katzenberger/Metzger*, in: Schricker/Loewenheim, Vor §§ 120 ff. UrhG Rn. 145.

56 Siehe dazu *Ohly*, ZUM 2015, 942, 944 ff.

57 *Europäische Kommission*, Strategie für einen digitalen Binnenmarkt für Europa, COM(2015) 192 final, S. 8; *dies.*, A Digital Single Market Strategy - Analysis and Evidence, SWD(2015) 100 final, S. 27; *dies.*, Impact Assessment, SWD(2015) 270 final, S. 13.

58 *Ohly*, ZUM 2015, 942, 947; *Stieper*, GRUR 2015, 1145, 1146.

a) Geoblocking

Zunächst ist es kaum verwunderlich, dass dem Geoblocking in der öffentlichen Diskussion oftmals die Schuld an der kaum vorhandenen Möglichkeit des grenzüberschreitenden Zugriffs auf Online-Inhaltedienste gegeben wird.[59] Schließlich macht sich dieses für die Nutzer der Dienste meist durch den „freundlichen Hinweis" des Anbieters auf dessen Website, dass der Dienst im jeweiligen Land nicht verfügbar sei, bemerkbar. Bei einer etwas genaueren Betrachtung ist das Geoblocking jedoch nicht die Ursache der Zugriffsbeschränkungen. Mit diesem werden die Lizenzgebiete lediglich auf technischer Ebene nachgezeichnet und die Abrufbarkeit der Inhalte auf diese beschränkt.[60] Es gibt zwei verschiedene Gründe, weshalb die Anbieter Geoblockingmaßnahmen anwenden. Zum einen sind sie oftmals in den Lizenzvereinbarungen mit den Rechteinhabern dazu verpflichtet, Geoblocking zu praktizieren.[61] Laut einer Umfrage aus dem Jahr 2015 müssen 59 % der Befragten den Nutzern anderer Mitgliedstaaten den Zugriff auf ihre angebotenen digitalen Inhalte im Wege des Geoblockings verwehren.[62] Zum anderen wenden die Anbieter Geoblocking auch ohne vertragliche Verpflichtung im Eigeninteresse an, um die Zugriffsmöglichkeit der Nutzer auf das Lizenzgebiet zu beschränken und keine Urheberrechtsverletzung durch die Zugänglichmachung der Online-Inhalte außerhalb des Lizenzgebietes zu begehen.[63] Die grenzüberschreitenden Zugriffsbeschränkungen liegen daher in den vertraglich sowie urheberrechtlich abgesicherten Gebietslizenzierungspraktiken der Rechteinhaber begründet, das Geoblocking ist lediglich deren Symptom.[64]

---

59 Zum technischen Hintergrund von Geoblocking, siehe *Federrath*, ZUM 2015, 929 ff.

60 *Martiny*, ZUM 2018, 772, 777; *Ohly*, ZUM 2015, 942, 947.

61 *v. Albrecht*, ZUM 2011, 706, 707; *Dreier*, in: Dreier/Schulze, Art. 1 Portabilitäts-VO Rn. 1; *Martiny*, ZUM 2018, 772, 777; *Schwarz*, ZUM 2011, 699, 705; *Stieper*, GRUR 2015, 1145, 1146; *Synodinou*, in: dies. u.a., EU Internet Law, S. 217, 234; ausführlich zum Geoblocking als Bestandteil der Rechtsbeziehung zwischen Rechteinhabern und Diensteanbietern, siehe *Wirtz*, Media-Streaming und Geoblocking, S. 113 ff.

62 *Europäische Kommission*, Geo-blocking practices in e-commerce, SWD(2016) 70 final, S. 3, 60.

63 *v. Albrecht/Mutschler-Siebert/Bosch*, ZUM 2012, 93, 96; *Martiny*, ZUM 2018, 772, 777; *Mitsdörffer/Gutfleisch*, MMR 2009, 731, 732; *Ohly*, ZUM 2015, 942, 945; *Synodinou*, GRUR Int. 2020, 136; zum Teil führen die Anbieter von Online-Inhaltediensten auch die Schwierigkeiten bei der Rechteklärung als Grund für Geoblockingmaßnahmen an, siehe dazu *Cabrera Blázquez et al.*, IRIS *Plus*, S. 27; zur Ausrichtung der Website auf ein bestimmtes Land, siehe bereits § 2 A. I. 1.

64 *Martiny*, ZUM 2018, 772, 776 ff.; *Ohly*, ZUM 2015, 942, 947.

b) Territorialitätsprinzip

aa) Gebietslizenzen und Territorialität

Neben dem Geoblocking wird das urheberrechtliche Territorialitätsprinzip[65] häufig zum Sündenbock für die Zersplitterung der Lizenzen für audiovisuelle Inhalte innerhalb des europäischen Binnenmarktes gemacht.[66] Das Territorialitätsprinzip bedingt jedoch keine Beschränkung der Lizenzen auf einzelne Mitgliedstaaten. Zwar ist die Wirkung des Urheberrechts aufgrund des Territorialitätsprinzips auf das Gebiet eines jeden Mitgliedstaates beschränkt, doch stünde es jedem Rechteinhaber frei, den Anbietern eine europaweite Lizenz in Form eines Bündels an nationalen Lizenzen einzuräumen.[67] Zudem zeigt sich die „Unschuld" des Territorialitätsprinzips daran, dass auch ein europaweit einheitlicher Urheberrechtstitel die territoriale Beschränkung einer Lizenz auf einzelne Mitgliedstaaten nicht unbedingt ausschließen würde, da vertragliche Beschränkungen weiterhin möglich wären.[68] So sieht zum Beispiel auch Art. 25 I 1 UMV für die Lizenzierung einer Unionsmarke die Möglichkeit der Beschränkung des Lizenzgebietes auf einzelne Mitgliedstaaten explizit vor.[69] Die Gebietslizenzierungspraktiken basieren daher ausschließlich auf der privatautonomen Entscheidung der Rechteinhaber und Anbieter der Online-Inhaltedienste, die ihre Geschäftsmodelle auf den Gebietslizenzen aufbauen.[70]

bb) Kein rechtliches Fundament für Gebietslizenzen

Die Ursache der territorial segmentierten Rechtevergabe innerhalb des europäischen Binnenmarktes könnte man allenfalls dann im Territorialitätsprinzip sehen, wenn es eine solche zwar nicht bedingt, jedoch das rechtliche Fundament für die Gebietslizenzierungspraktiken bildet und sie legitimiert. Dafür

---

65 Die Geltung des Territorialitätsprinzips im Urheberrecht ist nach herrschender Auffassung anerkannt, siehe dazu *Paul*, in: Hoeren/Sieber/Holznagel, Multimedia-Recht, Teil 7.4 Rn. 201; *Lauber-Rönsberg*, in: Ahlberg/Götting, Kollisionsrecht und internationale Zuständigkeit Rn. 4; *Schulze*, in: Dreier/Schulze, § 31 UrhG Rn. 30.

66 *Europäische Kommission*, Strategie für einen digitalen Binnenmarkt für Europa, COM(2015) 192 final, S. 8; *dies.*, A Digital Single Market Strategy - Analysis and Evidence SWD(2015) 100 final, S. 27; *dies.*, Impact Assessment, SWD(2015) 270 final, S. 13; *Stieper*, GRUR 2015, 1145, 1146.

67 *Europäische Kommission*, Impact Assessment, SWD(2015) 270 final, S. 13.

68 *Grünberger*, ZUM 2017, 697; *Ohly*, ZUM 2015, 942, 943; *Pech*, On-Demand-Streaming-Plattformen, S. 360; *Stieper*, GRUR 2015, 1145, 1146.

69 *Ohly*, ZUM 2015, 942, 943.

70 *Grünberger*, ZUM 2017, 697; *Cabrera Blázquez et al.*, IRIS *Plus*, S. 28.

müsste das Territorialitätsprinzip in der Lage sein, sowohl eine Beschränkung der Dienstleistungsfreiheit als auch einen Verstoß gegen das Wettbewerbsrecht entweder auszuschließen oder zu rechtfertigen.

Das Territorialitätsprinzip leitet sich aus dem völkerrechtlichen Grundsatz nationaler Souveränität,[71] sowie dem Grundsatz der völkerrechtlichen Rücksichtnahme ab, wonach sich die gesetzgeberischen Hoheitsbefugnisse eines Staates auf dessen Staatsgebiet beschränken.[72] Nachdem der urheberrechtliche Schutz erst dadurch entsteht, dass ihn der Gesetzgeber durch die Schaffung eines Ausschließlichkeitsrechts anerkennt, beschränkt sich die ausschließlichkeitsrechtliche Schutzwirkung demnach auf das Staatsgebiet des anerkennenden Staates.[73] Damit ist das Territorialitätsprinzip Ausdruck der Begrenzung staatlicher Befugnisse.[74]

Die damit einhergehende territoriale Begrenzung immaterialgüterrechtlicher Schutzrechte auf das Gebiet der Staaten, von denen sie geschaffen wurden sowie die daraus resultierenden Unterschiede zwischen den Schutzrechten können jedoch nicht zur Rechtfertigung von Beschränkungen der Grundfreiheiten herangezogen werden.[75] Ansonsten könnten einzelne Mitgliedstaaten unter Berufung auf ihre Souveränität und das darauf basierende Territorialitätsprinzip die Grundfreiheiten in sämtlichen Bereichen beschränken, was mit dem Grundsatz des Vorrangs des Unionsrechts nicht vereinbar wäre.[76]

---

71 *Engels*, Die territoriale Aufspaltung der Verwertungsrechte, S. 149; *Obergfell*, Filmverträge, S. 218; *Synodinou*, GRUR Int. 2020, 136, 137; *Synodinou*, in: dies. u.a., EU Internet Law, S. 217, 233.

72 *Lauber-Rönsberg*, in: Ahlberg/Götting, Kollisionsrecht und internationale Zuständigkeit Rn. 6; ähnlich *Grünberger*, in: Hüßtege/Mansel, Art. 8 Rom II-VO Rn. 3.

73 *Grünberger*, in: Hüßtege/Mansel, Art. 8 Rom II-VO Rn. 3; *Lauber-Rönsberg*, in: Ahlberg/Götting, Kollisionsrecht und internationale Zuständigkeit Rn. 6; *Obergfell*, Filmverträge, S. 218; vgl. *Ulmer*, Immaterialgüterrechte im internationalen Privatrecht, S. 13 f.

74 Ähnlich *Grünberger*, in: Hüßtege/Mansel, Art. 8 Rom II-VO Rn. 3.

75 EuGH, Urt. v. 31.10.1974, Rs. 15/74 – *Centrafarm/Sterling Drug*, ECLI:EU:C:1974:114, Rn. 13/14; EuGH, Urt. v. 20.1.1981, verb. Rs. 55/80 und 57/80 – *Gebührendifferenz II*, ECLI:EU:C:1981:10, Rn. 26; so auch *Engels*, Die territoriale Aufspaltung der Verwertungsrechte, S. 149.

76 Grundlegend zum Vorrang des Gemeinschaftsrechts, siehe EuGH, Urt. v. 15.7.1964, Rs. 6/64 – *Costa/E.N.E.L.*, ECLI:EU:C:1964:66, S. 1270 f.; ausführlich zur Begründung des Grundsatzes des Vorrangs des Unionsrechts, siehe *Nettesheim*, in: Grabitz/Hilf/Nettesheim, Art. 1 AEUV Rn. 72 ff.

Genauso wenig ist das Territorialitätsprinzip in der Lage, Verstöße gegen das europäische Wettbewerbsrecht zu rechtfertigen. Nachdem es Ausdruck staatlicher Souveränität[77] und nicht der Handlungsfreiheit einzelner Marktakteure ist, können sich diese nicht unmittelbar auf das Territorialitätsprinzip berufen und darüber hinaus dürften die strengen Vorgaben des Art. 101 III AEUV nicht unterlaufen werden. Das Territorialitätsprinzip könnte einen Verstoß gegen das Wettbewerbsrecht allenfalls dadurch ausschließen, dass es zur Abschottung der Märkte führt und das Entstehen eines einheitlichen europäischen Lizenzmarktes verhindert. In diesem Fall würde sich der räumlich relevante Markt auf die einzelnen Mitgliedstaaten beschränken und die Gebietslizenzierungspraktiken würden keine Wettbewerbsbeschränkung begründen.[78] Allerdings zeigt sich bereits durch die häufige Lizenzvergabe für verschiedene europäische Sprachgebiete[79] und dem Interesse an originalen Sprachfassungen in verschiedenen Ländern, dass die Lizenzmärkte nicht den Ländergrenzen entsprechen. Soweit sonstige strukturelle Marktaufteilungen vorliegen, die einen Wettbewerbsverstoß ausschließen, gehen diese nicht auf das Territorialitätsprinzip zurück. Daher vermag das Territorialitätsprinzip einen Verstoß gegen das Wettbewerbsrecht weder zu rechtfertigen, noch schafft es national abgeschottete Strukturen, damit eine solcher Verstoß ausscheidet.[80] Das Territorialitätsprinzip ist daher nicht der Grund dafür, dass den Gebietslizenzierungspraktiken unter Rückgriff auf das Primärrecht bisher kein Ende gesetzt wurde.

c) *Gebietslizenzierungspraktiken*

Die Gebietsrestriktionen beim Abruf von Online-Inhalten sind auf die gebietsbezogenen Lizenzierungspraktiken der Rechteinhaber zurückzuführen.[81] Um einen grenzüberschreitenden Zugriff auf Online-Inhaltedienste zu

---

77 *Lauber-Rönsberg*, in: Ahlberg/Götting, Kollisionsrecht und internationale Zuständigkeit Rn. 6.

78 Zur Bestimmung des räumlich relevanten Marktes, siehe *Weiß*, in: Calliess/Ruffert, EUV/AEUV, Art. 101 AEUV Rn. 93.

79 *Engels*, Die territoriale Aufspaltung der Verwertungsrechte, S. 150; *Reber*, in: v. Hartlieb/Schwarz, Kap. 39 Rn. 6.

80 A.A. *Schwarz*, ZUM 2011, 699, 702 f., der im Territorialitätsprinzip die Grundlage der Gebietslizenzen sieht.

81 *Dreier*, in: Dreier/Schulze, Art. 1 Portabilitäts-VO Rn. 1; *Engels/J. B. Nordemann*, in: Fromm/Nordemann, Portabilitäts-VO Einl. Rn. 4; in Erwägungsgrund 4 Portabilitäts-VO werden die Gebietslizenzierungspraktiken explizit als Hindernis für einen europaweiten Zugriff auf Online-Inhaltedienste genannt.

ermöglichen, gilt es diese als unmittelbare Ursache der Zugriffsbeschränkungen aus dem Weg zu räumen;[82] dafür muss man nicht unbedingt am Territorialitätsprinzip rütteln. Die Vereinbarkeit der Gebietslizenzierungspraktiken mit den Binnenmarktvorschriften ist überaus zweifelhaft.[83] Allerdings basieren die derzeitigen Finanzierungs- und Verwertungsmodelle der Filmindustrie maßgeblich auf der territorialen Lizenzierung innerhalb der EU. Inwiefern sich ein Verstoß gegen die Binnenmarktregeln aufgrund der wirtschaftlichen Bedeutung der Gebietslizenzierungen für die Filmindustrie rechtfertigen lässt, ist Gegenstand einer langen und intensiven Diskussion.[84]

II. Vereinbarkeit der Gebietslizenzierungspraktiken mit der Dienstleistungsfreiheit

1. Beschränkung des freien Dienstleistungsverkehrs

Die Dienstleistungsfreiheit nach Art. 56 AEUV verbietet jede Beschränkung des grenzüberschreitenden Dienstleistungsverkehrs innerhalb der EU.[85] Jede Maßnahme, die eine grenzüberschreitende Leistungserbringung innerhalb der EU unterbindet, behindert oder weniger attraktiv macht, begründet eine solche Beschränkung.[86] Die Gebietslizenzierungspraktiken, mit welchen der europäische Binnenmarkt in verschiedene Territorien, die den einzelnen Mitgliedstaaten oder bestimmten Sprachgebieten entsprechen,[87] aufgespalten wird, unterbinden eine grenzüberschreitende Bereitstellung von Online-Inhaltediensten. Zwar beruht die Beschränkung maßgeblich auf den Gebietsbeschränkungen in den Lizenzvereinbarungen zwischen den Rechteinhabern und Anbietern der Online-Inhaltedienste, die sich in den Nutzungsverträgen zwischen den Anbietern und den Abonnenten fortsetzen.[88] Allerdings bietet

---

82 *Ohly*, ZUM 2015, 942, 947.

83 *Kreile*, ZUM 2012, 177, 186; *Stieper*, GRUR 2015, 1145, 1146; *Wiebe*, ZUM 2015, 932, 934 ff.; ausführlich zur Vereinbarkeit der territorialen Aufspaltung von Verwertungsrechten mit den europäischen Binnenmarktregeln, siehe *Engels*, Die territoriale Aufspaltung der Verwertungsrechte, S. 84 ff.

84 Siehe dazu § 2 A. II., III., IV.

85 *Rendelzhofer/Forsthoff*, in: Grabitz/Hilf/Nettesheim, Art. 56 AEUV Rn. 69, 97.

86 EuGH, Urt. v. 17.7.2008, Rs. C-389/05 – *Kommission/Frankreich*, ECLI:EU:C:2008:411, Rn. 57 m.w.N.; *Müller-Graf*, in: Streinz, Art. 56 AEUV Rn. 86 f. m.w.N.

87 *Martiny*, ZUM 2018, 772, 774; *Reber*, in: v. Hartlieb/Schwarz, Kap. 39 Rn. 6.

88 EuGH, Urt. v. 4.10.2011, verb. Rs. C-429/08, C-403/08 – *FAPL/Murphy*, ECLI:EU:C:2011:231, Rn. 88.

ein gesetzliches Schutzrecht insofern die Grundlage für die Gebietslizenzierungspraktiken, als für die Urheber oder Inhaber sonstiger Leistungsschutzrechte aufgrund ihres Ausschließlichkeitsrechts, das ihnen das nationale Recht gewährt, die Möglichkeit besteht, die Anbieter bei Verstößen gegen die Gebietsbeschränkungen wegen einer Urheberrechtsverletzung in Anspruch zu nehmen.[89] Die Gebietslizenzierungspraktiken sind mit Hilfe der nationalen Ausschließlichkeitsrechte demnach rechtlich durchsetzbar.[90]

2. *Verhältnis des Urheberrechts zur Dienstleistungsfreiheit*

a) *Differenzierung zwischen Bestand und Ausübung*

Bei der Beurteilung, inwiefern die Ausübung eines durch das nationale Recht gewährten Ausschließlichkeitsrechts die europäischen Grundfreiheiten unzulässig beschränkt, sind zweierlei Gesichtspunkte zu berücksichtigen. Zum einen lassen die Verträge die Eigentumsordnung der verschiedenen Mitgliedstaaten nach Art. 345 AEUV unberührt. Aufgrund dieser negativen Kompetenznorm darf die EU, selbst wenn sie sich innerhalb eines anderen ihr zugewiesenen Regelungsbereichs bewegt, nicht in die nationalen Eigentumsordnungen eingreifen.[91] Zum anderen dürfen die Binnenmarktvorschriften aufgrund des Regelungsanspruchs des Unionsrechts jedoch nicht leerlaufen.[92] Der Konflikt zwischen Binnenmarktvorschriften und den autonomen Rechten des geistigen Eigentums der Mitgliedstaaten stellt sich auf zwei verschiedenen Ebenen: der kompetenzrechtlichen und der materiell-rechtlichen. Für die Auflösung des Konflikts auf kompetenzrechtlicher Ebene entwickelte der EuGH im Bereich des europäischen Wettbewerbsrechts die Differenzierung zwischen

---

89 EuGH, Urt. v. 18.3.1980, Rs. C-62/79 – *Coditel I*, ECLI:EU:C:1980:84, Rn. 18.

90 EuGH, Urt. v. 4.10.2011, verb. Rs. C-429/08, C-403/08 – *FAPL/Murphy*, ECLI:EU:C:2011:231, Rn. 88; ausführlich zur Zurechnung privater Rechte an den Staat über die Rechtsetzung und -anwendung, siehe *Heinemann*, Immaterialgüterschutz in der Wettbewerbsordnung, S. 219 ff.

91 Zur dogmatischen Einordnung der Vorschrift als Kompetenznorm, siehe *Heinemann*, Immaterialgüterschutz in der Wettbewerbsordnung, S. 202; zur Einordnung als Kompetenzausübungsnorm, siehe *Kingreen*, in: Calliess/Ruffert, Art. 345 AEUV Rn. 5 m.w.N.; *Kühling*, in: Streinz, EUV/AEUV, Art. 345 AEUV Rn. 1; zur Einordnung als negative Kompetenznorm zum Schutz der Integrität der mitgliedstaatlichen Eigentumsordnungen, siehe *Wernicke*, in: Grabitz/Hilf/Nettesheim, Art. 345 AEUV Rn. 6, 10; zur Ablehnung einer Einordnung als Sachnorm, siehe *Heinemann*, Immaterialgüterschutz in der Wettbewerbsordnung, S. 202.

92 *Wielsch*, Zugangsregeln, S. 126.

dem Bestand und der Ausübung von Schutzrechten des geistigen Eigentums. Danach sollte der Bestand der nationalen Schutzrechte vom europäischen Wettbewerbsrecht unberührt bleiben, während die Ausübung der Schutzrechte einer Kontrolle unterliegen sollte.[93] Diese Differenzierung wurde anschließend auf die europäischen Grundfreiheiten übertragen.[94] An ihr wird bemängelt, dass die Ausübung und der Bestand von Schutzrechten des geistigen Eigentums untrennbar miteinander verbunden seien; der Bestand eines Schutzrechts sei die „Summe seiner Ausübungsbefugnisse“.[95] Außerdem ließen die Urteile des EuGH klare Kriterien dafür vermissen, ob der Bestand oder lediglich die Ausübung eines nationalen Schutzrechts betroffen ist.[96]

Aus rechtspolitischer Perspektive hat die Differenzierung die Funktion, die Anwendung der Binnenmarktvorschriften zu ermöglichen, obwohl das Eigentumsrecht im Regelungsbereich der Mitgliedstaaten angesiedelt ist.[97] Indem der

---

93 EuGH, Urt. v. 13.6.1966, verb. Rs. 56/64, 58/64 – *Grundig/Consten*, ECLI:EU:C:1966:41, S. 394; EuGH, Urt. v. 11.2.1971, Rs. C-40/70 – *Sirena*, ECLI:EU:C:1971:18, Rn. 5; ausführlich dazu, siehe *Ebenroth/Hübschle*, Gewerbliche Schutzrechte und Marktaufteilung, S. 78 ff.; *Engels*, Die territoriale Aufspaltung der Verwertungsrechte, S. 103; *Heinemann*, Immaterialgüterschutz in der Wettbewerbsordnung, S. 239, 241; *Lang*, Immaterialgüterrechtliche Lizenzierung und kartellrechtliche Verhaltenskontrolle, S. 75 f.; *Wolf*, in: MüKo Wettbewerbsrecht, Einl. Rn. 1241 m.w.N.

94 EuGH, Urt. v. 8.6.1971, Rs. C-78/70 – *Deutsche Grammophon/Metro*, ECLI:EU:C:1971:59, S. 495; EuGH, Urt. v. 22.6.1976, Rs. C-119/75 – *Terrapin/Terranova*, ECLI:EU:C:1976:94, Rn. 5; EuGH, Urt. v. 3.7.1974, Rs. 192/73 – *HAG*, ECLI:EU:C:1974:72, Rn. 7/10.

95 *Heinemann*, Immaterialgüterschutz in der Wettbewerbsordnung, S. 197; *Lang*, Immaterialgüterrechtliche Lizenzierung und kartellrechtliche Verhaltenskontrolle, S. 82; *Ullrich/Konrad*, in: Dauses/Ludwigs, Hdb. des EU-Wirtschaftsrechts, C. III. Rn. 16; *Wielsch*, Zugangsregeln, S. 126; *Wolf*, in: MüKo Wettbewerbsrecht, Einl. Rn. 1241.

96 *Engels*, Die territoriale Aufspaltung der Verwertungsrechte, S. 103; *Lang*, Immaterialgüterrechtliche Lizenzierung und kartellrechtliche Verhaltenskontrolle, S. 82 m.w.N.; a.A. *Axster*, GRUR 1980, 594, 596; ausführlich zur Kritik an der Differenzierung zwischen Bestand und Ausübung, siehe *Oder*, Der spezifische Gegenstand des geistigen Eigentums, S. 99 ff.

97 *Engels*, Die territoriale Aufspaltung der Verwertungsrechte, S. 103; *Heinemann*, Immaterialgüterschutz in der Wettbewerbsordnung, S. 197; *Wernicke*, in: Grabitz/Hilf/Nettesheim, Art. 345 AEUV Rn. 15; *Wielsch*, Zugangsregeln, S. 126; ausführlich zu den verschiedenen Funktionen der Differenzierung zwischen dem Bestand und der Ausübung von Eigentumsrechten, siehe *Heinemann*, Immaterialgüterschutz in der Wettbewerbsordnung, S. 195 ff.

Bestand der Eigentumsrechte der Regelungskompetenz der EU entzogen bleibt und lediglich deren Ausübung dem EU-Recht unterfällt, bleibt die Regelungskompetenz der Mitgliedstaaten unberührt und zugleich ist die Geltung des Unionsrechts sichergestellt.[98] In der neueren Rechtsprechung des EuGH hat die Differenzierung zwischen Bestand und Ausübung keine Bedeutung mehr.[99] Der EuGH beschränkt sich nunmehr auf die Prüfung, inwiefern eine Beschränkung der Grundfreiheiten oder ein Verstoß gegen das europäische Wettbewerbsrecht zum Schutz des spezifischen Gegenstandes des geistigen Eigentums notwendig ist.[100] Diese Prüfung fand zuvor parallel zur Formel von Bestand und Ausübung des Schutzrechts Anwendung.[101]

b) *Spezifischer Gegenstand des Urheberrechts*

In der Entscheidung *Deutsche Grammophon*[102], in welcher der EuGH die Differenzierung zwischen Bestand und Ausübung der nationalen Schutzrechte erstmals auf die Grundfreiheiten übertrug, zog er auch den spezifischen Gegenstand des Urheberrechts erstmals im Rahmen der Rechtfertigung von Beschränkungen der Grundfreiheiten heran. Nachdem er unter Hinweis auf die Differenzierung zwischen Bestand und Ausübung der Schutzrechte den Kompetenzbereich der EU von dem der Mitgliedstaaten abgrenzte, wies er unter Verweis auf Art. 36 EWG-Vertrag (Art. 36 AEUV) auf die grundsätzliche Möglichkeit einer Beschränkung der Warenverkehrsfreiheit zum Schutz des gewerblichen und kommerziellen Eigentums hin.[103] Allerdings folgte sogleich eine wichtige Einschränkung. Die Rechtfertigung von Beschränkungen komme nur in Betracht, „soweit sie zur Wahrung der Rechte berechtigt sind, die den

---

98 *Heinemann*, Immaterialgüterschutz in der Wettbewerbsordnung, S. 197.

99 Siehe zum Beispiel EuGH, Urt. v. 4.10.2011, verb. Rs. C-429/08, C-403/08 – *FAPL/Murphy*, ECLI:EU:C:2011:231; *Engels*, Die territoriale Aufspaltung der Verwertungsrechte S. 103 f.; zur Frage, inwiefern die Differenzierung zwischen Bestand und Ausübung aufgegeben wurde, siehe *Lang*, Immaterialgüterrechtliche Lizenzierung und kartellrechtliche Verhaltenskontrolle, S. 83.

100 So zum Beispiel EuGH, Urt. v. 4.10.2011, verb. Rs. C-429/08, C-403/08 – *FAPL/Murphy*, ECLI:EU:C:2011:231; ausführlich zur Entwicklung der Differenzierung zwischen Bestand und Ausübung, siehe *Lang*, Immaterialgüterrechtliche Lizenzierung und kartellrechtliche Verhaltenskontrolle, S. 82 ff.

101 EuGH, Urt. v. 8.6.1971, Rs. C-78/70 – *Deutsche Grammophon/Metro*, ECLI:EU:C:1971:59, Rn. 11.

102 EuGH, Urt. v. 8.6.1971, Rs. C-78/70 – *Deutsche Grammophon/Metro*, ECLI:EU:C:1971:59.

103 EuGH (Fn. 102), Rn. 11.

spezifischen Gegenstand dieses Eigentums ausmachen".[104] Mit dem Kriterium des spezifischen Gegenstandes wird sichergestellt, dass eine Beschränkung der Grundfreiheiten nicht durch die schlichte Berufung auf nationale Schutzrechte möglich ist. Dies würde den Vorrang des nationalen Rechts vor den europäischen Grundfreiheiten bedeuten[105] und den Grundsatz vom Vorrang des Unionsrechts aushebeln.[106] Außerdem ist es gerade das Ziel der Grundfreiheiten, binnenmarktfeindliche Maßnahmen der Mitgliedstaaten zu verhindern.[107] Würden die von den Mitgliedstaaten autonom geschaffenen Schutzrechte des geistigen Eigentums Beschränkungen der Grundfreiheiten generell rechtfertigen, könnten die Grundfreiheiten ihre Aufgabe nicht mehr erfüllen.

Die Lehre vom spezifischen Gegenstand wendet der EuGH im Gegensatz zur Differenzierung zwischen dem Bestand und der Ausübung von Schutzrechten noch heute an. Sie bildet den Prüfungskern bei der Vereinbarkeit bestimmter Maßnahmen mit den Grundfreiheiten.[108] Anders als die Differenzierung zwischen dem Bestand und der Ausübung von Schutzrechten ist die Formel vom spezifischen Gegenstand Instrument zur Lösung des Konflikts zwischen den Binnenmarktvorschriften und nationalen Schutzrechten auf materiell-rechtlicher Ebene.[109] Die entscheidende Frage für die Zulässigkeit einer Beschränkung der Grundfreiheiten ist demnach, inwiefern eine solche zum Schutz des spezifischen Gegenstandes des geistigen Eigentums notwendig ist.

---

104 EuGH (Fn. 102), Rn. 11.

105 *Heinemann*, Immaterialgüterschutz in der Wettbewerbsordnung, S. 239; *Jestaedt*, in: Langen/Bunte, Nach Art. 101 AEUV Rn. 1277.

106 *Christoph*, Wettbewerbsbeschränkungen in Lizenzverträgen, S. 92; *Jestaedt*, in: Langen/Bunte, Nach Art. 101 AEUV Rn. 1277; *Sack*, WRP 1999, 592, 594 hält die Theorie vom spezifischen Gegenstand für vereinbar mit dem Grundsatz des Vorrangs des Unionsrechts.

107 *Kingreen*, in: Calliess/Ruffert, Art. 36 AEUV Rn. 104; *Terhechte*, in: Grabitz/Hilf/Nettesheim, Art. 3 EUV Rn. 40.

108 EuGH, Urt. v. 4.10.2011, verb. Rs. C-429/08, C-403/08 – *FAPL/Murphy*, ECLI:EU:C:2011:231, Rn. 106 ff.; *Heinemann*, Immaterialgüterschutz in der Wettbewerbsordnung, S. 241; *Joliet*, GRUR Int 1991, 177, 182 f.; *Kingreen*, in: Calliess/Ruffert, Art. 36 AEUV Rn. 208.

109 *Heinemann*, Immaterialgüterschutz in der Wettbewerbsordnung, S. 241.

3. *Bestimmung des spezifischen Gegenstandes*

Der spezifische Gegenstand ist für sämtliche Bereiche des Immaterialgüterrechts autonom zu bestimmen, wobei gewisse Parallelen existieren.[110] Im Urheberrecht bestimmt sich dieser mit Blick auf die Funktion des Urheberrechts, womit er sowohl das Urheberpersönlichkeitsrecht als auch die wirtschaftliche Auswertung der Schutzgegenstände und damit die Verwertungsrechte, welche die Grundlage dafür sind, umfasst.[111] Aufgrund seines funktionalen Verständnisses unterscheidet sich der spezifische Gegenstand bei den unterschiedlichen Verwertungsformen.[112]

Im Folgenden wird aufgezeigt, welchen Inhalt der spezifische Gegenstand im Urheberrecht bei der immateriellen Wiedergabe geschützter Inhalte hat. Ein Schwerpunkt ist dabei, inwiefern das Kriterium einer angemessenen Vergütung bei der Bestimmung des spezifischen Gegenstandes sowie der anschließenden Abwägung mit den Grundfreiheiten zu berücksichtigen ist. Zudem wird analysiert, inwiefern die dingliche Abspaltbarkeit von Verwertungsrechten entscheidend dafür ist, ob eine territoriale Beschränkung der Lizenzen unter Berufung auf den spezifischen Gegenstand gerechtfertigt werden kann.

a) *Angemessene Vergütung als Hauptkriterium*

In der Sache *Coditel I* hatte der EuGH zum ersten Mal über die Zulässigkeit der territorialen Aufspaltung von Verwertungsrechten innerhalb des europäischen Binnenmarktes mit Blick auf die Dienstleistungsfreiheit zu entscheiden.[113]

---

110 Zum Überblick über den spezifischen Gegenstand in den verschiedenen Bereichen des Immaterialgüterrechts, siehe *Heinemann*, Immaterialgüterschutz in der Wettbewerbsordnung, S. 242 ff.; *Leible/T. Streinz*, in: Grabitz/Hilf/Nettesheim, Art. 36 AEUV Rn. 35 ff.; *Mestmäcker/Schweitzer*, Europäisches Wettbewerbsrecht, § 29 Rn. 32 ff.; *Ullrich/Konrad*, in: Dauses/Ludwigs, Hdb. des EU-Wirtschaftsrechts, Kap. C. III. Rn. 17 ff.

111 EuGH, Urt. v. 20.10.1993, verb. Rs. C-92/92, C-326/92 – *Phil Collins u.a.*, ECLU:EU:C:1993:847, Rn. 20; *Jestaedt*, in: Langen/Bunte, Nach Art. 101 AEUV Rn. 1277 f.; *Mestmäcker/Schweitzer*, Europäisches Wettbewerbsrecht, § 29 Rn. 37; *Synodinou*, GRUR Int. 2020, 138; *Wolf*, in: MüKo Wettbewerbsrecht, Einl. Rn. 1309; ausführlich zum spezifischen Gegenstand des Urheberrechts, siehe *Oder*, Der spezifische Gegenstand des geistigen Eigentums, S. 143 ff.; zur Vergütungsfunktion des Urheberrechts, siehe *Wandtke*, Urheberrecht, 1. Kap. Rn. 51 ff.

112 *Mestmäcker/Schweitzer*, Europäisches Wettbewerbsrecht, § 29 Rn. 38 ff.; *Wolf*, in: MüKo Wettbewerbsrecht, Einl. Rn. 1308 ff.

113 EuGH, Urt. v. 18.3.1980, Rs. C-62/79 – *Coditel I*, ECLI:EU:C:1980:84.

Ihm wurde die Frage vorgelegt, ob es mit dem freien Dienstleistungsverkehr vereinbar sei, sein Ausschließlichkeitsrecht zu benutzen, um einem anderen die Kabelweiterleitung eines Films zu untersagen, wenn das empfangene und weitergeleitete Signal in einem anderen Mitgliedstaat rechtmäßig ausgestrahlt wurde.[114] In jüngerer Vergangenheit hatte sich der EuGH in der Sache *FAPL/ Murphy* damit zu befassen, inwiefern die Gebietslizenzierungspraktiken der Rechteinhaber in Verbindung mit Gebietsschutzklauseln gegen die Dienstleistungsfreiheit verstoßen.[115] Im Gegensatz zur Sache *Coditel I* handelte es sich diesmal um territoriale Lizenzen im Anwendungsbereich der Satelliten- und Kabel-RL.

Wie sich sowohl anhand der Entscheidung *Coditel I* als auch der Entscheidung *FAPL/Murphy* zeigt, gehört die angemessene Vergütung der Rechteinhaber durch eine kommerzielle Verwertung der Schutzgegenstände zum wesentlichen Bestandteil des spezifischen Gegenstandes des Urheberrechts. Außerdem lassen sich den Entscheidungen Ansätze entnehmen, wie die Angemessenheit der Vergütung zu bestimmen ist. Der unterschiedliche Ausgang beider Verfahren ist lediglich deren unterschiedlicher Sachlage geschuldet.[116]

In der Entscheidung *Coditel I* führte der EuGH zunächst aus, dass es bei der unkörperlichen Verwertung das berechtigte Interesse der Rechteinhaber gebe, die Vergütung anhand der tatsächlichen oder wahrscheinlichen Zahl der Vorführungen zu bestimmen, da es zum wesentlichen Inhalt des Urheberrechts gehöre, für jede einzelne Vorführung eine Vergütung zu verlangen.[117] Kern des spezifischen Gegenstandes ist demnach die Vergütung für jede einzelne Vorführung.[118] Außerdem ordnete der EuGH die Filmauswertung im Rahmen einer zeitlich gestaffelten Verwertungskaskade als berechtigtes Interesse der Rechteinhaber ein.[119] Grundsätzlich setze die Dienstleistungsfreiheit der wirtschaftlichen Betätigung, die auf der Anwendung nationaler Schutzrechte des geistigen Eigentums basiert, damit keine Grenzen. Allerdings blieb dieser Grundsatz nicht ohne Ausnahme. Eine unzulässige Beschränkung der

114 EuGH (Fn. 113), Rn. 8.

115 EuGH, Urt. v. 4.10.2011, verb. Rs. C-403/08, C-429/08 – *FAPL/Murphy*, ECLI:EU:C:2011:231.

116 *Mestmäcker/Schweitzer*, Europäisches Wettbewerbsrecht, § 29 Rn. 18.

117 EuGH, Urt. v. 18.3.1980, Rs. C-62/79 – *Coditel I*, ECLI:EU:C:1980:84, Rn. 13 f.; bestätigt in EuGH, Urt. v. 13.7.1989, Rs. 395/87 – *Tournier*, ECLI:EU:C:1989:319, Rn. 12.

118 *Mestmäcker/Schweitzer*, Europäisches Wettbewerbsrecht, § 29 Rn. 39.

119 EuGH, Urt. v. 18.3.1980, Rs. C-62/79 – *Coditel I*, ECLI:EU:C:1980:84, Rn. 13.

Dienstleistungsfreiheit liege vor, wenn mit Hilfe eines Nutzungsrechts „künstliche Schranken für die wirtschaftlichen Beziehungen zwischen Mitgliedstaaten“ errichtet werden.[120]

In der *FAPL/Murphy*-Entscheidung griff der EuGH diese Kriterien auf und konkretisierte sie. Demnach gewährleiste der spezifische Gegenstand des Urheberrechts den Rechteinhabern für die Nutzung ihrer Schutzgegenstände eine angemessene Vergütung, wie es sich aus dem zehnten Erwägungsgrund der InfoSoc-RL[121] sowie dem fünften Erwägungsgrund der Richtlinie über verwandte Schutzrechte[122] ergebe.[123] Das Kriterium der Angemessenheit erfordere, dass zwischen dem wirtschaftlichen Wert der erbrachten Leistung und der Vergütung ein vernünftiger Zusammenhang bestehe.[124] Zur Bestimmung des wirtschaftlichen Wertes machte der EuGH ebenfalls die Kriterien aus der *Coditel I*- Entscheidung fruchtbar. Maßgeblich sei insbesondere die Zahl der Personen, die tatsächlich oder potenziell in den Genuss der erbrachten Leistung kommen.[125] Dadurch wird deutlich, dass der EuGH in der *FAPL/Murphy*-Entscheidung seine Grundsätze aus der *Coditel I*-Entscheidung nur verfeinerte.[126]

In der *FAPL/Murphy*-Entscheidung bezog er sich schließlich auch auf die binnenmarktorientierte Ausnahme von der grundsätzlichen Zulässigkeit der territorialen Rechteaufspaltung aus der *Coditel I*-Entscheidung,[127] allerdings band er diese über das Angemessenheitskriterium explizit in den spezifischen Gegenstand des Urheberrechts ein. Dieser gewährleiste den Rechteinhabern nur die angemessene und nicht die höchstmögliche Vergütung.[128] Eine solche werde

---

120 EuGH (Fn. 119), Rn. 15.

121 Richtlinie 2001/29/EG des europäischen Parlaments und des Rates vom 22. Mai 2001 zur Harmonisierung bestimmter Aspekte des Urheberrechts und der verwandten Schutzrechte in der Informationsgesellschaft, EU-ABl. L 167/10 v. 22.06.2001.

122 Richtlinie 2006/115/EG des europäischen Parlaments und des Rates vom 12. Dezember 2006 zum Vermietrecht und Verleihrecht sowie zu bestimmten dem Urheberrecht verwandten Schutzrechten im Bereich des geistigen Eigentums, EU-ABl. L 376/28 v. 27.12.2006.

123 EuGH, Urt. v. 4.10.2011, verb. Rs. C-403/08, C-429/08 – *FAPL/Murphy*, ECLI:EU:C:2011:231, Rn. 108.

124 EuGH (Fn. 123), Rn. 109.

125 EuGH (Fn. 123), Rn. 109.

126 Zur Bemessung der Vergütung im Geltungsbereich des Sendelandprinzips, siehe *Rumphorst*, GRUR Int 1993, 934, 935.

127 EuGH, Urt. v. 18.3.1980, Rs. C-62/79 – *Coditel I*, ECLI:EU:C:1980:84, Rn. 15.

128 EuGH, Urt. v. 4.10.2011, verb. Rs. C-403/08, C-429/08 – *FAPL/Murphy*, ECLI:EU:C:2011:231, Rn. 108.

angestrebt, wenn ein Aufschlag für eine absolute gebietsabhängige Exklusivität verlangt werde, mit der eine Abschottung der Märkte und die Festsetzung künstlicher Preisunterschiede zwischen den Mitgliedstaaten möglich sei – dies sei mit dem Binnenmarktziel unvereinbar.[129]

Ausgehend von der Formulierung des EuGH, dass die Gegenleistung „in einem vernünftigen Zusammenhang mit dem wirtschaftlichen Wert der erbrachten Leistung stehen" müsse,[130] sind zur Bestimmung der Angemessenheit sämtliche Umstände des Einzelfalls zu berücksichtigen. Im Falle einer gebietsabhängigen Exklusivität ist der isolierte Blick auf Leistung und Gegenleistung nicht ausreichend. Die Beurteilung, ob es sich um einen zulässigen Aufschlag für eine gebietsabhängige Lizenz handelt oder die höchstmögliche Vergütung angestrebt wird, kann nur unter Berücksichtigung der Auswirkungen auf die Märkte und die Vereinbarkeit mit dem Binnenmarktziel erfolgen.[131]

Dem spezifischen Gegenstand kommt bei diesem Vorgehen eine Rolle als Schablone zu.[132] Er legt zunächst fest, welches Interesse grundsätzlich geeignet ist, eine Beschränkung der Grundfreiheiten zu rechtfertigen: das Interesse an einer angemessenen Vergütung.[133] Bei der Frage, inwiefern die Vergütung im Einzelfall angemessen ist, erfolgt schließlich die Abwägung mit den

129 EuGH (Fn. 128), Rn. 115; die gleiche Grenze setzte der EuGH der territorialen Aufspaltung von Nutzungsrechten bereits in der Entscheidung *Coditel I*, wobei er dabei nicht mit dem Begriff der höchstmöglichen Vergütung argumentierte, EuGH, Urt. v. 18.3.1980, Rs. C-62/79 – *Coditel I*, ECLI:EU:C:1980:84, Rn. 15.

130 EuGH, Urt. v. 4.10.2011, verb. Rs. C-403/08, C-429/08 – *FAPL/Murphy*, ECLI:EU:C:2011:231, Rn. 109.

131 Kritisch zum Angemessenheitskriterium als Kontrollinstrument für die absolute Höhe der Lizenzvergütung, siehe *Engels*, Die territoriale Aufspaltung der Verwertungsrechte, S. 114 f.

132 Ausführlich zur Ansicht, dass mit dem spezifischen Gegenstand nur der funktionelle Inhalt eines nationalen Schutzrechts bestimmt werde, der überhaupt in der Lage sei, eine Beschränkung der Grundfreiheiten zu rechtfertigen, wobei sich eine Abwägung des spezifischen Gegenstandes mit den Binnenmarktvorschriften anschließt, siehe *Engels*, Die territoriale Aufspaltung der Verwertungsrechte, S. 106 f., 109 f.; *Wolf*, in: MüKo Wettbewerbsrecht, Einl. Rn. 1251; ausführlich zur dogmatischen Einordnung der Formel vom spezifischen Gegenstand, siehe *Oder*, Der spezifische Gegenstand des geistigen Eigentums, S. 115 ff.

133 So im Ergebnis auch *Mestmäcker/Schweitzer*, Europäisches Wettbewerbsrecht, § 29 Rn. 32; *Wolf*, in: MüKo Wettbewerbsrecht, Einl. Rn. 1251; ausführlich dazu, siehe *Engels*, Die territoriale Aufspaltung der Verwertungsrechte, S. 107 ff.

Grundfreiheiten.[134] Dabei sind in jedem Einzelfall die Besonderheiten der jeweiligen Markt- und Verwertungsstrukturen zu berücksichtigen, wozu unter anderem die Methode zur Berechnung der Vergütung zählt.[135] Am Ende erweist sich die Vergütung nur dann als angemessen, wenn deren Höhe nicht durch Maßnahmen erreicht wird, die mit den Binnenmarktvorschriften absolut unvereinbar sind.[136] Dies ist der Fall, wenn eine exklusive gebietsbezogene Lizenz in der Lage ist, die Märkte abzuschotten und künstliche Preisunterschiede festzusetzen.[137] Insgesamt hat das Angemessenheitskriterium daher zwei Ebenen, eine wirtschaftliche und eine normative.[138]

b) Dingliche Nutzungsrechte als Kriterium

Als Kriterium, mit dem sich der spezifische Gegenstand des Urheberrechts unter Umständen konkretisieren lässt, wird in der Literatur zum Teil die Möglichkeit der dinglichen Beschränkbarkeit der Nutzungsrechte herangezogen. Danach soll eine territorial begrenzte Lizenz stets vom spezifischen Gegenstand des Urheberrechts erfasst sein und sich gegenüber den Grundfreiheiten durchsetzen, sofern sie dinglichen Charakter hat. Erst wenn die Einräumung der Nutzungsrechte lediglich schuldrechtlich wirkt, soll es für die Möglichkeit der Rechtfertigung der Beschränkung darauf ankommen, ob diese zur Sicherung einer angemessenen Vergütung notwendig ist.[139] Dahinter steckt die Überlegung, dass ein Lizenznehmer für ein dingliches Nutzungsrecht immer genau die Vergütung zahle, die dem wirtschaftlichen Wert des Nutzungsrechts

---

134 Ähnlich *Martiny*, ZUM 2018, 772, 776; zur Notwendigkeit einer Abwägung eines nationalen Schutzrechts mit den Grundfreiheiten, siehe *Leible/T. Streinz*, in: Grabitz/Hilf/Nettesheim, Art. 36 AEUV Rn. 32; *Kreutzmann*, Lizenzkartellrecht, S. 75 f.; zur Notwendigkeit einer Verhältnismäßigkeitsprüfung, siehe EuGH, Urt. v. 5.3.2009, Rs. C-222/07 – *UTECA*, ECLI:EU:C:2009:124, Rn. 25 m.w.N.; *Kingreen*, in: Calliess/Ruffert, Art. 36 AEUV Rn. 208.

135 *Jestaedt*, in: Langen/Bunte, Nach Art. 101 AEUV Rn. 1282 f.

136 Ähnlich *Ranke/Roßnagel*, MMR 2012, 152, 153; eine tatsächliche Preiskontrolle ebenfalls ablehnend *Sutterer*, in: Hennemann/Sattler, Immaterialgüter und Digitalisierung, S. 145, 159.

137 EuGH, Urt. v. 4.10.2011, verb. Rs. C-403/08, C-429/08 – *FAPL/Murphy*, ECLI: EU:C:2011:231, Rn. 115; so im Ergebnis auch *Engels*, Die territoriale Aufspaltung der Verwertungsrechte, S. 158.

138 Ausführlich zur Gegenleistung als Kriterium der angemessenen Vergütung, siehe *Engels*, Die territoriale Aufspaltung der Verwertungsrechte, S. 116 f.

139 *v. Albrecht/Fiss*, ZUM 2020, 18, 21; *v. Albrecht/Mutschler-Siebert/Bosch*, ZUM 2012, 93, 97 ff.; *Ratjen/Langer*, ZUM 2012, 299, 303 f.; *Wiebe*, ZUM 2015, 932, 936.

entspreche. Erst wenn die gegenständliche Wirkung der Lizenz in räumlicher Hinsicht durch schuldrechtliche Vereinbarungen weiter aufgespalten werde, stelle sich überhaupt die Frage, ob dadurch die höchstmögliche Vergütung angestrebt werde.[140] Bei dinglichen Nutzungsrechten halte sich die Auswertung demnach stets in dem Rahmen, den das Urheberrecht selbst gewährleistet und es liege keine zusätzliche Beschränkung vor.[141] Die unterschiedlichen Preise für die Lizenzen in den einzelnen Ländern resultierten lediglich aus den unterschiedlichen Interessen und Verhaltensweisen der Nutzer.[142]

aa) Dinglich wirkende Nutzungsrechte im Online-Bereich

Grundsätzlich sind verschiedenste Kategorien dinglicher Beschränkungen von Nutzungsrechten möglich.[143] Die zentrale Voraussetzung für die nicht nur schuldrechtlich sondern dinglich wirkende Beschränkung eines Nutzungsrechts ist, dass es sich um eine sowohl in wirtschaftlicher als auch technischer Hinsicht eigenständige, klar abgrenzbare und übliche Nutzungsform handelt.[144] In Bezug auf Satellitensendungen hatte der BGH danach die dingliche Beschränkbarkeit einer Lizenz auf den Raum eines Mitgliedstaates ausgeschlossen, weil es technisch unmöglich sei, den Empfangsbereich einer Satellitensendung auf dieses Gebiet zu begrenzen.[145] Aus dem gleichen Grund wird die Möglichkeit dinglich wirkender territorialer Beschränkungen im Online-Bereich kritisch betrachtet. Grundsätzlich sind Online-Inhalte von jedem Land aus abrufbar. Einer territorial beschränkten Lizenz fehle es daher an deren technischer Abgrenzbarkeit.[146] In diesem Zusammenhang gewinnt das Geoblocking an Bedeutung, mit dem sich die Abrufbarkeit von Online-Inhalten auf bestimmte

---

140 *Ratjen/Langer*, ZUM 2012, 299, 303 f.; mit differenzierter Betrachtung, wonach dingliche Beschränkungen von Nutzungsrechten tendenziell vom spezifischen Gegenstand des Urheberrechts erfasst seien, wobei stets eine Interessenabwägung im Einzelfall zu erfolgen hat, siehe *J. B. Nordemann*, in: Fromm/Nordemann, Vor §§ 31 ff. Rn. 62; *J. B. Nordemann*, GRUR 2007, 203, 205 f.

141 *v. Albrecht/Mutschler-Siebert/Bosch*, ZUM 2012, 93, 100; *J. B. Nordemann*, GRUR 2007, 203, 205 f.; *Wiebe*, ZUM 2015, 932, 936.

142 *Ratjen/Langer*, ZUM 2012, 299, 304.

143 Zum Überblick, siehe *Ohly*, in: Schricker/Loewenheim, § 31 UrhG Rn 32 ff.

144 BGH, Urt. v. 13.10.2004 – I ZR 49/03, GRUR 2005, 48, 49; *Schulze*, in: Dreier/Schulze, § 31 UrhG Rn. 9.

145 BGH, Urt. v. 13.10.2004 – I ZR 49/03, GRUR 2005, 48, 49.

146 *Ratjen/Langer*, ZUM 2012, 299, 302; *Stieper*, GRUR 2015, 1145, 1147; *Wandtke/Grunert*, in: Wandtke/Bullinger, § 31 UrhG Rn. 10.

Staaten und Gebiete beschränken lässt. Es ließe sich daher argumentieren, dass Geoblocking die erforderliche technische Abgrenzbarkeit gewährleiste und daher nicht nur eine zusätzliche schuldrechtliche Beschränkung einer Lizenz sei, sondern eine dingliche Nutzungsrechtseinräumung ermögliche.[147] Demgegenüber lässt sich vorbringen, dass mit Hilfe des Geoblockings keine tatsächliche Einschränkung des Empfangsgebiets möglich sei, sondern lediglich die Abrufbarkeit der Inhalte in manchen Gebieten erschwert werde.[148] Denn das Geoblocking könne mit Hilfe bestimmter Dienste, die unter Nutzung einer ausländischen IP-Adresse einen Zugriff von bestimmten Ländern aus vortäuschen, umgangen werden. Nachdem es sich beim Geoblocking daher um kein absolut verlässliches Mittel zur Beschränkung der Zugriffsmöglichkeit handle, schaffe es auch nicht die notwendige technische Abgrenzbarkeit für die Einräumung eines auf einzelne Länder beschränkten dinglichen Nutzungsrechts.[149]

Nach überzeugender Auffassung sollte es für die dingliche Wirkung von Nutzungsrechten im Online-Bereich nicht auf die technischen Beschränkungsmöglichkeiten des Zugriffs ankommen.[150] Schließlich stellt sich die Frage der technischen Abgrenzbarkeit nur bei der Aufspaltung eines Nutzungsrechts. Bei der auf einzelne Länder begrenzten Lizenzierung wird ein Nutzungsrecht jedoch nicht im Sinne des § 31 I 2 UrhG aufgespalten, da für eine europaweite Lizenz ohnehin ein Bündel an nationalen Nutzungsrechten gewährt werden müsste. Bei der territorialen „Beschränkung"[151] einer Lizenz auf einen Mitgliedstaat wird daher das für dieses Land räumlich unbeschränkte, volle Recht eingeräumt, nur eben keine weiteren Rechte für andere Mitgliedstaaten.[152] Da

---

147 *v. Albrecht/Mutschler-Siebert/Bosch*, ZUM 2012, 93, 97; *Martiny*, ZUM 2018, 772, 777.

148 *Stieper*, GRUR 2015, 1145, 1147.

149 *Ratjen/Langer*, ZUM 2012, 299, 302; *Stieper*, GRUR 2015, 1145, 1147; zu den Umgehungsmöglichkeiten des Geoblockings, siehe *Mitsdörffer/Gutfleisch*, MMR 2009, 731, 732.

150 *Wiebe*, ZUM 2015, 932, 937.

151 Wenn im Rahmen dieser Arbeit von territorial beschränkten Nutzungsrechten gesprochen wird, bedeutet dies, dass Nutzungsrechte nur für bestimmte Länder oder Sprachgebiete eingeräumt wurden.

152 *Ohly*, in: Schricker/Loewenheim, § 31 UrhG Rn. 36; ähnlich *Martiny*, ZUM 2018, 772, 777; *Ohly*, ZUM 2015, 942, 943; ähnlich *Wiebe*, ZUM 2015, 932, 937; *Sutterer*, in: Hennemann/Sattler, Immaterialgüter und Digitalisierung, S. 145, 155; a.A. *v. Albrecht/Mutschler-Siebert/Bosch*, ZUM 2012, 93, 97 und *Ratjen/Langer*, ZUM 2012, 299, 303, die in den auf einzelne Mitgliedstaaten begrenzten Lizenzen eine räumliche Beschränkung nach § 31 I 2 UrhG sehen.

nach der im Online-Bereich geltenden *Bogsch*-Theorie eine urheberrechtlich relevante Nutzungshandlung sowohl im Land des Uploads als auch in jedem Abrufland zu lokalisieren ist, kommt den einzelnen nationalen Lizenzen dingliche Wirkung zu.[153] Nach oben dargelegter Differenzierung wären diese stets vom spezifischen Gegenstand des Urheberrechts erfasst und würden sich gegenüber den europäischen Grundfreiheiten durchsetzen. In diesem Fall käme es auf die Frage, inwiefern mit der territorial segmentierten Rechtvergabe eine angemessene oder höchstmögliche Vergütung angestrebt werde, nicht mehr an. Das hätte zur Folge, dass eine Beschränkung der Grundfreiheiten durch die Gebietslizenzierungspraktiken solange gerechtfertigt wäre, bis im Online-Bereich von der *Bogsch*-Theorie abgewichen wird und die Möglichkeit territorial begrenzter dinglicher Nutzungsrechte ausscheidet.[154]

bb) Stellungnahme

Eine solch pauschale Beurteilung der Gebietslizenzierungspraktiken würde den Kriterien, nach denen der EuGH deren Vereinbarkeit mit den Grundfreiheiten beurteilt, nicht gerecht werden. Wie aus der *FAPL/Murphy*-Entscheidung hervorgeht, kommt es für die Rechtfertigung einer Beschränkung der Grundfreiheiten durch exklusive Gebietslizenzen darauf an, ob damit eine angemessene Vergütung der Rechteinhaber gesichert oder die Erzielung einer höchstmöglichen Vergütung angestrebt werde.[155] Auch bei dinglichen Nutzungsrechten lässt sich nicht pauschal ausschließen, dass mit ihnen künstliche Preisunterschiede zwischen den Mitgliedstaaten geschaffen und die höchstmögliche Vergütung erzielt werden soll.[156] Daher ist in jedem Einzelfall die Überprüfung der Gebietslizenzierungspraktiken anhand des Angemessenheitskriteriums geboten, auch wenn eine Rechtfertigung der Beschränkungen über den spezifischen Gegenstand im Falle dinglicher Nutzungsrechte wohl in den meisten Fällen möglich ist.[157] Die pauschale Zulässigkeit dinglich wirkender Gebietslizenzen würde außer Betracht lassen, dass die Beschränkungen primär mit Blick auf ihre Auswirkungen auf den europäischen Binnenmarkt und deren

---

153 *Ohly*, in: Schricker/Loewenheim, § 31 UrhG Rn. 37; ausführlich zur Lokalisierung der urheberrechtlich relevanten Handlungen im Online-Bereich, siehe § 2 A. I. 1.

154 So *Ohly*, in: Schricker/Loewenheim, § 31 UrhG Rn. 37.

155 EuGH, Urt. v. 4.10.2011, verb. Rs. C-403/08, C-429/08 – *FAPL/Murphy*, ECLI:EU:C:2011:231, Rn. 108.

156 Zur Unzulässigkeit der Marktabschottung und der Schaffung künstlicher Preisunterschiede, siehe EuGH (Fn. 155), Rn. 115.

157 *J. B. Nordemann*, in: Fromm/Nordemann, Vor §§ 31 ff. UrhG Rn. 62.

Notwendigkeit für eine angemessene Vergütung zu bewerten sind. Die Differenzierung zwischen der dinglichen und schuldrechtlichen Wirkung von Nutzungsrechten ist damit kein taugliches Kriterium zur Konkretisierung des spezifischen Gegenstandes des Urheberrechts, wenngleich diese als Anhaltspunkt herangezogen werden kann.[158]

III. Vereinbarkeit der Gebietslizenzierungspraktiken mit dem Wettbewerbsrecht

Während das Kartellrecht einen marktintegrativen Ansatz verfolgt, haben die Gebietslizenzierungspraktiken die Aufspaltung des europäischen Binnenmarktes zur Folge.[159] Daher steht neben der Vereinbarkeit der gebietsbezogenen Lizenzen mit der Dienstleistungsfreiheit auch deren Vereinbarkeit mit den europäischen Wettbewerbsvorschriften immer wieder im Zentrum einer kontrovers geführten Diskussion. Der EuGH hatte sich in der Vergangenheit bereits mehrmals mit der wettbewerbsrechtlichen Zulässigkeit von Gebietslizenzen zu befassen.[160] Auch mit seiner jüngsten Entscheidung im Fall *FAPL/Murphy* konnte er jedoch keine endgültige Klarheit schaffen und der Diskussion den Wind aus den Segeln nehmen; stattdessen wurde diese durch das Urteil weiter befeuert.[161] Die zentrale Frage dabei ist, inwiefern ein Gleichlauf zwischen den Grundfreiheiten und den Wettbewerbsvorschriften besteht und sich ein möglicher Wettbewerbsverstoß durch Gebietslizenzen unter Bezug auf den spezifischen Gegenstand des Urheberrechts rechtfertigen lässt. Außerdem könnten die Wettbewerbsbeschränkungen bereits strukturell vorgegeben sein, sodass

158 *Fuchs*, FS Schwarz, S. 351, 364; *Engels*, Die territoriale Aufspaltung der Verwertungsrechte, S. 173 wirft der Konkretisierung des spezifischen Gegenstandes des Urheberrechts anhand des dinglichen oder schuldrechtlichen Charakters einer Lizenz vor, sich zu stark an der Inhaltstheorie zu orientieren.

159 *Sutterer*, in: Hennemann/Sattler, Immaterialgüter und Digitalisierung, S. 145, 156.

160 Ausführlich zur Rechtsprechung des EuGH zur wettbewerbsrechtlichen Zulässigkeit territorialer Lizenzen, siehe *Engels*, Die territoriale Aufspaltung der Verwertungsrechte, S. 193 ff.

161 Zur Diskussion, die unmittelbar nach dem Urteil in der Literatur über dessen Reichweite entbrannte, siehe *v. Albrecht/Mutschler-Siebert/Bosch*, ZUM 2012, 93; *Berger*, ZUM 2012, 353, 359 f.; *Brost*, ZUM 2016, 689; *Christmann*, ZUM 2012, 187; *Heermann*, ZUM 2016, 835; *Heermann*, WRP 2012, 371; *Kreile*, ZUM 2012, 177; *Leistner*, JZ 2011, 1140; *Peifer*, GRUR-Prax 2011, 435; *Ranke/Roßnagel*, MMR 2012, 152; *Ratjen/Langer*, ZUM 2012, 299; *Soldner*, K&R 2011, 760; *Stieper*, GRUR 2015, 1145, 1147; *Trauschel*, ZUM 2012, 194; *Vedder*, ZUM 2012, 190; *Wiebe*, ZUM 2015, 932.

die Gebietsrestriktionen der Lizenzen selbst überhaupt keine Wettbewerbsbeschränkung bezwecken würden.

Im Folgenden wird zunächst ausgehend von der Rechtsprechung des EuGH die Problematik der Vereinbarkeit von Gebietslizenzen mit dem europäischen Wettbewerbsrecht aufgezeigt. Besonderes Augenmerk wird dabei auf die Frage gelegt, inwiefern die Besonderheiten der Filmindustrie einen Wettbewerbsverstoß ausschließen bzw. rechtfertigen können.

1. Gebietslizenzen in der Rechtsprechung des EuGH

Grundsätzlich unterliegen auch die immaterialgüterrechtlichen Ausschließlichkeitsrechte bzw. die auf diesen basierenden Verhaltensweisen einzelner Akteure dem europäischen Wettbewerbsrecht. Eine generelle Bereichsausnahme für das Immaterialgüterrecht wird heute nicht mehr vertreten.[162] Der EuGH entwickelte für das Spannungsverhältnis zwischen Immaterialgüter- und Wettbewerbsrecht in der Entscheidung *Grundig/Consten* die Differenzierung zwischen dem Bestand und der Ausübung von immaterialgüterrechtlichen Schutzrechten,[163] wonach eine wettbewerbsrechtliche Kontrolle lediglich die Ausübung der Schutzrechte betreffe und damit zulässig sei.[164]

Zunächst bestätigte der EuGH in der Sache *Coditel II* für das Kartellrecht den Grundsatz, den er bereits für die Dienstleistungsfreiheit aufstellte: Eine auf einen Mitgliedstaat territorial beschränkte Lizenz für die Ausstrahlung eines Films sei nicht generell als unzulässige Kartellabsprache einzustufen.[165] Zur Begründung stützte sich der EuGH auf die Besonderheiten der Filmindustrie und der Filmmärkte in der Gemeinschaft (Europäische Union), wozu unter anderem die Synchronisation oder das Untertiteln eines Films für die verschiedensprachigen Zuschauergruppen, die Sendemöglichkeiten

162 *Hengst*, in: Langen/Bunte, Art. 101 AEUV Rn. 356; zum Meinungsstand zu einer Bereichsausnahme für das Immaterialgüterrecht, siehe *Engels*, Die territoriale Aufspaltung der Verwertungsrechte, S. 169 ff.

163 EuGH, Urt. v. 13.6.1966, verb. Rs. 56/64, 58/64 – *Grundig/Consten*, ECLI: EU: C:1966:41, S. 394; *Engels*, Die territoriale Aufspaltung der Verwertungsrechte, S. 179 ff.; *Heinemann*, Immaterialgüterschutz in der Wettbewerbsordnung, S. 291; *Lang*, Immaterialgüterrechtliche Lizenzierung und kartellrechtliche Verhaltenskontrolle, S. 78; *Lettl*, FS Fezer, S. 275, 279; siehe dazu bereits § 2 A. II. 2. a).

164 EuGH, Urt. v. 29.2.1968, Rs. C-24/67 – *Parke, Davis & Co./Probel u.a.*, ECLI: EU:C:1968:11, S. 95; *Hengst*, in: Langen/Bunte, Art. 101 AEUV Rn. 356; *Mestmäcker/Schweitzer*, Europäisches Wettbewerbsrecht, § 30 Rn. 29.

165 EuGH, Urt. v. 6.10.1982, Rs. C-262/81 – *Coditel II*, ECLI:EU:C:1982:334, Rn. 15.

im Fernsehen sowie das europäische Finanzierungssystem für Filmproduktionen zählten.[166]

Allerdings könnten durchaus wirtschaftliche oder rechtliche Begleitumstände hinzutreten, die dazu führten, dass die Ausübung der Ausschließlichkeitsrechte eine unzulässige Wettbewerbsbeschränkung begründet.[167] Der EuGH nannte drei verschiedene Aspekte, die für diese Beurteilung insbesondere maßgeblich seien. Danach müsse in die Beurteilung einfließen, ob (1.) künstliche Hindernisse geschaffen werden, die sich „im Hinblick auf die Bedürfnisse der Filmindustrie als künstlich und ungerechtfertigt" erweisen, ob (2.) dadurch „unangemessen hohe Vergütungen für die getätigten Investitionen ermöglicht werden [oder, ob (3.)]eine Ausschließlichkeit herbeigeführt wird, deren Dauer gemessen an diesen Bedürfnissen übermäßig lang ist."[168] Entscheidend für eine Wettbewerbsbeschränkung sei stets der rechtliche und wirtschaftliche Gesamtzusammenhang im Einzelfall.[169]

In der Sache *FAPL/Murphy* hielt der EuGH fest, dass territoriale Lizenzen wettbewerbsrechtlich zu beanstanden seien, wenn sie zur Abschottung der nationalen Märkte führen und dadurch dem Ziel des Vertrages, diese Märkte durch die Schaffung eines einheitlichen Binnenmarktes zu integrieren, zuwiderlaufen.[170] Dies sei bei einer absoluten gebietsabhängigen Exklusivität der Fall, die jeden Wettbewerb ausschaltet.[171]

2. *Der spezifische Gegenstand im Kartellrecht*

Nach Auffassung von weiten Teilen der Literatur lassen sich Wettbewerbsbeschränkungen, die sich aus der Ausübung immaterialgüterrechtlicher Schutzrechte ergeben, über den spezifischen Gegenstand des Immaterialgüterrechts einer wettbewerbsrechtlichen Kontrolle entziehen.[172] Die Erwägung, die sich

166 EuGH (Fn. 165), Rn. 16.

167 EuGH (Fn. 165), Rn. 17.

168 EuGH (Fn. 165), Rn. 19.

169 EuGH (Fn. 165), Rn. 20.

170 EuGH, Urt. v. 4.10.2011, verb. Rs. C-403/08, C-429/08 – *FAPL/Murphy*, ECLI: EU:C:2011:231, Rn. 139.

171 EuGH (Fn. 170), Rn. 142, 144.

172 *v. Albrecht/Mutschler-Siebert/Bosch*, ZUM 2012, 93, 97; *Christoph*, Wettbewerbsbeschränkungen in Lizenzverträgen, S. 84 ff., 91 ff., kritisch gegenüber dem spezifischen Gegenstand im Kartellrecht S. 120 ff.; *Ebenroth/Hübschle*, Gewerbliche Schutzrechte und Marktaufteilung, Rn. 162; *Fuchs*, FS Schwarz, S. 351, 357 ff.; *Jestaedt*, in: Langen/Bunte, Nach Art. 101 AEUV Rn. 1254, 1277; *J.B. Nordemann*, in: Fromm/Nordemann, Vor §§ 31 ff. Rn. 62; *J.B. Nordemann*, GRUR 2007, 203, 205;

dahinter verbirgt, zeigt sich anhand der *Sirena/Eda*-Entscheidung.[173] Darin verwies der EuGH zur Auflösung des Konflikts zwischen dem europäischen Wettbewerbsrecht und den nationalen immaterialgüterrechtlichen Schutzvorschriften auf Art. 36 EWGV (Art. 36 AEUV). Obwohl Art. 36 EWGV (Art. 36 AEUV) keine Norm zur Rechtfertigung von Wettbewerbsbeschränkungen sei, könne ihr der allgemeingültige Grundsatz entnommen werden, nach dem nur die Ausübung, nicht aber der Bestand nationaler Schutzrechte einer wettbewerbsrechtlichen Kontrolle unterliegt.[174] Ein Großteil der Literatur sieht darin die Übertragung der grundfreiheitlichen Wertungen[175] und daher auch der Lehre vom spezifischen Gegenstand durch den EuGH auf das Wettbewerbsrecht.[176] Danach wäre die Lehre vom spezifischen Gegenstand ebenfalls ein allgemeingültiger Grundsatz, der auch bei Wettbewerbsbeschränkungen Anwendung finde.

Lang, Immaterialgüterrechtliche Lizenzierung und kartellrechtliche Verhaltenskontrolle, S. 73 ff., 81 ff.; *Martiny*, ZUM 2018, 772, 776; *Maritzen*, in: Busche/Röhling, § 1 GWB Rn. 467; *Schulze*, in: Dreier/Schulze, § 31 Rn. 30; *Ohly*, ZUM 2015, 942, 944; *Weiß*, in: Calliess/Ruffert, EUV/AEUV, Art. 101 AEUV, Rn. 226, 230; *Ratjen/Langer*, ZUM 2012, 299, 304; *Sack*, WRP 1999, 592, 594; ausführlich zum Meinungstand hinsichtlich der Rolle des spezifischen Gegenstandes im Wettbewerbsrecht, siehe *Engels*, Die territoriale Aufspaltung der Verwertungsrechte, S. 171 ff.; *Heinemann*, Immaterialgüterschutz in der Wettbewerbsordnung, S. 294 ff.

173 EuGH, Urt. v. 18.2.1971, Rs. C-40/70 – *Sirena/Eda*, ECLI:EU:C:1971:236.

174 EuGH (Fn. 173), Rn. 5.

175 *Axster*, GRUR 1980, 594, 595 f.; *Ebenroth/Hübschle*, Gewerbliche Schutzrechte und Marktaufteilung, Rn. 162; *v. Gramm*, GRUR Int 1983, 403; *Gaster*, CR 2005, 247, 249; *Heinemann*, Immaterialgüterschutz in der Wettbewerbsordnung, S. 294; *Lang*, Immaterialgüterrechtliche Lizenzierung und kartellrechtliche Verhaltenskontrolle, S. 80; *Reischl*, GRUR Int 1982, 151, 152; *Sack*, WRP 1999, 592, 594; ausführlich zur Berücksichtigung der Wertungen des Art. 36 AEUV im Rahmen des Kartellrechts, siehe *Oder*, Der spezifische Gegenstand im Gemeinschaftsrecht, S. 60 ff.

176 *Ebenroth/Hübschle*, Gewerbliche Schutzrechte und Marktaufteilung, Rn. 162 f.; *Christoph*, Wettbewerbsbeschränkungen in Lizenzverträgen, S. 84, 91 ff.; *Heinemann*, Immaterialgüterschutz in der Wettbewerbsordnung, S. 294, 303, 329 f.; *Gaster*, CR 2005, 247, 249 f.; *Lang*, Immaterialgüterrechtliche Lizenzierung und kartellrechtliche Verhaltenskontrolle, S. 80; *Sack*, WRP 1999, 592, 594; *Zons*, Marktverwertungsverträge, S. 62 f.; a.A. *Engels*, Die territoriale Aufspaltung der Verwertungsrechte, S. 181; ausführlich zur Analyse der Rechtsprechung des EuGH zur Lehre vom spezifischen Gegenstand im Kartellrecht und deren unterschiedliche Bedeutung bei den Grundfreiheiten und dem Kartellrecht, siehe *Heinemann*, Immaterialgüterschutz in der Wettbewerbsordnung, S. 305 ff., 319 ff.

Gegen die Anwendung der Lehre vom spezifischen Gegenstand zur Rechtfertigung von Wettbewerbsbeschränkungen nach Art. 101 AEUV wird vorgebracht, dass sich dies aufgrund des unterschiedlichen Normzwecks von Grundfreiheiten und Wettbewerbsvorschriften sowie deren unterschiedlichem Anwendungsbereich und Regelungsinhalt verbiete.[177] Obwohl die Schnittmenge von Grundfreiheiten und Kartellrecht das übergeordnete Ziel eines prosperierenden europäischen Binnenmarktes ist, verfolgen beide zunächst einen eigenen Zweck.[178] Während die Grundfreiheiten einen grenzüberschreitenden Freiverkehr schaffen, versuchen die kartellrechtlichen Vorschriften die Errichtung eines europäischen Binnenmarktes durch die Aufrechterhaltung von Wettbewerb zwischen privaten Akteuren zu erreichen.[179] Darüber hinaus zeigt sich anhand der unterschiedlichen Rechtfertigungsmöglichkeiten für Beschränkungen der Grundfreiheiten und für Kartellrechtsverstöße, dass die Interessenlage in beiden Fällen divergiert.[180] Während eine Beschränkung der Grundfreiheiten bereits aus zwingenden Gründen des Allgemeinwohls gerechtfertigt werden kann, sieht Art. 101 III AEUV für eine Freistellung von Art. 101 I AEUV sehr viel engere Voraussetzungen vor.[181] Die Feststellung, dass eine Beschränkung der Grundfreiheiten zum Schutz des spezifischen Gegenstandes des Urheberrechts notwendig und damit zulässig ist, lässt keinen Rückschluss darauf zu, ob zugleich die strengen Voraussetzungen des Art. 101 III AEUV erfüllt sind. Die Anwendung der Lehre vom spezifischen Gegenstand würde Art. 101 III AEUV daher aushebeln[182] und ist aus diesem Grund abzulehnen. Der spezifische Gegenstand des Urheberrechts kann daher nicht zur

177 Ähnlich *Schuhmacher*, GRUR Int 2004, 487, 491; ausführlich zur Kritik an der Lehre vom spezifischen Gegenstand im Kartellrecht, siehe *Engels*, Die territoriale Aufspaltung der Verwertungsrechte, S. 180 ff.; *Lettl*, FS Fezer, S. 275, 281 ff.

178 *Heinemann*, Immaterialgüterschutz in der Wettbewerbsordnung, S. 321; *Schuhmacher*, GRUR Int 2004, 487, 491; a.A. *Lang*, Immaterialgüterrechtliche Lizenzierung und kartellrechtliche Verhaltenskontrolle, S. 79.

179 *Heinemann*, Immaterialgüterschutz in der Wettbewerbsordnung, S. 321; *Lettl*, FS Fezer, S. 275, 281.

180 *Lettl*, FS Fezer, S. 275, 283.

181 *Lettl*, FS Fezer, S. 275, 282; ähnlich *Kreutzmann*, Lizenzkartellrecht, S. 79.

182 *Christoph*, Wettbewerbsbeschränkungen in Lizenzverträgen, S. 115; *Engels*, Die territoriale Aufspaltung der Verwertungsrechte, S. 174; *Lettl*, FS Fezer, S. 275, 283; ähnlich *Schuhmacher*, GRUR Int 2004, 487, 492; für weitere Kritik an der Übertragung der Lehre vom spezifischen Gegenstand auf das Kartellrecht, siehe *Heinemann*, Immaterialgüterschutz in der Wettbewerbsordnung, S. 331 f.

Rechtfertigung von Kartellrechtsverstößen herangezogen werden, die durch territoriale Exklusivlizenzen im Online-Bereich begründet werden.

3. Strukturell vorgegebene Marktaufteilung

Aus der Rechtsprechung des EuGH zur Zulässigkeit territorial begrenzter Lizenzen, wie insbesondere der *Coditel II*- und der *FAPL/Murphy*-Entscheidung, geht hervor, dass dieser eine Wettbewerbsbeschränkung aufgrund der Besonderheiten des jeweiligen Marktes ablehnt, wenn die territoriale Aufteilung eines Marktes bereits strukturell vorgegeben ist bzw. die Schaffung sowie der Vertrieb eines immaterialgüterrechtlich geschützten Produktes ohne die territorialen Beschränkungen der Lizenzen überhaupt nicht möglich wären.[183] Dies äußert sich in der *Coditel II*-Entscheidung darin, dass sich der EuGH zur Begründung der grundsätzlichen Zulässigkeit der Gebietslizenzen auf die Besonderheiten der Filmindustrie und der Filmmärkte in der Gemeinschaft (Europäische Union) stützte. Dazu zählten unter anderem die Synchronisation oder das Untertiteln eines Films für die verschiedensprachigen Zuschauergruppen sowie die Sendemöglichkeiten im Fernsehen und das europäische Finanzierungssystem für Filmproduktionen.[184]

In der *FAPL/Murphy*-Entscheidung erklärte der EuGH eine absolute gebietsabhängige Lizenz für unzulässig, mit der sich künstliche Preisunterschiede zwischen den Mitgliedstaaten festsetzen ließen.[185] Bei einer strukturellen Marktaufteilung liegt keine „künstliche" Preisdifferenzierung vor.[186] Gleichermaßen zielen territoriale Lizenzen, durch welche die Schaffung und Verwertung eines Films überhaupt erst möglich ist, nicht auf die höchstmögliche, sondern lediglich eine angemessene Vergütung ab.

Damit überschneiden sich die Beurteilung, inwiefern eine Wettbewerbsbeschränkung strukturell vorgezeichnet ist, und die Beurteilung, inwiefern eine Beschränkung der Grundfreiheiten bzw. ein Wettbewerbsverstoß mit Hilfe des

183 Ausführlich zur Zulässigkeit strukturell vorgegebener Wettbewerbsbeschränkungen, siehe *Engels*, Die territoriale Aufspaltung der Verwertungsrechte, S. 199 f., 207, 217.

184 EuGH, Urt. v. 6.10.1982, Rs. C-262/81 – *Coditel II*, ECLI:EU:C:1982:334, Rn. 16; *Engels*, Die territoriale Aufspaltung der Verwertungsrechte, S. 212.

185 EuGH, Urt. v. 4.10.2011, verb. Rs. C-403/08, C-429/08 – *FAPL/Murphy*, ECLI:EU:C:2011:231, Rn. 115.

186 *Engels*, Die territoriale Aufspaltung der Verwertungsrechte, S. 161 f.; zu einer möglichen strukturellen Marktaufteilung durch sprachliche Grenzen, siehe *Engels*, Die territoriale Aufspaltung der Verwertungsrechte, S. 235.

spezifischen Gegenstandes gerechtfertigt werden kann, weil sie für eine angemessene Vergütung der Rechteinhaber notwendig ist, weitestgehend.[187]

4. *Verbot passiver Verkäufe*

In den Jahren 2014 und 2015 leitete die Europäische Kommission ein förmliches Wettbewerbsverfahren gegen mehrere größere US-amerikanische Filmstudios und die größten europäischen Pay-TV-Sender ein, um Lizenzvereinbarungen, die eine grenzüberschreitende Erbringung der Dienste verbieten, auf einen Verstoß gegen Art. 101 I AEUV zu untersuchen.[188] Das Verfahren richtete sich unter anderem gegen Paramount und Sky UK. In den Lizenzvereinbarungen war es Sky UK untersagt, seinen Pay-TV-Dienst auf Kundenanfrage außerhalb Großbritanniens und Irlands in anderen Mitgliedstaaten zu erbringen. Zugleich verpflichtete sich Paramount gegenüber Sky UK, in den Lizenzverträgen mit anderen Pay-TV-Anbietern außerhalb Großbritanniens und Irlands Klauseln vorzusehen, die es den Anbietern verbieten, ihren Dienst innerhalb des Lizenzgebietes von Sky UK zu erbringen.[189] Diese Vorgaben bezogen sich sowohl auf die Ausstrahlung der Inhalte über Satellit als auch auf deren Zugänglichmachung über das Internet. Bei den rechtlichen Grundlagen, nach denen sich die kartellrechtliche Zulässigkeit der beanstandeten Klauseln beurteilt, verwies die Kommission in ihrer Entscheidung fast ausschließlich auf die Ausführungen des EuGH im *FAPL/Murphy*-Urteil.[190] Danach verfolgten die zwischen Paramount und Sky UK vereinbarten Klauseln einen wettbewerbswidrigen Zweck, da sie die passive Erbringung von Pay-TV-Dienstleistungen verhinderten und dadurch eine absolute gebietsbezogene Exklusivität schufen.[191] Außerdem ergebe sich aus dem rechtlichen

---

187 Ähnlich *Engels*, Die territoriale Aufspaltung der Verwertungsrechte, S. 205; grundsätzlich sind die Frage, ob eine Wettbewerbsbeschränkung strukturell vorgegeben ist, und ob sich eine Beschränkung der Grundfreiheiten bzw. ein Wettbewerbsverstoß über den spezifischen Gegenstand des Immaterialgüterrechts rechtfertigen lässt, getrennt voneinander zu beantworten.

188 *Europäische Kommission*, Pressemitteilung IP/14/15 v. 13.1.2014; EU-ABl. C 132/06 v. 9.4.2019, Rn. 3 f.

189 *Europäische Kommission*, Entscheidung C (2016) 4740 final v. 26.7.2016 (CASE AT.40023 – Cross-border access to pay-TV), Rn. 2, 27, 30.

190 *Europäische Kommission* (Fn. 189), Rn. 31 ff.; so auch *v. Albrecht/Fiss*, ZUM 2020, 18, 20.

191 *Europäische Kommission* (Fn. 189), Rn. 47; so auch EuG, Urt. v. 12.12.2018, Rs. T-873/16 – *Groupe Canal +/Kommission*, ECLI:EU:T:2018:904, Rn. 45.

und wirtschaftlichen Kontext keine abweichende Beurteilung.[192] Während der EuGH die Formulierung des rechtlichen und wirtschaftlichen Kontextes, der eine wettbewerbsbeschränkende Wirkung im Einzelfall ausschließen kann, in der *FAPL/Murphy*-Entscheidung nicht weiter präzisierte, nannte die Kommission verschiedene Umstände, die dabei Berücksichtigung finden könnten. Dazu zählten die Art des erbrachten Dienstes sowie die Funktionsweise und Struktur des jeweiligen Marktes.[193] Eine Freistellung nach Art. 101 III AEUV schloss die Kommission ohne besondere Begründung aus.[194] Der zentrale Inhalt der Verpflichtungszusagen, die Paramount der Kommission vorlegte, war, dass künftig keine der beanstandeten Klauseln verwendet würden, welche den passiven Verkauf der Pay-TV-Dienstleistungen untersagten.[195] Außerdem würden die Klauseln in den bestehenden Lizenzverträgen nicht durchgesetzt.[196] Diese Verpflichtungen bezogen sich sowohl auf lineare Pay-TV-Dienste als auch auf VoD-Dienste.[197] Daraufhin sah die Europäische Kommission keinen weiteren Anlass für ein Tätigwerden gegen Paramount.[198] Am 7. März 2019 erklärte sie die Verpflichtungserklärungen weiterer Filmstudios, gegen die sie in den Jahren 2014 und 2015 ein Wettbewerbsverfahren einleitete, für verbindlich.[199] Inhaltlich entsprechen die Verpflichtungserklärungen im Wesentlichen denen

192 *Europäische Kommission* (Fn. 189), Rn. 49; so auch EuG, Urt. v. 12.12.2018, Rs. T-873/16 – *Groupe Canal +/Kommission*, ECLI:EU:T:2018:904, Rn. 49 ff.

193 *Europäische Kommission* (Fn. 189), Rn. 49; auch das EuG nahm eine ausführliche Prüfung vor, wobei es hauptsächlich mit den Grundsätzen aus der *FAPL/Murphy*-Entscheidung des EuGH argumentierte, EuG, Urt. v. 12.12.2018, Rs. T-873/16 – *Groupe Canal +/Kommission*, ECLI:EU:T:2018:904, Rn. 49 ff.

194 *Europäische Kommission* (Fn. 189), Rn. 51; das EuG behandelt diese Frage ausführlicher und stützt maßgeblich auf die *FAPL/Murphy*-Entscheidung des EuGH, EuG, Urt. v. 12.12.2018, Rs. T-873/16 – *Groupe Canal +/Kommission*, ECLI:EU:T:2018:904, Rn. 53 ff., 67.

195 *Europäische Kommission* (Fn. 189), Rn. 55 f.; Zusammenfassung des Beschlusses der Kommission vom 26. Juli 2016 in einem Verfahren nach Artikel 101 des Vertrages über die Arbeitsweise der europäischen Union und Artikel 53 des EWR-Abkommens, EU-ABl. C 437/04 v. 25.11.2016, S. 6.

196 *Europäische Kommission*, Entscheidung C (2016) 4740 final v. 26.7.2016, Rn. 56; EU-ABl. C 437/04 v. 25.11.2016, S. 7.

197 *Europäische Kommission*, Entscheidung C (2016) 4740 final v. 26.7.2016, Rn. 58; EU-ABl. C 437/04 v. 25.11.2016, S. 7.

198 *Europäische Kommission*, Entscheidung C (2016) 4740 final v. 26.7.2016, Rn. 96; EU-ABl. 437/04 v. 25.11.2016, S. 7.

199 *Europäische Kommission*, Entscheidung C (2019) 1772 final v. 7.3.2019 (CASE AT.40023 – Cross-border access to pay-TV); EU-ABl. C 132/06 v. 9.4.2019.

von Paramount. Der Beschluss der Europäischen Kommission, in dem sie die Verpflichtungszusagen von Paramount für verbindlich erklärte, wurde vom EuG nach dessen Anfechtung aufrechterhalten.[200] Allerdings hat die Klägerin Canal+ Rechtsmittel gegen die Entscheidung eingelegt, sodass abzuwarten bleibt, wie sich der EuGH zu dieser Sache äußern wird.[201]

Anhand dieses Kartellverfahrens zeigt sich, dass die Kommission bemüht ist, mit Hilfe des Wettbewerbsrechts die nationalen Lizenzstrukturen sehr vorsichtig aufzubrechen. Ihre Zurückhaltung tritt dadurch zu Tage, dass sie nur das Verbot passiver Verkäufe beanstandete, das eine absolute gebietsabhängige Exklusivität herstellte.[202] Damit lassen sich die wirtschaftlichen und rechtlichen Erwägungen aus der viel diskutierten *FAPL/Murphy*-Entscheidung aus Sicht der Kommission unabhängig von der Geltung des Sendelandprinzips auf den Online-Bereich übertragen. Strukturelle Veränderungen in der Filmindustrie wird das Verbot passiver Verkäufe allerdings nicht bewirken. Dies ließe sich nur durch die generelle Unzulässigkeit der Gebietslizenzen oder durch entsprechende gesetzliche Maßnahmen erreichen.[203] Ansonsten können zwar keine Verbote über die passive Erbringung der Online-Dienste mehr vereinbart werden, doch soweit die Lizenzen territorial beschränkt sind, sind die Diensteanbieter urheberrechtlich dennoch daran gehindert, einer Anfrage auf die grenzüberschreitende Erbringung ihres Dienstes nachzukommen;[204] die Erbringung des Dienstes außerhalb des Lizenzgebietes wäre eine Urheberrechtsverletzung.[205] Dementsprechend wurde in dem Beschluss der Kommission vom 07.03.2019 ausdrücklich festgehalten, dass Sky nicht daran gehindert ist, Geoblocking aus eigener Entscheidung anzuwenden.[206] Im Ergebnis entsprechen die territorialen Lizenzen und das Urheberrecht in ihrer Wirkung daher einem vertraglichen Verbot passiver Verkäufe.[207] Die nationalen Lizenzstrukturen lassen sich mit der Unzulässigkeit von vertraglichen Verboten passiver

---

200 EuG, Urt. v. 12.12.2018, Rs. T-873/16 – *Groupe Canal +/Kommission*, ECLI:EU:T:2018:904.

201 Anhängige Rechtssache beim EuGH, Rs. C-132/19 P – *Groupe Canal +/Kommission*.

202 EU-ABl. C 437/04 v. 25.11.2016, S. 6

203 *Weitbrecht/Mühle*, EuZW 2017, 165, 169; ähnlich *Simonelli*, Combating Consumer Discrimination in the Digital Single Market, S. 34.

204 *v. Albrecht/Fiss*, ZUM 2020, 18, 20; ähnlich *Synodinou*, GRUR Int. 2020, 136, 146.

205 *v. Albrecht/Fiss*, ZUM 2020, 18, 20; *Simonelli*, Combating Consumer Discrimination in the Digital Single Market, S. 34; *Synodinou*, GRUR Int. 2020, 136, 143.

206 *Europäische Kommission*, Entscheidung C (2019) 1772 final v. 7.3.2019, Rn. 93.

207 Ähnlich *v. Albrecht/Fiss*, ZUM 2020, 18, 20.

Verkäufe aus diesem Grund nicht aufbrechen.[208] Die territorial segmentierte Rechtevergabe *per se* wurde von der Kommission jedoch weder beanstandet, noch wurde sie durch die Verpflichtungszusagen eingeschränkt.[209]

5. *Freistellung nach Art. 101 III AEUV*

Sofern eine Wettbewerbsbeschränkung die strengen Voraussetzungen des Art. 101 III AEUV erfüllt, kann sie von der Kontrolle nach Art. 101 I AEUV freigestellt werden. Entscheidend dafür ist, ob die wirtschaftlichen Vorteile für die Verbraucher, welche die Wettbewerbsbeschränkung mit sich bringt, die nachteiligen Auswirkungen auf den Wettbewerb überwiegen.[210] Der EuGH lehnte eine Freistellung der wettbewerbswidrigen Vereinbarungen nach Art. 101 III AEUV in der *FAPL/Murphy*-Entscheidung ohne besondere Begründung unter Verweis auf die Ausführungen zur Rechtfertigung einer Beschränkung der Dienstleistungsfreiheit ab.[211] Auch die Europäische Kommission schloss eine Freistellung nach Art. 101 III AEUV im Kartellverfahren *Cross-border access to pay-TV* aus.[212] Allerdings ist nicht von der Hand zu weisen, dass ein Aspekt, den Paramount für eine Freistellung ins Feld führte, durchaus seine Berechtigung hat – unabhängig davon, ob er in diesem speziellen Fall tatsächlich in der Lage wäre, eine Freistellung zu begründen. Die Gebietsbeschränkungen könnten tatsächlich Anreize dafür schaffen, in Nischenprodukte zu investieren, wodurch ein vielfältiges Angebot bestehen bleibt.[213] Dadurch wäre die Warenerzeugung verbessert und die Verbraucher wären an dem Gewinn durch ein vielfältiges Angebot angemessen beteiligt.[214] Außerdem läge eine Verbesserung

---

208 *Simonelli*, Combating Consumer Discrimination in the Digital Single Market, S. 34; ähnlich *v. Albrecht/Fiss*, ZUM 2020, 18, 20.

209 *Europäische Kommission*, Entscheidung C (2016) 4740 final v. 26.7.2016, Rn. 74; EuG, Urt. v. 12.12.2018, Rs. T-873/16 – *Groupe Canal +/Kommission*, ECLI:EU:T:2018:904, Rn. 52.

210 *Schuhmacher*, in: Grabitz/Hilf/Nettesheim, Art. 101 AEUV Rn. 270.

211 EuGH, Urt. v. 4.10.2011, verb. Rs. C-403/08, C-429/08 – *FAPL/Murphy*, ECLI:EU:C:2011:231, Rn. 145; ausführlich zur Kritik an dem Verweis auf die Ausführungen zur Rechtfertigung einer Beschränkung der Dienstleistungsfreiheit, siehe *Lettl*, FS Fezer, S. 275, 280 ff.

212 *Europäische Kommission*, Entscheidung C (2016) 4740 final v. 26.7.2016, Rn. 52; *dies.*, Entscheidung C (2019) 1772 final v. 7.3.2019, Rn. 82.

213 *Europäische Kommission*, Entscheidung C (2016) 4740 final v. 26.7.2016, Rn. 51.

214 *Lettl*, FS Fezer, S. 275, 283, sieht in der Verbesserung der Warenerzeugung und dem Schutz des geistigen Eigentums zwei gegenläufige Zielrichtungen.

der Warenverteilung vor, wenn die Gebietslizenzierungen eine Preisdifferenzierung zwischen den verschiedenen Mitgliedstaaten ermöglichen, die es erlaubt, bestimmte Märkte überhaupt erst zu erschließen.[215] Dennoch erscheint es sehr zweifelhaft, dass eine Freistellung einer absoluten Gebietsschutzvereinbarung aufgrund deren enorm binnenmarktschädlicher Wirkung tatsächlich in Betracht kommt.[216]

Ein Wettbewerbsverstoß durch territoriale Exklusivlizenzen im Online-Bereich ist daher nur dann ausgeschlossen, wenn die Marktaufteilung strukturell bedingt und daher nicht künstlich ist. Dies ist insbesondere der Fall, wenn die territorialen Lizenzen notwendig sind, damit das Produkt Film überhaupt wirtschaftlich geschaffen werden kann. Daher sind die Finanzierungs- und Verwertungsstrukturen der Filmindustrie bei der Beurteilung, ob die territorial beschränkten Lizenzen eine unzulässige Wettbewerbsbeschränkung begründen, zwingend zu berücksichtigen.

IV. Bedeutung und Zulässigkeit gebietsbezogener Lizenzen im Online-Bereich

Die Beurteilung, inwieweit eine Beschränkung der Grundfreiheiten mit territorialen Lizenzen im Online-Bereich zulässig ist, richtet sich maßgeblich danach, ob die Beschränkung zum Schutz des spezifischen Gegenstandes des Urheberrechts notwendig ist. Dieser umfasst auf wirtschaftlicher Seite eine angemessene Vergütung der Rechteinhaber für die Nutzung ihrer Schutzgegenstände. Die territorialen Lizenzen im Online-Bereich dienen dem Schutz des spezifischen Gegenstandes des Urheberrechts, wenn die momentanen Finanzierungs- und Verwertungsstrukturen der Filmindustrie auf den territorialen Lizenzen fußen, sodass diese für eine angemessene Vergütung der Rechteinhaber unerlässlich sind. Gleichermaßen ist für die Beurteilung, ob die mit territorialen Lizenzen begründeten Wettbewerbsbeschränkungen wegen besonderer Marktstrukturen zulässig sind, die Notwendigkeit der Beschränkungen zur Schaffung und Verwertung des Produktes Film das ausschlaggebende Kriterium. Damit kommt es für die Beurteilung der primärrechtlichen Zulässigkeit

---

215 *Engels*, Die territoriale Aufspaltung der Verwertungsrechte, S. 205.

216 EuGH, Urt. v. 4.10.2011, verb. Rs. C-403/08, C-429/08 – *FAPL/Murphy*, ECLI:EU:C:2011:231, Rn. 145; *Hengst*, in: Langen/Bunte, Art. 101 AEUV Rn. 435 f.; *Zimmer*, in: Immenga/Mestmäcker, § 1 GWB Rn. 340; *Fuchs*, FS Schwarz, S. 361, 369 siedelt den spezifischen Gegenstand des Urheberrechts dogmatisch in Art. 101 III AEUV an.

der Gebietslizenzierungspraktiken im Online-Bereich maßgeblich auf deren Bedeutung für die derzeitigen Finanzierungsmodelle und Verwertungsstrukturen der Filmindustrie an.

Der EuGH hatte bislang nicht über die primärrechtliche Zulässigkeit territorial beschränkter Lizenzen im Online-Bereich zu entscheiden. In der Sache *FAPL/Murphy* erachtete er territoriale Exklusivlizenzen in Verbindung mit Gebietsschutzklauseln im europäischen Binnenmarkt für Satellitensendungen als unzulässig. Daher wird zunächst dargelegt, inwiefern die *FAPL/Murphy*-Entscheidung auf den Online-Bereich übertragbar ist, wobei die wirtschaftlichen und rechtlichen Umstände der Entscheidung in den Fokus der Untersuchung rücken. Im Anschluss daran werden die zentralen Finanzierungs- und Verwertungsstrukturen der Filmindustrie vorgestellt, um die Bedeutung der Gebietslizenzierungspraktiken für die Filmindustrie bzw. eine angemessene Vergütung der Rechteinhaber aufzuzeigen. Daraus geht hervor, weshalb das Primärrecht bislang nicht instrumentalisiert wurde, um den Gebietslizenzierungspraktiken ein Ende zu setzen, sondern die nationalen Lizenzstrukturen nur vorsichtig aufgebrochen werden, sodass die grenzüberschreitende Portabilität von Online-Inhaltediensten nicht möglich war.

1. Keine pauschale Übertragbarkeit der FAPL/Murphy*-Entscheidung*

Mit der *FAPL/Murphy*-Entscheidung entbrannte die kontroverse Diskussion, ob die Auswirkungen der Entscheidung auf den engen Geltungsbereich der Satelliten- und Kabel-RL beschränkt bleiben oder der Entscheidung ein verallgemeinerungsfähiger, technologieneutraler Gedanke zugrunde liegt.[217] Damit könnte die territoriale Aufspaltung der Verwertungsrechte bei anderen Verwertungsformen, insbesondere im Online-Bereich, mit den europäischen Grundfreiheiten und den Wettbewerbsvorschriften unvereinbar sein. Im Kern geht es dabei um die Frage, ob die ökonomischen und rechtlichen Erwägungen aus der *FAPL/Murphy*-Entscheidung auch im Online-Bereich Geltung haben. Dies wurde auch durch die Entscheidung in der Sache *Canal+* des EuG nicht

217 *v. Albrecht/Mutschler-Siebert/Bosch*, ZUM 2012, 93; *Berger*, ZUM 2012, 353, 359 f.; *Brost*, ZUM 2016, 689; *Christmann*, ZUM 2012, 187; *Heermann*, ZUM 2016, 835; *Heermann*, WRP 2012, 371; *Kreile*, ZUM 2012, 177; *Leistner*, JZ 2011, 1140; *Peifer*, GRUR-Prax 2011, 435; *Ranke/Roßnagel*, MMR 2012, 152; *Ratjen/Langer*, ZUM 2012, 299; *Soldner*, K&R 2011, 760; *Stieper*, GRUR 2015, 1145, 1147; *Synodinou*, GRUR Int. 2020, 140 f.; *Trauschel*, ZUM 2012, 194; *Vedder*, ZUM 2012, 190; *Wiebe*, ZUM 2015, 932.

beantwortet,[218] wobei abzuwarten bleibt, wie sich der EuGH hierzu äußern wird.[219]

a) *Reichweite der* FAPL/Murphy-*Entscheidung*

Zum Teil wird die Entscheidung so gedeutet, dass diese maßgeblich auf dem nach der Satelliten- und Kabel-RL geltenden Sendelandprinzip beruhe, wonach eine Lizenz für den Mitgliedstaat, in dem das Signal zum Satelliten gesendet wird, zur Ausstrahlung in jedem Mitgliedstaat berechtigt.[220] Dies führe dazu, dass eine dingliche Aufspaltung von Verwertungsrechten im Anwendungsbereich der Richtlinie nicht mehr möglich sei.[221] Jede schuldrechtliche Beschränkung des Lizenzgebietes führe daher zu einer absoluten exklusiven Gebietslizenz, die in der Lage sei, die Märkte voneinander abzuschotten und künstliche Preisunterschiede festzusetzen.[222] Nachdem das Sendelandprinzip im Online-Bereich nicht gelte und die Einräumung dinglich beschränkter Nutzungsrechte weiterhin möglich sei, wirke sich die Entscheidung nicht darauf aus.[223] Dieses Kriterium darf jedoch, wie sich bereits gezeigt hat, nicht allein

218 EuG, Urt. v. 12.12.2018, Rs. T-873/16 – *Groupe Canal +/Kommission*, ECLI:EU:T:2018:904; zur Bedeutung und den Auswirkungen dieser Entscheidung, siehe *v. Albrecht/Fiss*, ZUM 2020, 18, 23 f.

219 Anhängige Rechtssache beim EuGH, Rs. C-132/19 P – *Groupe Canal +/Kommission*.

220 *v. Albrecht/Fiss*, ZUM 2020, 18, 21 f.; *v. Albrecht/Mutschler-Siebert/Bosch*, ZUM 2012, 93, 94, 100; *Baumann/Hofmann*, ZUM 2011, 890, 895; *Brost*, ZUM 2016, 689, 694, 697 f.; *Christmann*, ZUM 2012, 187, 189; *Martiny*, ZUM 2018, 772, 777; man beachte auch den Hinweis des EuGH, dass die Entscheidung im Anwendungsbereich der Satelliten- und Kabel-RL ergangen ist, EuGH, Urt. v. 4.10.2011, verb. Rs. C-403/08, C-429/08 – *FAPL/Murphy*, ECLI:EU:C:2011:231, Rn. 57; mit differenzierter Betrachtung *Wiebe*, ZUM 2015, 932, 938.

221 BR-Drs. 212/96, S. 13; *v. Albrecht/Mutschler-Siebert/Bosch*, ZUM 2012, 93, 94; *Brost*, ZUM 2016, 689, 694; *Baumann/Hofmann*, ZUM 2011, 890, 892; *Martiny*, ZUM 2018, 772, 777; *Ratjen/Langer*, ZUM 2012, 299, 302; *Schwarz*, ZUM 2011, 699, 704.

222 EuGH, Urt. v. 4.10.2011, verb. Rs. C-403/08, C-429/08 – *FAPL/Murphy*, ECLI:EU:C:2011:231, Rn. 115.

223 *v. Albrecht/Fiss*, ZUM 2020, 18, 21 f.; *v. Albrecht/Mutschler-Siebert/Bosch*, ZUM 2012, 93, 97; *Martiny*, ZUM 2018, 772, 777; zurückhaltender *J. B. Nordemann*, in: Fromm/Nordemann, Vor §§ 31 ff. UrhG Rn. 62; kritisch *Wiebe*, ZUM 2015, 932, 937; *Fuchs*, FS Schwarz, S. 361, 364 lehnt eine Übertragbarkeit der Entscheidung ab, da das Sendelandprinzip im Online-Bereich nicht gilt; ausführlich zur Frage, inwiefern die dingliche Wirkung von Nutzungsrechten eine Rechtfertigung über den spezifischen Gegenstand ermöglicht, siehe § 2 A. II. 3. b).

dafür entscheidend sein, ob sich eine Beschränkung der Grundfreiheiten über den spezifischen Gegenstand rechtfertigen lässt.

Nach ähnlicher Auffassung sei im Online-Bereich zwar eine territoriale Aufspaltung der Nutzungsrechte mit dinglicher Wirkung wegen der fehlenden technischen Abgrenzbarkeit nicht möglich,[224] doch seien die schuldrechtlichen Gebietsbeschränkungen für eine angemessene Vergütung der Rechteinhaber notwendig. Denn anders als im Geltungsbereich des Sendelandprinzips seien Nutzungshandlungen außerhalb des Lizenzgebietes im Online-Bereich bei der Vergütung nicht berücksichtigt worden und die Rechteinhaber erwarteten für jede einzelne Nutzungshandlung eine Vergütung.[225] Dieses Argument machte sich auch der EuGH zunutze, um zu begründen, dass die *FAPL/Murphy*-Entscheidung mit der *Coditel I*-Entscheidung in Einklang stehe.[226] Dies spricht ebenfalls dafür, dass der EuGH territoriale Lizenzen für andere Verwertungsformen und außerhalb der Geltung des Sendelandprinzips als zulässige Beschränkung der Dienstleistungsfreiheit erachtet.

Den Gegenpol dazu bildet die Auffassung, nach der sich die Auswirkungen der *FAPL/Murphy*-Entscheidung nicht zwingend auf den Geltungsbereich der Satelliten- und Kabel-RL beschränkten. Es komme entscheidend darauf an, ob die Gebietslizenzierungspraktiken zum Schutz des spezifischen Gegenstandes des geistigen Eigentums notwendig und mit den Binnenmarktvorschriften vereinbar seien, was im Online-Bereich überaus fraglich wäre.[227] Gleichermaßen wäre danach wohl kaum von einer strukturell bedingten Marktaufteilung auszugehen, welche eine Wettbewerbsbeschränkung ausschließen würde.

b) Stellungnahme

Bei genauer Betrachtung liegen die beiden vermeintlich konträren Auffassungen bei ihrem methodischen Ansatz nicht weit auseinander. Auch der Argumentation, wonach die Auswirkungen der Entscheidung strikt auf den

224 Ausführlich dazu, siehe § 2 A. II. 3. b) aa).

225 *Ratjen/Langer*, ZUM 2012, 299, 302, 305 f.; zur Erwartung einer Vergütung für jede einzelne Nutzungshandlung, siehe EuGH, Urt. v. 18.3.1980, Rs. C-62/79 – *Coditel I*, ECLI:EU:C:1980:84, Rn. 14.

226 EuGH, Urt. v. 4.10.2011, verb. Rs. C-403/08, C-429/08 – *FAPL/Murphy*, ECLI:EU:C:2011:231, Rn. 118 ff.

227 *Kreile*, ZUM 2012, 177, 185 f.; *Ranke/Roßnagel*, MMR 2012, 152, 153, 156; *Stieper*, GRUR 2015, 1145, 1147; *Wiebe*, ZUM 2015, 932, 937; so wohl auch *Berger*, ZUM 2012, 353, 360; kritisch gegenüber der Zulässigkeit territorialer Exklusivlizenzen im Filmsektor *Kreile*, ZUM 2011, 719, 721; *Hoeren/Bilek*, CR 2011, 735, 740.

Geltungsbereich der Satelliten- und Kabel-RL beschränkt seien, liegt im Kern das Argument zugrunde, dass der spezifische Gegenstand nur Beschränkungen außerhalb des Wirkungsbereichs des Sendelandprinzips erfasse und nur diese sich gegenüber den Binnenmarktvorschriften durchsetzen würden: sei es, weil die Nutzungsrechte dinglich wirkten oder die schuldrechtlichen Beschränkungen für eine angemessene Vergütung notwendig seien. Die Kriterien und Grundsätze aus der *FAPL/Murphy*-Entscheidung finden dabei also Anwendung, die Beschränkungen werden im Ergebnis lediglich für zulässig erachtet.

Damit lässt sich festhalten, dass unabhängig vom Verbreitungsweg im Einzelfall zu prüfen ist, inwiefern eine Gebietslizenzierung und die damit einhergehende Restriktion der Zugänglichkeit für eine angemessene Vergütung der Rechteinhaber notwendig sind.[228] Diese Beurteilung hat unter Berücksichtigung der Markt- und Verwertungsstrukturen aus einer binnenmarktorientierten Perspektive zu erfolgen.

2. Bedeutung der territorialen Rechtevergabe für die Filmindustrie

Die Beurteilung, inwiefern die Gebietslizenzierungspraktiken im Online-Bereich zur Gewährleistung einer angemessenen Vergütung der Rechteinhaber und für die Schaffung sowie Verwertung des Produktes Film notwendig sind, kann nur unter Berücksichtigung der Finanzierungsmodelle und Verwertungsstrukturen der (europäischen) Filmindustrie erfolgen. Entscheidend ist dabei, welche Rolle den territorial begrenzten Lizenzen in diesem Rahmen zukommt. Sind sie der tragende Pfeiler für die Filmproduktion und -verwertung, lassen sich die mit ihnen begründeten Beschränkungen der Grundfreiheiten über den spezifischen Gegenstand des Immaterialgüterrechts rechtfertigen. Darüber hinaus wären die mit den Gebietslizenzen einhergehenden Wettbewerbsbeschränkungen in diesem Fall strukturell bedingt, womit kein Verstoß gegen Art. 101 I AEUV vorläge.[229]

Die komplexen Finanzierungs- und Verwertungsstrukturen bei Filmwerken können im Folgenden nicht vollumfänglich aufgezeigt und analysiert werden. Der Fokus liegt daher entsprechend den Beschränkungen, die es zu rechtfertigen gilt, auf der Bedeutung der territorial segmentierten Rechtevergabe im VoD-Bereich. Allerdings sind die anderen Verwertungsformen insoweit zu

---

228 So im Ergebnis ausdrücklich *Kreile*, ZUM 2012, 177, 185 f.; *Wiebe*, ZUM 2015, 932, 937 f.

229 *Hugenholtz/Joost*, IIC 2020, 167, 180 ziehen auch eine Freistellung nach Art. 101 III AEUV in Betracht.

berücksichtigen, als sich ein grenzüberschreitender Zugriff im Online-Bereich negativ auf diese auswirken könnte.[230]

a) *Finanzierung durch Presales*

Die Finanzierung von Filmen lässt sich in drei große Bestandteile untergliedern: die Finanzierung über die öffentliche Förderung, über Vorabverkäufe und über Investoren, die ihre Gelder für die Produktion zur Verfügung stellen.[231] In den meisten Fällen setzt sich die Finanzierung eines Films aus allen drei Finanzierungsmodellen zusammen.[232] Produktionen mit ausschließlich eigenen finanziellen Mitteln kommen in Europa fast überhaupt nicht vor.[233] Die Vorabverkäufe sind ein Zwitter aus Filmfinanzierung und -verwertung. Dabei werden den Verwertungsunternehmen bereits in der Planungsphase eines Films Nutzungsrechte am späteren Film eingeräumt. Der jeweilige Verwerter gewährt dem Produzenten im Gegenzug meist eine Garantie für eine Mindestlizenzgebühr, also einer Lizenzgebühr, die sich zwar am voraussichtlichen Erfolg des Films orientiert, jedoch unabhängig von dessen tatsächlichem Erfolg gezahlt wird.[234] Allerdings werden bei Vertragsschluss regelmäßig nur 10–20 % der vereinbarten Lizenzgebühr ausgezahlt und der Rest erst bei Fertigstellung des Films oder einem anderen vertraglich vereinbarten Zeitpunkt, wie dem

---

230 Die Bedeutung der territorial segmentierten Rechtevergabe für die Filmindustrie war bereits Gegenstand verschiedener Untersuchungen: *Langus/Neven/Poukens*, Economic Analysis of the Territoriality of the Making Available Right in the EU; *Cabrera Blázquez et al.*, IRIS *Plus*; *TNS Political & Social*, Flash Eurobarometer 411 – Report; *Gomez/Martens*, Copyright and Geographic Segmentation; *KEA*, Multi Territory Licensing; *Oxera/O&O*, The Impact of cross-border access to audiovisual content; *Plum*, The economic potential of cross-border pay-to-view and listen audiovisual media services; *Schmidt et al.*, Geoblocking – Digitale Inhalte grenzüberschreitend nutzen?.

231 *WIPO*, From Script to Screen, S. 30; zum Überblick über die Filmfinanzierung mit Eigenmitteln, siehe *Engels*, Die territoriale Aufspaltung der Verwertungsrechte, S. 55 f.

232 *Cabrera Blázquez et al.*, IRIS *Plus*, S. 21; zur Komplexität der Filmfinanzierung, siehe auch *Hugenholtz/Joost*, IIC 2020, 167, 173.

233 *Martiny*, ZUM 2018, 772, 774.

234 *Engels*, Die territoriale Aufspaltung der Verwertungsrechte, S. 57; *Cabrera Blázquez et al.*, IRIS *Plus*, S. 21; *Schwarz*, in: v. Hartlieb/Schwarz, Kap. 166 Rn. 9; *Schwarz*, in: Paschke/Berlit/Meyer, Kommentar Medienrecht, 48. Abschn. Rn. 34.

Drehende oder dem Kinostart.[235] Unabhängig von dieser dennoch nicht unbeachtlichen Einnahmemöglichkeit in bzw. vor der Produktionsphase, haben die Presales noch eine zweite wichtige Rolle. Sie dienen als Sicherheiten für Bankkredite, die zur Deckung der hohen Produktionskosten zwingend notwendig sind. Den Banken werden als Sicherheiten nicht nur sämtliche urheberrechtlichen Auswertungsrechte übertragen, sondern ihnen werden auch die gesamten Erlöse sowohl aus den bereits abgeschlossenen, als auch den künftigen Verwertungsverträgen abgetreten.[236] Bei den Lizenzen, die den Verwertungsunternehmen im Rahmen der Presales eingeräumt werden, handelt es sich meist um territoriale Exklusivlizenzen, wodurch für die Verwertungsunternehmen das Risiko, dass sich die Kosten für die Lizenzgebühren nicht amortisieren, sinkt.[237] Denn zum einen besteht dadurch Schutz vor einer Beeinträchtigung der Auswertung durch weitere Lizenznehmer[238] und zum anderen ist das Erfolgsrisiko auf ein Land bzw. Sprachgebiet beschränkt.[239] Wäre eine territoriale Aufspaltung der Verwertungsrechte innerhalb des europäischen Binnenmarktes nicht möglich, müsste ein Verwertungsunternehmen im Rahmen eines Vorabverkaufs eine EU-weite Lizenz erwerben. Das würde ein erhöhtes finanzielles Risiko bedeuten, da es das nicht unerhebliche Risiko des EU-weiten Misserfolgs eines Films zu tragen hätte.[240] Daher würden Verwertungsunternehmen vom Erwerb EU-weiter Lizenzen im Rahmen von Vorabverkäufen, insbesondere bei kleineren nationalen Produktionen, deren Erfolg im Ausland sehr ungewiss ist, tendenziell absehen.[241] Die territoriale Exklusivität ist demnach eine wichtige Voraussetzung für die Filmfinanzierung über Vorabverkäufe. Zugleich wird an dieser Stelle bereits deutlich, dass die exklusive Gebietslizenzierung ein zentrales Element der gesamten Filmauswertung ist. Schließlich sind die

---

235 *Martiny*, ZUM 2018, 772, 774; *Schwarz*, in: v. Hartlieb/Schwarz, Kap. 147 Rn. 1, Kap. 152 Rn. 1; ähnlich *Schwarz*, in: Paschke/Berlit/Meyer, Kommentar Medienrecht, 48. Abschn. Rn. 34.

236 *Schwarz*, in: v. Hartlieb/Schwarz, Kap. 147 Rn. 1; *WIPO*, From Script to Screen, S. 31.

237 *Christmann*, ZUM 2006, 23; *Engels*, Die territoriale Aufspaltung der Verwertungsrechte, S. 214; *Cabrera Blázquez et al.*, IRIS *Plus*, S. 21.

238 Zu diesem Risiko, siehe *Christmann*, ZUM 2006, 23; *Schwarz*, ZUM 2011, 699, 701 f.

239 Ähnlich *Schwarz*, ZUM 2011, 699, 701.

240 Allgemein zum Risiko der Filmfinanzierung aufgrund des ungewissen Erfolgs, siehe *Martiny*, ZUM 2018, 772, 773 f.; *Schwarz*, in: Paschke/Berlit/Meyer, Kommentar Medienrecht, 48 Abschn. Rn. 34.

241 Ähnlich *Schwarz*, ZUM 2011, 699, 701.

Auswertungsmöglichkeiten und die Vorabverkäufe der Lizenzen untrennbar miteinander verbunden.

b) Presales im VoD-Sektor

Die Gefahr für das Finanzierungsmodell über Vorabverkäufe bestünde hauptsächlich, wenn territorial beschränkte Lizenzen generell unzulässig wären. Sofern territoriale Beschränkungen lediglich im Online-Bereich nicht in Betracht kämen, könnten im Rahmen der Vorabverkäufe immer noch territoriale Exklusivlizenzen für alle anderen Verwertungsformen wie Kinovorführungen oder die TV-Ausstrahlung vergeben werden. Allerdings bestünde die Gefahr, dass sich europäische Lizenzen im Online-Bereich negativ auf die Attraktivität von Lizenzen für andere Verwertungsformen auswirken, indem sie deren Auswertung beeinträchtigen. Darüber hinaus könnte durch die fehlende Möglichkeit territorialer Exklusivlizenzen im Online-Bereich bei einer längerfristigen Betrachtung auch die Möglichkeit des Erwerbs von Vorablizenzen an den VoD-Rechten und damit eine weitere Einnahmemöglichkeit wegfallen. Bislang beteiligen sich die VoD-Anbieter kaum an der Filmfinanzierung durch den Erwerb von Vorablizenzen.[242] Zudem wurden die VoD-Rechte lange nicht auf exklusiver Basis vergeben,[243] wohl aber territorial beschränkt.[244] Allerdings unterliegt der VoD-Bereich einem Wandel, der den veränderten Nutzungsgewohnheiten der Verbraucher und dem stetigen wirtschaftlichen Wachstum dieses Sektors geschuldet ist.[245] Im Jahr 2015 lag der durch VoD und Downloads erwirtschaftete Anteil am Gewinn des gesamten Videomarktes bereits bei 23 %[246] und der VoD-Bereich wächst jährlich rasant weiter.[247] Die jährliche Zuwachsrate an Abonnenten bei SVoD-Diensten[248] in der EU lag in

242 *Engels*, Die territoriale Aufspaltung der Verwertungsrechte, S. 71; *KEA*, Multi-Territory Licensing, S. 4; *Europäische Kommission*, Der europäische Film, COM(2014) 272 final, S. 8; *Schwarz/Hansen*, in: v. Hartlieb/Schwarz, Kap. 261 Rn. 24.

243 *Homann*, Praxishandbuch Filmrecht, S. 324; *KEA*, Multi-Territory Licensing, S. 4; *Schwarz/Hansen*, in: v. Hartlieb/Schwarz, Kap. 261 Rn. 24.

244 *Engels*, Die territoriale Aufspaltung der Verwertungsrechte, S. 71; *KEA*, Multi-Territory Licensing, S. 4.

245 *Goldmedia*, Wirtschaftliche Bedeutung der Filmindustrie in Deutschland, S. 109, 112, 188.

246 *Goldmedia*, Wirtschaftliche Bedeutung der Filmindustrie in Deutschland, S. 109.

247 *Goldmedia*, Wirtschaftliche Bedeutung der Filmindustrie in Deutschland, S. 188; *Grece*, Trends in the EU SVOD market, S. 1.

248 Subscription-Video-on-Demand-Dienste (SVoD-Dienste) stellen ihren Dienst im Rahmen eines Abonnements zur Verfügung.

den Jahren 2011–2016 im Durchschnitt bei 130,1 %.[249] Ähnlich lag die jährliche Zunahme der Gewinne von SVoD-Diensten EU-weit in diesen Jahren bei durchschnittlich 106 %.[250] Die physischen Filmverkäufe gehen demgegenüber zurück.[251] Außerdem ist sowohl im Kino- als auch dem Pay-TV-Sektor in den letzten Jahren kein besonderes Wachstum mehr zu verzeichnen.[252] Mit der zunehmenden wirtschaftlichen Bedeutung des VoD-Sektors steigt auch das Interesse an den VoD-Rechten. Während Free-TV Sender diese benötigen, um Filme in ihren kostenlosen Online-Mediatheken anbieten zu können, sind sie gleichermaßen für die Online-Mediatheken der Pay-TV-Sender sowie die klassischen VoD-Dienste notwendig.[253] Dem Anbieter eines entgeltlichen Dienstes ist natürlich daran gelegen, dass die Filme nicht bei einem unentgeltlichen (ausländischen) Dienst abgerufen werden können.[254] Außerdem versuchen Anbieter sich aufgrund des steigenden Konkurrenzdrucks und der Notwendigkeit einer starken Stellung auf dem VoD-Markt durch das exklusive Angebot einzelner Inhalte von ihren Konkurrenten abzuheben.[255] Daher ist der Markt für exklusive Lizenzen zur VoD-Auswertung bereits jetzt hart umkämpft und es ist davon auszugehen, dass die Exklusivität der Rechte für die VoD-Anbieter auch in den nächsten Jahren an Bedeutung gewinnen wird.[256] Zugleich könnten die Anbieter aufgrund der steigenden wirtschaftlichen Bedeutung des VoD-Sektors zukünftig verstärkt in die Filmfinanzierung über Vorabverkäufe eingebunden werden, indem sie Minimumgarantien einräumen und das Erfolgsrisiko eines Films mittragen.[257] Nachdem ihr wirtschaftliches Interesse

---

249 *Grece*, Trends in the EU SVOD market, S. 1.

250 *Grece*, Trends in the EU SVOD market, S. 1.

251 *Goldmedia*, Wirtschaftliche Bedeutung der Filmindustrie in Deutschland, S. 114 ff.; *Cabrera Blázquez et al.*, IRIS *Plus*, S. 26.

252 *Goldmedia*, Wirtschaftliche Bedeutung der Filmindustrie in Deutschland, S. 94 ff. zur Kinoauswertung, S. 123 f. zu den Filmverkäufen; *Cabrera Blázquez et al.*, IRIS *Plus*, S. 26; zum Wachstum des VoD-Sektors bis zum Jahr 2009, siehe *KEA*, Multi-Territory Licensing, S. 72 ff.; zur Entwicklung des SVoD-Sektors im Verhältnis zum Pay-TV-Sektor in den Jahren 2011-2016, siehe *Grece*, Trends in the EU SVOD market, S. 5 ff.

253 *Goldmedia*, Wirtschaftliche Bedeutung der Filmindustrie in Deutschland, S. 87.

254 *Goldmedia*, Wirtschaftliche Bedeutung der Filmindustrie in Deutschland, S. 88.

255 *Grece*, On-Demand Markets, S. 157, 159.

256 *Goldmedia*, Wirtschaftliche Bedeutung der Filmindustrie in Deutschland, S. 87 f.; *Grece*, On-Demand Markets, S. 157.

257 *Engels*, Die territoriale Aufspaltung der Verwertungsrechte, S. 71; ähnlich *Martiny*, ZUM 2018, 772, 779; zur Risikobeteiligung durch Minimumgarantien, siehe *Schwarz/Hansen*, in: v. Hartlieb/Schwarz, Kap. 261 Rn. 24.

auf eine gebietsabhängige Exklusivität gerichtet ist, werden sie dazu allerdings meist nur bereit sein, wenn ihnen im Gegenzug für eine Minimumgarantie eine exklusive Lizenz eingeräumt wird. Natürlich ließe sich bei europäischen Lizenzen eine europaweite Exklusivität gewährleisten, doch würde ein Anbieter kaum das Auswertungsrisiko für ganz Europa tragen wollen, indem er eine europäische Lizenz im Rahmen eines Vorabverkaufs erwirbt. Zur Risikodiversifikation ist daher eine gleichzeitige Beteiligung mehrerer VoD-Anbieter notwendig; dann ließe sich bei europäischen Lizenzen jedoch die Exklusivität nicht mehr gewährleisten.[258]

Soweit lediglich die Vergabe europäischer Lizenzen möglich wäre, könnte es damit zu negativen Auswirkungen auf die Filmfinanzierung über Presales im VoD-Bereich kommen. Eine europäische Lizenz würde aufgrund eines zu hohen Auswertungsrisikos nicht erworben und ein Vorabverkauf an mehrere VoD-Anbieter käme nicht in Betracht, weil keine gebietsabhängige Exklusivität zugesichert werden könnte. Mit Blick darauf, dass der VoD-Bereich stetig an Bedeutung gewinnt und die anderen Auswertungsformen immer weiter zurückgedrängt werden, besteht die Gefahr einer Finanzierungslücke, wenn sich die VoD-Anbieter künftig nicht durch Minimumgarantien an der Filmfinanzierung beteiligen.

c) Finanzierung durch öffentliche Fördermittel

Eine weitere zentrale Säule der Filmfinanzierung ist die öffentliche Filmförderung.[259] Die öffentliche Filmförderung in Deutschland lässt sich in vier Ebenen einteilen: die europäische, nationale, regionale und kommunale Ebene.[260] Im Folgenden wird lediglich auf die Bedeutung der Gebietslizenzen in Hinblick auf die Fördervorgaben nach dem Filmförderungsgesetz (FFG) eingegangen. Nach § 53 FFG müssen bei geförderten Filmen bestimmte Sperrfristen bei der Auswertung eingehalten werden. Nach § 53 II FFG beträgt die Sperrfrist für die Bildträgerauswertung und entgeltliche VoD-Dienste 6 Monate nach der Erstaufführung, für Pay-TV 12 Monate und für Free-TV sowie kostenfreie VoD-Dienste 18 Monate. Zweck dieser Sperrfristen ist vor allem, die Auswertung im Rahmen der Filmtheater zu gewährleisten, da diese für die Filmwirtschaft von besonderer Bedeutung ist.[261] Die Sperrfristen gelten auch für ausländische

258 Zum Interesse von VoD-Anbietern an europäischen Lizenzen, siehe *Hugenholtz/Joost*, IIC 2020, 167, 170.
259 *WIPO*, From Script to Screen, S. 30.
260 *Goldmedia*, Wirtschaftliche Bedeutung der Filmindustrie in Deutschland, S. 158.
261 *Schwarz*, ZUM 2011, 699, 701.

Fernsehsender oder VoD-Anbieter, die im Inland empfangen werden können.[262] Ausnahmen von den Sperrfristen sind nur im engen Rahmen der §§ 54 ff. FFG möglich. Die Sperrfristen in anderen Mitgliedstaaten sind mit denen des FFG vergleichbar, können aber im Detail variieren.[263] Insgesamt ist in Europa ein Trend dahingehend erkennbar, dass die Auswertungsfester zunehmend kürzer werden.[264]

Die Sperrfristen bedingen eine territoriale Zersplitterung des europäischen Binnenmarktes in der Weise, dass Filme in verschiedenen Mitgliedstaaten erst nach bestimmten Fristen in bestimmten Verwertungsformen ausgewertet werden dürfen. Um dies einzuhalten und die Fördermittel in Anspruch nehmen zu können, werden die Nutzungsrechte daher meist territorial begrenzt vergeben.[265] Für den Online-Bereich bedeutet das ein Verbot der grenzüberschreitenden Zugänglichmachung von Filmen.

d) Generelle Auswertung im Rahmen der Verwertungskaskade

Auch bei Filmproduktionen, die nicht von der öffentlichen Filmförderung profitieren, hat sich eine internationale Auswertung im Rahmen einer zeitlich gestaffelten Verwertungskaskade etabliert, bei der für jede Verwertungsstufe meist exklusive Nutzungsrechte eingeräumt werden.[266] Mit der zeitlich gestaffelten Auswertung soll die Werthaltigkeit des Filmprodukts möglichst lange aufrechterhalten und jede Verwertungsform wirtschaftlich bestmöglich ausgeschöpft werden, bevor der Film in einer weiteren Verwertungsform am Markt verfügbar ist.[267] Würde die Auswertung in den Filmtheatern beispielsweise

---

262 *v. Have/Schwarz*, in: v. Hartlieb/Schwarz, Kap. 116 Rn. 23.

263 *Engels*, Die territoriale Aufspaltung der Verwertungsrechte, S. 215; *Schwarz*, ZUM 2011, 699, 701; deutlich längere Sperrfristen existieren beispielsweise in Frankreich, siehe dazu *Martiny*, ZUM 2018, 772, 775.

264 *Ranaivoson/ De Vinck/Van Rompuy*, Exploitation Windows, S. 4; *KEA*, Multi-Territory Licensing, S. 56; ausführlich zu den Sperrfristen für die Kinoauswertung, siehe *Martiny*, ZUM 2018, 772, 774 f.

265 *Schwarz*, ZUM 2011, 699, 701.

266 *Christmann*, ZUM 2006, 23, 25; *Schwarz*, ZUM 2011, 699, 700; ausführlich zur Auswertung europäischer Filmproduktionen, siehe *Hugenholtz/Joost*, IIC 2020, 167, 170.

267 *Christmann*, ZUM 2006, 23, 25; *Martiny*, ZUM 2018, 772, 774; *Engels*, Die territoriale Aufspaltung der Verwertungsrechte, S. 63; *Scholz*, Filmmarketing 2.0, S. 28; *Schwarz*, ZUM 2011, 699, 700; die Auswertung im Rahmen einer zeitlich gestaffelten Verwertungskaskade ist eine Form der Preisdiskriminierung, siehe dazu *Langus/ Neven/Poukens*, Economic Analysis of the Territoriality of the Making Available Right in the EU, S. 79 f.

mit VoD-Diensten konkurrieren, könnte die Zahl der Kinobesucher drastisch abnehmen.[268] Die zeitlich gestaffelte Auswertung erfolgt dabei in etwa dem Schema des FFG, wonach ein Film zunächst in den Filmtheatern läuft. Anschließend folgt die Bild- und Tonträgerauswertung sowie Auswertung über entgeltliche VoD-Dienste bevor ein Film im Pay-TV verfügbar ist. Im letzten Auswertungsfenster sind die Filme schließlich im Free-TV und bei werbefinanzierten VoD-Diensten zu sehen.[269] Einem Lizenznehmer der vorgelagerten Auswertungsform wird die zeitliche Exklusivität durch Sperrfristen für die nachgelagerten Auswertungsformen in den Lizenzverträgen zugesichert.[270] Die Fristen sind allerdings oftmals kürzer als die des FFG.[271]

Für das Auswertungsmodell der zeitlich gestaffelten Verwertungskaskade reicht es jedoch nicht, wenn die Auswertungsfenster in einem Land durch die zeitlichen Sperrfristen geschützt werden. Es würde zum Problem, wenn sich ein Film in einem anderen Land bereits in einem fortgeschrittenen Auswertungsstadium befindet und grenzüberschreitend empfangbar bzw. abrufbar ist, da es dann wiederum zur Überschneidung zweier, eigentlich nachgelagerter Auswertungsfenster käme.[272] Daher bedingt die zeitliche Exklusivität, dass Lizenznehmer von nachgelagerten Auswertungsformen räumlichen Beschränkungen unterliegen. Bestünde die Gefahr, dass die Filmauswertung durch Überschneidungen der Auswertungsfenster in verschiedenen Ländern beeinträchtigt wird, würden die Lizenznehmer das finanzielle Risiko eines Lizenzerwerbs nicht auf sich nehmen, da die Exklusivität für sie von zentraler Bedeutung ist, um das Verwertungsrisiko möglichst gering zu halten.[273] Denn sobald ein Film bei einem VoD-Anbieter grenzüberschreitend abrufbar ist, konkurriert dieses Angebot mit sämtlichen vorgelagerten Verwertungsformen in anderen Ländern. Daher bestünde zum Beispiel ein erhöhtes Risiko, dass sich die Lizenzkosten aufgrund zu geringer Besucherzahlen im Kino nicht amortisieren.[274]

268 Ähnlich *Schwarz*, ZUM 2015, 950, 952; *Schwarz*, ZUM 2011, 699, 702.

269 *Goldmedia*, Wirtschaftliche Bedeutung der Filmindustrie in Deutschland, S. 89; *Martiny*, ZUM 2018, 772, 774; *Christmann*, ZUM 2006, 23, 25; *Engels*, Die territoriale Aufspaltung der Verwertungsrechte, S. 64 f.

270 *Engels*, Die territoriale Aufspaltung der Verwertungsrechte, S. 63.

271 *Schwarz*, ZUM 2011, 699, 701.

272 *Martiny*, ZUM 2018, 772, 776; *Schwarz*, ZUM 2011, 699, 701 f.; ähnlich *Hugenholtz/Joost*, IIC 2020, 167, 170.

273 *Cabrera Blázquez et al.*, IRIS *Plus*, S. 21; *Schwarz*, ZUM 2011, 699, 701 f.; *Hugenholtz/Joost*, IIC 2020, 167, 170.

274 *Martiny*, ZUM 2018, 772, 776; *Schwarz*, ZUM 2011, 699, 701 f.; ähnlich *Hugenholtz/Joost*, IIC 2020, 167, 170, 172.

Gleichermaßen würde das Interesse an Lizenzen für die körperliche sowie die VoD-Auswertung in anderen Ländern sinken, da beides ebenfalls mit den VoD-Diensten, bei denen ein Film schon früher verfügbar ist, konkurrieren würde.[275] Dies würde sich nicht erst bei der Filmauswertung, sondern bereits bei der Finanzierung negativ auswirken, da die wichtigen Minimumgarantien fehlen, wenn die Vorabverkäufe an Attraktivität einbüßen.[276]

Die Gefahr von Überschneidungen der Auswertungsfenster stellt sich insbesondere bei europäischen Filmproduktionen, weil eine Auswertung im Ausland bei diesen oftmals erst nach einer erfolgreichen nationalen Auswertung in Betracht gezogen wird, weshalb die einzelnen Auswertungsfenster in den verschiedenen Ländern zeitlich stark versetzt sind.[277] Der Kinostart in anderen Staaten erfolgt beispielweise meist erst drei bis zwölf Monate nach dem Kinostart im Produktionsland.[278] Wäre eine territoriale Aufspaltung der Verwertungsrechte nicht mehr möglich, könnte dies demnach negative Auswirkungen auf die europäischen Verleiher von Arthouse-Filmen und sonstige kleine europäische Produktionsfirmen haben. Damit bestünde die Gefahr, dass die kulturelle Filmvielfalt in Europa unter europaweiten Lizenzen und einem Verbot grenzüberschreitender Zugriffsbeschränkungen erheblich leidet.[279] Kaum betroffen wären dagegen die amerikanischen Filmstudios, die mit einer Day-and-Date Release-Strategie die einzelnen Verwertungsfenster in den einzelnen Staaten vereinheitlichten, um der Filmpiraterie entgegenzuwirken, womit sich das Problem der sich überlappenden Verwertungsfenster nicht in gleichem Maße stellt.[280]

---

275 *Schwarz*, ZUM 2015, 950, 952; *Schwarz*, ZUM 2011, 699, 701 f.

276 *Schwarz*, ZUM 2015, 950, 952.

277 *Martiny*, ZUM 2018, 772, 776; *Hugenholtz/Joost*, IIC 2020, 167, 172; *Schwarz*, ZUM 2015, 950, 952; *Schwarz*, ZUM 2011, 699, 701.

278 *Schwarz*, ZUM 2015, 950, 952.

279 *Beaujean*, MMR 2018, 3, 4; *Cabrera Blázquez et al.*, IRIS *Plus*, S. 28; *Martiny*, ZUM 2018, 772, 776; *Ohly* ZUM 2015, 942, 946; *Schwarz*, ZUM 2011, 699, 702; *Oxera/O&O*, The Impact of cross-border access to audiovisual content, S. 75 f.; *Schmidt et al.*, Geoblocking, S. 15; *Synodinou*, GRUR Int. 2020, 136, 147; kritisch *Engels*, Die territoriale Aufspaltung der Verwertungsrechte, S. 217; die kulturelle Vielfalt ist als Allgemeinwohlbelang anerkannt, der eine Beschränkung der Grundfreiheiten rechtfertigen kann, siehe dazu EuGH, Urt. v. 11.7.1985, verb. Rs. 60 u. 61/84 – *Cinéthèque*, Rn. 20 ff.

280 *Schwarz*, ZUM 2011, 699, 701.

e) Geringes Interesse an europäischen Lizenzen

Europäische Filmproduktionen hängen nicht nur aufgrund der zeitlich gestaffelten Auswertungsfenster in besonderem Maße von einer territorialen Aufspaltung der Verwertungsrechte ab. Es zeigt sich zudem, dass die Verwerter zum Teil auch gar kein Interesse an europäischen Lizenzen haben, was dazu führt, dass deren Wert von den Rechteinhabern nicht voll ausgeschöpft werden könnte.[281]

Der europäische Markt für Filme ist aufgrund der unterschiedlichen Sprachgebiete und Kulturen stark fragmentiert und dementsprechend stark variiert daher das Interesse an einzelnen Filmen in den verschiedenen Regionen der EU.[282] Aus diesem Grund muss der Filmvertrieb an das Publikum der einzelnen Mitgliedstaaten angepasst werden. Das betrifft unter anderem die Werbung für einen Film, die Synchronisation sowie die Untertitel.[283] Insbesondere rein national tätige Verwertungsunternehmen würde eine europaweite Auswertung daher vor Schwierigkeiten stellen, da diese nicht mit den Besonderheiten jedes nationalen Marktes in Europa vertraut sind und auch nicht über die passenden Vertriebsstrategien verfügen.[284] Vor allem europäische Filmproduktionen werden jedoch meist von kleinen, national tätigen Verleihunternehmen herausgebracht, die auf die Auswertung in einzelnen Staaten oder Sprachgebieten spezialisiert sind. Nachdem sie nicht in der Lage wären, einen Film europaweit in sämtlichen Mitgliedstaaten auszuwerten, würde eine europäische Lizenz keinen Mehrwert für sie bieten, sondern lediglich ein erhebliches finanzielles Risiko bedeuten.[285] Die Verwerter haben demnach kein besonderes Interesse an europäischen Lizenzen.

Außerdem zeigt sich anhand der bisherigen Auswertungspraxis im VoD-Bereich, dass sich das Interesse der europaweit tätigen VoD-Anbieter an kleineren Filmproduktionen sehr in Grenzen hält, weil sich mit ihnen nur relativ geringe Gewinne erwirtschaften lassen.[286] Daher ist davon auszugehen, dass

---

281 *Hugenholtz/Joost*, IIC 2020, 167, 170.

282 *Christmann*, ZUM 2012, 187, 189; *Engels*, Die territoriale Aufspaltung der Verwertungsrechte, S. 213; *Cabrera Blázquez et al.*, IRIS *Plus*, S. 21, 36.

283 *Christmann*, ZUM 2012, 187, 189; *Engels*, Die territoriale Aufspaltung der Verwertungsrechte, S. 213; *Cabrera Blázquez et al.*, IRIS *Plus*, S. 21, 36; *KEA*, Multi-Territory Licensing, S. 30; *Wiebe*, ZUM 2015, 932, 938.

284 *Cabrera Blázquez et al.*, IRIS *Plus*, S. 21.

285 *Engels*, Die territoriale Aufspaltung der Verwertungsrechte, S. 213; *Schwarz*, ZUM 2015, 950, 952; *Schwarz*, ZUM 2011, 699, 702.

286 *Schwarz*, ZUM 2015, 950, 951 f.

die VoD-Auswertung dieser Produktionen, selbst wenn die Gebietslizenzierungspraktiken in der EU unzulässig wären, weiterhin meist durch national tätige Anbieter erfolgen würde.[287] Diese dürften einen grenzüberschreitenden Zugriff im diesem Fall natürlich nicht durch Geoblocking verhindern. Unabhängig davon, ob ein europaweit oder nur national tätiger VoD-Anbieter eine europäische Lizenz erwirbt, wäre zu erwarten, dass der Preis für diese nicht nennenswert über dem einer rein nationalen Lizenz im Produktionsland liegen würde.[288] Diese Prognose stützt sich darauf, dass sich die Lizenzgebühr aufgrund des geringen Interesses an kleineren Filmproduktionen im europäischen Ausland maßgeblich an der Lizenzgebühr für das Produktionsland orientieren würde.[289] Zugleich wäre es jedoch erschwert, mit dem Film zusätzliche Lizenzeinnahmen im Ausland zu generieren, falls der Film im Inland erfolgreich war und sich eine Auslandsverwertung lohnen würde. Denn es würde sich wieder das Problem stellen, dass ein ausländischer VoD-Anbieter kaum dazu bereit wäre, den Film ebenfalls zu lizenzieren, soweit dieser bereits bei einem (kostenlosen) VoD-Dienst grenzüberschreitend verfügbar ist.[290] Eine europäische Lizenz könnte daher dazu führen, dass sich die insgesamt erzielbare Vergütung auf die im Produktionsland erzielbare Vergütung beschränkt und eine bestmögliche EU-weite Auswertung durch eine Preisdifferenzierungsstrategie in den einzelnen Mitgliedstaaten nicht mehr möglich wäre.[291] Dadurch wird deutlich, dass europäische Lizenzen möglicherweise auch nachfragebedingt zu geringeren Lizenzeinnahmen führen würden.

---

287 *Schwarz* ZUM 2015, 950, 952.

288 *Schwarz* ZUM 2015, 950, 952.

289 *Schwarz* ZUM 2015, 950, 952; bei europäischen Filmen, die für den gesamten europäischen Markt attraktiv sind, kann für europäische Lizenzen durchaus ein höherer Preis durchgesetzt werden, wobei sich dies negativ auf die Finanzierungsmöglichkeit über Presales auswirken kann. Siehe dazu § 2 A. IV. 2. a), b).

290 *Schwarz* ZUM 2015, 950, 952.

291 Ausführlich zum ökonomischen Konzept der Preisdifferenzierung, siehe *Langus/Neven/Poukens*, Economic Analysis of the Territoriality of the Making Available Right in the EU, S. 77 ff.; zur Preisdifferenzierung im europäischen Binnenmarkt, siehe *Engels*, Die territoriale Aufspaltung der Verwertungsrechte, S. 37 ff.; zur Bedeutung der Preisdifferenzierung für die Rechteinhaber, siehe auch *Engels/J. B. Nordemann*, in: Fromm/Nordemann, Portabilitäts-VO, Einl. Rn. 4; *Hugenholtz/Joost*, IIC 2020, 167, 170.

3. *Europaweite Lizenzen als Chance*

Zwar hat sich gezeigt, dass die territorial segmentierte Rechtevergabe in vielerlei Hinsicht ein zentrales Element der Finanzierungs- und Verwertungsmodelle in der Filmindustrie ist und eine Abschaffung zur Gefahr für die kulturelle Vielfalt in Europa werden könnte. Allerdings darf nicht völlig ausgeblendet werden, dass ein europaweiter Zugang zu Online-Inhalten durchaus auch positive Effekte haben kann und nicht unbedingt nur zur Existenzgefahr für die europäische Filmindustrie wird, sondern sie möglicherweise lediglich verändert.[292]

a) *Aufrechterhaltung der bisherigen Strukturen*

Um die mit europaweiten Lizenzen einhergehenden finanziellen Risiken abzufedern, sind verschiedene Möglichkeiten denkbar. Zunächst käme in Betracht, die Filme lediglich im rentabelsten Markt bzw. Land zu lizenzieren und den Gewinn dort bestmöglich abzuschöpfen.[293] Eine deutsche Filmproduktion würde demnach lediglich in Deutschland lizenziert werden, von wo aus sie grenzüberschreitend zugänglich gemacht werden kann. Allerdings würde die Auswertung der VoD-Rechte im lukrativsten Land nicht darüber hinweghelfen, dass die Verfügbarkeit eines Films bei VoD-Diensten die anderen Verwertungsformen in anderen Ländern stark beeinträchtigen würde. Diesem Problem könnte lediglich damit begegnet werden, dass die VoD-Auswertung erst beginnt, wenn ein Film die vorgelagerten Auswertungsfenster in sämtlichen Ländern bereits durchlaufen hat. Das wäre allerdings wiederum nachteilig für die Verbraucher, da sie länger warten müssten, bis Filme bei den VoD-Diensten verfügbar sind, was außerdem der Piraterie förderlich wäre. Darüber hinaus bestünde in finanzieller Hinsicht die Gefahr, dass der Gewinn mit der Auswertung der VoD-Rechte im lukrativsten Land hinter dem Gewinn mit der Auswertung in allen anderen Ländern in der Summe zurückbleibt.[294]

Als bestes Alternativkonzept zur Verwertung durch mehrere Gebietslizenzen wird die faktische Begrenzung der Lizenzen über Sprachfassungen angesehen.[295] Natürlich würde die Begrenzung nicht den einzelnen Mitgliedstaaten,

292 Ähnlich *Martiny*, ZUM 2018, 772, 778 f.; *Synodinou*, GRUR Int. 2020, 136, 147.

293 *Kreile*, ZUM 2011, 719, 721.

294 Zu diesem Problem, siehe § 2 A. IV. 2. e).

295 *Engels*, Die territoriale Aufspaltung der Verwertungsrechte, S. 217; *Heyde*, ZUM 2017, 712, 720; *Hugenholtz/Joost*, IIC 2020, 167, 180 ff.; *Kreile*, ZUM 2012, 177, 186; *Kreile*, ZUM 2011, 719, 722; kritisch gegenüber der Marktaufteilung über

sondern den verschiedenen Sprachgebieten in der EU entsprechen.[296] Allerdings kommt dieses Konzept bei der körperlichen sowie der VoD-Auswertung an seine Grenzen, weil die Filme dabei meist in verschiedenen Sprachfassungen verfügbar sind.[297] Die Begrenzung wäre lediglich durchsetzbar, wenn nur einzelne Sprachfassungen lizenziert würden. Bei amerikanischen Filmproduktionen könnte die originale englische Sprachfassung weiterhin in jedem Mitgliedstaat verfügbar sein, weil die Verwertungsfenster ohnehin angeglichen sind.[298] Auch europäische Filmproduktionen könnten weiterhin in jedem Land zusätzlich zur Synchronisierung in der Originalsprachfassung angeboten werden, weil die Auswertung zunächst immer in dem Sprachgebiet der Originalfassung beginnt. Vorgelagerte Verwertungsfenster in diesem Gebiet sind daher bereits verstrichen und könnten dadurch nicht beeinträchtigt werden. Es könnte für die Verwertung in anderen Ländern allerdings zum Problem werden, wenn Konsumenten bereit sind, einen Film bei einem VoD-Dienst in der originalen Sprachfassung anzusehen und dafür auf einen Kinobesuch in der synchronisierten Version verzichten.[299] Insgesamt zeigt sich, dass es kaum eine Alternative gibt, mit der sich die derzeitigen Finanzierungs- und Verwertungspraktiken, die auf der territorial segmentierten Rechtevergabe basieren, weiterhin in ihrer momentanen Gestalt aufrechterhalten ließen, wenn Gebietslizenzen im Online-Bereich unzulässig wären.

b) Mehr kulturelle Vielfalt

Europaweite Lizenzen und die Unzulässigkeit der Gebietslizenzierungspraktiken sind nicht unbedingt nur eine Gefahr für die kulturelle Vielfalt in Europa, sondern sie könnten diese auch steigern, indem sie den Zugriff auf Inhalte aus anderen Ländern ermöglichen und einen europäischen Kulturraum ohne Grenzen entstehen lassen.[300] So wären beispielsweise Filme aus anderen Ländern abrufbar, für die aus Sicht der inländischen Verwerter ein Lizenzerwerb zu risikobehaftet oder unrentabel ist.[301] Für sämtliche Filmproduktionen, die ohnehin nicht grenzüberschreitend lizenziert werden, würden europäische

---

verschiedene Sprachfassungen *Sutterer*, in: Hennemann/Sattler, Immaterialgüter und Digitalisierung, S. 145, 160.

296 *Kreile*, ZUM 2011, 719, 723.

297 *Kreile*, ZUM 2011, 719, 723.

298 *Schwarz*, ZUM 2011, 699, 701.

299 Ausführlich dazu, siehe *Hugenholtz/Joost*, IIC 2020, 167, 181 f.

300 *Ohly*, ZUM 2015, 942, 947.

301 Ähnlich *Fontaine/Simone*, VOD distribution and the role of aggregators, S. 25.

Lizenzen demnach keinen Verlust einer Einnahmequelle und daher auch keine Gefahr bedeuten, sondern sie würden lediglich die kulturelle Vielfalt in Europa steigern.[302] Das Potenzial von VoD-Plattformen zur Steigerung der kulturellen Vielfalt wird auch dadurch deutlich, dass im Durchschnitt nicht einmal die Hälfte aller europäischen Filmproduktionen auf diesen ausgewertet wird.[303]

c) Positive strukturelle Veränderungen

Es sollte nicht das Ziel sein, die derzeitigen Verwertungsmodelle durch andere Beschränkungen, die denen der territorialen Begrenzungen möglichst nahekommen, weiterhin aufrecht zu erhalten. Vielmehr sollten europäische Lizenzen als Chance begriffen werden, neue Verwertungsmodelle zu entwickeln, die auf die veränderten Nutzungsgewohnheiten und neuen Marktbedingungen zugeschnitten sind.[304] Dadurch ließe sich das wirtschaftliche Potenzial einer grenzüberschreitenden Zugriffsmöglichkeit auf Online-Inhaltedineste anderer Mitgliedstaaten bestmöglich nutzen, wenn dieses auch nicht besonders groß ist.[305] Es darf auch nicht außer Acht gelassen werden, dass sich das Angebot der VoD-Dienste durch europäische Lizenzen vergrößern könnte, wodurch sich ihre Attraktivität und Nutzung generell steigern ließe. Außerdem bieten die neuen technischen Möglichkeiten und die veränderten Nutzungsgewohnheiten die Chance auf neue Geschäfts- und Verwertungsmodelle, die nicht mehr auf territorialen Lizenzen basieren. Zur Beurteilung des Potenzials europäischer Lizenzen im Online-Bereich darf der Blick daher nicht nur auf die derzeitige Nachfrage für VoD-Dienste anderer Mitgliedstaaten gerichtet

---

302 Zustimmend in Bezug auf eine Steigerung der kulturellen Vielfalt, jedoch warnend vor langfristig negativen Effekten, die in einem Produktionsrückgang von 35 % in manchen Sektoren enden könnten, *Oxera/O&O*, The Impact of cross-border access to audiovisual content, S. 75 f.

303 *Fontaine/Simone*, VOD distribution and the role of aggregators, S. 18 f.

304 Eine Anpassung der Finanzierungs- und Verwertungsstrukturen an die aktuellen Gegebenheiten fordert auch *Martiny*, ZUM 2018, 772, 821; auch das EuG sieht die Möglichkeit struktureller Veränderungen, EuG, Urt. v. 12.12.2018, Rs. T-873/16 – *Groupe Canal +/Kommission*, ECLI:EU:T:2018:904, Rn. 55, 57.

305 *Plum*, The economic potential of cross-border pay-to-view and listen audiovisual media services, S. 160; *Engels*, Die territoriale Aufspaltung der Verwertungsrechte, S. 235 geht ebenfalls von einer geringen grenzüberschreitenden Nachfrage aus.

werden.[306] Darüber hinaus ist der Markt für Filmverkäufe bereits seit geraumer Zeit ein sinkendes Schiff und auch TV-Sender setzen zunehmend auf ergänzende digitale Angebote, um konkurrenzfähig zu bleiben.[307] Daher ist es ohnehin höchste Zeit, über Veränderungen bei der Filmverwertung nachzudenken und sich nicht mehr mit aller Kraft an die bestehenden Verwertungsstrukturen zu klammern.[308] Außerdem kann eine Day-and-Date Release-Strategie, bei der die VoD-Auswertung zeitgleich mit der DVD- oder Kinoauswertung erfolgt, die Effektivität von Werbekampagnen steigern und dadurch die Gesamtauswertung verbessern, insbesondere für kleinere Produktionen und Arthouse-Filme.[309] Damit kann die Auswertung außerhalb der zeitlich gestaffelten Verwertungskaskade durchaus auch positive Effekte haben. Kleinere europäische Filmproduktionen, für welche die Bedeutung der zeitlich gestaffelten Auswertung meist besonders betont wird, scheinen daher keineswegs zwingend dem Ende geweiht zu sein, bestünde keine Möglichkeit der territorial segmentierten Rechtevergabe.

Ein Paradebeispiel dafür, wie den strukturellen Veränderungen im Filmbereich entgegengetreten werden kann, ist die Initiative EUROVOD. Diese ist ein Zusammenschluss verschiedener europäischer VoD-Anbieter, der sich auf europäische Kinoproduktionen und insbesondere auf Arthouse- sowie Independent-Produktionen spezialisiert hat. Ziel von EUROVOD ist es, die kulturelle Filmvielfalt in Europa mit Hilfe der beteiligten VoD-Plattformen nicht nur zu sichern, sondern zu vergrößern. Dies soll durch das mit der Initiative geschaffene Netzwerk erreicht werden, welches einen Wissensaustausch zwischen den Plattformen ermöglicht. Darüber hinaus lässt sich dadurch die Wettbewerbsfähigkeit und Bekanntheit auf dem Markt der VoD-Anbieter steigern, da der internationale Einfluss der Initiative aufgrund ihrer Größe deutlich stärker ist als der einer einzelnen VoD-Plattform.[310] Bei EUROVOD ist eine

306 Allerdings könnte eine Zugriffsmöglichkeit auf VoD-Dienste anderer Mitgliedstaaten auch zu erheblichen Wohlfahrtsverlusten führen, siehe dazu *Oxera/O&O*, The Impact of cross-border access to audiovisual content, S. 75 ff.

307 Zum Rückgang der Filmverkäufe, siehe *Goldmedia*, Wirtschaftliche Bedeutung der Filmindustrie in Deutschland, S. 114 ff.; zur Veränderung der TV-Sender, siehe *Goldmedia*, Wirtschaftliche Bedeutung der Filmindustrie in Deutschland, S. 121; *Cabrera Blázquez et al.*, IRIS *Plus*, S. 26.

308 Ähnlich fordert es auch *Martiny*, ZUM 2018, 772, 779.

309 *Fontaine/Simone*, VOD distribution and the role of aggregators, S. 24.

310 Ausführlich zu EUROVOD, siehe (https://www.eurovod.org).

Beteiligung der VoD-Plattformen an der Filmfinanzierung durch Vorabverkäufe und Minimumgarantien bereits gängige Praxis.[311]

d) Gesetzliche Vielfaltssicherung

Neben Veränderungen der Finanzierungs- und Verwertungsstrukturen, mit denen die Marktakteure auf einen Wegfall territorialer Lizenzen reagieren können, sind auch regulatorische Eingriffe durch den Gesetzgeber denkbar, die eine angemessene Vergütung der Rechteinhaber und die kulturelle Filmvielfalt in Europa sichern. Ein Beispiel hierfür sind die am 28.11.2018 im Amtsblatt der EU veröffentlichten Änderungen der AVMD-RL[312], welche die Europäische Kommission im Mai 2016 mit ihrem Vorschlag initiierte und bereits in ihrer „Strategie für einen digitalen Binnenmarkt für Europa" ankündigte.[313] Die zentrale Regelung, mit der die Produktion und Verbreitung europäischer Filmwerke erhöht werden soll, ist Art. 13 I RL (EU) 2018/1808, wonach die Kataloge von VoD-Diensten einen Mindestanteil an europäischen Werken von 30 % enthalten müssen und die Diensteanbieter verpflichtet sind, die europäischen Filmwerke besonders herauszustellen.[314] Die Verpflichtung zu einer bestimmten Quote an europäischen Werken ist in der EU nicht völlig neu. Mehr als 50 % aller Mitgliedstaaten sahen im nationalen Recht bereits solche Quoten vor, die zwischen 10–60 % schwankten.[315] Außerdem lag der Anteil an europäischen Filmproduktionen bei allen in der EU verfügbaren VoD-Katalogen im Jahr 2015 im Durchschnitt bei 27 %. Bei Netflix und iTunes waren es 21 %.[316] Für

---

311 *Cabrera Blázquez et al.*, IRIS *Plus*, S. 24.

312 Richtlinie 2010/13/EU des Europäischen Parlaments und des Rates vom 10. März 2010 zur Koordinierung bestimmter Rechts- und Verwaltungsvorschriften der Mitgliedstaaten über die Bereitstellung audiovisueller Mediendienste, EU-ABl. L 95/1 v. 15.04.2010.

313 Richtlinie (EU) 2018/1808 des Europäischen Parlaments und des Rates vom 14. November 2018 zur Änderung der Richtlinie 2010/13/EU zur Koordinierung bestimmter Rechts- und Verwaltungsvorschriften der Mitgliedstaaten über die Bereitstellung audiovisueller Mediendienste (Richtlinie über audiovisuelle Mediendienste) im Hinblick auf sich verändernde Marktgegebenheiten, EU-ABl. L 303/69 v. 28.11.2018; *Europäische Kommission*, Vorschlag AVMD-RL, COM(2016) 287 final.

314 Bisher waren europäische Filmproduktionen auf VoD-Plattformen im Gegensatz zu US-Produktionen weniger stark hervorgehoben, siehe ausführlich dazu *Fontaine*, The visibility of films and TV content on VOD, S. 9 ff.; *Fontaine/Simone*, VOD distribution and the role of aggregators, S. 21; *Hugenholtz/Joost*, IIC 2020, 167, 171.

315 *Europäische Kommission*, Memo 18/4093 v. 7.6.2018 aktualisiert am 2.10.2018.

316 *Europäische Kommission* (Fn. 315).

die großen VoD-Anbieter bedeutet das, dass sie ihren Anteil an europäischen Filmproduktionen zum Teil noch deutlich erhöhen müssen.

Zu einer weiteren Veränderung wird die Verpflichtung führen, dass die europäischen Filmwerke von den Anbietern besonders herauszustellen sind. In den Erwägungsgründen sind als Beispiele für eine solche Herausstellung die Schaffung eines speziellen Bereichs für europäische Werke, der von der Hauptseite aus erreichbar ist, oder die Möglichkeit, mit einem Suchwerkzeug nach diesen zu suchen, genannt.[317] Darüber hinaus sieht Art. 13 II, III der RL (EU) 2018/1808 für die Mitgliedstaaten die Möglichkeit vor, die Verpflichtung von Mediendiensteanbietern, durch Direktinvestitionen oder durch Beiträge zu Förderfonds zur europäischen Filmproduktion beizutragen, auf im Ausland ansässige Mediendiensteanbieter zu erstrecken. Voraussetzung ist, dass diese auf Zuschauer im Gebiet des jeweils verpflichtenden Staates abzielen.

Diese Veränderung der rechtlichen Rahmenbedingungen trägt dazu bei, dass der Erhalt der europäischen Filmwirtschaft und damit der kulturellen Vielfalt in Europa auch ohne die Möglichkeit einer territorial segmentierten Rechtevergabe besser gewährleistet wäre. Aufgrund des fehlenden Interesses an europäischen Lizenzen wird befürchtet, dass die Lizenzierungen zurückgingen, wenn ausschließlich europäische Lizenzen verfügbar wären, soweit diese gegenüber einer rein nationalen Lizenz auch einen höheren Preis hätten.[318] Der Gefahr des Rückgangs von Lizenzierungen kann mit der Mindestquote von 30 % für europäische Produktionen ein Stück weit entgegengetreten werden. Diese Quote gilt unabhängig davon, ob die Anbieter nationale oder nur europäische Lizenzen erwerben können. Die Lizenzierbarkeit europäischer Lizenzen wäre damit weitgehend gesichert. Allerdings gilt weiterhin: je kleiner die Produktion, desto größer die Gefahr, dass sie nicht europaweit lizenziert wird. Mit der Vorgabe, dass auch im Ausland ansässige Mediendiensteanbieter dazu verpflichtet werden können, die europäische Filmproduktion durch Direktinvestitionen oder Beiträge zu nationalen Förderfonds finanziell zu unterstützen, könnte dem bisherigen Beteiligungsdefizit der VoD-Anbieter an der Filmfinanzierung entgegengewirkt werden. Die Gefahr, dass europäische Lizenzen von VoD-Anbietern nicht über Presales erworben würden und damit ein in Zukunft potenziell sehr wichtiges Finanzierungsinstrument wegfallen könnte, lässt sich damit ebenfalls eindämmen.

---

317 Erwägungsgrund 35 RL (EU) 2018/1808.

318 Siehe dazu § 2 A. IV. 2. e).

Allerdings würden sich europäische Lizenzen im Online-Bereich auf die Filmauswertung in sämtlichen anderen Verwertungsformen negativ auswirken, da die Auswertung im Rahmen einer zeitlich gestaffelten Verwertungskaskade erheblich beeinträchtigt wäre. Dadurch würde auch die gesamte Filmfinanzierung und -verwertung erheblich erschwert. Damit ist die Reform der AVMD-RL auch nur ein erster Schritt zur Sicherung der europäischen Filmwirtschaft und der kulturellen Filmvielfalt in einem Umfeld, das zunehmend von internetbasierten Geschäftsmodellen geprägt ist. Der Weg für europäische Lizenzen im Online-Bereich ist damit jedoch noch nicht geebnet.

e) Auswirkung auf die Zulässigkeit von Gebietslizenzen

Trotz der Chancen von europäischen Lizenzen und der Möglichkeit, die derzeitigen Finanzierungs- und Verwertungsstrukturen der Filmindustrie zu verändern, lässt sich am Ende nicht bestreiten, dass die Unzulässigkeit der Gebietslizenzen momentan eine erhebliche Gefahr für die Filmindustrie in Europa bedeuten würde. Denn der Transformationsprozess bei den Modellen der Filmfinanzierung und -verwertung ist derzeit noch nicht weit genug fortgeschritten, damit eine wirtschaftlich rentable Verwertung von Filmproduktionen und eine angemessene Vergütung der Rechteinhaber ohne die territorialen Lizenzstrukturen zweifelsfrei gesichert und ein Rückgang der kulturellen Filmvielfalt in Europa ausgeschlossen ist. Obwohl die momentanen Strukturen einer Veränderung zugänglich sind, besteht daher noch immer Rechtsunsicherheit bei der Frage, inwiefern die Gebietslizenzierungspraktiken im Online-Bereich primärrechtlich zulässig sind.

V. Bedeutung für die grenzüberschreitende Portabilität

Die territorialen Lizenzstrukturen sind ein tragender Pfeiler der derzeitigen Finanzierungs- und Verwertungsmodelle der (europäischen) Filmindustrie. Mit den kaum absehbaren Folgen eines Wegfalls der auf einzelne Mitgliedstaaten oder Sprachgebiete begrenzten Lizenzen geht erhebliche Rechtsunsicherheit bei der Vereinbarkeit der Gebietslizenzierungspraktiken mit dem Primärrecht einher. Diese ist der Grund, weshalb das Primärrecht bislang nicht fruchtbar gemacht wurde, um die Zersplitterung des Binnenmarktes bei der Lizenzvergabe im Online-Bereich zu beenden.

Bei der grenzüberschreitenden Portabilität haben die Abonnenten von Online-Inhaltediensten die Möglichkeit, bei vorübergehenden Aufenthalten in anderen Mitgliedstaaten auf ihre im Heimatland abonnierten Online-Inhaltedienste zuzugreifen. Portabilität bedeutet nicht, dass ein genereller Zugriff auf Online-Inhaltedienste aus anderen Mitgliedstaaten möglich ist. Daher birgt sie nicht die Gefahr, dass sich die zeitlich versetzten Auswertungsfenster in verschiedenen Mitgliedstaaten überschneiden und die Auswertung eines Films dadurch beeinträchtigt ist, was insbesondere zur Gefahr für europäische Nischenprodukte und damit für die kulturelle Filmvielfalt in Europa werden könnte. Die Möglichkeit nationaler Lizenzen bleibt trotz der Portabilität weiterhin erhalten, lediglich mit der kleinen Einschränkung, dass einem Abonnenten der Zugriff auf die im Heimatland abonnierten Inhalte auch im Ausland ermöglicht werden muss. Die momentanen Finanzierungs- und Verwertungsstrukturen der Filmindustrie bleiben somit unberührt. Die Möglichkeit der grenzüberschreitenden Portabilität birgt daher nicht die Gefahr, dass die Rechteinhaber mit der Auswertung ihrer Schutzgegenstände keine angemessene Vergütung erzielen können, weshalb ein Verbot der grenzüberschreitenden Portabilität nicht dem Schutz des spezifischen Gegenstandes des Urheberrechts dient.

Nachdem die Möglichkeit der Portabilität eine territorial segmentierte Lizenzvergabe nicht ausschließt und die derzeitigen Finanzierungs- und Verwertungssysteme der Filmindustrie unberührt lässt, ist ein Ausschluss der Portabilität auch nicht strukturell bedingt. Darüber hinaus haben die Abonnenten in ihrem Heimatland für den Zugriff auf die Inhalte bereits bezahlt und der Nutzerkreis erhöht sich durch die Nutzungsmöglichkeit in anderen Mitgliedstaaten nicht.[319] Wenn ihnen der Zugriff im Ausland nicht ermöglicht wird, ohne dass sie eine zusätzliche Vergütung entrichten, wird ein zusätzlicher, höchstmöglicher Gewinn allein durch die territoriale Rechteaufspaltung erzielt, der weder vom spezifischen Gegenstand erfasst ist, noch zur Schaffung des Produktes Film notwendig ist. Aus diesem Grund können die Erwägungen, die sich für eine Rechtfertigung einer Beschränkung der Grundfreiheiten sowie eines Verstoßes gegen Art. 101 I AEUV durch territoriale Lizenzen ins Feld führen lassen, nicht dafür fruchtbar gemacht werden, auch den Ausschluss der Portabilität zu rechtfertigen. Die grenzüberschreitende Portabilität von Online-Inhaltediensten ist daher seit jeher primärrechtlich geboten.[320]

---

319 *Europäische Kommission*, Vorschlag Portabilitätsverordnung, COM(2015) 627 final, S. 7; *Martiny*, ZUM 2018, 772, 780; *Peifer*, in: De Franceschi, European Contract Law and the Digital Single Market, S. 163, 167 f.; *Sutterer*, in: Hennemann/Sattler, Immaterialgüterrecht und Digitalisierung, S. 145, 148; *Wiebe*, ZUM 2015, 932, 940.

320 *Wiebe*, ZUM 2015, 932, 940.

Vor Inkrafttreten der Portabilitätsverordnung bestand demnach folgendes Regulierungsproblem: Obwohl die grenzüberschreitende Portabilität von Online-Inhaltediensten primärrechtlich geboten war, war diese wegen der territorial auf einzelne Mitgliedstaaten oder Sprachgebiete beschränkten Lizenzen nicht möglich. Den Gebietslizenzierungspraktiken wurde mit Hilfe des Primärrechts jedoch kein Ende gesetzt, da bei der Frage, inwiefern diese mit den primärrechtlichen Vorschriften vereinbar sind, erhebliche Rechtsunsicherheit besteht. Diese gründet sich auf die potenziell negativen Auswirkungen eines Wegfalls der territorial beschränkten Lizenzen auf die Filmindustrie und die kulturelle Filmvielfalt in Europa. Denn es steht momentan nicht zweifelsfrei fest, ob die Gebietslizenzen für ein Überleben der Filmindustrie unerlässlich sind und ein in ihnen begründeter Verstoß gegen das Primärrecht dadurch gerechtfertigt werden kann, oder ob sich mit strukturellen Veränderungen eine angemessene Vergütung der Rechteinhaber für die Werknutzung auch ohne die Gebietslizenzierungspraktiken sichern ließe. Die Rechtsunsicherheit bei der primärrechtlichen Zulässigkeit territorial beschränkter Lizenzen führte demnach zu dem untragbaren Zustand, dass die grenzüberschreitende Portabilität trotz ihrer primärrechtlichen Gebotenheit nicht möglich war.

VI. Zwischenergebnis

Die Ursache der grenzüberschreitenden Zugriffsbeschränkungen im Online-Bereich innerhalb des europäischen Binnenmarktes liegt in der territorial segmentierten Rechtevergabe, wonach Lizenzen territorial begrenzt auf einzelne Mitgliedstaaten oder Sprachgebiete vergeben werden. Zwar ist aufgrund des Territorialitätsprinzips für eine europäische Lizenz ein Bündel an nationalen Lizenzen notwendig, doch ist es die privatautonome Entscheidung der Rechteinhaber, ein solches Bündel nicht zu gewähren. Wegen der territorial begrenzten Reichweite der Lizenzen dürfen die Anbieter ihre Dienste nicht grenzüberschreitend anbieten und sie durften demnach auch die grenzüberschreitende Portabilität nicht ermöglichen.

Die Vereinbarkeit der Gebietslizenzierungspraktiken mit den europäischen Binnenmarktregeln ist Gegenstand einer schon lang andauernden Diskussion. Zur Rechtfertigung einer durch sie begründeten Beschränkung der Dienstleistungsfreiheit lässt sich der spezifische Gegenstand des Immaterialgüterrechts heranziehen. Eine Rechtfertigung kommt danach in Betracht, soweit die Beschränkung notwendig ist, um den Rechteinhabern eine angemessene Vergütung zu sichern und mit ihr nicht die höchstmögliche Vergütung angestrebt wird. Entscheidend ist schließlich eine Verhältnismäßigkeitsprüfung, in der die positive Wirkung der Beschränkung, deren Intensität und das Binnenmarktziel gegeneinander abzuwägen sind. Nach weit verbreiteter Auffassung lässt sich ein Verstoß gegen Art. 101 I AEUV ebenfalls über den spezifischen Gegenstand des Immaterialgüterrechts rechtfertigen. Aufgrund der unterschiedlichen Rechtfertigungsvoraussetzungen für Beschränkungen der Grundfreiheiten und für Wettbewerbsverstöße kann dieser Gleichlauf jedoch nicht vollkommen überzeugen. Sofern eine Aufspaltung des Binnenmarktes allerdings für die Herstellung und Verwertung des Produktes Film notwendig ist oder eine sonstige strukturelle Marktaufteilung vorliegt, scheidet ein Wettbewerbsverstoß aus. Damit kommt es sowohl für die Vereinbarkeit der Gebietslizenzen mit der Dienstleistungsfreiheit als auch dem Wettbewerbsrecht auf die Bedeutung der territorial segmentierten Rechtevergabe für die Filmindustrie an.

Die aktuellen Finanzierungs- und Lizenzierungsmodelle in der europäischen Filmindustrie basieren maßgeblich auf einer territorial segmentierten Rechtevergabe innerhalb des europäischen Binnenmarktes. Dabei werden die Filme in den einzelnen Mitgliedstaaten in den verschiedenen Verwertungsformen zeitlich versetzt ausgewertet. Durch die Gebietslizenzen und die entsprechenden Zugriffsbeschränkungen wird sichergestellt, dass eine nachgelagerte Auswertungsform eine vorgelagerte Auswertungsform in einem anderen Mitgliedstaat trotz zeitlicher Überschneidung nicht beeinträchtigt. Wäre ein Film zum Beispiel bereits bei einem französischen VoD-Anbieter grenzüberschreitend abrufbar, könnte dies die zeitgleiche Kinoauswertung in Deutschland gefährden. Die Auswertung im Rahmen der zeitlich gestaffelten Verwertungskaskade ließe sich bei Unzulässigkeit der territorialen Aufspaltung der Verwertungsrechte nicht mehr aufrechterhalten. Außerdem bestünde die Gefahr, dass Anbieter kein Interesse an europäischen Lizenzen haben bzw. nicht bereit wären, für eine europäische Lizenz eine höhere Vergütung als für eine nationale Lizenz zu zahlen. Dadurch könnte die insgesamt erzielbare Vergütung sinken.

Die vielschichtigen Auswirkungen einer generellen grenzüberschreitenden Zugriffsmöglichkeit auf Online-Inhaltedienste anderer Mitgliedstaaten und des Wegfalls der Gebietslizenzierungspraktiken lassen sich kaum abschließend beurteilen. Dazu müssten sämtliche alternativen Finanzierungs- und Verwertungsmodelle eingehend darauf untersucht werden, ob mit ihnen ein Überleben der europäischen Filmwirtschaft weiterhin möglich wäre.[321] Die in jedem Fall nicht völlig unberechtigten Sorgen um mögliche negative Auswirkungen auf die europäische Filmindustrie sind der Grund, weshalb man sich beim

321 Ähnlich *Martiny*, ZUM 2018, 772, 777 f.

Aufbrechen der nationalen Lizenzstrukturen nur vorsichtig vortastet.[322] Daher beanstandete die Kommission zunächst auch nur Klauseln in den Lizenzverträgen, die passive grenzüberschreitende Verkäufe bzw. die Erbringung der Dienste auf Kundenanfrage verbieten. Die grenzüberschreitende Portabilität birgt keine Gefahr für die Filmindustrie, da die Gebietslizenzen weiterhin aufrechterhalten werden können und Abonnenten bei Auslandsaufenthalten lediglich auf ihre im Heimatland abonnierten Dienste zugreifen können. Aus diesem Grund war die grenzüberschreitende Portabilität von Online-Inhaltediensten primärrechtlich bereits seit jeher geboten.

Durch die derzeitige Bedeutung der Gebietslizenzen für die Filmindustrie tritt auch der Normzweck der Portabilitätsverordnung zu Tage. Sie ist der Versuch, den negativen Folgen der Gebietslizenzierungspraktiken ein Stück weit Einhalt zu gebieten und zugleich die komplexe Thematik einer generellen Unzulässigkeit territorialer Lizenzen völlig unberührt zu lassen, um die europäische Filmindustrie keiner Gefahr auszusetzen. Indem die Portabilitätsverordnung die Möglichkeit des grenzüberschreitenden Zugriffs auf Online-Inhaltedienste bei vorübergehenden Auslandsaufenthalten schafft, ist sie – trotz ihrer binnenmarktförderlichen Wirkung – auch ein gewisses Zugeständnis an die nationalen Lizenzstrukturen.[323] Schließlich wäre sie ohne die gebietsbezogenen Lizenzen bzw. die Zugriffsbeschränkungen obsolet, sie setzt diese gerade voraus.[324] Dennoch ist sie nicht als generelle Bestätigung der Zulässigkeit von Gebietslizenzen zu betrachten, sondern lediglich als vorsichtiger Schritt, ihren negativen Folgen für die Verbraucher mit gesetzlichen Regelungen entgegenzuwirken. Sie löst das Regulierungsproblem, dass den territorialen Gebietslizenzen mit Hilfe des Primärrechts aufgrund der enormen Rechtsunsicherheit bei der Frage ihrer primärrechtlichen Zulässigkeit kein Ende gesetzt wurde und infolgedessen die primärrechtlich gebotene grenzüberschreitende Portabilität

---

322 *Martiny*, ZUM 2018, 772, 777 f. erachtet einen Verstoß gegen die Binnenmarktvorschriften aufgrund der Bedeutung der territorialen Lizenzen für die europäische Filmindustrie und den Erhalt der Filmkultur für gerechtfertigt, weist zugleich aber darauf hin, dass die Rechtfertigung vom Bestehen der aktuellen Finanzierungs- und Verwertungsstrukturen abhängig ist; *Schwarz*, ZUM 2011, 699, 706 hält die territorialen Lizenzstrukturen zur Aufrechterhaltung der europäischen Filmindustrie ebenfalls für unerlässlich; ausführlich zur Zulässigkeit von territorialen Lizenzen im VoD-Bereich, siehe *Engels*, Die territoriale Aufspaltung der Verwertungsrechte, S. 231 ff.

323 So *Ranke/Glöckler*, MMR 2017, 378, 382.

324 *Engels/J. B. Nordemann*, in: Fromm/Nordemann, Art. 1 Portabilitäts-VO Rn. 1.

nicht möglich war. Dies gelingt ihr, indem sie die grundsätzliche Möglichkeit eines Zugangs zu ausländischen Online-Inhaltediensten unberührt lässt und lediglich die Möglichkeit der Portabilität auf Basis der territorialen Lizenzen reguliert. Die Portabilitätsverordnung baut demnach auf den territorialen Lizenzstrukturen auf, um die potenziell negativen Folgen des Wegfalls der Gebietslizenzierungspraktiken, die auch für die Rechtsunsicherheit bei der Frage ihrer primärrechtlichen Zulässigkeit verantwortlich sind, auszuschließen. Ein Rückschluss auf die Zulässigkeit der Gebietslizenzierungspraktiken ist dadurch nicht möglich. Sofern die Gebietslizenzen mit den primärrechtlichen Binnenmarktvorschriften in Konflikt stünden, könnte die Portabilitätsverordnung als sekundärrechtliche Norm diesen Konflikt auch überhaupt nicht aus der Welt schaffen, da die primärrechtlichen Normen weiterhin anwendbar sind und stets Vorrang genießen.[325]

B. Regulierungsbedarf: Sicherung legitimer Nutzungsfreiheiten

I. Sicherung des urheberrechtsfreien rezeptiven Werkgenusses

Der Genuss eines Werkes, der im Lesen, Hören oder Anschauen eines solchen liegt, bleibt von den Verwertungsrechten des Urhebers unberührt – er ist frei.[326] Dieser Grundsatz gilt nicht nur unabhängig von der Art der Wahrnehmung des Werkes, sondern auch unabhängig von der Art des wahrgenommenen Werkes, so dass er sowohl bei Büchern, Liedern, Filmen und Kunstwerken als auch bei Computerprogrammen Geltung beansprucht.[327] Das Urheberrecht

325 Zum Vorrang des Primärrechts, siehe *Engels/J. B. Nordemann*, in: Fromm/Nordemann, Portabilitäts-VO Einl. Rn. 10, Art. 7 Rn. 10; *Ruffert*, in: Calliess/Ruffert, Art. 288 AEUV Rn. 8; auch Erwägungsgrund 33 Portabilitäts-VO hebt hervor, dass die Anwendbarkeit der Art. 101 und 102 AEUV unberührt bleibt.

326 BT-Drs. IV/270, S. 28; *Dustmann*, in: Fromm/Nordemann, § 15 UrhG Rn. 13; *Heerma*, in: Wandtke/Bullinger, § 15 Rn. 10; *Hilty*, GRUR 2018, 865, 874; *Hofmann*, ZGE (8) 2016, 482, 492 f.; *Marly*, EuZW 2014, 616 f.; *Ohly*, Gutachten F zum 70. Deutschen Juristentag, S. 45; *ders.*, NJW-Beil. 2014, 47; *Perwitz*, Die Privilegierung privater Nutzung, S. 84 f.; *Schricker/Katzenberger*, GRUR 1985, 87, 93; *Schulze*, in: Dreier/Schulze, § 15 UrhG Rn. 20; *ders.*, NJW 2014, 721, 723; *ders.*, ZUM 2000, 126, 129 f.; *Sucker*, Der digitale Werkgenuss, S. 67; *v. Ungern-Sternberg*, in: Schricker/Loewenheim, § 15 Rn. 188.

327 BGH, Urt. v. 20.1.1994 – I ZR 267/91 – *Holzhandelsprogramm*, GRUR 1994, 363, 364 f.; BGH, Urt. v. 4.10.1990 – I ZR 139/89 – *Betriebssystem*, GRUR 1991, 449, 453.

schafft mit Hilfe von Ausschließlichkeitsrechten als Kontrollinstrument für die Werknutzung und Zugangsregeln zur Sicherung von Nutzungsfreiheiten einen gerechten Ausgleich zwischen den Interessen von Rechteinhabern und Nutzern.[328] Begründen die Rechteinhaber auf tatsächlicher Ebene entgegen den urheberrechtlichen Vorschriften die Kontrolle über den Werkgenuss, können sie für den Werkgenuss eine Vergütung von den Rezipienten verlangen, obwohl das rechtliche System zur Erzielung einer angemessenen Vergütung nicht mit einer unmittelbaren Monetarisierung des Werkgenusses operiert. Dies führt zu einer doppelten Vergütung für die Rechteinhaber und zugleich einer doppelten finanziellen Belastung der Werkrezipienten. Der vom Urheberrecht angestrebte Ausgleich der widerstreitenden Interessen von Rechteinhabern und Nutzern gerät dadurch in Schieflage. Soweit der Werkgenuss im Rahmen des urheberrechtlichen Regelungsregimes verwertungsrechtlich freigestellt und als Nutzungsfreiheit ausgestaltet ist, dürfen die Rechteinhaber daher keine Kontrolle über den Werkgenuss haben, die es ihnen erlaubt, diesen wie bei einer verwertungsrechtlichen Erfassung zu kontrollieren und zu steuern. Vor Inkrafttreten der Portabilitätsverordnung verfügten die Rechteinhaber auf tatsächlicher Ebene über eine solche Kontrolle. Durch den territorialen Umfang der Nutzungsrechte, die sie den Anbietern von Online-Inhaltediensten einräumten, konnten sie diese dazu verpflichten, den Zugriff auf die angebotenen Inhalte bei Auslandsaufenthalten der Abonnenten zu unterbinden, wodurch für die Abonnenten die Möglichkeit des Werkgenusses im Moment der Grenzüberschreitung entfiel. Soweit der Werkgenuss im digitalen Umfeld weiterhin seine Legitimation als Nutzungsfreiheit hat, war den Rechteinhabern diese faktische Kontrolle des Werkgenusses durch einen regulatorischen Eingriff zu entziehen und der Werkgenuss als Nutzungsfreiheit zu sichern.

1. *Bedeutung des urheberrechtsfreien rezeptiven Werkgenusses*

Der Werkgenuss selbst lässt sich abstrakt als die Wahrnehmung des Werkes durch einen sinnlich-geistigen Prozess definieren.[329] Mit Blick darauf, dass es für die Wahrnehmung eines Werkes oftmals weiterer vorgelagerter Handlungen bedarf, muss sich der Werkgenuss auch auf die Wahrnehmbarmachung für die eigene Person, oder sogar noch einen Schritt weitergehend, auf die

---

328 Erwägungsgrund 31 InfoSoc-RL spricht von einem solchen gerechten Ausgleich durch das Urheberrecht.

329 *Sucker*, Der digitale Werkgenuss, S. 42; *Schulze*, ZUM 2000, 126, 130 möchte den Werkgenuss leicht modifiziert als die unkörperliche Wahrnehmung definieren.

bestimmungsgemäße Benutzung eines Werkes erstrecken.[330] Eine solch offene Definition des Werkgenusses im digitalen Umfeld ist für die Werkrezipienten wünschenswert, da sich durch den wertungsoffenen Begriff der „Bestimmungsgemäßheit" verschiedenste Handlungen unter den Werkgenuss subsumieren ließen, was einer freien Zugangskultur förderlich wäre. Diese Definition des Werkgenusses deckt sich weitgehend mit dem weiten techniknneutralen Verständnis des Urheberrechts, wie es im Rahmen der voranschreitenden Digitalisierung verstärkt gefordert wird.[331]

Der Werkgenuss soll im Folgenden als die Rezeption eines Werkes im Sinne einer Wahrnehmung und Wahrnehmbarmachung für die eigene Person verstanden werden.[332] Daher sind von ihm grundsätzlich auch das Abspielen eines Liedes oder einer DVD in den eigenen privaten Räumlichkeiten als zwingend notwendige Vorstufe der Wahrnehmung erfasst.[333]

Der Werkgenuss ist an sich eine Nutzung des Werkes im Sinne des § 11 S. 1 UrhG,[334] weshalb dieser nicht *per se* urheberrechtlich irrelevant ist, sondern nur aufgrund einer gesetzgeberischen Entscheidung von den Verwertungsrechten nicht direkt erfasst wird.[335] Grundsätzlich ist daher zwischen der urheberrechtlichen Relevanz des Werkgenusses auf der einen und dessen verwertungsrechtlicher Freistellung auf der anderen Seite zu differenzieren. Richtigerweise wäre demnach nicht vom urheberrechtsfreien Werkgenuss, sondern vom verwertungsrechtlich freien Werkgenuss zu sprechen.[336] Die Grenze des freien Werkgenusses ist schließlich dort erreicht, wo die Wahrnehmbarmachung die

---

330 BGH, Urt. v. 20.1.1994 – I ZR 267/91 – *Holzhandelsprogramm*, GRUR 1994, 363, 364 f.; BGH, Urt. v. 4.10.1990 – I ZR 139/89 – *Betriebsystem*, GRUR 1991, 449, 453; *Maus*, Die digitale Kopie von Audio- und Videoprodukten, S. 218 ff.; *Schulze*, in: Dreier/Schulze, § 15 UrhG Rn. 20; *Sucker*, Der digitale Werkgenuss, S. 42.

331 *Hofmann*, ZGE (8) 2016, 482, 500; *Pech*, On-Demand-Streaming-Plattformen, S. 92; *Poeppel*, Urheberrechtliche Schranken im digitalen Umfeld, S. 444.

332 Zur Definition des Werkgenusses als die Rezeption des Werkes, siehe *Maus*, Die digitale Kopie von Audio- und Videoprodukten, S. 214 f.; zum Überblick über die Auffassungen zum begrifflichen Verständnis des Werkgenusses, siehe *Sucker*, Der digitale Werkgenuss, S. 43.

333 *Hofmann*, ZGE (8) 2016, 482, 493; *Schricker/Katzenberger*, GRUR 1985, 87, 93.

334 *Sucker*, Der digitale Werkgenuss, S. 44, 50; *Schulze*, in: Dreier/Schulze, § 11 UrhG Rn. 4, § 15 UrhG Rn. 20; *ders.*, NJW 2014, 721, 723; *ders.*, ZUM 2000, 126, 130.

335 *Perwitz*, Die Privilegierung privater Nutzung, S. 85 f.; *Schack*, Urheber- und Urhebervertragsrecht, Rn. 412; *Sucker*, Der digitale Werkgenuss, S. 51; *Stieper*, Schranken des Urheberrechts, S. 147.

336 Ähnlich *Sucker*, Der digitale Werkgenuss, S. 50 f.

urheberrechtlichen Verwertungsrechte berührt und nicht von Schrankenregelungen erfasst ist.[337] In diesem Fall könnte der Werkgenuss lediglich fruchtbar gemacht werden, um eine bestimmte Schrankenregelung extensiv auszulegen[338] oder *de lege ferenda* eine bestimmte Handlung durch eine neue Schrankenregelung urheberrechtsfrei zu stellen, weil sie lediglich der Wahrnehmbarmachung eines Werkes für die eigene Person dient.

2. Legitimation des urheberrechtsfreien Werkgenusses in der analogen Welt

a) Angemessene Vergütung als urheberrechtlicher Leitgedanke

Nach dem im Urheberrecht geltenden Beteiligungsgrundsatz steht einem Urheber eine angemessene Vergütung für die Nutzung seiner Werke zu.[339] Der Grundsatz der wirtschaftlichen Partizipation des Urhebers an den Gewinnen, die durch die Verwertung seiner Werke erwirtschaftet wurden, ist nicht nur verfassungsrechtlich mit Blick auf das Eigentumsgrundrecht geboten,[340] sondern seit dem Gesetz zur Stärkung der vertraglichen Stellung von Urhebern und ausübenden Künstlern vom 22.03.2002[341] auch gesetzlich in § 11 S. 2 UrhG verankert, womit dieser ein das gesamte Urheberrecht überspannender Leitgedanke ist.[342] Nachdem derzeit kein urheberrechtliches Verbot der Doppelvergütung

---

337 *Sucker*, Der digitale Werkgenuss, S. 45.

338 *Häuptli*, Vorübergehende Vervielfältigungen, S. 45 f.

339 In ständiger Rechtsprechung BGH, Urt. v. 28.10.2010 – I ZR 18/09 – *Der Frosch mit der Maske*, GRUR 2011, 714, 715 Rn. 19 m.w.N.; BGH, Urt. v. 18.5.1955 – I ZR 8/54 – *Grundig-Reporter*, GRUR 1955, 492, 497; BGH, Urt. v. 23.4.1954 – I ZR 139/53 – *Bühnenaufführungsvertrag*, GRUR 1954, 412, 414; *Dustmann*, in: Fromm/Nordemann, § 15 UrhG Rn. 6 m.w.N.; *Hofmann*, ZGE (8) 2016, 482, 492; *Joos*, Die Erschöpfungslehre im Urheberrecht, S. 83; *Schack*, Urheber- und Urhebervertragsrecht, Rn. 412; *Schricker/Katzenberger*, GRUR 1985, 87, 92; *Schulze*, in: Dreier/Schulze, § 11 UrhG Rn. 8; *v. Ungern-Sternberg*, in: Schricker/Loewenheim, § 15 UrhG Rn. 174 m.w.N.; *Wandtke*, Urheberrecht, 1. Kap. Rn. 52.

340 BVerfG, Beschl. v. 24.11.2009 – 1 BvR 213/08 – *Filmurheberrecht*, GRUR 2010, 332, 334 Rn. 59 m.w.N.; *Perwitz*, Die Privilegierung privater Nutzung, S. 86 f.; *Wandtke*, Urheberrecht, 1. Kap. Rn. 45.

341 BGBl. Nr. 21 v. 28.3.2002, S. 1155–1158.

342 BT-Drs. 14/8058, S. 18; BT-Drs. 14/6433, S. 10; BVerfG, Beschl. v. 23.10.2013, 1 BvR 1842/11, 1 BvR 1843/11 – *Übersetzungshonorare*, GRUR 2014, 169, 172 Rn. 87; BGH, Urt. v. 28.10.2010 – I ZR 18/09 – *Der Frosch mit der Maske*, GRUR 2011, 714, 715 Rn. 19 m.w.N.; *Bullinger*, in: Wandtke/Bullinger, § 11 UrhG Rn. 3 m.w.N.; *Koch/Druschel*, GRUR 2015, 957, 959; *Schulze*, in: Dreier/Schulze, § 11 UrhG Rn. 8 m.w.N.; ähnlich *Wandtke*, Urheberrecht, 1. Kap. Rn. 52.

existiert, beansprucht dieser, wie es sich in der Ausgestaltung der §§ 15 ff. UrhG widerspiegelt, bei einer mehrstufigen Verwertung eines Werkes für jede einzelne Verwertungsstufe Geltung.[343] Der Erschöpfungsgrundsatz entzieht die Weiterveräußerung urheberrechtlich geschützter Produkte zwar der Kontrolle des Rechteinhabers und spricht diesem eine Partizipation am Erlös der Weiterveräußerung ab.[344] Dies geschieht allerdings nur vor dem Hintergrund, dass eine angemessene Vergütung durch die Erstverwertung gewährleistet ist, da sämtliche nachgelagerten Verbreitungshandlungen bei deren Berechnung berücksichtigt werden können und damit abgegolten sind.[345] Außerdem schützt § 32 UrhG die angemessene Vergütung der Urheber. Auf unionsrechtlicher Ebene hat sich der Beteiligungsgrundsatz als urheberrechtliches Leitprinzip in Erwägungsgrund 10 der InfoSoc-RL niedergeschlagen, wonach den Urhebern eine angemessene Vergütung für die Nutzung ihrer Werke zu zahlen sei, um die Amortisation der Investitionskosten für die Schaffung der Werke sicherzustellen.[346] Darüber hinaus ist das geistige Eigentum gemäß Art. 17 II GRCh grundrechtlich geschützt.[347] Die Zuordnung eines Vermögenswertes, der durch die Verwertung einer schöpferischen Leistung erzielt wird, an den Urheber, ist der „Kern“ des Urheberrechts als Eigentum.[348] Damit findet auch der Beteiligungsgrundsatz, der die wirtschaftliche Partizipation des Urhebers an der Verwertung seiner schöpferischen Leistung gewährleistet, Rückhalt im grundrechtlichen Eigentumsschutz.[349]

---

343 BT-Drs. IV/270, S. 28; BGH, Urt. v. 3.7.1981 – I ZR 106/79 – *Masterbänder*, GRUR 1982, 102, 103; *Dustmann*, in: Fromm/Nordemann, § 15 UrhG Rn. 6; *Joos*, Die Erschöpfungslehre im Urheberrecht, S. 17 ff., 83; *Schulze*, NJW 2014, 721, 722; *v. Ungern-Sternberg*, in: Schricker/Loewenheim, § 15 UrhG Rn. 182, 189; kritisch gegenüber einer Doppelvergütung der Urheber, *Mand*, GRUR 2004, 395, 397 und *Sucker*, Der digitale Werkgenuss, S. 213 ff.; zur Ausgestaltung der §§ 15 ff. als Ausschließlichkeitsrechte und nicht als Vergütungsregelungen, siehe *Hofmann*, ZGE (8) 2016, 482, 492.

344 *Sucker*, Der digitale Werkgenuss, S. 168.

345 Zur Rechtfertigung der Erschöpfungswirkung, siehe *Sucker*, Der digitale Werkgenuss, S. 167 ff.

346 *Koch/Druschel*, GRUR 2015, 957, 961; *Schulze*, ZUM 2014, 721, 723 sieht den in Art. 5 V InfoSoc-RL, Art. 10 I WCT und Art. 13 TRIPS festgeschriebenen Dreistufentest als Ausdruck des Prinzips der angemessenen Vergütung.

347 Ausführlich zum Schutz des geistigen Eigentums durch die GRCh, siehe § 3 B. I. 2.

348 So zu Art. 14 GG, BVerfG, Beschl. v. 07.07.1971 – 1 BvR 765/66 – *Kirchen und Schulgebrauch*, GRUR 1972, 481, 483; *Wandtke*, Urheberrecht, Kap. 1 Rn. 45.

349 *Wandtke*, Urheberrecht, Kap. 1 Rn. 45.

Nachdem der Werkgenuss eine Nutzung des Werkes i.S.d. § 11 S. 1 UrhG ist, hat auch der Beteiligungsgrundsatz Geltung, womit dem Urheber im Ausgangspunkt eine Vergütung für den Werkgenuss zusteht. Das bedeutet wiederum, dass sich die verwertungsrechtliche Freistellung des Werkgenusses aus urheberrechtlicher Perspektive nur legitimieren lässt, wenn den Urhebern eine angemessene Vergütung zufließt und der Beteiligungsgrundsatz gewahrt ist.[350]

b) Mittelbare Erfassung des rezeptiven Werkgenusses

Der Werkgenuss ist nicht nur aus urheberrechtlicher Perspektive die Nutzung eines Werkes, für die dem Urheber eine angemessene Vergütung zusteht, sondern er ist auch der tatsächliche Grund, weshalb sich mit urheberrechtlich geschützten Werken überhaupt Gewinne erwirtschaften lassen.[351] Schließlich werden Werke nur geschaffen, damit sie von Endkonsumenten wahrgenommen werden können. Diese sind wiederum dazu bereit, in Form eines Kaufpreises für Bücher, DVDs, Gemälde oder Eintrittskarten für Theater, Oper und Kino für den Werkgenuss zu zahlen.[352] Vor allem im Online-Bereich nehmen Endkonsumenten oftmals auch Werbung hin, um einen Zugang zu Werken zu erhalten, wobei das werbende Unternehmen für die Werbung ein Entgelt entrichtet und letztlich den Zugang zum Werkgenuss finanziert.[353] Damit ist der Werkgenuss die „innere Rechtfertigung" für die angemessene Vergütung der Urheber.[354] Aus ökonomischer Perspektive gilt es diesen als externen Effekt zu internalisieren, was durch das sogenannte Stufensystem zur mittelbaren Erfassung des Werkgenusses durch die Endverbraucher erfolgt.[355] Einem

---

350 *Hofmann*, ZGE (8) 2016, 482, 494; zur Angemessenheit einer Vergütung im Urhebervertragsrecht, siehe *Soppe*, NJW 2018, 729, 730 ff.

351 *Schulze*, NJW 2014, 721, 723; *Sucker*, Der digitale Werkgenuss, S. 51.

352 *Schulze*, NJW 2014, 721, 723; *Sucker*, Der digitale Werkgenuss, S. 51.

353 *Schulze*, NJW 2014, 721, 723.

354 BGH, Urt. v. 18.5.1955 – I ZR 8/54 – *Grundig Reporter*, GRUR 1955, 492, 496; *Hofmann*, ZGE (8) 2016, 482, 493; *Joos*, Die Erschöpfungslehre im Urheberrecht, S. 16; *Sucker*, Der digitale Werkgenuss, S. 51; *Perwitz*, Die Privilegierung privater Nutzung, S. 85; *Peukert*, in: Hilty/Peukert, Interessenausgleich im Urheberrecht, S. 11, 24; *v. Ungern-Sternberg*, in: Schricker/Loewenheim, § 15 UrhG Rn. 188.

355 BVerfG, Beschl. v. 19.9.1996, BvR 1767/92 – *Kopierladen I*, GRUR 1997, 123; BVerfG, Beschl. v. 7.7.1971, BvR 775/66 – *Tonbandvervielfältigungen*, GRUR 1972, 488, 491; *Heerma*, in: Wandtke/Bullinger, § 15 UrhG Rn. 10; *Hofmann*, ZGE (8) 2016, 482, 493 ff.; *Pech*, On-Demand-Streaming-Plattformen, S. 50; *Perwitz*, Die Privilegierung privater Nutzung, S. 87; *Rehbinder/Peukert*, Urheberrecht und verwandte Schutzrechte, Rn. 333 f.; *Peukert*, in: Hilty/Peukert, Interessenausgleich

Endkonsumenten wird der Werkgenuss entweder direkt durch den Urheber oder einen Werkvermittler, wie einem Buchverlag oder einer Online-Plattform, ermöglicht. Im erstgenannten Fall kann der Urheber vom Endkonsumenten selbst eine Gebühr für den Werkgenuss verlangen. Im zweiten und wohl häufigsten Fall, wenn ein Werkvermittler dem Endkonsumenten den Werkgenuss ermöglicht, lässt sich eine Vergütung der Urheber durch eine verwertungsrechtliche Erfassung der dem Werkgenuss zwingend vorausgehenden Vermittlungstätigkeit gewährleisten.[356]

Die §§ 15 ff. UrhG sind auf dieses Stufensystem zur mittelbaren Erfassung des Werkgenusses ausgelegt. Sie sehen kein Werkgenussrecht vor, sondern erfassen die dem Werkgenuss vorgelagerten Nutzungshandlungen, die der Werkvermittler vornimmt, um den Endkonsumenten den Werkgenuss zu ermöglichen.[357] So muss eine DVD vor dem Verkauf vervielfältigt, ein Lied im Radio vor der auditiven Wahrnehmbarkeit gesendet und Inhalte im Internet vor deren Zugänglichkeit auf einen Webserver geladen werden.[358] Die §§ 15 ff. UrhG sind daher „Werkgenussvermittlungsrechte".[359] Die Werkvermittler lassen sich die notwendigen Nutzungsrechte von den Urhebern entgeltlich einräumen. Dies ist deren unmittelbare Vergütung. Die Endkonsumenten leisten für die Möglichkeit des Werkgenusses wiederum eine Zahlung an den Werkvermittler, der das von ihm an die Urheber gezahlte Entgelt dabei auf sie umlegen kann.[360] Im Nettokaufpreis eines Buches ist zum Beispiel ein Autorenhonorar

---

im Urheberrecht, S. 11, 24; *Reich*, Ökonomische Analyse des Urheberrechts, S. 252; *Schulze*, in: Dreier/Schulze, § 15 UrhG Rn. 3; *Schulze*, NJW 2014, 721, 723; *Sucker*, Der digitale Werkgenuss, S. 51; *v. Ungern-Sternberg*, in: Schricker/Loewenheim, § 15 UrhG Rn. 188 m.w.N.

356 BVerfG, Beschl. v. 7.7.1971, BvR 775/66 – *Tonbandvervielfältigungen*, GRUR 1972, 488, 491; *Heerma*, in: Wandtke/Bullinger, § 15 UrhG Rn. 10; *Hofmann*, ZGE (8) 2016, 482, 493 ff.; *Rehbinder/Peukert*, Urheberrecht und verwandte Schutzrechte, Rn. 334; *Schulze*, in: Dreier/Schulze, § 15 UrhG Rn. 3; *Schulze*, NJW 2014, 721, 723; *ders.*, ZUM 2000, 126, 130; *Sucker*, Der digitale Werkgenuss, S. 51 f.; *v. Ungern-Sternberg*, in: Schricker/Loewenheim, § 15 UrhG Rn. 188.

357 *Dustmann*, in: Fromm/Nordemann, § 15 UrhG Rn. 6; *Schulze*, in: Dreier/Schulze, § 15 UrhG Rn. 3; *Schulze*, NJW 2014, 721, 723; *v. Ungern-Sternberg, in*: Schricker/Loewenheim, § 15 UrhG Rn. 188 f. m.w.N.

358 Ähnlich *Perwitz*, Die Privilegierung privater Nutzung, S. 84.

359 *Sucker*, Der digitale Werkgenuss, S. 49, 52; *Hofmann*, ZGE 8 (2016), 482, 494.

360 BVerfG, Beschl. v. 7.7.1971, BvR 775/66 – *Tonbandvervielfältigungen*, GRUR 1972, 488, 491; *Heerma*, in: Wandtke/Bullinger, § 15 UrhG Rn. 10; *Hofmann*, ZGE (8) 2016, 482, 493 ff.; *Pech*, On-Demand-Streaming-Plattformen, S. 50; *Rehbinder/Peukert*, Urheberrecht und verwandte Schutzrechte, Rn. 334; *Schulze*, in: Dreier/Schulze,

in Höhe von 10 % einkalkuliert.[361] Damit erhält der Urheber seine Vergütung über die Einräumung von Nutzungsrechten mittelbar von den Endkonsumenten, die in den Genuss des Werkes kommen und dafür an den Werkvermittler zahlen.[362]

Das tatsächliche Ausmaß des Werkgenusses durch die Endkonsumenten lässt sich durch die Anknüpfung an die vorgelagerten Vermittlungshandlungen natürlich nicht mit letzter Genauigkeit erfassen, sondern weist eine gewisse Pauschalität auf.[363] Es ist beispielsweise weder kontrollierbar noch steuerbar, wie viele Personen einen Film auf einer DVD tatsächlich sehen. Die Urheber können allenfalls durch die Wahl der Verwertungsform sowie der Beschränkung von Nutzungsrechten die pauschale Erfassung des Werkgenusses zumindest ein Stück weit konkretisieren.[364] Allerdings begründet diese pauschale Erfassung keine Gefahr für die angemessene Vergütung, da sich die Zahl der Personen, die voraussichtlich in den Genuss des Werkes kommen, relativ genau abschätzen lässt. Die Vergütung muss, je nachdem inwieweit der Urheber die Kontrolle über die tatsächliche Anzahl der Personen, die in den Werkgenuss kommen können, aufgibt, entsprechend höher oder niedriger ausfallen. Räumt ein Urheber einem Werkvermittler das Recht zur körperlichen Verwertung ein, muss er demnach berücksichtigen, dass es ihm aufgrund des Erschöpfungsgrundsatzes nicht mehr möglich ist, festzustellen, wie viele Personen durch das in Verkehr gebrachte Vervielfältigungsstück in den Genuss des Werkes kommen.[365] Demgegenüber tritt beim Recht der öffentlichen Wiedergabe keine Erschöpfung ein, sodass jede öffentliche Wiedergabe eine verwertungsrechtlich relevante Handlung ist und die Anzahl an Personen, die in den Genuss des Werkes kommen, kontrollierbar bleibt.[366]

---

§ 15 UrhG Rn. 3; *Schulze*, NJW 2014, 721, 723; *ders.*, ZUM 2000, 126, 130; *Sucker*, Der digitale Werkgenuss, S. 51; *v. Ungern-Sternberg*, in: Schricker/Loewenheim, § 15 UrhG Rn. 188.

361 *Rehbinder/Peukert*, Urheberrecht und verwandte Schutzrechte, Rn. 334.

362 *Heerma*, in: Wandtke/Bullinger, § 15 UrhG Rn. 10; *Hofmann*, ZGE (8) 2016, 482, 493 ff.; *Rehbinder/Peukert*, Urheberrecht und verwandte Schutzrechte, Rn. 334; *Schulze*, in: Dreier/Schulze, § 15 UrhG Rn. 3; *Schulze*, NJW 2014, 721, 723; *ders.*, ZUM 2000, 126, 130; *Sucker*, Der digitale Werkgenuss, S. 51; *v. Ungern-Sternberg*, in: Schricker/Loewenheim, § 15 UrhG Rn. 188.

363 *v. Diemar*, Die digitale Kopie, S. 49; *Sucker*, Der digitale Werkgenuss, S. 52.

364 *Sucker*, Der digitale Werkgenuss, S. 52 f., 66.

365 *Sucker*, Der digitale Werkgenuss, S. 65.

366 *Rehbinder/Peukert*, Urheberrecht und verwandte Schutzrechte, Rn. 334; *Sucker*, Der digitale Werkgenuss, S. 66.

Damit zeigt sich auch an dieser Stelle erneut, dass der rezeptive Werkgenuss lediglich im verwertungsrechtlichen Sinne frei ist. Ihm kann durchaus eine urheberrechtliche Relevanz zugesprochen werden, da er eine angemessene Vergütung der Urheber rechtfertigt.[367] Außerdem wird er über die §§ 15 ff. UrhG mittelbar erfasst, wodurch die Urheber eine angemessene Vergütung für den Werkgenuss durch die Endkonsumenten erhalten. Für diese ist der Werkgenuss damit nicht frei im Sinne von kostenfrei, solange die Urheber oder Werkvermittler faktische Zugangsbeschränkungen zum Werkgenuss kontrollieren. Aufgrund des Stufensystems zur mittelbaren Erfassung des Werkgenusses steht dessen verwertungsrechtliche Freistellung nicht in Konflikt mit dem urheberrechtlichen Beteiligungsgrundsatz.[368]

c) Die mittelbare Erfassung des Werkgenusses als effizientes System

Das Stufensystem zur mittelbaren Erfassung des Werkgenusses wirft die Frage auf, weshalb die Verwertungsrechte der §§ 15 ff. UrhG an den Handlungen der Werkvermittler anknüpfen, die dem Werkgenuss der Endkonsumenten unmittelbar vorgelagert sind und den Werkgenuss nicht unmittelbar durch ein Werkgenussrecht erfassen. Im Wesentlichen verbergen sich dahinter drei Gründe: Praktikabilitätserwägungen, ökonomische Gesichtspunkte und der Privatsphärenschutz.[369]

Zunächst lässt sich die verwertungsrechtliche Freistellung des rezeptiven Werkgenusses auf Praktikabilitätserwägungen zurückführen.[370] Die Schaffung eines Ausschließlichkeitsrechts ist nur sinnvoll, solange dessen rechtliche Durchsetzung nicht aufgrund zu hoher Transaktionskosten ausgeschlossen ist. Andernfalls bedarf es entweder eines anderen Anknüpfungspunktes oder es sollte anstatt eines *property rights* eine *liability rule* geschaffen werden.[371] Eine

367 BGH, Urt. v. 18.5.1955 – I ZR 8/54 – *Grundig Reporter*, GRUR 1955, 492, 496; *Hofmann*, ZGE (8) 2016, 482, 493; *Sucker*, Der digitale Werkgenuss, S. 51; *v. Ungern-Sternberg*, in: Schricker/Loewenheim, § 15 UrhG Rn. 188.

368 So auch *Hofmann*, ZGE (8) 2016, 482, 494.

369 Zur Einteilung der Begründung des urheberrechtsfreien Werkgenusses in diese verschiedenen Aspekte, siehe *Sucker*, Der digitale Werkgenuss, S. 53 ff.; so auch *Rehbinder/Peukert*, Urheberrecht und verwandte Schutzrechte, Rn. 333.

370 *Hofmann*, ZGE (8) 2016, 482, 493; *Reich*, Ökonomische Analyse des Urheberrechts, S. 253; *Sucker*, Der digitale Werkgenuss, S. 59 ff.

371 *Hofmann*, ZGE (8) 2016, 482, 492; *Ohly*, in: Depenheuer/Peifer, Geistiges Eigentum: Schutzrecht oder Ausbeutungstitel, S. 141, 155; *Reich*, Ökonomische Analyse des Urheberrechts, S. 78; ähnlich *Wielsch*, Zugangsregeln, S. 24; zum begrifflichen Verständnis von *property right* und *liability rule* sowie zu deren Verhältnis

verwertungsrechtliche Erfassung des rezeptiven Werkgenusses, die an jeder einzelnen Wahrnehmung anknüpft, wäre demnach nur sinnvoll, wenn die Urheber dieses Werkgenussrecht auch durchsetzen könnten, im besten Fall primär auf vertragsrechtlicher Ebene zur Erzielung einer Vergütung[372] und sekundär mit Unterlassungs- und Schadensersatzansprüchen. Im analogen Bereich erscheint es fernab der Realität, dass ein Urheber mit jeder einzelnen Person, die in den Genuss des Werkes kommt, in eine vertragliche Beziehung tritt, da die Wahrnehmbarmachung eines Werkes in der Privatsphäre eines Rezipienten für die Urheber überhaupt nicht feststellbar ist, weshalb ihnen auch mit einem Unterlassungs- und Schadensersatzanspruch nicht geholfen wäre.[373] Dabei sei nur an Radiohörer oder die Erwerber eines Buches in einem Laden zu denken. Ein Werkgenussrecht wäre für die Urheber daher praktisch kaum durchsetzbar. Ökonomisch betrachtet wären die Transaktionskosten zur Erfassung jeder einzelnen Werkwahrnehmung prohibitiv hoch, sodass die Transaktionen unterbleiben und kein Markt für den Werkgenuss entstehen würde.[374] Außerdem würden entsprechend hohe Überwachungs- und Durchsetzungskosten die Unterlassungs- und Schadensersatzansprüche bei der Verletzung des Werkgenussrechts ausschließen.[375] Aufgrund dieses Marktversagens ließe sich mit einem verwertungsrechtlichen Werkgenussrecht keine Vergütung erzielen, weshalb es an Anreizen für die Schaffung neuer Werke fehlen würde bzw. ließe sich die Schaffung von Werken aus finanziellen Gründen nicht realisieren.[376]

Das gleiche Problem der Beobachtbarkeit stellt sich bei Vervielfältigungen im privaten Bereich, weshalb diese durch die Schrankenregelung des § 53

---

zueinander, siehe *Peukert*, Güterzuordnung als Rechtsprinzip, S. 103; *Reich*, Ökonomische Analyse des Urheberrechts, S. 77 f.

372 Nach *Peukert*, Güterzuordnung als Rechtsprinzip, S. 103 ist ein *property right* einer *liability rule* vorzuziehen, wenn sich dadurch zweiseitige Kooperationsgewinne erzielen lassen.

373 *v. Diemar*, Die digitale Kopie, S. 49; *Hofmann*, ZGE (8) 2016, 482, 495; *Perwitz*, Die Privilegierung privater Nutzung, S. 87 f., 89; vgl. *Schack*, Urheber- und Urhebervertragsrecht, Rn. 553; *Schulze*, ZUM 2000, 126, 130; *Sucker*, Der digitale Werkgenuss, S. 59 f.

374 *Ohly*, in: Depenheuer/Peifer, Geistiges Eigentum: Schutzrecht oder Ausbeutungstitel, S. 141, 155; *Reich*, Ökonomische Analyse des Urheberrechts, S. 253; *Sucker*, Der digitale Werkgenuss, S. 63.

375 *Häuptli*, Vorübergehende Vervielfältigungen, S. 39; *Reich*, Ökonomische Analyse des Urheberrechts, S. 253; *Sucker*, Der digitale Werkgenuss, S. 63 f.

376 *Hofmann*, ZGE (8) 2016, 482, 495; *Peukert*, ZUM 2003, 1050, 1052; *Sucker*, Der digitale Werkgenuss, S. 61, 63.

I 1 UrhG verwertungsrechtlich freigestellt wurden.[377] Stattdessen sehen die §§ 54 ff. UrhG als *liability rule* eine Vergütung für die Urheber vor, die an den Speichermedien und Vervielfältigungsgeräten anknüpft und die Vervielfältigungen im Privatbereich mittelbar erfasst.[378] Die Aufgabe der §§ 54 ff. UrhG übernehmen für die Erfassung des Werkgenusses die §§ 15 ff. UrhG, allerdings durch eine andere Funktionsweise: sie sind keine *liability rule* für den Werkgenuss, sondern sie erfassen die dem Werkgenuss vorgelagerten Handlungen als *property right*.[379]

Die praktische und ökonomische Rechtfertigung der mittelbaren Erfassung des rezeptiven Werkgenusses sind untrennbar miteinander verbunden. Durch die mittelbare Erfassung wird ein praktikables Instrumentarium geschaffen, das es den Urhebern ermöglicht, durch die Verwertung ihrer Werke eine Vergütung zu erzielen.[380] Sie senkt sowohl die Transaktionskosten, sodass ein Markt für Verwertungsrechte entstehen kann, als auch die Überwachungs- und Durchsetzungskosten, damit Urheberrechtsverletzungen in Form unzulässiger Werkvermittlungshandlungen mit Unterlassungs- und Schadensersatzansprüchen geahndet werden können.[381]

Zuletzt lässt sich der Privatsphärenschutz zur Begründung der mittelbaren Erfassung des Werkgenusses anführen. Im Urheberrecht existiert kein Grundsatz, nach dem die Privatsphäre urheberrechtsfrei zu halten ist.[382] Daher könnten die urheberrechtlichen Ausschließlichkeitsrechte theoretisch sämtliche Handlungen im privaten Bereich erfassen und sie müssten nicht vor dem Interesse an einer urheberrechtsfreien Privatsphäre zurücktreten. Es ist jedoch Aufgabe eines umweltsensiblen Urheberrechts,[383] die multilateralen Auswirkungen

---

377 *Peukert*, ZUM 2003, 1050, 1052.

378 *Hofmann*, ZGE (8) 2016, 482, 495; *Schack*, Urheber- und Urhebervertragsrecht, Rn. 412; *Sucker*, Der digitale Werkgenuss, S. 60.

379 Ähnlich *Hofmann*, ZGE (8) 2016, 482, 495.

380 *Schack*, Urheber- und Urhebervertragsrecht, Rn. 412.

381 *Reich*, Ökonomische Analyse des Urheberrechts, S. 253; *Sucker*, Der digitale Werkgenuss, S. 63 f.; ähnlich *Häuptli*, Vorübergehende Vervielfältigungen, S. 39.

382 EuGH, Urt. v. 7.12.2006, C-306/05 – *SGAE/Rafael*, ECLI:EU:C:2006:764, Rn. 48 ff.; BGH, Urt. v. 18.5.1955 – I ZR 8/54 – *Grundig Reporter*, GRUR 1955, 492, 496; BT-Drs. IV/270, S. 123; *Hofmann*, ZGE (8) 2016, 482, 495; *Perwitz*, Die Privilegierung privater Nutzung, S. 83 f.; *Schack*, Urheber- und Urhebervertragsrecht, Rn. 412; *Peukert*, in: Hilty/Peukert, Interessenausgleich im Urheberrecht, S. 11, 24; *Sucker*, Der digitale Werkgenuss, S. 56 m.w.N.

383 Zum Begriff des umweltsensiblen Urheberrechts, siehe *Grünberger*, ZUM 2015, 273, 277 f., 290.

subjektiver Ausschließlichkeitsrechte auf die Kommunikation in der Umwelt des Rechts zu berücksichtigen und systemintern abzubilden.[384] Nachdem urheberrechtlichen Werken ein bestimmter Aussagegehalt immanent ist und diese durch Hören oder Sehen wahrnehmbar sind, lassen sich Werke als „qualifizierte menschliche Kommunikation" verstehen.[385] Damit die Kommunikation stattfinden kann, das Werk also wahrnehmbar ist, sind weitere Handlungen erforderlich: ein Buch ist zu drucken und ein Lied ist abzuspielen. Abstrakt erfolgt die Wahrnehmung über Medien, die dem Werk Ausdruck verleihen.[386] Im Rahmen des Stufensystems zur mittelbaren Erfassung des Werkgenusses wird die für die Wahrnehmung notwendige Mediennutzung von Ausschließlichkeitsrechten erfasst. Dadurch nimmt das Recht Einfluss auf die mittels der Werke stattfindenden Kommunikationen und entscheidet „zugleich über die Möglichkeiten der Wissensteilung in den anderen sozialen Systemen."[387] Wäre der Werkgenuss im privaten Bereich ebenfalls einem Ausschließlichkeitsrecht unterworfen, könnte die Rezeption des Werkes nicht nur über die vorgelagerte Mediennutzung oder -produktion, sondern direkt rechtlich gesteuert oder auch unterbunden werden, was zu einer erheblichen Einschränkung oder sogar einem Ausschluss der kommunikativen Freiheiten im privaten Bereich führen würde.[388] Vor allem die Durchsetzung eines solchen Rechts wäre mit einem erheblichen Eingriff in die Privatsphäre der Rezipienten verbunden.[389] Die Entscheidung bei der Rechtssetzung, ob Ausschließlichkeitsrechte zu schaffen sind, darf nicht nur mit Rücksicht auf ökonomische Erwägungen getroffen werden, sondern „die Wirkungen von Schutzrechten in den unterschiedlichen Umwelten des Rechts" sind in ihrer Gänze zu berücksichtigen.[390] Praktikabilitätserwägungen und Transaktionskosten dürfen damit nicht die alleinige Beurteilungsgrundlage sein. Sämtliche Auswirkungen auf die soziale Umwelt

384 *Grünberger*, ZUM 2015, 273, 275, 290; ähnlich *Wielsch*, in: Grünberger/Jansen, Privatrechtstheorie heute, S. 268, 278.

385 *Schulze*, in Dreier/Schulze, § 2 UrhG Rn. 11; *Wielsch*, Zugangsregeln, S. 33 f.; ähnlich *Ströhmholm*, GRUR Int. 1989, 15, 16; eingehend zu Immaterialgütern als Kommunikationen, siehe *Wielsch*, Zugangsregeln, S. 31 ff.

386 *Wielsch*, in: Grünberger/Jansen, Privatrechtstheorie heute, S. 268, 277.

387 *Wielsch*, in: Grünberger/Jansen, Privatrechtstheorie heute, S. 268, 277.

388 Zum Interesse der Allgemeinheit, dass sich urheberrechtliche Ansprüche nicht auf den privaten Bereich erstrecken, siehe BT-Drs. IV/270, S. 31; *Bergmann*, FS Ullmann, S. 23, 29.

389 Vgl. *Wielsch*, ZGE 5 (2013), 274, 286.

390 *Wielsch*, in: Grünberger/Jansen, Privatrechtstheorie heute, S. 268, 278.

müssen in den Rechtssetzungsprozess einfließen.[391] Konkret sind die Auswirkungen auf die Kommunikation sowie die Wissensteilung innerhalb der Privatsphäre bei der Frage, inwieweit der Werkgenuss verwertungsrechtlich zu erfassen ist, in den Blick zu nehmen. Ein umweltsensibles Urheberrecht, das die Privatsphäre sowie die in ihr stattfindenden Kommunikationsprozesse systemintern reflektiert, erfordert hier eine Abstimmung von Ausschließlichkeitsrechten und Nutzungsfreiheiten.[392] Dies erfolgt über Zugangsregeln.[393] Daher ist der Begriff der Zugangsregel abstrakt als eine Rechtsregel zu verstehen, die diesen systemspezifischen Ausgleich herstellt.[394] Zugangsregeln „schränken mit Rücksicht auf die für den jeweiligen Diskurs geltenden Institutionen der Wissensteilung das Verbotsrecht von Rechtsinhabern ein, indem sie die Nutzungsbefugnis dezentralisieren und erlaubnisfreie [...] Nutzungsmöglichkeiten von Immaterialgütern schaffen."[395]

Das Stufensystem zur mittelbaren Erfassung des Werkgenusses stellt mit Blick sowohl auf ökonomische Erwägungen als auch die Kommunikationen in der Privatsphäre der Werkrezipienten den Werkgenuss verwertungsrechtlich frei und knüpft stattdessen an die dem Werkgenuss vorgelagerten Vermittlungshandlungen an. Nachdem die kommunikativen Freiheiten innerhalb der Privatsphäre dadurch unberührt bleiben, ist es Ausfluss eines umweltsensiblen Urheberrechts, dass die multilateralen Auswirkungen eines Ausschließlichkeitsrechts auf die Kommunikation in der Umwelt des Rechts berücksichtigt und einen systeminternen Ausgleich zwischen den Ausschließlichkeitsrechten auf der einen und dem Werkgenuss als Kommunikationsfreiheit auf der anderen Seite schafft.[396] Die verwertungsrechtliche Freistellung des Werkgenusses ist daher eine Zugangsregel.

---

391 *Wielsch*, in: Grünberger/Jansen, Privatrechtstheorie heute, S. 268, 279.

392 Allgemein zur Abstimmung von Ausschließlichkeitsrechten und Nutzungsfreiheiten, *Wielsch*, Zugangsregeln, S. 63.

393 *Wielsch*, Zugangsregeln, S. 63; *ders.*, ZGE 5 (2013), 274, 305.

394 *Wielsch*, ZGE 5 (2013), 274, 305.

395 *Wielsch*, in: Grünberger/Jansen, Privatrechtstheorie heute, S. 268, 279; *ders.*, ZGE 5 (2013), 274, 305.

396 Zum Interesse an der freien Werknutzung im privaten Bereich, siehe *Bergmann*, FS Ullmann, S. 23, 31, 33, 35; BT-Drs. 10/837, S. 9.

3. *Auswirkungen der Digitalisierung auf den Werkkonsum*

a) Wandel des Werkkonsums

Mit der voranschreitenden Digitalisierung geht ein stetiger Wandel der Werkverwertung sowie der Nutzungsgewohnheiten der Werkkonsumenten einher. Das Recht ist dabei vor die Aufgabe gestellt, die technischen Entwicklungen in einen regulatorischen Rahmen einzubetten, der den Interessen aller beteiligten Akteure gerecht wird.[397] Zunächst war es im Rahmen der Digitalisierung möglich, Werke nicht mehr nur in analoger, sondern auch in digitaler Form auf einem körperlichen Datenträger zu verwerten.[398] Die nächste Stufe war mit der Downloadmöglichkeit über das Internet erreicht, durch die Werke unkörperlich verwertet werden konnten. Verkörpert ist das Werk dabei lediglich auf dem Server des Anbieters und dem Speichermedium des Werkerwerbers nach dem Download.[399] Der Trend geht allerdings dahin, dass es zu überhaupt keiner dauerhaften Vervielfältigung eines Werkes auf einem Datenträger des Nutzers kommt, sondern die Werke als digitale Inhalte dezentral bei Cloud-Diensten gespeichert sind, auf die der Nutzer über das Internet einen ständigen Zugriff hat und sie im Wege des Streamings abrufen kann.[400] Diese Entwicklung wird daher auch als „asset to access“[401] oder „access over ownerhsip“[402] bezeichnet.[403] Zudem liegt den Cloud-Diensten, die Nutzern den Werkkonsum ermöglichen,

---

397 *Federrath*, ZGE 6 (2014), 271; ausführlich zur Technikgetriebenheit des Rechts, siehe *Hofmann*, ZGE (8) 2016, 482, 484.

398 *Pech*, in: Hennemann/Sattler, Immaterialgüter und Digitalisierung, S. 121; ausführlich zur Entwicklung der verschiedenen Stufen der Werkverwertung im Rahmen der Digitalisierung, siehe *Hilty*, GRUR 2018, 865, 866; *Zech*, ZUM 2014, 3, 4 f.

399 *Hilty*, GRUR 2018, 865, 866; *Pech*, in: Hennemann/Sattler, Immaterialgüter und Digitalisierung, S. 121; *Zech*, ZUM 2014, 3, 4.

400 *Becker*, ZGE 8 (2016), 239, 243; *Dreier/Leistner*, GRUR-Beil. 2014, 13, 22, 28; *Druschel/Oehmichen*, CR 2015, 173, 174; *Grünberger*, AcP 218 (2018), 213, 279; *Hauck*, NJW 2014, 3616, 3618; *Kloos/Wagner*, CR 2002, 865, 866; *Maissen*, in: Schmidt-Kessel/Kramme, Geschäftsmodelle in der digitalen Welt, S. 95, 100 f.; *Pech*, in: Hennemann/Sattler, Immaterialgüter und Digitalisierung, S. 121; *Redeker*, CR 2014, 73; *Sänn/Pampel/del Monego*, in: Schmidt-Kessel/Kramme, Geschäftsmodelle in der digitalen Welt, S. 167, 168; *Stieper*, FS Köhler, S. 729; *Zech*, ZGE 5 (2013), 368, 385 ff.; *Zech*, ZUM 2014, 3, 4 f.

401 *Zech*, ZGE 5 (2013), 368, 389.

402 *Luck*, 5 (2) IJMBR 46 (2016).

403 Ähnlich *Dreier/Leistner*, GRUR-Beil. 2014, 13, 22, 28; *Ohly*, ZUM 2015, 942, 949; *Ohly*, Gutachten F zum 70. Deutschen Juristentag, S. 10.

ein anderes Geschäftsmodell zugrunde. Sowohl beim Erwerb eines analogen Buches als auch eines körperlichen Datenträgers oder eines Werkes über Download, wird vom Rezipienten für die dauerhafte und jederzeitige Werkgenussmöglichkeit gezahlt, die ihm dadurch ermöglicht wird, dass er über eine dauerhafte Vervielfältigung des Werkes verfügt.[404] Bei Cloud-Diensten zahlt ein Rezipient dagegen lediglich für einen temporären Zugang zu einem Repertoire an Werken im Wege eines Abonnements oder der „digitalen Leihe", bei der ein Werk für einen kurzen Zeitraum zum Genuss zur Verfügung steht und transaktionsbezogen abgerechnet wird.[405] In beiden Fällen ist der Werkgenuss orts-, zeit- und geräteunabhängig möglich.[406] Eine dauerhafte Vervielfältigung eines Films auf einem Speichermedium des Nutzers hätte für diesen außerdem kaum einen Vorteil, da sein Interesse bei Filmen und Serien oftmals ohnehin nur auf den einmaligen Werkgenuss gerichtet ist.[407] Die enorme Flexibilität ist der wesentliche Grund dafür, dass sich Streaming-Dienste zunehmender Beliebtheit erfreuen.[408] Damit wird deutlich, dass sich sowohl die Nutzungsgewohnheiten als auch die Geschäftsmodelle weg vom Werkerwerb hin zum

---

404 Aufgrund der Verschaffung der dauerhaften Nutzungsmöglichkeit findet auf diese Austauschverträge das Kaufvertragsrecht direkt oder über § 453 I BGB zumindest entsprechend Anwendung, siehe dazu BGH Urt. v. 15.11.2006 – XII ZR 120/04, NJW 2007 2394, 2395 Rn. 15 f. m.w.N.; *Hilty*, GRUR 2018, 865, 866; *Maissen*, in: Schmidt-Kessel/Kramme, Geschäftsmodelle in der digitalen Welt, S. 95, 102 f.; *Redeker*, CR 2014, 73; *Schmidt-Kessel*, K&R 2014, 475, 479; *Zech*, ZUM 2014, 3, 8; ausführlich zum Meinungsstand bei der vertragstypologischen Einordnung von Verträgen über die dauerhafte Verschaffung der Nutzungsmöglichkeit bei digitalen Inhalten, siehe *Pech*, in: Hennemann/Sattler, Immaterialgüter und Digitalisierung, S. 121, 124 ff., 133 ff.

405 *Becker*, ZGE 8 (2016), 239, 243 ff.; *Hofmann*, ZGE 8 (2016), 482, 497; *Zech*, ZUM 2014, 3, 4; zum Teil ist bei der „digitalen Leihe" auch ein Download möglich, wobei sich Inhalte nach Ablauf der Leihfrist automatisch löschen, siehe dazu *Hilty*, GRUR 2018, 865, 866; zu den verschiedenen Geschäftsmodellen bei VoD-Diensten, siehe *Fontaine/Simone*, VOD distribution and the role of aggregators, S. 9 ff.

406 *Bäcker/Höfinger*, ZUM 2013, 623, 625; *Eichelberger*, in: Leible, Der Schutz des geistigen Eigentums im Internet, S. 17, 21; *v. Gerlach*, Audio-Video-Streaming im Internet, S. 18; *Justizministerium NRW*, Arbeitsgruppe „Digitaler Neustart", S. 166; *Knies*, CR 2014, 140, 141; *Pech*, On-Demand-Streaming-Plattformen, S. 25; *Stieper*, MMR 2012, 12.

407 *Pech*, On-Demand-Streaming-Plattformen, S. 25; *Becker*, ZGE 8 (2016), 239, 268; *Redeker*, CR, 2014, 73, 78.

408 *Grece*, On-Demand Markets, S. 167.

Erwerb des reinen Werkzugangs bzw. des reinen Werkkonsums entwickeln.[409] Auf vertragsrechtlicher Ebene hat dies zur Folge, dass die Verträge über die Bereitstellung digitaler Inhalte zunehmend einen Dauerschuldcharakter erhalten.[410]

Man kann dieser Entwicklung nicht absprechen, dass sie aufgrund des großen Repertoires an Werken, zu dem Werkkonsumenten auf diese Weise zu einem relativ geringen Preis Zugang erhalten, enorme Vorteile für diese mit sich bringt.[411] Außerdem entsteht dadurch die Möglichkeit neuer Geschäftsmodelle, welche sich auch positiv auf die Vergütung der Urheber auswirken könnten. Auf der anderen Seite bringt die Veränderung der Geschäftsmodelle und Nutzungsgewohnheiten vom Werkerwerb hin zum reinen Werkkonsum gewisse Risiken für die Vergütung der Urheber mit sich. Diese ergeben sich aus der Aufmerksamkeitsknappheit der Endverbraucher sowie der Verlagerung des Konsumrisikos auf die Urheber.[412] Beim Erwerb eines Werkes, sei es in analoger oder digitaler Form, erhält der Urheber seine Vergütung im Moment des Erwerbs für die reine Konsummöglichkeit. Das Risiko, dass das Werk tatsächlich genossen wird, lag beim Werkkonsumenten. So hatte es keine Auswirkung auf die Vergütung des Urhebers, ob der Erwerber einer DVD diese jemals abspielt.[413] Mit den neuen Geschäftsmodellen, die nicht mehr auf dem Werkerwerb des Endkonsumenten, sondern dem Zugang zu Werken bzw. dem Werkgenuss basieren, geht das Konsumrisiko auf die Urheber über.[414] Im Rahmen eines Abonnements zahlt ein Nutzer ein Entgelt für den Zugang zu einem umfangreichen Repertoire an Werken, der Urheber erhält oftmals aber erst in dem Moment eine Vergütung, in dem ein Abonnent sein Werk tatsächlich abruft.[415] Begleitet wird die Verlagerung des Konsumrisikos von einer Flut

---

409 *Becker*, ZGE 8 (2016), 239, 243 ff., 249 f.; *Hofmann*, ZGE 8 (2016), 482, 497; *Zech*, ZUM 2014, 3, 4.

410 *Gsell*, ZUM 2018, 75, 80; *Maissen*, in: Schmidt-Kessel/Kramme, Geschäftsmodelle in der digitalen Welt, S. 95, 101, 104; ausführlich zum Dauerschuldcharakter von Verträgen über die Bereitstellung digitaler Inhalte, siehe auch *Schmidt-Kessel et al.*, GPR 2016, 54, 61 ff.

411 Ähnlich *Pech*, On-Demand-Streaming-Plattformen, S. 26.

412 *Becker*, ZGE 8 (2016), 239, 249 f.; *Hofmann*, ZGE 8 (2016), 482, 497.

413 *Becker*, ZGE 8 (2016), 239, 249 f.; *Hofmann*, ZGE 8 (2016), 482, 497.

414 Zum Wandel vom Werkerwerb hin zum Werkzugang bzw. Werkkonsum, siehe § 2 B. I. 3. a).

415 Die von den VoD-Diensteanbietern an die Rechteinhaber zu zahlende Vergütung ist entweder eine prozentuale Erlösbeteiligung, die sich transaktionsbezogen anhand der tatsächlichen Zugriffe auf die jeweiligen Inhalte berechnet, ein Pauschalbetrag

an digitalisierten Werken und der Aufmerksamkeitsknappheit der Nutzer.[416] Diesen steht täglich nur ein gewisses Zeitkontingent für Mediennutzung zur Verfügung. Nachdem die Urheber nur noch für den tatsächlichen Konsum vergütet werden, wirkt sich die Aufmerksamkeit als faktische Limitierung des Konsums neben der Verlagerung des Konsumrisikos zusätzlich negativ auf die Vergütung der Urheber aus.[417]

Um die potenziell negativen Auswirkungen der veränderten Nutzungsgewohnheiten und der neuen Geschäftsmodelle auf die Vergütung der Rechteinhaber möglichst gering zu halten, ist diesen daran gelegen, sowohl rechtlich als auch tatsächlich die möglichst weitgehende Kontrolle über die Werknutzung zu behalten, um ihre Werke dadurch weiterhin wirtschaftlich bestmöglich auswerten zu können. Soweit die voranschreitende Digitalisierung jedoch dazu führt, dass sich der Werkgenuss von den Rechteinhabern stärker kontrollieren lässt, als im analogen Umfeld, könnte sich die Position der Verbraucher zunehmend verschlechtern.[418] Aufgabe des Rechts wäre es dann – soweit ein Festhalten am *Status Quo* rechtlich und ökonomisch gerechtfertigt ist – regulierend einzugreifen.

b) Verwertungsrechtliche Erfassung des rezeptiven Werkgenusses

aa) Der Werkgenuss als Vervielfältigungshandlung: Ein Paradigmenwechsel

Meist greifen Nutzer auf die bei Cloud-Diensten angebotenen Werke in Form digitaler Inhalte über das Internet im Wege des Streamings zu. Dabei werden aufgrund der technischen Funktionsweise des Streamings vor der Werkwiedergabe über den Bildschirm oder über Lautsprecher zumindest kurzfristig kleine Teile des Werkes als Puffer im Arbeitsspeicher oder auf der Festplatte des Wiedergabegerätes gespeichert.[419] Diese vorübergehenden Zwischenspeicherungen

---

unabhängig von den tatsächlichen Zugriffszahlen oder ein Pauschalbetrag pro Zugriff. Eingehend dazu, siehe *Homann*, Praxishandbuch Filmrecht, S. 324 und *Schwarz/Hansen*, in: v. Hartlieb/Schwarz, Kap. 261 Rn. 24

416 Ausführlich zur Aufmerksamkeitsknappheit der Nutzer, siehe *Becker*, ZGE 8 (2016), 239, 249 f. und *Becker*, ZUM 2013, 829 ff.

417 *Becker*, ZGE 8 (2016), 239, 249 f.; *Becker*, ZUM 2013, 829 ff.

418 *Ohly*, ZUM 2015, 942, 949.

419 *Busch*, GRUR 2011, 496, 498; *Hilty*, GRUR 2018, 865, 874; *Marly*, EuZW 2014, 616, 617; *Knies*, CR 2014, 140, 141; *Stieper*, MMR 2012, 12 f.; *Stieper*, Schranken des Urheberrechts, S. 8 f.; *Stolz*, MMR 2013, 353; zur grundsätzlichen Funktionsweise des Streamings, siehe *Justizministerium NRW*, Arbeitsgruppe „Digitaler Neustart“, S. 165 f.; ausführlich zum technischen Hintergrund sowie zu Umfang

werden vom Vervielfältigungsrecht nach § 16 UrhG erfasst. Ausgehend vom eindeutigen Wortlaut des § 16 I UrhG[420] ist es dafür unerheblich, dass die Vervielfältigungen lediglich vorübergehender Natur sind und nach der Werkwiedergabe oder sogar noch währenddessen wieder gelöscht werden.[421] Entscheidend ist ausschließlich die Werkqualität der einzelnen Ausschnitte im Zwischenspeicher des Wiedergabegeräts. Grundsätzlich können bereits kurze Ausschnitte eines Werkes, wie Film- oder Musiksequenzen von nur wenigen Sekunden, selbst die erforderliche Schöpfungshöhe erreichen, wobei es stets auf den geistigen Gehalt sowie die Individualität im Einzelfall ankommt, sodass es keine klare Grenze gibt.[422] Einzelne Werkteile, die selbst keine Werkqualität aufweisen, ließen sich nur vom Vervielfältigungsrecht erfassen, wenn man auch die „sukzessive, chronologisch geordnete, jeweils sofort flüchtige Vervielfältigung" von Werkteilen, die dazu dient, das Gesamtwerk wiederzugeben bzw. nutzbar zu machen, als urheberrechtlich relevante Vervielfältigung einordnen würde.[423] Diese funktionale Betrachtung sei nach teilweise vertretener Auffassung geboten, da es ansonsten durch die technische Ausgestaltung eines Nutzungsvorgangs möglich sei, eine Vervielfältigung der verwertungsrechtlichen Erfassung zu entziehen, obwohl bei einer Gesamtbetrachtung das Werk bzw. ein schutzfähiger Teil davon vervielfältigt und dem Rezipienten wahrnehmbar gemacht wurde.[424]

Allerdings ist ein solches Verständnis mit dem vollharmonisierenden Art. 2 lit. a InfoSoc-RL nicht vereinbar.[425] Dem EuGH zufolge liege eine

---

und Bestandsdauer der Zwischenspeicherungen beim Streaming, siehe *Wandtke/v. Gerlach*, GRUR 2013, 676, 677.

420 Die Ergänzung des § 16 I UrhG um vorübergehende Vervielfältigungen sollte ohnehin nur der Klarstellung dienen, diese waren bereits zuvor erfasst, siehe dazu BT-Drs. 15/37, S. 17.

421 *Heerma*, in: Wandtke/Bullinger, § 16 UrhG Rn. 18; *Loewenheim*, in: Schricker/Loewenheim, § 16 UrhG Rn. 22; *Schulze*, in: Dreier/Schulze, § 16 UrhG Rn. 12 f.; *Stieper*, MMR 2012, 12, 13.

422 EuGH Urt. v. 16.7.2009, Rs. C-5/08 – *Infopaq International*, ECLI:EU:C:2009:465; *Bullinger*, in: Wandtke/Bullinger, § 2 UrhG Rn. 27 f.; *Loewenheim*, in: Schricker/Loewenheim, § 2 UrhG Rn. 68, § 16 UrhG Rn. 14 m.w.N.; *Schulze*, in: Dreier/Schulze, § 16 UrhG Rn. 9; *Stieper*, MMR 2012, 12, 13.

423 *Busch*, GRUR 2011, 496, 500; *Hofmann*, ZGE 8 (2016), 482, 507.

424 *Busch*, GRUR 2011, 496, 500; *Hofmann*, ZGE 8 (2016), 482, 507; *Schulze*, in: Dreier/Schulze, § 16 UrhG Rn. 9; *ders.*, NJW 2014, 721, 722; für einen sequenziellen Vervielfältigungsbegriff *de lege ferenda*, *Wandtke/v. Gerlach*, GRUR 2013, 676, 683.

425 *Stieper*, MMR 2012, 12, 14.

Vervielfältigung nur vor, wenn das „zusammengesetzte Ganze der gleichzeitig wiedergegebenen – also zu einem bestimmten Zeitpunkt vorhandenen – Fragmente“ im Empfangs- oder Wiedergabegerät Werkqualität aufweise.[426] Bei lediglich sehr kleinen Fragmenten im Zwischenspeicher, die stetig wieder überschrieben bzw. gelöscht werden, liegt demnach keine Vervielfältigungshandlung vor.[427]

Darüber hinaus wird durch eine ephemere Zwischenspeicherung der Werkfragmente in verschiedenste Leistungsschutzrechte eingegriffen.[428] Das Recht des Tonträgerherstellers umfasst jeden noch so kleinen Tonausschnitt, ohne dass es auf dessen Werkqualität ankommt.[429] Gleichermaßen sind bereits Einzelbilder aus Filmwerken und Laufbildern von Leistungsschutzrechten erfasst, sodass deren Zwischenspeicherung unabhängig von ihrer Länge eine urheberrechtlich relevante Vervielfältigung ist.[430]

Nachdem es für die Wiedergabe von Werken im Wege des Streamings technisch bedingt stets der Zwischenspeicherung kleiner Werkteile bedarf, die zumindest von Leistungsschutzrechten erfasst werden, induziert die Digitalisierung einen „Paradigmenwechsel“ in Bezug auf die verwertungsrechtliche Erfassung des rezeptiven Werkgenusses: dieser wird fortan nicht mehr nur mittelbar über die Werkgenussvermittlungsrechte der §§ 15 ff. UrhG, sondern

---

426 EuGH, Urt. v. 4.10.2011, verb. Rs. C-403/08, C-429/08 – *FAPL/Murphy*, ECLI: EU:C:2011:231, Rn. 157, 159; *Heerma*, in: Wandtke/Bullinger, § 16 UrhG Rn. 22; *Loewenheim*, in: Schricker/Loewenheim, § 2 UrhG Rn. 68, § 16 Rn. 14.

427 Ausführlich zur Erfassung von Fixierungen im Arbeitsspeicher durch das Vervielfältigungsrecht, *Sucker*, Der digitale Werkgenuss, S. 75 ff.

428 Zum Überblick der beim Streaming berührten Leistungsschutzrechte, siehe *Busch*, GRUR 2011, 496, 500; *Stieper*, MMR 2012, 12, 14; *Wagner*, GRUR 2016, 874, 877.

429 EuGH, Urt. v. 29.7.2019, Rs. C-476/17 – *Pelham u.a./Hütter u.a.*, ECL: EU:C:2019:624, Rn. 29/39.

430 Mit Blick darauf, dass Art. 2 lit. d InfoSoc-RL, wie aus Erwägungsgrund 10 der InfoSoc-RL hervorgeht, ebenfalls dem Investitionsschutz dient, ist dem Vervielfältigungsbegriff im Rahmen des Art. 2 lit. d InfoSoc-RL das gleiche Verständnis wie im Rahmen von Art. 2 lit. c InfoSoc-RL zugrunde zu legen; so zum nationalen Recht bereits, BGH, Urt. v. 19.11.2009 – I ZR 128/07 – *Film-Einzelbilder*, GRUR 2010, 620, 622 f. Rn. 36; BGH, Urt. v. 20.12.2007 – I ZR 42/05 – *TV-Total*, GRUR 2008, 693, 694 Rn. 18 ff.; *Busch*, GRUR 2011, 496, 500; *Manegold/Czernik*, in: Wandtke/Bullinger, § 95 UrhG Rn. 5; *Schulze*, in: Dreier/Schulze, § 94 UrhG Rn. 29, § 95 UrhG Rn. 8; *Wagner*, GRUR 2016, 874, 877.

unmittelbar durch das Vervielfältigungsrecht erfasst.[431] Der rezeptive Werkgenuss bleibt daher im digitalen Umfeld nicht mehr wie bisher frei, womit sich der Kontrollbereich der Rechteinhaber nicht mehr nur auf die Ebene der Werkvermittler erstreckt, sondern auch auf die der Endkonsumenten.[432] Es lässt sich daher von einer zunehmenden Expansion des Urheberrechts in den privaten Bereich sprechen.[433] Die verwertungsrechtliche Erfassung des Werkgenusses ist letztlich einer rein technischen Zufälligkeit geschuldet und läuft dem eigentlichen Zweck des Vervielfältigungsrechts zuwider. Schließlich soll mit ihm eigentlich die Anzahl der existierenden Werkexemplare und damit die Größe des potenziellen Nutzerkreises kontrolliert und der Werkgenuss mittelbar erfasst werden.[434] Auch aus Nutzerperspektive ist es kaum einzusehen, weshalb der Werkgenuss im digitalen Umfeld nicht mehr frei sein sollte, da sich für die Nutzer lediglich das Medium, über das der Werkkonsum erfolgt bzw. die Art und Weise, wie ihnen der Werkkonsum ermöglicht wird, ändert; im Kern geht es aber immer nur um den Genuss des Werkes.[435] Vielen Nutzern ist darüber hinaus vermutlich überhaupt nicht bewusst, dass es beim Streaming zur temporären Zwischenspeicherung einzelner Werkfragmente im Arbeitsspeicher oder auf der Festplatte des Wiedergabegeräts kommt.[436] Aus ökonomischer Sicht ist es für die Werkkonsumenten im Optimalfall irrelevant, ob sie für den Werkkonsum an den Werkvermittler oder aufgrund der unmittelbaren verwertungsrechtlichen Erfassung des Werkkonsums direkt an den Urheber eine Zahlung leisten. Ein wirtschaftlicher Nachteil entsteht für sie erst in dem Moment, in dem sie sowohl den Werkvermittler für dessen Vermittlungstätigkeit als auch den Urheber bezahlen müssen, um tatsächlich in den Genuss des Werkes kommen zu können und dadurch eine finanzielle Doppelbelastung entsteht.[437]

---

431 *Hofmann*, ZGE 8 (2016), 482, 498; *Kreutzer*, Urheberrecht und Regelungsalternativen, S. 270; *Sucker*, Der digitale Werkgenuss, S. 86, 89; *Wagner*, GRUR 2016, 874, 875 ff.

432 *Marly*, EuZW 2014, 616, 617; *Peukert*, in: Hilty/Peukert, Interessenausgleich im Urheberrecht, S. 11, 39.

433 *Hofmann*, ZGE 8 (2016), 482, 498; *Sucker*, Der digitale Werkgenuss, S. 93, *Kreutzer*, Urheberrecht und Regelungsalternativen, S. 270.

434 *Hohagen*, Die Freiheit der Vervielfältigung zum eigenen Gebrauch, S. 67 f.; *Sucker*, Der digitale Werkgenuss, S. 89 f.

435 *Ensthaler*, NJW 2014, 1553, 1555; *Marly*, EuZW 2014, 616, 617.

436 *Stieper*, MMR 2012, 12, 16.

437 *Sucker*, Der digitale Werkgenuss, S. 94 f.; zu den möglichen Folgen der verwertungsrechtlichen Erfassung des Werkgenusses, siehe *Peukert*, in: Hilty/Peukert,

bb) Sicherung des Werkgenusses als Zugangsregel

Zwar wird der rezeptive Werkgenuss mit voranschreitender Digitalisierung zunehmend verwertungsrechtlich erfasst, doch bleibt er insoweit weiterhin freigestellt und der rechtlichen Kontrolle der Rechteinhaber entzogen, als die Handlungen der digitalen Wahrnehmbarmachung von Schrankenregelungen gedeckt sind.[438] Üben die Rechteinhaber auf tatsächlicher Ebene dennoch eine vom urheberrechtlichen Regelungsregime nicht vorgesehene Kontrolle über den Werkgenuss der Rezipienten aus, hebeln sie die verwertungsrechtliche Freistellung des Werkgenusses aus. Der Werkgenuss als Nutzungsfreiheit, die das Recht zu schützen versucht, geht dadurch verloren. Dies birgt eine Gefahr für den vom Urheberrecht mit Hilfe von Ausschließlichkeitsrechten und Zugangsregeln angestrebten Ausgleich der widerstreitenden Interessen von Rechteinhabern und Nutzern.[439] Soweit die Rechteinhaber entgegen der Wertung einer Schrankenregelung auf tatsächlicher Ebene die Kontrolle über den Werkgenuss haben, welche sich rechtlich, ökonomisch oder gesellschaftlich als ungerechtfertigt erweist, bedarf es eines regulatorischen Eingriffs, der den Rechteinhabern die Kontrolle entzieht und den Werkgenuss als Nutzungsfreiheit sichert.

Hinsichtlich der zur Wiedergabe notwendigen temporären Speicherung einzelner Werkfragmente im Wiedergabegerät kommt die Schrankenregelung des § 44a Nr. 2 UrhG, der den zwingenden Art. 5 I InfoSoc-RL umsetzt, in Betracht. Darüber hinaus könnten die temporären Vervielfältigungen von § 53 UrhG gedeckt sein, der die optionale Schranke des Art. 5 II lit. b InfoSoc-RL umsetzt. Nachdem Art. 5 II lit. b InfoSoc-RL nicht zwingend ist, lässt sich damit jedoch nicht feststellen, inwieweit der rezeptive Werkgenuss innerhalb des europäischen Binnenmarktes gesichert ist. Bedeutung hätte Art. 5 II lit. b InfoSoc-RL bzw. Art. 53 UrhG ohnehin nur, wenn ephemere Vervielfältigungshandlungen nicht von Art. 5 I InfoSoc-RL bzw. § 44a Nr. 2 UrhG gedeckt wären.[440]

Damit die technisch bedingten Vervielfältigungen von § 44a Nr. 2 UrhG gedeckt sind, dürfte es beim Streaming lediglich zu einer vorübergehenden, flüchtigen und begleitenden Vervielfältigung kommen, die ein integraler und wesentlicher Bestandteil eines technischen Verfahrens ist und die als alleinigen

---

Interessenausgleich im Urheberrecht, S. 11, 41 f.; *Sucker*, Der digitale Werkgenuss, S. 93 ff.

438 *Sucker*, Der digitale Werkgenuss, S. 95.

439 Erwägungsgrund 31 InfoSoc-RL hebt das Ziel eines solchen Interessenausgleichs explizit hervor.

440 *Stieper*, MMR 2012, 12, 17; *Sucker*, Der digitale Werkgenuss, S. 149.

Zweck die rechtmäßige Nutzung des Werkes oder des sonstigen Schutzgegenstandes verfolgt. Darüber hinaus ist Voraussetzung, dass die Vervielfältigungshandlungen keine eigenständige wirtschaftliche Bedeutung haben.

Die ersten Voraussetzungen lassen sich beim Streaming noch relativ leicht bejahen.[441] Zum einen werden die zwischengespeicherten Fragmente spätestens nach, meist noch während der Wiedergabe gelöscht oder überschrieben, womit diese flüchtig sind,[442] und zum anderen haben sie gegenüber dem Streamingverfahren keine eigenständige Bedeutung, was ihren begleitenden Charakter ausmacht.[443] Darüber hinaus sind die vorübergehenden Vervielfältigungen auch ein wesentlicher und integraler Bestandteil des technischen Wiedergabeverfahrens, da diese vollständig im Rahmen dieses technischen Verfahrens durchgeführt werden und für dessen einwandfreie Funktionsweise unerlässlich sind.[444] Außerdem kommt ihnen keine eigenständige wirtschaftliche Bedeutung zu. Eigenständigkeit ließe sich der wirtschaftlichen Bedeutung der temporären Vervielfältigungen nur attestieren, wenn ein wirtschaftlicher Vorteil bestünde, der über den des Werkgenusses bzw. der Werkwiedergabe hinausginge.[445]

---

441 *Fangerow/Schulz*, GRUR 2010, 677, 680 f.; *Busch*, GRUR 2011, 496, 501 f.; *Radmann*, ZUM 2010, 387, 390; *Stieper*, MMR 2012, 12, 14 f.; *Stolz*, MMR 2013, 353, 355 f.; *Wandtke/v. Gerlach*, GRUR 2013, 676, 678 ff.; *Zech*, ZUM 2014, 3, 6; ausführlich zur Anwendung des § 44a Nr. 2 UrhG auf temporäre Vervielfältigungen beim On-Demand-Streaming, siehe *Pech*, On-Demand-Streaming-Plattformen, S. 82 ff.

442 EuGH, Urt. v. 16.7.2009, C-5/08 – *Infopaq International*, ECLI:EU:C:2009:465, Rn. 64; *Radmann*, ZUM 2010, 387, 390; zur Bedeutung der Zwischenspeicherungsdauer für die Einordnung als flüchtig, siehe *Hilgert/Hilgert*, MMR 2014, 85, 86; *Wandtke/v. Gerlach*, GRUR 2013, 676, 697.

443 EuGH, Urt. v. 5.6.2014, C-360/13 – *Public Relations Consultants Association*, ECLI:EU:C:2014:1195, Rn. 43; *Hilgert/Hilgert*, MMR 2014, 85, 86; *Radmann*, ZUM 2010, 387, 390; *Wandtke/v. Gerlach*, GRUR 2013, 676, 697.

444 *Busch*, GRUR 2011, 496, 501; *Gercke*, ZUM 2012, 625, 634; *v. Gerlach*, Audio-Video-Streaming im Internet, S. 174; *Hilgert/Hilgert*, MMR 2014, 85, 86; *Koch*, GRUR 2010, 574, 575; *Pech*, On-Demand-Streaming-Plattformen, S. 87 ff.; *Radmann*, ZUM 2010, 387, 390; *Stolz*, MMR 2013, 353, 356; *Wagner*, GRUR 2016, 874, 878; *Wandtke/v. Gerlach*, GRUR 2013, 676, 679; zum Kriterium des integralen und wesentlichen Teils eines technischen Verfahrens, siehe EuGH, Urt. v. 5.6.2014, C-360/13 – *Public Relations Consultants Association*, ECLI:EU:C:2014:1195, Rn. 28; EuGH, Urt. v. 16.7.2009, C-5/08 – *Infopaq International*, ECLI:EU:C:2009:465, Rn. 61.

445 EuGH, Urt. v. 4.10.2011, verb. Rs. C-403/08, C-429/08 – *FAPL/Murphy*, ECLI:EU:C:2011:231, Rn. 175; ausführlich zum begrifflichen Verständnis der eigenständigen wirtschaftlichen Bedeutung, siehe *Sucker*, Der digitale Werkgenuss, S. 136 f. und *Stieper*, MMR 2012, 12, 16.

Größere Schwierigkeiten wirft das Kriterium auf, dass der alleinige Zweck der Vervielfältigung eine rechtmäßige Nutzung sein muss. Einziger Orientierungspunkt für das Verständnis einer rechtmäßigen Nutzung ist Erwägungsgrund 33 der InfoSoc-RL, wonach eine Nutzung als rechtmäßig gelten sollte, wenn sie entweder vom Rechteinhaber zugelassen oder nicht durch Gesetze beschränkt ist. Regelmäßig wird die Zustimmung zur Anfertigung vorübergehender, für die Wiedergabe der Werke technisch notwendiger Vervielfältigungen konkludent mit der Bereitstellung der Werke im Internet erklärt.[446] Für sämtliche Vervielfältigungshandlungen, die von der konkludenten Zustimmung erfasst sind, bedarf es keines Rückgriffs auf die Schrankenregelung des § 44a Nr. 2 UrhG.[447] Eigenständige Bedeutung kommt dieser erst dann zu, wenn die Rechteinhaber die verwertungsrechtliche Erfassung der technisch bedingten Vervielfältigungen dazu nutzen, den Werkgenuss zu kontrollieren und gegebenenfalls einzuschränken, wodurch sich die Expansion des Urheberrechts für die Nutzer negativ bemerkbar machen würde.[448]

Für die Frage, ob die Schrankenregelung des § 44a Nr. 2 UrhG in diesen Fällen greift, kommt es darauf an, inwiefern die Vervielfältigung nicht durch Gesetze beschränkt ist. Dieses Kriterium ist ein Einfallstor, um dem Prinzip des urheberrechtsfreien rezeptiven Werkgenusses in der digitalen Welt weiterhin Geltung zu verschaffen und den möglichen negativen Folgen für die Werkrezipienten, die sich aus dessen verwertungsrechtlicher Erfassung ergeben könnten, Einhalt zu gebieten. Auch die Gesetzesbegründung zu § 44a UrhG hebt hervor, dass die Schrankenregelung die durch die Digitalisierung verursachte Expansion des Urheberrechts eindämmen soll. Danach müssten bestimmte, von dem bewusst weit gefassten Vervielfältigungsbegriff des § 16 I UrhG erfasste flüchtige und begleitende Vervielfältigungshandlungen vom

---

446 *v. Gerlach*, Audio-Video-Streaming im Internet, S. 175; *Loewenheim*, in: Schricker/Loewenheim, § 44a UrhG Rn. 12; *Poeppel*, Urheberrechtliche Schranken im digitalen Umfeld, S. 442; *Wandtke/v. Gerlach*, GRUR 2013, 676, 677 f.; *v. Welser*, in: Wandtke/Bullinger, § 44a UrhG Rn. 17; ähnlich *Lauber/Schwipps*, GRUR 2004, 293, 295.

447 *v. Gerlach*, Audio-Video-Streaming im Internet, S. 175; *Poeppel*, Urheberrechtliche Schranken im digitalen Umfeld, S. 442; *Sucker*, Der digitale Werkgenuss, S. 131; *Wandtke/v. Gerlach*, GRUR 2013, 676, 680.

448 *v. Gerlach*, Audio-Video-Streaming im Internet, S. 175; *Sucker*, Der digitale Werkgenuss, S. 131; *Wandtke/v. Gerlach*, GRUR 2013, 676, 680; für einen Vorrang des § 44a Nr. 2 UrhG vor der Einwilligung des Rechteinhabers *Melichar/Stieper*, in: Schricker/Loewenheim, Vor §§ 44a ff. UrhG Rn. 56.

Ausschließlichkeitsrecht der Urheber wieder ausgenommen werden, um den Erfordernissen in der Informationsgesellschaft gerecht zu werden. Dabei wird auf Erwägungsgrund 33 der InfoSoc-RL verwiesen, der das „*Caching*" und „*Browsing*" in diesem Zusammenhang beispielhaft als freigestellte Handlungen aufführt.[449] Die weitreichendste Nutzungsfreiheit ließe sich etablieren, wenn man der „rechtmäßigen Nutzung" das Verständnis zugrunde legt, dass sämtliche verwertungsrechtlich irrelevante Handlungen und damit auch der rezeptive Werkgenuss davon erfasst sind.[450] Die technisch bedingten Vervielfältigungshandlungen wären dabei dem Werkgenuss zuzurechnen und demnach ebenfalls als rechtmäßige Nutzung einzuordnen (sog. Verschmelzungstheorie).[451] Diese Zurechnung lässt sich damit begründen, dass die Vervielfältigungen unmittelbar für den Werkkonsum selbst und nicht nur für dessen Vorbereitung notwendig sind.[452] Auch der EuGH legt der rechtmäßigen Nutzung im Sinne des Erwägungsgrundes 33 der InfoSoc-RL dieses extensive Verständnis zugrunde. In der Sache *FAPL/Murphy* hatte er unter anderem darüber zu entscheiden, ob die vorübergehenden Vervielfältigungen, die für das ordnungsgemäße Funktionieren eines Satellitendecoders sowie der Wiedergabe der empfangenen Sendung auf einem Fernsehbildschirm notwendig sind, unter die Schrankenregelung des Art. 5 I InfoSoc-RL fallen. Der EuGH urteilte,

---

449 BT-Drs. 15/38, S. 18; zum Zweck des § 44a UrhG, technisch bedingte temporäre Vervielfältigungen verwertungsrechtlich freizustellen, siehe: *Hilgert/Hilgert*, MMR 2014, 85, 86; *Hilgert/Greth*, Urheberrechtsverletzungen im Internet, Rn. 409; *Lauber/Schwipps*, GRUR 2004, 293, 295; *Pech*, On-Demand-Streaming-Plattformen, S. 82 m.w.N.; *Stieper*, MMR 2012, 12, 16; *Wagner*, GRUR 2016, 874, 877.

450 *Fangerow/Schulz*, GRUR 2010, 677, 680 f.; *Dustmann*, in: Fromm/Nordemann, § 44a UrhG Rn. 17; *Eichelberger*, in: Leible, Der Schutz des geistigen Eigentums im Internet, S. 17, 41; *Gercke*, ZUM 2012, 625, 634; *v. Gerlach*, Audio-Video-Streaming im Internet, S. 177; *Hilgert/Hilgert*, MMR 2014, 85, 87; *Hilgert/Greth*, Urheberrechtsverletzungen im Internet, Rn. 416 ff.; *Lauber/Schwipps*, GRUR 2004, 293, 295 f.; *Mitsdörffer/Gutfleisch*, MMR 2009, 731, 733; *Poeppel*, Urheberrechtliche Schranken im digitalen Umfeld, S. 444 f.; *Stieper*, MMR 2012, 12, 15 f.; *ders.*, Schranken des Urheberrechts, S. 111; *Stolz* MMR 2013, 353, 356 ff.; *Wagner*, GRUR 2016, 874, 878; *Wandtke/v. Gerlach*, GRUR 2013, 676, 680 m.w.N.; *Wirtz*, Media-Streaming und Geoblocking, S. 207; *Zech*, ZUM 2014, 3, 6; *Zurth*, NJW 2017, 1933, 1938.

451 *v. Gerlach*, Audio-Video-Streaming im Internet, S. 178; demgegenüber kritisch mit Blick auf die neuere Rechtsprechung des EuGH, *Sänn et al.*, Status quo digitaler Inhalte in Deutschland, S. 23.

452 *Dreier/Leistner*, GRUR-Beil. 2014, 13, 19; *Hofmann*, ZGE 8 (2016), 482, 507; *Ohly*, Gutachten F zum 70. Deutschen Juristentag, S. 47 f.

dass die soeben benannten Vervielfältigungen trotz fehlender Zustimmung des Rechteinhabers nicht durch das Gesetz beschränkt und damit rechtmäßig seien.[453] Dieses Ergebnis überzeugt auch mit Blick auf den Interessenausgleich, den Art. 5 I InfoSoc-RL herstellt: nachdem die Nutzer für den Werkgenuss gezahlt haben und den Rechteinhabern eine Vergütung zugeflossen ist, wäre es ungerechtfertigt, den Werkgenuss weiterhin zu kontrollieren und vergüten zu lassen. Diese Interessenabwägung schlägt sich in der Auslegung des Art. 5 I InfoSoc-RL nieder und bekräftigt das innovations- und technologieoffene Verständnis dieser Schrankenregelung.[454]

Nach anderer Auffassung ist dieses extensive Verständnis des Art. 5 I InfoSoc-RL zu weitgehend. Eine rechtmäßige Nutzung könne nur vorliegen, wenn die Quelle der temporären Vervielfältigung, also die Vervielfältigung oder öffentliche Zugänglichmachung durch den Provider, rechtmäßig sei.[455] Ansonsten ließe sich eine Werknutzung nicht untersagen, obwohl das Stufensystem zur mittelbaren Erfassung des Werkgenusses aufgrund der rechtswidrigen Quelle versagt und die Urheber keine angemessene Vergütung für die Werknutzung erhalten.[456] In seiner neueren Rechtsprechung sieht auch der EuGH temporäre Vervielfältigungen bei der Wiedergabe offensichtlich rechtswidrig öffentlich zugänglich gemachter Werke als nicht von Art. 5 I InfoSoc-RL erfasst an.[457] Für rechtmäßig zur Verfügung gestellte Streaming-Dienste bleibt dieses Urteil jedoch folgenlos.[458] Dies wird dadurch deutlich, dass der EuGH explizit auf die

---

453 EuGH, Urt. v. 4.10.2011, verb. Rs. C-403/08, C-429/08 – *FAPL/Murphy*, ECLI: EU:C:2011:231, Rn. 170 f.; zustimmend *Metzger*, GRUR 2012, 118, 124; kritisch *Sucker*, Der digitale Werkgenuss, S. 192 f.

454 EuGH, Urt. v. 4.10.2011, verb. Rs. C-403/08, C-429/08 – *FAPL/Murphy*, ECLI: EU:C:2011:231, Rn. 163 f.; *Marly*, EuZW 2014, 616, 619; *v. Gerlach*, Audio-Video-Streaming im Internet, S. 178; *Stieper*, MMR 2012, 12, 16; deutlich restriktiver zur Reichweite des § 44a Nr. 2 UrhG beim Streaming, *Ensthaler*, NJW 2014, 1553, 1555.

455 *Busch*, GRUR 2011, 496, 502; *Radmann*, ZUM 2010, 387, 391; *Peukert*, in: Hilty/Peukert, Interessenausgleich im Urheberrecht, S. 11, 36; ausführlich zur sogenannten „Quellentheorie", siehe *v. Gerlach*, Audio-Video-Streaming im Internet, S. 178 ff. und *Wandtke/v. Gerlach*, GRUR 2013, 676, 680 f.

456 *Busch*, GRUR 2011, 496, 502 f.; *Mitsdörffer/Gutfleisch*, MMR 2009, 731, 733.

457 EuGH, Urt. v. 26.4.2017, Rs. C-527/15 – *Stichting Brein (Filmspeler)*, ECLI: EU:C:2017:300, Rn. 69; zum Überblick über die Rechtsprechung des EuGH, siehe *Dreier*, in: Dreier/Schulze, § 44a UrhG Rn. 8.

458 Zu den Auswirkungen des Urteils, siehe *Lueg*, EuZW 2017, 515, 520 f.; *Sänn et al.*, Status quo digitaler Inhalte in Deutschland, S. 23 f.; *Stender-Vorwachs/Steege*, MMR 2017, 460, 465 f.; *Zurth*, NJW 2017, 1933, 1938.

Ausführungen in der *FAPL/Murphy*-Entscheidung Bezug nimmt und betont, dass ein abweichendes Ergebnis lediglich der besonderen Sachlage geschuldet ist.[459] Damit verbleibt es bei dem zuvor gefundenen Ergebnis, dass die Nutzung eines rechtmäßig zugänglich gemachten Werkes selbst dann als rechtmäßig im Sinne des Art. 5 I InfoSoc-RL sowie des § 44a Nr. 2 UrhG gilt, wenn sich ein Nutzer ohne Zustimmung des Rechteinhabers Zugriff zu einem Werk verschafft und es wiedergibt, indem er zum Beispiel eine Geo-Sperre umgeht; die Quelle wird dadurch nicht rechtswidrig.[460] Die temporären Vervielfältigungen, die im Rahmen des digitalen Werkgenusses technisch bedingt auftreten, sind demnach von § 44a Nr. 2 UrhG gedeckt. Nachdem § 44a Nr. 2 UrhG auf den verpflichtenden Art. 5 I InfoSoc-RL zurückgeht, hat der urheberrechtsfreie Werkgenuss innerhalb des europäischen Binnenmarktes auch im digitalen Umfeld Bestand. Die Nutzer benötigen, um in den Genuss eines Werkes zu kommen, weder die Zustimmung der Rechteinhaber noch zusätzliche Nutzungsrechte, die sie unter Umständen entgeltlich erwerben müssten, was zu einer finanziellen Doppelbelastung führen könnte. Die Rechteinhaber haben damit keine Möglichkeit, den Werkgenuss über die verwertungsrechtliche Erfassung der für die Wiedergabe technisch notwendigen Vervielfältigungen unmittelbar zu kontrollieren, sofern sie über das Stufensystem zur mittelbaren Erfassung des Werkgenusses eine angemessene Vergütung für diesen erhalten haben. In diesem Fall ist ihrem Partizipations- und Kontrollinteresse ausreichend Rechnung getragen, sodass jede weitergehende Einflussnahme auf den Werkgenuss nicht gerechtfertigt wäre. Allerdings ist der Werkgenuss im digitalen Umfeld nicht mehr so selbstverständlich frei, wie er es in der analogen Welt war.[461] Es lässt sich daher durchaus von einer Expansion des Urheberrechts sprechen, die allerdings ausschließlich auf den Wandel des Werkgenusses zurückzuführen ist und nicht auf eine Veränderung des Urheberrechts.[462] Zugleich gewinnen Schrankenregelungen an Bedeutung, um den Nutzerfreiheiten Rechnung zu tragen und den potenziellen negativen Folgen dieser Expansion Einhalt zu gebieten.

459 EuGH, Urt. v. 26.4.2017, Rs. C-527/15 – *Stichting Brein (Filmspeler)*, ECLI: EU:C:2017:300, Rn. 67 ff.

460 OLG Düsseldorf, Urt. v. 23.1.2007, 20 U 38/06 – *Druckerabgabe*, GRUR 2007, 416, 419; *Melichar/Stieper*, in: Schricker/Loewenheim, Vor §§ 44a ff. UrhG Rn. 59.

461 *Hofmann*, ZGE 8 (2016), 482, 498; *Ohly*, Gutachten F zum 70. Deutschen Juristentag, S. 10; *ders.*, NJW-Beil. 2014, 47.

462 *Hofmann*, ZGE 8 (2016), 482, 498; *Raue*, ZGE 6 (2014), 387, 389.

cc) Vertragsrechtliche Kontrolle des Werkgenusses

Auf rechtlicher Seite ist die urheberrechtliche Freistellung der werkgenussinduzierten Vervielfältigungen im digitalen Umfeld nur gewährleistet, wenn sich die Wirkung der Schrankenregelung des Art. 5 I InfoSoc-RL bzw. § 44a Nr. 2 UrhG nicht vertraglich ausschließen oder beschränken lässt. Ansonsten könnten die Rechteinhaber aufgrund der verwertungsrechtlichen Erfassung der temporären Vervielfältigungen dennoch die rechtliche Kontrolle über den Werkgenuss erlangen.[463] Weder der InfoSoc-RL noch den nationalen Vorschriften lässt sich entnehmen, inwieweit die Schrankenregelung des Art. 5 I InfoSoc-RL bzw. § 44a Nr. 2 UrhG vertraglich abdingbar und die Möglichkeit der Kontrolle des Werkgenusses dadurch im Recht selbst angelegt ist.[464] Nachdem nur zwischen Anbietern von Online-Inhaltediensten und deren Nutzern ein Vertragsverhältnis besteht, nicht aber zwischen den Nutzern und den Rechteinhabern, könnte die Wirkung der Schrankenregelung nur im Rahmen der AGB im Vertragsverhältnis Anbieter/Nutzer ausgeschlossen werden. Daher müsste ein entsprechender Ausschluss – sofern man nicht ohnehin einen zwingenden Charakter des § 44a Nr. 2 UrhG annimmt – einer AGB-Kontrolle nach §§ 307 ff. BGB standhalten. Die Abbedingung des § 44a Nr. 2 UrhG im Rahmen der Nutzungsbedingungen von Video-Streaming-Diensten könnte jedoch eine unangemessene Benachteiligung im Sinne des § 307 II Nr. 1 BGB sein.[465] Voraussetzung dafür ist zunächst, dass § 44a Nr. 2 UrhG nicht nur auf Zweck- sondern zumindest auch auf Gerechtigkeitserwägungen zurückzuführen ist, die im Falle der Abbedingung ihre Geltung verlieren würden.[466] Die mittelbare Erfassung des Werkgenusses über die Werkgenussvermittlungsrechte der §§ 15 ff. UrhG basiert zwar maßgeblich auf Zweckmäßigkeitserwägungen,[467]

---

463 Ausführlich zur Möglichkeit der vertraglichen Beschränkung des § 44a Nr. 2 UrhG, siehe *Sucker*, Der digitale Werkgenuss, S. 137 ff.; ausführlich zur generellen vertraglichen Abdingbarkeit urheberrechtlicher Schrankenregelungen, siehe *Stieper*, Schranken des Urheberrechts, S. 171 ff., 214.

464 Zum Überblick über die verschiedenen Auffassungen zum zwingenden Charakter der §§ 44a ff. UrhG, siehe *Melichar/Stieper*, in: Schricker/Loewenheim, Vor §§ 44a UrhG Rn. 57 f.

465 Zur Bedeutung des jeweiligen vertragstypologischen Leitbildes für die AGB-Kontrolle, siehe *Melichar/Stieper*, in: Schricker/Loewenheim, Vor §§ 44a Rn. 58; *Stieper*, Schranken des Urheberrechts, S. 374 ff., 383 ff.

466 *Wurmnest*, in: MüKo BGB, § 307 BGB Rn. 68 m.w.N.; *Canaris*, FS Ulmer, S. 1073, 1081 f.; *Köhler*, BGB AT, § 3 Rn. 25; kritisch *Coester*, in: Staudinger BGB, 2013 § 307 Rn. 247, 249.

467 Ausführlich dazu, siehe § 2 B. I. 2. c).

doch die Freistellung der temporären Vervielfältigungen ist auch eine auf Gerechtigkeitserwägungen basierende Konsequenz aus dem Stufensystem zur mittelbaren Erfassung des Werkgenusses. Die Rezipienten leisten für den Genuss von rechtmäßig zur Verfügung gestellten Werken bereits eine Zahlung an die Werkvermittler. Dem Partizipations- und Kontrollinteresse der Rechteinhaber wird wiederum dadurch Rechnung getragen, dass sie von den Werkvermittlern aufgrund der §§ 15 ff. UrhG eine angemessene Vergütung erhalten.[468] Indem § 44a Nr. 2 UrhG die für den digitalen Werkgenuss technisch notwendigen Vervielfältigungen verwertungsrechtlich freistellt, verhindert die Norm eine ungerechtfertigte Doppelvergütung der Rechteinhaber sowie eine wohlfahrtsschädigende finanzielle Doppelbelastung der Werkrezipienten und bringt daher in Kombination mit den §§ 15 ff. UrhG die Interessen beider Parteien, wie es Erwägungsgrund 31 der InfoSoc-RL fordert, bestmöglich in Einklang. Die in § 44a Nr. 2 UrhG verankerten Gerechtigkeitserwägungen ließen sich mit dessen Abbedingung nicht erreichen, da die Rechteinhaber den Werkgenuss trotz einer bereits erhaltenen Entlohnung weiterhin kontrollieren und nochmals monetarisieren könnten.[469] Damit läge eine unangemessene Benachteiligung der Werkrezipienten vor, weshalb die Wirkung des § 44a Nr. 2 UrhG im Rahmen von AGB nicht abdingbar ist.[470] Mit entsprechender Argumentation ist eine Vertragsklausel, welche die Schranke des Art. 5 I InfoSoc-RL bzw. § 44a Nr. 2 UrhG ausschließt, eine missbräuchliche Klausel im Sinne des Art. 3 I Klausel-RL, sodass die Wirkung des Art. 5 I InfoSoc-RL im gesamten Binnenmarkt nicht vertraglich abdingbar und damit gesichert ist.

Die zunehmende Digitalisierung des Werkgenusses bietet daher keine Möglichkeit, den Werkgenuss durch eine verwertungsrechtliche Erfassung unmittelbar zu kontrollieren. Dieser bleibt durch die Schrankenregelung des § 44a Nr. 2 UrhG bzw. des Art. 5 I InfoSoc-RL weiterhin verwertungsrechtlich freigestellt, wie es auch in der analogen Welt der Fall war. Jede Kontrolle des Werkgenusses auf tatsächlicher Ebene ist daher eine Gefahr für den vom Urheberrecht angestrebten Ausgleich zwischen Ausschließlichkeitsrechten und Zugangsregeln.

---

468 *Sucker*, Der digitale Werkgenuss, S. 140 spricht in diesem Zusammenhang von einer vergütungsrechtlichen Wertung des § 44a Nr. 2 UrhG.

469 *Sucker*, Der digitale Werkgenuss, S. 139 ff. spricht § 44a Nr. 2 UrhG mit entsprechender Begründung einen generell zwingenden Charakter zu.

470 Ausführlich zur Abdingbarkeit von Schrankenregelungen im Rahmen von AGB, siehe *Stieper*, Schranken des Urheberrechts, S. 329 ff.; speziell zur Abdingbarkeit der §§ 44a ff. UrhG, siehe *Stieper*, Schranken des Urheberrechts, S. 200 ff.

c) Die mittelbare Erfassung des Werkgenusses als Kontrollinstrument

aa) Faktische Kontrolle des Werkgenusses

Der Wandel des Werkkonsums von der Nutzung analoger Werkstücke hin zum reinen Werkkonsum durch einen internetbasierten Zugriff auf dezentral gespeicherte, digitalisierte Werke im Wege des Streamings führt zur verwertungsrechtlichen Erfassung des Werkgenusses. Potenziell negative Auswirkungen für die Werkrezipienten können auf rechtlicher Seite durch die auf Art. 5 I InfoSoc-RL zurückgehende Schrankenregelung des § 44a Nr. 2 UrhG weitestgehend ausgeschlossen werden.[471] Dadurch besteht für die Rechteinhaber aus rein rechtlicher Perspektive keine Möglichkeit, den Werkgenuss durch die Rezipienten unmittelbar zu steuern. Dadurch zeigt sich, dass das Recht durchaus bemüht ist, gewisse Nutzungsfreiheiten zu etablieren bzw. zu festigen, für welche die Rechteinhaber bereits vergütet wurden, womit jede weitere Vergütung ungerechtfertigt wäre. Allerdings entzieht die Digitalisierung den Rezipienten eines Werkes dennoch die tatsächliche Kontrolle über den Werkkonsum und legt diese in die Hände der Werkvermittler sowie der Rechteinhaber.[472] Ein gebundenes Buch kann der Erwerber zu jeder Zeit und an jedem Ort lesen.[473] Beim Abruf eines Films bei einem Streaming-Dienst ist der Rezipient dagegen darauf angewiesen, dass ihm der jeweilige Diensteanbieter den Zugriff auf das Werk zur gewünschten Zeit und von seinem momentanen Aufenthaltsort aus ermöglicht.[474] Die Digitalisierung führt daher zu einer Abhängigkeit der Werkrezipienten von den Diensteanbietern, oder anders ausgedrückt, sie führt zu einer zunehmenden Verschlechterung ihrer Position.[475] Faktisch kann der Werkgenuss durch diese technische Abhängigkeit sogar noch deutlich besser kontrolliert werden, als bei einer Erfassung des Werkgenusses durch ein Ausschließlichkeitsrecht, welches erst durchgesetzt werden müsste. Besonders deutlich wird diese Abhängigkeit beim grenzüberschreitenden Zugriff auf Online-Inhaltedienste. Ein Buch kann im Ausland erworben und im Heimatland genutzt werden und andersherum. Der Versuch eines

471 Ausführlich dazu, siehe § 2 B. I. 3. b) bb).

472 *Mitsdörffer/Gutfleisch*, MMR 2009, 731, 733.

473 Zu diesem Beispiel, siehe *Ohly*, ZUM 2015, 942, 949.

474 *Peukert*, in: Hilty/Peukert, Interessenausgleich im Urheberrecht, S. 11, 25 f.; zur faktischen Kontrolle des Werkvermittlers über die Werknutzung beim internetbasierten Zugriff auf Software, siehe *Bisges*, MMR 2012, 574, 578; *Hartmann*, GRUR Int. 2012, 980, 985; *Schneider/Spindler*, CR 2012, 489, 497; *Stieper*, ZUM 2012, 668, 670.

475 So *Ohly*, ZUM 2015, 942, 949.

grenzüberschreitenden Zugriffs auf Online-Inhaltedienste, die im Heimatland abonniert wurden, endete dagegen bis vor kurzem meist in einer Enttäuschung. Der Zugriff auf die Dienste war regelmäßig nur in dem Land möglich, in dem das Abonnement abgeschlossen wurde. Offensichtlich war der Zugriff in diesen Fällen nicht möglich, weil ihn der Anbieter nicht gestattete, indem er Geoblocking einsetzte. Genau genommen hatten sich die Rechteinhaber jedoch das Stufensystem zur mittelbaren Erfassung des Werkgenusses zu Nutze gemacht, um den Werkgenuss der Rezipienten mittelbar über die Werkvermittler zu kontrollieren. Die Werkvermittler konnten den Nutzern die Werke nur soweit zugänglich machen, wie sie selbst über die entsprechenden Nutzungsrechte verfügten. Indem die Rechteinhaber den Vermittlern beschränkte Nutzungsrechte einräumten, konnten sie den Werkgenuss der Rezipienten, die auf die ständige Zugänglichmachung der Werke durch die Vermittler angewiesen sind, daher kontrollieren und steuern.[476] So ermöglichte die territoriale Begrenzung der Nutzungsrechte eine Beschränkung des Werkgenusses auf einzelne Länder.

Mit einer Schrankenregelung wie dem § 44a Nr. 2 UrhG, die den Werkgenuss bzw. die für den Werkgenuss notwendigen urheberrechtlich relevanten Handlungen erfasst, lässt sich die Freiheit des Werkgenusses in diesen Fällen nicht gewährleisten, da der Werkgenuss nicht durch die rechtliche Erfassung der Nutzungs-, sondern der Werkgenussvermittlungshandlung gesteuert wird. Um die Einschränkbarkeit des Werkgenusses auszuschließen, müsste daher die Vermittlungshandlung von einer Schrankenregelung gedeckt sein, wodurch der Werkgenuss der Kontrolle der Rechteinhaber vollständig entzogen wäre. Allerdings bestünde dann für die Werkvermittler aufgrund der technisch bedingten Abhängigkeit der Werkrezipienten immer noch die tatsächliche Möglichkeit, den Werkgenuss auf Dauer zu kontrollieren und Beschränkungen zu unterwerfen.[477] Durch vertragliche Vereinbarungen könnten die Rechteinhaber wiederum Einfluss darauf nehmen, inwieweit die Diensteanbieter von ihrer tatsächlichen Kontrollmöglichkeit Gebrauch machen und den Werkgenuss einschränken müssen. Dieses Problem ließe sich nur mit einer gesetzlichen Zugangsverschaffungspflicht für die Vermittler oder einem gesetzlichen Zugangsanspruch für die Nutzer aus der Welt schaffen. Ohne entsprechende

---

476 Ähnlich *Mitsdörffer/Gutfleisch*, MMR 2009, 731, 734; ähnlich in Bezug auf eine vertragliche Kontrolle der Nutzungsmöglichkeiten, *Grünberger*, AcP 218 (2018), 213, 265; *Grünberger*, ZUM 2018, 271, 272; *Peifer*, AfP 2017, 8, 13.

477 *Becker*, ZGE 8 (2016), 239, 264 spricht von einer faktischen Macht der Anbieter über die Nutzer.

Regelungen ist der Werkgenuss trotz seiner verwertungsrechtlichen Freistellung faktisch nicht frei, sondern er kann ähnlich bzw. sogar noch stärker als bei einer verwertungsrechtlichen Erfassung kontrolliert werden. Dementsprechend kann es auch zur finanziellen Doppelbelastung für den Werkgenuss kommen. Wird einem Nutzer der Zugriff auf einen Film, der in einem von ihm abgeschlossenen Abonnement enthalten ist, im Ausland nicht ermöglicht, müsste er dort für den Zugang zum Film erneut bezahlen, um in dessen Genuss zu kommen. Damit wird deutlich, dass den Rechteinhabern die mittelbare Erfassung des Werkgenusses als Kontrollinstrument für den Werkgenuss zur Verfügung stand, insbesondere für den Ort des Werkgenusses, worunter die Nutzungsfreiheit der Werkrezipienten erheblich litt.

bb) Rechtliche Absicherung

Auf technischer Seite wird die territoriale Kontrolle des Werkgenusses über Geoblocking ausgeübt.[478] Soweit dieses als technische Schutzmaßnahme nach § 95a I UrhG unter rechtlichen Schutz gestellt ist, erfährt die faktische Kontrolle des Werkgenusses sogar rechtlichen Rückhalt. Bislang ist nicht abschließend geklärt, inwieweit eine Umgehung des Geoblockings zur Umgehung einer wirksamen technischen Schutzmaßnahme nach § 95a I UrhG führt, die Unterlassungs- und Schadensersatzansprüche nach sich ziehen kann.[479] Nachdem mittels Geoblocking die mit der Wiedergabe eines Werkes einhergehenden temporären Vervielfältigungen im Wiedergabegerät und damit eine vom Urheber nicht genehmigte Handlung, die ein geschütztes Werk betrifft, verhindert wird, lässt sich Geoblocking als technische Schutzmaßname im Sinne des § 95a II 1 UrhG einordnen.[480] Obwohl die Nutzer mittels eines VPN-Dienstes oder Proxy das Geoblocking umgehen können, ist wohl auch die Wirksamkeitsvoraussetzung dieser technischen Schutzmaßnahme gem. § 95a II 2 UrhG erfüllt.[481] Dafür ist nicht erforderlich, dass eine technische Schutzmaßnahme überhaupt nicht umgangen werden kann, da das Umgehungsverbot in diesem Fall obsolet wäre, sondern die Umgehung darf für den Nutzer lediglich nicht

---

478 Eingehend zum Geoblocking als Bestandteil der Rechtsbeziehungen beim Streaming, siehe *Wirtz*, Media-Streaming und Geoblocking, S. 113 ff.

479 Eingehend zu den Rechtsfolgen, siehe *Wirtz*, Media-Streaming und Geoblocking, S. 183 ff.

480 *Mitsdörffer/Gutfleisch*, MMR 2009, 731, 734 f.; *Martiny*, MMR 2016, 579, 580; *Wirtz*, Media-Streaming und Geoblocking, S. 188.

481 *Mitsdörffer/Gutfleisch*, MMR 2009, 731, 735, *Martiny*, MMR 2016, 579, 581 f.; *Wirtz*, Media-Streaming und Geoblocking, S. 188 f.

ohne Weiteres möglich sein.[482] Nachdem Nutzer für die Umgehung auf einen in seiner Funktionsweise durchaus komplexen VPN-Dienst oder Proxy zurückgreifen müssen, ist diese Voraussetzung erfüllt.[483] Besonders problematisch ist die letzte Voraussetzung des § 95a II 2 UrhG, wonach die technische Schutzmaßnahme vom Rechteinhaber eingesetzt werden muss. Schließlich wird Geoblocking meist von den Diensteanbietern praktiziert, um den Zugriff auf die Inhalte in Gebieten zu verhindern, in denen sie nicht über die entsprechenden Lizenzen verfügen.[484] Bei einem restriktiven Verständnis des § 95a II 2 UrhG genießt Geoblocking den Schutz einer technischen Schutzmaßnahme demnach nur, wenn der jeweilige Diensteanbieter auch über die Lizenzen für das Gebiet verfügt, in dem er Geoblocking praktiziert.[485] Alternativ dazu lassen sich Diensteanbieter und Rechteinhaber als Einheit betrachten, womit die fehlende Lizenz der Diensteanbieter unbeachtlich ist.[486] Es ließe sich daher durchaus annehmen, dass Geoblocking den urheberrechtlichen Schutz als technische Schutzmaßnahme genießt und dadurch die faktische Kontrolle der Rechteinhaber und Diensteanbieter über den Werkgenuss auf rechtlicher Seite absichert. Ein wirklicher Zugewinn an Kontrolle ginge damit jedoch nicht einher, da die rechtliche Durchsetzung von Unterlassungs- und Schadensersatzansprüchen enorme Schwierigkeiten bereitet.[487] Hauptsächlich erfolgt die Kontrolle des Werkgenusses damit auf rein tatsächlicher Ebene. Zudem wirkt sich der Schutz des Geoblockings als technische Schutzmaßnahme nicht auf den vom Urheberrecht mittels Ausschließlichkeitsrechten und Schrankenregelungen geschaffenen Ausgleich der Interessen von Rechteinhabern und Werkrezipienten aus. Entscheidend dafür, ob es eines regulatorischen Eingriffs zur Sicherung des

482 *Lucas*, GRUR Int. 2017, 114, 115; *Martiny*, MMR 2016, 579, 582; *Schippan*, ZUM 2006, 853, 854, 861; *Wirtz*, Media-Streaming und Geoblocking, S. 188 f.; *Mitsdörffer/Gutfleisch*, MMR 2009, 731, 735 nehmen eine Wirksamkeit von Geoblocking an, da es nicht Zweck des Geoblocking sei, zu überprüfen, ob der versandte Traffic mittels VPN oder Proxy weitergleitet wird.

483 *Lucas*, GRUR Int. 2017, 114, 115; *Martiny*, MMR 2016, 579, 582; *Wirtz*, Media-Streaming und Geoblocking, S. 189; nach anderer Auffassung führt ein für den Nutzer leicht handhabbares Umgehungsprogramm zur Unwirksamkeit der Schutzmaßnahme, siehe dazu *Lucas*, GRUR Int. 2017, 114, 115; dies ablehnend, *Martiny*, MMR 2016, 579, 581 f.

484 *Martiny*, MMR 2016, 579, 580.

485 So *Mitsdörffer/Gutfleisch*, MMR 2009, 731, 735.

486 LG München I, Urt. v. 26.7.2012 – 7 O 10502/12, ZUM-RD 2013, 76, 79; *Martiny*, MMR 2016, 579, 581.

487 *Martiny*, MMR 2016, 579, 582 f.; *Wirtz*, Media-Streaming und Geoblocking, S. 201.

Werkgenusses als Nutzungsfreiheit bedarf, ist demnach, ob eine faktische Kontrolle der Rechteinhaber über den Werkgenuss den vom Urheberrecht geschaffenen Interessenausgleich in Schieflage bringt. Die rechtliche Absicherung der faktischen Kontrollmöglichkeit als technische Schutzmaßnahme ist dabei nicht von Bedeutung.

4. *Regulierungsbedarf im digitalen Umfeld*

a) *Legitimation des urheberrechtsfreien rezeptiven Werkgenusses in der digitalen Welt*

Der rezeptive Werkgenuss ist *de lege lata* über Art. 5 I InfoSoc-RL bzw. § 44a Nr. 2 UrhG verwertungsrechtlich freigestellt, die Rechteinhaber können diesen jedoch mittelbar über den Umfang der urheberrechtlichen Nutzungsrechte, die sie den Werkvermittlern einräumen, kontrollieren. Allerdings stellt sich im digitalen Umfeld die Grundsatzfrage, ob die mittelbare Erfassung des Werkkonsums nicht ein ohnehin überholtes Konstrukt ist und eine unmittelbare Erfassung des Werkgenusses durch ein verwertungsrechtliches Werkgenussrecht ein adäquates Instrument wäre, um die Interessen aller beteiligten Akteure bestmöglich in Einklang zu bringen.[488] Die Forderung nach einem regulatorischen Eingriff, der die Freiheit des rezeptiven Werkgenusses sichert, ließe sich in diesem Fall nicht mehr auf den Werkgenuss als legitime Nutzungsfreiheit stützen, sodass kein Regulierungsbedarf bestünde.

Zunächst muss man sich nochmals vergegenwärtigen, dass die Rezipienten eines Werkes bereits jetzt für den Werkgenuss zahlen, regelmäßig nur eben nicht direkt an die Rechteinhaber, sondern an die Werkvermittler, von denen die Rechteinhaber wiederum ihre Vergütung in Form einer Lizenzgebühr erhalten. Der Werkgenuss ist daher auch jetzt, sofern sich die Exklusivität eines Werkes aufrechterhalten lässt, nicht frei im Sinne von kostenfrei. Das System zur mittelbaren Erfassung des Werkgenusses basiert maßgeblich auf Praktikabilitätserwägungen, da die Durchsetzung eines Werkgenussrechts mangels Beobachtbarkeit der Nutzungshandlung im analogen Umfeld unmöglich wäre.[489] Sofern das Problem der Durchsetzbarkeit im digitalen Umfeld nicht mehr besteht, würde die nur mittelbare Erfassung des Werkgenusses ihre Legitimation weitgehend verlieren.[490]

---

488 *Ohly*, Gutachten F zum 70. Deutschen Juristentag, S. 47.

489 Ausführlich dazu, siehe § 2 B. I. 2. c).

490 Ähnlich *Mittenzwei*, Informationen zur Rechtewahrnehmung im Urheberrecht, S. 162; *Sucker*, Der digitale Werkgenuss, S. 67 f., 91.

Vor diesem Hintergrund wird in jüngerer Vergangenheit immer wieder diskutiert, ob die Einführung eines Werkgenussrechts notwendig bzw. zumindest sinnvoll wäre.[491] Je weiter die Digitalisierung voranschreitet und Nutzer zunehmend Werke nur konsumieren, statt diese tatsächlich zu erwerben, desto leichter lassen sich die Werkgenusshandlungen beobachten und erfassen. So lässt sich bei einem Streaming-Dienst technisch genau feststellen, welches Werk zu welcher Zeit von welchem Nutzer abgerufen wurde. Bereits jetzt wird die Vergütung der Rechteinhaber bei Online-Inhaltediensten oftmals anhand der tatsächlichen Zahl der Abrufe der Werke berechnet.[492] Zumindest bei legalen Angeboten von Werken wäre die Durchsetzung eines verwertungsrechtlichen Werkgenussrechts demnach nicht mehr *per se* ausgeschlossen, weil der Werkgenuss anders als im analogen Bereich beobachtbar wird. Dadurch sinken die Transaktionskosten, womit Verhandlungen zwischen Rechteinhabern und Werkrezipienten theoretisch denkbar wären.[493] Außerdem ließe sich durch die verwertungsrechtliche Erfassung des Werkgenusses Geschäftsmodellen entgegentreten, die bewusst außerhalb des Urheberrechts agieren.[494] Diese erfreuen sich bei den Nutzern, denen sie einen kostenlosen Zugang zu den Werken ermöglichen, großer Beliebtheit. Die Rechteinhaber partizipieren jedoch nicht an den meist durch Werbung erzielten Gewinnen, da die Geschäftsmodelle darauf ausgelegt sind, dass keine urheberrechtliche Verwertungshandlung vorgenommen wird. Mit einem Werkgenussrecht könnte man nun an die Handlung der Rezipienten anknüpfen.[495] Nachdem die praktischen Durchsetzungsprobleme eines Werkgenussrechts im digitalen Umfeld nicht gleichermaßen bestehen wie in der analogen Welt, habe die verwertungsrechtliche Freistellung des Werkgenusses nach teilweise vertretener Ansicht ihre Rechtfertigung daher verloren.[496]

491 *Schulze*, in: Dreier/Schulze, § 15 UrhG Rn. 20; ausführlich zu einem Vorschlag für ein verwertungsrechtliches Werkgenussrecht, siehe *Schulze*, NJW 2014, 721 ff.; eher zurückhaltend gegenüber einem Werkgenussrecht, *Marly*, EuZW 2014, 616, 619.

492 *Schwarz/Hansen*, in: v. Hartlieb/Schwarz, Kap. 261 Rn. 24.

493 *Sucker*, Der digitale Werkgenuss, S. 92.

494 *Schulze*, NJW 2014, 721 ff.

495 *Schulze*, NJW 2014, 721 ff.; es ist aber zur berücksichtigen, dass der EuGH die Vervielfältigungen bei der Nutzung dieser Dienste, sofern die Quelle offensichtlich rechtswidrig ist, als nicht mehr von Art. 5 I InfoSoc-RL erfasst ansieht und daher in diesem Bereich quasi ein Werkgenussrecht geschaffen hat. Ausführlich dazu, siehe § 2 B. I. 3. b) bb).

496 Zu dieser Ansicht, siehe *Bechthold*, GRUR 1998, 18, 26; *Mittenzwei*, Informationen zur Rechtewahrnehmung im Urheberrecht, S. 162; *Reich*, Ökonomische Analyse des

Ein solches Urteil über das Stufensystem zur mittelbaren Erfassung des Werkgenusses wäre jedoch übereilt getroffen.[497] Die generelle verwertungsrechtliche Erfassung des Werkgenusses würde neue praktische Probleme mit sich bringen, da jeder Werkgenuss, wie beispielsweise das Hören eines Liedes in Einkaufsläden, erfasst wäre, weshalb zugleich Schrankenregelungen für verschiedenste Alltagshandlungen geschaffen werden müssten, um massenweise ungeahndete Verstöße gegen das Werkgenussrecht zu vermeiden.[498] Entscheidend für das Stufensystem zur mittelbaren Erfassung des Werkgenusses im digitalen Umfeld spricht, dass die Transaktionskosten für Verhandlungen zwischen den Rechteinhabern und Werknutzern die Transaktionskosten für Verhandlungen zwischen Rechteinhabern und Werkvermittlern immer noch um ein Vielfaches übersteigen; die mittelbare Erfassung des Werkgenusses bleibt damit die effizientere Lösung.[499] Außerdem findet auch im digitalen Bereich der Werkgenuss meist im privaten Bereich statt, sodass er immer noch schwer überwachbar wäre.[500] Daher ist das Stufensystem zur mittelbaren Erfassung des Werkgenusses und die damit einhergehende verwertungsrechtliche Freistellung des unmittelbaren rezeptiven Werkgenusses auch in der digitalen Welt ein effizient funktionierendes System zur Erzielung einer angemessenen Vergütung und hat weiterhin Legitimation.[501] Aus diesem Grund können die Verwertungsrechte auch in Zukunft weiterhin an den Werkvermittlungshandlungen anknüpfen und den rezeptiven Werkgenuss freistellen. *Ohly* fordert in diesem Zusammenhang, die Freiheit des Werkgenusses, sofern dieser nicht mit einer dauerhaften Werkvervielfältigung einhergeht, entweder zum urheberrechtlichen Grundsatz zu erheben oder die Schrankenregelung des Art. 5 I InfoSoc-RL und das Vervielfältigungsrecht zu modifizieren, um die Freiheit des Werkgenusses herauszustellen.[502]

Urheberrechts, S. 257; *Schulze*, in: Dreier/Schulze, § 15 UrhG Rn. 20; *Schulze*, NJW 2014, 721 ff.; *Sucker*, Der digitale Werkgenuss, S. 92.

497 Ausführlich zur Kritik an einem Konsumverwertungsrecht, siehe *Becker*, ZGE 8 (2016), 239, 264 ff.

498 *Becker*, ZGE 8 (2016), 239, 265 f.

499 *Ohly*, NJW-Beil. 2014, 47, 48; *Sucker*, Der digitale Werkgenuss, S. 92 f.

500 *Ohly*, Gutachten F zum 70. Deutschen Juristentag, S. 47 f.; *ders.*, NJW-Beil. 2014, 47, 48; *Sucker*, Der digitale Werkgenuss, S. 92.

501 So auch *Raue*, ZGE 6 (2014), 387, 389; ebenfalls für eine Freistellung des rezeptiven Werkgenusses im digitalen Umfeld, *Hofmann*, ZGE 8 (2016), 482, 507 f.; *Ohly*, Gutachten F zum 70. Deutschen Juristentag, S. 48.

502 *Ohly*, Gutachten F zum 70. Deutschen Juristentag, S. 48.

b) Der Werkgenuss als legitime Nutzungsfreiheit

Das Stufensystem zur mittelbaren Erfassung des Werkgenusses sichert durch seine effiziente Funktionsweise auch im digitalen Umfeld eine angemessene Vergütung der Rechteinhaber für die Werknutzung, womit der urheberrechtsfreie Werkgenuss weiterhin seine Legitimation hat. Die Konsequenz daraus ist, dass die Rechteinhaber das Stufensystem zur mittelbaren Erfassung des Werkgenusses nicht dazu nutzen dürfen, die Werkgenussmöglichkeiten der Rezipienten trotz ihrer Freistellung ähnlich wie bei einer unmittelbaren verwertungsrechtlichen Erfassung zu kontrollieren bzw. einzuschränken, um eine doppelte Zahlung von diesen zu verlangen, wenn sie in den Genuss des Werkes kommen möchten. Aus Perspektive des urheberrechtlichen Regelungsregimes lässt sich dies allerdings nicht ganz einfach begründen, da das Urheberrecht weder ein explizites Verbot der Doppelvergütung noch ein Verbot der doppelten finanziellen Belastung der Werkrezipienten für den Werkgenuss kennt.[503] Damit müsste es einem Rechteinhaber freistehen, Werknutzungen mit den ihm zustehenden Ausschließlichkeitsrechten im Rahmen der gesetzlichen Vorgaben zu untersagen bzw. gegen eine Zahlung zu gestatten. Gewisse Ansätze eines Verbots von Doppelvergütungen sowie von Doppelbelastungen der Rezipienten lassen sich dem Gesetz jedoch entnehmen.[504] So könnte das Gebot der angemessenen Vergütung aus § 11 S. 2 UrhG bzw. das dahinterstehende urheberrechtliche Leitprinzip negativ bedeuten, dass nicht mehr als die angemessene Vergütung geschuldet ist.[505] Sobald eine Zahlung für die Werkgenussmöglichkeit entrichtet wurde, dürfte der Werkgenuss demnach nicht mehr eingeschränkt werden.

---

503 BGH, Urt. v. 4.6.1987 – I ZR 117/85 – *Kabelfernsehen II*, GRUR 1988, 206, 211; *Dustmann*, in: Fromm/Nordemann, § 15 UrhG Rn. 6; *Joos*, Die Erschöpfungslehre im Urheberrecht, S. 17 ff., 83, 224; *Schulze*, NJW 2014, 721, 722; *v. Ungern-Sternberg*, in: Schricker/Loewenheim, § 15 UrhG Rn. 182, 189; kritisch gegenüber einer Doppelvergütung der Urheber, *Mand*, GRUR 2004, 395, 397 und *Sucker*, Der digitale Werkgenuss, S. 213 ff.

504 Die Gefahr einer tatsächlichen Doppelvergütung der Rechteinhaber hängt von der Art der Vergütungsberechnung ab. Soweit die Berechnung der Vergütung auf der tatsächlichen Abrufzahl basiert und ein Abonnent im Ausland für einen Film gesondert zahlt, obwohl dieser in seinem kostenpflichtigen Abonnement im Heimatland enthalten ist, erhält der Rechteinhaber für den Werkgenuss im Heimatland in diesem Fall keine zusätzliche Vergütung. In jedem Fall kommt es jedoch zu einer doppelten finanziellen Belastung der Werkrezipienten.

505 *Sucker*, Der digitale Werkgenuss, S. 213.

Auch in § 54a I S. 2 UrhG kommt zum Ausdruck, dass eine Doppelvergütung der Rechteinhaber zu vermeiden ist. Danach wirkt sich die Nutzung einer technischen Schutzmaßnahme, die als künstliche Zugangsbeschränkung zusätzlich eine Individualabrechnung ermöglicht, auf die Höhe der den Rechteinhabern zustehenden Pauschalvergütung aus, um eine doppelte Vergütungsverpflichtung zu vermeiden.[506]

Darüber hinaus verbirgt sich auch hinter der Schrankenregelung des Art. 5 I InfoSoc-RL – umgesetzt in § 44a Nr. 2 UrhG – die Wertung, dass eine Doppelvergütung der Rechteinhaber zu vermeiden ist. Die Rechteinhaber erhalten für die Nutzung ihrer Werke und damit auch für den Werkgenuss über das Stufensystem zur mittelbaren Erfassung des Werkgenusses eine Vergütung für die Nutzung ihrer Werke. Aufgabe der Schrankenregelung ist es, die unmittelbare verwertungsrechtliche Erfassung des Werkgenusses aufgrund der technisch bedingten Vervielfältigungen und die damit einhergehende Möglichkeit einer Doppelvergütung zu vermeiden.[507]

Zuletzt lässt sich auch der Lehre vom spezifischen Gegenstand des Urheberrechts entnehmen, dass Doppelvergütungen kein wesentliches Element des dem Urheber zustehenden Ausschließlichkeitsrechts sind und daher keines Schutzes bedürfen. Sie führen zur höchstmöglichen und nicht mehr nur zur angemessenen Vergütung der Urheber, auf die sich der wesentliche Inhalt des Urheberrechts beschränkt.[508]

Auch aus ökonomischer Perspektive sind finanzielle Doppelbelastungen für eine Werknutzung ein unerwünschtes und zu vermeidendes Vorkommnis. Durch sie erreichen die Kosten des Werkgenusses eine Höhe, welche die Rezipienten von der Werknutzung abhält, wobei sich auch mit einer einfachen Zahlung eine Vergütung erzielen lässt, die ausreichend Anreize zur Schaffung neuer Werke bietet.[509] Jeder doppelten Vergütung und Zahlungsforderung

---

506 So die Gesetzesbegründung zu § 13 IV WahrnG, siehe BT-Drs. 15/38, S. 30; *Dreier*, in: Dreier/Schulze, § 54a UrhG Rn. 6; *Reinbothe*, GRUR Int 2001, 733, 739; *Sucker*, Der digitale Werkgenuss, S. 213 f.; *Specht*, in: Dreier/Schulze, § 95a UrhG Rn. 2a, § 95b UrhG Rn. 12; *Wandtke/Ohst*, in: Wandtke/Bullinger, § 95b UrhG Rn. 1; ähnlich *Stickelbrock*, GRUR 2004, 736, 743.

507 *Sucker*, Der digitale Werkgenuss, S. 140; ausführlich dazu, siehe § 2 B. I. 3. b) cc).

508 Ähnlich *Reich*, Ökonomische Analyse des Urheberrechts, S. 154; kritisch *Dreier*, Kabelweiterleitung und Urheberrecht, S. 115 f.; ausführlich zum spezifischen Gegenstand des Urheberrechts, siehe § 2 A. II. 3.

509 *Reich*, Ökonomische Analyse des Urheberrechts, S. 153; *Sucker*, Der digitale Werkgenuss, S. 214.

für ein und dieselbe Werkgenussmöglichkeit fehlt daher die Legitimation, da dem urheberrechtlichen Vergütungsinteresse ausreichend Rechnung getragen wurde.[510] Zugleich erfahren die Freiheit des rezeptiven Werkgenusses sowie die gesetzlichen Regelungen, die dessen Freiheit gewährleisten, dadurch ihre Legitimation. Dies gilt sowohl für Normen, die den Werkgenuss unmittelbar von der verwertungsrechtlichen Erfassung freistellen, wie zum Beispiel Art. 5 I InfoSoc-RL und der darauf zurückgehende § 44a Nr. 2 UrhG, als auch Normen, welche die mittelbare Kontrolle der Rechteinhaber über den Werkgenuss einschränken, nachdem die Werkrezipienten für die Werkgenussmöglichkeit bezahlt haben und die Rechteinhaber für die jeweilige Werknutzung angemessen vergütet wurden.

c) Versagen des Systems de lege lata vor der Portabilitätsverordnung

In Bezug auf eine ganz entscheidende Nutzungsfreiheit hat das System *de lege lata* vor Inkrafttreten der Portabilitätsverordnung versagt: dem grenzüberschreitenden Werkgenuss bei VoD-Diensten. Indem die Rechteinhaber den Anbietern von Online-Inhaltediensten nur auf einzelne Länder begrenzte Lizenzen einräumten, konnten diese ihren Nutzern den Zugriff auf die Werke nur innerhalb der jeweiligen Lizenzgebiete ermöglichen, ohne eine Urheberrechtsverletzung zu begehen und sich vertragsbrüchig zu verhalten. Die Rechteinhaber hatten dadurch die mittelbare Kontrolle über den Werkgenuss. Obwohl die Nutzer für den Zugriff auf die Werke bezahlt haben, war ihnen der Werkgenuss damit nicht in sämtlichen europäischen Staaten möglich, ohne dass sie erneut dafür zahlen, indem sie zum Beispiel einen Film im Ausland kaufen oder leihen. Mit Blick darauf, dass im Bereich des Online-Zugriffs auf Werke, also dem internetbasierten Werkgenuss, ein stetiges Wachstum zu verzeichnen ist und die Mobilität im europäischen Binnenmarkt auch in Zukunft weiter ansteigen wird, würden die Nutzungsfreiheiten in Bezug auf den rezeptiven Werkgenuss in Zukunft noch weiter zurückgedrängt.[511] Dadurch ginge die Zugangsregel, welche im verwertungsrechtlich freigestellten Werkgenuss liegt, verloren.[512]

510 Ähnlich *Reich*, Ökonomische Analyse des Urheberrechts, S. 153; *Mand*, GRUR 2004, 395, 397; *Schulze*, NJW 2014, 721, 723; *Sucker*, Der digitale Werkgenuss, S. 214.

511 Zur steigenden Mobilität, siehe *Engels/J. B. Nordemann*, in: Fromm/Nordemann, Portabilitäts-VO Einl. Rn. 4.

512 Zu dieser Zugangsregel, siehe § 2 B. I. 2. c).

II. Portabilität als berechtigte Verbrauchererwartung

Neben dem Werkgenuss als legitime Nutzungsfreiheit lässt sich der Regulierungsbedarf in Bezug auf die grenzüberschreitende Portabilität noch auf eine weitere Säule stützen: Es ist Aufgabe des Rechts, schützenswerten normativen Erwartungen gesetzlichen Rückhalt zu geben und diese dadurch zu stabilisieren.[513] Daher wird im Folgenden zum einen untersucht, inwiefern die normative Erwartung, einen abonnierten Online-Inhaltedienst bei vorübergehenden Aufenthalten in anderen Mitgliedstaaten weiterhin nutzen zu können, bei den Abonnenten existiert. Zum anderen wird die Schutzwürdigkeit dieser Erwartung thematisiert.

1. Der Begriff normativer Erwartungen

Dem Begriff der normativen Erwartung liegt kein einheitliches Begriffsverständnis zugrunde. Oftmals wird auch von berechtigten, vernünftigen oder legitimen (Verbraucher-)Erwartungen gesprochen.[514] Darüber hinaus ist zwischen Vertrauen und Erwartungen zu differenzieren.[515] Normative Erwartungen beziehen sich im Folgenden nicht auf Erwartungen, die aus Verbraucherperspektive schutzwürdig sind und denen – ein hohes Verbraucherschutzniveau vorausgesetzt – durch die Rechtsordnung Geltung zu verschaffen ist, da sie von den Verbrauchern aufgrund ihrer schwachen Position im Rahmen der Privatautonomie nicht durchgesetzt werden können.[516] Normativen Erwartungen soll im Folgenden das Begriffsverständnis von *Luhmann* zugrunde gelegt werden, der bei Erwartungen zwischen kognitiven und normativen Erwartungen differenziert.[517] Die Klassifizierung von Erwartungen als entweder kognitiv oder normativ bestimmt sich nach der erwarteten oder auch tatsächlichen Reaktion auf die Erwartungsenttäuschung. Bei einer kognitiven Erwartung wird die Erwartung nach ihrer Enttäuschung durch ihre Änderung oder Aufgabe an die Wirklichkeit angepasst; die Erwartung besteht in ihrer ursprünglichen Gestalt nicht fort.[518] Bei einer normativen Erwartung bleibt die Enttäuschung

---

513 Zu dieser Aufgabe des Rechts, siehe § 2 B. II. 2.

514 *Heiderhoff*, Europäisches Privatrecht, Rn. 270 m.w.N.; *Micklitz*, ZEuP 1998, 253, 263 f.; *Rösler*, Europäisches Konsumentenvertragsrecht, S. 190 ff.; *Peifer*, AfP 2017, 8, 10 spricht von „vernünftigen Erwartungen".

515 Zum Begriff des Verbrauchervertrauens, siehe *Heiderhoff*, Europäisches Privatrecht, Rn. 269.

516 In Anlehnung an *Grünberger*, AcP 218 (2018), 213, 251.

517 *Luhmann*, Rechtssoziologie, S. 40 ff.

518 *Luhmann*, Rechtssoziologie, S. 42; *ders.*, Recht der Gesellschaft, S. 133 f.

der Erwartung dagegen ohne Auswirkung auf deren Inhalt und Bestand; es wird „im Protest gegen die enttäuschende Wirklichkeit" an ihr festgehalten.[519] Mit der Differenzierung zwischen kognitiven und normativen Erwartungen lassen sich damit zwei konträre, jedoch gleichwertige Wege beschreiben, mit enttäuschten Erwartungen umzugehen.[520] Der zentrale Unterschied zwischen beiden liegt in der Lernbereitschaft: während kognitiven Erwartungen eine Lernbereitschaft immanent ist, sind normative Erwartungen gegenüber Enttäuschungen immun und von einem Defizit an Lernbereitschaft geprägt.[521] Ziel dieser Differenzierung ist ein Erkenntnisgewinn über die „elementaren rechtsbildenden Mechanismen".[522]

2. *Selektion und Stabilisierung normativer Erwartungen als Aufgabe des Rechts*

Mit der Differenzierung nach Art der „antizipierten Enttäuschungsabwicklung" lässt sich eine Aussage darüber treffen, wie eine Gesellschaft mit Erwartungen umzugehen hat, um einen bestmöglichen Kompromiss zwischen der Bereitschaft der Erwartungsanpassung und der Erwartungskonstanz zu erzielen.[523] Überwiegt das Anpassungsinteresse, wird eine Erwartung kognitiv institutionalisiert; stehen dagegen „Sicherheit und soziale Integration" im Vordergrund, ist einer Erwartung von der Gesellschaft durch das Recht eine normative Stellung zuzuweisen.[524] Die Funktion des Rechts ist daher die Stabilisierung normativer Erwartungen, indem es diese bestätigt und ihnen einen rechtlichen Rückhalt gibt.[525] Normen sind nach *Luhmann* demnach „kontrafaktisch stabilisierte Verhaltenserwartungen".[526] Voraussetzung für diese Stabilisierung ist zunächst eine Selektion schützenswerter normativer Erwartungen.[527] Dies ist in zweifacher Hinsicht eine Herausforderung. Zum einen gilt es die Normativität von Erwartungen festzustellen, das heißt, inwiefern eine Erwartungshaltung

519 *Luhmann*, Rechtssoziologie, S. 42; *ders.*, Recht der Gesellschaft, S. 133 f.
520 *Luhmann*, Rechtssoziologie, S. 42, 44.
521 *Luhmann*, Rechtssoziologie, S. 43.
522 *Luhmann*, Rechtssoziologie, S. 42.
523 *Luhmann*, Rechtssoziologie, S. 44.
524 *Luhmann*, Rechtssoziologie, S. 44.
525 *Grünberger*, AcP 218 (2018), 213, 251 f.; *Luhmann*, Recht der Gesellschaft, S. 124 ff., 137, 139.
526 *Luhmann*, Rechtssoziologie, S. 43; *Luhmann*, Recht der Gesellschaft, S. 134.
527 *Grünberger*, AcP 218 (2018), 213, 252; *Luhmann*, Recht der Gesellschaft, S. 137.

trotz ihrer Enttäuschung aufrechterhalten wird.[528] Zum anderen müssen die normativen Erwartungen auf ihre Schutzwürdigkeit hin untersucht werden.

Den normativen Charakter einer Erwartung kann das Recht selbst schaffen.[529] Indem es eine Erwartung bestätigt, lässt es einen Rückschluss darauf zu, „mit welchen Erwartungen man sozialen Rückhalt findet, und mit welchen nicht".[530] Ein solcher Rückhalt rechtfertigt es wiederum, seine Erwartung im Falle der Enttäuschung nicht aufzugeben, sondern an ihr festzuhalten. Dieser Rückhalt wird auch auf tatsächlicher Ebene dazu führen, dass an einer Erwartung trotz ihrer Enttäuschung weiterhin festgehalten wird. Denn warum sollte man eine Erwartung bei einer Enttäuschung aufgeben, wenn sie bereits durch das Recht stabilisiert wurde? Das führt zu einer zirkulären Selbstbestätigung des Rechts.[531] Für sämtliche Erwartungen, die vom Recht bisher unberücksichtigt blieben, lässt das Recht jedoch keinerlei Rückschluss auf deren normativen Charakter zu.

Die Stabilisierung einer Erwartung in der Weise, dass eine Enttäuschung in jedem Fall ausbleibt, ist nicht möglich, da eine Norm kein normgemäßes Verhalten aller Normadressaten garantieren kann.[532] Das Recht erfüllt seine Aufgabe, schützenswerte normative Erwartungen zu stabilisieren, daher nur, wenn es auch Rechtsfolgen bzw. Sanktionen bei Enttäuschung der geschützten Erwartungen vorsieht.[533] Dadurch wird der Erwartung bestätigt, dass sie trotz ihrer Enttäuschung berechtigt ist.[534]

3. *Portabilität als schützenswerte normative Erwartung*

a) *Normative Erwartungshaltung*

Die Erwartung der Abonnenten von Online-Inhaltediensten, auf diese bei vorübergehenden Auslandsaufenthalten weiterhin zugreifen und diese nutzen zu können, lässt sich als normativ einstufen, wenn die Abonnenten an ihr trotz tatsächlicher Enttäuschung weiterhin festhielten.[535] Vor Inkrafttreten

528 Zur Schwierigkeit, die Normativität von Erwartungen festzustellen, siehe *Grünberger*, AcP 218 (2018), 213, 253.
529 *Grünberger*, AcP 218 (2018), 213, 252; *Luhmann*, Recht der Gesellschaft, S. 144.
530 *Grünberger*, AcP 218 (2018), 213, 252; *Luhmann*, Recht der Gesellschaft, S. 131 f.
531 *Luhmann*, Recht der Gesellschaft, S. 144.
532 *Grünberger*, AcP 218 (2018), 213, 252; *Luhmann*, Recht der Gesellschaft, S. 135.
533 *Grünberger*, AcP 218 (2018), 213, 252; *Luhmann*, Recht der Gesellschaft, S. 135, 139.
534 *Luhmann*, Recht der Gesellschaft, S. 139.
535 Zur Normativität einer Erwartung, siehe § 2 B. II. 1.

der Portabilitätsverordnung ermöglichten weniger als 4 % aller Anbieter von VoD-Diensten ihren Abonnenten die Nutzung der im Heimatland abonnierten Dienste bei Auslandsaufenthalten.[536] In den meisten Fällen endete der Versuch, auf die Dienste bei Auslandsaufenthalten zuzugreifen, demnach in einer Enttäuschung, wie es durch Nutzerbefragungen bestätigt wird.[537] Zugleich geht aus den Nutzerbefragungen jedoch hervor, dass eine erhebliche Zahl an Nutzern bei Auslandsaufenthalten auf die im Heimatland abonnierten Dienste zugreifen wollte;[538] sie haben sich der tatsächlichen Enttäuschung der Erwartung also nicht angepasst.

Laut einer Umfrage haben 33 % der Abonnenten eines kostenpflichtigen Video-Streaming-Dienstes versucht, im Urlaub oder auf Geschäftsreisen innerhalb der EU auf abonnierte Inhalte zuzugreifen.[539] 36 % von diesen berichteten darüber, dass die Auswahl der Inhalte begrenzt war bzw. sich von den in Deutschland zur Verfügung stehenden Inhalten unterschieden hat, und bei 30 % war nur die Nutzung zuvor heruntergeladener Inhalte möglich. Bei 34 % war der Zugriff unabhängig von der Internetverbindung überhaupt nicht möglich; er wurde von dem jeweiligen Anbieter blockiert. 15 % berichteten über technische Probleme beim Zugriff auf die Inhalte, wobei sich diese letztlich mit technischen Mitteln wie einem VPN-Dienst beheben ließen. Lediglich 17 % konnten die gewünschten Inhalte problemlos abrufen und wurden in ihrer Erwartung, auf ihr kostenpflichtiges Abonnement auch vom europäischen Ausland aus zugreifen zu können, nicht enttäuscht.[540] Für die meisten Abonnenten endete der Versuch, ihr kostenpflichtiges Abonnement ohne Einschränkungen grenzüberschreitend zu nutzen, damit in einer Enttäuschung. Zugleich stuften 46 % der Nutzer kostenpflichtiger Streamingdienste deren grenzüberschreitende Zugänglichkeit für (sehr) wichtig ein. 23 % sprachen dieser Möglichkeit teilweise Bedeutung zu und für 29 % war sie weniger oder überhaupt nicht wichtig. Mit einer fast identischen prozentualen Verteilung äußerten sich

536 *Europäische Kommission*, Strategie für einen digitalen Binnenmarkt für Europa, COM(2015) 192 final, S. 8.

537 *Schmidt et al.*, Geoblocking – Digitale Inhalte grenzüberschreitend nutzen?, S. 33; *TNS Political & Social*, Flash Eurobarometer 411 – Report, S. 86.

538 *Schmidt et al.*, Geoblocking – Digitale Inhalte grenzüberschreitend nutzen?, S. 32; *TNS Political & Social*, Flash Eurobarometer 411 – Report, S. 86.

539 *Schmidt et al.*, Geoblocking – Digitale Inhalte grenzüberschreitend nutzen?, S. 32.

540 *Schmidt et al.*, Geoblocking – Digitale Inhalte grenzüberschreitend nutzen?, S. 33.

die Befragten zum grenzüberschreitenden Zugang zu werbefinanzierten Streaming-Portalen sowie zu Online-Mediatheken von TV-Sendern.[541]

Diese Zahlen verdeutlichen, dass die faktische Enttäuschung der Abonnenten beim grenzüberschreitenden Zugriff auf Online-Inhaltedienste nicht dazu geführt hat, dass sie die Erwartung, einen solchen Dienst innerhalb des europäischen Binnenmarktes grenzüberschreitend nutzen zu können, aufgegeben haben; sie haben ihre Erwartungshaltung nicht der Realität angepasst, sondern weiterhin an ihr festgehalten. Demnach ist die Erwartung als normativ einzuordnen.[542] Dies wird besonders deutlich anhand der 15 %, die sich den Zugang mit Hilfe technischer Mittel wie eines VPN-Dienstes verschafft haben, nachdem ihre Erwartung, den Dienst nutzen zu können, zunächst enttäuscht wurde.

Dieses Ergebnis lässt sich anhand einer weiteren Studie, die sich nicht spezifisch mit der grenzüberschreitenden Zugänglichkeit von VoD-Diensten, sondern von verschiedensten Online-Inhaltediensten befasst, bestätigen.[543] Danach gaben 17 % der Befragten, die einen kostenpflichtigen Online-Inhaltedienst nutzen,[544] an, dass sie bei Auslandsaufenthalten versucht haben, auf einen im Heimatland abonnierten Online-Inhaltedienst zuzugreifen.[545] 10 % gaben an, dass sie versucht haben, auf den abonnierten Dienst von einem anderen EU-Mitgliedstaat aus zuzugreifen und dabei keine Probleme hatten. Bei 7 % war der Zugriff entweder eingeschränkt oder überhaupt nicht möglich. 21 % aller Abonnenten von Online-Inhaltediensten haben bisher noch nie von einem anderen Mitgliedstaat aus auf den Dienst zugegriffen, sie sind daran aber in Zukunft interessiert.[546] Von den Befragten, die bisher keinen kostenpflichtigen Online-Inhaltedienst abonniert haben, wäre es für 33 % beim zukünftigen Abschluss eines solchen Abonnements von Bedeutung, dass der Dienst grenzüberschreitend von anderen Mitgliedstaaten aus nutzbar ist.[547] Insgesamt

541 *Schmidt et al.*, Geoblocking – Digitale Inhalte grenzüberschreitend nutzen?, S. 32 f.

542 *Grünberger*, AcP 218 (2018), 213, 263.

543 Allerdings ist zur berücksichtigen, dass der größte Anteil der Befragten, die einen Online-Inhaltedienst nutzen, ein Abonnement für einen VoD-Dienst haben, womit diesen im Rahmen aller Online-Inhaltedienste die größte Bedeutung zukommt, *TNS Political & Social*, Flash Eurobarometer 411 – Factsheet, S. 2.

544 16 % aller Befragten haben einen kostenpflichtigen Online-Inhaltedienst abonniert, *TNS Political & Social*, Flash Eurobarometer 411 – Report, S. 86.

545 *TNS Political & Social*, Flash Eurobarometer 411 – Report, S. 86.

546 *TNS Political & Social*, Flash Eurobarometer 411 – Report, S. 86.

547 *TNS Political & Social*, Flash Eurobarometer 411 – Report, S. 90; *Europäische Kommission*, Impact Assessment, SWD(2015) 270 final, S. 11 f.

waren es im Jahr 2015 bereits 29 Millionen EU-Bürgerinnen und Bürger, die kostenpflichtige Online-Inhaltedienste bei Auslandsaufenthalten potenziell nutzen möchten.[548] Im Jahr 2020 liegt diese Zahl Schätzungen zufolge bei 72 Millionen, was 14 % der EU-Bevölkerung entspricht.[549]

Auch anhand dieser Studie wird deutlich, dass eine nicht unerhebliche Anzahl an (potenziellen) Nutzern von Online-Inhaltediensten die Erwartung hat, auf diese auch bei Aufenthalten im europäischen Ausland uneingeschränkt zugreifen zu können.[550] Bei einer soziodemographischen Betrachtung zeigt sich, dass diese Erwartung sowohl vom Alter als auch dem Bildungsgrad der Nutzer abhängt. Je jünger die Nutzer sind und je höher deren Bildungsgrad ist, desto höher ist die Wahrscheinlichkeit, dass sie eine grenzüberschreitende Nutzbarkeit des Dienstes erwarten.[551] Mit Blick darauf, dass die Nutzung von Online-Inhaltediensten in Zukunft weiterhin rasant zunehmen wird und auch die Mobilität innerhalb der EU stetig wächst, wird auch die Erwartung der grenzüberschreitenden Nutzbarkeit der Dienste in Zukunft noch ausgeprägter vorhanden sein.[552]

b) Normativität durch das Recht

Ihren normativen Charakter erhalten die Erwartungen auch durch das Recht.[553] Indem eine Erwartung unter rechtlichen Schutz gestellt wird, erhält der Erwartende die Bestätigung, dass er mit seiner Erwartung gesellschaftlichen Rückhalt findet, womit für ihn kein Grund besteht, seine Erwartungshaltung nach einer Enttäuschung anzupassen.[554] Konkret erfährt die Erwartung, einen abonnierten Online-Inhaltedienst innerhalb des europäischen Binnenmarktes ohne Einschränkung nutzen zu können, gesetzlichen Schutz und Rückhalt durch die europäischen Grundfreiheiten sowie das Wettbewerbsrecht. Weder kann eine Beschränkung der Dienstleistungsfreiheit, die in der Verhinderung des grenzüberschreitenden Zugriffs auf die im Heimatland abonnierten

---

548 *Europäische Kommission*, Impact Assessment, SWD(2015) 270 final, S. 12.

549 *Madiega*, Cross-border portability of online content services, S. 2.

550 Diese Erwartung ebenfalls hervorhebend, *Cabrera Blázquez et al.*, IRIS *Plus*, S. 27.

551 *TNS Political & Social*, Flash Eurobarometer 411 – Report, S. 89, 92.

552 Ähnlich *Dreier*, in: Dreier/Schulze, Art. 1 Portabilitäts-VO Rn. 1; *Engels/J. B. Nordemann*, in: Fromm/Nordemann, Portabilitäts-VO Einl. Rn. 4; *Europäische Kommission*, Impact Assessment, SWD(2015) 270 final, S. 12; *dies.*, Vorschlag Portabilitätsverordnung, COM(2015) 627 final, S. 2.

553 *Grünberger*, AcP 218 (2018), 213, 252, 263; *Luhmann*, Recht der Gesellschaft, S. 144.

554 *Grünberger*, AcP 218 (2018), 213, 252; *Luhmann*, Recht der Gesellschaft, S. 131 f.

Dienste liegt, gerechtfertigt werden, noch ist die Rechtfertigung eines darin liegenden Verstoßes gegen das Wettbewerbsrecht möglich. Die grenzüberschreitende Portabilität ist seit jeher primärrechtlich geboten.[555] Darüber hinaus sind Vertragsklauseln, die Abonnenten den Zugriff auf die im Heimatland abonnierten Dienste bei Aufenthalten in anderen Mitgliedstaaten absprechen, aufgrund einer unangemessenen Benachteiligung nach § 307 I BGB unwirksam.[556] Dadurch wird der Erwartung der Portabilität von Online-Inhaltediensten bescheinigt, dass man auf sie vertrauen und an ihr festhalten kann. Das Recht weist ihr damit einen normativen Status zu. Eine zirkuläre Selbstbestätigung kann man dem Recht aber dennoch nicht vorwerfen.[557] Schließlich findet jede Erwartung, die eine Konkretisierung einer allgemeineren Erwartung ist, die vom Recht bereits durch die Schaffung einer Norm stabilisiert wurde, ihre Bestätigung in dieser Norm; das Allgemeine umfasst schließlich das Konkrete. Außerdem lässt sich noch das Argument anbringen, dass (potenziellen) Nutzern von Online-Inhaltediensten überhaupt nicht bewusst war, dass die Nutzungsmöglichkeit des Dienstes bei Auslandsaufenthalten in der EU bereits vor Geltung der Portabilitätsverordnung *de lege lata* geboten war. Schließlich wurden weder die Grundfreiheiten noch das Wettbewerbs- oder das Vertragsrecht instrumentalisiert, um die grenzüberschreitende Portabilität von Online-Inhaltediensten zu ermöglichen. Aus Nutzerperspektive kam es damit zur negativen Selektion ihrer Erwartung der Portabilität und ihnen wurde der Eindruck vermittelt, dass sie mit dieser keinen gesellschaftlichen Rückhalt finden.[558]

c) Schutzwürdigkeit der Erwartung

Das Recht hat die Aufgabe zu selektieren, welche normativen Erwartungen schutzwürdig und infolgedessen zu stabilisieren sind.[559] Die Schutzwürdigkeit der normativen Erwartung, einen Online-Inhaltedienst bei Aufenthalten im Ausland weiterhin nutzen zu können, stützt sich auf zwei Säulen: eine ökonomische und eine rechtliche.

---

555 Ausführlich dazu, siehe § 2 A. V.

556 Zu dieser These, siehe *Grünberger*, AcP 218 (2018), 213, 262 f.

557 Zur zirkulären Selbstbestätigung des Rechts, siehe *Luhmann*, Recht der Gesellschaft, S. 144; siehe dazu auch § 2 B. II. 2.

558 *Grünberger*, AcP 218 (2018), 213, 263.

559 *Grünberger*, AcP 218 (2018), 213, 252; *Luhmann*, Recht der Gesellschaft, S. 137.

aa) Ökonomische Schutzwürdigkeit

Aus ökonomischer Perspektive ist die Erwartung aus den gleichen Gründen schutzwürdig, weshalb auch eine finanzielle Doppelbelastung der Rezipienten eines Werkes für dessen Genuss zu vermeiden ist, und Regelungen, die eine solche verhindern, ihre Legitimation erhalten.[560] Nutzer eines kostenpflichtigen Online-Inhaltedienstes haben für den Werkgenuss eine Zahlung geleistet. Durch die Möglichkeit der grenzüberschreitenden Portabilität erhalten die Nutzer bei Auslandsaufenthalten weiterhin Zugang zu den Online-Inhaltediensten, für die sie bereits bezahlt haben.[561] Der Nutzerkreis bleibt unverändert, sodass weder für die Anbieter noch die Rechteinhaber ein Nachteil entsteht, wenn sie die Nutzung des Dienstes auch bei Auslandsaufenthalten ermöglichen.[562]

Außerdem birgt die Portabilität, da sie lediglich den Zugriff auf Online-Inhaltedienste im Heimatland des Nutzers ermöglicht und daher klar von der generellen Zugriffsmöglichkeit auf Online-Inhaltedienste anderer Mitgliedstaaten zu trennen ist, keine Gefahren für die Finanzierungs- und Verwertungsmodelle der Filmindustrie. Daher ruft sie keine wirtschaftlichen Schwierigkeiten, insbesondere für kleinere europäische Filmproduzenten, hervor und es ist kein langfristiger Rückgang der kulturellen Filmvielfalt in Europa zu befürchten.[563] Aus ökonomischer Perspektive gibt es daher keinen Grund, der gegen die Möglichkeit der Portabilität von Online-Inhaltediensten spricht.[564] Damit ist die Erwartung, einen Dienst, für den man bezahlt hat, ortsunabhängig und damit auch im europäischen Ausland nutzen zu können, aus ökonomischer Perspektive schutzwürdig.

bb) Rechtliche Schutzwürdigkeit

Aus rechtlicher Perspektive ergibt sich die Schutzwürdigkeit der Erwartung hauptsächlich aus dem Binnenmarktversprechen in Art. 3 III UAbs. 1 S. 1 EUV.[565] Danach errichtet die Union einen Binnenmarkt, der sich – wie ihn Art. 26 II AEUV konkretisiert – durch einen Raum ohne Binnengrenzen

560 Ausführlich dazu, siehe § 2 B. I. 4. b).

561 *Grünberger*, ZUM 2017, 697, 698.

562 *Europäische Kommission*, Vorschlag Portabilitätsverordnung, COM(2015) 627 final, S. 7; *Martiny*, ZUM 2018, 772, 780; *Peifer*, in: De Franceschi, European Contract Law and the Digital Single Market, S. 163, 167 f.; *Sutterer*, in: Hennemann/Sattler, Immaterialgüterrecht und Digitalisierung, S. 145, 148; *Wiebe*, ZUM 2015, 932, 940.

563 Ausführlich dazu, siehe § 2 A. V.

564 So auch *Grünberger*, AcP 218 (2018), 213, 263.

565 Ähnlich *Grünberger*, AcP 218 (2018), 213, 263; *Grünberger*, ZUM 2017, 697, 698.

auszeichnet, in dem unter anderem der freie Verkehr von Personen und Dienstleistungen gewährleistet wird.[566] In dieser Zielbestimmung steckt das Versprechen, die Freizügigkeit und den freien Dienstleistungsverkehr in der EU zu gewährleisten.[567] Art. 26 I AEUV greift dieses Ziel bzw. Versprechen auf und versieht es mit einer dauernden Verwirklichungs- und Gewährleistungspflicht, indem er einen klaren Gesetzgebungsauftrag an den Unionsgesetzgeber formuliert:[568] dieser hat die erforderlichen Maßnahmen zu treffen, um den Binnenmarkt zu verwirklichen bzw. dessen Funktionieren zu gewährleisten, wobei Art. 26 I AEUV selbst keine Kompetenznorm ist, sondern es zur Erreichung dieses Ziels eines Rückgriffs auf sämtliche einschlägigen Gesetzgebungskompetenzen bedarf.[569] Indem das Unionsrecht dem Versprechen, einen Binnenmarkt zu errichten, durch die zwingende Verwirklichungs- und Gewährleistungspflicht Verbindlichkeit verleiht, ist auch die Erwartung, dass sich eine Grenzüberschreitung nicht negativ bemerkbar macht, wie es bei Erreichen des Binnenmarktziels der Fall wäre, schutzwürdig. Dieses Ergebnis wird dadurch bestätigt, dass die Pflicht der Union, den Binnenmarkt durch die Schaffung sekundärrechtlicher Rechtsakte zu verwirklichen und aufrechtzuerhalten, eine echte Rechtspflicht ist.[570] Theoretisch ist ihre Durchsetzung daher im Wege der Untätigkeitsklage nach Art. 265 AEUV denkbar. Allerdings wäre ein solcher Versuch wohl kaum von Erfolg gekrönt, da dem Unionsgesetzgeber im Bereich der Rechtsetzung ein weiter Gestaltungs- und Beurteilungsspielraum zusteht. Lediglich bei gänzlicher Untätigkeit trotz evidenter Handlungspflicht wäre eine judikative Durchsetzung nicht aussichtslos.[571] Alleine die Tatsache, dass die Erreichung des Binnenmarktziels aber theoretisch gerichtlich durchsetzbar ist und lediglich der gesetzgeberische Gestaltungs- und Beurteilungsspielraum im Wege steht, lässt die Schutzwürdigkeit von Erwartungen zum Ausdruck kommen, die auf die Erreichung dieses Ziels gerichtet sind.

---

566 *Hatje*, in: Schwarze u.a., Art. 26 AEUV Rn. 1.

567 *Pechstein*, in: Streinz, Art. 3 EUV Rn. 7.

568 *Bast*, in: Grabitz/Hilf/Nettesheim, Art. 26 AEUV Rn. 1; *Korte*, in: Calliess/Ruffert, Art. 26 AEUV Rn. 27 f.; *Schröder*, in: Streinz, Art. 26 AEUV Rn. 13.

569 *Bast*, in: Grabitz/Hilf/Nettesheim, Art. 26 AEUV Rn. 1, 9; *Korte*, in: Calliess/Ruffert, Art. 26 AEUV Rn. 34; *Schröder*, in: Streinz, Art. 26 AEUV Rn. 13.

570 *Bast*, in: Grabitz/Hilf/Nettesheim, Art. 26 AEUV Rn. 8; *Hatje*, in: Schwarze u.a., Art. 26 AEUV Rn. 17; *Schröder*, in: Streinz, Art. 26 AEUV Rn. 15.

571 *Bast*, in: Grabitz/Hilf/Nettesheim, Art. 26 AEUV Rn. 8; *Hatje*, in: Schwarze u.a., Art. 26 AEUV Rn. 17; *Korte*, in: Calliess/Ruffert, Art. 26 AEUV Rn. 15; *Schröder*, in: Streinz, Art. 26 AEUV Rn. 15.

Darüber hinaus werden die zentralen Freiheiten des Binnenmarktes, die sich in dessen Definition in Art. 26 II AEUV widerspiegeln, auf primärrechtlicher Ebene durch die europäischen Grundfreiheiten geschützt. Für die Erwartung der grenzüberschreitenden Portabilität von Online-Inhaltediensten ist der freie Personen- und Dienstleistungsverkehr von besonderer Relevanz, also die in Art. 21 AEUV normierte Freizügigkeit sowie die in Art. 56 AEUV geschützte Dienstleistungsfreiheit. Denn das Recht, sich im Hoheitsgebiet der Mitgliedstaaten frei bewegen zu können und der freie Dienstleistungsverkehr im europäischen Binnenmarkt sind es, die in ihrer Kombination die Möglichkeit der grenzüberschreitenden Portabilität von Online-Inhaltediensten bedeuten. Sie sind jeweils eine konkrete Ausprägung des Binnenmarktversprechens und bestätigen dieses nicht nur, sondern verleihen ihm zusätzliche Verbindlichkeit, indem sie den Schutz der Unionsbürger vor Beschränkungen beider Freiheiten konkretisieren. Es ist „aus Sicht des Binnenmarktes ein untragbarer Zustand", dem Nutzer eines Online-Inhaltedienstes das „Versprechen sanktionsloser Freizügigkeit" zu geben, ihm aber zugleich durch die Rechtsanwendung zu bescheinigen, „dass er mit seiner Erwartung, im EU-Ausland Zugang zu bezahlten Inhalten zu haben, keinen sozialen Rückhalt findet."[572] Damit lässt sich festhalten, dass die Erwartung, einen im Heimatland abonnierten Online-Inhaltedienst ohne Einschränkung in jedem EU-Mitgliedstaat nutzen zu können, ausgehend vom verbindlichen Binnenmarktversprechen schutzwürdig ist, da diese Möglichkeit eine Ausprägung der Freiheiten ist, auf denen der europäische Binnenmarkt fußt. Möchte man dieser Erwartung ihre Schutzwürdigkeit absprechen, müsste man im gleichen Zuge an dem in Art. 3 III UAbs. 1 S. 1 EUV und Art. 26 I AEUV festgelegten Ziel, einen europäischen Binnenmarkt zu schaffen, rütteln.

Zuletzt ist die Erwartung auch mit Blick auf Art. 169 AEUV und Art. 38 GRCh schutzwürdig.[573] Nach der Zielbestimmung des Art. 38 GRCh muss die Union ein hohes Verbraucherschutzniveau sicherstellen.[574] Etwas konkreter formuliert Art. 169 I AEUV, dass die Union zur Förderung der Interessen der Verbraucher und zur Gewährleistung eines hohen Verbraucherschutzniveaus unter anderem einen Beitrag zum Schutz der wirtschaftlichen Interessen der

---

572 *Grünberger*, AcP 218 (2018), 213, 263 f.

573 Zur Bedeutung von Art. 38 GRCh und Art. 169 AEUV für den Verbraucherschutz, siehe *Synodinou*, in: dies. u.a., EU Internet Law, S. 217, 261.

574 Zur Einordnung als Zielbestimmung, siehe *Krebber*, in: Calliess/Ruffert, Art. 38 GRCh Rn. 5; eingehend zur Rechtsnatur des Art. 38 GRCh, siehe *Giesecke*, in: Meyer/Hölscheidt, Art. 38 GRCh Rn. 11 ff.

Verbraucher leistet. Aus keiner von beiden Normen leitet sich ein subjektives, einklagbares Recht ab. Art. 38 GRCh ist lediglich ein Grundsatz im Sinne des Art. 52 V GRCh, der durch Akte der Gesetzgebung umgesetzt wird[575] und auch Art. 169 I AEUV dient lediglich als Leitlinie für Gesetzgebungsakte und die Auslegung des Sekundärrechts.[576] Zwar zeigen beide Normen, dass grundsätzlich ein hohes Verbraucherschutzniveau zu gewährleisten ist, doch bedeutet das nicht, dass jede Verbrauchererwartung als schutzwürdig einzustufen ist. Die Schutzwürdigkeit der normativen Erwartung der grenzüberschreitenden Portabilität aus einer verbraucherschutzrechtlichen Perspektive lässt sich in diesem Zusammenhang jedoch durch die ökonomischen Erwägungen begründen, die bereits zur ökonomischen Schutzwürdigkeit geführt haben. An dieser Stelle überschneidet sich die ökonomische und die rechtliche Schutzwürdigkeit. Denn ein hohes Verbraucherschutzniveau erfordert, dass sich Unternehmer bzw. die Rechteinhaber das Machtgefälle zwischen ihnen und den Verbrauchern nicht zu Nutze machen können, um den Verbrauchern den Zugriff auf Inhalte und deren Nutzung bei Auslandsaufenthalten in der EU zu verwehren, obwohl diese für die Zugriffs- und Nutzungsmöglichkeit bereits bezahlt haben.[577] Besonders deutlich wird die Schutzwürdigkeit mit Blick auf Art. 169 I AEUV, der den Schutz der wirtschaftlichen Interessen der Verbraucher zum Ziel der Union erklärt. Dieser Schutz ist gerade darauf gerichtet, Verbrauchern im Verhältnis zu Unternehmern, mit denen sie in einer vertraglichen Beziehung stehen, bestimmte Rechtspositionen zu gewährleisten, um dadurch das strukturelle Ungleichgewicht zwischen Verbrauchern und Unternehmern auszugleichen.[578]

4. *Negative Selektion der Verbrauchererwartungen*

Aufgabe des Rechts ist es, schutzwürdige normative Erwartungen zu selektieren und diese kontrafaktisch zu stabilisieren.[579] Nachdem sich die Erwartung, einen im Heimatland abonnierten Online-Inhaltedienst bei Auslandsaufenthalten in der EU weiter nutzen zu können, als normativ und zugleich als

---

575 *Jarass*, in: ders., Art. 38 GRCh Rn. 3; zur Einordnung als Zielvorgabe, die bei der Gesetzgebung zu berücksichtigen ist, siehe *Krebber*, in: Calliess/Ruffert, Art. 38 GRCh Rn. 5.

576 *Krebber*, in: Calliess/Ruffert, Art. 169 AEUV Rn. 9.

577 Ähnlich *Fornasier*, Freier Markt und zwingendes Vertragsrecht, S. 148.

578 Vgl. *Pfeiffer*, in: Grabitz/Hilf/Nettesheim, Art. 169 AEUV Rn. 14.

579 *Grünberger*, AcP 218 (2018), 213, 252; *Luhmann*, Recht der Gesellschaft, S. 137.

schutzwürdig erwiesen hat, ist diese Erwartung durch das Recht zu schützen. Vor Inkrafttreten der Portabilitätsverordnung endete ein grenzüberschreitender Zugriffsversuch auf einen im Heimatland abonnierten VoD-Dienst meist in einer Enttäuschung.[580] Dies war auf die Lizenzvereinbarungen zwischen den Rechteinhabern und den Anbietern der Dienste zurückzuführen, nach denen eine Zugänglichmachung der lizenzierten Inhalte außerhalb des Lizenzgebietes unzulässig war. Diese Vereinbarungen wurden durch Klauseln in den Nutzungsbedingungen der VoD-Anbieter flankiert, welche die Nutzbarkeit des Dienstes auf den Mitgliedstaat, in dem das Abonnement abgeschlossen wurde, beschränkten. Das europäische Primär- und Sekundärrecht wurde nicht fruchtbar gemacht, um diesen Praktiken den Riegel vorzuschieben und die Portabilität von Online-Inhaltediensten europaweit zu ermöglichen. Auch das Vertragsrecht wurde nicht dazu instrumentalisiert. Aus Nutzerperspektive lag damit eine negative Selektion ihrer Erwartung vor, da sie faktisch nicht stabilisiert wurde. Bei einer rein rechtlichen Betrachtung lag bereits vor Inkrafttreten der Portabilitätsverordnung eine positive Selektion der Erwartung vor. Denn die Möglichkeit der grenzüberschreitenden Portabilität mit Hilfe nationaler Ausschließlichkeitsrechte zu unterbinden und den europäischen Binnenmarkt dadurch aufzuspalten, war weder mit der Dienstleistungsfreiheit noch dem Wettbewerbsrecht vereinbar.[581] Außerdem waren die Klauseln in den Nutzungsbedingungen der Online-Inhaltedienste, welche die Nutzbarkeit des Dienstes auf einen Mitgliedstaat beschränkten, wohl auch eine unangemessene Benachteiligung nach § 307 I BGB.[582] Die Möglichkeit der grenzüberschreitenden Portabilität hätte bei rein rechtlicher Betrachtung daher bereits vor Inkrafttreten der Portabilitätsverordnung längst Realität sein müssen.[583] Damit stand die berechtigte Erwartung der grenzüberschreitenden Portabilität von Online-Inhaltediensten eigentlich unter dem Schutz der Rechtsordnung, womit – aus Perspektive des Rechts – eine positive Selektion vorlag. Die faktisch negative Selektion war darauf zurückzuführen, dass das Recht bei Erfüllung seiner Aufgabe dennoch versagte. Es ließ bei der Rechtsanwendung einen solch großen Anwendungsspielraum und Rechtsunsicherheit, dass es für die Nutzer der Dienste kaum möglich war, oder diese zumindest davon abgehalten

580 Zu den Ergebnissen der Nutzerbefragungen bezüglich Problemen beim grenzüberschreitenden Zugang zu Online-Inhaltediensten bei Auslandsaufenthalten, siehe § 2 B. II. 3. a).

581 Ausführlich dazu, siehe § 2 A. V.

582 *Grünberger*, AcP 218 (2018), 213, 262.

583 Ausführlich dazu, siehe § 2 A. V.

wurden, ihre eigentlich vom Recht geschützte Erwartung durchzusetzen. Die Durchsetzbarkeit einer Norm ist eine wesentliche Stabilitätsbedingung. Fehlt es an der Durchsetzbarkeit, lässt sich eine Norm kaum durchhalten bzw. die kontrafaktische Stabilisierung der Erwartung nicht aufrechterhalten[584] und die unter Schutz gestellte Rechtsposition ist faktisch wertlos.[585] Daher mangelt es einer nicht durchsetzbaren und damit praktisch unwirksamen Rechtsnorm an Legitimation.[586] Nachdem – wie es sich am Beispiel der grenzüberschreitenden Portabilität zeigt – ein Defizit bei der Rechtsdurchsetzung auf faktischer Ebene stets zur negativen Selektion einer Erwartung führt, ist die Frage, inwieweit eine positive oder negative Selektion von Erwartungen vorliegt, nicht nach dem von der Rechtsordnung angestrebten Wunschzustand zu beantworten, sondern mit Blick auf die tatsächliche Situation. Nur so lässt sich eine Erkenntnis darüber gewinnen, inwieweit das Recht seiner Aufgabe bereits nachgekommen ist und welche schutzwürdigen normativen Erwartungen das Recht noch positiv zu selektieren und zu stabilisieren hat. Demnach führte die bisherige Aufspaltung des Binnenmarktes mittels der nationalen Ausschließlichkeitsrechte durch die Rechteinhaber sowie Klauseln in den Nutzungsbedingungen der Dienste, wonach die Portabilität ausgeschlossen war, zur negativen Selektion der Erwartung, auf einen Online-Inhaltedienst bei Auslandsaufenthalten in der EU weiterhin zugreifen und diesen nutzen zu können, obwohl diese sowohl ökonomisch als auch rechtlich schutzwürdig war.[587]

III. Zwischenergebnis

Die Sicherung des freien rezeptiven Werkgenusses im digitalen Umfeld und die Stabilisierung schützenswerter normativer Erwartungen sind zwei verschiedene, jedoch gleichwertige Ansätze zur Begründung der rechtlichen und ökonomischen Notwendigkeit der Portabilitätsverordnung. Während sich der rezeptive Werkgenuss verstärkt auf eine ökonomisch legitimierte Nutzungsfreiheit stützt, steht bei der Stabilisierung schützenswerter normativer Erwartungen verstärkt eine subjektive Erwartungshaltung der Abonnenten

---

584 *Luhmann*, Recht der Gesellschaft, S. 135.

585 *Herb*, Gemeinschaftsrecht und Zivilprozess, S. 231.

586 *Appenzeller*, Die europäische AGB-Kontrolle, S. 158 f.; ähnlich *Schack*, Urheber- und Urhebervertragsrecht, Rn. 553; ähnlich *Tulibacka*, 46 CMLR (2009), 1527, 1534, die eine effektive Rechtsdurchsetzung aufgrund des *effet utile* einer Rechtsnorm für geboten hält.

587 *Grünberger*, AcP 218 (2018), 213, 263.

von Online-Inhaltediensten im Vordergrund. Die Begründungsansätze beider Argumentationsstrukturen überschneiden sich partiell in einem gemeinsamen Kern, der in der ökonomischen Notwendigkeit der Portabilitätsverordnung liegt.

Der Werkgenuss im Sinne einer Wahrnehmung und Wahrnehmbarmachung eines Werkes für die eigene Person ist grundsätzlich verwertungsrechtlich freigestellt. Anknüpfungspunkt für die Vergütung der Rechteinhaber sind nach dem Stufensystem zur mittelbaren Erfassung des Werkgenusses die Werkgenussvermittlungshandlungen, die dem Werkgenuss zwingend vorausgehen. Die Werkvermittler zahlen dabei an die Rechteinhaber im Gegenzug für die Einräumung von Nutzungsrechten zur Vornahme der Vermittlungshandlungen eine Lizenzgebühr, die sie anschließend auf die Werkrezipienten umlegen. Der Grund für diese mittelbare Erfassung des Werkgenusses sind hauptsächlich Praktikabilitätserwägungen. Für die Rechteinhaber wäre es unmöglich, mit einzelnen Rezipienten eine vertragliche Beziehung einzugehen und eine Vergütung auszuhandeln. Weder würden dies die damit einhergehenden exorbitant hohen Transaktionskosten erlauben, noch ist beobachtbar, wer tatsächlich in den Genuss eines Werkes kommt. Demgegenüber können die Rechteinhaber mit den im Verhältnis dazu wenigen Werkvermittlern leicht eine angemessene Vergütung aushandeln, welche diese wiederum bei ihrer Preisberechnung berücksichtigen können, sodass am Ende die Rezipienten als eigentliche Nutznießer des Werkes für den Werkgenuss eine angemessene Zahlung leisten, die den Rechteinhabern mittelbar zufließt. Die voranschreitende Digitalisierung bringt einen Wandel des Werkkonsums mit sich. Durch den Trend *„access over ownership“* erfreuen sich Streaming-Dienste, bei denen eine monatliche Gebühr für den Zugang zu einem Repertoire an Werken gezahlt wird, zunehmender Beliebtheit. Dies führt zum einen dazu, dass mit dem Werkgenuss verwertungsrechtlich relevante ephemere Vervielfältigungen in den Wiedergabegeräten einhergehen. Zum anderen sind die Nutzer der Dienste stets auf eine Zugänglichmachung der Werke durch die Diensteanbieter angewiesen. Die auf Art. 5 I InfoSoc-RL zurückgehende Schranke des § 44a Nr. 2 UrhG sorgt dafür, dass der Werkgenuss aufgrund der technisch bedingten Vervielfältigungshandlungen zukünftig nicht verwertungsrechtlich erfasst wird und die Rechteinhaber den rezeptiven Werkgenuss im digitalen Umfeld nicht unmittelbar kontrollieren und steuern können. Ein Problem bleibt allerdings bestehen. Aufgrund der faktischen Kontrolle der Anbieter über den Werkgenuss ist dieser noch stärker kontrollierbar, als wenn er von einem Verwertungsrecht erfasst wäre. Die Rechteinhaber können durch vertragliche Vereinbarungen oder beschränkte Lizenzen Einfluss darauf nehmen, inwieweit die Anbieter von ihrer faktischen Kontrolle über den Werkgenuss Gebrauch machen müssen. Das Stufensystem zur mittelbaren Erfassung des Werkgenusses kann demnach von den Rechteinhabern dazu genutzt werden, den Werkgenuss zu steuern und einzuschränken. Das ermöglicht es den Rechteinhabern, für den Werkgenuss in manchen Fällen eine doppelte Vergütung zu verlangen. Besonders deutlich wurde dies beim Zugriff auf die im Heimatland abonnierten Online-Inhaltedienste während eines Auslandsaufenthalts. Obwohl die Nutzer für den Zugang zu einem bestimmten Repertoire an Werken eine Vergütung gezahlt haben, hat ihnen der jeweilige Anbieter den Zugriff auf den Dienst und dessen Nutzung im Ausland meist nicht ermöglicht. Daher hätten sie für den Werkgenuss nochmals zahlen müssen, obwohl dieser mit der geleisteten Zahlung bereits abgegolten war. Zudem gingen die kommunikativen Freiheiten im privaten Bereich verloren. Die Ursache dieses Problems lag in den territorialen Beschränkungen der Lizenzen, mit denen die Rechteinhaber Einfluss darauf nehmen konnten, in welchen Gebieten bestimmte Inhalte abrufbar sind; sie konnten den Werkgenuss dadurch kontrollieren. Es bedurfte daher einer Regelung, die den Werkgenuss über Online-Inhaltedienste bei Auslandsaufenthalten in der EU als Nutzungsfreiheit sichert, da dessen Einschränkung weder rechtlich noch ökonomisch gerechtfertigt ist.

Regulierungsbedarf lässt sich auch mit Blick auf die Erwartungshaltung der Abonnenten von Online-Inhaltediensten begründen. Vor Inkrafttreten der Portabilitätsverordnung endeten die meisten Versuche der Abonnenten, im Ausland auf einen im Heimatland abonnierten Online-Inhaltedienst zuzugreifen, in einer Enttäuschung. Wie aus verschiedenen Studien ersichtlich wird, waren die Abonnenten mit dieser Situation jedoch keineswegs zufrieden. Sie haben an einen Online-Inhaltedienst die normative Erwartung, dass dieser innerhalb des europäischen Binnenmarktes unabhängig von ihrem momentanen Aufenthaltsort abrufbar ist. Aufgabe des Rechts ist es, schützenswerte normative Erwartungen positiv zu selektieren.[588] Dabei hatte das Recht vor Inkrafttreten der Portabilitätsverordnung versagt. Die Erwartung, einen im Heimatland abonnierten Online-Inhaltedienst grenzüberschreitend nutzen zu können, ist sowohl aus ökonomischer als auch rechtlicher Perspektive schützenswert: Abonnenten haben für den Zugang zu einem Werk bereits bezahlt und es ist weder für die Anbieter noch die Rechteinhaber mit wirtschaftlichen Nachteilen verbunden, die Nutzung des Online-Inhaltedienstes bei Auslandsaufenthalten in der EU zu ermöglichen, da es dabei zu keiner Erweiterung des

588 *Grünberger*, AcP 218 (2018), 213, 252; *Luhmann*, Recht der Gesellschaft, S. 137.

Nutzerkreises kommt.[589] Die rechtliche Schutzwürdigkeit gründet sich maßgeblich auf das primärrechtlich verankerte Versprechen, einen europäischen Binnenmarkt zu errichten, in dem unter anderem ein freier Personen- und Dienstleistungsverkehr und damit eine Grenzüberschreitung ohne negative Auswirkungen möglich ist. Darüber hinaus wird in Art. 169 I AEUV auch der Schutz der wirtschaftlichen Interessen der Verbraucher zum Ziel erklärt, wodurch die ökonomische Schutzwürdigkeit die rechtliche Schutzwürdigkeit der normativen Erwartung der Portabilität stützt. Es ist Aufgabe des Rechts, diese schutzwürdige, normative Erwartung positiv zu selektieren und zu stabilisieren.

C. Regulierungsantwort: Wirkungsmechanismus der Portabilitätsverordnung

Der Wirkungsmechanismus der Portabilitätsverordnung muss dem Regulierungsbedarf gerecht werden und das hier herausgearbeitete Regulierungsproblem unter Wahrung der Interessen aller beteiligten Akteure lösen. Das bedeutet einerseits, dass die Gebietslizenzierungspraktiken als tragender Pfeiler der momentanen Finanzierungs- und Verwertungsmodelle der Filmindustrie nicht beeinträchtigt werden dürfen. Andererseits muss der Wirkungsmechanismus in der Lage sein, die Nutzung von Online-Inhaltediensten bei vorübergehenden Auslandsaufenthalten in der EU zu ermöglichen, um den freien Werkgenuss im Rahmen der voranschreitenden Digitalisierung bei der Rezeption eines Werkes im Ausland zu gewährleisten. Zugleich muss er der schützenswerten normativen Erwartung, einen Online-Inhaltedienst bei Auslandsaufenthalten innerhalb der EU ohne Einschränkung weiterhin nutzen zu können, Geltung verschaffen. Daher bedarf es eines ausgeklügelten Systems, das die multipolare Interessenlage und die rechtlichen Verflechtungen zwischen den beteiligten Akteuren berücksichtigt. Nachdem die Portabilität sowohl durch das Urheber- als auch das Vertragsrecht unterbunden wurde, muss in beides eingegriffen werden, um ein in sich kohärentes System zu schaffen. Für dieses kohärente System ist es auch notwendig, dass auf vertragsrechtlicher Seite das Vertragsverhältnis zwischen Anbietern und Rechteinhabern auf der einen und das zwischen Anbietern und Nutzern von Online-Inhaltediensten auf der anderen Seite aufeinander abgestimmt werden.[590]

---

589 So auch *Wiebe*, ZUM 2015, 932, 940.

590 Wie sich beide Vertragsverhältnisse gegenseitig beeinflussen und wie diese aufeinander abzustimmen sind, wird an späterer Stelle noch ausführlich behandelt.

I. Zwingendes Vertragsrecht

Der Zweck der Portabilitätsverordnung spiegelt sich in deren Art. 3 I wider. Die Anbieter kostenpflichtiger Online-Inhaltedienste sind danach dazu verpflichtet, Abonnenten, die sich vorübergehend in einem anderen Mitgliedstaat aufhalten, den Zugriff auf den Dienst und dessen Nutzung in derselben Form wie in ihrem Wohnsitzmitgliedstaat zu ermöglichen.[591] Sämtliche vertragliche Vereinbarungen zwischen den Anbietern der Online-Inhaltedienste und den Abonnenten, mit denen diese Verpflichtung ausgeschlossen oder eingeschränkt wird, erklärt Art. 7 I Portabilitäts-VO für nicht durchsetzbar.[592] Mit dieser Ergebnispflicht, die keiner vertraglichen Disposition zugänglich ist, schränkt die Verordnung die Privatautonomie der Parteien ein und schafft auf vertragsrechtlicher Seite für die Abonnenten die Möglichkeit der grenzüberschreitenden Portabilität durch ein Zugangsrecht.[593] Unmittelbare Folge daraus ist zum einen, dass der Einsatz technischer Zugriffsbeschränkungen wie Geoblocking, um den Zugriff auf einen im Heimatland abonnierten Online-Inhaltedienst während eines vorübergehenden Auslandsaufenthalts in der EU zu verhindern, unzulässig ist.[594] Zum anderen haben Klauseln in den Nutzungsverträgen, die den Zugang zu den Online-Inhalten auf eine bestimmte Region beschränken, wie es vor Inkrafttreten der Portabilitätsverordnung gängige Praxis war, keine Auswirkung auf das vertragliche Leistungsprogramm. Um ein in sich kohärentes System zu schaffen, schränkt Art. 7 I Portabilitäts-VO die Privatautonomie auch im Vertragsverhältnis zwischen den Diensteanbietern und den Rechteinhabern ein. Sämtliche vertragliche Vereinbarungen, die der Verpflichtung der Anbieter, den Abonnenten die Portabilität entsprechend des Art. 3 I Portabilitäts-VO zu ermöglichen, entgegenstehen, sind danach ebenfalls nicht durchsetzbar. Um die Geltung der Portabilitätsverordnung sicherzustellen, ist Art. 7 I Portabilitäts-VO internationalprivatrechtlich eine unionsrechtliche Eingriffsnorm.[595]

Im Folgenden wird lediglich dargelegt, mit welchem Wirkungsmechanismus die Portabilitätsverordnung ihren Normzweck erreicht.

591 *Engels/J. B. Nordemann*, in: Fromm/Nordemann, Art. 3 Portabilitäts-VO Rn. 1.

592 Zur genauen Rechtsfolge des Art. 7 I Portabilitäts-VO, siehe § 4 A. II.

593 *Grünberger*, AcP 218 (2018), 213, 265; *Peifer*, AfP 2017, 8, 13; *Synodinou*, in: dies. u.a., EU Internet Law, S. 217, 259; zu den generellen Gründen für zwingendes Vertragsrecht, siehe *Cziupka*, Dispositives Vertragsrecht, S. 35 ff.

594 *Synodinou*, GRUR Int. 2020, 136, 144; *Synodinou*, in: dies. u.a., EU Internet Law, S. 217, 237.

595 *Engels/J. B. Nordemann*, in: Fromm/Nordemann, Einl. Portabilitäts-VO Rn. 7, Art. 7 Portabilitäts-VO Rn. 1; *Grünberger*, AcP 218 (2018), 213, 264.

II. Fiktion

1. Wirkung der Fiktion

Die Verpflichtung der Anbieter, den Abonnenten die grenzüberschreitende Portabilität zu ermöglichen und die Undurchsetzbarkeit sämtlicher entgegenstehender vertraglicher Vereinbarungen in den beiden relevanten Rechtsverhältnissen, lässt die urheberrechtliche Seite der grenzüberschreitenden Portabilität unberücksichtigt. Beides hilft nicht darüber hinweg, dass die Bereitstellung des Dienstes außerhalb der territorialen Reichweite der auf einzelne Mitgliedstaaten oder Sprachgebiete beschränkten Lizenzen eine Urheberrechtsverletzung begründen würde.[596] Daher müssten die Diensteanbieter, um die Portabilität ermöglichen zu können, sämtliche ausländischen Rechte für die urheberrechtlich relevanten Handlungen im Rahmen der Bereitstellung des Dienstes und dessen Nutzung durch die Abonnenten erwerben.[597] Damit die Portabilitätsverordnung die Anbieter nicht zu einem solch umfangreichen Rechteerwerb zwingt, enthält ihr Art. 4 eine Legalfiktion, nach der die Bereitstellung eines Online-Inhaltedienstes sowie der Zugriff auf diesen und seine Nutzung als ausschließlich im Wohnsitzmitgliedstaat des Abonnenten erfolgt gelten.[598] Die Fiktion des Art. 4 Portabilitäts-VO lehnt sich an das aus Art. 1 II lit. a Satelliten- und Kabel-RL bekannte Sendelandprinzip an, das eine Satellitensendung ausschließlich an dem Ort lokalisiert, an dem das Signal in eine ununterbrochene Kommunikationskette von der Erde zum Satelliten und zurück eingegeben wird – dem Sendeland.[599] Die Sendeunternehmen müssen

596 *Drexl*, in: MüKo BGB, Band 12, Teil 8. Rn. 129; *Grünberger*, AcP 218 (2018), 213, 264; ausführlich zur Lokalisierung einer urheberrechtlich relevanten Handlung, siehe § 2 A. I. 1.

597 Erwägungsgrund 23, 24 Portabilitäts-VO; *Dreier*, in: Dreier/Schulze, Art. 4 Portabilitäts-VO Rn. 1; *Grünberger*, ZUM 2017, 697; zu den betroffenen Verwertungsrechten bei der Zugänglichmachung der digitalen Inhalte durch die Anbieter der Online-Inhaltedienste, siehe *Büscher/Müller*, GRUR 2009, 558 ff.; *Koch*, GRUR 2010, 574, 575 ff.; *Pech*, On-Demand-Streaming-Plattformen, S. 45 ff.; zur Einräumung von Nutzungsrechten, siehe *Ullrich*, ZUM 2010, 311 ff.

598 So ausdrücklich Erwägungsgrund 23 Portabilitäts-VO; *Dreier*, in: Dreier/Schulze, Art. 4 Portabilitäts-VO Rn. 1; *Engels/J. B. Nordemann*, in: Fromm/Nordemann, Art. 4 Portabilitäts-VO, Rn. 1; *Synodinou*, GRUR Int. 2020, 136, 144.

599 *Dreier*, in: Dreier/Schulze, Art. 4 Portabilitäts-VO Rn. 2; *Drexl*, in: MüKo BGB Band 12, Teil 8. Rn. 128; *Engels/J. B. Nordemann*, in: Fromm/Nordemann, Art. 4 Portabilitäts-VO Rn. 1; *Peifer*, AfP 2017, 8, 12; *Synodinou*, GRUR Int. 2020, 136, 144; *Synodinou*, in: dies. u.a., EU Internet Law, S. 217, 255.

die Rechte für die Ausstrahlung über einen Satelliten demnach nur für den Sendestaat erwerben.[600] Im Rahmen der Portabilitätsverordnung beschränkt sich das Herkunftslandprinzip auf die Gewährleistung der grenzüberschreitenden Portabilität nach Art. 3 I Portabilitäts-VO.[601] Ansonsten erfolgt die Lokalisierung urheberrechtlich relevanter Handlungen im Online-Bereich weiterhin nach dem Bestimmungslandprinzip.[602] Dadurch können Anbieter die Inhalte im Rahmen der Portabilität außerhalb der Lizenzgebiete zugänglich machen, ohne auf einen zusätzlichen Rechteerwerb angewiesen zu sein.[603] Natürlich bleibt die Voraussetzung bestehen, dass die Anbieter über die für die Bereitstellung des Dienstes notwendigen Nutzungsrechte im Wohnsitzmitgliedstaat des Abonnenten verfügen und sie den Dienst rechtmäßig bereitstellen.[604] Art. 4 Portabilitäts-VO ist neben der Verpflichtung der Anbieter in Art. 3 I Portabilitäts-VO „das zweite Kernstück" der Portabilitätsverordnung.[605] Nachdem mit Art. 4 Portabilitäts-VO eine Regelung existiert, die in ihrem Anwendungsbereich der Wirkung des Sendelandprinzips gleichkommt, würden Vereinbarungen, welche die grenzüberschreitende Portabilität verbieten, gegen Art. 101 I AEUV verstoßen und sie wären darüber hinaus nicht mit der Dienstleistungsfreiheit vereinbar. Allerdings muss das Primärrecht nicht fruchtbar gemacht werden, um solchen Vereinbarungen entgegenzuwirken; diese Aufgabe löst die Portabilitätsverordnung mit ihrem Art. 7 I selbst.

Die Fiktion schützt auch die Rechteinhaber davor, dass sie ihre Exklusivitätszusagen gegenüber den Lizenznehmern nicht einhalten, weil Lizenznehmer aus anderen Mitgliedstaaten ihre Dienste im Rahmen der Portabilität in fremden Lizenzgebieten erbringen und die versprochene Exklusivität dadurch bei rein tatsächlicher Betrachtung nicht mehr gewährt wird. Indem Art. 4 die Bereitstellung des Dienstes im Wohnsitzmitgliedstaat des Abonnenten, das

---

600 *Drexl*, in: MüKo BGB, Band 12, Teil 8. Rn. 128.

601 *Engels/J. B. Nordemann*, in: Fromm/Nordemann, Art. 4 Portabilitäts-VO Rn. 1; so auch explizit Erwägungsgrund 23 Portabilitäts-VO.

602 Ausführlich dazu, siehe § 2 A. I. 1.

603 *Dreier*, in: Dreier/Schulze, Art. 4 Portabilitäts-VO Rn. 1; *Engels/J. B. Nordemann*, in: Fromm/Nordemann, Art. 4 Portabilitäts-VO Rn. 3; zur regulierungsrechtlichen Dimension der Fiktion, siehe *Engels/J. B. Nordemann*, in: Fromm/Nordemann, Art. 4 Portabilitäts-VO Rn. 4.

604 *Dreier*, in: Dreier/Schulze, Art. 4 Portabilitäts-VO Rn. 1; *Peifer*, AfP 2017, 8, 12; *Engels/J. B. Nordemann*, in: Fromm/Nordemann, Art. 4 Portabilitäts-VO Rn. 3.

605 *Engels/J. B. Nordemann*, in: Fromm/Nordemann, Art. 4 Portabilitäts-VO Rn. 1.

dem eigenen Lizenzgebiet des Anbieters entspricht, lokalisiert, lassen sich die Exklusivitätszusagen aus rechtlicher Perspektive dennoch einhalten.[606]

Ihren verbindlichen Charakter erlangt die Fiktion durch Art. 7 I Portabilitäts-VO. Dieser steht sämtlichen vertraglichen Vereinbarungen, welche die Wirkung der Fiktion beeinträchtigen, entgegen.[607] Wie das Sendelanprinzip der Satelliten- und Kabel-RL ist auch die Fiktion in Art. 4 Portabilitäts-VO keine kollisionsrechtliche, sondern eine sachrechtliche Norm, da sie den Ort der Nutzungshandlung materiell-rechtlich festlegt.[608]

2. *Auswirkung auf das Territorialitätsprinzip*

Mit dem Wirkungsmechanismus der Portabilitätsverordnung wurde ein eleganter Weg gefunden, um den Nutzern von Online-Inhaltediensten den Zugriff auf die in ihrem Wohnsitzmitgliedstaat abonnierten Online-Inhaltedienste zu ermöglichen, ohne dabei das urheberrechtliche Territorialitätsprinzip zu unterlaufen. Eine minimale Einschränkung des Territorialitätsprinzips auf tatsächlicher Ebene geht mit der Portabilitätsverordnung dennoch einher. Aus dem Territorialitätsprinzip resultiert die territoriale Begrenzung immaterialgüterrechtlicher Schutzrechte auf das Gebiet der Staaten, von denen sie geschaffen wurden. Daher ist für die Vornahme einer urheberrechtlich relevanten Handlung in verschiedenen Mitgliedstaaten jeweils ein gesondertes, nationales Nutzungsrecht notwendig.[609] Die Portabilitätsverordnung ermöglicht durch die Fiktion in ihrem Art. 4 den Anbietern die Vornahme einer urheberrechtlich relevanten Nutzungshandlung in jedem Mitgliedstaat, sofern sie im Wohnsitzmitgliedstaat des Abonnenten ein Nutzungsrecht erworben haben. Faktisch erweitert sie die Reichweite des nationalen Nutzungsrechts damit über die Grenzen des Mitgliedstaates hinaus und weicht das Territorialitätsprinzip

---

606 *Engels/J. B. Nordemann*, in: Fromm/Nordemann, Art. 4 Portabilitäts-VO Rn. 3; *Kraft*, ZUM 2017, 720, 723.

607 *Engels/J. B. Nordemann*, in: Fromm/Nordemann, Art. 4 Portabilitäts-VO Rn. 2.

608 *Drexl*, in: MüKo BGB, Band 12, Teil 8. Rn. 128; *Grünberger*, ZUM 2017, 324, 325; *Peifer*, AfP 2017, 8, 12; a.A. *Spindler*, CR 2016, 73, 74; zum Sendelandprinzip im Rahmen der Satelliten- und Kabel-RL sowie in § 20a UrhG, siehe *Dreier*, in: Dreier/Schulze, § 20a Rn. 3; *Katzenberger/Metzger*, in: Schricker/Loewenheim, Vor §§ 120 ff. UrhG Rn. 139; *v. Ungern-Sternberg*, in: Schricker/Loewenheim, § 20a UrhG Rn. 3; a. A. *Mankowski*, in: MüKo Lauterkeitsrecht, Band 1, Teil II Rn. 104.

609 Ausführlich dazu, siehe § 2 A. I. 1.

zum Zwecke der grenzüberschreitenden Portabilität ein Stück weit auf.[610] Rein rechtlich lässt sie das Territorialitätsprinzip dagegen völlig unberührt. Durch die Fiktion des Art. 4 Portabilitäts-VO liegt außerhalb des Wohnsitzmitgliedstaates eines Abonnenten überhaupt keine urheberrechtlich relevante Handlung vor, für die ein zusätzliches Nutzungsrecht notwendig wäre. Schließlich wird die Nutzungshandlung aufgrund der Fiktion ausschließlich im Wohnsitzmitgliedstaat des Abonnenten lokalisiert. Die Nutzungsrechte mit nationaler Reichweite werden daher nicht auf andere Mitgliedstaaten ausgedehnt, sondern die Nutzungshandlung wird ins Lizenzgebiet geholt. Mit Blick auf das Ergebnis macht dies keinen Unterschied, mit Blick auf das Territorialitätsprinzip dagegen schon. Dadurch bleiben die Nutzungsrechte entsprechend des Territorialitätsprinzips weiterhin auf einzelne Mitgliedstaaten beschränkt und es können – ungeachtet der primärrechtlichen Zulässigkeit – weiterhin territorial beschränkte Lizenzen erteilt werden. Die grenzüberschreitende Portabilität und das Territorialitätsprinzip schließen sich daher nicht gegenseitig aus.[611] Bei genauer Betrachtung lässt sich in der Portabilitätsverordnung sogar eine gewisse Bestätigung des Territorialitätsprinzips erkennen.[612] Wären urheberrechtliche Nutzungsrechte in ihrer Wirkung nicht auf einzelne Mitgliedstaaten beschränkt, bedürfte es der Fiktion des Art. 4 Portabilitäts-VO überhaupt nicht. Der Wirkungsmechanismus der Portabilitätsverordnung löst das Problem der grenzüberschreitenden Portabilität damit auf Basis des Territorialitätsprinzips.

III. Wandel von der negativen zur positiven Selektion der Verbrauchererwartungen

Die Portabilitätsverordnung nimmt sich der Aufgabe des Rechts an, die schützenswerte normative Verbrauchererwartung der grenzüberschreitenden Nutzbarkeit von Online-Inhaltediensten zu stabilisieren.[613] Diesen Normzweck hebt

---

610 *Kraft*, ZUM 2017, 720, 723; *Ranke/Glöckler*, MMR 2017, 378, 381; *Synodinou*, in: dies. u.a., EU Internet Law, S. 217, 237.

611 *Kraft*, ZUM 2017, 720, 726; *Pech*, On-Demand-Streaming-Plattformen, S. 320; *Peifer*, AfP 2017, 8, 12; *Reda*, Bericht Urheberrecht, S. 8; *Simonelli*, Combating Consumer Discrimination in the Digital Single Market, S. 33; *Synodinou*, in: dies. u.a., EU Internet Law, S. 217, 237; a.A. wohl *Ranke/Glöckler*, MMR 2017, 378, 381 und *Schack*, Urheber- und Urhebervertragsrecht, Rn. 1061a die in der Portabilitätsverordnung eine Ausnahme vom Territorialitätsprinzip sehen.

612 *Peifer*, AfP 2017, 8, 12; ähnlich *Walter*, MR Int. 2016, 191, 195; *v. Albrecht/Fiss*, ZUM 2020, 18, 22.

613 *Peifer*, AfP 2017, 8, 10.

sie in ihrem Art. 1 I explizit hervor: *„Mit dieser Verordnung wird ein gemeinsames Konzept zur grenzüberschreitenden Portabilität von Online-Inhaltediensten eingeführt, indem sichergestellt wird, dass die Abonnenten von portablen Online-Inhaltediensten, die in ihrem Wohnsitzmitgliedstaat rechtmäßig bereitgestellt werden, während eines vorübergehenden Aufenthalts in einem anderen Mitgliedstaat als ihrem Wohnsitzmitgliedstaat auf diese Dienste zugreifen und sie nutzen können.*" Zentrale Voraussetzung dafür, dass einer Erwartung durch das Recht Geltung verschafft wird, ist die Durchsetzbarkeit dieses Rechts. Genau an dieser Stelle hatte das Recht versagt. Obwohl die Möglichkeit der Portabilität seit jeher primärrechtlich geboten war, konnten Abonnenten von VoD-Diensten diese im Ausland meist kaum oder nur sehr eingeschränkt nutzen.

Durch das zwingende Vertragsrecht, das die Portabilitätsverordnung mit der Verpflichtung in Art. 3 I Portabilitäts-VO in Kombination mit Art. 7 I Portabilitäts-VO schafft,[614] löst sie das bisherige Durchsetzungsproblem des Rechts, dass es in der Rechtsanwendung zu große Spielräume und Unsicherheiten ließ und seine stabilisierende Wirkung infolgedessen einbüßte. Zwar wird durch den zwingenden Charakter nicht garantiert, dass sich jeder Adressat dieses zwingenden Vertragsrechts auch normgemäß verhält.[615] Durch die zwingende Ausgestaltung der klar formulierten Pflicht für die Anbieter, die grenzüberschreitende Portabilität zu ermöglichen, ist es den Nutzern der Dienste jedoch möglich, ihre geschützte Erwartung gerichtlich durchzusetzen und ihr Geltung zu verschaffen. Die Bedeutung des zwingenden Charakters für die stabilisierende Wirkung des Rechts wird auch in Erwägungsgrund 21 der Portabilitätsverordnung betont. Danach sei es von „grundlegender Bedeutung, dass die Verpflichtung zur Ermöglichung der grenzüberschreitenden Portabilität von Online-Inhaltediensten verbindlich ist". Daher sollten die Parteien diese Verpflichtung „nicht ausschließen, von ihr abweichen oder ihre Wirkungen abändern können". Wären die Vorgaben der Portabilitätsverordnung dispositiv, würden sie zum Nachteil der strukturell unterlegenen Partei – den Verbrauchern – abbedungen.[616] Der zwingende Charakter der Zugangsverschaffungspflicht lässt sich daher auch mit rechtspaternalistischen Erwägungen begründen.[617] Sie rechtfertigen es, dass der Gesetzgeber aus seiner in der

614 *Engels/J. B. Nordemann*, in: Fromm/Nordemann, Art. 3 Portabilitäts-VO Rn. 11; *Peifer*, AfP 2017, 8, 11.

615 *Luhmann*, Recht der Gesellschaft, S. 135.

616 Ähnlich *Fornasier*, Freier Markt und zwingendes Vertragsrecht, S. 148.

617 *Cziupka*, Dispositives Vertragsrecht, S. 36 f.

Vertragsrechtsordnung subsidiären Stellung hervortritt und den Grundsatz der Privatautonomie durch einen zwingenden Rechtssatz, der seinen Vorstellungen und zugleich den berechtigten Erwartungen der Verbraucher entspricht, zurückdrängt.[618]

Konkret erfolgt die Durchsetzung der Portabilitätsverordnung über die verschiedenen Mängel- und Sekundärrechte aus dem nationalen Recht, die den Abonnenten zur Verfügung stehen, wenn die Portabilität nicht oder nur eingeschränkt ermöglicht wird.[619] Nachdem die Möglichkeit der Portabilität nicht nachholbar ist, erfolgt die Stabilisierung der Erwartung, Online-Inhaltedienste grenzüberschreitend nutzen zu können, teilweise auch nicht dadurch, dass die Erwartung erfüllt wird, sondern indem das Recht Instrumente bereitstellt, ihre Enttäuschung zu kompensieren. Dadurch wird der Erwartung ebenfalls bestätigt, dass sie im Recht ist, sie wird lediglich in eine andere Form transformiert.[620] Darüber hinaus kann die Portabilitätsverordnung nicht nur von den Nutzern durchgesetzt werden, sondern es ist auch eine Durchsetzung durch Mitbewerber und Verbraucherverbände über das UWG möglich.[621] Die Portabilitätsverordnung benötigt daher keinen eigenen Sanktionsmechanismus für Verstöße gegen deren zwingende Vorgaben, um die Erwartung der Portabilität von Online-Inhaltediensten zu stabilisieren.[622]

IV. Freiheit des rezeptiven Werkgenusses durch die Portabilitätsverordnung

Nach dem Stufensystem zur mittelbaren Erfassung des Werkgenusses *de lege lata* erhalten die Rechteinhaber ihre Vergütung von den Werkvermittlern, deren Vermittlungshandlungen von den Verwertungsrechten der §§ 15 ff. UrhG erfasst sind. Die Konsequenz daraus ist, dass der reine Werkgenuss verwertungsrechtlich freigestellt ist, um Doppelvergütungen zu vermeiden. Im Rahmen des grenzüberschreitenden Werkgenusses bei VoD-Diensten waren die legitimen Nutzungsfreiheiten von Inkrafttreten der Portabilitätsverordnung

618 Zum Subsidiaritätsprinzip des Vertragsrechts, siehe *Cziupka*, Dispositives Vertragsrecht, S. 38 f.

619 Ausführlich dazu, siehe § 4 B.

620 *Luhmann*, Recht der Gesellschaft, S. 139.

621 Siehe dazu *Engels/J. B. Nordemann*, in: Fromm/Nordemann, Art. 3 Portabilitäts-VO Rn. 10; *Roos*, MMR 2017, 147, 151.

622 Zur Bedeutung eines Sanktionsmechanismus bei Normverstößen, siehe *Luhmann*, Recht der Gesellschaft, S. 139.

nicht ausreichend gesichert. Obwohl die Abonnenten eines kostenpflichtigen Online-Inhaltedienstes in ihrem Heimatland für die Möglichkeit, in den Genuss der in ihrem Abonnement enthaltenen audiovisuellen Inhalte zu kommen, bereits bezahlt hatten, war der Zugriff auf diese im Ausland meist nicht möglich. Sie hätten sich daher unter zusätzlichem Kostenaufwand nochmals Zugang zu diesen Inhalten verschaffen müssen. Ursache der Zugriffsbeschränkungen waren die territorial begrenzten Lizenzen der Diensteanbieter. Über diese war es den Rechteinhabern möglich, den Ort des Werkgenusses der Rezipienten mittelbar zu kontrollieren.

Die Portabilitätsverordnung schränkt die mittelbare Kontrolle der Rechteinhaber über den Werkgenuss in diesem entscheidenden Punkt ein. Indem sie in ihrem Art. 3 I einen zwingenden Zugang der Abonnenten zu den Online-Inhaltediensten vorsieht, entzieht sie sowohl den Rechteinhabern als auch den Anbietern der Online-Inhaltedienste die Kontrolle über den Ort des Werkgenusses. Aufgrund des Art. 7 I Portabilitäts-VO, der sämtliche vertraglichen Vereinbarungen sowohl zwischen Anbietern und Abonnenten als auch zwischen Anbietern und Rechteinhabern, die diesen Zugang einschränken, für nicht durchsetzbar erklärt, kann die Kontrolle über den Werkgenuss auch nicht über entsprechende vertragliche Vereinbarungen begründet werden. Darüber hinaus stünden den Rechteinhabern ohne die Fiktion des Art. 4 Portabilitäts-VO, wonach die Bereitstellung eines Online-Inhaltedienstes als im Heimatland des Abonnenten erfolgt gilt, urheberrechtliche Ansprüche zur Kontrolle des Werkgenusses außerhalb der Lizenzgebiete der Anbieter zu. Sie könnten die Zugänglichmachung der Werke durch die Anbieter und damit die Werkgenussmöglichkeit mit urheberrechtlichen Unterlassungsansprüchen unterbinden. Die Fiktion des Art. 4 Portabilitäts-VO verhindert die mittelbare Kontrolle des Werkgenusses damit auf urheberrechtlicher Seite. Indem die Portabilitätsverordnung den Rechteinhabern sowohl die tatsächliche als auch die rechtliche Kontrolle über den Werkgenuss durch die Rezipienten entzieht und die Kommunikation im privaten Bereich schützt, schafft sie eine Zugangsregel zugunsten der Nutzer von Online-Inhaltediensten.[623]

Die Fiktion des Art. 4 Portabilitäts-VO schützt auch ein Stück weit vor der unmittelbaren verwertungsrechtlichen Kontrollierbarkeit des Werkgenusses. In den meisten Nutzungsbedingungen von VoD-Anbietern finden sich Klauseln,

---

623 Zur Einschränkung faktischer Verfügungsmacht durch eine Zugangsregel, siehe *Wielsch*, Zugangsregeln, S. 64; zum verwertungsrechtlich freigestellten Werkgenuss als Zugangsregel, siehe § 2 B. I. 2. c).

in denen den Abonnenten einfache, nicht ausschließliche Nutzungsrechte an den zur Verfügung gestellten Online-Inhalten eingeräumt werden. Beispielsweise wird den Abonnenten in den Nutzungsbedingungen von MAXDOME „das nicht ausschließliche [...] und räumlich auf die Bundesrepublik Deutschland beschränkte Nutzungsrecht eingeräumt, die Inhalte innerhalb der vertraglich vorgesehenen Grenzen [...] zu nutzen". Dies gilt sowohl für Inhalte, die im Wege des Streaming zugänglich gemacht werden, als auch solche, die zum Download zur Verfügung stehen. Deklaratorisch wird darauf hingewiesen, dass dieses Nutzungsrecht auch die Nutzung des Dienstes bei vorübergehenden Auslandsaufenthalten gemäß der Portabilitätsverordnung erfasst.[624] Ähnlich sehen die Nutzungsbedingungen von Netflix vor, dass den Abonnenten während der Netflix-Mitgliedschaft „ein beschränktes, nicht exklusives und nicht übertragbares Recht, um auf den Netflix-Dienst zuzugreifen und Netflix-Inhalte anzusehen", gewährt wird.[625] Mit ähnlicher Wortwahl gewährt schließlich auch Amazon Prime Video den Abonnenten „das nicht-exklusive, nicht übertragbare, nicht unterlizenzierbare, eingeschränkte Recht, die Digitalen Inhalte gemäß den Nutzungsregeln persönlich, nicht kommerziell und privat zu nutzen."[626] Natürlich bedürfte es dieser Nutzungsrechte für das Streaming der Werke nicht, da die damit einhergehenden technisch bedingten Vervielfältigungshandlungen von § 44a Nr. 2 UrhG gedeckt sind.[627] Eine entsprechende Schrankenregelung muss aufgrund des zwingenden Charakters des Art. 5 I InfoSoc-RL in sämtlichen Mitgliedstaaten existieren.[628] Die Fiktion des Art. 4 Portabilitäts-VO gewährleistet jedoch, dass es bei den Nutzungshandlungen in anderen europäischen Staaten überhaupt nicht mehr darauf ankommt, ob die Nutzungshandlungen von einer Schrankenregelung gedeckt sind, da diese durch die Fiktion, wonach die Nutzung des Dienstes als im Wohnsitzmitgliedstaat des Abonnenten erfolgt gilt, von den Nutzungsrechten der Abonnenten gedeckt sind.

Die Portabilitätsverordnung stellt damit sicher, dass der Werkgenuss innerhalb des europäischen Binnenmarktes insoweit frei bleibt, als Nutzer für diesen

---

624 AGB von MAXDOME, Abschnitt 3.2, Stand: 21.1.2019, abrufbar: https://www.maxdome.de/agb.

625 Nutzungsbedingungen von Netflix, Abschnitt 4.2, Stand: 20.12.2019, abrufbar: https://help.netflix.com/legal/termsofuse.

626 Nutzungsbedingungen von Amazon Prime Video, Abschnitt 4.h, Stand: 27.5.2020, abrufbar: https://bit.ly/2tVta8X.

627 Ausführlich dazu, siehe § 2 B. I. 3. b) bb).

628 *Dreier*, in: Dreier/Schulze, § 44a UrhG Rn. 1

bereits bezahlt haben. Ansonsten käme es für ein und dieselbe Werkgenussmöglichkeit zur doppelten finanziellen Belastung der Werkrezipienten und zur Erhöhung der Vergütung für die Rechteinhaber, sobald Abonnenten von Online-Inhaltediensten außerhalb ihres Heimatlandes in den Genuss eines Werkes kommen möchten, das im Repertoire ihres abonnierten Online-Inhaltedienstes enthalten ist. Dadurch erfährt die Portabilitätsverordnung sowohl ihre ökonomische[629] als auch ihre rechtliche Legitimation.

V. Zwischenergebnis

Der Wirkungsmechanismus der Portabilitätsverordnung muss in der Lage dazu sein, den Zweck der Verordnung bestmöglich zu erreichen. Das heißt auf der einen Seite, dass er den Nutzern von Online-Inhaltediensten bei vorübergehenden Auslandsaufenthalten in der EU den Zugriff auf die im Heimatland abonnierten Online-Inhaltedienste und deren Nutzung ermöglichen muss, während auf der anderen Seite die bestehenden Finanzierungs- und Verwertungsstrukturen der Filmindustrie, die maßgeblich auf territorialen Lizenzen basieren, nicht beeinträchtigt werden dürfen, um potenzielle Gefahren für die europäische Filmindustrie auszuschließen. Nachdem die grenzüberschreitende Portabilität vor Inkrafttreten der Portabilitätsverordnung sowohl auf vertraglicher als auch urheberrechtlicher Seite ausgeschlossen war, muss die Portabilitätsverordnung auf beiden Seiten eingreifen, um ein in sich kohärentes System zu schaffen. Dies erreicht sie zunächst durch eine zwingende Zugangsverschaffungspflicht der Anbieter gegenüber den Abonnenten in Art. 3 I Portabilitäts-VO, die sich unmittelbar auf das vertraglich geschuldete Leistungsprogramm auswirkt. Danach müssen die Anbieter den Abonnenten den Zugriff auf einen Online-Inhaltedienst und dessen Nutzung bei vorübergehenden Auslandsaufenthalten in der EU in derselben Form ermöglichen. Ihren zwingenden Charakter erhält diese Pflicht durch Art. 7 I Portabilitäts-VO, der sämtliche vertraglichen Vereinbarungen, welche diese Pflicht ausschließen oder einschränken, für nicht durchsetzbar erklärt. Dies gilt sowohl für das Rechtsverhältnis zwischen Anbietern von Online-Inhaltediensten und Abonnenten als auch dem Rechtsverhältnis zwischen Anbietern und Rechteinhabern. Dadurch wird auf vertraglicher Seite sichergestellt, dass die grenzüberschreitende Portabilität von Online-Inhaltediensten gewährleistet ist. Dennoch würden die Diensteanbieter weitergehende urheberrechtliche Nutzungsrechte benötigen, um ihren Abonnenten den Zugriff auf den Dienst und seine Nutzung bei vorübergehenden

629 *Grünberger*, AcP 218 (2018), 213, 263.

Auslandsaufenthalten außerhalb des Lizenzgebietes ermöglichen zu können. Damit die Anbieter auf keinen zusätzlichen Rechteerwerb angewiesen sind, was unweigerlich mit zusätzlichen Kosten verbunden wäre, die wiederum auf die Abonnenten umgelegt würden, sieht Art. 4 Portabilitäts-VO eine Legalfiktion vor, nach welcher der Zugriff auf einen Online-Inhaltedienst und dessen Nutzung im Rahmen der Portabilitätsverordnung als ausschließlich im Wohnsitzmitgliedstaat des Abonnenten erfolgt gelten. Die urheberrechtlich relevanten Nutzungshandlungen werden dadurch ins Lizenzgebiet geholt, sodass es keines zusätzlichen Rechteerwerbs bedarf. Ihren verbindlichen Charakter erhält die Wirkung der Fiktion ebenfalls durch Art. 7 I Portabilitäts-VO, wonach diese nicht zur vertraglichen Disposition steht. Durch diese Fiktion bleibt das Territorialitätsprinzip aus rechtlicher Perspektive völlig unberührt, da die territorialen Grenzen des Urheberrechts eines jeden Mitgliedstaates dadurch unangetastet bleiben. Gleiches gilt für die Gebietslizenzierungspraktiken. Urheberrechtliche Lizenzen können weiterhin auf einzelne Mitgliedstaaten oder Sprachgebiete beschränkt bleiben, da urheberrechtlich relevante Nutzungshandlungen im Rahmen der Portabilitätsverordnung EU-weit von diesen gedeckt sind. Im Ergebnis können die Abonnenten von Online-Inhaltediensten bei vorübergehenden Aufenthalten in anderen Mitgliedstaaten weiterhin ohne Einschränkungen auf ihre abonnierten Dienste zugreifen und diese nutzen, sodass der Werkgenuss als legitime Nutzungsfreiheit gesichert und der mittelbaren Kontrolle der Rechteinhaber entzogen ist. Zugleich wird die darauf gerichtete, schützenswerte, normative Erwartung der Abonnenten stabilisiert.

Zentrale Voraussetzung dafür, dass einer schützenswerten normativen Erwartung durch das Recht Geltung verschafft wird oder – allgemeiner formuliert – das Recht ein bestimmtes Ziel wirksam erreicht, ist dessen Durchsetzbarkeit. Die Portabilitätsverordnung sieht keinen eigenen Durchsetzungsmechanismus vor. Indem sie mit Art. 3 I Portabilitäts-VO zwingendes Vertragsrecht schafft, das sich unmittelbar auf das vertraglich geschuldete Leistungsprogramm der Anbieter auswirkt, ist die Portabilitätsverordnung durch die Abonnenten über das Vertragsrecht durchsetzbar. Kommt es zu Einschränkungen der Portabilität, stehen ihnen die Mängel- und Sekundärrechte des nationalen Rechts zur Verfügung. Darüber hinaus können Mitbewerber und Verbraucherverbände systematische Verstöße gegen die Portabilitätsverordnung über das UWG ahnden.

§ 3 Portabilität im trilateralen Rechtsverhältnis zwischen Rechteinhabern, Anbietern und Abonnenten

Die Portabilitätsverordnung ermöglicht den Abonnenten von Online-Inhaltediensten die grenzüberschreitende EU-weite Portabilität von Online-Inhalten, indem sie eine zwingende Zugangsverschaffungspflicht der Anbieter vorsieht. Allerdings ist das Rechtsverhältnis zwischen Anbietern und Abonnenten nur eines von zwei Rechtsverhältnissen, das bei der grenzüberschreitenden Portabilität berührt ist. Um die Inhalte überhaupt online zugänglich machen zu können, müssen die Anbieter die entsprechenden Lizenzen von den Rechteinhabern erwerben. Sind die Lizenzen nur für bestimmte territoriale Bereiche erteilt und ist in den vertraglichen Vereinbarungen demnach vorgesehen, dass die Inhalte nur in einem bestimmten Gebiet zugänglich gemacht werden dürfen, was auf technischer Seite durch Geoblocking erreicht wird, wirkt sich die Portabilitätsverordnung durch die zwingende Zugangsverschaffungsflicht unmittelbar auf das Rechtsverhältnis zwischen Anbietern und Rechteinhabern aus; sie schränkt die Privatautonomie in diesem Rechtsverhältnis ein.

Dieser Abschnitt befasst sich mit den Auswirkungen der grenzüberschreitenden Portabilität auf das Rechtsverhältnis zwischen den Anbietern von Online-Inhaltediensten und den Rechteinhabern. Das Hauptaugenmerk liegt dabei auf der Untersuchung, inwieweit dieses Rechtsverhältnis durch das Rechtsverhältnis zwischen Anbietern und Abonnenten, an dem der Wirkungsmechanismus der Portabilitätsverordnung in erster Linie ansetzt, bestimmt wird, beziehungsweise inwiefern der vertragliche Gestaltungsspielraum durch dieses eingeschränkt ist, sodass ein trilaterales Rechtsverhältnis entsteht. Dafür wird zunächst analysiert, an welchen Stellen die Interessen der Rechteinhaber von der Portabilitätsverordnung in das Rechtsverhältnis Anbieter/Abonnent integriert wurden und in welchem Rahmen es für die Rechteinhaber durch vertragliche Vereinbarungen mit den Anbietern möglich ist, auf diese Punkte Einfluss zu nehmen, um ihren Interessen bestmöglich Geltung zu verschaffen. Der Schwerpunkt der Untersuchung liegt darauf, das Verständnis des „Wohnsitzmitgliedstaates" und des „vorübergehenden Aufenthalts in einem Mitgliedstaat" zu bestimmen sowie die Grenzen der vertraglichen Gestaltungsmöglichkeiten bei beiden Kriterien auszuloten. Eng damit verknüpft ist die Frage, inwiefern vertragliche Vereinbarungen über die Anwendung bestimmter

Überprüfungsmaßnahmen aus dem Katalog des Art. 5 I 1 Portabilitäts-VO zwischen den Anbietern und den Rechteinhabern möglich sind. Abschließend wird auf den Abstimmungsbedarf der beiden durch die Portabilitätsverordnung betroffenen Rechtsverhältnisse eingegangen, um Rechtsunsicherheit und Konflikte zwischen beiden zu vermeiden.

A. Trilaterale Interessenintegration

I. Grenzüberschreitender Zugang als Interessenkonflikt

Beim grenzüberschreitenden Zugriff auf Online-Inhalte treffen die widerstreitenden Interessen der Rechteinhaber und der Abonnenten von Online-Inhaltediensten aufeinander.[630] Während den Abonnenten daran gelegen ist, auf möglichst viele Inhalte ohne Restriktionen zugreifen zu können,[631] liegt es im Interesse der Rechteinhaber, die Inhalte mit strategischer Preisdifferenzierung innerhalb der EU möglichst gewinnbringend zu verwerten.[632] Außerdem basieren die derzeitigen Finanzierungsmodelle in der Filmindustrie maßgeblich auf einer Auswertung im Rahmen einer zeitlich gestaffelten Verwertungskaskade, die wiederum eine territorial segmentierte Rechtevergabe voraussetzt, damit sich die verschiedenen Auswertungsfenster in den einzelnen Ländern nicht überschneiden. Daher wird ein genereller grenzüberschreitender Zugriff auf sämtliche Online-Inhaltedienste aus anderen Mitgliedstaaten bisweilen sehr kritisch betrachtet.[633] Um das System der Gebietslizenzvergabe und die darauf basierenden Finanzierungsmodelle nicht zu gefährden, lässt die Portabilitätsverordnung – wie es Erwägungsgrund 12 nochmals hervorhebt – die Möglichkeit eines generellen grenzüberschreitenden Zugriffs unberührt.[634]

---

630 Ausführlich zu den Interessen an einer territorial segmentierten Rechtevergabe, siehe § 2 A. IV.; ausführlich zur Notwendigkeit der grenzüberschreitenden Portabilität aus Nutzerperspektive, siehe § 2 B.

631 *Cabrera Blázquez et al.*, IRIS *Plus*, S. 27; *Simonelli*, Combating Consumer Discrimination in the Digital Single Market, S. 32 f.

632 *Langus/Neven/Poukens*, Economic Analysis of the Territoriality of the Making Available Right in the EU, S. 79 f.; *Europäische Kommission*, Impact Assessment, SWD(2015) 270 final, S. 13; *Cabrera Blázquez et al.*, IRIS *Plus*, S. 27; *Synodinou*, GRUR Int. 2020, 136.

633 Ausführlich dazu, siehe § 2 A. IV. 2.

634 Siehe dazu auch *Grünberger*, AcP 218 (2018), 213, 265; *Peifer*, AfP 2017, 8, 13; zum Fokus der Portabilitätsverordnung auf die Verbraucherinteressen, siehe *Engels/J. B. Nordemann*, in: Fromm/Nordemann, Art. 1 Portabilitäts-VO Rn. 1.

Mit ihr werden lediglich die für die Abonnenten negativ spürbaren Folgen der Gebietslizenzierungen, die sich für die grenzüberschreitende Nutzung bereits abonnierter Dienste ergeben, innerhalb der EU beseitigt. Damit schafft die Portabilitätsverordnung einen Kompromiss zwischen den berechtigten Verbrauchererwartungen sowie dem damit identischen Ziel des europäischen Binnenmarktes, dass sich eine Grenzüberschreitung innerhalb der EU nicht negativ bemerkbar macht, auf der einen Seite und den Interessen der Rechteinhaber sowie dem Territorialitätsprinzip auf der anderen.[635] Dieser Kompromiss spiegelt sich im Wirkungsmechanismus der Verordnung wieder.[636]

Neben den Abonnenten von Online-Inhaltediensten und den Rechteinhabern sind die Anbieter der Online-Inhaltedienste der dritte Akteur, dessen Interessen es im Rahmen der grenzüberschreitenden Portabilität zu berücksichtigen gilt.[637] Das Interesse der Anbieter von Online-Inhaltediensten ist in erster Linie darauf gerichtet, ihren Abonnenten ein bestmögliches Angebot an Inhalten zu bieten, weitestgehend also ohne (territoriale) Einschränkungen, um das Angebot maximal attraktiv zu gestalten.[638] Zwar könnten ihnen durch die Möglichkeit der grenzüberschreitenden Portabilität Abonnenten, die ansonsten ein Abonnement in einem weiteren Mitgliedstaat abgeschlossen hätten, verloren gehen, doch wird diese Zahl vernachlässigbar gering ausfallen.

Des Weiteren liegt es in Bezug auf die grenzüberscheitende Portabilität sowohl im Interesse der Rechteinhaber als auch der Anbieter, dass Verbraucher die Portabilitätsverordnung nicht missbräuchlich für ein „Lizenz-Shopping" nutzen, indem sie Abonnements in anderen Ländern abschließen und in ihrem eigentlichen Heimatland dauerhaft auf die abonnierten Dienste zugreifen, wodurch sie die territorialen Lizenzstrukturen aufbrechen würden. Dieses Interesse gilt es primär bei der Anwendung der Portabilitätsverordnung im bilateralen Rechtsverhältnis zwischen Anbietern und Abonnenten zu berücksichtigen. Es läge in diesem Fall jedoch zugleich ein Verstoß der Anbieter gegen

635 *Engels/J. B. Nordemann*, in: Fromm/Nordemann, Portabilitäts-VO Einl. Rn. 4; *Martiny*, ZUM 2018, 772, 780; *Peifer*, AfP 2017, 8, 13; *Ranke/Glöcker*, MMR 2017, 378, 379; *Synodinou*, in: dies. u.a., EU Internet Law, S. 217, 237.

636 Ausführlich dazu, siehe § 2 C.

637 *Engels/J. B. Nordemann*, in: Fromm/Nordemann, Portabilitäts-VO Einl. Rn. 4.

638 *Heyde*, ZUM 2017, 712, 715; *Simonelli*, Combating Consumer Discrimination in the Digital Single Market, S. 32; nach ihrem Erwägungsgrund 33 zielt die Portabilitätsverordnung auf eine verbesserte Wettbewerbsfähigkeit ab, indem sie zu einem Kundenzuwachs bei Online-Inhaltediensten führt und eine Innovationsförderung bewirkt.

die Gebietsbeschränkungen in den Lizenz- und Vertragsvereinbarungen mit den Rechteinhabern vor, da ein grenzüberschreitender Zugriff auf die Inhalte außerhalb des lizenzierten Gebiets nur im Rahmen der Portabilitätsverordnung ermöglicht werden darf.[639] Daher wirkt sich dieses Interesse auch unmittelbar auf das Rechtsverhältnis Anbieter/Rechteinhaber aus.

Damit der von der Portabilitätsverordnung intendierte Kompromiss zwischen den verschiedenen Interessen der beteiligten Akteure, der theoretisch mit dem Wirkungsmechanismus und den Vorgaben der Portabilitätsverordnung erreicht wird, auch in der Praxis erreicht wird, müssen sämtliche Interessen bei der Anwendung der Portabilitätsverordnung in den beiden berührten Rechtsverhältnissen berücksichtigt werden. Dabei stellt sich die Frage, inwieweit bei den einzelnen Vorgaben der Verordnung ein vertraglicher Gestaltungsspielraum besteht, der es den Parteien erlaubt, ihren Interessen verstärkt Geltung zu verschaffen. Zudem sind die widerstreitenden Interessen aller Akteure bei der Auslegung der einzelnen Vorgaben zu berücksichtigen, um den angestrebten Kompromiss bestmöglich zu erreichen.[640]

II. Interessenberücksichtigung in den Rechtsverhältnissen

1. Kein genereller grenzüberschreitender Zugriff

Die Zugangsverschaffungspflicht in Art. 3 I Portabilitäts-VO sieht vor, dass der Anbieter den grenzüberschreitenden Zugriff auf Online-Inhaltedienste bei vorübergehenden Aufenthalten in anderen Mitgliedstaaten ermöglicht. Damit wird das Kriterium des „vorübergehenden Aufenthalts in einem Mitgliedstaat" zur zentralen Voraussetzung für die grenzüberschreitende Zugriffsmöglichkeit der Abonnenten. Den vorübergehenden Aufenthalt in einem Mitgliedstaat definiert die Portabilitätsverordnung in ihrem Art. 2 Nr. 4 als den zeitlich begrenzten Aufenthalt in einem anderen Mitgliedstaat als dem Wohnsitzmitgliedstaat. Unabhängig davon, was unter einem solchen letztlich genau zu verstehen ist, ist dieses Kriterium in erster Linie Ausfluss der Interessen der Rechteinhaber. Mit dieser Komponente wird das Interesse, dass kein genereller Zugriff auf Online-Inhaltedienste anderer Mitgliedstaaten möglich sein soll, um die Praxis der territorial segmentierten Rechtevergabe sowie die darauf basierenden Finanzierungsmodelle der Filmindustrie nicht zu gefährden, in die Portabilitätsverordnung inkorporiert. Schließlich gewährleistet dieses Kriterium, dass der

639 *Ehle/Werner*, CR 2016, 376, 377.

640 Ähnlich *Riesenhuber*, in: ders., Europäische Methodenlehre, § 10 Rn. 45.

Zugriff auf Online-Inhaltedienste aus anderen Mitgliedstaaten weiterhin rechtmäßig untersagt und verhindert werden kann, während der grenzüberschreitende Zugriff zu ermöglichen ist, wenn ein Abonnent bei einem temporären Auslandsaufenthalt in der EU auf seinen im Wohnsitzmitgliedstaat abonnierten Online-Inhaltedienst zugreifen möchte.[641] Da der Anreiz zum Missbrauch der Portabilitätsverordnung abnimmt oder sogar ausgeschlossen ist, wenn die Möglichkeit der grenzüberschreitenden Nutzung nur für einen kurzen Zeitraum möglich ist, liegt es im Interesse der Rechteinhaber, die Zeitspanne des „vorübergehenden Aufenthalts", in der eine grenzüberschreitende Nutzungsmöglichkeit besteht, möglichst kurz zu halten und den Wohnsitzmitgliedstaat der Abonnenten, der mit dem Kriterium des „vorübergehenden Aufenthalts" direkt verknüpft ist, bestenfalls einer fortlaufenden Überprüfung durch die Anbieter zu unterziehen.[642]

Mit der Komponente des „vorübergehenden Aufenthalts" richtet sich die Portabilitätsverordnung gleichzeitig gegen das Interesse der Abonnenten an einer möglichst umfangreichen grenzüberschreitenden Zugriffsmöglichkeit auf Online-Inhaltedienste. Diesem Interesse ließe sich durch eine extensive Auslegung des Merkmals des „vorübergehenden Aufenthalts" Rechnung tragen.[643]

Mit Blick auf einen verringerten Anreiz zum Missbrauch der Portabilitätsverordnung im Form des „Lizenz-Shoppings" liegt es zwar auch im Interesse der Anbieter, die Portabilität nur für einen kurzen Zeitraum ermöglichen zu müssen. Insoweit deckt sich das Interesse der Anbieter mit dem der Rechteinhaber. Allerdings ginge damit zugleich die Überprüfungspflicht einher, ob wirklich nur ein Auslandsaufenthalt in der entsprechenden Kürze vorliegt, da die Anbieter die Lizenzvereinbarungen mit den Rechteinhabern verletzen würden, wenn sie die Portabilität über diesen Zeitraum hinaus und damit außerhalb des Geltungsbereichs der Portabilitätsverordnung ermöglichen.[644] Zudem gestaltet sich das Angebot der Diensteanbieter umso attraktiver, je größer der (grenzüberschreitende) Nutzungsumfang ist.[645] Daher deckt sich das Interesse

---

641 Ähnlich *Engels/ J. B. Nordemann*, in: Fromm/Nordemann, Portabilitäts-VO Einl. Rn. 3.

642 *Engels/J. B. Nordemann*, in: Fromm/Nordemann, Art. 2 Portabilitäts-VO Rn. 5; *Heyde*, ZUM 2017, 712, 715.

643 *Heyde*, ZUM 2017, 712, 715.

644 *Ehle/Werner*, CR 2016, 376, 377; *Spiegel*, in: Taeger, Smart World – Smart Law?, S. 693, 702.

645 *Engels/J. B. Nordemann*, in: Fromm/Nordemann, Art. 9 Portabilitäts-VO Rn. 3.

der Anbieter letztlich doch mit dem der Abonnenten, dass die Möglichkeit der Portabilität keiner zeitlichen Begrenzung unterliegt und der Begriff des „vorübergehenden Aufenthalts“ möglichst weit zu verstehen ist.[646] So lässt sich der Überprüfungsaufwand sowie das Risiko von Schadensersatzansprüchen möglichst gering halten und zugleich die Attraktivität des Angebots erhöhen. Das Kriterium des „vorübergehenden Aufenthalts“ dient daher ausschließlich dem Interesse der Rechteinhaber, die Möglichkeit des grenzüberschreitenden Zugriffs auf Online-Inhaltedinste als einen eng und klar begrenzten Ausnahmefall zu definieren und dadurch die Strukturen der Gebietslizenzen aufrecht zu erhalten.[647]

2. *Interessen der Rechteinhaber in der Vertragskette*

Indem die Portabilitätsverordnung die Möglichkeit der grenzüberschreitenden Portabilität nur für einen vorübergehenden Aufenthalt in einem Mitgliedstaat vorsieht, wurde das Interesse der Rechteinhaber am grenzüberschreitenden Zugang als Ausnahmefall unmittelbar in die Vorgaben für das Rechtsverhältnis zwischen Anbietern und Abonnenten integriert, obwohl die Rechteinhaber an diesem Rechtsverhältnis nicht direkt beteiligt sind. Dies lässt sich darauf zurückführen, dass die Portabilitätsverordnung den Abonnenten eine zwingende grenzüberschreitende Zugriffsmöglichkeit einräumt und ihre regelnde Wirkung damit am Rechtsverhältnis zwischen Anbietern und Abonnenten ansetzt. Soll die Portabilität aufgrund der Interessen der Rechteinhaber nur in einem bestimmten Rahmen und unter bestimmten Voraussetzungen möglich sein, müssen diese Interessen zwingend beim Umfang dieser Zugangsverschaffungspflicht berücksichtigt werden. Wären die Interessen der Rechteinhaber nur in das Rechtsverhältnis zwischen ihnen und den Anbietern integriert, müssten die Anbieter gegenüber den Abonnenten die Portabilität in einem Umfang ermöglichen, der den Interessen der Rechteinhaber und den Vorgaben für das Rechtsverhältnis mit diesen widerspräche. Denn eine Einschränkung im Rechtsverhältnis zwischen Anbietern und Rechteinhabern bliebe ohne Auswirkung auf das Rechtsverhältnis zwischen Anbietern und Abonnenten. Die Folge wäre ein Konflikt für die Anbieter, dem diese ohne eine Pflichtverletzung gegenüber einem ihrer Vertragspartner nicht entkommen könnten. Entweder

---

646 So auch *Engels/J. B. Nordemann*, in: Fromm/Nordemann, Art. 2 Portabilitäts-VO Rn. 5.

647 Ähnlich *Simonelli*, Combating Consumer Discrimination in the Digital Single Market, S. 32.

sie halten sich an die Einschränkung aus dem Rechtsverhältnis zu den Rechteinhabern und verletzen ihre Pflicht gegenüber den Abonnenten, oder sie erfüllen ihre Pflicht gegenüber den Abonnenten und verstoßen gegen die Vereinbarungen mit den Rechteinhabern.

Aus dem gleichen Grund sieht Art. 7 I Portabilitäts-VO sowohl im Rechtsverhältnis zwischen Anbietern und Rechteinhabern als auch im Rechtsverhältnis zwischen Anbietern und Abonnenten die Undurchsetzbarkeit von Vertragsbestimmungen vor, die gegen die Vorgaben der Portabilitätsverordnung verstoßen, wodurch er einen Gleichlauf der Rechtsverhältnisse schafft. Zwar dient Art. 7 I Portabilitäts-VO primär den Interessen der Abonnenten, doch befänden sich die Anbieter wiederum in einer Konfliktsituation, wenn dem Interesse der Abonnenten an einer uneingeschränkten grenzüberschreitenden Zugriffsmöglichkeit im Rechtsverhältnis Anbieter/Rechteinhaber keine Geltung verschafft worden wäre, sondern nur im Rechtsverhältnis Abonnent/Anbieter. Eine solche Konfliktsituation bestünde, wenn die Anbieter mit den Rechteinhabern Einschränkungen vereinbaren würden, diese aber nicht an die Abonnenten weitergeben könnten. Sofern der Wirkungsmechanismus der Portabilitätsverordnung optimal funktioniert, sind die Interessen aller Vertragsparteien in beiden relevanten Rechtsverhältnissen berücksichtigt und optimal in Einklang gebracht.

Der Grundsatz, dass die Interessen der Vertragsparteien in allen Rechtsverhältnissen Berücksichtigung finden müssen, gilt nicht nur für die Interessen, die von der Portabilitätsverordnung berücksichtigt werden und sich in deren Vorgaben widerspiegeln. Auch bei anderen regelungsbedürftigen Aspekten, wie der Haftungs- und Beweislage, für welche die Portabilitätsverordnung keine Vorgaben macht, müssen sämtliche schutzwürdigen Interessen in beiden Rechtsverhältnissen berücksichtigt werden, um Konflikte zwischen den Rechtsverhältnissen zu vermeiden.[648] Die Schwierigkeit ist dabei, dass der Gleichlauf der Rechtsverhältnisse in diesen Bereichen wegen fehlender zwingender gesetzlicher Vorgaben zum Teil auf vertraglicher Ebene erreicht werden muss, wobei wiederum das strukturelle Machtgefälle der Parteien relevant ist.

3. *Bedeutung für die Interessen innerhalb einer Vertragskette*

Unter der Prämisse, dass einem schutzwürdigen Interesse einer Vertragspartei Geltung verschafft werden soll, lässt sich der Portabilitätsverordnung und

648 Zu den Folgen einer fehlenden Abstimmung der Rechtsverhältnisse, siehe § 3 A. II. 3.

insbesondere deren Art. 7 I ein verallgemeinerungsfähiger Rechtsgedanke entnehmen: Die schutzwürdigen Interessen einer Vertragspartei müssen in der Vertragskette sowohl in den Rechtsverhältnissen Berücksichtigung finden, an denen diese Partei selbst beteiligt ist, als auch in den Rechtsverhältnissen, an denen die Partei nicht beteiligt ist. Ohne die mehrfache, über ein Rechtsverhältnis übergreifende Interessenberücksichtigung käme es abstrakt in zweierlei Hinsicht zu einem Problem. Zunächst befände sich die Vertragspartei, die innerhalb der Vertragskette sowohl in einer vertraglichen Beziehung zu der Partei steht, deren Interessen geschützt werden sollen, als auch zu einer dritten Partei, in einer Konfliktsituation. Denn soweit die Rechtsverhältnisse nicht gleichlaufen, würde es im Rechtsverhältnis zur dritten Partei, in dem das Interesse nicht berücksichtigt wurde, stets zu einer Pflichtverletzung führen, wenn dem geschützten Interesse im anderen Rechtsverhältnis Geltung verschafft würde. Im Rahmen der grenzüberschreitenden Portabilität wäre dies der Fall, wenn das Zugangsinteresse der Abonnenten nur im Rechtsverhältnis zwischen Anbietern und Abonnenten berücksichtigt worden wäre, im Rechtsverhältnis Anbieter/Rechteinhaber die Portabilität jedoch weiterhin ausgeschlossen werden könnte. Darüber hinaus würde dem an sich schützenswerten Interesse im Ergebnis kein Schutz zukommen, wenn die Konfliktsituation zu dessen Lasten ausgeht. Es bestünde lediglich ein Schadensersatzanspruch aufgrund eines Verstoßes gegen eine vertragliche oder gesetzliche Vorgabe, je nachdem, wie das Interesse im jeweiligen Rechtsverhältnis geschützt ist. Dies wäre in der soeben beschriebenen fiktiven Konfliktsituation im Rahmen der grenzüberschreitenden Portabilität der Fall, wenn sich die Anbieter dafür entscheiden würden, die Vereinbarungen mit den Rechteinhabern einzuhalten und die grenzüberschreitende Portabilität daher nicht zu ermöglichen. Den Abonnenten stünden lediglich Mängel- und Sekundärrechte zur Verfügung. Ihrem schützenswerten Interesse an Portabilität würde jedoch keine Geltung verschafft. Einem Interesse, das sich entweder auf den Schutz einer Rechtsposition oder – wie es im Rahmen der Portabilitätsverordnung der Fall ist – auf einen Zugang richtet, ist mit einem Schadensersatzanspruch jedoch nicht gedient. Um derartige Konfliktsituationen und die Gefahr, dass einem schützenswerten Interesse keine Geltung zukommt, zu vermeiden, müssen die Interessen in der Vertragskette demnach in jedem Rechtsverhältnis berücksichtigt werden. Im Grundsatz befassen sich auch die Theorien zu Vertragsnetzen mit der Frage, wie sich Rechtsverhältnisse in einer Vertragskette gegenseitig beeinflussen und wie sich die Interessen der einzelnen Vertragsparteien auf die Vertragskette, insbesondere die Ansprüche innerhalb dieser, auswirken.[649] Die Portabilitätsverordnung ist ein Beispiel dafür, wie sich ein bestimmtes Interesse mit gesetzlichen Vorgaben in eine Vertragskette einfügen lässt, ohne dass es aufgrund divergierender Interessen zu Konflikten zwischen den Vertragsparteien kommt und den Interessen nachträglich durch Schadensersatzansprüche oder Vertragsmodifikationen Geltung verschafft werden muss.

4. *Gefahrenpotenzial für die Interessen*

Theoretisch sind die Interessen aller beteiligten Akteure gewahrt: Die Abonnenten haben einen zwingenden europaweiten Zugangsanspruch zu Online-Inhaltediensten und zugleich ist die Portabilität beziehungsweise der grenzüberschreitende Zugriff auf Online-Inhaltedienste nur bei vorübergehenden Auslandsaufenthalten für die Nutzung eines im Wohnsitzmitgliedstaat abonnierten Dienstes möglich. Zudem befinden sich die Anbieter der Online-Inhaltedienste in keiner Konfliktsituation, da sich die Vorgaben in beiden relevanten Rechtsverhältnissen decken.

Damit dieser Interessenausgleich auch praktisch erreicht werden kann, muss der Wirkungsmechanismus der Portabilitätsverordnung funktionieren und verlässlich sein. Dafür dürfen die einzelnen Vorgaben der Verordnung den Parteien zum einen nur insoweit einen vertraglichen Gestaltungsspielraum lassen, dass der Wirkungsmechanismus sowie der angestrebte Interessenausgleich nicht unterlaufen werden können. Zum anderen müssen die Vorgaben der Portabilitätsverordnung so konkret sein, dass in ihnen selbst nicht bereits die Gefahr von Rechtsunsicherheit angelegt ist. Dies gilt insbesondere für das Kriterium des „vorübergehenden Aufenthalts in einem Mitgliedstaat" als zentrale Voraussetzung der grenzüberschreitenden Zugangsverschaffungspflicht. Nachdem ein vorübergehender Aufenthalt in einem Mitgliedstaat nur außerhalb des Wohnsitzmitgliedstaates möglich ist, geht mit dem Kriterium des „vorübergehenden Aufenthalts" zwingend die Bestimmung des Wohnsitzmitgliedstaates der Abonnenten einher. Daher ist es für die Anbieter enorm wichtig, den Wohnsitzmitgliedstaat anhand klarer Kriterien ermitteln zu können, um Gewissheit darüber zu haben, ob sie die Portabilität ermöglichen müssen. Bestünde Unsicherheit, welcher Mitgliedstaat der Wohnsitzmitgliedstaat der Abonnenten ist, hätte dies ein erhebliches Haftungsrisiko für sie zur Folge; sie könnten sich entweder den Abonnenten oder den Rechteinhabern

649 Zum Überblick über die Dogmatik von Vertragsnetzen, siehe *Grundmann*, AcP 207 (2007), 718 ff.

gegenüber schadensersatzpflichtig machen.[650] Gleiches gilt für die Unsicherheit bei der Frage, ob ein vorübergehender Aufenthalt in einem Mitgliedstaat vorliegt. Daher stand das Kriterium des „vorübergehenden Aufenthalts" wegen einer fehlenden konkreten zeitlichen Komponente, die dem Kriterium mehr Kontur verleihen und zur Rechtssicherheit beitragen würde, in ständiger Kritik.[651] Im ersten Verordnungsentwurf der Kommission war der Wohnsitzmitgliedstaat ähnlich unbestimmt als der Mitgliedstaat definiert, in dem der Abonnent seinen gewöhnlichen Aufenthalt hat.[652] Dabei ließ der Entwurf offen, was einen Mitgliedstaat zum gewöhnlichen Aufenthaltsort eines Abonnenten macht. Aufgrund der damit einhergehenden Rechtsunsicherheit bezüglich des Wohnsitzmitgliedstaates beziehungsweise dessen Überprüfung zog auch diese Definition Kritik auf sich.[653] Die Rechtsunsicherheit wurde im Laufe des Gesetzgebungsverfahrens durch die überarbeitete Definition des Wohnsitzmitgliedstaates und den in Art. 5 I 1 Portabilitäts-VO vorgesehenen Maßnahmenkatalog zu dessen Überprüfung stark verringert, wenn auch nicht vollkommen beseitigt. Noch immer ist nicht eindeutig festgeschrieben, inwiefern vertragliche Vereinbarungen über die Überprüfungsmaßnahmen zulässig sind, wie dem Verhältnismäßigkeitsgrundsatz bei der Überprüfung Rechnung zu tragen ist und wie die Risiko- und Beweislastverteilung bei der Überprüfung geregelt ist. Außerdem schafft Art. 5 II 1 Portabilitäts-VO mit dem unbestimmten Kriterium der „begründeten Zweifel", die es rechtfertigen, dass ein Anbieter die Überprüfung des Wohnsitzmitgliedstaates wiederholen kann, wiederum Rechtsunsicherheit.

Damit kreiert die Portabilitätsverordnung durch ihre zum Teil zu unbestimmten Vorgaben eine unklare Rechtslage, die zur Gefahr für die Interessen aller beteiligten Akteure werden und zur uneinheitlichen Anwendung der Verordnung innerhalb des europäischen Binnenmarktes führen kann.[654] Zwar

---

650 *Ehle/Werner*, CR 2016, 376, 378.

651 *AK Europa*, Positionspapier Portabilitäts-VO-E, S. 5; *BIU*, Stellungnahme Portabilitäts-VO-E, S. 2 f.; BR-Drs. 167/16, S. 3 f.; *DAV*, Stellungnahme Portabilitäts-VO-E, S. 14; *GRUR*, Stellungnahme Portabilitäts-VO-E, S. 1; *Roos*, MMR 2017, 147, 149; *Ranke/Glöckler*, MMR 2017, 378, 382; *Spiegel*, in: Taeger, Smart World – Smart Law?, S. 693, 702.

652 *Europäische Kommission*, Vorschlag Portabilitätsverordnung, COM(2015) 627 final, Art. 2 lit. c, S. 18.

653 *Ehle/Werner*, CR 2016, 376, 378; *Peifer*, AfP 2017, 8, 12; *Spiegel*, in: Taeger, Smart World – Smart Law?, S. 693, 703; *GRUR*, Stellungnahme Vorschlag Portabilitäts-VO-E, S. 2.

654 *Simonelli*, Combating Consumer Discrimination in the Digital Single Market, S. 32.

lässt sich diese durch ergänzende vertragliche Vereinbarungen teilweise beseitigen, doch geht mit konkretisierenden vertraglichen Vereinbarungen auch die Gefahr einher, dass der von der Portabilitätsverordnung intendierte Interessenausgleich in Teilbereichen unterlaufen wird. Denn dort, wo vertragliche Vereinbarungen zulässig sind, kann wiederum das typische Machtgefälle zwischen den Vertragsparteien dazu führen, dass ein vertraglicher Gestaltungsspielraum zugunsten der einflussreicheren Vertragspartei ausgenutzt wird.

III. Interdependenzen der Rechtsverhältnisse

Wie sich bereits gezeigt hat, müssen schutzwürdige Interessen von Vertragsparteien in einer Vertragskette in sämtlichen Rechtsverhältnissen berücksichtigt werden, damit deren Schutz nicht gefährdet wird und Konflikte zwischen den Vertragsparteien vermieden werden. Art. 7 I Portabilitäts-VO sorgt für einen Gleichlauf der Rechtsverhältnisse, damit die von der Portabilitätsverordnung geschützten Interessen nicht durch vertragliche Vereinbarungen unterlaufen werden können.

1. Rangverhältnis der Rechtsverhältnisse

Die Interessen und Erwartungen aller beteiligten Akteure wurden im Rahmen der Portabilitätsverordnung fast ausschließlich in das Rechtsverhältnis zwischen den Anbietern und Abonnenten integriert. Dies gilt sowohl für das Interesse der Abonnenten an der Möglichkeit der grenzüberschreitenden Portabilität der Online-Inhaltedienste, als auch für das Interesse der Rechteinhaber, den grenzüberschreitenden Zugriff auf Online-Inhaltedienste als einen Ausnahmefall zu normieren. Dadurch zeigt sich ein neues Rangverhältnis zwischen beiden Rechtsverhältnissen.

Bisher hat das Vertragsverhältnis zwischen Anbietern und Rechteinhabern das gesamte Vertragsgeflecht dominiert.[655] Die darin getroffenen Vereinbarungen beziehungsweise die von den Rechteinhabern vorgegebenen Einschränkungen wurden von den Anbietern direkt auf das Rechtsverhältnis zwischen ihnen und den Abonnenten übertragen. Da sich die Anbieter vertragsbrüchig verhalten hätten, wenn sie den Abonnenten einen größeren Nutzungsumfang eingeräumt hätten, als in den mit den Rechteinhabern getroffenen Vereinbarungen vorgesehen, konnte den Interessen der Abonnenten im Rechtsverhältnis

---

655 *Grünberger*, AcP 218 (2018), 213, 265; *Grünberger*, ZUM 2018, 271, 272; *Peifer*, AfP 2017, 8, 13.

zwischen ihnen und den Anbietern keine Geltung verschafft werden, selbst wenn die Interessen der Anbieter dadurch nicht beeinträchtigt worden wären. Die einzige Hoffnung der Abonnenten, dass ihre Interessen nicht unberücksichtigt blieben, bestand darin, dass auch den Anbietern daran gelegen war, den Verbrauchererwartungen Rechnung zu tragen, um ihr Online-Angebot maximal attraktiv zu gestalten. In diesem Fall bestand für sie der Anreiz, die Erwartungen der Verbraucher bereits in die Vereinbarungen mit den Rechteinhabern zu implementieren. Dies setzte natürlich wiederum voraus, dass sich die Anbieter überhaupt in einer Verhandlungsposition befanden, die es ihnen erlaubte, sich gegenüber den Rechteinhabern durchzusetzen. Das beste Beispiel für die bisherige Dominanz des Rechtsverhältnisses zwischen Anbietern und Rechteinhabern ist die territoriale Aufspaltung der Verwertungsrechte und das auf technischer Seite damit einhergehende, bisher strikte und fortan eingeschränkte Geoblocking. Sofern im Rechtsverhältnis zwischen Anbietern und Rechteinhabern die Lizenzen territorial beschränkt waren, übertrugen die Anbieter die daraus resultierenden Zugriffsbeschränkungen in das Rechtsverhältnis mit den Abonnenten. Selbst ohne vertragliche Verpflichtung zum Geoblocking mussten sie Geoblocking im reinen Eigeninteresse praktizieren, um die Inhalte nur in den lizenzierten Gebieten zugänglich zu machen und Rechtsverletzungen zu vermeiden.[656] Es wäre kaum vorstellbar gewesen, dass sich die Rechteinhaber auf eine vertragliche Vereinbarung eingelassen hätten, die in ihrer Wirkung der Portabilitätsverordnung entspricht, ohne sich dies gesondert vergüten zu lassen.[657] Aus Kostengesichtspunkten bestand daher auch wenig Interesse der Anbieter, eine solche Vereinbarung zu erzielen. Dies verdeutlicht der geringe Anteil von nicht einmal 4 % aller Inhalte von VoD-Diensten, die grenzüberschreitend abrufbar waren.[658] Damit führte die Dominanz des von den Interessen der Rechteinhaber geprägten Rechtsverhältnisses zwischen diesen und den Anbietern über das Rechtsverhältnis zwischen Abonnenten und Anbietern zur Enttäuschung der normativen Verbrauchererwartung eines europaweiten Zugangs zu den im Heimatland abonnierten Online-Inhaltediensten.[659]

Die Portabilitätsverordnung kehrt das Über-/Unterordnungsverhältnis der Rechtsverhältnisse im Bereich der grenzüberschreitenden Portabilität um.

656 *Synodinou*, in: dies. u.a., EU Internet Law, S. 217, 234.

657 *Spiegel*, in: Taeger, Smart World – Smart Law?, S. 693, 700.

658 *Europäische Kommission*, Strategie für einen digitalen Binnenmarkt für Europa, COM(2015) 192 final, S. 8.

659 Ausführlich dazu, siehe § 2 B. II. 4.

Indem sie eine zwingende grenzüberschreitende Zugangsverschaffungspflicht vorsieht und sämtliche entgegenstehenden vertraglichen Vereinbarungen für nicht durchsetzbar erklärt, kommt das Rechtsverhältnis zwischen Anbietern und Abonnenten in die Position, das gesamte Vertragsgeflecht zu dominieren. Die für dieses Rechtsverhältnis geltenden Vorgaben drängen sich dem Rechtsverhältnis zwischen Anbietern und Rechteinhabern zwingend auf. Dadurch wird die formale Vertragsfreiheit der Rechteinhaber dahingehend eingeschränkt, dass diese nicht mehr nach Belieben über den Umfang der Nutzung ihrer Inhalte entscheiden können.[660] Indem die Portabilitätsverordnung Verbraucherinteressen klar in den Vordergrund rückt und von der schwächsten in die stärkste Stellung bringt, ist sie ein Paradebeispiel dafür, wie Verbraucherinteressen und -erwartungen zum Leitbild digitaler Verträge gemacht werden können, um einen „Paradigmenwechsel" einzuläuten.[661]

2. *Auswirkungen der rechtlichen Dominanz*

Die rechtliche Dominanz des Rechtsverhältnisses zwischen Anbietern und Abonnenten hat bedeutende Auswirkungen auf das Rechtsverhältnis zwischen Anbietern und Rechteinhabern. Wenn die Anbieter mit den Rechteinhabern eine vertragliche Vereinbarung treffen, ist fortan die entscheidende Frage, die sie sich dabei stellen müssen, ob eine solche Vereinbarung in das Rechtsverhältnis mit den Abonnenten implementiert werden darf oder in diesem Fall ein Verstoß gegen die Vorgaben der Portabilitätsverordnung vorliegen würde. Denn Art. 7 I Portabilitäts-VO bewirkt die Unwirksamkeit vertraglicher Vereinbarungen zwischen Anbietern und Rechteinhabern, die mit den zwingenden Vorgaben der Portabilitätsverordnung in Konflikt stehen.

Schwieriger bestimmen lassen sich die Auswirkungen der rechtlichen Dominanz auf die Möglichkeit der Anbieter und Rechteinhaber, vertragliche Vereinbarungen hinsichtlich des „vorübergehenden Aufenthalts" sowie des „Wohnsitzmitgliedstaates" der Abonnenten und dessen Überprüfung zu treffen. Das Kriterium des „vorübergehenden Aufenthalts" ist zwar Ausfluss der Interessen der Rechteinhaber, doch dominiert das Rechtsverhältnis zwischen Anbietern und Abonnenten den vertraglichen Gestaltungsspielraum beim

---

660 *Grünberger*, AcP 218 (2018), 213, 265; *Grünberger*, ZUM 2018, 271, 272; *Peifer*, AfP 2017, 8, 13.

661 *Grünberger*, AcP 218 (2018), 213, 265; *Peifer*, AfP 2017, 8, 13; zum Fokus der Portabilitätsverordnung auf die Verbraucherinteressen, siehe *Engels/J. B. Nordemann*, in: Fromm/Nordemann, Art. 1 Portabilitäts-VO Rn. 1.

„vorübergehenden Aufenthalt". Sofern der Begriff des „vorübergehenden Aufenthalts" überhaupt keiner vertraglichen Definition zugänglich ist, müssen die Interessen der Parteien in die Auslegung des Begriffs einfließen.

Ähnlich gelagert ist der Fall beim Begriff des „Wohnsitzmitgliedstaates" und den in Art. 5 I 1 Portabilitäts-VO aufgeführten Überprüfungsmaßnahmen. Sofern der Begriff des „Wohnsitzmitgliedstaates" von den Anbietern und Rechteinhabern vertraglich konkretisiert werden kann, ist einer solchen Konkretisierung durch die schutzwürdigen Interessen der Abonnenten ebenfalls eine Grenze gesetzt. Eine Konkretisierung ist also auch hier nur insoweit möglich, als sie gegenüber den Abonnenten wirksam wäre. Gleiches gilt für die Überprüfung des Wohnsitzmitgliedstaates. Zwischen Anbietern und Rechteinhabern können nur Überprüfungsmaßnahmen vereinbart werden, welche die Anbieter gegenüber den Abonnenten anwenden dürfen. Auch die vereinbarte Intensität der Überprüfung darf das gegenüber den Verbrauchern zulässige Maß nicht übersteigen. Sofern eine Vereinbarung darüber getroffen wird, welche Daten die Anbieter zur Verifizierung des Wohnsitzmitgliedstaates erheben müssen, muss die vereinbarte Datenerhebung und -verarbeitung mit dem Datenschutzrecht sowie den eigenen Vorgaben der Portabilitätsverordnung zum Schutz personenbezogener Daten konform sein.[662]

Die Dominanz des Rechtsverhältnisses zwischen Abonnenten und Anbietern führt letztendlich dazu, dass die Rechteinhaber in ihrer Vertragsfreiheit durch die Interessen der Abonnenten eingeschränkt sind. Allerdings laufen die Interessen der Rechteinhaber dadurch nicht leer. Schließlich findet die Vertragsfreiheit der Rechteinhaber ihre Grenze in einem Rechtsverhältnis, in welches ihre Interessen bereits implementiert wurden, womit sie die Grenzen der Vertragsfreiheit von innen heraus erweitern. Inwiefern bei den Vorgaben der Portabilitätsverordnung vertragliche Gestaltungsspielräume bestehen und wie groß diese sind, wird im weiteren Verlauf der Arbeit untersucht.

IV. Zwischenergebnis

Im Rahmen der grenzüberschreitenden Portabilität von Online-Inhaltediensten sind zwei verschiedene Rechtsverhältnisse – das Rechtsverhältnis Anbieter/Abonnent und das Rechtsverhältnis Anbieter/Rechteinhaber – und insgesamt

---

662 Nach Art. 8 Portabilitäts-VO erfolgt die Verarbeitung personenbezogener Daten, insbesondere die Datenverarbeitung zum Zwecke der Überprüfung des Wohnsitzmitgliedstaates, in Einklang mit den Richtlinien 95/46/EG und 2002/58/EG. Zudem macht Art. 8 Portabilitäts-VO weitere datenschutzrechtliche Vorgaben.

drei verschiedene Akteure – Rechteinhaber, Anbieter und Abonnenten – zu berücksichtigen. Alle drei Akteure haben Interessen, die es in den beiden relevanten Rechtsverhältnissen zu berücksichtigen gilt. Die Interessen der Rechteinhaber und der Abonnenten sind im Grundsatz konträr. Während ersteren daran gelegen ist, die Zugänglichmachung ihrer Inhalte bestmöglich zu steuern, sodass eine optimale Auswertung gewährleistet ist, ist letzteren daran gelegen, in den Genuss weitgehender Nutzungsfreiheiten zu kommen. In Bezug auf die grenzüberschreitende Portabilität führt dies auf Abonnentenseite zu dem Wunsch einer möglichst unbeschränkten grenzüberschreitenden Nutzbarkeit von Online-Inhaltediensten bei vorübergehenden Auslandsaufenthalten in der EU. Auf Seite der Rechteinhaber besteht dagegen das Anliegen, einen Missbrauch der Portabilitätsverordnung weitestgehend auszuschließen und deren Anwendungsbereich möglichst klein zu halten, um die Wirkungen der Gebietslizenzierungspraktiken nicht zu unterlaufen.

Die Interessen aller beteiligten Akteure müssen stets in den beiden relevanten Rechtsverhältnissen berücksichtigt werden. Würde einem Interesse nur in einem Rechtsverhältnis Geltung verschafft und wären beide Rechtsverhältnisse nicht aufeinander abgestimmt, befände sich die Partei, die an beiden Rechtsverhältnissen beteiligt ist, in einer Konfliktsituation: die Anbieter. Wären zum Beispiel Vereinbarungen zum strikten Geoblocking durch die Portabilitätsverordnung nur im Rechtsverhältnis Anbieter/Abonnent unzulässig, würden sich die Anbieter vertragsbrüchig verhalten, wenn entsprechende Vereinbarungen mit den Rechteinhabern zulässig wären. Der Gleichlauf beider Rechtsverhältnisse wird durch Art. 7 I Portabilitäts-VO hergestellt, der Vereinbarungen, die gegen die Vorgaben der Portabilitätsverordnung verstoßen, in beiden Rechtsverhältnissen gleichermaßen für nicht durchsetzbar erklärt.

Die Portabilitätsverordnung läutet darüber hinaus einen Wandel der vertraglichen Rangordnung ein. Bisher konnten die Rechteinhaber in den Lizenzvereinbarungen mit den Diensteanbietern diktieren, welche Nutzungen den Abonnenten ermöglicht werden dürfen. Fortan sieht die Portabilitätsverordnung gewisse Mindestrechte der Abonnenten vor, die sich in der gesamten Vertragskette durchsetzen. Das Rechtsverhältnis zwischen Anbietern und Abonnenten wird dadurch im Anwendungsbereich der Portabilitätsverordnung zum Maßstab dafür, welche vertraglichen Vereinbarungen im Rechtsverhältnis zwischen Anbietern und Rechteinhabern zulässig sind. Die vertragliche Rangordnung wird damit umgekehrt.

B. Der vorübergehende Aufenthalt in einem Mitgliedstaat im trilateralen Rechtsverhältnis

Das Kriterium des „vorübergehenden Aufenthalts in einem Mitgliedstaat“ ist nach Art. 3 I Portabilitäts-VO die zentrale Voraussetzung für die Pflicht der Anbieter, die grenzüberschreitende Portabilität zu ermöglichen. Es dient zugleich der Limitierung der grenzüberschreitenden Zugriffsmöglichkeit auf den Fall, dass ein Abonnent bei einem Auslandsaufenthalt auf einen in seinem Wohnsitzmitgliedstaat abonnierten Online-Inhaltedienst zugreifen möchte. Dadurch wird sichergestellt, dass die Portabilitätsverordnung die Problematik einer generellen Zugriffsmöglichkeit auf Online-Inhaltedienste anderer Mitgliedstaaten unberührt lässt.[663] Daher ist das Kriterium des „vorübergehenden Aufenthalts“ Ausfluss der schutzwürdigen Interessen der Rechteinhaber an der Aufrechterhaltung der Gebietslizenzierungspraktiken, um die darauf basierenden Finanzierungsmodelle der Filmindustrie nicht zu gefährden.[664] Indem die Portabilitätsverordnung einen Regelungsmechanismus schafft, der zwar in erster Linie den Interessen der Abonnenten von Online-Inhaltediensten dient,[665] doch dabei die Interessen der Rechteinhaber berücksichtigt, gelingt ihr ein Ausgleich zwischen den Interessen aller beteiligten Akteure,[666] der im Kriterium des „vorübergehenden Aufenthalts in einem Mitgliedstaat“ stattfindet. Daher ist dessen Bedeutung sowie dessen Handhabung entscheidend dafür, dass es nicht nur beim gut gemeinten Versuch bleibt, alle Interessen in Einklang zu bringen.

Den „vorübergehenden Aufenthalt in einem Mitgliedstaat“ definiert die Portabilitätsverordnung in Art. 2 Nr. 4 als den „zeitlich begrenzten Aufenthalt in einem anderen Mitgliedstaat als dem Wohnsitzmitgliedstaat“. Durch diese Definition wird der Wohnsitzmitgliedstaat der Abonnenten zum wesentlichen Element des „vorübergehenden Aufenthalts“, da ein solcher *per definitionem* nicht vorliegt, wenn sich der Wohnsitz eines Abonnenten in den Mitgliedstaat verlagert, in dem er sich aufhält.[667] Nach welchen Kriterien sich der Wohnsitzmitgliedstaat bestimmt, wird einer gesonderten Analyse unterzogen. Die

---

663 So ausdrücklich Erwägungsgrund 12 Portabilitäts-VO.

664 Siehe dazu § 3 A. II. 1.

665 *Engels/J. B. Nordemann*, in: Fromm/Nordemann, Art. 1 Portabilitäts-VO Rn. 1.

666 *Engels/J. B. Nordemann*, in: Fromm/Nordemann, Portabilitäts-VO Einl. Rn. 4; *Martiny*, ZUM 2018, 772, 780; *Peifer*, AfP 2017, 8, 13; *Synodinou*, in: dies. u.a., EU Internet Law, S. 217, 237.

667 So auch *Spiegel*, in: Taeger, Smart World – Smart Law?, S. 693, 702.

folgende Betrachtung befasst sich ausschließlich mit dem Begriff des „vorübergehenden Aufenthalts".

Die Definition als „zeitlich begrenzter Aufenthalt" lässt das Kriterium des „vorübergehenden Aufenthalts" zwar restriktiv wirken, doch schafft sie keinerlei Klarheit darüber, was genau unter einem „vorübergehenden Aufenthalt" zu verstehen ist, da „zeitlich begrenzt" mit „irgendwann endend" gleichzusetzen ist.[668] Damit fehlt der Definition jegliche zeitliche Kontur, was erhebliche Rechtsunsicherheit mit sich bringt.[669] Für die Lösung dieses Problems lässt sich eine vermeintlich naheliegende These aufstellen: Ein Aufenthalt in einem Mitgliedstaat gilt so lange als vorübergehend, bis dieser Mitgliedstaat zum Wohnsitzmitgliedstaat des Abonnenten wird.[670]

Damit sich diese These verifizieren lässt, muss sie auf ihre Vereinbarkeit mit dem von der Portabilitätsverordnung angestrebten Interessenausgleich hin untersucht werden. Im Kern geht es dabei auf der einen Seite um die Frage, ob eine zeitliche Begrenzung notwendig ist, damit dem grundrechtlich geschützten (geistigen) Eigentum der Rechteinhaber ausreichend Schutz zukommt.[671] Auf der anderen Seite, inwiefern ein solch extensives Verständnis geboten ist, um den von der Portabilitätsverordnung angestrebten Zweck zu erreichen, das Binnenmarktkonzept beim grenzüberschreitenden Zugriff auf Online-Inhaltedienste zu etablieren und den berechtigten Verbrauchererwartungen Geltung zu verschaffen. Darüber hinaus sind die Grenzen des vertraglichen Gestaltungsspielraumes beim Kriterium des „vorübergehenden Aufenthalts" auszuloten. Dieser darf keinesfalls so groß ausfallen, dass die Interessen der Partei mit der geringsten vertraglichen Gestaltungsmacht – der Verbraucher – letztlich doch auf der Strecke bleiben. Allerdings muss die unternehmerische Freiheit

---

668 *Dreier*, in: Dreier/Schulze, Art. 2 Portabilitäts-VO Rn. 5.

669 *Dreier*, in: Dreier/Schulze, Art. 2 Portabilitäts-VO Rn. 5; kritisch zur Definition des „vorübergehenden Aufenthalts in einem Mitgliedstaat" im Kommissionsentwurf, der ebenfalls keinen klaren Zeitraum vorgab, *AK Europa*, Positionspapier Portabilitätsverordnung, S. 5; *BIU*, Stellungnahme Portabilitäts-VO-E, S. 2 f.; BR-Drs. 167/16, S. 3 f.; *DAV*, Stellungnahme Portabilitäts-VO-E, S. 14; *GRUR*, Stellungnahme Portabilitäts-VO-E, S. 1; *Roos*, MMR 2017, 147, 149; *Ranke/Glöckler*, MMR 2017, 378, 382; *Spiegel*, in: Taeger, Smart World – Smart Law?, S. 693, 702.

670 Diese These im Ergebnis bejahend, *Eginger*, ZUM 2017, 698, 703 f.; *Engels/J. B. Nordemann*, in: Fromm/Nordemann, Art. 2 Portabilitäts-VO Rn. 6; *Heyde*, ZUM 2017, 712, 718 f.; *Martiny*, ZUM 2018, 772, 780; *Peifer*, in: De Franceschi, European Contract Law and the Digital Single Market, S. 163, 167.

671 Zum Schutz der Online-Inhalte über Art. 17 II GRCh, siehe § 3 B. I. 2.

der Rechteinhaber bei der Beurteilung, inwieweit ein vertraglicher Gestaltungsspielraum existiert, gleichermaßen Berücksichtigung finden.

I. Notwendigkeit einer zeitlichen Befristung

Eine zeitliche Befristung der grenzüberschreitenden Portabilität könnte zum einen durch die Grundrechte der Rechteinhaber geboten sein, soweit eine solche für den grundrechtlichen Schutz ihres Eigentums notwendig ist und sich ein Grundrechtseingriff durch die zeitlich unbefristete Möglichkeit der Portabilität nicht rechtfertigen ließe. Das Kriterium des „vorübergehenden Aufenthalts" wäre in diesem Fall grundrechtskonform dahingehend auszulegen, dass die grenzüberschreitende Portabilität nur zeitlich begrenzt möglich ist. Eine zeitliche Befristung bzw. die Möglichkeit der Vertragsparteien, eine solche zu vereinbaren, könnte darüber hinaus aufgrund der unternehmerischen Freiheit geboten sein. Diese Frage wird erst im Zusammenhang mit einem möglichen vertraglichen Gestaltungsspielraum bei der Konkretisierung des „vorübergehenden Aufenthalts" behandelt. Neben den Grundrechten der Rechteinhaber und Anbieter könnte eine bestimmte zeitliche Obergrenze auch aufgrund des urheberrechtlichen Dreistufentests geboten sein.[672] In diesem Fall würde eine völkerrechtskonforme Auslegung einem extensiven Verständnis des „vorübergehenden Aufenthalts" entgegenstehen und damit zu einer zeitlichen Befristung der grenzüberschreitenden Portabilität führen.[673]

1. *Bedeutung der Grundrechte für den Begriff des „vorübergehenden Aufenthalts"*

Im Ausgangspunkt sind die Frage, inwiefern eine zeitliche Beschränkung der Portabilität wegen der Grundrechte der Rechteinhaber geboten ist und die Frage, welche Bedeutung das Kriterium des „vorübergehenden Aufenthalts" in der Portabilitätsverordnung hat, zwei verschiedene, getrennt voneinander zu beantwortende Fragen. Allerdings fließt die grundrechtliche Wertung in die Auslegung des „vorübergehenden Aufenthalts" ein, da die Portabilitätsverordnung

---

672 Zur Bedeutung des Dreistufentests im Rahmen der Portabilitätsverordnung, siehe *Synodinou*, in: dies. u.a., EU Internet Law, S. 217, 251 ff.

673 Zur völkerrechtskonformen Auslegung des Unionsrechts, siehe *Müller/Christensen*, Juristische Methodik, Band II, Rn. 165; *Stotz*, in: Riesenhuber, Europäische Methodenlehre, § 22 Rn. 22.

als Sekundärrecht grundrechtskonform auszulegen ist.[674] Dies deckt sich mit dem allgemeinen Auslegungsgrundsatz, das Sekundärrecht so auszulegen, dass seine Gültigkeit nicht gefährdet ist.[675] Denn lässt sich eine Kollision zwischen Grundrechten und einer sekundärrechtlichen Norm im Wege der Auslegung nicht beheben, ist letztere aufgrund des Geltungsvorrangs der Grundrechte unwirksam.[676] Soweit eine zeitliche Beschränkung der Zugriffsmöglichkeit im Ausland wegen der Grundrechte der Rechteinhaber geboten ist, müsste der „vorübergehende Aufenthalt" daher grundrechtskonform dahingehend ausgelegt werden, um die Wirksamkeit der Portabilitätsverordnung zu sichern. Die Analyse, inwiefern die Grundrechte der Rechteinhaber eine temporäre Beschränkung der Portabilität erfordern, gibt zugleich Aufschluss darüber, inwieweit die Schaffung der grenzüberschreitenden Portabilität überhaupt mit den Grundrechten der Rechteinhaber vereinbar ist.

2. *Schutz des geistigen Eigentums über die GRCh*

Art. 17 II GRCh hebt explizit hervor, dass Rechte des geistigen Eigentums, wie unter anderem Urheber- und sonstige verwandte Schutzrechte, in den Genuss des grundrechtlichen Eigentumsschutzes kommen.[677] Das geistige Eigentum war schon vor Inkrafttreten der GRCh Teil des Eigentumsrechts.[678] Damit ist Art. 17 II GRCh eine rein deklaratorische Klausel, die auf die stetig wachsende Bedeutung des geistigen Eigentums und die Verankerung des eigentumsrechtlichen Schutzes gewerblicher Schutzrechte im abgeleiteten Unionsrecht

674 EuGH, Urt. v. 9.3.2006, Rs. C-499/04 – *Werhof*, ECLI:EU:C:2006:168, Rn. 32; EuGH, Urt. v. 13.5.2014, Rs. C-131/12 – *Google Spain*, ECLI:EU:C:2014:317, Rn. 68; EuGH, Urt. v. 31.1.2013, Rs. C-12/11 – *McDonagh/Ryanair*, ECLI:EU:C:2013:43, Rn. 44; *Starke*, EU-Grundrechte und Vertragsrecht, S. 184 m.w.N.; speziell in Bezug auf die Portabilitätsverordnung, siehe *Engels/J. B. Nordemann*, in: Fromm/Nordemann, Portabilitäts-VO Einl. Rn. 5.

675 EuGH, Urt. v. 31.1.2013, Rs. C-12/11 – *McDonagh/Ryanair*, ECLI:EU:C:2013:43, Rn. 44; *Jarass*, EuR 2013, 29, 33.

676 *Ehlers*, in: ders., Europäische Grundrechte und Grundfreiheiten, § 14 Rn. 27; *Jarass*, EuR 2013, 29, 33.

677 EuGH, Urt. v. 9.2.2012, Rs. C-277/10 – *Luksan/van der Let*, ECLI:EU:C:2012:65, Rn. 68; *Calliess*, in: ders./Ruffert, Art. 17 GRCh Rn. 6 m.w.N.; so auch die unverbindlichen Erläuterungen zu Art. 17 GRCh, EU-ABl. C 303/02 v. 14.12.2007, S. 23; ausführlich zum Schutz des geistigen Eigentums in der GRCh, siehe *Tettinger*, FS Bartenbach, S. 43 ff.

678 EuGH, Urt. v. 12.9.2006, Rs. C-479/04 – *Laserdisken*, ECLI:EU:C:2006:549, Rn. 65; EuGH, Urt. v. 20.1.2008, Rs. C-275/06 – *Promusicae*, ECLI:EU:C:2008:54, Rn. 62.

zurückzuführen ist.[679] Sämtliche von den Diensteanbietern zugänglich gemachten Inhalte, die urheberrechtlich oder durch verwandte Schutzrechte geschützt sind, unterfallen damit dem grundrechtlichen Eigentumsschutz nach Art. 17 I, II GRCh. Zudem ist das geistige Eigentum auch Bestandteil des Eigentumsschutzes der EMRK, der zwar in dieser anfänglich nicht enthalten war, aber mit Art. 1 ZP Nr. 1 EMRK eingefügt wurde.[680] Die Grundrechte der EMRK sind nach Art. 6 III EUV als allgemeine Grundsätze Teil des Unionsrechts und nach Art. 52 III GRCh müssen die in der GRCh garantierten Grundrechte in Bedeutung und Tragweite den Rechten aus der EMRK entsprechen. Die EU ist der EMRK bisher jedoch nicht beigetreten, weshalb die EMRK nicht förmlich zum Bestandteil der Unionsrechtsordnung wurde.[681] Aus diesem Grund hat die Auslegung des Sekundärrechts ausschließlich anhand der Grundrechte der GRCh zu erfolgen.[682] Dies bestätigen auch die Erläuterungen zu Art. 52 III GRCh, die nach Art. 6 I UAbs. 3 EUV und Art. 52 VII GRCh bei der Auslegung zu berücksichtigen sind.[683] Zwar heben die Erläuterungen zu Art. 17 GRCh hervor, dass die zulässigen Einschränkungen des Art. 17 GRCh nicht über die in der EMRK vorgesehenen Einschränkungen hinausgehen dürfen.[684] Allerdings betonen zugleich die Erläuterungen zu Art. 52 III GRCh, dass die Eigenständigkeit des Unionsrechts dadurch unberührt bleibt,[685] weshalb die EMRK nicht zum Prüfungsmaßstab für das Sekundärrecht wird.[686]

---

679 *Bernsdorff*, in: Meyer/Hölscheidt, Art. 17 GRCh Rn. 13; *Jarass*, in: ders., Art. 17 GRCh Rn. 10; EU-ABl. C 303/02 v. 14.12.2007, S. 23.

680 *Sebastian*, GRUR Int 2013, 524, 526; vgl. *Bernsdorff*, in: Meyer/Hölscheidt, Art. 17 GRCh Rn. 13; ausführlich zum Schutz des geistigen Eigentums durch die EMRK, siehe *Sebastian*, GRUR Int 2013, 524 ff.

681 BGH, Vorlagebeschl. v. 1.6.2017 – I ZR 139/15 – *Afghanistan Papiere*, NJW 2017, 3450, 3453 Rn. 35 m.w.N.; EuGH, Urt. v. 15.2.2016, C-601/15 PPU – *J.N./Niederlande*, ECLI:EU:C:2016:84, Rn. 45; EuGH, Urt. v. 3.9.2015, C-398/13 P – *Inuit Tapiriit Kanatami u.a./Kommission*, ECLU:EU:C:2015:535, Rn. 45 m.w.N.

682 BGH, Vorlagebeschl. v. 1.6.2017 – I ZR 139/15 – *Afghanistan Papiere*, NJW 2017, 3450, 3453 Rn. 35; EuGH, Urt. v. 15.2.2016, C-601/15 PPU – *J.N./Niederlande*, ECLI:EU:C:2016:84, Rn. 46; speziell zur Auslegung der Regelungen der Portabilitätsverordnung, siehe *Engels/J. B. Nordemann*, in: Fromm/Nordemann, Portabilitäts-VO Einl. Rn. 5.

683 Entsprechend zu Art. 6 GRCh, siehe EuGH, Urt. v. 15.2.2016, C-601/15 PPU – *J.N./Niederlande*, ECLI:EU:C:2016:84, Rn. 47.

684 EU-ABl. C 303/02 v. 14.12.2007, S. 23.

685 EU-ABl. C 303/02 v. 14.12.2007, S. 33.

686 EuGH. Urt. v. 15.2.2016, C-601/15 PPU – *J.N./Niederlande*, ECLI:EU:C:2016:84, Rn. 46 f.

Der EuGH urteilte, dass auch jede vermögenswerte, durch die Rechtsordnung gesicherte Rechtsposition, die deren Inhaber selbstständig ausüben kann, in den Bereich des nach Art. 17 I GRCh geschützten Eigentums fällt,[687] womit sich der eigentumsrechtliche Schutz auf sämtliche dinglichen sowie relativen Rechte mit Vermögenswert erstreckt.[688] Daher genießen auch die von den Werkverwertern erworbenen Lizenzen an den Inhalten eigentumsrechtlichen Schutz.

Durch die Portabilitätsverordnung wird den Rechteinhabern die vollkommene Kontrolle über die Entscheidung entzogen, in welchen Mitgliedstaaten ihre Inhalte zugänglich gemacht werden dürfen. Dies geschieht dadurch, dass Art. 7 I Portabilitäts-VO sämtliche vertraglichen Vereinbarungen zwischen den Rechteinhabern und den Anbietern, mit denen die grenzüberschreitende Portabilität ausgeschlossen oder eingeschränkt wird, für nicht durchsetzbar erklärt. Dies führt zu einem Eingriff in die Privatautonomie der Rechteinhaber, die als Teil der unternehmerischen Freiheit von Art. 16 GRCh geschützt ist.[689] Zugleich ist es auch Kern des grundrechtlichen Eigentumsschutzes, über Ausschließlichkeitsrechte im Rahmen der Verwertung nach Belieben verfügen zu können.[690] Eine Regelung wie die Portabilitätsverordnung, welche die freie Verfügungsbefugnis der Rechteinhaber in einem kleinen Teilbereich einschränkt, ist daher nicht nur ein Eingriff in die Privatautonomie, sondern auch in das grundrechtlich geschützte geistige Eigentum der Rechteinhaber.

3. *Eingriffsintensität*

Bei Eingriffen in eine geschützte Eigentumsposition ist zwischen einer Eigentumsentziehung und einer Eigentumsbeschränkung zu differenzieren. Von Bedeutung ist die Differenzierung aufgrund der unterschiedlichen

687 EuGH, Urt. v. 22.1.2013, Rs. C-283/11 – *Sky Österreich*, ECLI:EU:C:2013:28, Rn. 34; *Bernsdoff*, in: Meyer/Hölscheidt, Art. 17 GRCh Rn. 13 m.w.N.; *Jarass*, in: ders., Art. 17 GRCh Rn. 9 m.w.N.

688 *Calliess*, in: ders./Ruffert, Art. 17 GRCh Rn. 6; *Jarass*, in: ders., Art. 17 GRCh Rn. 9.

689 EuGH, Urt. v. 18.7.2013, Rs. C-426/11 – *Alemo-Herron u.a.*, ECLI:EU:C:2013:32, Rn. 32; EuGH, Urt. v. 22.1.2013, Rs. C-283/11 – *Sky Österreich*, ECLI:EU:C:2013:28, Rn. 42; *Lüttringhaus*, Vertragsfreiheit und ihre Materialisierung im Binnenmarkt, S. 202; *Starke*, EU-Grundrechte und Vertragsrecht, S. 257; zur Vertragsfreiheit als Grundrecht im Sinne des Art. 6 III EUV, siehe *Lüttringhaus*, Vertragsfreiheit und ihre Materialisierung im Binnenmarkt, S. 199 ff.

690 *Bernsdorff*, in: Meyer/Hölscheidt, Art. 17 GRCh Rn. 16; so zu Art. 14 GG, BVerfG, Beschl. v. 07.07.1971 – 1 BvR 765/66, GRUR 1972, 481, 483.

Rechtfertigungsvoraussetzungen beider Eingriffe und insbesondere der gesetzlichen Entschädigungspflicht nach Art. 17 I 2 GRCh bei einer Eigentumsentziehung.[691]

a) *Eigentumsentziehung*

Eine Eigentumsentziehung erfordert nach der Rechtsprechung des EGMR, an der man sich auch bei Art. 17 GRCh orientieren kann, einen vollständigen und dauerhaften Verlust der Eigentümerstellung.[692] Es besteht auch die Möglichkeit einer *de-facto*-Enteignung, welche die Eigentümerstellung nicht entzieht, aber in ihrer tatsächlichen Wirkung für den Eigentümer einer formellen Enteignung entspricht.[693] Dies ist der Fall, wenn die Nutzung eines Guts sowie Verfügungen darüber und damit „jede sinnvolle Art der Vermarktung“ ausgeschlossen sind.[694] Eine *de-facto*-Enteignung durch einen zeitlich unbegrenzten grenzüberschreitenden Zugriff auf die im Wohnsitzmitgliedstaat abonnierten Online-Inhaltedienste lässt sich ausschließen. Schließlich wird dadurch die Möglichkeit der Rechteinhaber, ihre Inhalte kommerziell zu verwerten, allenfalls leicht berührt, aber keinesfalls aufgehoben.[695] Darüber ließe sich allenfalls nachdenken, wenn ein genereller grenzüberschreitender Zugriff auf ausländische Online-Inhaltedienste ermöglicht würde und sich die derzeitigen Verwertungsmodelle der Filmindustrie sowie die Lizenzierungspraktiken dadurch nicht mehr aufrechterhalten ließen.

b) *Eigentumsbeschränkung*

Eine Eigentumsbeschränkung entzieht das Eigentum weder formell noch faktisch, sondern regelt nur dessen Nutzung. Dabei wird die Ausübung des Eigentumsrechts in räumlicher, zeitlicher oder sachlicher Hinsicht beschränkt.[696]

---

691 Zu den Rechtfertigungsmöglichkeiten von Eigentumseingriffen, siehe *Calliess*, in: Ehlers, Europäische Grundrechte und Grundfreiheiten, § 20 Rn. 41 ff.

692 *Calliess*, in: ders./Ruffert, Art. 17 GRCh Rn. 15; *Jarass*, in: ders., Art. 17 Rn. 18; ausführlich zur Enteignung im Unionsrecht, siehe *Pechstein*, FS v. Brünneck, S. 198 ff.

693 EGMR, Urt. v. 23.9.1982 – *Sporrong und Lönnroth/Schweden*, EGMR-E 2, 148, 154 Rn. 63; zu *de-facto*-Enteignungen im Rahmen des Art. 17 GRCh, siehe *Calliess*, in: Ehlers, Europäische Grundrechte und Grundfreiheiten, § 20 Rn. 33 f.; die Möglichkeit einer *de-facto*-Enteignung bejahend, *Jarass*, in: ders., Art. 17 GRCh Rn. 18.

694 EuGH, Urt. v. 12.5.2005, Rs. C-347/03 – *Tocai*, ECLI:EU:C:2005:285, Rn. 122; *Jarass*, in: ders., Art. 17 GRCh Rn. 19.

695 Zustimmend *Synodinou*, in: dies. u.a., EU Internet Law, S. 217, 262.

696 *Calliess*, in: ders./Ruffert, Art. 17 GRCh Rn. 13; *Jarass*, NVwZ 2006, 1089, 1093.

Die Portabilitätsverordnung gewährt den Rechteinhabern weiterhin die Möglichkeit, Lizenzen für die Nutzung der Inhalte territorial segmentiert zu vergeben. Durch die Verpflichtung der Anbieter zur Ermöglichung der grenzüberschreitenden Portabilität der im Wohnsitzmitgliedstaat abonnierten Dienste schränkt die Portabilitätsverordnung das Ausschließlichkeitsrecht der Rechteinhaber jedoch an einer entscheidenden Stelle in räumlicher sowie sachlicher Hinsicht ein und schafft eine Zugangsregel für die Abonnenten.[697] Dadurch haben die Rechteinhaber mit ihrem Ausschließlichkeitsrecht nicht mehr die vollkommene Kontrolle darüber, in welchen Mitgliedstaaten ihre Inhalte zugänglich gemacht werden. Aufgrund des zwingenden Charakters, den Art. 7 I Portabilitäts-VO den Vorgaben der Verordnung verleiht, begründen diese eine Eigentumsbeschränkung. Zwar wird mit der Portabilitätsverordnung ein Zustand geschaffen, der seit jeher primärrechtlich geboten ist,[698] doch schließt dies einen Eigentumseingriff nicht *per se* aus. Grundrechte und Grundfreiheiten können durchaus in Konflikt stehen. In diesem Fall ist die Intensität des Grundrechtseingriffs zu ermitteln, um die Grundfreiheit und den Grundrechtsschutz anschließend bestmöglich in Einklang zu bringen. Je nach Eingriffsintensität und Schwere der Beschränkung der Grundfreiheit setzt sich entweder der Grundrechtsschutz oder die Grundfreiheit durch.[699] Soweit sich am Ende die Grundfreiheit durchsetzt, bedeutet das damit nicht, dass überhaupt kein Grundrechtseingriff vorliegt, sondern, dass die Grundfreiheit gegenüber dem Grundrechtsschutz stärkeres Gewicht hat. Wie sich bereits gezeigt hat, muss bei der Frage, ob die grenzüberschreitende Portabilität überhaupt zu ermöglichen ist, der grundrechtliche Eigentumsschutz zurücktreten und die Dienstleistungsfreiheit hat Vorrang.[700] Aufgrund des dennoch vorliegenden Eigentumseingriffs ist damit jedoch nicht geklärt, ob die grenzüberschreitende Portabilität zeitlich unbeschränkt zu ermöglichen ist, oder ob sich der grundrechtliche Eigentumsschutz für eine zeitliche Befristung der Portabilität ins Feld führen lässt.

Eine Eigentumsbeschränkung ist auch nicht durch die Fiktion des Art. 4 Portabilitäts-VO, wonach sowohl die Bereitstellung eines Online-Inhaltedienstes als auch der Zugriff auf diesen im Rahmen der Portabilitätsverordnung als

697 Ausführlich dazu, siehe § 2 C. IV.

698 Ausführlich dazu, siehe § 2 A. V.

699 Ausführlich zum Verhältnis von Grundrechten und Grundfreiheiten, siehe § 3 B. I. 5.

700 Ausführlich dazu, siehe § 2 A. V.

ausschließlich im Wohnsitzmitgliedstaat des Abonnenten erfolgt gelten, ausgeschlossen. Aufgrund der Fiktion werden die Online-Inhalte rein rechtlich betrachtet nur innerhalb des Lizenzgebiets zugänglich gemacht und die einzelnen Lizenzgebiete daher nicht aufgebrochen. Nachdem die vom Eigentumsrecht erfassten Ausschließlichkeitsrechte daher rechtlich unberührt bleiben, liegt mit Blick auf die Wirkung der Fiktion keine Nutzungsregelung vor. Allerdings verbietet sich eine rein am rechtlichen Ergebnis orientierte Betrachtung, welche die tatsächliche Situation unberücksichtigt lässt. Schließlich ist die Fiktion nur das Mittel dafür, den Anbietern die für sie obligatorische Zugänglichmachung der Online-Inhalte rechtlich zu ermöglichen, die eigentlich mit den Lizenzstrukturen in Konflikt stünde und daher unzulässig wäre. Die Fiktion ändert nichts daran, dass die Rechteinhaber mit ihren Ausschließlichkeitsrechten keine vollkommene Herrschaft mehr über die territoriale Zugänglichmachung der Inhalte haben. Indem die Fiktion des Art. 4 Portabilitäts-VO die Zugänglichmachung der Inhalte außerhalb der Lizenzgebiete rechtlich legitimiert, ist diese sogar wesentlicher Teil der Eigentumsbeschränkung.[701]

4. *Zugang als überwiegender Allgemeinwohlbelang*

Das geistige Eigentum ist zwar in Art. 17 II GRCh besonders hervorgehoben, doch erhält es dadurch keine nicht beschränkbare Sonderstellung. Es unterliegt den allgemeinen Grenzen des grundrechtlichen Eigentumsschutzes.[702] Die rechtliche Zulässigkeit von Nutzungsregelungen ergibt sich aus Art. 17 I 3 GRCh, wonach die Nutzung des Eigentums zum Wohle der Allgemeinheit geregelt werden kann. Die Eigentumsgarantie findet damit nach dem Prinzip der Sozialpflichtigkeit ihre Grenze in der gesellschaftlichen Funktion des Eigentums.[703] Darüber hinaus ist die allgemeine Schrankenregelung des Art. 52 I GRCh zu beachten, wonach insbesondere der Wesensgehalt eines Grundrechts nicht berührt sein darf und der Verhältnismäßigkeitsgrundsatz gewahrt sein muss. Der Wesensgehalt der Eigentumsgarantie ist berührt, wenn entweder das Eigentum selbst oder dessen freie Nutzung entzogen würden.[704] Gleichermaßen

701 *Synodinou*, in: dies. u.a., EU Internet Law, S. 217, 256.

702 EuGH, Urt. v. 24.11.2012, Rs. C-70/10 – *Scarlet Extended/SABAM*, ECLI:EU:C:2011:771, Rn. 43.

703 EuGH, Urt. v. 3.12.1998, Rs. C-368/96 – *Generics*, ECLI:EU:C:1998:583, Rn. 79; EuGH, Urt. v. 11.7.1989, Rs. C-265/87 – *Schräder*, ECLI:EU:C:1989:303, Rn. 15; *Jarass*, NVwZ 2006, 1089, 1093 m.w.N.; *Orfanidis*, Eigentumsproblematik und Mitbestimmung hinsichtlich der Europäischen Verfassung, S. 52.

704 EuGH, Urt. v. 6.12.1984, Rs. 59/83 – *Bovilac*, ECLI:EU:C:1984:380, Rn. 22.

wie auch eine *de-facto*-Enteignung bei einer zeitlich unbegrenzten Möglichkeit der Portabilität ausgeschlossen ist, bleibt auch der Wesensgehalt unangetastet.[705]

a) Legitime Zielsetzung

Grundvoraussetzung für die Rechtfertigung einer Nutzungsbeschränkung ist zunächst nach Art. 52 I 2 GRCh eine von der Union anerkannte, dem Gemeinwohl dienende Zielsetzung. Dem Kriterium des Art. 17 I 3 GRCh, dass die Nutzung des Eigentums zum Wohle der Allgemeinheit geregelt werden kann, kommt keine einschränkende Bedeutung zu.[706] Die Portabilitätsverordnung fördert den Verbraucherschutz, sichert legitime Nutzungsfreiheiten und trägt dadurch den berechtigten Erwartungen der Verbraucher Rechnung.[707] Dies sind mit Blick auf Art. 169 I AEUV, der die Gewährleistung eines hohes Verbraucherschutzniveaus sowie die Förderung der wirtschaftlichen Interessen der Verbraucher besonders hervorhebt, wie auch Art. 38 GRCh, der ebenfalls explizit ein hohes Verbraucherschutzniveau fordert, zweifelsohne legitime Zielsetzungen.[708] Außerdem stellt die Portabilitätsverordnung einen Zustand her, der seit jeher primärrechtlich geboten ist.[709] Allein dadurch hat sie eine vom Unionsrecht anerkannte, dem Allgemeinwohl dienende Zielsetzung.

b) Angemessenheit der Einschränkung

Bei der Frage, inwiefern die zeitlich unbeschränkte Möglichkeit der grenzüberschreitenden Portabilität eine gerechtfertigte Eigentumsbeschränkung ist, kommt es entscheidend auf das Kriterium der Angemessenheit im Rahmen der Verhältnismäßigkeitsprüfung an.[710] Konkret müssen die legitimen Zielsetzungen der Portabilitätsverordnung und die schwere des Grundrechtseingriffs bei einer zeitlich unbefristeten Möglichkeit der Portabilität gegenübergestellt werden. Die Intensität des Eingriffs darf umso höher sein, je wichtiger die mit einer Maßnahme angestrebten Ziele sind.[711]

705 Zum Ausschluss einer *de-facto*-Enteignung, siehe § 3 B. I. 3. a).
706 *Jarass*, in: ders., Art. 17 GRCh Rn. 33.
707 Ausführlich zum Normzweck der Portabilitätsverordnung, siehe § 2.
708 EuGH, Urt. v. 31.1.2013, Rs. C-12/11 – *McDonagh*, ECLI:EU:C:2013:43, Rn. 63.
709 Ausführlich dazu, siehe § 2 A. V.
710 *Synodinou*, in: dies. u.a., EU Internet Law, S. 217, 260.
711 *Jarass*, in: ders., Art. 17 GRCh Rn. 37 m.w.N.

aa) Geringe Eingriffsintensität

Mit der grenzüberschreitenden Portabilität geht nur ein sehr schwacher Eingriff in das Eigentumsrecht der Rechteinhaber einher. Wie sich bereits gezeigt hat, bleibt die Möglichkeit der Gebietslizenzierungen erhalten. Ein grenzüberschreitender Zugriff ist nur zu ermöglichen, wenn ein Abonnent während eines Auslandsaufenthalts auf seinen im Wohnsitzmitgliedstaat abonnierten Online-Inhaltedienst zugreifen möchte. Dadurch wird die Auswertung der geschützten Inhalte im Rahmen einer zeitlich gestaffelten Verwertungskaskade, welche derzeit der wesentliche Finanzierungsmechanismus in der Filmindustrie ist, in keiner Weise gefährdet und auch die Preisdifferenzierungsstrategien innerhalb des europäischen Binnenmarktes können fortbestehen. Eine kommerzielle Verwertbarkeit der Inhalte sowie eine damit einhergehende angemessene Vergütung der Rechteinhaber sind demnach weiterhin gewährleistet. Dies gilt unabhängig davon, ob die Portabilität zeitlich unbegrenzt oder auf einen bestimmten Zeitraum beschränkt möglich ist.

bb) Zugangsinteresse der Verbraucher

Der Verbraucherschutz und die aus ökonomischer Perspektive schutzwürdigen Verbrauchererwartungen haben bereits primärrechtlich, wie es sich aus Art. 169 AEUV und Art. 38 GRCh ergibt, einen überaus hohen Stellenwert.[712] Hinzukommt, dass dem Unionsgesetzgeber bei der Festlegung seiner dem Allgemeinwohl dienenden Ziele ein weiter Ermessens- und Beurteilungsspielraum zusteht. Daher ist diesen Zielen im Rahmen der Verhältnismäßigkeitsprüfung generell ein hohes Gewicht beizumessen und es besteht nur eine stark abgesenkte (gerichtliche) Kontrolldichte für evident unverhältnismäßige Maßnahmen.[713]

Außerdem spricht ein weiterer entscheidender Aspekt zugunsten der berechtigten Verbrauchererwartungen und damit für einen gerechten Ausgleich zwischen Verbraucherschutz und dem Eigentumsrecht der Rechteinhaber bei einer zeitlich unbegrenzten Möglichkeit der Portabilität: Für die Nutzung des Online-Inhaltedienstes im Wohnsitzmitgliedstaat haben die Abonnenten bereits ein Entgelt bezahlt und die Rechteinhaber eine angemessene Vergütung erhalten.[714] Die Nutzungsintensität des Dienstes beziehungsweise der Inhalte

---

712 EuGH, Urt. v. 31.1.2013, Rs. C-12/11- *McDonagh*, ECLI:EU:C:2013:43, Rn. 69.

713 Vgl. *Jarass*, in: ders., Art. 17 GRCh Rn. 41 m.w.N.; so zum nationalen Gesetzgeber, *Bernsdorff*, in: Meyer/Hölscheidt, Art. 17 GRCh Rn. 21; zum Überblick über die Kritik aus der Literatur, siehe *Calliess*, in: ders./Ruffert, Art. 17 GRCh Rn. 35.

714 Ausführlich dazu, siehe § 2 A. V.

geht aufgrund der Portabilität damit nicht über das Maß hinaus, für das die Rechteinhaber bereits vergütet wurden, da sich der Personenkreis der Nutzer dadurch nicht erweitert.[715] Dies ist auch der Grund für die primärrechtliche Gebotenheit der grenzüberschreitenden Portabilität,[716] was sich ebenfalls auf die Rechtfertigung des Eigentumseingriffs auswirkt.[717] Bei einem Vergütungsmodell, dass auf der jeweiligen Zahl der Abrufe basiert, kann sich die Portabilität für die Rechteinhaber sogar positiv auswirken, da die Zugriffszahlen durch eine Nutzungsmöglichkeit bei Auslandsaufenthalten in der EU potenziell steigen. Zudem würden sich die Abonnenten bei einem kurzfristigen Aufenthalt im Ausland meist keinen kostenpflichtigen Zugang zu Online-Inhalten, die eigentlich in ihrem Abonnement enthalten sind, verschaffen, sondern stattdessen auf die Nutzung des Online-Inhaltedienstes verzichten. Daher geht den Rechteinhabern durch die Portabilität auch keine zusätzliche Einnahmemöglichkeit verloren.

5. *Wechselwirkung zwischen Grundfreiheiten und Grundrechten*

Die Portabilitätsverordnung verfolgt den Zweck, den europäischen Binnenmarkt im digitalen Bereich voranzutreiben und eine durch die Dienstleistungsfreiheit ohnehin gebotene grenzüberschreitende Zugriffs- und Nutzungsmöglichkeit für die im Wohnsitzmitgliedstaat abonnierten Online-Inhaltedienste zu schaffen. Soweit der eigentumsrechtliche Grundrechtsschutz der Rechteinhaber für eine zeitliche Beschränkung der grenzüberschreitenden Portabilität spricht, fordert dieser die restriktive Auslegung einer sekundärrechtlichen Norm, mit welcher ein Zustand geschaffen wird, den die Dienstleistungsfreiheit seit jeher gebietet. Damit stützen die Grundrechte der Rechteinhaber und die Dienstleistungsfreiheit die Auslegung des Kriteriums des „vorübergehenden Aufenthalts" in einem Mitgliedstaat in zwei grundsätzlich konträre Richtungen: die Dienstleistungsfreiheit in eine möglichst extensive und die Grundrechte eine möglichst restriktive.

Die GRCh steht gemäß Art. 6 I UA 1 EUV gleichrangig neben den primärrechtlichen Vorschriften der Verträge. Daher darf bei einer Kollision zwischen

715 *Europäische Kommission*, Vorschlag Portabilitätsverordnung, COM(2015) 627 final, S. 7; *Martiny*, ZUM 2018, 772, 780; *Peifer*, in: De Franceschi, European Contract Law and the Digital Single Market, S. 163, 167 f.; *Sutterer*, in: Hennemann/Sattler, Immaterialgüterrecht und Digitalisierung, S. 145, 148; *Wiebe*, ZUM 2015, 932, 940.

716 Ausführlich dazu, siehe § 2 A. V.

717 Zum Verhältnis zwischen Grundrechten und Grundfreiheiten, siehe § 3 B. I. 5.

dem Primärrecht und den Grundrechten letzteren nicht pauschal in der Weise Vorrang gewährt werden, dass sekundärrechtliche Vorschriften grundrechtskonform ausgelegt werden und die Wertungen der anderen primärrechtlichen Vorschriften bei der Auslegung gänzlich unberücksichtigt bleiben.[718] Um einen Konflikt zwischen Grundfreiheiten und Grundrechten aufzulösen, müssen die Wertungen der Grundrechte oder Grundfreiheiten bei den Schranken des anderen Freiheitsrechts Berücksichtigung finden.[719] Daher kann grundsätzlich sowohl der Grundrechtsschutz eine Beschränkung der Grundfreiheiten legitimieren[720] als auch die Grundfreiheiten einen Grundrechtseingriff.[721] Nur wenn die Beeinträchtigung eines nicht beschränkbaren Grundrechts im Raum steht, ist der grundrechtlichen Wertung generell Vorrang zu gewähren.[722] Bis auf diesen Sonderfall sind die Grundfreiheiten und Grundrechte im Kollisionsfall jedoch soweit wie möglich mittels praktischer Konkordanz in Einklang zu bringen.[723] Es bedarf daher einer alle Umstände des Einzelfalls berücksichtigenden Abwägung, um ein rechtes Gleichgewicht zwischen den Interessen aller beteiligten Akteure und den Freiheitsrechten herzustellen.[724] Alternativ zum Ausgleich im Wege der praktischen Konkordanz, der mit Blick auf die Gleichrangigkeit von Grundrechten und sonstigen primärrechtlichen

---

718 *Jarass*, EuR 2013, 29, 30.

719 *Ehlers*, in: ders., Europäische Grundrechte und Grundfreiheiten, § 14 Rn. 24; *Kahl/Schwind*, EuR 2014, 170, 173 f.

720 EuGH, Urt. v. 18.12.2007, Rs. C-341/05 – *Laval*, ECLI:EU:C:2007:809, Rn. 93; EuGH, Urt. v. 11.12.2007, Rs. C-438/05 – *Viking*, ECLU:EU:C:2007:772, Rn. 45; EuGH, Urt. v. 14.10.2004, Rs. C-36/02 – *Omega*, ECLI:EU:C:2004:614, Rn. 35; EuGH, Urt. v. 12.6.2003, Rs. C-112/00 – *Schmidberger*, ECLI:EU:C:2003:333, Rn. 74; *Jarass*, in: ders., Art. 53 GRCh Rn. 13; *Jarass*, EuR 2013, 29, 31.

721 EuGH, Urt. v. 15.7.2010, Rs. C-271/08 – *Kommission/Deutschland*, ECLI:EU:C:2010:426, Rn. 43 ff., 52; *Jarass*, in: ders., Art. 53 GRCh Rn. 13; *Jarass*, EuR 2013, 29, 31; *Kahl/Schwind*, EuR 2014, 170, 178 f.

722 *Jarass*, EuR 2013, 29, 30; ähnlich EuGH, Urt. v. 3.9.2008, verb. Rs. C-402/05 P und C-415/05 P – *Kadi*, ECLI:EU:C:2008:461, Rn. 303 f.

723 EuGH, Urt. v. 15.7.2010, Rs. C-271/08 – *Kommission/Deutschland*, ECLI:EU:C:2010:426, Rn. 43 ff., 52; EuGH, Urt. v. 12.6.2003, Rs. C-112/00 – *Schmidberger*, ECLI:EU:C:2003:333, Rn. 81; *Jarass*, in: ders., Art. 53 GRCh Rn. 12; *Jarass*, EuR 2013, 29, 30; zur Auswertung der Rechtsprechung des EuGH, siehe *Kahl/Schwind*, EuR 2014, 170, 173 ff.

724 EuGH, Urt. v. 15.7.2010, Rs. C-271/08 – *Kommission/Deutschland*, ECLI:EU:C:2010:426, Rn. 43 ff., 52; EuGH, Urt. v. 12.6.2003, Rs. C-112/00 – *Schmidberger*, ECLI:EU:C:2003:333, Rn. 81.

Vorschriften vorzuziehen ist, könnte der Grundrechtsschutz, wie es der EuGH in den Entscheidungen *Viking* und *Laval* annahm, auch als zwingender Grund des Allgemeininteresses eingeordnet werden, der dazu in der Lage ist, eine Beschränkung der Grundfreiheiten zu rechtfertigen.[725]

Soweit die Grundrechte der Rechteinhaber für eine temporäre Beschränkung der Portabilität sprechen, kann die Dienstleistungsfreiheit demnach fruchtbar gemacht werden, um einer dahingehenden Auslegung des „vorübergehenden Aufenthalts" Einhalt zu gebieten. Voraussetzung dafür ist, dass durch die zeitlich unbefristete Möglichkeit der grenzüberschreitenden Portabilität das Eigentumsrecht der Rechteinhaber nicht unverhältnismäßig eingeschränkt wird.[726] Darin spiegelt sich die Lehre vom spezifischen Gegenstand des Urheberrechts wider bzw. spiegelt sich in dieser die soeben dargelegte Wechselwirkung der Freiheitsrechte wider.[727] Danach ist eine Beschränkung der Dienstleistungsfreiheit zulässig, wenn sie zum Schutz des spezifischen Gegenstandes des geistigen Eigentums notwendig ist. Dieser garantiert den Rechteinhabern in wirtschaftlicher Hinsicht eine angemessene, nicht jedoch die höchstmögliche Vergütung für die Werknutzung.[728] Deutet man dies grundrechtsdogmatisch mit Blick auf Art. 17 GRCh, wägt der EuGH die Dienstleistungsfreiheit mit dem Eingriff in das grundrechtlich geschützte (geistige) Eigentum ab. Die Lehre vom spezifischen Gegenstand ist demnach Ausfluss des Grundsatzes, dass die Schranken der Grundfreiheiten im Lichte der Unionsgrundrechte auszulegen[729] und die Grundfreiheiten in Hinblick auf den Schutz des geistigen Eigentums zu beschränken sind. Daher lässt sich die Lehre vom spezifischen Gegenstand auch bei der Frage heranziehen, wie sich die Wechselwirkung zwischen Grundfreiheiten und Grundrechten auf die Auslegung des Kriteriums des „vorübergehenden Aufenthalts" auswirkt und inwieweit demnach eine temporäre Beschränkung der grenzüberschreitenden Zugriffsmöglichkeit geboten ist. Die Grenze, welche die Grundrechte und damit der spezifische Gegenstand des

---

725 EuGH, Urt. v. 18.12.2007, Rs. C-341/05 – *Laval*, ECLI:EU:C:2007:809, Rn. 103; EuGH, Urt. v. 11.12.2007, Rs. C-438/05 – *Viking*, ECLU:EU:C:2007:772, Rn. 77.

726 Zur Notwendigkeit einer Verhältnismäßigkeitsprüfung, siehe EuGH, Urt. v. 12.6.2003, Rs. C-112/00 – *Schmidberger*, ECLI:EU:C:2003:333, Rn. 82.

727 Ausführlich zum spezifischen Gegenstand des Urheberrechts, siehe § 2 A. II. 3.

728 EuGH, Urt. v. 4.10.2011, verb. Rs. C-403/08, C-429/08 – *FAPL/Murphy*, ECLI:EU:C:2011:631, Rn. 104 ff.

729 Zu diesem Grundsatz, siehe EuGH, Urt. v. 11.7.2002, Rs. C-60/00 – *Carpenter*, ECLI:EU:C:2002:434, Rn. 46; EuGH, Urt. v. 18.6.1991, Rs. C-260/89 – *Elleniki Radiophonia Tileorassi*, ECLI:EU:C:1991:254, Rn. 43.

Urheberrechts den Grundfreiheiten setzen und die Möglichkeit, die Grundfreiheiten zur Rechtfertigung eines Grundrechtseingriffs heranzuziehen, sind identisch, da sich dahinter dieselbe Abwägung verbirgt. Demnach kann die Dienstleistungsfreiheit eine extensive Auslegung des Kriteriums des „vorübergehendenden Aufenthalts" nur insoweit stützen und einen mit der zeitlich unbegrenzten Möglichkeit der Portabilität einhergehenden Eigentumseingriff legitimieren, als der spezifische Gegenstand des geistigen Eigentums unberührt bleibt.

Wie sich bereits gezeigt hat, war die grenzüberschreitende Portabilität aufgrund der Dienstleistungsfreiheit seit jeher geboten, da sich die zeitlich unbefristete Möglichkeit der Portabilität nicht negativ auf die Finanzierungs- und Verwertungsstrukturen der Filmindustrie auswirkt. Zudem erweitert sich der Nutzerkreis nicht, sodass die Nutzung und Vergütung in einem angemessenen Verhältnis zueinander stehen. Daher bleibt der spezifische Gegenstand des Urheberrechts unberührt.[730] Aus diesem Grund lässt sich die Dienstleistungsfreiheit zur Legitimierung des ohnehin sehr schwachen Eingriffs in das Eigentumsrecht der Rechteinhaber, der mit der zeitlich unbefristeten Möglichkeit der grenzüberschreitenden Portabilität einhergeht, heranziehen und eine extensive Auslegung des Kriteriums des „vorübergehenden Aufenthalts" auf diese stützen. Außerdem ist zugunsten der Verbraucher zu berücksichtigen, dass das Ziel der Portabilitätsverordnung – dem berechtigten Interesse an einer europaweiten Zugriffsmöglichkeit auf die im Wohnsitzmitgliedstaat abonnierten Online-Inhaltedienste Geltung zu verschaffen – kaum zu erreichen wäre, wenn die Möglichkeit der Portabilität nur für einen bestimmten Zeitraum bestünde.[731]

Aus dieser grundrechtlichen Betrachtung lassen sich drei wesentliche Erkenntnisse gewinnen. Zum einen erfordern die Grundrechte der Rechteinhaber keine zeitliche Befristung der grenzüberschreitenden Portabilität, sodass eine dahingehende grundrechtskonforme Auslegung des „vorübergehenden Aufenthalts" nicht geboten ist. Zum anderen ergibt sich daraus zugleich, dass die grenzüberschreitende Portabilität von Online-Inhaltediensten *per se* ein gerechtfertigter Grundrechtseingriff in das Eigentumsrecht der Rechteinhaber ist, da das hohe Schutzniveau des Urheberrechts und der verwandten

730 Ausführlich dazu, siehe § 2 A. V.; *Wiebe*, ZUM 2015, 932, 940 hält die Portabilität ebenfalls für primärrechtlich geboten; zur Bedeutung der Nutzungsintensität für eine angemessene Vergütung, siehe EuGH, Urt. v. 4.10.2011, verb. Rs. C-403/08, C-429/08 – *FAPL/Murphy*, ECLI:EU:C:2011:631, Rn. 109.

731 *Synodinou*, in: dies. u.a., EU Internet Law, S. 217, 253.

Schutzrechte dadurch erhalten bleibt.[732] Zuletzt verdeutlicht dies aber auch, dass der Regelungsmechanismus der Portabilitätsverordnung funktionieren muss, damit es bei diesem leichten Grundrechtseingriff bleibt. Dafür ist insbesondere von Bedeutung, dass ein „Lizenz-Shopping" unter missbräuchlicher Berufung auf die Portabilitätsverordnung, durch das die Strukturen der Lizenzgebiete faktisch aufgebrochen und die Filmfinanzierungs- und Verwertungsmodelle gefährdet werden könnten, ausgeschlossen ist. Dies ist letztlich auch der einzige Aspekt, der für eine Befristung der Portabilität auf einen bestimmten Zeitraum sprechen würde, da die Missbrauchsmöglichkeit sinkt, wenn die Portabilität ohnehin nur zeitlich begrenzt möglich ist.

6. *Dreistufentest*

Mit Blick darauf, dass die grenzüberschreitende Portabilität primärrechtlich geboten ist, schränkt die Portabilitätsverordnung die Ausschließlichkeitsrechte der Rechteinhaber nicht ein, sondern stellt lediglich den Zustand her, der aus primärrechtlicher Perspektive ohnehin schon längst Realität hätte sein müssen. Die Befugnis, die grenzüberschreitende Portabilität innerhalb des europäischen Binnenmarktes mit den urheberrechtlichen Ausschließlichkeitsrechten zu verhindern, war daher schon vor Inkrafttreten der Portabilitätsverordnung nicht von den Ausschließlichkeitsrechten gedeckt. Diese erfuhren durch die Binnenmarktvorschriften eine immanente Beschränkung. Daher begründet die Portabilitätsverordnung selbst keine Beschränkung des urheberrechtlichen Schutzumfangs, womit sie keine klassische urheberrechtliche Schrankenregelung ist.[733] Dies wird dadurch bestätigt, dass die Fiktion des Art. 4 Portabilitäts-VO den Wohnsitzmitgliedstaat des Abonnenten als Ort der Bereitstellung fingiert, womit in den Mitgliedstaaten, in denen ein Anbieter den Abonnenten den Zugriff auf den Dienst und dessen Nutzung bei Auslandsaufenthalten ermöglicht, überhaupt keine urheberrechtlich relevante Nutzungshandlung vorliegt. Damit schränkt die Fiktion den Schutzumfang urheberrechtlicher Ausschließlichkeitsrechte in diesen Mitgliedstaaten nicht ein, sondern sie verhindert die Vornahme einer urheberrechtlich relevanten Handlung, die überhaupt von einem urheberrechtlichen Ausschließlichkeitsrecht erfasst werden könnte.

---

732 Nach Erwägungsgrund 12 Portabilitäts-VO ist es Ziel der Portabilitätsverordnung, dieses hohe Schutzniveau aufrecht zu erhalten.

733 Zur Definition des Schrankenbegriffs, siehe *Stieper*, Schranken des Urheberrechts, S. 5; *Schack*, Urheber- und Urhebervertragsrecht, Rn. 512 f.

Blendet man die Binnenmarktvorschriften aus und richtet den Blick auf die tatsächliche Lage, gestattet die Portabilitätsverordnung den Anbietern von Online-Inhaltediensten, urheberrechtlich geschützte Inhalte in Mitgliedstaaten zugänglich zu machen, für welche sie keine Lizenz erworben haben. Aus diesem Grund könnte sich die Portabilitätsverordnung aus völkerrechtlicher Perspektive als Schrankenregelung einordnen lassen.[734] Da die EU der WTO angehört und Vertragspartei des WCT, TRIPS sowie des WPPT ist, müsste sich die Portabilitätsverordnung in diesem Fall an dem in Art. 13 TRIPS, Art. 10 WCT, Art. 16 II WPPT sowie Art. 9 II RBÜ – der über das TRIPS sowie Art. 10 II WCT zu berücksichtigen ist – verankerten Dreistufentest für urheberrechtliche Schranken messen lassen.[735] Dieser ist durch das TRIPS-Abkommen und die WIPO-Urheberrechtsverträge auf das gesamte Urheberrecht anwendbar.[736] Er schützt die Interessen der Rechteinhaber durch drei kumulative Voraussetzungen, welche die Ausnahmen und Beschränkungen der Schutzrechte erfüllen müssen:[737] Erstens müssen die danach zulässigen Nutzungen auf bestimmte Sonderfälle begrenzt sein, zweitens dürfen sie die normale Auswertung eines Werkes nicht beeinträchtigen und drittens dürfen die Interessen der Rechteinhaber nicht unzumutbar beeinträchtigt werden. Im Folgenden wird untersucht, inwieweit eine zeitlich unbeschränkte Möglichkeit der grenzüberschreitenden Portabilität mit dem Dreistufentest vereinbar ist. Das dadurch gefundene Ergebnis wirkt sich unmittelbar auf die Auslegung der Portabilitätsverordnung aus.[738] Denn soweit eine zeitlich unbeschränkte Möglichkeit der grenzüberschreitenden Portabilität mit dem urheberrechtlichen Dreistufentest vereinbar ist, steht eine völkerrechtskonforme Auslegung einem extensiven Verständnis des „vorübergehenden Aufenthalts" in einem Mitgliedstaat nicht

---

734 Nach *Synodinou*, in: dies. u.a., EU Internet Law, S. 217, 238 ff. ist die Portabilitätsverordnung ein Hybrid aus subjektiven Rechten und einer urheberrechtlichen Schrankenregelung.

735 *Synodinou*, in: dies. u.a., EU Internet Law, S. 217, 240, 251 ff.; zum Verhältnis der Portabilitätsverordnung zu den internationalen Urheberrechtsverträgen, siehe *Engels/J. B. Nordemann*, in: Fromm/Nordemann, Portabilitäts-VO Einl. Rn. 8.

736 *Geiger/Griffith/Hilty*, GRUR Int 2008, 822.

737 Zur Entwicklung des Dreistufentests, siehe *Senftleben* GRUR Int 2004, 200 ff.; *Bornkamm*, FS Erdmann, S. 29, 30 ff.

738 Erwägungsgrund 7 Portabilitäts-VO hebt explizit hervor, dass die Auslegung des Unionsrechts soweit wie möglich mit den internationalen Urheberrechtsverträgen vereinbar sein sollte.

entgegen, sodass die Möglichkeit der Portabilität keiner zeitlichen Befristung unterliegt.[739]

a) Bestimmter Sonderfall

aa) Bestimmtheit des Sonderfalls

Die erste Voraussetzung des Dreistufentests setzt sich aus zwei Komponenten zusammen. Es muss ein Sonderfall vorliegen und zugleich muss dieser bestimmt sein. Daher liegt es nahe, dass für Ausnahmen und Beschränkungen des Urheberrechts das Bestimmtheitsgebot gilt.[740] Das WTO-Panel ging davon aus, dass Ausnahmen und Beschränkungen „clearly defined" sein müssten, wofür es zwar nicht notwendig sei, dass aus einer Schrankenregelung sämtliche von ihr erfassten Einzelfälle ersichtlich sind, doch müsse deren Reichweite klar abgesteckt sein,[741] was letztlich eine relativ präzise Formulierung der Schrankenregelung erfordert. Die Formulierung „bestimmte Sonderfälle" oder im Englischen „certain special cases" lässt jedoch durchaus auch ein liberales Verständnis zu, nach dem mehrere, im Einzelnen nicht genau bestimmte Sonderfälle von einer Regelung erfasst sein können und damit die Reichweite der Schranke nicht ganz genau bestimmt sein muss.[742] Dies ist insbesondere dadurch nahegelegt, dass der in die TRIPS-Verhandlungen eingebrachte Vorschlag, dass die Sonderfälle klar und umsichtig definiert sein sollten, in der endgültigen Formulierung nicht berücksichtigt wurde.[743] Das Bestimmtheitsgebot im Rahmen des Dreistufentests erfordert daher lediglich, dass ein bestimmter Bereich freigestellter Nutzungen aus den Schranken ersichtlich wird.[744]

Bei der Portabilitätsverordnung ist problematisch, dass diese das zentrale Kriterium des „vorübergehenden Aufenthalts in einem anderen Mitgliedstaat" hinsichtlich des zeitlichen Aspekts nicht genau definiert. Präzise bestimmt wäre das Kriterium des „vorübergehenden Aufenthalts" nur in drei Fällen: (1.) Bei einer starren zeitlichen Grenze, (2.) bei einer Beschränkung der Portabilität

---

739 Zur völkerrechtskonformen Auslegung des Unionsrechts, siehe *Müller/Christensen*, Juristische Methodik, Band II, Rn. 165; *Stotz*, in: Riesenhuber, Europäische Methodenlehre, § 22 Rn. 22.

740 *Ficsor*, The Law of Copyright and the Internet, S. 516 Rn. C10.03; so wohl auch *Reinbothe/v. Lewinski*, The WIPO Treaties on Copyright, Rn. 7.10.24.

741 *WTO-Panel*, WT/DS160/R, 6.108.

742 *Senftleben*, GRUR Int 2004, 200, 206; a.A. *Ficsor*, The Law of Copyright and the Internet, S. 516 Rn. C10.03.

743 *Senftleben*, GRUR Int 2004, 200, 206.

744 *Senftleben*, GRUR Int 2004, 200, 207.

auf bestimmte Zwecke des Auslandsaufenthalts und (3.) bei einer zeitlich unbegrenzten Möglichkeit der Portabilität. Sofern die Portabilitätsverordnung eine der erstgenannten Möglichkeiten anstrebt, ohne inhaltliche Vorgaben dazu zu machen, bestünde keine Klarheit, in welchen Einzelfällen die Portabilität zu ermöglichen wäre. Sofern sich durch die Auslegung der Portabilitätsverordnung ergibt, dass eine Nutzung in einem anderen Mitgliedstaat so lange möglich sein muss, bis dieser zum neuen Wohnsitzmitgliedstaat des Abonnenten wird, ist die Unschärfe der Formulierung beseitigt. Allerdings tritt dadurch ein weiteres Bestimmtheitsdefizit der Portabilitätsverordnung zu Tage. Diese definiert den Wohnsitzmitgliedstaat der Abonnenten in ihrem Art. 2 Nr. 3 als den Mitgliedstaat, in dem diese ihren tatsächlichen und dauerhaften Wohnsitz haben. Wegen der Pluralität an Anknüpfungspunkten für den „tatsächlichen und dauerhaften Wohnsitz“, ist unklar, nach welchen Kriterien sich der Wohnsitzmitgliedstaat im Sinne der Portabilitätsverordnung bestimmt.[745] Dies führt wieder zu Unklarheit bei der Frage, ob ein vorübergehender Aufenthalt außerhalb des Wohnsitzmitgliedstaates vorliegt. Zwar sind in Art. 5 I 1 Portabilitäts-VO eine Reihe von Überprüfungsmaßnahmen vorgesehen, mit denen es den Anbietern möglich sein soll, den Wohnsitzmitgliedstaat der Abonnenten zu ermitteln, doch können auch diese zu verschiedenen Ergebnissen führen. Da das Bestimmtheitskriterium im Rahmen des Dreistufentests jedoch nicht überspannt werden sollte, reicht die Definition „tatsächlich und dauerhaft“ in Verbindung mit den Überprüfungsmaßnahmen aus, um dem Kriterium des „Wohnsitzmitgliedstaates“ und damit zugleich dem Kriterium des „vorübergehenden Aufenthalts“, das die Anwendbarkeit der Portabilitätsverordnung maßgeblich bestimmt, ausreichend zu konturieren. Schließlich zeigt sich dadurch ein bestimmter Bereich freigestellter Nutzungen.[746] Die Reichweite der Verordnung muss gerade nicht derart konkretisiert sein, dass sich aus ihr für jeden Einzelfall sofort ergibt, ob und wie lange die Portabilität zu ermöglichen ist.

bb) Sonderfall

Die Beurteilung, ob ein Sonderfall vorliegt, könnte mit Hilfe eines quantitativen Kriteriums vorgenommen werden. Entscheidend wäre danach, ob die von einer Schranke abgedeckten Nutzungshandlungen in quantitativer Hinsicht

---

745 Ausführlich zum Verständnis des Wohnsitzmitgliedstaates, siehe § 3 C.

746 *Senftleben*, GRUR Int 2004, 200, 207; größere Schwierigkeiten würde das engere Verständnis des WTO-Panels aufwerfen, wonach die Reichweite klar bestimmt sein müsse, siehe dazu *WTO-Panel*, WT/DS160/R, 6.108.

zur normalen Verwertung des Werkes Sonderfälle sind.[747] Nach herrschender Meinung ist jedoch ein qualitatives Kriterium heranzuziehen, wonach der Zweck einer Beschränkung entscheidend ist.[748] Sofern eine Schranke für den Schutz von Allgemeinwohlbelangen hohe Bedeutung hat, liegt ein Sonderfall vor.[749]

Nachdem die Portabilitätsverordnung den berechtigten wirtschaftlichen Interessen der Verbraucher hinsichtlich des grenzüberschreitenden Zugangs zu Online-Inhaltediensten Rechnung trägt, ist sie für Belange der Allgemeinheit von hoher Relevanz. Die besondere Bedeutung des Verbraucherschutzes sowie der Förderung wirtschaftlicher Interessen der Verbraucher verdeutlichen Art. 169 I AEUV sowie Art. 38 I GRCh. Damit bezieht sich die Portabilitätsverordnung selbst dann auf einen Sonderfall im Sinne des Dreistufentests, wenn man dem Kriterium des Sonderfalls ein restriktives Verständnis zugrunde legt.[750]

b) Beeinträchtigung der normalen Auswertung

Eine Schrankenregelung beeinträchtigt die normale Auswertung der Ausschließlichkeitsrechte, wenn die Rechteinhaber durch sie eine tatsächliche Einnahmequelle, die von beachtlicher Bedeutung für die Gesamtverwertung ist, oder eine Einnahmequelle, die potenziell hohe wirtschaftliche Relevanz erlangen kann, verlieren.[751] Dies ist der Fall, wenn die von der Schranke gestattete „Nutzung zur herkömmlichen Nutzung in unmittelbaren Wettbewerb tritt“[752] und dadurch der „Umfang an Verkäufen oder anderen rechtmäßigen Transaktionen im Zusammenhang mit dem geschützten Werk“ verringert wird.[753]

747 *Senftleben*, GRUR Int 2004, 200, 207.

748 EuGH, Urt. v. 5.6.2014, Rs. C-360/13 – *PRCA/NLA*, ECLI:EU:C:2014:1195, Rn. 55; *Bornkamm*, FS Erdmann, S. 29, 45 f.; *Melichar/Stieper*, in: Schricker/Loewenheim, Vor §§ 44a UrhG ff. Rn. 30; *Reinbothe/v. Lewinski*, The WIPO Treaties on Copyright, 7.10.25; *Runge*, GRUR Int 2007, 130, 133 f.; mit ausführlicher Begründung, *Senftleben*, GRUR Int 2004, 200, 207 f.; das WTO-Panel stellt sowohl quantitative als auch qualitative Anforderungen an einen Sonderfall, siehe *WTO-Panel*, WT/DS160/R, 6.109.

749 *Runge*, GRUR Int 2007, 130, 133 f.; *Senftleben*, GRUR Int 2004, 200, 207.

750 So gefordert vom *WTO-Panel*, WT/DS160/R, 6.109.

751 *WTO-Panel*, WT/DS160/R, 6.180.

752 BGH, Urt. v. 28.11.2013 – I ZR 76/12 – *Meilensteine der Psychologie*, ZUM 2014, 524, 529 Rn. 50; ähnlich *Bornkamm*, FS Erdmann, S. 29, 46 f.; *WTO-Panel*, WT/DS160/R, 6.181.

753 EuGH, Urt. v. 10.4.2014, Rs. C-435/12 – *ACI Adam/Thuiskopie*, ECLI:EU:C:2014:254, Rn. 39; so auch *Ficsor*, The Law of Copyright and the Internet, S. 516 Rn. C10.03.

Indem die Portabilitätsverordnung den Anbietern die Möglichkeit gibt, den Abonnenten die Inhalte grenzüberschreitend zugänglich zu machen, stellt sie eine Nutzung frei, für welche die Anbieter ansonsten zusätzliche Nutzungsrechte benötigen würden und eine gesonderte Lizenzgebühr zahlen müssten. Wie sich bereits im Rahmen der primärrechtlichen Gebotenheit der grenzüberschreitenden Portabilität gezeigt hat, können die Gebietslizenzierungspraktiken und die darauf basierenden Finanzierungsmodelle der Filmindustrie dennoch aufrechterhalten werden. Sofern die Voraussetzungen der Portabilitätsverordnung einer strengen Prüfung unterliegen und die Grenzen der Lizenzgebiete nicht unter missbräuchlicher Berufung auf die Portabilitätsverordnung aufgebrochen werden, besteht daher keine Gefahr für die Auswertung. Zudem hat die Verwertungsmöglichkeit, den Anbietern die grenzüberschreitende Zugänglichmachung der Inhalte zum Zwecke der Portabilität entgeltlich zu gestatten, im Rahmen der Gesamtverwertung keine nennenswerte wirtschaftliche Relevanz. Damit führt die zeitlich unbefristete Möglichkeit der grenzüberschreitenden Portabilität nicht zur Beeinträchtigung der normalen Auswertung.

c) Ungebührliche Verletzung berechtigter Interessen

Auf der letzten Stufe des Dreistufentests sind die berechtigten Interessen der Rechteinhaber und die Interessen der Allgemeinheit an Zugangsfreiheit gegeneinander abzuwägen.[754] Dabei darf die Beeinträchtigung der berechtigten Interessen der Rechteinhaber in Hinblick auf den mit der Schranke angestrebten Zweck nicht unverhältnismäßig sein.[755] Berechtigt sind die Interessen der Rechteinhaber, sofern sie sich auf dieselben kulturellen, wirtschaftlichen oder sozialen Erwägungen stützen, die auch das Urheberrecht selbst rechtfertigen.[756] Das wirtschaftliche Interesse an der kommerziellen Verwertung geschützter Inhalte ist daher berechtigt.

Nachdem die Portabilitätsverordnung nicht in die etablierten Verwertungsstrukturen eingreift, bleibt auch eine ungebührliche Verletzung der berechtigten Interessen der Rechteinhaber aus. Dies führt zu dem wenig überraschenden Ergebnis, dass die zeitlich unbefristete Möglichkeit der grenzüberschreitenden

---

754 BGH, Urt. v. 28.11.2013 – I ZR 76/12 – *Meilensteine der Psychologie*, ZUM 2014, 524, 529 Rn. 56 m.w.N.; *Runge*, GRUR Int 2007, 130, 134.

755 BGH, Urt. v. 28.11.2013 – I ZR 76/12 – *Meilensteine der Psychologie*, ZUM 2014, 524, 529 Rn. 56; *Senftleben*, GRUR Int 2004, 200, 210 f.; *Stieper*, Schranken des Urheberrechts, S. 74.

756 *Senftleben*, GRUR Int 2004, 200, 210.

Portabilität mit dem Dreistufentest vereinbar ist. Schließlich ist kaum ein Fall denkbar, in dem eine Schranke einen verhältnismäßigen Eingriff in Art. 17 GRCh begründet, zugleich jedoch die Kriterien des Dreistufentests nicht erfüllt.[757] Soweit man die Portabilitätsverordnung aus völkerrechtlicher Perspektive als Schrankenregelung einordnet, steht damit auch der urheberrechtliche Dreistufentest einer extensiven Auslegung des „vorübergehenden Aufenthalts in einem Mitgliedstaat“ nicht entgegen.

II. Verständnis des „vorübergehenden Aufenthalts“

Eine zeitliche Befristung der grenzüberschreitenden Portabilität ist rechtlich nicht zwingend geboten. Allerdings lässt sich die These, dass ein Aufenthalt in einem anderen Mitgliedstaat solange als vorübergehend gilt, bis dieser zum neuen Wohnsitzmitgliedstaat des Abonnenten wird, damit noch nicht verifizieren. Schließlich könnte mit dem Kriterium des „vorübergehenden Aufenthalts“ der Zweck verfolgt werden, die Möglichkeit der Portabilität auf eine bestimmte Zeitspanne oder bestimmte Gründe der Auslandsaufenthalte zu beschränken, obwohl dies rechtlich nicht notwendig wäre. Daher wird zunächst untersucht, weshalb das Kriterium des „vorübergehenden Aufenthalts“ sowie dessen Definition Bestandteil der Portabilitätsverordnung wurden. Anschließend wird analysiert, welches Verständnis des „vorübergehenden Aufenthalts“ sich durch eine systematische sowie eine teleologische Auslegung ergibt, die auch den *effet utile* der Portabilitätsverordnung berücksichtigt. Kommt die Auslegung zu dem Ergebnis, dass ein Aufenthalt in einem anderen Mitgliedstaat bis zur Änderung des Wohnsitzmitgliedstaates als vorübergehend gilt, lässt sich die These, welche dies statuiert, bestätigen.

1. Das Kriterium des vorübergehenden Aufenthalts im Gesetzgebungsverfahren

Bereits im ersten Verordnungsentwurf der Kommission vom 09.12.15 war der „vorübergehende Aufenthalt in einem Mitgliedstaat“ Voraussetzung für den grenzüberschreitenden Zugang. Allerdings definierte der Entwurf den „vorübergehenden Aufenthalt“ ohne ein zeitliches Element als „den Aufenthalt des Abonnenten in einem anderen Mitgliedstaat als dem Wohnsitzmitgliedstaat“.[758]

757 *Stieper*, Schranken des Urheberrechts, S. 74.

758 *Europäische Kommission*, Vorschlag Portabilitätsverordnung, COM(2015) 627 final, Art. 2 lit. d, S. 18.

Mit dieser Definition wäre es durchaus vereinbar gewesen, wenn jeder Aufenthalt in einem Mitgliedstaat als vorübergehend gilt, bis sich der Wohnsitz des Abonnenten in diesen verlagert.[759] Mit diesem Verständnis der Definition hätte Klarheit bezüglich der Dauer eines vorübergehenden Aufenthalts bestanden und der einzige Unsicherheitsfaktor wäre die Definition und Verifizierung des Wohnsitzmitgliedstaates der Abonnenten gewesen. Dennoch zog die Definition aufgrund keiner ausdrücklichen zeitlichen Konturierung Kritik auf sich.[760] Infolgedessen wurde sie erstmals im Kompromissvorschlag der Ratspräsidentschaft und daraufhin in der Allgemeinen Ausrichtung des Rates um die Formulierung des „zeitlich begrenzten Aufenthalts“ ergänzt.[761] Diese Formulierung fand sich schließlich auch im Ergebnis des Trilogs zwischen Europäischem Parlament, Kommission und Rat als Kompromiss wieder[762] und wurde in die final verabschiedete Fassung der Portabilitätsverordnung übernommen. Dem Europäischen Parlament zufolge soll die Ergänzung der Definition um das Kriterium „zeitlich begrenzt“ als Richtschnur für eine gerechte Anwendung der Portabilitätsverordnung dienen.[763] Tatsächlich bringt sie im Vergleich zur ursprünglichen Definition im Kommissionsentwurf jedoch mehr Unsicherheit als Nutzen, da die Formulierung jetzt ihrem Wortlaut nach eine zeitliche Begrenzung der Portabilität nahelegt, die Verordnung jedoch keine Hinweise enthält, wie lange die Portabilität ermöglicht werden muss. Lediglich in Erwägungsgrund 1 finden sich exemplarisch verschiedene Anlässe für Auslandsaufenthalte, bei denen der Aufenthalt als vorübergehend gilt. Hierzu gehören Auslandsaufenthalte zu Urlaubs-, Reise-, Geschäfts- oder Studienzwecken, wie einem Auslandssemester oder auch einem Bachelor- bzw. Masterstudiengang im Ausland. Zwar lässt sich dieser Aufzählung entnehmen, dass ein Auslandsaufenthalt sehr kurz oder auch relativ lange dauern kann, mehr aber auch nicht.

a) Bedeutung im Kommissionsentwurf

Aus dem ersten Entwurf der Portabilitätsverordnung der Europäischen Kommission vom 09.12.2015 geht hervor, dass sie den grenzüberschreitenden Zugriff auf Online-Inhaltedienste für die Abonnenten zeitlich unbefristet

---

759 *Ehle/Werner*, CR 2017, 376, 377; *Heyde*, ZUM 2017, 712, 718.

760 Siehe dazu bereits § 3 A. II. 4.

761 *Rat*, Allgemeine Ausrichtung Portabilitätsverordnung, 8939/16, Art. 2 lit. d, S. 19.

762 *Rat*, Trilogergebnis Portabilitätsverordnung, 6091/17, Art. 2 lit. d, S. 23.

763 *Madiega*, Cross-border portability of online content services, S. 9.

ermöglichen wollte. Dies zeigt sich zum einen daran, dass auch Auslandsaufenthalte zu Studienzwecken, also Auslandsaufenthalte über sehr lange Zeiträume, noch als vorübergehend gelten sollten. Denn ein Auslandssemester kann mehrere Monate oder das Absolvieren eines gesamten Studiengangs im Ausland sogar mehrere Jahre in Anspruch nehmen. Zum anderen ergibt sich aus der Folgenabschätzung der Kommission, die zusammen mit dem ersten Entwurf der Portabilitätsverordnung veröffentlicht wurde, welches Konzept mit dem Kriterium des „vorübergehenden Aufenthalts" verfolgt wurde. Darin begründet die Kommission den Verzicht auf eine zeitliche Konkretisierung des „vorübergehenden Aufenthalts" damit, dass sich der Wohnsitzmitgliedstaat bei einem solchen Aufenthalt nicht ändere, was entscheidend für die Möglichkeit der grenzüberschreitenden Portabilität sein sollte.[764] Ein solches Verständnis ist dem Begriff des „vorübergehenden Aufenthalts" auch in anderen Rechtsbereichen zugrunde gelegt. Im Zusammenhang mit der VO (EG) 883/2204[765] zur Koordinierung der Systeme der sozialen Sicherheit ist ein „vorübergehender Aufenthalt" der Aufenthalt an einem anderen Ort als dem Wohnort, ohne dass sich der Mittelpunkt der Interessen dorthin verlagert.[766] Der Mittelpunkt der Interessen ist wiederum das Kriterium, nach dem sich der Wohnort gemäß Art. 11 I der dazugehörigen Durchführungsverordnung VO (EG) 987/2009[767] bestimmt. Daher gilt auch in diesem Regelungsbereich jeder Aufenthalt an einem Ort als vorübergehend, bis sich der Wohnort ändert.

Ziel im Rahmen der Portabilitätsverordnung war es außerdem, das Kriterium des „vorübergehenden Aufenthalts" möglichst flexibel zu gestalten, um Auslandsaufenthalte zu verschiedensten Zwecken und unterschiedlichster Längen in den Anwendungsbereich der Portabilitätsverordnung einzubeziehen.[768] Es wäre kaum zu bewältigen, eine fixe Zeitspanne festzulegen, die den

764 *Europäische Kommission*, Impact Assessment, SWD(2015) 270 final, S. 24.

765 Verordnung (EG) Nr. 883/2204 des Europäischen Parlaments und des Rates zur Koordinierung der Systeme der sozialen Sicherheit vom 29. April 2004, EU-ABl. L 166/1 v. 30.4.2004.

766 Definition der Generaldirektion Beschäftigung, Soziales und Integration der Europäischen Kommission, abrufbar unter: https://bit.ly/2GTj2mM.

767 Verordnung (EG) Nr. 987/2009 des Europäischen Parlaments und des Rates vom 16. September 2009 zur Festlegung der Modalitäten für die Durchführung der Verordnung (EG) Nr. 883/2004 über die Koordinierung der Systeme der sozialen Sicherheit, EU-ABl. L 284/1 v. 30.10.2009.

768 *Europäische Kommission*, Impact Assessment, SWD(2015) 270 final, S. 24 f.

Nutzerinteressen sowie den verschiedenen Arten von Online-Inhaltediensten, deren Geschäftsmodelle zudem einem stetigen Wandel unterliegen, gerecht wird.[769]

Während diese Aspekte kaum Zweifel daran lassen, dass die Portabilität keiner zeitlichen Höchstgrenze unterliegen sollte, verschafft folgende Erwägung der Kommission Gewissheit: Die Überprüfung des Wohnsitzmitgliedstaates sollte, wie es in der verabschiedeten Fassung der Portabilitätsverordnung ausdrücklich festgeschrieben ist, auf ein verhältnismäßiges Maß reduziert sein. Dieses Ziel wäre laut Kommission nicht zu erreichen, wenn der „vorübergehende Aufenthalt" auf eine zeitliche (Höchst-)Grenze beschränkt wäre, da dies eine Überprüfung der Aufenthaltsdauer in einem anderen Mitgliedstaat erfordern würde.[770] Eine zeitliche Beschränkung der Portabilität war von der Kommission mit dem Kriterium des „vorübergehenden Aufenthalts" daher nicht intendiert. Vielmehr wird aus ihren Ausführungen in der Folgenabschätzung ersichtlich, dass ein Auslandsaufenthalt in einem Mitgliedstaat so lange als vorübergehend gelten sollte, bis dieser zum Wohnsitzmitgliedstaat des Abonnenten wird, was die eingangs aufgestellte These bestätigen würde.

b) Anschein einer zeitlichen Befristung

Obwohl eine zeitliche Befristung der grenzüberschreitenden Portabilität mit Hilfe des Kriteriums des „vorübergehenden Aufenthalts" von der Kommission ursprünglich nicht intendiert war, bedeutet dies nicht, dass dem Kriterium am Ende des Gesetzgebungsverfahrens noch immer keine solche begrenzende Funktion zukommen sollte. Für eine zeitliche Befristung der Portabilität spricht neben dem Wortlaut der Definition des „vorübergehenden Aufenthalts" auch die Tatsache, dass die Definition überhaupt um das Kriterium der zeitlichen Befristung ergänzt wurde.[771] Sollte die Portabilität zeitlich unbegrenzt bis zur Verlagerung des Wohnsitzes in einen anderen Mitgliedstaat möglich sein, hätte kein Anlass bestanden, dieses Kriterium überhaupt in die Definition aufzunehmen. Vielmehr hätte die Definition des Kommissionsentwurfs beibehalten oder insofern ergänzt werden können, dass aus ihr zweifelsfrei ersichtlich wird, dass die Portabilität keiner zeitlichen Grenze unterliegt. Noch ein Stück mehr Klarheit wäre durch einen kompletten Verzicht auf das Kriterium

---

769 *Europäische Kommission* (Fn. 768), S. 24 f.

770 *Europäische Kommission* (Fn. 768), S. 25.

771 Siehe zu den verschiedenen Argumenten im Ansatz bereits *Eginger*, ZUM 2017, 698, 703.

des „vorübergehenden Aufenthalts“ – das für sich schon den Eindruck einer zeitlichen Beschränkung erweckt – erreichbar gewesen. Stattdessen hätte man die Zugangsverschaffungspflicht in Art. 3 I Portabilitäts-VO bereits so formulieren können, dass ein EU-weiter Zugriff auf die im Wohnsitzmitgliedstaat abonnierten Online-Inhaltedieste zu ermöglichen ist.[772] Durch diese schlichte Formulierung wäre deutlich, dass die Portabilität keiner zeitlichen Grenze unterliegt und zugleich wäre gewährleistet, dass die Möglichkeit der Portabilität endet, wenn sich der Wohnsitz in einen anderen Mitgliedstaat verlagert.

Nachdem keine dieser Möglichkeiten gewählt wurde und stattdessen die noch relativ offene Formulierung des Kommissionsentwurfs im Laufe des Gesetzgebungsverfahrens mit dem Element der zeitlichen Befristung verengt wurde, deuten der Wortlaut und die Entstehungsgeschichte des Kriteriums des „vorübergehenden Aufenthalts“ sowie dessen Definition zunächst auf eine zeitliche Beschränkung der Portabilität hin. Darüber hinaus kann eine zeitliche Befristung der Portabilität auch einem missbräuchlichen Lizenz-Shopping vorbeugen. Da es erklärtes Ziel der Portabilitätsverordnung ist, das hohe urheberrechtliche Schutzniveau aufrecht zu erhalten und die gebietsbezogenen Lizenzierungspraktiken nicht zu gefährden,[773] spricht auch dies für eine zeitliche Befristung.

c) Keine abweichende Beurteilung durch die Formulierungsänderung

Aus dem Gesetzgebungsverfahren geht am Ende jedoch hervor, dass die Änderung der Definition in „zeitlich begrenzter Aufenthalt“ ohne inhaltliche Bedeutung bleiben sollte. Besonders deutlich wird dies bereits durch einen Blick auf die Allgemeine Ausrichtung des Rates vom 18.05.2016. Darin wird erläutert, dass nach mehrheitlicher Auffassung der Delegationen des Ausschusses der ständigen Vertreter die im Kompromissvorschlag des Vorsitzes enthaltene Definition des „vorübergehenden Aufenthalts“, die bereits die Formulierung „zeitlich befristeter Aufenthalt“ enthielt, im Zusammenspiel mit dem Kriterium des Wohnsitzmitgliedstaates „ein hinreichendes Maß an Klarheit und Rechtssicherheit“ biete. Jedoch habe eine Reihe von Delegationen beantragt, die Definition des „vorübergehenden Aufenthalts“ um ein zeitliches Element zu ergänzen, da ein solcher zeitlich begrenzt sein solle und eine ausufernde Auslegung des „vorübergehenden Aufenthalts“ zu vermeiden sei.[774] Bezweckte der

772 So bereits *Eginger*, ZUM 2017, 698, 703; ähnlich *Spiegel*, in: Taeger, Smart World – Smart Law?, S. 693, 702.

773 So ausdrücklich festgeschrieben in Erwägungsgrund 12 Portabilitäts-VO.

774 *Rat*, Allgemeine Ausrichtung Portabilitätsverordnung, 8939/16, S. 2.

Ratsvorsitz mit der Formulierung „zeitlich begrenzter Aufenthalt“ in seinem Kompromissvorschlag bereits eine zeitliche Befristung der Portabilität, hätte für die Delegationen zwar Anlass bestanden, eine zeitliche Konkretisierung zu fordern, nicht jedoch eine zeitliche Beschränkung des „vorübergehenden Aufenthalts“ *per se*. Daher sollte die Formulierungsänderung im Kompromissvorschlag des Ratsvorsitzes ohne inhaltliche Bedeutung bleiben.

Auch in der Begründung der Änderungsanträge des Parlaments wird hervorgehoben, dass die Portabilität nicht auf eine bestimmte Anzahl an Tagen beschränkt sein soll.[775] In den Änderungsanträgen war der „vorübergehende Aufenthalt“ als der „nicht dauerhafte Aufenthalt“ eines Abonnenten in einem anderen Mitgliedstaat als seinem Wohnsitzmitgliedstaat definiert.[776] In der Begründung wird schließlich darauf hingewiesen, dass über die zuverlässige Bestimmung des Wohnsitzmitgliedstaates die Dauerhaftigkeit eines Aufenthalts in einem bestimmten Mitgliedstaat festgestellt werde.[777] In Kombination mit der vorgeschlagenen Definition wird deutlich, dass das Kriterium des „vorübergehenden Aufenthalts“ daher keine eigenständige Bedeutung haben und jeder Aufenthalt außerhalb des Wohnsitzmitgliedstaates als vorübergehend gelten sollte. Dem schlossen sich auch der Ausschuss für Binnenmarkt und Verbraucherschutz sowie der Ausschuss für Kultur und Bildung an, die sich beide ebenfalls gegen eine Begrenzung der Portabilität auf eine bestimmte Anzahl an Tagen oder Wochen aussprachen.[778] Die Verifizierung des Wohnsitzmitgliedstaates schaffe ausreichend Sicherheit, um einen Missbrauch der Portabilitätsverordnung ausschließen zu können.[779]

Damit soll die grenzüberschreitende Portabilität nach Auffassung der Kommission, des Rates und des Parlaments keiner zeitlichen Beschränkung unterliegen. Aus diesem Grund kann der Definition „zeitlich begrenzter Aufenthalt“ im Ergebnis keine einschränkende Bedeutung beigemessen werden. Dies bestätigt eine Äußerung des Parlaments zum Trilogergebnis, wonach die Ergänzung der Definition als Richtschnur für eine gerechte Nutzung der Portabilität dienen

775 *Cavada*, Bericht des Rechtsausschusses zum Portabilitäts-VO-E, A8-0378/2016, S. 44.

776 *Cavada* (Fn. 775), Art. 2 lit. d, S. 33

777 *Cavada* (Fn. 775), S. 45.

778 *Zullo*, Stellungnahme des Ausschusses für Binnenmarkt und Verbraucherschutz zum Portabilitäts-VO-E, A8-0378/2016, S. 47, 48; *Verheyen*, Stellungnahme des Ausschusses für Kultur und Bildung zum Portabilitäts-VO-E, A8-0378/2016, S. 77, 78.

779 *Zullo*, Stellungnahme des Ausschusses für Binnenmarkt und Verbraucherschutz zum Portabilitäts-VO-E, A8-0378/2016, S. 47, 48; *Verheyen*, Stellungnahme des Ausschusses für Kultur und Bildung zum Portabilitäts-VO-E, A8-0378/2016, S. 77, 78 f.

solle.[780] Daraus geht hervor, dass die engere Formulierung lediglich verdeutlicht, dass mit der Portabilitätsverordnung kein genereller grenzüberschreitender Zugriff auf Online-Inhaltedienste möglich ist, sondern lediglich ein Zugriff auf die im Wohnsitzmitgliedstaat abonnierten Dienste. Darüber hinaus wurde der jetzige Art. 7 I Portabilitäts-VO im Rahmen der trilateralen Gespräche dahingehend ergänzt, dass insbesondere vertragliche Bestimmungen unwirksam sind, welche die Portabilität auf einen bestimmten Zeitraum beschränken. Auch dies verdeutlicht, dass die Portabilität zeitlich unbeschränkt möglich sein soll und jeder Aufenthalt außerhalb des Wohnsitzmitgliedstaates als vorübergehend gilt.

d) Bedeutung für die Auslegung

Bei der Bestimmung der Bedeutung des Kriteriums des „vorübergehenden Aufenthalts" und dem Verständnis der Definition mit Hilfe des juristischen Auslegungskanons lassen sich die soeben dargelegten Überlegungen bei der historischen bzw. genetischen Auslegung verorten.[781] Zu beachten ist dabei allerdings, dass es auf den Willen des Gesetzgebers, also der gesetzgebenden Organe, in diesem Fall dem Europäischen Parlament sowie dem Rat, ankommt. Stellungnahmen der anzuhörenden Ausschüsse sowie Vorschläge der Kommission, die lediglich ein Initiativrecht hat, können daher selbst keine normative Bedeutung bei der genetischen Auslegung haben.[782] Werden die darin zum Ausdruck kommenden Erwägungen allerdings von den gesetzgebenden Organen in ihren Willen integriert, können sie auch für die Auslegung fruchtbar gemacht werden.[783] Sowohl aus der allgemeinen Ausrichtung des Rates, den Änderungsanträgen des Parlaments sowie dem Ergebnis der trilateralen Gespräche wird deutlich, dass beide gesetzgebenden Organe mit der Portabilitätsverordnung

---

780 *Madiega*, Cross-border portability of online content services, S. 9.

781 *Höpfner*, Die systemkonforme Auslegung, S. 154; *Vogenauer*, Gesetzesauslegung, Bd. 1, S. 348 f.

782 *GA Trstenjak*, SchlA v. 29.10.2009, Rs. C-484/08 – *Caja de Ahorros*, ECLI:EU:C:2009:682, Rn. 82; *Grundmann/Riesenhuber*, JuS 2001, 529, 530; *Franzen*, Privatrechtsangleichung, S. 450 f.; *Gruber*, Methoden des internationalen Einheitsrechts, S. 172; *Riesenhuber*, in: ders., Europäische Methodenlehre, § 10 Rn. 33.

783 *Franzen*, Privatrechtsangleichung S. 451 f.; *Gruber*, Methoden des internationalen Einheitsrechts, S. 172; *Riesenhuber*, in: ders., Europäische Methodenlehre, § 10 Rn. 34. m.w.N.; zur Berücksichtigung des Kommissionsvorschlags bei der Gesetzesauslegung, siehe EuGH, Urt. v. 27.6.2013, verb. Rs. C-457/11 bis 460/11 – *VG Wort*, ECLI:EU:C:2013:426, Rn. 69.

den gleichen Zweck verfolgen, wie bereits die Kommission und wie ihn auch die anzuhörenden Ausschüsse für geboten halten: Die Ermöglichung der grenzüberschreitenden Portabilität ohne zeitliche Höchstgrenze.[784]

2. *Systematik*

Auch bei systematischer Auslegung des „vorübergehenden Aufenthalts" und dessen Definition als „zeitlich begrenzter Aufenthalt" wird deutlich, dass jeder Aufenthalt außerhalb des Wohnsitzmitgliedstaates als vorübergehend gilt. Sollte die Portabilität nur für einen begrenzten Zeitraum möglich sein, müsste für die Anbieter die Möglichkeit bestehen, die Dauer des Auslandsaufenthalts der Abonnenten zu überprüfen.[785] Die Portabilitätsverordnung sieht jedoch keinerlei Überprüfungsmaßnahmen für die Dauer des Auslandsaufenthalts vor. Die einzige im Ansatz erfolgsversprechende Überprüfungsmaßnahme wäre, die genaue Dauer eines Auslandsaufenthalts anhand einer Lokalisierung des Zugriffs über die IP-Adresse zu bestimmen.[786] Allerdings sind der Zugriffslokalisierung über die IP-Adresse durch die Portabilitätsverordnung enge Grenzen gesetzt, da diese nach Art. 5 I 1 lit. k Portabilitäts-VO eine Maßnahme zur Verifizierung des Wohnsitzmitgliedstaates ist. Der Wohnsitzmitgliedstaat darf nach Art. 5 I 1 Portabilitäts-VO nur bei Abschluss und Verlängerung des Bereitstellungsvertrages überprüft werden oder nach Art. 5 II 1 Portabilitäts-VO während der Vertragslaufzeit, wenn sich für den Anbieter begründete Zweifel am Wohnsitzmitgliedstaat eines Abonnenten ergeben. Im Umkehrschluss bedeutet dies, dass eine ständige Lokalisierung des Zugriffs anhand der IP-Adresse, um ausgehend davon die Dauer des Auslandsaufenthalts zu bestimmen, mit den Vorgaben zur Verifizierung des Wohnsitzmitgliedstaates nicht vereinbar wäre.[787] Dies gilt streng genommen für jede denkbare Maßnahme zur Überprüfung der Dauer des Auslandsaufenthalts, da daraus immer ein Rückschluss auf den Wohnsitzmitgliedstaat eines Abonnenten gezogen werden könnte. Darüber hinaus könnte sogar unter Rückgriff auf eine Lokalisierung des Zugriffs über

---

784 Zum Gewicht der Stellungnahmen der anzuhörenden Ausschüsse im Rahmen der Auslegung, siehe *Franzen*, Privatrechtsangleichung, S. 452; *Gruber*, Methoden des internationalen Einheitsrechts, S. 173.

785 *Europäische Kommission*, Impact Assessment, SWD(2015) 270 final, S. 25.

786 *Cavada*, Bericht des Rechtsausschusses zum Portabilitäts-VO-E, A8-0378/2016, S. 78; dazu bereits *Eginger* ZUM 2017, 698, 704.

787 A.A *Engels/J. B. Nordemann*, in: Fromm/Nordemann, Art. 8 Portabilitäts-VO Rn. 6; ausführlich dazu, siehe § 3 C. VI. 3. b).

die IP-Adresse nur schwer eine Aussage über die tatsächliche Dauer des Auslandsaufenthalts getroffen werden, da nicht ständig ein Zugriff auf den Dienst erfolgt und sich infolgedessen nicht ermitteln ließe, wie lange ein Auslandsaufenthalt dauert oder ob der Abonnent zwischen zwei Zugriffen wieder in seinen Wohnsitzmitgliedstaat zurückgekehrt ist.[788] Erfolgsversprechend wäre eine Lokalisierung mit Hilfe der IP-Adresse daher nur, wenn die Portabilität auf eine bestimmte Anzahl an Tagen pro Monat oder Jahr beschränkt wäre, an denen ein Zugriff im Ausland erfolgen kann. Darüber hinaus macht die Regelung des Art. 7 I Portabilitäts-VO, wonach Beschränkungen der Portabilität auf einen bestimmten Zeitraum nicht durchsetzbar sind, systematisch nur Sinn, wenn die Portabilität grundsätzlich zeitlich unbeschränkt möglich ist.

Nachdem vertragliche Beschränkungen in zeitlicher Hinsicht nach Art. 7 I Portabilitäts-VO nicht durchsetzbar sind, explizit keine Überprüfungsmaßnahmen für die Dauer des Auslandsaufenthalts vorgesehen sind, kaum praktikable Überprüfungsmaßnahmen denkbar sind[789] und eine Überprüfung durch die strengen Vorgaben der Verordnung ausgeschlossen ist, zeigt sich bei einer systematischen Auslegung der Portabilitätsverordnung als einen in sich stimmigen Rechtsakt, dass die Portabilität keiner zeitlichen Grenze unterliegt.[790] Andernfalls geriete das Kriterium des „vorübergehenden Aufenthalts“ mit den in systematischem Kontext stehenden Vorgaben der Verordnung in Konflikt.[791]

3. *Telos und* effet utile

Der EuGH zieht das Gebot des *effet utile* als weiteren Auslegungsgrundsatz für unionsrechtliche Normen heran.[792] Aus dem Grundsatz des *effet utile* folgt nicht nur, dass eine Norm nicht ihrer praktischen Wirksamkeit beraubt werden darf, sondern sie vielmehr so auszulegen ist, dass ihr Regelungszweck bestmöglich erreicht wird.[793] Der Zweck der Portabilitätsverordnung – wie ihn Art. 1 I Portabilitäts-VO sowie Erwägungsgrund 12 ausdrücklich hervorheben – ist

---

788 *Synodinou*, in: dies. u.a., EU Internet Law, S. 217, 253.

789 So auch *DAV*, Stellungnahme Portabilitäts-VO-E, S. 14.

790 Ähnlich *Engels/J. B. Nordemann*, in: Fromm/Nordemann, Art. 2 Portabilitäts-VO Rn. 6; zur systematischen Auslegung, siehe *Riesenhuber*, in: ders., Europäische Methodenlehre, § 10 Rn. 22.

791 *Bydlinski*, Juristische Methodenlehre und Rechtsbegriff, S. 443.

792 EuGH, Urt. v. 3.9.2009, Rs. C-489/07 – *Messner*, ECLI:EU:C:2009:502, Rn. 24; EuGH, Urt. v. C-350/03 – *Schulte*, ECLI:EU:C:2005:637, Rn. 69.

793 *Anweiler*, Auslegungsmethoden des EuGH, S. 219 f.; *Henninger*, Europäisches Privatrecht und Methode, S. 289; *Müller/Christensen*, Juristische Methodik, Band II,

es, den Abonnenten von portablen Online-Inhaltediensten ihren berechtigten Erwartungen entsprechend einen Zugriff auf diese Dienste bei vorübergehenden Auslandsaufenthalten zu ermöglichen.[794] Zugleich hat die Verordnung nach Erwägungsgrund 12 zum Ziel, das hohe urheberrechtliche Schutzniveau in der europäischen Union nicht abzusenken und die Gebietslizenzierungspraktiken sowie die darauf basierenden Finanzierungsmodelle der Filmindustrie nicht zu gefährden. Der für die teleologische Auslegung maßgebliche Gesamtzweck der Portabilitätsverordnung ist daher der Kompromiss zwischen diesen im Ausgangspunkt konträren Zielsetzungen. Zu berücksichtigen sind auch die untergeordneten Zielsetzungen, den Aufwand und das Risiko für die Anbieter sowie die Erhebung persönlicher Nutzerdaten möglichst gering zu halten.[795]

Mit einer zeitlichen Beschränkung der Portabilität auf eine bestimmte Anzahl an Tagen oder Wochen ließe sich das Ziel, Abonnenten einen europaweiten Zugriff auf ihre im Wohnsitzmitgliedstaat rechtmäßig erworbenen Online-Inhalte zu gewähren, um dadurch den schützenswerten Erwartungen der Verbraucher Rechnung zu tragen sowie den Grundsatz des urheberrechtsfreien Werkgenusses auch im digitalen Bereich zu sichern, nicht erreichen. Dafür muss die Portabilität bei Auslandsaufenthalten zu unterschiedlichsten Zwecken und verschiedenster Längen möglich sein.[796] Zugleich würde die Überprüfung eines bestimmten Zeitraumes für die Anbieter einen beträchtlichen Aufwand und ein weiteres Risiko bedeuten, bei falscher Überprüfung entweder ihre Pflichten gegenüber den Rechteinhabern oder den Abonnenten zu verletzen. Zudem ginge dies mit einer weiteren Erhebung persönlicher Daten einher. Demgegenüber gefährdet – wie es sich bereits an verschiedenen Stellen gezeigt hat – die zeitlich unbeschränkte Möglichkeit der grenzüberschreitenden Portabilität nicht das Ziel, das hohe urheberrechtliche Schutzniveau und die Gebietslizenzierungspraktiken sowie die Finanzierungsmodelle der Filmindustrie aufrecht zu erhalten.[797] Die Zielsetzungen der Portabilitätsverordnung lassen sich daher bestmöglich erreichen, wenn die Portabilität keiner zeitlichen Grenze unterliegt. Eine zeitliche Grenze würde sogar dazu führen,

---

Rn. 439 m.w.N.; *Riesenhuber*, in: ders., Europäische Methodenlehre, § 10 Rn. 45; ähnlich *Seyr*, Der *effet utile* in der Rechtsprechung des EuGH, S. 276 f.

794 Ausführlich zum Normzweck der Portabilitätsverordnung, siehe § 2.

795 *Europäische Kommission*, Impact Assessment, SWD(2015) 270 final, S. 24 f.

796 *Europäische Kommission* (Fn. 795), S. 25; *Cavada*, Bericht des Rechtsausschusses zum Portabilitäts-VO-E, A8-0378/2016, S. 78; *Synodinou*, in: dies. u.a., EU Internet Law, S. 217, 253.

797 Ausführlich dazu, siehe § 2 A. V. und § 3 B. I. 4. b).

dass die Ziele der Verordnung erheblicher Gefahr ausgesetzt wären, sodass einer solchen Auslegung der *effet utile* in seiner zweiten Ausprägung, dass eine unionsrechtliche Norm nicht sinnentleert werden darf,[798] entgegensteht.

III. Vertraglicher Gestaltungsspielraum

Nachdem die Portabilitätsverordnung selbst keine zeitliche Beschränkung der grenzüberschreitenden Zugriffsmöglichkeit vorsieht, bleibt die Frage, welcher vertragliche Gestaltungsspielraum beim Kriterium des „vorübergehenden Aufenthalts" besteht. Bei der Beurteilung des vertraglichen Gestaltungsspielraumes ist zum einen die unternehmerische Freiheit der Anbieter von Online-Inhaltediensten zu berücksichtigen, zum anderen die Vereinbarkeit vertraglicher Vereinbarungen mit dem Ziel der Portabilitätsverordnung.

1. Schutz der unternehmerischen Freiheit

Indem die Portabilitätsverordnung in ihrem Art. 3 I eine zwingende Zugangsverschaffungspflicht der Anbieter vorsieht und in Art. 7 I Portabilitäts-VO sämtliche vertraglichen Vereinbarungen, die gegen die Vorgaben der Verordnung verstoßen, für nicht durchsetzbar erklärt, greift sie in die Privatautonomie der Anbieter ein.[799] Allerdings ist diese nicht schrankenlos gewährleistet, sondern Eingriffe lassen sich unter Berücksichtigung des Art. 52 I GRCh rechtfertigen,[800] wonach insbesondere der Verhältnismäßigkeitsgrundsatz zu wahren ist. Im Rahmen der Angemessenheit ist zu berücksichtigen, dass sich die Reichweite der unternehmerischen Freiheit mit Blick auf deren gesellschaftliche Funktion bestimmt.[801]

Wie bereits im Rahmen der Rechtfertigung eines Eigentumseingriffs dargelegt, verfolgt die Portabilitätsverordnung legitime Zielsetzungen, indem sie den Verbraucherschutz stärkt und den berechtigten Verbrauchererwartungen Geltung verschafft, was zugleich zur Schaffung eines einheitlichen europäischen Binnenmarktes beiträgt.[802] Diese Ziele lassen sich nur durch den zwingenden

798 *Riesenhuber*, in: ders., Europäische Methodenlehre, § 10 Rn. 45 m.w.N.

799 *Roos*, MMR 2017, 147, 151; *Spiegel*, in: Taeger, Smart World – Smart Law?, S. 693, 700; zur primärrechtlichen Verankerung der Privatautonomie, siehe *Schulze/Zoll*, European Contract Law, Chapter 1 Rn. 30; eingehend zur Vertragsfreiheit als allgemeinen Rechtsgrundsatz des Unionsrechts, siehe *Lüttringhaus*, Vertragsfreiheit und ihre Materialisierung im Binnenmarkt, S. 150 ff.

800 *Ruffert*, in: Calliess/Ruffert, Art. 16 GRCh Rn. 5.

801 EuGH, Urt. v. 22.1.2013, Rs. C-283/11 – *Sky Österreich*, ECLI:EU:C:2013:28, Rn. 45.

802 Ausführlich dazu, siehe § 3 B. I. 4. a).

Charakter sämtlicher Vorgaben und der strikten Unwirksamkeit entgegenstehender vertraglicher Vereinbarungen erreichen. Anderenfalls bestünde die Gefahr, dass die Wirkung der Portabilitätsverordnung durch vertragliche Vereinbarungen unterlaufen wird. Dies gilt insbesondere für die Dauer des „vorübergehenden Aufenthalts in einem Mitgliedstaat", da ein vertraglicher Gestaltungsspielraum dazu genutzt werden könnte, die Portabilität auf einen kurzen Zeitraum zu begrenzen. Außerdem würde bei einem vertraglichen Gestaltungsspielraum eine Zersplitterung des Repertoires an Online-Inhalten drohen, da die Anbieter diese aufgrund unterschiedlicher Vereinbarungen mit den verschiedenen Rechteinhabern nicht über die gleiche Zeitspanne hinweg zugänglich machen dürften.[803]

Der Eingriff in die Privatautonomie wiegt nicht besonders schwer, da die Privatautonomie nur in dem kleinen Teilbereich der grenzüberschreitenden Portabilität eine Einschränkung erfährt. Zwar könnte dieser kleine Eingriff in die Privatautonomie einen größeren Eingriff in die unternehmerische Freiheit der Anbieter nach sich ziehen, wenn dadurch eine Gefahr für die Vertriebsmodelle von Online-Inhalten entstehen würde. Dies wäre denkbar, wenn eine Preisdifferenzierung in verschiedenen Mitgliedstaaten aufgrund einer grenzüberschreitenden Zugriffsmöglichkeit nicht mehr praktiziert werden könnte oder sich die bestehenden Verwertungssysteme nicht mehr aufrechterhalten ließen. Beides ist, wie sich bereits mehrfach gezeigt hat, jedoch nicht der Fall. Außerdem wurde gegen die Portabilitätsverordnung die Befürchtung vorgebracht, dass die Rechteinhaber künftig nicht mehr dazu bereit sein könnten, nationale Lizenzen zu den bisherigen Bedingungen anzubieten, sondern nur noch multiterritoriale Lizenzen gegen höhere Gebühren erteilen würden.[804] Allerdings ist dies bislang nicht eingetreten und auch in Zukunft mehr als unwahrscheinlich, da die territorialen Lizenzstrukturen durch die Portabilitätsverordnung nicht aufgebrochen werden. Abonnenten erhalten nur einen Zugang zu Inhalten, die sie im Wohnsitzmitgliedstaat bereits rechtmäßig erworben haben. Dadurch vergrößert sich der Kreis der Nutzer nicht und es bestünde auch kein Anlass für die Rechteinhaber, nur noch multiterritoriale Lizenzen anzubieten oder die Lizenzgebühren drastisch zu erhöhen.

Ein mögliches Missbrauchspotenzial der Portabilitätsverordnung könnte durch die Vereinbarung einer zeitlichen Befristung der Portabilität ebenfalls nicht ausgeschlossen werden. Zudem würde eine zeitliche Befristung für die

803 *Kraft*, ZUM 2017, 720, 724 f.; *Ranke/Glöckler*, MMR 2017, 378, 380.
804 *GRUR*, Stellungnahme Portabilitäts-VO-E, S. 2 f.

Anbieter zusätzlichen Überprüfungsaufwand bedeuten und die Gefahr mit sich bringen, sich bei Fehlern im Rahmen der Überprüfung gegenüber den Rechteinhabern schadensersatzpflichtig zu machen. Daher ist das Interesse der Anbieter auf keine zeitliche Befristung der Portabilität gerichtet[805] und es trägt sogar zu deren Schutz bei, wenn bei der Definition des „vorübergehenden Aufenthalts" kein vertraglicher Gestaltungsspielraum besteht. Denn ein fehlender vertraglicher Gestaltungsspielraum im Rechtsverhältnis zwischen ihnen und den Abonnenten schützt sie durch die zwingende Konvergenz der Rechtsverhältnisse davor, dass die Rechteinhaber von ihnen überhaupt eine zeitliche Befristung verlangen können.

Ein vertraglicher Gestaltungsspielraum, insbesondere beim Kriterium des „vorübergehenden Aufenthalts" ist daher durch die unternehmerische Freiheit der Anbieter von Online-Inhaltediensten nicht geboten. Zwar geht damit zugleich ein Eingriff in die Privatautonomie der Rechteinhaber einher, doch ist auch dieser Eingriff aufgrund seiner geringen Intensität und seiner Notwendigkeit zur Erreichung der Ziele der Portabilitätsverordnung gerechtfertigt.

2. *Unzulässigkeit zeitlicher Einschränkungen*

Beim Kriterium des „vorübergehenden Aufenthalts in einem Mitgliedstaat" verbleibt den Parteien kein vertraglicher Gestaltungsspielraum. Eine vertragliche Einschränkung der Portabilität auf einen bestimmten Zeitraum wird in Art. 7 I 2. HS Portabilitäts-VO explizit für nicht durchsetzbar erklärt, womit eine Konkretisierung in zeitlicher Hinsicht nicht in Betracht kommt.[806] Man könnte allenfalls in Erwägung ziehen, das Kriterium des „vorübergehenden Aufenthalts" durch bestimmte Zwecke, die hinter den Auslandsaufenthalten stehen, zu konkretisieren. Danach könnte ein Auslandsaufenthalt zum Zwecke eines Auslandssemesters im Rahmen des Studiums als vorübergehend gelten, das Absolvieren eines gesamten Studiengangs im Ausland dagegen nicht mehr. Vor dem Hintergrund, dass ein Auslandsaufenthalt keiner zeitlichen Beschränkung unterliegen darf und ein solcher so lange als vorübergehend gilt, bis sich der Wohnsitzmitgliedstaat eines Abonnenten ändert, wäre eine solche Vereinbarung jedoch nicht mit dem Zweck der Verordnung vereinbar. Darüber hinaus würde die praktikable Umsetzung an den fehlenden Überprüfungsmöglichkeiten scheitern. Jede Maßnahme, die den Zweck des Auslandsaufenthalts

---

805 Zu den Interessen der Rechteinhaber, siehe § 3 A. I.

806 *Engels/J. B. Nordemann*, in: Fromm/Nordemann, Art. 7 Portabilitäts-VO Rn. 5; *Heyde*, ZUM 2017, 712, 718 f.; *Kraft*, ZUM 2017, 720, 725.

ermittelt, stünde mit den strengen Vorgaben zur Verifizierung des Wohnsitzmitgliedstaates in Konflikt. Die einzige Möglichkeit der Anbieter, die Portabilität auf Auslandsaufenthalte zu bestimmten Zwecken zu beschränken, wäre es, die Änderung des Wohnsitzmitgliedstaates an bestimmte Zwecke der Auslandsaufenthalte zu koppeln, um dadurch mittelbar auf das Kriterium des „vorübergehenden Aufenthalts" Einfluss zu nehmen, wobei dies mit den Vorgaben zum Wohnsitzmitgliedstaat in Einklang stehen müsste.

IV. Zwischenergebnis

Weder der grundrechtliche Eigentumsschutz nach Art. 17 GRCh noch der urheberrechtliche Dreistufentest erfordern eine zeitliche Beschränkung der grenzüberschreitenden Portabilität auf einen klar definierten Zeitraum, da die gebietsbezogenen Lizenzierungspraktiken und die darauf basierenden Finanzierungsmodelle der Filmindustrie durch eine zeitlich unbegrenzte Möglichkeit der Portabilität nicht beeinträchtigt werden. Daher ist es sowohl mit der GRCh als auch dem Dreistufentest vereinbar, einem Abonnenten die grenzüberschreitende Portabilität bei einem Aufenthalt in einem Mitgliedstaat solange zu ermöglichen, bis sich dessen Wohnsitz in diesen verlagert. Zugleich lässt dieses Ergebnis den Rückschluss auf die generelle Vereinbarkeit der grenzüberschreitenden Portabilität von Online-Inhaltediensten mit dem grundrechtlichen Eigentumsschutz sowie dem Dreistufentest zu.

Unabhängig von dem Ergebnis, dass eine zeitliche Beschränkung der Portabilität rechtlich nicht geboten ist, wurde durch eine Analyse des Gesetzgebungsverfahrens sowie durch eine systematische und teleologische Auslegung deutlich, dass die Portabilitätsverordnung den grenzüberschreitenden Zugriff ohne zeitliche Beschränkung ermöglicht. Bereits die Europäische Kommission bezweckte mit dem Kriterium des „vorübergehenden Aufenthalts" keine zeitliche Beschränkung der grenzüberschreitenden Portabilität, sondern jeder Aufenthalt außerhalb des Wohnsitzmitgliedstaates sollte als vorübergehend gelten. Die Ergänzung der Definition des „vorübergehenden Aufenthalts" im Laufe des Gesetzgebungsverfahrens um die Formulierung „zeitlich begrenzter Aufenthalt" erweckt zwar zunächst den Eindruck, dass damit eine zeitliche Beschränkung der Portabilität angestrebt wird, doch sollte diese Formulierungsänderung gegenüber dem Entwurf der Kommission letztlich ohne inhaltliche Bedeutung bleiben. Dies bestätigt eine systematische und teleologische Auslegung des „vorübergehenden Aufenthalts" unter Berücksichtigung des *effet utile* der Portabilitätsverordnung: diese erklärt zeitliche Beschränkungen der Portabilität in Art. 7 I 2. HS Portabilitäts-VO für nicht durchsetzbar; sie sieht keine Überprüfungsmaßnahmen für die Dauer des Auslandsaufenthalts vor; es sind dafür kaum praktikable Überprüfungsmöglichkeiten denkbar und sämtliche Überprüfungsmaßnahmen stünden in Konflikt mit den strengen Vorgaben zur Verifizierung des Wohnsitzmitgliedstaates der Abonnenten. Eine zeitliche Befristung der Portabilität wäre daher ein systematischer Widerspruch im Regelungsgeflecht der Portabilitätsverordnung. Darüber hinaus lässt sich der Zweck der Portabilitätsverordnung, einen bestmöglichen Kompromiss zwischen der berechtigten Erwartung einer grenzüberschreitenden Zugriffsmöglichkeit auf die im Wohnsitzmitgliedstaat abonnierten Online-Inhaltedienste und den Interessen der Rechteinhaber an einem hohen urheberrechtlichen Schutzniveau sowie der Aufrechterhaltung der Finanzierungsmodelle der Filmindustrie zu schaffen, nur ohne eine zeitliche Befristung der Portabilität erreichen. Denn dadurch werden die Interessen der Rechteinhaber in keiner Weise gefährdet und zugleich kann so der Erwartung der Abonnenten bestmöglich Geltung verschafft werden. Damit der Zweck der Portabilitätsverordnung nicht unterlaufen wird, besteht beim Kriterium des „vorübergehenden Aufenthalts in einem Mitgliedstaat" kein vertraglicher Gestaltungsspielraum. Der damit einhergehende Eingriff in die unternehmerische Freiheit der Anbieter von Online-Inhaltediensten ist aufgrund der Notwendigkeit dieser Einschränkung zur Erreichung der hochrangigen Ziele der Portabilitätsverordnung gerechtfertigt. Damit lässt sich die eingangs aufgestellte These, dass ein Auslandsaufenthalt zwingend so lange als vorübergehend gilt, bis sich der Wohnsitz des Abonnenten in einen anderen Mitgliedstaat verlagert, und dem Kriterium des „vorübergehenden Aufenthalts" keine eigenständige Bedeutung zukommt, bestätigen.[807] Einziges Stellrad für die Dauer der Portabilität bleibt das Kriterium des „Wohnsitzmitgliedstaates".

C. Der Wohnsitzmitgliedstaat im trilateralen Rechtsverhältnis

I. Bedeutung des Wohnsitzmitgliedstaates

Nachdem jeder Auslandsaufenthalt als vorübergehend gilt, bis sich der Wohnsitz eines Abonnenten in einen anderen Mitgliedstaat verlagert, ist das Kriterium des „Wohnsitzmitgliedstaates" der eigentliche Schlüssel, der für die Abonnenten die Tür zur Portabilität öffnet oder versperrt.[808] Sofern der Mitgliedstaat, in

---

807 So auch *Engels/J. B. Nordemann*, in: Fromm/Nordemann, Art. 2 Portabilitäts-VO Rn. 6; *Heyde*, ZUM 2017, 712, 718; *Martiny*, ZUM 2018, 772, 780; *Peifer*, in: De Franceschi, European Contract Law and the Digital Single Market, S. 163, 167.

808 *Roos*, MMR 2017, 147, 150.

dem ein Abonnent den Zugang zu einem Online-Inhaltedienst erworben hat und sein Wohnsitzmitgliedstaat übereinstimmen, besteht die Möglichkeit des EU-weiten Zugriffs auf den Online-Inhaltedienst. Der Wohnsitzmitgliedstaat eines Abonnenten ist damit ein funktionales Kriterium.[809]

Daher ist eine verlässliche Verifizierung des Wohnsitzmitgliedstaates notwendig, um den von der Portabilitätsverordnung angestrebten Ausgleich der im Grundsatz konträren Interessen von Rechteinhabern und Abonnenten zu erreichen.[810] Die zutreffende Ermittlung des Wohnsitzmitgliedstaates ist ausschlaggebend dafür, dass die Abonnenten auf die von ihnen rechtmäßig erworbenen Online-Inhaltedienste grenzüberschreitend zugreifen können, die Portabilität aber zugleich hierauf begrenzt bleibt. Stünden keine zuverlässigen Verifizierungsmöglichkeiten zur Verfügung, könnten Abonnenten unter missbräuchlicher Berufung auf die Portabilitätsverordnung ein Lizenz-Shopping betreiben und dadurch die territorialen Lizenzstrukturen aufbrechen. Aus diesem Grund ist eine zuverlässige Überprüfungsmöglichkeit des Wohnsitzmitgliedstaates auch Voraussetzung dafür, dass es bei dem leichten Eingriff in das grundrechtlich geschützte (geistige) Eigentum der Rechteinhaber sowie die unternehmerische Freiheit der Anbieter bleibt, der sich mit Blick auf die Ziele der Portabilitätsverordnung problemlos rechtfertigen lässt.[811]

Für die Diensteanbieter muss das Kriterium des Wohnsitzmitgliedstaates und dessen Überprüfung so handhabbar sein, dass für sie kein unkalkulierbares Haftungsrisiko entsteht. Schließlich stehen sie sowohl mit den Abonnenten als auch den Rechteinhabern in einer vertraglichen Beziehung.

Ermöglichen sie die Portabilität, ohne dass die Voraussetzungen der Verordnung erfüllt sind, verletzen sie die Lizenzvereinbarungen mit den Rechteinhabern und machen sich diesen gegenüber schadensersatzpflichtig. Ermöglichen sie die Portabilität entgegen ihrer Verpflichtung aus Art. 3 I Portabilitäts-VO nicht, setzen sie sich Mängelansprüchen der Abonnenten aus.[812] Daher ist die

---

809 So zum Kriterium des „gewöhnlichen Aufenthalts" im Verordnungsentwurf, *Peifer*, AfP 2017, 8, 12.

810 Ausführlich zu dem von der Portabilitätsverordnung angestrebten Interessenausgleich, siehe § 3 A. I.

811 Ausführlich zur Vereinbarkeit der Portabilitätsverordnung mit den Grundrechten, siehe § 3 B. I.; Die Problematik bezüglich des Wohnsitzmitgliedstaates entfällt, wenn die Rechteinhaber gemäß Art. 5 IV Portabilitäts-VO auf die Überprüfung des Wohnsitzmitgliedstaates verzichten. Ausführlich dazu, siehe *Engels/J. B. Nordemann*, in: Fromm/Nordemann, Art. 5 Portabilitäts-VO Rn. 10.

812 *Ehle/Werner*, CR 2016, 376, 378; *Spiegel*, in: Taeger, Smart World – Smart Law?, S. 693, 703.

zutreffende Verifizierung des Wohnsitzmitgliedstaates als Scharnier des Portabilitätsmechanismus für alle beteiligten Akteure von zentraler Bedeutung.

II. Wirkung der Überprüfung

Der Wohnsitzmitgliedstaat eines Abonnenten ist gemäß Art. 2 Nr. 3 Portabilitäts-VO der „nach Art. 5 bestimmte [...] Mitgliedstaat, in dem der Abonnent seinen tatsächlichen und dauerhaften Wohnsitz hat". Durch die Inkorporation der Überprüfung nach Art. 5 Portabilitäts-VO in die Definition des Wohnsitzmitgliedstaates wird deutlich, dass bei ordnungsgemäßer Überprüfung für die Anbieter Rechtssicherheit hinsichtlich des Wohnsitzmitgliedstaates bestehen soll.[813] Art. 2 Nr. 3 Portabilitäts-VO ist damit entweder eine unwiderlegliche oder eine widerlegliche Vermutung für den Wohnsitzmitgliedstaat eines Abonnenten. Je nachdem ist das Haftungsrisiko für die Diensteanbieter bei einer ordnungsgemäßen Überprüfung des Wohnsitzmitgliedstaates, die zu einem falschen Ergebnis führt, entweder ganz ausgeschlossen oder zumindest stark reduziert. Ob es sich um eine widerlegliche oder eine unwiderlegliche Vermutung handelt, hängt maßgeblich davon ab, wie sich ein Gewinn an Rechtssicherheit für die Diensteanbieter auf die Nutzerinteressen auswirkt. Entscheidend ist damit eine Abwägung der Interessen der Abonnenten gegen die der Diensteanbieter.

Eine unwiderlegliche Vermutung lässt keinen Beweis des Gegenteils zu.[814] Sie regelt nicht die Beweislastverteilung, sondern die Vermutungswirkung ist eine materielle Rechtsfolge.[815] Wenn die Definition des Wohnsitzmitgliedstaates in Art. 2 Nr. 3 Portabilitäts-VO eine unwiderlegliche Vermutung ist, wäre der Wohnsitzmitgliedstaat eines Abonnenten stets an das Ergebnis der Überprüfung gekoppelt. Eine fehlerhafte Überprüfung des Wohnsitzmitgliedstaates wäre damit aus rechtlicher Perspektive ausgeschlossen, da der ermittelte Mitgliedstaat unabhängig von einem tatsächlichen und dauerhaften Wohnsitz eines Abonnenten als Wohnsitzmitgliedstaat gelten würde.[816] Die Diensteanbieter hätten dadurch nicht das Risiko zu tragen, dass der tatsächliche

---

813 *Engels/J. B. Nordemann*, in: Fromm/Nordemann, Art. 2 Portabilitäts-VO Rn. 4, Art. 4 Rn. 2, Art. 5 Rn. 1.

814 *Wegmann*, Vermutung und Fiktion, S. 97.

815 *Musielak*, Beweislast im Zivilprozess, S. 82; *Prütting*, in: MüKo ZPO, § 292 Rn. 4.

816 *Engels/J. B. Nordemann*, in: Fromm/Nordemann, Art. 2 Portabilitäts-VO Rn. 4, Art. 5 Portabilitäts-VO Rn. 1 sehen in der Bezugnahme in Art. 2 Nr. 3 Portabilitäts-VO auf Art. 5 Portabilitäts-VO eine Fiktion zugunsten der Anbieter; zur dogmatischen Abgrenzung zwischen Fiktion und unwiderleglicher Vermutung, siehe *Musielak*, Beweislast im Zivilprozess, S. 83; *Prütting*, in MüKo ZPO, § 292 ZPO

Wohnsitzmitgliedstaat und das Ergebnis der Überprüfung nicht übereinstimmen und sie sich Ansprüchen der Rechteinhaber – bei tatsächlich nicht eröffnetem Anwendungsbereich der Portabilitätsverordnung – oder der Abonnenten – bei tatsächlich eröffnetem Anwendungsbereich der Portabilitätsverordnung – aussetzen.[817] Für sie bestünde nach ordnungsgemäßer Überprüfung des Wohnsitzmitgliedstaates Rechtssicherheit. Zwangsläufig wäre das Risiko einer tatsächlich fehlerhaften Verifizierung damit von den Rechteinhabern und den Abonnenten zu tragen. Den Rechteinhabern stünden keine Ansprüche zu, wenn der Wohnsitzmitgliedstaat und der Mitgliedstaat, in dem das Abonnement abgeschlossen wurde, tatsächlich auseinanderfallen und ein bestimmter Mitgliedstaat lediglich kraft der unwiderleglichen Vermutung als Wohnsitzmitgliedstaat eines Abonnenten gelten würde. Besonders kritisch ist zu sehen, dass im Falle einer falschen Lokalisierung des Wohnsitzes ein Mitgliedstaat kraft Vermutung nicht als Wohnsitzmitgliedstaat gelten würde, obwohl ein Abonnent zu diesem eine Verbindung im Sinne eines tatsächlichen und dauerhaften Wohnsitzes hat. Ein Anbieter wäre dann gesetzlich nach Art. 3 I Portabilitäts-VO nicht verpflichtet, die grenzüberschreitende Portabilität zu ermöglichen, obwohl diese Pflicht bei rein tatsächlicher Betrachtung bestehen würde. Dies bleibt für die Abonnenten faktisch folgenlos, soweit sie auf ihren im Heimatland abonnierten Online-Inhaltedienst von einem Mitgliedstaat aus zugreifen möchten, in dem der Dienst mit denselben Inhalten wie in ihrem Wohnsitzmitgliedstaat angeboten wird. Die nicht vorhandene Möglichkeit der grenzüberschreitenden Portabilität würde sich aber negativ bemerkbar machen, wenn der Zugriff in einem Mitgliedstaat erfolgt, in dem der Dienst grundsätzlich überhaupt nicht oder nur mit anderen Inhalten angeboten wird. Mangels Pflichtverletzung des Anbieters stünden den Abonnenten in diesen Fällen auch keinerlei Mängel- und Sekundärrechte zu. Indem die Definition des Wohnsitzmitgliedstaates mit dem Begriff des tatsächlichen und dauerhaften Wohnsitzes arbeitet, wird deutlich, dass den Abonnenten nach dem Zweck der Portabilitätsverordnung die Möglichkeit der Portabilität für Aufenthalte außerhalb des Mitgliedstaates, in dem ihr Lebensmittelpunkt liegt und in den sie daher immer wieder zurückkehren, ermöglicht werden soll.[818] Dieser Zweck ließe sich nicht erreichen, wenn der Wohnsitzmitgliedstaat kraft unwiderleglicher Vermutung

---

Rn. 8; *Köhler*, BGB AT, § 3 Rn. 16; zu einer ausführlichen Analyse der Abgrenzungsmöglichkeiten, siehe *Wegmann*, Vermutung und Fiktion, S. 97 ff.

817 *Engels/J. B. Nordemann*, in: Fromm/Nordemann, Art. 2 Portabilitäts-VO Rn. 4.

818 Zu diesem Ansatz, siehe *Peifer*, AfP 2017, 8, 12.

pauschal dem Ergebnis der Überprüfung entsprechen würde. Daher steht der Grundsatz des *effet utile* der Annahme einer unwiderleglichen Vermutung entgegen.[819] Es wäre auch nicht einzusehen, weshalb die Abonnenten als strukturell unterlegene Partei und eigentliche Profiteure der Portabilitätsverordnung das Risiko einer faktisch fehlerhaften Verifizierung tragen sollten.[820] Durch eine unwiderlegliche Vermutung würde ihren Interessen bei einer fehlerhaften Überprüfung keine Geltung verschafft. Dies stünde in diametralem Widerspruch zu der hochrangigen Stellung der Nutzerinteressen, in welche diese von der Portabilitätsverordnung im gesamten Vertragsgeflecht gebracht wurden.

Außerdem hätte der Unionsgesetzgeber auf den zweiten Teil der Definition, den tatsächlichen und dauerhaften Wohnsitz, gänzlich verzichten können, sollte der Wohnsitzmitgliedstaat *per definitionem* an das Ergebnis der Überprüfung gekoppelt sein. Damit spricht auch die Gesetzessystematik gegen ein solches Verständnis. Auch aus den Erwägungsgründen geht nicht hervor, dass das Ergebnis der Überprüfung unwiderleglich als Wohnsitzmitgliedstaat eines Abonnenten vermutet wird. Zwar betont Erwägungsgrund 14 der Portabilitätsverordnung, dass ein Anbieter, der den Wohnsitzmitgliedstaat eines Abonnenten ordnungsgemäß überprüft hat, davon ausgehen kann, dass der von ihm ermittelte Wohnsitzmitgliedstaat der einzige Wohnsitzmitgliedstaat des Abonnenten ist. Allerdings entbindet ihn dies nicht von dem Risiko einer fehlerhaften Verifizierung in dem Sinne, dass das Ergebnis der Überprüfung und der Mitgliedstaat des tatsächlichen und dauerhaften Wohnsitzes eines Abonnenten nicht übereinstimmen.[821] Dies verdeutlicht auch Art. 5 I 1 Portabilitäts-VO, der ausdrücklich davon spricht, dass die Anbieter die Wirksamkeit der Verifizierungsmaßnahmen sicherstellen müssen und ihnen damit das Risiko der Wirksamkeit auferlegt.[822] Dadurch lässt sich auch die Gefahr, dass die Anbieter die Verifizierung mit möglichst wenig Aufwand und aufgrund dessen unter Umständen fehlerhaft durchführen, verringern. Demnach haben die Anbieter dafür einzustehen, dass sie den Wohnsitzmitgliedstaat zutreffend

819 Zum Grundsatz des *effet utile*, siehe *Riesenhuber*, in: ders., Europäische Methodenlehre, § 10 Rn. 45.

820 *Engels/J. B. Nordemann*, in: Fromm/Nordemann, Art. 2 Portabilitäts-VO Rn. 4 sprechen in diesem Zusammenhang von einer Fiktion zugunsten der Anbieter.

821 A.A. wohl *Engels/J. B. Nordemann*, in: Fromm/Nordemann, Art. 2 Portabilitäts-VO Rn. 4.

822 Ähnlich zur Portabilitätsverordnung im Entwurfsstadium, *Spiegel*, in: Taeger, Smart World – Smart Law?, S. 693, 703 f.; *Roos*, MMR 2017, 147, 150 f.

ermitteln und eine Änderung des Wohnsitzmitgliedstaates feststellen.[823] Damit enthält Art. 2 Nr. 3 Portabilitäts-VO keine unwiderlegliche gesetzliche Vermutung dafür, dass der Wohnsitzmitgliedstaat eines Abonnenten dem Ergebnis der Überprüfung entspricht, sondern lediglich eine widerlegliche Vermutung.

Die Vermutungsbasis dieser widerleglichen Vermutung ist das Ergebnis der Überprüfung und die Vermutungsfolge ist eine Übereinstimmung des Wohnsitzmitgliedstaates mit dem Ergebnis der Überprüfung.[824] Mit einer widerleglichen Vermutung lassen sich die Interessen aller beteiligten Akteure bestmöglich in Einklang bringen. Solange von den Rechteinhabern oder den Abonnenten nicht widerlegt wird, dass die Überprüfung des Wohnsitzmitgliedstaates zu einem falschen Ergebnis geführt hat, besteht die Vermutung, dass das Ergebnis zutreffend ist. Damit hat die Vermutung als Beweislastregel eine Beweislastumkehr zugunsten der Anbieter zur Folge, womit sich die Rechtssicherheit für diese erhöht.[825] Zugleich können die Rechteinhaber, soweit ihnen der Beweis des Gegenteils gelingt, bei einer fehlerhaften Überprüfung Ansprüche gegen die Diensteanbieter geltend machen; gleiches gilt für die Abonnenten. Ihre Ansprüche sind damit nicht pauschal abgeschnitten.

III. Unbestimmtheit des Wohnsitzmitgliedstaates

Es wird nach Art. 2 Nr. 3 Portabilitäts-VO widerleglich vermutet, dass der Wohnsitzmitgliedstaat eines Abonnenten dem Ergebnis der Überprüfung des Wohnsitzmitgliedstaates entspricht. Diese Vermutung lässt sich widerlegen, indem dargelegt und bewiesen wird, dass der Wohnsitzmitgliedstaat und das Ergebnis der Überprüfung tatsächlich nicht übereinstimmen.[826] Damit kommt es entscheidend darauf an, wie sich der Wohnsitzmitgliedstaat eines Abonnenten bestimmt. Die Portabilitätsverordnung definiert diesen als den Mitgliedstaat, in dem ein Abonnent seinen tatsächlichen und dauerhaften Wohnsitz hat. Der tatsächliche und dauerhafte Wohnsitz erfährt jedoch keine genauere Konturierung, womit ein klares Kriterium zur Bestimmung des Wohnsitzmitgliedstaates fehlt. Daher kann die Definition zwar als Leitlinie herangezogen

---

823 Ähnlich *Dreier*, in: Dreier/Schulze, Art. 2 Portabilitäts-VO Rn. 5.

824 Zum Begriff der Vermutungsbasis, siehe *Huber*, in: Musielak/Voit, § 292 ZPO Rn. 4; *Saenger*, in: ders., § 292 ZPO Rn. 7.

825 *Huber*, in: Musielak/Voit, § 292 ZPO Rn. 5; *Prütting*, in: MüKo ZPO, § 292 ZPO Rn. 26; *Saenger*, in: ders., § 292 ZPO Rn. 8.

826 Ausführlich zu den Anforderungen an die Widerlegung der Vermutung, siehe § 3 D. II.

werden, doch ist sie wegen ihrer Unbestimmtheit wenig praktikabel und schafft gewisse Rechtsunsicherheit. Beispielsweise wissen die Abonnenten dadurch unter Umständen nicht, ob ihnen ein Anspruch auf grenzüberschreitende Portabilität zusteht. Auch die Erwägungsgründe tragen nicht zum genauen Verständnis des tatsächlichen und dauerhaften Wohnsitzes bei.[827] Bei der Frage, welches Verständnis dem tatsächlichen und dauerhaften Wohnsitz zugrunde zu legen ist, muss auch das Kriterium des „vorübergehenden Aufenthalts in einem Mitgliedstaat“ berücksichtigt werden, da beide untrennbar miteinander verbunden sind: solange sich der Wohnsitzmitgliedstaat eines Abonnenten nicht ändert, liegt ein vorübergehender Aufenthalt in einem Mitgliedstaat vor. Wegen der Unbestimmtheit des vorübergehenden Aufenthalts in einem Mitgliedstaat lässt sich der tatsächliche und dauerhafte Wohnsitz jedoch auch darüber nicht klarer konturieren. Lediglich die in Erwägungsgrund 1 der Portabilitätsverordnung genannten Gründe für Auslandsaufenthalte, bei denen ein vorübergehender Auslandsaufenthalt vorliegt, dürfen nicht zur Änderung des Wohnsitzmitgliedstaates führen.

IV. Rechtsaktübergreifende Begriffsbestimmung des Wohnsitzmitgliedstaates

Der Begriff des Wohnsitzes wird nicht nur in der Portabilitätsverordnung verwendet, sondern findet sich in verschiedenen anderen Rechtsbereichen sowohl auf nationaler als auch auf europäischer Ebene wieder. Allerdings gibt es kein allgemeines, rechtsaktübergreifendes Verständnis des Wohnsitzes auf EU-Ebene, sondern die Portabilitätsverordnung schafft mit dem Wohnsitzmitgliedstaat sowie dem in dessen Definition enthaltenen Kriterium des „tatsächlichen und dauerhaften Wohnsitzes“ einen autonomen unionsrechtlichen Begriff.[828] Aufgrund der Relativität unionsrechtlicher Begrifflichkeiten kann dem Wohnsitz eines Abonnenten im Rahmen der Portabilitätsverordnung daher durchaus ein anderes Verständnis zugrunde liegen, als in anderen europäischen Rechtsakten.[829] Zwar ist die Bestrebung des EU-Gesetzgebers, einheitliche

827 Erwägungsgrund 14 Portabilitäts-VO spricht ebenfalls nur vom tatsächlichen und dauerhaften Wohnsitz.

828 Zum autonomen Verständnis unionsrechtlicher Begriffe, siehe *Riesenhuber*, in: ders., Europäische Methodenlehre, § 10 Rn. 4 ff.

829 EuGH, Urt. v. 6.10.1982, Rs. C-283/81 – *CILFIT/Ministero della Sanità*, ECLI:EU:C:1982:335, Rn. 19; *Riesenhuber*, in: ders., Europäische Methodenlehre, § 10 Rn. 20; allgemein zum relativen Verständnis von Gesetzesbegriffen, siehe *Larenz/Canaris*, Methodenlehre, S. 141 f.

und kohärente Rechtsakte zu schaffen, durchaus erkennbar,[830] sodass sich in einzelnen Rechtsbereichen bereits eine innere Ordnung zeigt,[831] die es erlaubt, einzelne Vorschriften systematisch mit Blick andere europäische Regelungen auszulegen.[832] Jedoch bildet die Portabilitätsverordnung zusammen mit den anderen Rechtsakten, die den Begriff des Wohnsitzes verwenden, keinen einheitlichen Regelungsbereich, der eine innere Ordnung aufweist. Daher kommt eine systematische Auslegung des Wohnsitzes sowie des Wohnsitzmitgliedstaates mit Blick auf andere EU-Rechtsakte nicht in Betracht.

Erst recht verbietet sich aufgrund des eigenständigen Charakters der Portabilitätsverordnung eine direkte Übernahme des Begriffs des Wohnsitzes aus einem anderen EU-Rechtsakt oder dem nationalen Recht.[833] Dies schließt allerdings nicht aus, den Erkenntnisgewinn, den der Blick auf einen anderen Rechtsakt bzw. eine andere Rechtsordnung liefert, als Interpretations- und Verständnishilfe im Rahmen der Auslegung der Portabilitätsverordnung heranzuziehen.[834] Auch der EuGH hat in der Vergangenheit vereinzelt auf die Rechtsvergleichung zur Auslegung unionsrechtlicher Begrifflichkeiten zurückgegriffen.[835] Daher ist es nicht *per se* ausgeschlossen, die Kriterien, die in anderen Vorschriften zur Bestimmung des Wohnsitzes herangezogen werden, auch zur Bestimmung des tatsächlichen und dauerhaften Wohnsitzes im Rahmen der Portabilitätsverordnung fruchtbar zu machen.

Ein Binnenrechtsvergleich von Rechtsakten auf EU-Ebene, die mit dem Kriterium des Wohnsitzes oder verwandten Begrifflichkeiten arbeiten, liefert

---

830 *Riesenhuber*, in: ders., Europäische Methodenlehre, § 10 Rn. 24; zur Bestrebung des Gesetzgebers, kohärente Regelungen zu erlassen, siehe *Holoubek*, FS Mayer, S. 139, 150.

831 *Riesenhuber*, in: ders., Europäische Methodenlehre, § 10 Rn. 25 m.w.N.

832 EuGH, Urt. v. 6.10.1982, Rs. C-283/81 – *CILFIT/Ministero della Sanità*, ECLI:EU:C:1982:335, Rn. 20; *Grundmann*, RabelsZ 75 (2011), 882, 894 f.; *Riesenhuber*, in: ders., Europäische Methodenlehre, § 10 Rn. 25.

833 Zur Eigenständigkeit des nationalen Rechts, weshalb eine rechtsvergleichende Auslegung kritisch zu betrachten ist, siehe *Bydlinski*, Juristische Methodenlehre und Rechtsbegriff, S. 386; *Kischel*, Rechtsvergleichung, § 2 Rn. 65; ähnlich *Reimer*, Juristische Methodenlehre, Rn. 384, 389.

834 *Grundmann/Riesenhuber*, JuS 2001, 529, 533; *Reimer*, Juristische Methodenlehre, Rn. 389; *Schwartze*, in: Riesenhuber, Europäische Methodenlehre, § 4 Rn. 26; ähnlich *Basedow*, in: Zimmermann, Rechtsgeschichte und Privatrechtsdogmatik, S. 79, 98.

835 EuGH, Urt. v. 17.4.1986 – Rs. C-59/85 – *Niederlande/Reed*, ECLI:EU:C:1986:157, Rn. 13; *Obwexer*, in: Gamper/Verschraegen, Rechtsvergleichung als juristische Auslegungsmethode, S. 115, 134 f.

demnach einen Erkenntnisgewinn darüber, anhand welcher Kriterien sich eine Verbindung einer Person zu einem bestimmten Ort bzw. Mitgliedstaat in Sinne eines Wohnsitzes ermitteln lässt.[836] Dabei soll der Begriff des Wohnsitzes im Rahmen der Portabilitätsverordnung nicht mit dem Begriff des Wohnsitzes eines anderen Rechtsaktes gleichgesetzt werden, sondern der Rechtsvergleich zeigt lediglich abstrakt Verständnismöglichkeiten des Wohnsitzes sowie Kriterien zu dessen Bestimmung auf.[837] Neben einem Binnenrechtsvergleich auf EU-Ebene erfolgt zudem ein Rechtsvergleich mit dem nationalen Recht. Auch hier wird das Verständnis des Wohnsitzes im nationalen Recht nicht direkt auf die Portabilitätsverordnung übertragen, sondern es hilft bei der autonomen Auslegung des tatsächlichen und dauerhaften Wohnsitzes im Sinne der Portabilitätsverordnung.

Hinsichtlich der genauen methodischen Einordnung der (Binnen-) Rechtsvergleichung im Rahmen des juristischen Auslegungskanons besteht Uneinigkeit. Zum Teil wird diese als Bestandteil der systematischen Auslegung angesehen,[838] wobei dies nicht zu überzeugen vermag. Denn die systematische Auslegung basiert auf der inneren Ordnung eines Rechtsaktes bzw. einer Rechtsordnung, an der es bei den Rechtsakten und Rechtsordnungen, die einem Rechtsvergleich zugrunde liegen, fehlt.[839] Die durch einen Rechtsvergleich gewonnenen Erkenntnisse lassen sich deutlich besser im Rahmen der teleologischen Auslegung einer Norm berücksichtigen,[840] wobei dem Rechtsvergleich lediglich eine subsidiäre Rolle zukommt, in der er potenzielle Auslegungsmöglichkeiten abstrakt aufzeigt[841] und bei der Verifizierung oder auch Falsifizierung einer Auslegungsvariante unterstützt.[842] Zum Teil wird

836 Zum Begriff des Binnenrechtsvergleichs, siehe *Berg*, FS Spellenberg, S. 675; *Blenk*, Die Mitgliedschaft in der Investmentaktiengesellschaft, S. 22; *Hirte*, FS Goette, S. 151, 159; *Rixen*, Sozialrecht als öffentliches Wirtschaftsrecht, S. 34.

837 *Rixen*, Sozialrecht als öffentliches Wirtschaftsrecht, S. 34 sieht in einem Binnenrechtsvergleich eine Schärfung des Problemlösungsbewusstseins.

838 *Reimer*, Juristische Methodenlehre, Rn. 381.

839 *Reimer*, Juristische Methodenlehre, Rn. 384.

840 *Bydlinski*, Juristische Methodenlehre und Rechtsbegriff, S. 461.

841 *Basedow*, in: Zimmermann/Knütel/Meinecke, Rechtsgeschichte und Privatrechtsdogmatik, S. 79, 96; *Grundmann/Riesenhuber*, JuS 2001, 529, 533.

842 *Bydlinski*, Juristische Methodenlehre und Rechtsbegriff, S. 461; *Grundmann/Riesenhuber*, JuS 2001, 529, 533; *Zweigert*, RabelsZ 15 (1949/50), 5, 17 f.

von Rechtsvergleichung auch als eigenständige „fünfte Auslegungsmethode“ gesprochen.[843]

Vorliegend fließen die durch den (Binnen-) Rechtsvergleich gewonnenen Erkenntnisse in die teleologische Auslegung des Kriteriums des „tatsächlichen und dauerhaften Wohnsitzes“ ein. Nachdem die verschiedenen Verständnisse des Wohnsitzes und die Kriterien zu dessen Bestimmung abstrakt als Interpretationshilfe dienen, indem sie bewährte Kriterien zur Bestimmung des Wohnsitzes aufzeigen,[844] kommt dem Rechtsvergleich ausschließlich eine unterstützende Rolle zu. Entscheidend für das Verständnis des Wohnsitzes im Sinne der Portabilitätsverordnung ist ausschließlich deren Telos. In methodischer Hinsicht erfolgt ein funktionaler Rechtsvergleich.[845] Ziel der Untersuchung ist daher nicht, den Begriff des Wohnsitzes in verschiedenen Rechtsakten und Rechtsordnungen gegenüberzustellen, sondern es wird untersucht, mit welchen Kriterien sich funktional eine derart feste Verbindung eines Verbrauchers zu einem bestimmten Ort ermitteln lässt, damit dieser als Wohnsitz gilt. Aus diesem Grund beschränkt sich der Rechtsvergleich auch nicht auf das Verständnis des Wohnsitzes in anderen Vorschriften, sondern in den Vergleich können auch ähnliche Begriffe und Kriterien, die potenziell brauchbare Anknüpfungspunkte liefern, wie der Wohnort oder der gewöhnliche Aufenthaltsort, einbezogen werden.

1. *Binnenrechtsvergleich*

Nach Art. 11 I VO (EG) Nr. 987/2009[846] hat eine Person ihren Wohnort dort, wo objektiv der räumliche Mittelpunkt ihrer Interessen liegt. Dies bestimmt sich nach Art. 11 I lit. a VO (EG) Nr. 987/2009 zum einen nach der Dauer und Kontinuität des Aufenthalts im Hoheitsgebiet eines Mitgliedstaates und nach lit. b zum anderen nach der Situation einer Person. Dies umfasst sämtliche

843 Kritisch dazu, *Häberle*, JZ 1989, 913, 917; *Kischel*, Rechtsvergleichung, § 2 Rn. 61 f.; *Obwexer*, in: Gamper/Verschraegen, Rechtsvergleichung als juristische Auslegungsmethode, S. 115, 138.

844 *Grundmann/Riesenhuber*, JuS 2001, 529, 533 sprechen von einer Inspirationsfunktion der Rechtsvergleichung.

845 Zum funktionalen Rechtsvergleich, siehe *Zweigert/Kötz*, Einführung in die Rechtsvergleichung, S. 33 f.

846 Verordnung (EG) Nr. 987/2009 des Europäischen Parlaments und des Rates v. 16.9.2009 zur Festlegung der Modalitäten für die Durchführung der Verordnung (EG) Nr. 883/2204 über die Koordinierung der Systeme der sozialen Sicherheit, EU-ABl. L 284/1 v. 30.10.2009.

Umstände des Einzelfalls, wozu unter anderem das Bestehen eines Arbeitsverhältnisses, die familiären Verhältnisse sowie die Wohnsituation, insbesondere deren dauerhafter Charakter, zählen.

Obwohl der Wohnsitzmitgliedstaat in der Portabilitätsverordnung nicht mehr wie im Kommissionsentwurf als der Mitgliedstaat definiert ist, „in dem der Abonnent seinen gewöhnlichen Aufenthalt hat",[847] ist nicht ausgeschlossen, dass die Kriterien, nach denen sich der gewöhnliche Aufenthalt eines Verbrauchers in anderen Rechtsbereichen bestimmt, brauchbare Anknüpfungspunkte für den tatsächlichen und dauerhaften Wohnsitz liefern. Diese lassen sich in den Binnenrechtsvergleich einbeziehen, da nicht der Begriff des Wohnsitzes in verschiedenen Rechtsbereichen gegenübergestellt wird, sondern funktionale Kriterien gesucht werden, mit denen sich eine derart feste Verbindung eines Verbrauchers zu einem bestimmten Ort bestimmen lässt, sodass dieser Ort als Wohnsitz gilt. Der gewöhnliche Aufenthaltsort einer natürlichen Person zu privaten Zwecken wird im Rahmen der Rom I-VO[848] als der Ort definiert, an dem eine Person für eine gewisse Dauer ihren Daseins- bzw. Lebensmittelpunkt hat.[849] Dies beurteilt sich nach den tatsächlichen Verhältnissen im Einzelfall, wozu insbesondere die soziale und berufliche Integration an einem Ort zählen.[850]

Nach Art. 62 I Brüssel Ia-VO bestimmt sich der Wohnsitz nach den geltenden Vorschriften der Mitgliedstaaten, womit auf eine unionsautonome Definition

847 *Europäische Kommission*, Vorschlag Portabilitätsverordnung, COM(2015) 627 final, Art. 2 lit. c, S. 18.

848 Verordnung (EG) Nr. 593/2008 des Europäischen Parlaments und des Rates vom 17. Juni 2008 über das auf vertragliche Schuldverhältnisse anzuwendende Recht, EU-ABl. L 177/6 v. 4.7.2008.

849 *Doehner*, in: Hüßtege/Mansel, Art. 19 Rom I-VO Rn. 10; *Ferrari*, in: ders. u.a., Internationales Vertragsrecht, Art. 19 VO (EG) 593/2008 (Rom I-VO) Rn. 15; *Martiny*, in: MüKo BGB, Art. 19 Rom I-VO Rn. 12; *Rass-Masson*, in: BeckOGK, Art. 19 Rom I-VO Rn. 28; *Thorn*, in: Rauscher, EuZPR/EuIPR, Art. 19 Rom I-VO Rn. 15; *Magnus*, in: Staudinger BGB, 2016, Art. 19 Rom I-VO Rn. 31; eingehend zum Begriffsverständnis des gewöhnlichen Aufenthalts im internationalen Privatrecht, siehe *John*, GPR 2018, 70 ff.

850 *Baetge*, Der gewöhnliche Aufenthalt, S. 113 ff.; *Doehner*, in: Hüßtege/Mansel, Art. 19 Rom I-VO Rn. 10; *Ferrari*, in: ders. u.a., Internationales Vertragsrecht, Art. 19 VO (EG) 593/2008 (Rom I-VO) Rn. 15; vgl. *Rass-Masson*, in: BeckOGK, Art. 19 Rom I-VO Rn. 28; *Spickhoff*, in: BeckOK BGB, Art. 19 VO (EG) 593/2008 (Rom I-VO) Rn. 6; *Thorn*, in: Rauscher, EuZPR/EuIPR, Art. 19 Rom I-VO Rn. 15.

des Wohnsitzes verzichtet und stattdessen auf eine kollisionsrechtliche Bestimmung gesetzt wird.[851]

2. *Rechtsvergleich mit nationalem Recht*

Im Rahmen von § 7 BGB ist der Wohnsitz einer Person der Ort, an den diese immer wieder zurückkehrt, weil sich dort der räumliche Mittel- beziehungsweise Schwerpunkt ihrer Lebensverhältnisse befindet.[852] Kriterium dafür, dass eine Person einen Wohnsitz an einem Ort begründet, ist, dass sie sich an diesem Ort niederlässt und den Willen hat, diesen Ort auf Dauer zum Mittelpunkt ihrer Lebensverhältnisse werden zu lassen.[853] Voraussetzung für eine Niederlassung ist eine Unterkunft am jeweiligen Ort, wobei es nicht darauf ankommt, um welche Art von Unterkunft es sich handelt und in wessen Eigentum diese steht.[854] Die Anmeldung bei einer Meldebehörde kann lediglich als Indiz herangezogen werden.[855] Das Kriterium der Dauerhaftigkeit lässt lediglich kurzfristige Aufenthalte nicht ausreichen.[856]

Ausgehend vom subjektiven Domizilwillen hat ein Studierender am Studienort meist keinen Wohnsitz, da er den Mittelpunkt seiner Lebensverhältnisse regelmäßig nicht dorthin verlagern möchte.[857] Auch ein Arbeitnehmer, der sich aufgrund seines Arbeitsverhältnisses an einem bestimmten Ort aufhält, begründet dort nicht unbedingt einen Wohnsitz.[858] Gleiches gilt bei einer mehrjährigen Montagetätigkeit an einem bestimmten Ort.[859] Bei der regelmäßigen Rückkehr in ein eigenes Ferienhaus fehlt es bereits an der Dauerhaftigkeit

---

851 *Gottwald*, in MüKo ZPO, Art. 62 Brüssel Ia-VO Rn. 4; *Stadler*, in: Musielak/Voit, ZPO, Art. 62 EuGVVO nF Rn. 1 f.

852 *Bamberger*, in: BeckOK BGB, § 7 BGB Rn. 10; *Spickhoff*, in: MüKo BGB, § 7 BGB Rn. 8 f.; zur begrifflichen Differenzierung zwischen dem Schwerpunkt und dem Mittelpunkt der Lebensverhältnisse, siehe *Behme*, in: BeckOGK, § 7 BGB Rn. 2 ff. m.w.N.; *Spickhoff*, in: MüKo BGB, § 7 BGB Rn. 9.

853 *Bamberger*, in: BeckOK BGB, § 7 BGB Rn. 19; *Behme*, in: BeckOGK, § 7 BGB Rn. 19; *Dörner*, in: Schulze u.a., § 7 BGB Rn. 3.

854 *Behme*, in: BeckOGK BGB, § 7 BGB Rn. 20; *Spickhoff*, in: MüKo BGB, § 7 BGB Rn. 21.

855 BGH, Beschl. v. 21.12.1994 – XII ARZ 35/94, NJW-RR 1995, 507.

856 BVerwG, Urt. v. 09.11.1967 – VIII C 141/67, NJW 1968, 1059, 1060; *Kannowski*, in: Staudinger BGB, 2018, § 7 BGB Rn. 9.

857 BVerfG, Beschl. v. 22.06.1990 – 2 BvR 116/90, NJW 1990, 2193, 2194.

858 *Bamberger*, in: BeckOK BGB, § 7 BGB Rn. 22; *Spickhoff*, in: MüKo BGB, § 7 BGB Rn. 28.

859 *Kannowski*, in: Staudinger BGB, 2018, § 7 BGB Rn. 7; *Spickhoff*, in: MüKo BGB, § 7 BGB Rn. 28.

des Aufenthalts. Dies ist nur eine Vielzahl vorübergehender Aufenthalte am Urlaubs- oder Ferienort.[860]

Ihren steuerrechtlichen Wohnsitz nach § 8 AO hat eine Person dort,[861] wo sie eine Wohnung unter Umständen innehat, die darauf schließen lassen, dass sie diese beibehalten und benutzen wird. Anders als beim bürgerlich-rechtlichen Wohnsitz nach § 7 BGB sind ausschließlich die tatsächlichen Verhältnisse maßgeblich.[862] Dieser objektiv überprüfbare Zustand ergibt sich aus den nach außen hin erkennbaren und nachprüfbaren wirtschaftlichen Umständen einer Person.[863] Die zentrale Voraussetzung für die Begründung eines Wohnsitzes ist das Innehaben einer Wohnung.[864] Eine Wohnung setzt Räumlichkeiten voraus, die es objektiv ermöglichen, darin dauerhaft zu wohnen.[865] Die Anforderungen daran sind nicht allzu hoch. Eine einfache, bescheidene Ausstattung ist ausreichend. Bereits ein Zimmer ohne Kochgelegenheit mit einem davon getrennten Bad,[866] genauso wie ein Wohnwagen auf einem auf Dauer gemieteten Campingplatz können daher als Wohnung dienen.[867] Ein gelegentlich genutzter Schlafplatz bei Verwandten oder Bekannten sowie ein Hotelzimmer reichen dagegen nicht.[868] Das Innehaben der Wohnung erfordert, dass eine Person über die Wohnung tatsächlich verfügt, sie also erkennbar über eine längere Zeit regelmäßig nutzt[869] und sie ihr zur jederzeitigen Nutzung zur Verfügung steht.[870] Die gemeinschaftliche Nutzung einer Wohnung im Rahmen einer Wohngemeinschaft reicht grundsätzlich aus.[871] Abstrakt beruht die Begründung und Aufrechterhaltung eines Wohnsitzes nach § 8 AO damit auf einem Zeit- und einem Umstandsmoment. Beide müssen auf die künftige Nutzung

860 *Behme*, in: BeckOGK, § 7 BGB Rn. 24.

861 Das Verständnis des Wohnsitzes im Sinne des § 30 III 1 SGB I entspricht dem des § 8 AO, siehe dazu *Seewald*, in: Körner u.a., § 30 SGB I Rn. 15; *Gutzler*, in: BeckOK Sozialrecht, § 30 SGB I Rn. 39.

862 BFH, Urt. v. 25.9.2014 – III R 10/14, DStRE 2015, 145 Rn. 14 m.w.N.

863 *Gersch*, in: Klein, § 8 AO Rn. 5; *Koenig*, in: ders., § 8 AO Rn. 4.

864 *Koenig*, in: ders., § 8 AO Rn. 9.

865 BFH, Urt. v. 15.7.2010 – III R 6/08, DStRE 2011, 157, 158.

866 BFH, Urt. v. 10.4.2013 – I R 50/12, BeckRS 2013, 96269 Rn. 14.

867 *Gersch*, in: Klein, § 8 AO Rn. 2 mit weiteren Beispielen aus der Rechtsprechung.

868 Für einen genauen Überblick über die Negativbeispiele, siehe *Gersch*, in: Klein, § 8 AO Rn. 2 und *Koenig*, in: ders., § 8 AO Rn. 9.

869 BFH, Urt. v. 24.4.1964 – VI 236/62 U, BeckRS 1964, 21001808.

870 BFH, Urt. v. 25.9.2014 – III R 10/14, DStRE 2015, 145, 146 Rn. 16.

871 *Koenig*, in: ders., § 8 AO Rn. 12.

der Wohnung in einer Intensität hindeuten, die für ein Innehaben der Wohnung erforderlich ist.[872]

3. *Erkenntnisgewinn des Rechtsvergleichs*

Sowohl aus dem Binnenrechtsvergleich als auch aus dem Rechtsvergleich mit dem nationalen Recht geht hervor, dass es eine Vielzahl an Kriterien gibt, mit denen sich eine derart feste Verbindung eines Verbrauchers zu einem Ort bestimmen lässt, sodass dieser als Wohnsitz gilt. Bei einer Gesamtbetrachtung sämtlicher Kriterien zeichnet sich ab, dass sich diese in weiten Teilen überschneiden.

Das erste zentrale Kriterium, das stets zu fordern ist, ist eine gewisse Dauerhaftigkeit eines Aufenthalts an einem bestimmten Ort bzw. in einem bestimmten Mitgliedstaat, um dort einen Wohnsitz zu begründen, wobei kurzfristige Unterbrechungen nicht schaden.[873] Zwar fordert § 7 BGB den subjektiven Willen, sich dauerhaft niederlassen zu wollen, doch ist auch hier, wie es in anderen Rechtsbereichen sowohl auf europäischer als auch nationaler Ebene unabhängig von einem subjektiven Willen gefordert wird, die objektive Manifestation der dauerhaften Niederlassung nach außen hin notwendig.[874] Eng verknüpft mit der dauerhaften Niederlassung ist das dafür notwendige Innehaben einer Wohnung. Es sind keine besonders strengen Anforderungen an die Wohnung selbst zu stellen. Voraussetzung ist, dass diese tatsächlich zur Nutzung zur Verfügung steht und auch genutzt werden soll.[875] Während bei § 8 AO das Innehaben einer Wohnung als objektives Kriterium im Vordergrund steht, sind in den anderen EU-Rechtsakten sowie im nationalen Recht, wo der Mittelpunkt der Lebensverhältnisse an einem bestimmten Ort entscheidend für einen Wohnsitz ist, sämtliche Umstände des Einzelfalls zu berücksichtigen, wozu insbesondere die soziale Integration an einem bestimmten Ort sowie das Bestehen eines Arbeitsverhältnisses zählen.[876] Hinsichtlich der Anforderungen an das Innehaben

872 *Koenig*, in: ders., § 8 AO Rn. 19 f.

873 Zu Unterbrechungen des Aufenthalts, siehe *Baetge*, Der gewöhnliche Aufenthalt, S. 112.

874 Siehe dazu § 3 C. IV. 2.

875 Siehe dazu § 3 C. IV. 2.

876 Siehe dazu § 3 C. IV. 1./2.; zur Bedeutung dieser Kriterien für den gewöhnlichen Aufenthalt im europäischen Privat- und Zivilverfahrensrecht, siehe *John*, GPR 2018, 70, 75 f.; zu geeigneten Indizien zur Bestimmung des gewöhnlichen Aufenthalts, siehe *Baetge*, Der gewöhnliche Aufenthalt, S. 107 ff. und zu ungeeigneten Indizien, siehe S. 118 ff.

einer Wohnung sowie der persönlichen Lebensverhältnisse bestehen zwischen den einzelnen Rechtsbereichen keine wesentlichen Unterschiede. Die Vor- und Nachteile der einzelnen Kriterien liegen klar auf der Hand: Je mehr subjektive Aspekte und Umstände des Einzelfalls bei der Bestimmung des Wohnsitzes Berücksichtigung finden, desto interessengerechtere Ergebnisse lassen sich erzielen; klare, objektive Kriterien erhöhen demgegenüber die Rechtssicherheit.

4. Teleologische Auslegung

Die durch den Rechtsvergleich gewonnenen Erkenntnisse lassen sich nicht direkt auf die Portabilitätsverordnung übertragen, da der Begriff des Wohnsitzes in dieser nicht mit dem Begriff des Wohnsitzes oder eines verwandten Begriffs aus einem anderen EU-Rechtsakt gleichgesetzt werden darf; gleiches gilt für das nationale Recht. Entscheidend für das Verständnis des Wohnsitzes im Rahmen der Portabilitätsverordnung ist demnach eine teleologische Auslegung, in welche die durch den Rechtsvergleich gewonnenen Erkenntnisse einfließen.

Funktion des Kriteriums des „tatsächlichen und dauerhaften Wohnsitzes" ist die Bestimmung des Mitgliedstaates, zu dem ein Abonnent einen derart festen und dauerhaften Bezug hat, dass dieser als dessen Wohnsitzmitgliedstaat gilt. Stimmen dieser und der Mitgliedstaat, in dem ein Abonnement abgeschlossen wurde, überein, sind die Diensteanbieter nach Art. 3 I Portabilitäts-VO verpflichtet, die grenzüberschreitende Portabilität zu ermöglichen und die Erwartung eines Abonnenten, auf die Online-Inhaltedienste vom Ausland aus zugreifen zu können, darf nicht enttäuscht werden. Zugleich gilt es zu verhindern, dass sich Abonnenten unter missbräuchlicher Berufung auf die Portabilitätsverordnung Zugang zu Online-Inhaltediensten anderer Mitgliedstaaten verschaffen. Das Kriterium des „tatsächlichen und dauerhaften Wohnsitzes" dient demnach als Schlüssel zur grenzüberschreitenden Portabilität. Dementsprechend ist ihm ein funktionelles Verständnis zugrunde zu legen, das es ihm erlaubt, diese Schlüsselrolle wahrzunehmen und seinen Zweck zu erfüllen.[877]

Eine derart enge Verbindung eines Abonnenten zu einem bestimmten Ort, sodass dort sein Wohnsitz liegt, lässt sich am präzisesten anhand des Lebensmittelpunktes lokalisieren, zu dem eine Person immer wieder zurückkehrt.[878] Der Lebens- bzw. der Interessenmittelpunkt ist ein unbestimmter Rechtsbegriff, den es wiederum zu konturieren gilt.[879] Dies kann anhand von Kriterien

---

877 *Ehle/Werner*, CR 2016, 376, 377; *Peifer*, AfP 2017, 8, 12.

878 *Peifer*, AfP 2017, 8, 12.

879 *Ranke/Glöckler*, MMR 2017, 378, 380.

erfolgen, wie sie in anderen Rechtsbereichen zu dessen Bestimmung herangezogen werden. Zwar verbietet sich eine direkte Übernahme dieser Kriterien auf die Portabilitätsverordnung, womit sie lediglich als Interpretationshilfe dienen können, doch geht aus dem Telos des tatsächlichen und dauerhaften Wohnsitzes in der Portabilitätsverordnung hervor, dass diese Kriterien auch hier zweckdienlich sind und dem Verständnis des Wohnsitzes bzw. dem damit identischen Lebensmittelpunkt zugrunde gelegt werden können.

Zunächst verdeutlicht die Rechtsprechung zum Wohnsitz nach § 7 BGB, dass sich mit dem Kriterium des räumlichen Mittelpunktes der Lebensverhältnisse sowie einem subjektiven Domizilwillen Ergebnisse erzielen lassen, die mit dem Telos der Portabilitätsverordnung in Einklang stehen. Danach wird am Studien-[880] oder Arbeitsort[881] regelmäßig kein Wohnsitz begründet, sodass ein Auslandsaufenthalt zu diesen Zwecken regelmäßig nicht automatisch zur Änderung des Wohnsitzes führt. Dies deckt sich mit Erwägungsgrund 1 der Portabilitätsverordnung, wonach ein Auslandsaufenthalt zu Studienzwecken lediglich vorübergehender Natur sein soll.

Die Begriffe „tatsächlich" und „dauerhaft" in Art. 2 Nr. 3 Portabilitäts-VO sowie in Erwägungsgrund 14 verdeutlichen, dass für einen Wohnsitz eine gewisse Dauer und Kontinuität eines Aufenthalts an einem bestimmten Ort zu fordern ist. Unabhängig davon, ob man in diesem Zusammenhang einen subjektiven Domizilwillen wie in § 7 BGB fordert,[882] muss sich die Dauerhaftigkeit eines Aufenthalts an einem Ort durch nach außen hin erkennbare Umstände manifestieren. An die Dauerhaftigkeit sind jedoch keine zu hohen Anforderungen zu stellen, sondern auch hier sollen damit lediglich kurzzeitige Aufenthalte an einem bestimmten Ort nicht zur Begründung eines Wohnsitzes führen.[883] Das Hauptkriterium für die Begründung eines Wohnsitzes bleibt der Mittelpunkt der Lebensverhältnisse; der Dauerhaftigkeit des Aufenthalts an einem bestimmten Ort kommt lediglich eine untergeordnete Bedeutung als Indiz zu.[884] Ein Ferienort oder ein eigenes Ferienhaus, zu dem man regelmäßig

---

880 BVerfG, Beschl. v. 22.06.1990 – 2 BvR 116/90, NJW 1990, 2193, 2194.

881 *Bamberger*, in: BeckOK BGB, § 7 BGB Rn. 22; *Spickhoff*, in: MüKo BGB, § 7 BGB Rn. 28.

882 Ausführlich dazu, siehe § 3 C. IV. 2.

883 So zum nationalen Recht, BVerwG, Urt. v. 09.11.1967 – VIII C 141/67, NJW 1968, 1059, 1060; *Kannowski*, in: Staudinger BGB, 2018, § 7 BGB Rn. 9; *Spickhoff*, in: MüKo BGB, § 7 BGB Rn. 27.

884 So zu § 7 BGB, *Bamberger*, in: BeckOK BGB, § 7 BGB Rn. 22; *Kannowski*, in: Staudinger BGB, 2018, § 7 BGB Rn. 7.

zurückkehrt, reicht für die Begründung eines Lebensmittelpunktes wie bei § 7 BGB daher nicht aus, um dort einen Wohnsitz zu begründen.[885]

Das Innehaben einer Wohnung sowie der nach außen hin erkennbare Wille, diese auf Dauer zu nutzen, wie sie in § 8 AO zur Bestimmung eines Wohnsitzes herangezogen werden, sind für sich alleine betrachtet keine tauglichen Kriterien, den Lebensmittelpunkt zu bestimmen, da eine Wohnung auch auf Dauer an einem Ort genutzt werden kann, an dem nicht der Lebensmittelpunkt liegt, wie zum Beispiel bei einer Arbeitsstätte im Ausland. Daher kann ein Wohnsitz nach § 8 AO auch an einem Ort begründet werden, an dem nicht der Mittelpunkt der Interessen liegt.[886] Das Innehaben einer Wohnung kann jedoch als Ausschlusskriterium herangezogen werden: steht einer Person in einem Mitgliedstaat keine Wohnung dauerhaft zur Nutzung zur Verfügung, kann auch der Mittelpunkt ihrer Interessen nicht in diesem Mitgliedstaat liegen. Bei den Anforderungen hinsichtlich des Innehabens einer Wohnung können die Kriterien des § 8 AO herangezogen werden. Es steht mit dem Zweck der Portabilitätsverordnung in Einklang, keine besonders hohen Anforderungen an die Wohnung zu stellen, da die grenzüberschreitende Portabilität unabhängig davon zu ermöglichen ist. Daher darf einer Person die Portabilität zum Beispiel nicht verweigert werden, weil diese dauerhaft in einem Wohnwagen auf einem festen Stellplatz oder in einer Wohngemeinschaft lebt. Alles andere würde den berechtigten Verbrauchererwartungen, die unabhängig von der Art der Wohnung immer gleich sind, nicht gerecht und der Zweck der Portabilitätsverordnung ließe sich nicht erreichen. Auf der anderen Seite ist es ebenfalls mit dem Zweck der Verordnung vereinbar, dass der vorübergehende Bezug eines Hotelzimmers oder ein hin und wieder genutzter Schlafplatz bei Freunden grundsätzlich nicht ausreicht.[887] Schließlich fehlt in diesem Fall der feste Bezug eines Abonnenten zu dem jeweiligen Mitgliedstaat, den die Portabilitätsverordnung durch die Formulierung „tatsächlich" und „dauerhaft" in der Definition in ihrem Art. 2 Nr. 3 zwingend voraussetzt.

Darüber hinaus steht es mit dem Telos der Portabilitätsverordnung in Einklang, die persönlichen Umstände eines Abonnenten, wozu insbesondere die soziale und berufliche Integration an einem Ort zählen, bei der Bestimmung des Wohnsitzes zu berücksichtigen. Dies wird dadurch deutlich, dass diese

---

885 So zu § 7 BGB, *Behme*, in: BeckOGK, § 7 BGB Rn. 24.

886 BFH, Urt. v. 22.8.2007 – III R 89/06, BeckRS 2007, 25012674; *Koenig*, in: ders., § 8 AO Rn. 1 m.w.N.

887 So zu § 8 AO, *Gersch*, in: Klein, § 8 AO Rn. 2; *Koenig*, in: ders., § 8 AO Rn. 9.

Kriterien maßgeblich zur Bestimmung des gewöhnlichen Aufenthalts einer Person herangezogen werden, der wiederum dazu dient, den Staat ausfindig zu machen, zu dem ein Vertragsverhältnis die engste Verbindung aufweist.[888] Ähnlich soll mittels des tatsächlichen und dauerhaften Wohnsitzes im Rahmen der Portabilitätsverordnung ermittelt werden, ob ein Abonnent zu dem Mitgliedstaat, in dem ein Abonnement abgeschlossen wurde, eine derart enge Verbindung hat, sodass dieser Mitgliedstaat als Wohnsitzmitgliedstaat gilt. Auch der EuGH definierte den Wohnsitz einer Person in einem anderen Zusammenhang fast identisch wie den gewöhnlichen Aufenthalt. Danach sei der ständige Wohnsitz der Ort, den eine Person als ständigen oder gewöhnlichen Mittelpunkt ihrer Lebensinteressen mit der Absicht gewählt hat, dort dauerhaft zu verweilen, wobei für die Bestimmung des Wohnsitzes alle Umstände des Einzelfalls zu berücksichtigen seien.[889] Ausschlaggebend für den Wohnsitz Sinne der Portabilitätsverordnung sind daher neben dem Innehaben einer Wohnung sowohl die familiären Bindungen als auch das Bestehen eines Arbeitsverhältnisses.

Eine Meldung bei den Behörden kann lediglich als Indiz für den Lebensmittelpunkt an einem bestimmten Ort gelten, da eine solche lediglich pauschal an Kriterien wie die Dauer des Aufenthalts oder den Bezug einer Wohnung geknüpft ist. Bei einem Aufenthalt in einem Mitgliedstaat von mehr als drei Monaten kann ein Mitgliedstaat von einem Bürger nach Art. 8 I RL 2004/38/EG verlangen, sich bei den zuständigen Behörden zu melden, woraufhin nach Absatz 2 S. 2 unverzüglich eine Anmeldebescheinigung mit Name und Anschrift der angemeldeten Person sowie mit Zeitpunkt der Anmeldung auszustellen ist.[890] Von dieser Option hat Deutschland in § 5 II 1, V 1 FreizügG/EU Gebrauch gemacht. Darüber hinaus besteht in Deutschland nach § 17 I BMG eine Pflicht zur Meldung bei der Meldebehörde innerhalb von zwei Wochen nach dem Bezug einer Wohnung. Für Personen, die eigentlich im Ausland wohnen und eine Wohnung in Deutschland beziehen, besteht diese Meldepflicht nach § 27 II 3 BMG nach Ablauf von drei Monaten.

Insgesamt sind zur Bestimmung des dauerhaften Mittelpunktes der Lebensverhältnisse sämtliche Umstände des Einzelfalls zu berücksichtigen. Zu den

---

888 *v. Hein*, in: MüKo BGB, Art. 5 EGBGB Rn. 143; *Martiny*, in: MüKo BGB, Art. 19 Rom I-VO Rn. 12.

889 EuGH, Urt. v. 15.9.1995, Rs. C-452/93 – *Magdalena Fernández/Kommission*, ECLU:EU:C:1994:332, Rn. 22.

890 Zur Abstimmung des „vorübergehenden Aufenthalts“ mit den melderechtlichen Bestimmungen, siehe *Ranke/Glöckler*, MMR 2017, 378, 380.

wichtigsten Kriterien zählt das Innehaben einer Wohnung sowie die berufliche und soziale Integration an einem Ort. Es verwundert kaum, dass die zentralen Kriterien zur Bestimmung eines Wohnsitzes bzw. des gewöhnlichen Aufenthalts, die sich bei dem Rechtsvergleich herauskristallisierten, mit dem Telos der Portabilitätsverordnung in Einklang stehen und demnach zur Bestimmung des tatsächlichen und dauerhaften Wohnsitzes herangezogen werden können. Schließlich verfolgt das Kriterium des Wohnsitzes in anderen Rechtsbereichen ebenfalls den Zweck, die Verbindung einer Person zu einem bestimmten Ort im Sinne eines Wohnsitzes zu lokalisieren. Auch mit dem Kriterium des gewöhnlichen Aufenthalts soll der Staat ausfindig gemacht werden, zu dem ein Vertragsverhältnis die engste Verbindung aufweist.[891]

Im Kombination mit der widerleglichen Vermutung des Art. 2 Nr. 3 Portabilitäts-VO lassen sich mit der Definition des Wohnsitzes als Mittelpunkt der Lebensverhältnisse interessengerechte Ergebnisse erzielen. Nach der Überprüfung des Wohnsitzmitgliedstaates durch die Diensteanbieter wird widerleglich vermutet, dass der Wohnsitzmitgliedstaat eines Abonnenten dem Ergebnis der Überprüfung entspricht. War die Überprüfung tatsächlich fehlerhaft, kann ein Abonnent jederzeit darlegen, dass sein Wohnsitz, also sein dauerhafter Mittelpunkt der Lebensverhältnisse, tatsächlich in einem anderen Mitgliedstaat liegt. Für diesen Nachweis ist ein Rückgriff auf sämtliche Mittel möglich, da der Maßnahmenkatalog des Art. 5 I 1 Portabilitäts-VO nur für die Überprüfung des Wohnsitzmitgliedstaates durch die Anbieter gilt. Für die Rechteinhaber wird es kaum möglich sein, darzulegen, dass der tatsächliche Wohnsitz eines Abonnenten nicht dem Ergebnis der Überprüfung entspricht, da die Portabilitätsverordnung keine Überprüfungsmöglichkeit für die Rechteinhaber vorsieht. Dies führt jedoch nicht dazu, dass die Definition des Wohnsitzes als Mittelpunkt der Lebensverhältnisse als nicht praktikabel abzulehnen ist. Denn unabhängig von der Definition des Wohnsitzmitgliedstaates besteht für die Rechteinhaber in keinem Fall die Möglichkeit, den Wohnsitzmitgliedstaat der Abonnenten zu überprüfen, um dadurch einen Fehler bei der Verifizierung durch die Anbieter aufzudecken.[892]

891 *v. Hein*, in: MüKo BGB, Art. 5 EGBGB Rn. 143; *Martiny*, in: MüKo BGB, Art. 19 Rom I-VO Rn. 12.

892 Ausführlich dazu, siehe § 3 D. III.

V. Vertragliche Konkretisierung des Wohnsitzmitgliedstaates

1. *Vertraglicher Gestaltungsspielraum*

Ziel einer vertraglichen Konkretisierung des Wohnsitzmitgliedstaates im Rechtsverhältnis zwischen Anbietern und Rechteinhabern muss es sein, die Interessen beider Parteien bestmöglich in Einklang zu bringen. Der vertragliche Gestaltungsspielraum darf jedoch nur soweit gehen, dass dadurch die Erreichung der Ziele und des Zwecks der Portabilitätsverordnung nicht gefährdet ist. Sobald die Grenze des zulässigen vertraglichen Gestaltungsspielraumes überschritten ist, kommt Art. 7 I Portabilitäts-VO zum Zuge und führt zur Unwirksamkeit der jeweiligen Vereinbarung. Im unzulässigen Bereich befinden sich Vereinbarungen, die den Wohnsitzmitgliedstaat an eine zeitliche Komponente knüpfen, wodurch dieser sich bei einem Auslandsaufenthalt von einer bestimmten Dauer automatisch ändert. Denn Art. 7 I 2 HS. Portabilitäts-VO erklärt eine zeitliche Beschränkung der Portabilität explizit für unzulässig. Wird die Änderung des Wohnsitzmitgliedstaates an eine zeitliche Komponente geknüpft, könnte durch die Hintertür eine zeitliche Beschränkung geschaffen werden, da die Möglichkeit der Portabilität wegfällt, sobald der Wohnsitzmitgliedstaat und der Mitgliedstaat, in dem das Abonnement abgeschlossen wurde, auseinanderfallen. Daher ist beim Wohnsitzmitgliedstaat für eine zeitliche Komponente kein Raum. Eine solche könnte allenfalls als Indiz für die Änderung des Wohnsitzmitgliedstaates herangezogen werden.

2. *Definition über die Verifizierungsmaßnahmen*

Eine vertragliche Konkretisierung des Wohnsitzmitgliedstaates muss so gestaltet sein, dass das Kriterium seine funktionale Aufgabe, eine feste Verbindung eines Abonnenten zu einem bestimmten Mitgliedstaat zu ermitteln, erfüllen kann. Allerdings lassen es die Verifizierungsmaßnahmen des Art. 5 I 1 Portabilitäts-VO nicht zu, den tatsächlichen und dauerhaften Wohnsitz eines Abonnenten mit absoluter Gewissheit zu ermitteln. Dies lässt sich auch durch eine vertragliche Konkretisierung nicht ändern. Das Ziel, das die Parteien bei einer vertraglichen Konkretisierung des Wohnsitzmitgliedstaates daher vor Augen haben müssen, ist eine Vereinbarung zu treffen, die ihren jeweiligen Interessen gerecht wird und das Risiko einer fehlerhaften Verifizierung minimiert.

Am einfachsten ließe sich dieses Ziel erreichen, indem die Parteien die widerlegliche Vermutung des Art. 2 Nr. 3 Portabilitäts-VO aufgreifen und mit ihr den Begriff des Wohnsitzmitgliedstaates konkretisieren, indem sie den

Wohnsitzmitgliedstaat vertraglich an das Ergebnis der Überprüfung koppeln.[893] Dadurch ließe sie für die Anbieter die Gefahr einer fehlerhaften Verifizierung gänzlich ausschließen, soweit sie den Wohnsitzmitgliedstaat mit den vereinbarten Maßnahmen überprüft bzw. ermittelt haben.[894] Die Rechteinhaber hätten bei einer solchen vertraglichen Koppelung keine Möglichkeit, die Vermutung des Art. 2 Nr. 3 Portabilitäts-VO zu widerlegen und die Anbieter bei einer tatsächlich fehlerhaften Überprüfung in Anspruch zu nehmen. Ihre Interessen, die auf eine ordnungsgemäße Überprüfung des Wohnsitzmitgliedstaates gerichtet sind, mit der sich ein unzulässiges Lizenz-Shopping der Abonnenten in den allermeisten Fällen verhindern lässt, sind dennoch gewahrt. Schließlich deuten die Verifizierungsmaßnahmen des Art. 5 I 1 Portabilitäts-VO auf eine relativ feste Verbindung eines Abonnenten zu einem bestimmten Mitgliedstaat hin, die fast immer bedeutet, dass ein Abonnent seinen tatsächlichen und dauerhaften Wohnsitz in diesem Mitgliedstaat hat.[895] Einzelfälle, in denen das Ergebnis der Überprüfung vom tatsächlichen Wohnsitzmitgliedstaat eines Abonnenten abweicht, würden sich trotz eines erheblichen Kontrollaufwandes ohnehin kaum aufdecken lassen. Durch eine vertragliche Koppelung des Wohnsitzmitgliedstaates an das Ergebnis der Überprüfung bestünde demnach Rechtssicherheit sowohl für die Diensteanbieter als auch für die Rechteinhaber, wobei zugleich die Interessen beider Parteien gewahrt wären.

3. *Unvereinbarkeit mit Art. 3 I Portabilitäts-VO*

Eine Vereinbarung, die den Wohnsitzmitgliedstaat an das Ergebnis der Überprüfung koppelt, würde zwar erheblich zur Rechtssicherheit für alle beteiligten Akteure beitragen. Sofern eine solche Vereinbarung allerdings dazu führt, dass ein Anbieter einem Abonnenten die Portabilität nicht ermöglichen muss, obwohl er nach Art. 3 I Portabilitäts-VO dazu verpflichtet ist, liegt ein Verstoß gegen die Vorgaben der Portabilitätsverordnung vor, womit Art. 7 I Portabilitäts-VO einer solchen Vereinbarung entgegenstünde. Aus diesem Grund ist eine vertragliche Koppelung des Wohnsitzmitgliedstaates an das Ergebnis der Überprüfung im Rechtsverhältnis zwischen Anbietern und Abonnenten

893 Dazu im Ansatz bereits *Eginger*, ZUM 2017, 698. 701.

894 So zur gesetzlichen Koppelung des Wohnsitzmitgliedstaates an das Ergebnis der Überprüfung, *Engels/J. B. Nordemann*, in: Fromm/Nordemann, Art. 2 Portabilitäts-VO Rn. 4, Art. 5 Portabilitäts-VO Rn. 1; ausführlich zur gesetzlichen Koppelung des Wohnsitzmitgliedstaates an das Ergebnis der Überprüfung, siehe § 3 C. II.

895 *Synodinou*, in: dies. u.a., EU Internet Law, S. 217, 252 f.

nicht möglich, da der Wohnsitzmitgliedstaat dadurch von dem Kriterium des „tatsächlichen und dauerhaften Wohnsitzes“ entkoppelt wäre. Dies würde wiederum dazu führen, dass der Anspruch auf Portabilität unter Umständen vertraglich ausgeschlossen wäre, obwohl er nach Art. 3 I Portabilitäts-VO bestehen müsste, womit den Abonnenten auch keine Mängel- und Sekundärrechte gegenüber den Anbietern zustünden.

Kaum eine vertragliche Definition des Wohnsitzmitgliedstaates vermag sämtliche Umstände des Einzelfalls zu erfassen, die zu dessen Bestimmung relevant sind. Damit können die Anbieter bei der Konturierung des Wohnsitzmitgliedstaates in den Nutzungsverträgen lediglich mit dem in Art. 2 Nr. 3 Portabilitäts-VO genannten Kriterium des „tatsächlichen und dauerhaften Wohnsitzes“ arbeiten, wobei sie dieses wiederum mit dem abstrakten Kriterium des „Lebensmittelpunktes“ präzisieren können. Die Möglichkeit einer genaueren und zugleich engeren Präzisierung ist ausgeschlossen, damit die Nutzerfreiheiten unberührt bleiben.

VI. Verifizierung des Wohnsitzmitgliedstaates

Der Katalog an Verifizierungsmaßnahmen in Art. 5 I 1 Portabilitäts-VO wurde aufgrund der Kritik am Kommissionsentwurf erst im Laufe des Gesetzgebungsverfahrens in die Portabilitätsverordnung aufgenommen.[896] Die Verifizierungsmaßnahmen sind Ausfluss des Interesses der Anbieter, den Wohnsitzmitgliedstaat der Abonnenten ermitteln zu können. Zugleich erstreckt sich deren Interesse auf eine möglichst einfache und zuverlässige Überprüfung, um ein Haftungsrisiko möglichst leicht ausschließen zu können. Dem trägt die Portabilitätsverordnung allerdings nicht in vollem Umfang Rechnung, da bei den Überprüfungsmaßnahmen auch das Interesse der Abonnenten, möglichst wenig Daten von sich preisgeben zu müssen, sowie die unionsrechtlichen Datenschutzvorschriften Berücksichtigung finden.

Aus einer grundrechtlichen Perspektive ist eine zuverlässige Überprüfung des Wohnsitzmitgliedstaates notwendig, damit das geistige Eigentum der Rechteinhaber ausreichend geschützt ist und es bei dem von der Portabilitätsverordnung intendierten geringen Eingriff bleibt. Ohne wirksame Verifizierung des Wohnsitzmitgliedstaates bestünde für die Abonnenten die Möglichkeit, unter missbräuchlicher Berufung auf die Portabilitätsverordnung ein europaweites

896 Zur Kritik, siehe z.B. BR-Drs. 167/16, S. 4; *Ehle/Werner*, CR 2016, 376, 377 f.; *Spiegel*, in: Taeger, Smart World – Smart Law?, S. 693, 703; *Bitkom*, Stellungnahme Portabilitäts-VO-E, S. 3; *GRUR*, Stellungnahme Portabilitäts-VO-E, S. 1 f.

Lizenz-Shopping zu betreiben und dadurch die territorialen Lizenzstrukturen aufzubrechen.[897]

1. *Einschränkungen bei der Auswahl der Verifizierungsmaßnahmen*

a) *Abschließender Maßnahmenkatalog*

Der Katalog des Art. 5 I 1 Portabilitäts-VO führt die zur Verfügung stehenden Überprüfungsmittel abschließend auf.[898] Vertragliche Vereinbarungen über zusätzliche, nicht in Art. 5 I 1 Portabilitäts-VO aufgeführte Überprüfungsmaßnahmen sind daher unzulässig. Dies verdeutlicht zunächst Erwägungsgrund 26 der Portabilitätsverordnung. Danach soll die Aufzählung dazu dienen, Rechtssicherheit hinsichtlich der Überprüfungsmittel zu schaffen, auf welche die Anbieter zur Verifizierung des Wohnsitzmitgliedstaates zurückgreifen. Stünde es den Parteien offen, vertraglich nach Belieben andere Überprüfungsmaßnahmen zu vereinbaren, wäre diese Rechtssicherheit nicht gewährleistet.[899] Darüber hinaus schreibt Art. 5 I 1 Portabilitäts-VO ausdrücklich vor, dass ein Anbieter den Wohnsitzmitgliedstaat eines Abonnenten überprüft, indem er auf die „unten aufgeführten Überprüfungsmittel zurückgreift". Ausgehend davon sollen dem Anbieter nur diese Überprüfungsmaßnahmen zur Verfügung stehen.[900] Zudem spricht Erwägungsgrund 26 davon, dass die Rechteinhaber und Anbieter Absprachen über „diese" Überprüfungsmittel treffen können. Diese Formulierung verdeutlicht ebenfalls, dass nur Absprachen über die in Art. 5 I 1 Portabilitäts-VO aufgeführten Maßnahmen möglich sind, wie zum Beispiel eine Auswahl der Überprüfungsmaßnahmen, jedoch keine Absprachen über zusätzliche Überprüfungsmaßnahmen.[901]

b) *Nutzung vorhandener Daten*

Grundsätzlich stehen die verschiedenen Verifizierungsmaßnahmen des Art. 5 I 1 Portabilitäts-VO auf einer Stufe und können gleichermaßen zur Verifizierung

897 *Martiny*, ZUM 2018, 772, 780; *Peifer*, AfP 2017, 8, 12; *Roos*, MMR 2017, 147, 150; *Simonelli*, Combating Consumer Discrimination in the Digital Single Market, S. 31.

898 *Eginger*, ZUM 2017, 698, 702; *Engels/J. B. Nordemann*, in: Fromm/Nordemann, Art. 5 Portabilitäts-VO Rn. 5; *Heyde*, ZUM 2017, 712, 717; *Kraft*, ZUM 2017, 720, 724; *Martiny*, ZUM 2018, 772, 780; a.A. noch zum Bericht des Rechtsausschusses, *Roos*, MMR 2017, 147, 150.

899 *Eginger*, ZUM 2017, 698, 702; *Martiny*, ZUM 2018, 772, 780.

900 *Eginger*, ZUM 2017, 698, 702.

901 *Eginger*, ZUM 2017, 698, 702.

des Wohnsitzmitgliedstaates herangezogen werden. Art. 5 I 1 Portabilitäts-VO schreibt den Anbietern nicht direkt vor, welche Verifizierungsmaßnahmen sie primär heranziehen müssen. Eine gewisse Einschränkung macht Art. 5 I 2 Portabilitäts-VO, wonach die Überprüfungsmittel im Sinne der lit. i) bis k) nur in Kombination mit einer der Überprüfungsmaßnahmen nach den lit. a) bis h) verwendet werden dürfen. Ein Anbieter darf sich daher zur Verifizierung nicht alleine auf die Rechnungs- und Postanschrift eines Abonnenten,[902] dessen Erklärung zum Wohnsitzmitgliedstaat sowie die Lokalisierung des Zugriffs über die IP-Adresse stützen. Dies lässt sich damit erklären, dass es bei diesen Überprüfungsmitteln für Abonnenten keine besondere Schwierigkeit ist, das Ergebnis der Verifizierung nach ihrem Belieben zu manipulieren.[903] Als Post- oder Rechnungsanschrift kann prinzipiell jede beliebige Adresse angegeben werden, genauso kann in einer Erklärung jeder Mitgliedstaat zum Wohnsitzmitgliedstaat erklärt werden und ein Abonnent kann ein Abonnement zum Zwecke des Lizenz-Shoppings im Urlaub abschließen, womit auch der Zugriff dort lokalisiert werden würde.

Die eigentliche Einschränkung bei der Auswahl der Überprüfungsmaßnahmen für die Anbieter hebt Erwägungsgrund 27 der Portabilitätsverordnung explizit hervor. Danach sollte ein Anbieter zur Verifizierung des Wohnsitzmitgliedstaates primär Daten heranziehen, über die er bereits verfügt, wie etwa Abrechnungsdaten. Gleichermaßen sollte er bei Vertragsverlängerung zusätzliche Daten vom Abonnenten nur dann anfordern dürfen, wenn eine Verifizierung mit den bereits vorhandenen Daten nicht möglich ist. Diese Einschränkungen sind Ausfluss des Art. 8 I 2 Portabilitäts-VO, wonach der Einsatz der Überprüfungsmittel aus dem Katalog des Art. 5 I 1 Portabilitäts-VO sowie die Verarbeitung personenbezogener Daten „auf das zur Erreichung ihres Zwecks erforderliche und verhältnismäßige Maß" zu begrenzen ist. Dies entspricht dem in Art. 5 I lit. c DSGVO verankerten Grundsatz der Datenminimierung, bei dem eine Datenverarbeitung mit Blick auf den damit verfolgten Zweck ebenfalls einer strengen Verhältnismäßigkeitsprüfung zu unterziehen ist.[904] Soweit eine Verifizierung mit den vorhandenen Daten möglich ist, müssen die Diensteanbieter daher auf eine weitere Datenerhebung verzichten und

902 Als Gegenausnahme lässt Art. 5 I 2 Portabilitäts-VO die Postanschrift als alleiniges Überprüfungsmittel zu, wenn diese in einem öffentlichen Register aufgeführt ist.

903 So auch *Engels/J. B. Nordemann*, in: Fromm/Nordemann, Art. 5 Portabilitäts-VO Rn. 5.

904 Ausführlich zum Grundsatz der Datenminimierung, siehe *Heberlein*, in: Ehmann/Selmayr, Art. 5 DSGVO Rn. 22; *Herbst*, in: Kühling/Buchner, Art. 5 DSGVO Rn. 57;

die entsprechende Überprüfungsmaßnahme aus dem Katalog des Art. 5 I 1 Portabilitäts-VO heranziehen.

c) Bedeutung für die Verifizierungsmöglichkeiten

Nachdem Anbieter entgeltlicher Online-Inhaltedienste nach Art. 3 I Portabilitäts-VO verpflichtet sind, ihren Abonnenten die grenzüberschreitende Portabilität zu ermöglichen, erstreckt sich der Hauptanwendungsbereich der Portabilitätsverordnung auf diese Dienste. Aufgrund der Entgeltlichkeit dieser Dienste haben die jeweiligen Anbieter fast immer die Zahlungsinformationen ihrer Abonnenten. Nach den soeben dargelegten Grundsätzen müssten sie daher zunächst immer, wie es auch Erwägungsgrund 27 der Portabilitätsverordnung hervorhebt, auf die Überprüfungsmaßnahme des Art. 5 I 1 lit. b Portabilitäts-VO zurückgreifen: die Zahlungsinformationen wie Kontonummer oder Kredit- und Debitkartennummer.[905] Die Nutzer können eine Überprüfung anhand der Zahlungsinformationen auch leicht verhindern, indem sie Gutscheine für Streaming-Plattformen erwerben, mit denen sich die Abonnementgebühren bezahlen lassen.[906] In diesem Fall verfügt der Anbieter über keine Zahlungsinformationen. Auf die Region, in welcher der Gutschein erworben wurde, dürfte er sich jedenfalls nicht verlassen, da online problemlos Gutscheine aus anderen Ländern erworben werden können und dieser Markt bei einer Missbrauchsmöglichkeit der Portabilitätsverordnung sogar noch wachsen könnte.[907] Daher wäre in diesem Fall primär eine andere Überprüfungsmaßnahme heranzuziehen.

Soweit ein Anbieter – wie es meist der Fall ist – über Zahlungsinformationen verfügt, ist fraglich, ob die Möglichkeit, primär eine andere Verifizierungsmaßnahme heranzuziehen, dadurch gänzlich ausgeschlossen ist. Entscheidend dafür ist, ob es mit dem Verhältnismäßigkeitsgrundsatz aus Art. 5 I 1 Portabilitäts-VO und Art. 8 I 2 Portabilitäts-VO vereinbar ist, andere Daten für eine

Schantz, in: BeckOK DatenschutzR, Art. 5 DSGVO Rn. 24; ähnlich *Engels/J. B. Nordemann*, in: Fromm/Nordemann, Art. 5 Portabilitäts-VO Rn. 6.

905 So auch *Engels/J. B. Nordemann*, in: Fromm/Nordemann, Art. 5 Portabilitäts-VO Rn. 6; *Dreier*, in: Dreier/Schulze, Art. 8 Portabilitäts-VO Rn. 1.

906 Netflix weist zum Beispiel auf Anbieter von Gutscheinen auf der eigenen Website hin, abrufbar unter: https://www.netflix.com/gift-cards.

907 *Pech*, On-Demand-Streaming-Plattformen, S. 345; bei „MyGiftCardSupply" können beispielsweise bereits Gutscheine für verschiedenste Online-Inhaltedienste anderer Länder, insbesondere den USA, erworben werden, abrufbar unter: https://www.mygiftcardsupply.com.

andere Überprüfungsmaßnahme zu erheben. Dabei ist zu berücksichtigen, wie zuverlässig eine Verifizierung anhand der Zahlungsinformationen ist, da dieser Aspekt für das Interesse der Anbieter und der Rechteinhaber an einer anderen Verifizierungsmaßnahme maßgeblich ist und sich daher unmittelbar auf die Verhältnismäßigkeitsprüfung auswirkt.

aa) Effektivität der Zahlungsinformationen als Überprüfungsmaßnahme

Wie auch bei den anderen Verifizierungsmaßnahmen des Art. 5 I 1 Portabilitäts-VO wird die Verifizierung anhand der Kontoinformationen in den meisten Fällen zum richtigen Ergebnis führen, weil die größte Zahl der Abonnenten ein Konto bei einer in ihrem Wohnsitzmitgliedstaat ansässigen Bank hat. Bei einer Zahlung per Lastschrift könnte anhand der BIC die Adresse der kontoführenden Bank ermittelt werden. Bei einer Zahlung per Kreditkarte lässt sich die kontoführende Bank anhand der „Issuer Identification Number" (IIN) ermitteln. Diese setzt sich maximal aus den ersten sechs Stellen der Kreditkartennummer zusammen. Während die ersten ein bis zwei Stellen Aufschluss über die Kartengesellschaft geben, lässt sich mit den nachfolgenden Stellen die kontoführende Bank ermitteln.[908]

An ihre Grenze der Zuverlässigkeit gerät die Verifizierung über die Zahlungsinformationen bei Personen, die Konten in anderen Mitgliedstaaten haben, weil sie zum Beispiel einen Bezug zu mehreren Mitgliedstaaten haben, wie ein Arbeitnehmer, der im Ausland angestellt ist oder ein Studierender im Ausland.[909] Außerdem ist es mittlerweile auch ohne Schwierigkeiten möglich, ohne Wohnsitz oder sonstigen Bezug zu einem Mitgliedstaat bei einer dort ansässigen Bank ein Konto zu eröffnen.[910] Im Jahr 2016 hatten 3 % der EU-Bevölkerung, was 15 Millionen Personen entspricht, Bankkonten in mehreren Mitgliedstaaten.[911]Aufgrund der voranschreitenden Digitalisierung ist damit zu rechnen, dass die nationalen Grenzen auch im Finanzsektor langsam aufbrechen und die grenzüberschreitende Nachfrage für Finanzprodukte weiter

908 Zum Aufbau der Kreditkartennummer, siehe Kreditkarte.net, abrufbar unter: https://bit.ly/2FLNq05.

909 *Simonelli*, Combating Consumer Discrimination in the Digital Single Market, S. 32.

910 Beispielhaft eine Kontoeröffnung bei der in Malta ansässigen Ferratum Bank p.l.c., abrufbar unter: https://bit.ly/2wh9RLe.

911 *TNS Political & Social*, Special Eurobarometer 446, Financial Products and Services – Summary, S. 7; der Anteil von 3 % der Bevölkerung, die Konten in mehreren Mitgliedstaaten haben, blieb seit 2011 unverändert, siehe dazu *TNS Political & Social*, Special Eurobarometer 373, Retail Financial Services – Summary, S. 7.

zunehmen wird.[912] Zudem gibt es verschiedenste ausländische Prepaid-Kreditkarten, die schnell und einfach beantragt werden können.[913] Solche könnten bei der Verifizierung sogar zu dem Ergebnis führen, dass ein Abonnent seinen Wohnsitz außerhalb der EU hat. Damit führt die Verifizierung anhand der Zahlungsinformationen zwar meist zum richtigen Ergebnis, doch birgt auch diese einen gewissen unvermeidbaren Unsicherheitsfaktor.

bb) Wahl der primären Überprüfungsmaßnahme

Entscheidend dafür, ob die Anbieter, obwohl sie über die Zahlungsinformationen eines Abonnenten verfügen, primär eine andere Verifizierungsmaßnahme heranziehen dürfen, ist der Verhältnismäßigkeitsgrundsatz. Dieser ist in Art. 5 I 1 sowie Art. 8 I 2 Portabilitäts-VO ausdrücklich normiert und findet sich zudem im Gebot der Datenminimierung des Art. 5 I lit. c DSGVO, das eine qualitative und quantitative Begrenzung der Daten fordert.[914] Daher kann man sich beim Verständnis des in Art. 5 I 1 und Art. 8 I 2 Portabilitäts-VO verankerten Verhältnismäßigkeitsgrundsatzes am Verständnis des Gebots der Datenminimierung in Art. 5 I lit. c DSGVO orientieren.

Nach diesem müssen die Daten zunächst dem Zweck angemessen sein, wofür ein Bezug der Daten zum Verarbeitungszweck notwendig ist.[915] Nachdem die Daten zur Verifizierung des Wohnsitzmitgliedstaates herangezogen werden, besteht der notwendige Bezug der Daten zu dem mit der Datenverarbeitung verfolgten Zweck.

Des Weiteren müssen die personenbezogenen Daten für den damit verfolgten Zweck erheblich sein, was im Rahmen der Verhältnismäßigkeitsprüfung der Geeignetheit entspricht.[916] Eine weitere Datenerhebung würde zu dem Zweck erfolgen, den Wohnsitzmitgliedstaat eines Abonnenten zu verifizieren. Zwar lässt sich auch mit den anderen Verifizierungsmaßnahmen des Art. 5

912 *Europäische Kommission*, Grünbuch Finanzdienstleistungen, COM(2015) 630 final, S. 2.

913 Zum Überblick über ausländische Prepaid-Kreditkarten, siehe Offshore-Kreditkarte.com, abrufbar unter: https://bit.ly/2wgahBE; siehe dazu auch *Pech*, On-Demand-Streaming-Plattformen, S. 345.

914 *Frenzel*, in: Paal/Pauly, Art. 5 DSGVO Rn. 34.

915 *Herbst*, in: Kühling/Buchner, Art. 5 DSGVO Rn. 57; a.A. *Schantz*, in: BeckOK DatenschutzR, Art. 5 DSGVO Rn. 26, der aufgrund des Angemessenheitskriteriums eine wertende Betrachtung für notwendig erachtet, die einer Verhältnismäßigkeitsprüfung im engeren Sinne entspricht.

916 *Schantz*, in: BeckOK DatenschutzR, Art. 5 DSGVO Rn. 24.

I 1 Portabilitäts-VO der Wohnsitzmitgliedstaat nicht mit absoluter Sicherheit zutreffend ermitteln, doch reicht es für die Schwelle der Erheblichkeit bzw. Geeignetheit, wenn die Daten dem Zweck zumindest förderlich sind.[917]

Die größten Schwierigkeiten wirft die Vorgabe auf, dass die Daten auf das für die Zwecke der Datenverarbeitung notwendige Maß zu begrenzen sind. Dies entspricht dem Kriterium der Erforderlichkeit,[918] wie es auch ausdrücklich in Art. 8 I 2 Portabilitäts-VO normiert ist. Entscheidend ist daher, ob ein bestimmter Zweck auch ohne die jeweiligen Daten in zumutbarer Weise erreicht werden könnte.[919] Wie sich gezeigt hat, ist die Verifizierung mit den Zahlungsinformationen nach Art. 5 I 1 lit. b Portabilitäts-VO zwar keine absolut zuverlässige Verifizierungsmaßnahme, doch gelangt man mit den Zahlungsinformationen in den meisten Fällen zum richtigen Ergebnis. Absolut verlässlich sind auch die anderen Überprüfungsmaßnahmen nicht. Für die Zwecke der Portabilitätsverordnung muss die Kontrollfrage für die Erforderlichkeit daher leicht umformuliert werden: Lässt sich der Zweck mit den zusätzlichen Daten besser erreichen als ohne sie und rechtfertigt dieser Zugewinn an Sicherheit die zusätzliche Datenerhebung? Mit Blick darauf, dass die Zahlungsinformationen in den meisten Fällen zum richtigen Ergebnis führen und kaum eine andere Überprüfungsmaßnahme zuverlässigere Ergebnisse hervorbringt, ist diese Frage zu verneinen. Zudem spricht ein entscheidender Aspekt gegen die Notwendigkeit einer anderen primären Verifizierungsmaßnahme. Ein Anbieter kann, sofern der Verhältnismäßigkeitsgrundsatz beziehungsweise das Gebot der Datenminimierung gewahrt sind, eine zweite Überprüfungsmaßnahme des Art. 5 I 1 Portabilitäts-VO anwenden. Damit ist es nicht erforderlich, bereits für die primäre Verifizierungsmaßnahme weitere Daten zu erheben. Daher sind Anbieter bei der Wahl ihrer primären Überprüfungsmaßnahme gebunden, sofern ihnen die Zahlungsinformationen eines Abonnenten vorliegen.

d) Auswirkungen der DSGVO

Art. 8 I 1 Portabilitäts-VO hebt explizit hervor, dass die Datenverarbeitung zum Zwecke der Überprüfung des Wohnsitzmitgliedstaates in Einklang mit

917 *Herbst*, in: Kühling/Buchner, Art. 5 DSGVO Rn. 57.

918 *Schantz*, in: BeckOK DatenschutzR, Art. 5 DSGVO Rn. 25.

919 *Herbst*, in: Kühling/Buchner, Art. 5 DSGVO Rn. 57; Erwägungsgrund 39 der DSGVO hebt hervor, dass eine Datenverarbeitung nur erfolgen sollte, „wenn der Zweck der Verarbeitung nicht in zumutbarer Weise durch andere Mittel erreicht werden kann."

den Richtlinien 95/96/EG und 2002/58/EG zu erfolgen hat. Erstere wurde seit dem 25. Mai 2018 von der DSGVO abgelöst, die bei sämtlichen Datenverarbeitungsvorgängen zur Überprüfung des Wohnsitzmitgliedstaates zu berücksichtigen ist.[920] Vorrang haben nach Art. 95 DSGVO lediglich die Vorgaben der RL 2002/58/EG[921] sowie die nationalen Umsetzungsgesetze, die das gleiche Ziel wie die DSGVO verfolgen.[922] Aus der DSGVO sind für die Überprüfung des Wohnsitzmitgliedstaates insbesondere der in Art. 5 I lit. b DSGVO verankerte Grundsatz der Zweckbindung der Datenverarbeitung, das Gebot der Datenminimierung in Art. 5 I lit. c DSGVO sowie die Erlaubnistatbestände für eine Datenverarbeitung nach Art. 6 I DSGVO von Bedeutung. Das Gebot der Datenminimierung ist gewahrt, soweit die Datenverarbeitung mit dem in Art. 5 I 1, 8 I 2 Portabilitäts-VO verankerten Verhältnismäßigkeitsgrundsatz in Einklang steht, da beiden das gleiche Verständnis zugrunde gelegt wird.

aa) Zweckbindung

Nach dem Grundsatz der Zweckbindung des Art. 5 I lit. b DSGVO muss zum Zeitpunkt einer Datenerhebung[923] in eindeutiger Weise festgelegt werden, zu welchem Zweck die Datenverarbeitung erfolgt.[924] Das Kriterium der Eindeutigkeit erfordert die Festlegung der Zwecke in einer Weise, die keine Zweifel über diese zulässt,[925] um sowohl für den Betroffenen als auch die Aufsichtsbehörden Klarheit über die zulässigen Datenverarbeitungszwecke zu schaffen.[926] Denn die Festlegung bestimmter Verarbeitungszwecke beschränkt die zulässige Datenverarbeitung grundsätzlich auf diese.[927] Daher wird eine sehr allgemeine Zweckfestlegung, wie die kommerzielle Nutzung der Daten oder die Nutzung

920 *Engels/J. B. Nordemann*, in: Fromm/Nordemann, Art. 8 Portabilitäts VO Rn. 1 f.; *Dreier*, in: Dreier/Schulze, Art. 8 Portabilitäts-VO Rn. 1; auch in Erwägungsgrund 26 Portabilitäts-VO wird darauf hingewiesen, dass die Datenverarbeitung zur Überprüfung in Einklang mit den einschlägigen Datenschutzvorschriften zu erfolgen hat.

921 Richtlinie 2002/58/EG des europäischen Parlaments und des Rates vom 12. Juli 2002 über die Verarbeitung personenbezogener Daten und den Schutz der Privatsphäre in der elektronischen Kommunikation, EU-ABl. L 201/37 v. 31.7.2002.

922 *Engels/J. B. Nordemann*, in: Fromm/Nordemann, Art. 8 Portabilitäts-VO Rn. 2.

923 *Herbst*, in: Kühling/Buchner, Art. 5 DSGVO Rn. 31.

924 *Heberlein*, in: Ehmann/Selmayr, Art. 5 DSGVO Rn. 14; *Herbst*, in: Kühling/Buchner, Art. 5 DSGVO Rn. 35; *Frenzel*, in: Paal/Pauly, Art. 5 DSGVO Rn. 26 ff.

925 *Heberlein*, in: Ehmann/Selmayr, Art. 5 DSGVO Rn. 14.

926 *Herbst*, in: Kühling/Buchner, Art. 5 DSGVO Rn. 35.

927 *Herbst*, in: Kühling/Buchner, Art. 5 DSGVO Rn. 38 ff.

zu Werbezwecken, dem Kriterium der Eindeutigkeit nicht gerecht.[928] Außerdem lässt sich der Datenverarbeitungszweck nicht durch einen Verweis auf einen der in Art. 6 I 1 DSGVO aufgeführten Erlaubnistatbestände eindeutig festlegen.[929] Eine bestimmte Form der Zweckfestlegung ist nicht vorgesehen.[930] Nach Art. 13 I lit. c DSGVO und Art. 14 I lit. c DSGVO ist der Datenverarbeitende dem Betroffenen gegenüber verpflichtet, ihn über die Verarbeitungszwecke zu informieren. Aus diesem Grund wäre eine unpräzise Festlegung des Verarbeitungszwecks auch nicht mit dem Transparenzgebot vereinbar, welches auch in Erwägungsgrund 26 der Portabilitätsverordnung nochmals besonders hervorgehoben wird.[931] Darüber hinaus ist die eindeutige Festlegung des Verarbeitungszwecks und damit auch die Form der Festlegung essenziell für die vom Verantwortlichen zu erfüllenden Nachweispflichten des Art. 24 I 1 DSGVO.[932] Eine Nutzung zu anderen Zwecken wäre lediglich bei einer zulässigen Weiterverarbeitung nach Art. 5 I lit. b S. 1 sowie Art. 6 IV DSGVO möglich.[933]

bb) Bedeutung für die Überprüfung des Wohnsitzmitgliedstaates

Für die Anbieter von Online-Inhaltediensten hat der Grundsatz der Zweckbindung zur Folge, dass sie vor der Datenerhebung deren Zweck festlegen müssen: die Überprüfung des Wohnsitzmitgliedstaates der Abonnenten. Nachdem die Anbieter wegen des in Art. 8 I 2 Portabilitäts-VO verankerten Verhältnismäßigkeitsgrundsatzes sowie dem Grundsatz der Datenminimierung aus Art. 5 I lit. c. DSGVO dazu verpflichtet sind, zunächst die Daten zur Überprüfung heranzuziehen, über die sie ohnehin verfügen bzw. die sie ohnehin erheben, müssen die Anbieter kostenpflichtiger Online-Inhaltedienste zunächst die Zahlungsinformationen zur Überprüfung des Wohnsitzmitgliedstaates gem. Art. 5 I 1 lit. b Portabilitäts-VO heranziehen.[934] Daher ist bei Erhebung der Zahlungsinformationen festzulegen, dass diese sowohl zum Zwecke der

---

928 *Heberlein*, in: Ehmann/Selmayr, Art. 5 DSGVO Rn. 14; *Reimer*, in: Sydow, Art. 5 DSGVO Rn. 21; *Schantz*, in: BeckOK DatenschutzR, Art. 5 DSGVO Rn. 15; für ein enges Verständnis der Eindeutigkeit, *Schantz*, NJW 2016, 1841, 1843 f.

929 *Reimer*, in: Sydow, Art. 5 DSGVO Rn. 21; *Roßnagel/Nebel/Richter*, ZD 2015, 455, 458.

930 *Herbst*, in: Kühling/Buchner, Art. 5 DSGVO Rn. 32; *Reimer*, in: Sydow, Art. 5 DSGVO Rn. 20.

931 *Heberlein*, in: Ehmann/Selmayr, Art. 5 DSGVO Rn. 14; *Schantz*, NJW 2016, 1841, 1843 f.

932 *Heberlein*, in: Ehmann/Selmayr, Art. 5 DSGVO Rn. 14.

933 Zur zulässigen Weiterverarbeitung von Daten, siehe *Buchner*, DuD 2016, 155, 157.

934 Ausführlich dazu, siehe § 3 C. VI. 1. c).

Zahlungsabwicklung als auch zur Überprüfung des Wohnsitzmitgliedstaates verwendet werden. Würden die Zahlungsinformationen nur zum Zwecke der Zahlungsabwicklung erhoben, käme eine Nutzung der Daten zur Überprüfung des Wohnsitzmitgliedstaates durch eine Zweckänderung nach Art. 5 I lit. b S. 1 DSGVO, Art. 6 IV DSGVO in Betracht.[935] Je nach Überprüfungsmaßnahme, welche die Anbieter neben den Zahlungsinformationen zur Verifizierung des Wohnsitzmitgliedstaates heranziehen, müssen sie für die dazu notwendige Datenverarbeitung ebenfalls die Überprüfung als Zweck festlegen. Darüber hinaus müssen die Diensteanbieter die Informationspflichten nach Art. 13, 14 DSGVO beachten.

cc) Zulässigkeit der Datenverarbeitung

Eine Datenverarbeitung ist zulässig, wenn sie von einem der in Art. 6 I DSGVO aufgeführten Erlaubnistatbestände erfasst ist. Für die Datenverarbeitung zur Überprüfung des Wohnsitzmitgliedstaates kommt neben einer Einwilligung nach Art. 6 I lit. a DSGVO insbesondere die Verarbeitung zur Erfüllung des Vertrages nach Art. 6 I lit. b DSGVO in Betracht.[936] Voraussetzung ist, dass die Datenverarbeitung zur ordnungsgemäßen Erfüllung des Vertrages erforderlich ist.[937] Dies ist jedenfalls dann erfüllt, wenn die Vertragsdurchführung in der Weise, wie sie von den Parteien vereinbart wurde, ohne die Datenverarbeitung überhaupt nicht möglich wäre.[938] Ist eine Datenerhebung für die Vertragsdurchführung lediglich objektiv sinnvoll, bedarf es einer umfassenden Abwägung der gegenseitigen Interessen.[939]

---

935 Dieses Problem stellt sich hauptsächlich bei Bestandsverträgen, die bereits vor Inkrafttreten der Portabilitätsverordnung abgeschlossen wurden, weshalb die Anbieter bei Erhebung der Zahlungsinformationen den Überprüfungszweck nicht festgelegt haben; ausführlich zur Zweckänderung, siehe *Buchner/Petri*, in: Kühling/Buchner, Art. 6 DSGVO Rn. 178 ff.

936 Soweit die Einwilligung nicht erteilt wird, ist umstritten, ob die Datenverarbeitung noch auf den Erlaubnistatbestand des Art. 6 I lit. b DSGVO gestützt werden könnte. Dies ablehnend *Buchner/Petri*, in: Kühling/Buchner, Art. 6 DSGVO Rn. 60; a.A. *Plath*, in: ders., Art. 6 Rn. 6.

937 *Buchner/Petri*, in: Kühling/Buchner, Art. 6 DSGVO Rn. 42; *Heberlein*, in: Ehmann/Selmayr, Art. 6 DSGVO Rn. 13.

938 *Albers/Veit*, in: BeckOK DatenschutzR, Art. 6 DSGVO Rn. 32; *Buchner/Petri*, in: Kühling/Buchner, Art. 6 DSGVO Rn. 42; *Reimer*, in: Sydow, Art. 6 DSGVO Rn. 20.

939 *Albers/Veit*, in: BeckOK DatenschutzR, Art. 6 DSGVO Rn. 32; *Schulz*, in: Gola DSGVO, Art. 6 DSGVO Rn. 38.

Durch Art. 3 I Portabilitäts-VO erstreckt sich das vertraglich geschuldete Leistungsprogramm der Diensteanbieter auf die Ermöglichung der grenzüberschreitenden Portabilität bei vorübergehenden Aufenthalten in anderen Mitgliedstaaten. Voraussetzung dafür ist, dass der Mitgliedstaat, in dem das Abonnement abgeschlossen wurde und der Wohnsitzmitgliedstaat eines Abonnenten identisch sind. Ohne die Überprüfung des Mitgliedstaates der Abonnenten bestünde für die Anbieter der Online-Inhaltedienste keine Möglichkeit, ihre vertraglich geschuldete Leistung ordnungsgemäß zu erfüllen, da sie keine Kenntnis darüber hätten, ob die Voraussetzungen der Portabilitätsverordnung erfüllt sind und sie den Abonnenten Zugang zu ihrem Dienst und dessen Nutzung europaweit ermöglichen müssen. Die ordnungsgemäße Durchführung des Bereitstellungsvertrages wäre demnach ohne die Datenverarbeitung überhaupt nicht möglich, womit diese nach Art. 6 I lit. b DSGVO zulässig ist.

Darüber hinaus erklärt Art. 6 I 1 lit. c DSGVO eine Datenverarbeitung für zulässig, wenn diese zur Erfüllung einer rechtlichen Verpflichtung erforderlich ist, welcher der Verantwortliche unterliegt. Art. 5 I 1 Portabilitäts-VO verpflichtet die Diensteanbieter zur Überprüfung des Wohnsitzmitgliedstaates der Abonnenten bei Vertragsschluss sowie bei Vertragsverlängerung, es sei denn, die Rechteinhaber verzichten gemäß Art. 5 IV 1 Portabilitäts-VO auf eine Überprüfung des Wohnsitzmitgliedstaates. Die Datenerhebung erfolgt damit zur Erfüllung einer gesetzlichen Verpflichtung. Voraussetzung für den Erlaubnistatbestand des Art. 6 I 1 lit. c DSGVO ist allerdings gemäß Art. 6 III 4 DSGVO, dass die Rechtsgrundlage ein im öffentlichen Interesse liegendes Ziel verfolgt.[940]

Die Überprüfung des Wohnsitzmitgliedstaates der Abonnenten dient unmittelbar dem Individualinteresse der Abonnenten und Anbieter an der ordnungsgemäßen Durchführung des Abonnement-Vertrages in der Weise, dass ein Anbieter gegenüber dem Abonnenten vertragsgemäß leisten kann und zugleich ein Vertragsbruch gegenüber den Rechteinhabern ausgeschlossen ist. Das übergeordnete Ziel der Überprüfung des Wohnsitzmitgliedstaates ist jedoch, ein Aufbrechen der nationalen Lizenzstrukturen unter missbräuchlicher Berufung auf die Portabilitätsverordnung zu verhindern, um dem Schutz des geistigen Eigentums Rechnung zu tragen und eine Existenzgefahr für die europäische Filmwirtschaft auszuschließen. Der Schutz des geistigen Eigentums als rechtliches und zugleich wirtschaftliches Interesse sowie die Sicherung der kulturellen Vielfalt sind im Rahmen des Art. 36 AEUV als schützenswerter

940 *Reimer*, in: Sydow, Art. 6 DSGVO Rn. 24.

Allgemeinwohlbelang anerkannt.[941] Dies zeigt, dass deren Schutz im öffentlichen Interesse liegt, weshalb mit der Überprüfung des Wohnsitzmitgliedstaates durchaus ein im öffentlichen Interesse liegendes Ziel verfolgt wird. Dies ist allerdings nur ein mittelbares Ziel. Primär dient die Überprüfung des Wohnsitzmitgliedstaates dem Individualinteresse der Parteien an der ordnungsgemäßen Durchführung des Abonnement-Vertrages in der Weise, dass ein Anbieter gegenüber dem Abonnenten vertragsgemäß leisten kann. Die Datenverarbeitung zur Erfüllung einer vertraglichen Verpflichtung, die ausschließlich im Individualinteresse erfolgt, ist gerade nicht von dem Erlaubnistatbestand des Art. 6 I 1 lit. c DSGVO erfasst.[942] Die Datenverarbeitung zur Überprüfung des Wohnsitzmitgliedstaates lässt sich daher nur auf Art. 6 I 1 lit. b DSGVO stützen.

e) *Privatautonomer Gestaltungsspielraum*

Grundsätzlich steht es den Anbietern und Rechteinhabern frei, vertragliche Vereinbarungen über die Überprüfungsmaßnahmen des Art. 5 I 1 Portabilitäts-VO zu treffen, wie es Erwägungsgrund 26 der Portabilitätsverordnung ausdrücklich klarstellt.[943] Bei der Wahl der Überprüfungsmaßnahmen werden die beiden für die Portabilitätsverordnung relevanten Rechtsverhältnisse wiederum über Art. 7 I Portabilitäts-VO verknüpft. Treffen Anbieter und Rechteinhaber eine Vereinbarung, dass primär eine andere Verifizierungsmaßnahme heranzuziehen ist als die Zahlungsinformationen, begründet dies einen Verstoß gegen die Vorgaben zur Begrenzung der Verarbeitung personenbezogener Daten in Art. 8 I Portabilitäts-VO.[944] Eine solche Vereinbarung wäre daher unwirksam.

Die datenschutzrechtlichen Vorgaben müssen auch bei einer vertraglichen Vereinbarung über eine weitere Überprüfungsmaßnahme berücksichtigt werden. Soweit die Daten für eine weitere Überprüfung jedoch ohnehin erhoben

941 Zum geistigen Eigentum, siehe EuGH, Urt. v. 6.10.1982, Rs. C-262/81 – *Coditel II*, ECLI:EU:C:1982:334, Rn. 10; EuGH, Urt. v. 14.9.1982, Rs. C-144/81 – *Keurkoop/Nancy Kean Gifts*, ECLI:EU:C:1982:289, Rn. 14; *Leible/T. Streinz*, in: Calliess/Ruffert, Art. 36 AEUV Rn. 33 m.w.N.; zur kulturellen Vielfalt, siehe EuGH, Urt. v. 11.7.1985, verb. Rs. 60/84, 61/84 – *Cinéthèque*, ECLU:EUC:1985:329, Rn. 20 ff.

942 *Heberlein*, in: Ehmann/Selmayr, Art. 6 DSGVO, Art. 6 Rn. 16.

943 Zur Möglichkeit vertraglicher Vereinbarungen bezüglich der Überprüfungsmaßnahmen, siehe auch *Heyde*, ZUM 2017, 712, 717.

944 Ähnlich *Engels/J. B. Nordemann*, in: Fromm/Nordemann, Art. 5 Portabilitäts-VO Rn. 12; *Heyde*, ZUM 2012, 712, 717.

werden müssen, ergeben sich daraus keine Einschränkungen bei der Auswahl einer weiteren Überprüfungsmaßnahme, da der Eingriff in die Privatsphäre der Abonnenten in diesem Fall bei allen Maßnahmen gleich schwer ausfällt.[945]

Art. 7 I Portabilitäts-VO steht den Anbietern in einer weiteren Situation zur Seite. Nachdem ein Anbieter mit einem Rechteinhaber bereits eine bestimmte Verifizierungsmaßnahme vereinbart und diese in die Nutzungsverträge mit den Abonnenten implementiert hat, könnten andere Rechteinhaber ein anderes zusätzliches Überprüfungsmittel verlangen. Aufgrund verschiedener Lizenzgeber müsste ein Anbieter am Ende unter Umständen mehrere der in Art. 5 I 1 Portabilitäts-VO aufgeführten Überprüfungsmittel anwenden. Natürlich könnte er dem nicht nachkommen, da er gegenüber einem Abonnenten maximal zwei verschiedene Überprüfungsmaßnahmen anwenden darf. Vereinbarungen, die lediglich zwei zulässige Überprüfungsmaßnahmen vorsehen, verstoßen auf den ersten Blick jedoch nicht gegen die Vorgaben der Portabilitätsverordnung, da sie sich auf zulässige Verifizierungsmaßnahmen beziehen. Da diese Vereinbarungen die Anbieter jedoch zur Anwendung einer Vielzahl von Überprüfungsmaßnahmen verpflichten und damit zugleich zum Verstoß gegen die Vorgaben der Portabilitätsverordnung zwingen würden, steht diesen Art. 7 I Portabilitäts-VO entgegen. Soweit ein Anbieter in den Nutzungsverträgen mit den Abonnenten bereits Überprüfungsmaßnahmen vorgesehen hat, kommt vorbehaltlich einer möglichen Änderung der Nutzungsverträge eine abweichende Vereinbarung zwischen Rechteinhabern und Anbietern damit nicht mehr in Betracht.

Außerdem bestünde bei Anwendung mehrerer verschiedener Überprüfungsmaßnahmen die Gefahr einer Zersplitterung des gesamten Angebots, da ein Anbieter gegenüber den Abonnenten nicht sämtliche Überprüfungsmaßnahmen anwenden dürfte, womit die Portabilität gemäß den verschiedenen Lizenzvereinbarungen für manche Inhalte möglich wäre und für andere nicht.[946] Nachdem Art. 3 I Portabilitäts-VO von den Anbietern verlangt, die Portabilität in derselben Form zu ermöglichen, steht jeder Vereinbarung, die zu einer Zersplitterung des Angebots führen könnte, Art. 7 I Portabilitäts-VO entgegen.[947] Letztlich verbleibt den Rechteinhabern damit kaum eine Möglichkeit, auf die anzuwendenden Überprüfungsmaßnahmen Einfluss zu nehmen.

---

945 Strenger *Engels/J. B. Nordemann*, in: Fromm/Nordemann, Art. 5 Portabilitäts-VO Rn. 12.

946 *Kraft*, ZUM 2017, 720, 724; *Simonelli*, Combating Consumer Discrimination in the Digital Single Market, S. 33.

947 *Kraft*, ZUM 2017, 720, 725.

2. *Quantitative Einschränkungen bei den Überprüfungsmaßnahmen*

a) *Zwei Überprüfungsmaßnahmen als Ausnahmefall*

Ein Anbieter ist angehalten, den Wohnsitzmitgliedstaat eines Abonnenten zunächst nur mit einem Überprüfungsmittel aus Art. 5 I 1 Portabilitäts-VO zu überprüfen. Wie es Erwägungsgrund 26 betont, soll ein zweites Überprüfungsmittel nur herangezogen werden, wenn die Überprüfung mit nur einem Mittel nicht mit hinreichender Sicherheit möglich ist. Diese Einschränkung ergibt sich auch aus dem in Art. 5 I 1 und Art. 8 I 2 Portabilitäts-VO verankerten Verhältnismäßigkeitsgrundsatz sowie dem Grundsatz der Datenminimierung in Art. 5 I lit. c DSGVO, denen die Überprüfung des Wohnsitzmitgliedstaates entsprechen muss. Nach Art. 5 I 1 Portabilitäts-VO müssen die verwendeten Mittel angemessen und verhältnismäßig sein. Ähnlich sieht Art. 8 I 2 Portabilitäts-VO vor, dass der Einsatz der Überprüfungsmittel „auf das zur Erreichung ihres Zwecks erforderliche und verhältnismäßige Maß" zu begrenzen ist. Ließe sich der Wohnsitzmitgliedstaat bereits mit einer Maßnahme zuverlässig ermitteln, würde die Anwendung einer zweiten Maßnahme gegen diese Grundsätze verstoßen.[948]

b) *Generelle Zulässigkeit von zwei Überprüfungsmaßnahmen*

Wie sich bereits gezeigt hat, müssen Anbieter kostenpflichtiger Online-Inhaltedienste zunächst die Zahlungsinformationen ihrer Abonnenten nach Art. 5 I 1 lit. b Portabilitäts-VO zur Verifizierung des Wohnsitzmitgliedstaates heranziehen.[949] Bei der Frage, inwiefern die Anwendung einer zweiten Überprüfungsmaßnahme mit dem Grundsatz der Datenminimierung sowie dem in der Portabilitätsverordnung festgeschriebenen Verhältnismäßigkeitsgrundsatz vereinbar ist, kommt es wiederum entscheidend auf die Zuverlässigkeit dieser Verifizierungsmaßnahme an. Nur wenn sich der Wohnsitzmitgliedstaat damit nicht hinreichend sicher bestimmen lässt, ginge die Anwendung einer weiteren Maßnahme nicht über das zur Erreichung des Zwecks der Überprüfung notwendige Maß hinaus.[950]

In den meisten Fällen führen die Zahlungsinformationen zum richtigen Ergebnis, da die meisten Abonnenten ein Konto bei einer Bank in ihrem

---

948 *Engels/J. B. Nordemann*, in: Fromm/Nordemann, Art. 5 Portabilitäts-VO Rn. 6; *Heyde*, ZUM 2017, 712, 716.

949 Ausführlich dazu, siehe § 3 C. VI. 1. c).

950 *Engels/J. B. Nordemann*, in: Fromm/Nordemann, Art. 5 Portabilitäts-VO Rn. 6; *Heyde*, ZUM 2017, 712, 716.

Wohnsitzmitgliedstaat haben. Allerdings ist auf das Ergebnis dieses Verifizierungsmittels kein absoluter Verlass. Es können ohne größere Hürden ausländische Konten eröffnet oder ausländische Kreditkarten beantragt werden.[951] Da auch die weiteren Überprüfungsmaßnahmen des Art. 5 I 1 Portabilitäts-VO zu keinem absolut verlässlichen Ergebnis führen, muss auch hier die Kontrollfrage für die Zulässigkeit einer weiteren Überprüfungsmaßnahme lauten: Rechtfertigt der Zugewinn an Sicherheit durch eine zusätzliche Überprüfungsmaßnahme deren Anwendung? Während fast die gleiche Frage bei der freien Wahl des primären Überprüfungsmittels verneint wurde, insbesondere mit Blick auf die Möglichkeit einer weiteren Überprüfungsmaßnahme, sind an dieser Stelle die Interessen der Anbieter und Rechteinhaber stärker in den Mittelpunkt zu rücken. Nachdem bereits als primäre Überprüfungsmaßnahme kein anderes Überprüfungsmittel herangezogen werden darf, müssen die Abonnenten ohnehin nur mit einer zusätzlichen Datenerhebung rechnen. Demgegenüber lassen sich Fehler bei der Verifizierung doch erheblich minimieren, da es mit zunehmender Anzahl an Überprüfungsmaßnahmen immer unwahrscheinlicher wird, ein falsches Ergebnis zu erhalten. Daher rechtfertigt es die generelle Gefahr einer fehlerhaften Überprüfung anhand der Zahlungsinformationen, ein weiteres Überprüfungsmittel heranzuziehen.[952] Dadurch wird der eigentliche Ausnahmefall von zwei Überprüfungsmaßnahmen zum Regelfall. Geschuldet ist dies letztlich der Ungeeignetheit der formalen Überprüfungsmittel des Art. 5 I 1 Portabilitäts-VO, den tatsächlichen und dauerhaften Wohnsitz eines Abonnenten zu ermitteln.

c) Vertragliche Festlegung von zwei Überprüfungsmaßnahmen

Nachdem es die generelle Gefahr einer fehlerhaften Überprüfung anhand der Zahlungsinformationen rechtfertigt, eine weitere Überprüfungsmaßnahme heranzuziehen, steht der Zulässigkeit einer vertraglichen Vereinbarung, die pauschal die Anwendung eines zweiten Überprüfungsmittels vorsieht, nichts

---

951 Ausführlich dazu, siehe § 3 C. VI. 1. c) aa); im Jahr 2011 hatten bereits 3 % der EU-Bevölkerung ein Bankkonto in einem anderen Mitgliedstaat, siehe dazu *TNS Political & Social*, Special Eurobarometer 373, Retail Financial Services – Summary S. 7. Im Jahr 2016 lag der Anteil immer noch unverändert bei 3 %, siehe dazu *TNS Political & Social*, Special Eurobarometer 446, Financial Products and Services – Summary, S. 7.

952 Kritischer dazu *Heyde*, ZUM 2017, 712, 717.

entgegen.[953] Wäre die pauschale Anwendung eines zweiten Überprüfungsmittels unzulässig, stünde einer solchen Vereinbarung Art. 7 I Portabilitäts-VO entgegen. Außerdem ist bei einer Vereinbarung bezüglich einer zweiten Verifizierungsmaßnahme darauf zu achten, dass ein Anbieter mit allen Rechteinhabern die gleiche Vereinbarung trifft, da er ansonsten nicht alle Vereinbarungen ohne einen Verstoß gegen die Portabilitätsverordnung einhalten könnte und die Zersplitterung des Programms drohen würde.[954] In diesem Fall wäre die Vereinbarung aufgrund des Art. 7 I Portabilitäts-VO unwirksam.

d) Zulässigkeit weiterer Überprüfungsmaßnahmen

Ein Problem stellt sich für die Anbieter der Online-Inhaltedienste, wenn sie mit den zwei verschiedenen Überprüfungsmaßnahmen zu unterschiedlichen Ergebnissen kommen. In diesem Fall haben sie immer noch keine Gewissheit darüber, ob sie die Portabilität ermöglichen müssen, dürfen jedoch aufgrund des Art. 5 I 1 Portabilitäts-VO, der vorschreibt, dass sie maximal auf zwei Überprüfungsmittel zurückgreifen dürfen, keine weitere Überprüfungsmaßnahme heranziehen. Auch Erwägungsgrund 14 der Portabilitätsverordnung, wonach ein Anbieter davon ausgehen kann, dass der von ihm ermittelte Wohnsitzmitgliedstaat der einzige Wohnsitzmitgliedstaat eines Abonnenten ist, hilft an dieser Stelle nicht weiter. Denn auch dafür ist überhaupt eine zutreffende Verifizierung des Wohnsitzmitgliedstaates notwendig. Für die Lösung dieses Konflikts kommen verschiedene Möglichkeiten in Betracht.

Zunächst könnte eine vertragliche Vereinbarung getroffen werden, die regelt, welcher der zwei Überprüfungsmaßnahmen im Falle unterschiedlicher Ergebnisse Vorrang einzuräumen ist.[955] Allerdings wäre damit die Überprüfungsmaßnahme, deren Ergebnis sich im Ergebnis nicht durchsetzt, obsolet. Es würde in diesem Fall ausreichen, sich von Anfang an auf die Maßnahme zu beschränken, die am Ende Vorrang haben soll.

Die zweite Lösungsmöglichkeit ist eine teleologische Reduktion des Art. 5 I 1 Portabilitäts-VO, der die zwingende Vorgabe macht, dass ein Anbieter auf maximal zwei der aufgeführten Überprüfungsmaßnahmen zurückgreifen darf. Durch die teleologische Reduktion lässt sich der Zweck einer Vorschrift erreichen, obwohl dies ihr zu streng bzw. zu weit gefasster Wortlaut verwehren

953 A.A. *Engels/J. B. Nordemann*, in: Fromm/Nordemann, Art. 5 Portabilitäts-VO Rn. 12; *Heyde*, ZUM 2017, 712, 716 f.

954 *Kraft*, ZUM 2017, 720, 725; siehe dazu bereits § 3 C. VI. 1. e).

955 *Eginger*, ZUM 2017, 698, 703.

würde.[956] Inwieweit eine teleologische Reduktion geboten ist, lässt sich danach beurteilen, ob nach dem Telos einer Norm eine Ausnahmeregelung notwendig ist und insoweit eine verdeckte Gesetzeslücke besteht.[957]

Art. 5 I 1 Portabilitäts-VO verfolgt den Zweck, die Erhebung persönlicher Daten auf das zur Überprüfung erforderliche Maß zu minimieren und den Eingriff in die Privatsphäre der Abonnenten zu beschränken.[958] Wie sich aus dem Zusammenspiel von Art. 5 I 1 und Art. 8 I 2 Portabilitäts-VO zeigt, soll diese Beschränkung nur so weit gehen, dass keine Daten über das zur Verifizierung notwendige Maß hinaus erhoben werden. Soweit zwei Überprüfungsmaßnahmen zu unterschiedlichen Ergebnissen führen, ist eine weitere Überprüfung mit einer dritten Maßnahme notwendig, damit es für die Anbieter nicht zum reinen Glücksspiel wird, ob sie ihre Pflichten gegenüber Abonnenten oder Rechteinhabern verletzen. Die Anwendung eines dritten Überprüfungsmittels geht damit nicht über das Maß hinaus, das zur Erreichung des Zwecks der Überprüfung erforderlich ist.[959] Dadurch unterscheidet sich dieser Fall von der Situation, in der ein Anbieter zur reinen Absicherung auf ein weiteres Überprüfungsmittel zurückgreifen möchte, sodass eine Ausnahmeregelung geboten wäre. Die strikte Vorgabe, dass maximal zwei Maßnahmen zur Überprüfung herangezogen werden dürfen, ist daher teleologisch zu reduzieren.

Bei der Wahl der dritten Überprüfungsmaßnahme gilt das in Art. 5 I 1 und Art. 8 I 2 Portabilitäts-VO verankerte Verhältnismäßigkeitsprinzip sowie der Grundsatz der Datenminimierung aus Art. 5 I lit. c DSGVO. Daraus ergibt sich jedoch nur eine Einschränkung der Wahlmöglichkeit, wenn ein Anbieter bereits über bestimmte weitere Daten eines Abonnenten verfügt. In diesem Fall hat er den Wohnsitzmitgliedstaat mit der Maßnahme des Art. 5 I 1 Portabilitäts-VO zu überprüfen, die auf diesen Daten basiert. Nachdem eine weitere Datenerhebung bei allen Maßnahmen des Art. 5 I 1 Portabilitäts-VO gleich schwer ausfällt, schränken die datenschutzrechtlichen Vorschriften die Wahl der dritten Überprüfungsmaßnahme ansonsten nicht ein. Grundsätzlich sind auch vertragliche Vereinbarungen zwischen Rechteinhabern und Anbietern von Online-Inhaltediensten über die Wahl der dritten Überprüfungsmaßnahme

---

956 *Canaris*, Die Feststellung von Lücken im Gesetz, S. 83 f., 151; *Reimer*, Juristische Methodenlehre, Rn. 614.

957 *Bydlinski*, Juristische Methodenlehre und Rechtsbegriff, S. 480; *Larenz*, Methodenlehre, S. 279.

958 Erwägungsgrund 26 Portabilitäts-VO; *Engels/J. B. Nordemann*, in: Fromm/Nordemann, Art. 5 Portabilitäts-VO Rn. 7.

959 So auch *Engels/J. B. Nordemann*, in: Fromm/Nordemann, Art. 5 Portabilitäts-VO Rn. 7.

möglich. Allerdings muss ein Anbieter mit sämtlichen Rechteinhabern, wie bei der Wahl der zweiten Überprüfungsmaßnahme, die gleiche Maßnahme als drittes Überprüfungsmittel festlegen.[960] Ansonsten könnten nicht alle Vereinbarungen ohne Verstoß gegen die Portabilitätsverordnung eingehalten werden. Unterschiedliche Vereinbarungen wären daher nach Art. 7 I Portabilitäts-VO unwirksam.

3. *Zeitpunkt der Verifizierung*

a) *Überprüfung bei Vertragsschluss und -verlängerung*

Art. 5 I 1 Portabilitäts-VO sieht vor, dass ein Anbieter die Verifizierung bei Abschluss und Verlängerung des Vertrages über die Bereitstellung des Online-Inhaltedienstes vornimmt. Die Verträge über die Bereitstellung von VoD-Diensten haben Dauerschuldcharakter, da die Anbieter die Bereitstellung der Inhalte über einen längeren Zeitraum hinweg schulden.[961] Teilweise sind die Nutzungsverträge so ausgestaltet, dass die Vertragslaufzeit relativ kurz – zum Beispiel ein Monat[962] – ausfällt, wobei sich der Vertrag automatisch verlängert, wenn ein Abonnent sein Kündigungsrecht nicht fristgerecht ausübt.[963] Eine Verlängerung des Vertrages im Sinne des Art. 5 I 1 Portabilitäts-VO liegt daher jedes Mal vor, wenn sich ein Vertrag durch diesen Automatismus bis zur nächsten Kündigungsmöglichkeit verlängert.[964] Bei Abonnement-Verträgen, die unbefristet geschlossen werden, erfolgt die Verlängerung des Vertrages im Sinne des Art. 5 I 1 Portabilitäts-VO, wenn ein Abonnent seine Kündigungsfrist verstreichen lässt und sich diese erneut – meist um ein Monat[965] – nach hinten

960 Ausführlich dazu, siehe § 3 C. VI. 2. c).

961 *Sänn et al.*, Status quo digitaler Inhalte in Deutschland, S. 19; LG Schweinfurt, Urt. v. 9.7.2010 – 24 S 42/10, BeckRS 2014, 54331.

962 AGB von Maxdome, Abschnitt 9.1, 9.2 Stand: 21.1.2019, abrufbar: https://www.maxdome.de/agb; beispielhaft für eine unbefristete Vertragslaufzeit mit monatlicher Kündigungsmöglichkeit, siehe die AGB von Sky Ticket Deutschland, Abschnitt 8.2, Stand: Dezember 2019, abrufbar: https://bit.ly/2BK7jZL.

963 *Pech*, On-Demand-Streaming-Plattformen, S. 317; siehe z.B. die AGB von Maxdome, Nr. 9.1, 9.2, Stand: 21.1.2019, abrufbar: https://www.maxdome.de/agb.

964 So wohl auch *Engels/J. B. Nordemann*, in: Fromm/Nordemann, Art. 5 Portabilitäts-VO Rn. 3, die von der Überprüfung bei Beginn einer neuen Vertragsperiode sprechen; *Pech*, On-Demand-Streaming-Plattformen, S. 317 erachtet eine Überprüfung bei jeder Vertragsverlängerung für unverhältnismäßig.

965 Nutzungsbedingungen von Netflix, Abschnitte 3.1, 3.4, Stand: 20.12.2019, abrufbar: https://help.netflix.com/legal/termsofuse; AGB von Sky Ticket Deutschland, Abschnitt 8.2, Stand: Dezember 2019, abrufbar: https://bit.ly/2BK7jZL.

verschiebt. Ansonsten käme eine weitere Überprüfungsmöglichkeit – außer im Falle von begründeten Zweifeln nach Art. 5 II 1 Portabilitäts-VO – nicht in Betracht, da es nie zu einer Vertragsverlängerung käme. Außerdem besteht aus Nutzerperspektive kein Unterschied, ob sich ein Vertrag nach einer einmonatigen Laufzeit ohne Kündigung automatisch verlängert oder auf unbefristete Zeit geschlossen ist und eine monatliche Kündigung möglich ist.

b) Begründete Zweifel am Wohnsitzmitgliedstaat

Darüber hinaus besteht nach Art. 5 II 1 Portabilitäts-VO für einen Anbieter die Möglichkeit, die Überprüfung nochmals zu wiederholen, wenn er begründete Zweifel am Wohnsitzmitgliedstaat eines Abonnenten hat. Im Gegensatz zur erstmaligen Überprüfung kann bei der Wiederholungsprüfung unter anderem das Überprüfungsmittel des Art. 5 I 1 lit. k Portabilitäts-VO – die Lokalisierung des Zugriffs anhand der IP-Adresse – auch isoliert eingesetzt werden. Unabhängig von der Schwelle der begründeten Zweifel stellt sich die praktische Frage, wie Anbietern während der Vertragslaufzeit überhaupt Zweifel am Wohnsitzmitgliedstaat eines Abonnenten kommen sollen. Dies wäre ausschließlich dann möglich, wenn die Anbieter den Zugriff der Abonnenten auf den Online-Inhaltedienst durchgehend anhand der IP-Adresse lokalisieren würden. Dadurch könnten sie feststellen, ob der Zugriff dauerhaft oder zumindest häufig von einem anderen Mitgliedstaat aus erfolgt und sich der Wohnsitzmitgliedstaat eventuell geändert hat.[966] Allerdings kommt eine permanente Lokalisierung des Zugriffs über die IP-Adresse, wie sie bisher das gängigste Mittel war, um Verletzungen der territorialen Gebietslizenzen zu verhindern,[967] für die Anbieter künftig nicht mehr in Betracht. Denn die Lokalisierung des Zugriffs über die IP-Adresse ist nach Art. 5 I 1 lit. k Portabilitäts-VO ein Überprüfungsmittel zur Bestimmung des Wohnsitzmitgliedstaates. Diese Überprüfung darf nach Art. 5 I 1 Portabilitäts-VO nur bei Abschluss und Verlängerung des Nutzungsvertrages vorgenommen werden. Dies bedeutet im Umkehrschluss, dass eine Echtzeit-Geolokalisierung, die Aufschluss darüber gibt, ob der Zugriff inner- oder außerhalb des Wohnsitzmitgliedstaates erfolgt, unzulässig ist, da ein Überprüfungsmittel zur Verifizierung des Wohnsitzmitgliedstaates ansonsten durchgehend und nicht nur zu den zwei zulässigen Zeitpunkten angewandt

---

966 So *Engels/J. B. Nordemann*, in: Fromm/Nordemann, Art. 5 Portabilitäts-VO Rn. 8, nach denen ein mehrmonatiger Auslandsaufenthalt zu begründeten Zweifeln führen kann.

967 *Heyde*, ZUM 2017, 712, 717.

würde.[968] Darüber hinaus weist Erwägungsgrund 28 der Portabilitätsverordnung darauf hin, dass ein Anbieter, der begründete Zweifel am Wohnsitzmitgliedstaat eines Abonnenten hat und infolgedessen eine Überprüfung durch die Lokalisierung über die IP-Adresse vornimmt, nur feststellen darf, ob der Zugriff des Abonnenten inner- oder außerhalb seines Wohnsitzmitgliedstaates erfolgt. Dadurch wird deutlich, dass die Lokalisierung des Zugriffs über die IP-Adresse ausschließlich ein Mittel zur Verifizierung des Wohnsitzmitgliedstaates ist, um begründete Zweifel zu beseitigen und gerade keines zur permanenten Überwachung des Zugriffs, wodurch begründete Zweifel überhaupt erst entstehen können.[969] Dies findet auch darin Bestätigung, dass Art. 5 II 2 Portabilitäts-VO die Einschränkung in Art. 5 I 2 Portabilitäts-VO, wonach die Überprüfungsmittel der Art. 5 I 1 lit. i) bis k) Portabilitäts-VO nur in Kombination mit einem Mittel der lit. a) bis h) herangezogen werden dürfen, für die Überprüfung anhand der IP-Adresse bei begründeten Zweifeln aufhebt und sie als isoliertes Überprüfungsmittel zulässt.

Nach einer Ansicht sei eine durchgehende Lokalisierung des Zugriffs über die IP-Adresse zulässig, da diese und die Überprüfung des Wohnsitzmitgliedstaates zwei getrennte Datenverarbeitungsvorgänge seien. Die Erhebung der IP-Adresse während der Vertragslaufzeit erfolge nicht zum Zwecke der Überprüfung des Wohnsitzmitgliedstaates, weshalb die Vorgaben des Art. 5 I, II Portabilitäts-VO keine Beachtung finden müssten.[970] Dadurch liefe jedoch der von Art. 5 I, II Portabilitäts-VO intendierte Schutz, den Wohnsitzmitgliedstaat nur zu bestimmten Zeitpunkten überprüfen zu können und den Eingriff in die Privatsphäre der Abonnenten möglichst gering zu halten, leer. Schließlich wird der Zugriff in beiden Fällen anhand der IP-Adresse lokalisiert. Daher bestünde die Gefahr, dass die strengen datenschutzrechtlichen Vorgaben zur Überprüfung des Wohnsitzmitgliedstaates ihre Wirkung einbüßen. Eine durchgehende Lokalisierung des Zugriffs über die IP-Adresse, die Aufschluss darüber gibt, in welchem Mitgliedstaat der Zugriff erfolgt, ist damit unzulässig. Mittels einer durchgehenden Lokalisierung darf lediglich festgestellt werden, ob der Zugriff inner- oder außerhalb der EU erfolgt.

---

968 *Eginger*, ZUM 2017, 698, 704; a.A. *Engels/J. B. Nordemann*, in: Fromm/Nordemann, Art. 8 Portabilitäts-VO Rn. 6; *Martiny*, ZUM 2018, 772, 780.

969 *Eginger*, ZUM 2017, 698, 704.

970 Nach *Engels/J. B. Nordemann*, in: Fromm/Nordemann, Art. 8 Portabilitäts-VO Rn. 6 richte sich die Erhebung der IP-Adresse ausschließlich nach allgemeinem Datenschutzrecht.

Nachdem eine Echtzeit-Geolokalisierung bezogen auf den Mitgliedstaat nicht in Betracht kommt, fällt die einzige Möglichkeit weg, die während der Vertragslaufzeit zu begründeten Zweifeln am Wohnsitzmitgliedstaat führen könnte. Wäre eine Echtzeit-Geolokalisierung zulässig, könnten begründete Zweifel vorliegen, wenn über einen längeren Zeitraum aus dem Ausland auf einen Dienst zugegriffen wird.[971] Damit Art. 5 II Portabilitäts-VO nicht jeglicher Anwendungsbereich fehlt, muss für das Vorliegen von begründeten Zweifeln an die Überprüfung bei Vertragsschluss angeknüpft werden. Kommt ein Anbieter mit zwei Überprüfungsmaßnahmen zu unterschiedlichen Ergebnissen, kann er zwar eine weitere Überprüfungsmaßnahme anwenden. Doch die Tatsache, dass er mit zwei Überprüfungsmitteln überhaupt zu unterschiedlichen Ergebnissen kam, könnte bereits ausreichend dafür sein, um begründete Zweifel im Sinne des Art. 5 II 1 Portabilitäts-VO hervorzurufen, die eine erneute Überprüfung während der Vertragslaufzeit rechtfertigen.

c) Schwelle der begründeten Zweifel

Bei Anknüpfung an die Überprüfung bei Vertragsschluss können dem Anbieter Zweifel am Wohnsitzmitgliedstaat des Abonnenten kommen, wenn er mit zwei Überprüfungsmaßnahmen zu unterschiedlichen Ergebnissen kommt. Deuten zum Beispiel die Zahlungsinformationen (Art. 5 I 1 lit. b Portabilitäts-VO) auf einen Wohnsitz in Frankreich, die IP-Adresse (Art. 5 I 1 lit. k Portabilitäts-VO) jedoch auf einen Wohnsitz in Deutschland hin, steht fest, dass der Abonnent einen gewissen Bezug zu mehr als einem Mitgliedstaat hat. Damit bestehen für den Anbieter unabhängig vom Ergebnis der dritten Überprüfungsmaßnahme gewisse Zweifel am Wohnsitzmitgliedstaat des Abonnenten. Es stellt sich jedoch die Frage, ob dadurch die Schwelle der begründeten Zweifel erreicht wird. Die Portabilitätsverordnung nimmt keine Konkretisierung der begründeten Zweifel vor und auch die Erwägungsgründe geben keinen Aufschluss über diese. Zwar definiert die Portabilitätsverordnung mit den begründeten Zweifeln einen autonomen Begriff des Unionsrechts, doch kann ein Blick auf nationale Vorschriften zum Verständnis beitragen. Im Rahmen des § 529 ZPO reicht es für begründete Zweifel an der Richtigkeit eines Urteils, wenn die „Unrichtigkeit oder Lückenhaftigkeit als Folge der konkreten

---

971 *Engels/J. B. Nordemann*, in: Fromm/Nordemann, Art. 5 Portabilitäts-VO Rn. 8, mit Hinweis auf *Ranke/Glöckler*, MMR 2017, 378, 380, die einen Wohnsitzwechsel nach drei Monaten für sinnvoll erachten.

Anhaltspunkte nicht ausgeschlossen werden kann."[972] Die Schwelle von „ernstlichen Zweifeln", wonach die Fehlerhaftigkeit der erstinstanzlichen Feststellungen genauso wahrscheinlich sein müsste, wie deren Richtigkeit,[973] wird im Rahmen des § 529 ZPO als zu hoch angesehen.[974] Dadurch wird deutlich, dass die Zweifel bei Art. 5 II 1 Portabilitäts-VO allein aufgrund der Formulierung „begründet" nicht unbedingt eine hohe Schwelle überwinden müssen. Zweifel können grundsätzlich auch begründet sein, wenn sie aufgrund bestimmter Anhaltspunkte nicht auszuschließen sind. Letztlich müssen die Anforderungen an die begründeten Zweifel im Rahmen der Portabilitätsverordnung unter Berücksichtigung der Interessen aller beteiligten Akteure bestimmt werden. Den Abonnenten ist zum Schutz ihrer Privatsphäre an einer möglichst hohen Schwelle für eine weitere Überprüfung gelegen.[975] Demgegenüber haben die Anbieter das Interesse, den Wohnsitzmitgliedstaat nochmals zu überprüfen, um Fehler bei der Verifizierung und damit einhergehende Ansprüche seitens der Abonnenten und Rechteinhaber zu vermeiden. Auch den Rechteinhabern ist an einer möglichst häufigen und umfassenden Überprüfung des Wohnsitzmitgliedstaates gelegen, damit ihre Inhalte nur im Rahmen der Portabilitätsverordnung grenzüberschreitend zugänglich gemacht werden.[976]

Die generelle Ungeeignetheit der Überprüfungsmittel, den dauerhaften und tatsächlichen Wohnsitz eines Abonnenten zuverlässig zu ermitteln, kann für die begründeten Zweifel noch nicht ausreichen. Ist ein Anbieter mit zwei Überprüfungsmaßnahmen zum gleichen Ergebnis gelangt, bietet dies ausreichend Sicherheit für die Anbieter, dass der Wohnsitzmitgliedstaat zutreffend ermittelt wurde. Das Interesse der Abonnenten am Schutz der Privatsphäre überwiegt. Ist ein Anbieter jedoch mit einem Überprüfungsmittel zu einem anderen Ergebnis gelangt, steht fest, dass ein Abonnent einen Bezug zu einem weiteren Mitgliedstaat hat. Da sich mit den Überprüfungsmitteln des Art. 5 I 1 Portabilitäts-VO nicht ermitteln lässt, welche Art von Bezug dies ist, bestehen konkrete Anhaltspunkte, dass der Wohnsitzmitgliedstaat möglicherweise falsch ermittelt wurde. Daher überwiegt das Interesse, die Überprüfung während der Vertragslaufzeit zu wiederholen.

---

972 *Rimmelspacher*, in: MüKo ZPO, § 529 ZPO Rn. 16; BGH, Urt. v. 12.3.2004 – V ZR 257/03, NJW 2004, 1876, 1877.

973 BT-Drs. 14/4722, S. 100.

974 BT-Drs. 14/6036, S. 124.

975 *Engels/J. B. Nordemann*, in: Fromm/Nordemann, Art. 5 Portabilitäts-VO Rn. 8.

976 *Heyde*, ZUM 2017, 712, 715, 717.

Begründete Zweifel im Sinne des Art. 5 II 1 Portabilitäts-VO liegen damit vor, wenn ein Anbieter bei der Überprüfung des Wohnsitzmitgliedstaates zum Zeitpunkt des Vertragsabschlusses oder der Vertragsverlängerung zu zwei unterschiedlichen Ergebnissen gelangt. Hat ein Anbieter nur ein Überprüfungsmittel herangezogen oder ist er mit zwei Überprüfungsmitteln zum gleichen Ergebnis gekommen, sind begründete Zweifel während der Vertragslaufzeit ausgeschlossen, womit Art. 5 II Portabilitäts-VO in diesen Fällen keine Bedeutung hat.

d) Privatautonomer Gestaltungsspielraum

Die Vorgaben zum Zeitpunkt der Überprüfung des Wohnsitzmitgliedstaates sind Teil des zwingenden Vertragsrechts der Portabilitätsverordnung. Die vertragliche Vereinbarung anderer oder mehrerer Überprüfungszeitpunkte als in Art. 5 I 1 Portabilitäts-VO vorgeschrieben kommt daher nicht in Betracht.[977] Die einzigen zwei Anknüpfungspunkte für vertragliche Vereinbarungen sind die Vertragslaufzeit der Bereitstellungsverträge und die begründeten Zweifel in Art. 5 II 1 Portabilitäts-VO.

aa) Vertragslaufzeit

Nachdem eine Überprüfung des Wohnsitzmitgliedstaates nach Art. 5 I 1 Portabilitäts-VO bei Vertragsverlängerung möglich ist, könnten die Anbieter die Überprüfung umso häufiger vornehmen, je kürzer sie die Vertragslaufzeit mit den Abonnenten vereinbaren.[978] Würden sie den Abonnenten ein Recht zur täglichen Vertragsbeendigung einräumen, würde das theoretisch die Möglichkeit zur täglichen Überprüfung bedeuten. Unabhängig davon, ob eine solche Vereinbarung mit den Vorgaben der Portabilitätsverordnung vereinbar ist, ließen sich die meisten Verifizierungsmaßnahmen des Art. 5 I 1 Portabilitäts-VO überhaupt nicht täglich anwenden. Abonnenten könnten zum Beispiel nicht täglich, nicht einmal wöchentlich Rechnungen eines öffentlichen Versorgungsunternehmens oder andere in Art. 5 I 1 Portabilitäts-VO aufgeführte Unterlagen vorlegen. Diese Belege würden sich zudem erst nach einem neuen Abrechnungszeitraum ändern, der selten einen Monat unterschreiten wird. In Frage käme allenfalls eine tägliche Überprüfung anhand der IP-Adresse, da dabei keine Unterlagen der Abonnenten notwendig wären. Allerdings kommt eine isolierte Überprüfung anhand der IP-Adresse aufgrund der Einschränkung in Art. 5

---

977 *Heyde*, ZUM 2017, 712, 717.

978 Zur Zulässigkeit der Überprüfung bei Vertragsverlängerung, siehe § 3 C. VI. 3. a).

I 2 Portabilitäts-VO nicht in Betracht. Rein formal könnte jedoch mit jeder Überprüfung anhand der IP-Adresse zusätzlich eine Überprüfung anhand der Zahlungsinformationen vorgenommen werden, über welche die Anbieter kostenpflichtiger Online-Inhaltedienste ohnehin ständig verfügen. Allerdings ließe sich auch von einer täglichen Lokalisierung des Zugriffs im Ausland nicht auf die Änderung des Wohnsitzmitgliedstaates schließen, da die grenzüberschreitende Portabilität zeitlich unbefristet und damit unter Umständen auch über Jahre hinweg zu ermöglichen ist. Die tägliche Lokalisierung des Zugriffs über die IP-Adresse hilft den Anbietern daher kaum dabei, darüber zu entscheiden, ob der Anwendungsbereich der Portabilitätsverordnung eröffnet ist. Sehr häufige Überprüfungen des Wohnsitzmitgliedstaates, wie sie sich durch sehr kurze Vertragslaufzeiten und kurze Abrechnungsperioden theoretisch erreichen ließen, bedeuten damit lediglich einen erhöhten Aufwand für die Anbieter, ohne die Rechtssicherheit merklich zu erhöhen.

Unabhängig vom Nutzen einer ständigen Überprüfung des Wohnsitzmitgliedstaates wäre eine solche nicht mit dem in Art. 8 I 2 Portabilitäts-VO verankerten Verhältnismäßigkeitsgrundsatz sowie dem Grundsatz der Datenminimierung aus Art. 5 I lit. c DSGVO vereinbar.[979] Eine solch intensive Überprüfung des Wohnsitzmitgliedstaates wäre für eine zuverlässige Verifizierung nicht erforderlich, da sie die Rechtssicherheit nicht wesentlich erhöht, womit der damit einhergehende Eingriff in die Privatsphäre der Abonnenten nicht gerechtfertigt wäre. Die Pflicht zur Überprüfung des Wohnsitzmitgliedstaates bei Vertragsverlängerung wäre bei einer extrem kurz bemessenen Vertragslaufzeit demnach teleologisch zu reduzieren. Eine solche teleologische Reduktion ist bei manchen Überprüfungsmitteln des Art. 5 I 1 Portabilitäts-VO sogar bei einer Vertragslaufzeit von einem Monat geboten, da die monatliche Vorlage der dafür notwendigen Unterlagen unzumutbar wäre.[980]

bb) Begründete Zweifel

Hinsichtlich einer Überprüfung während der Vertragslaufzeit könnte der Begriff der begründeten Zweifel vertraglich konkretisiert werden, um damit auf die Überprüfung Einfluss zu nehmen. Allerdings verbleiben aufgrund der strengen Vorgaben der Portabilitätsverordnung überhaupt keine überprüfbaren Umstände, die nach einer vertraglichen Vereinbarung zu begründeten

979 *Pech*, On-Demand-Streaming-Plattformen, S. 317
980 Ähnlich *Pech*, On-Demand-Streaming-Plattformen, S. 317.

Zweifeln führen könnten.[981] Insbesondere besteht nicht die Möglichkeit, vertraglich festzulegen, ab welcher Zugriffsdauer vom Ausland aus von begründeten Zweifeln auszugehen ist, da der Zugriffsort mittels der IP-Adresse – wie sich soeben nochmals gezeigt hat – nicht durchgehend lokalisiert werden darf.[982] Des Weiteren dürfte nicht vereinbart werden, dass ein Anbieter bei bestimmten Überprüfungsmitteln, die besonders anfällig für Manipulationen sind, pauschal begründete Zweifel am Wohnsitzmitgliedstaat hat und daher zu einer Überprüfung während der Vertragslaufzeit verpflichtet ist; dies wäre eine unzulässige Intensivierung der Überprüfung.

Den Rechteinhabern und Anbietern steht es jedoch offen, vertragliche Vereinbarungen in dem Rahmen zu treffen, in dem Art. 5 II Portabilitäts-VO den Anbietern die Möglichkeit einer erneuten Überprüfung gewährt. Daher könnte vereinbart werden, dass die Anbieter die Überprüfung während der Vertragslaufzeit nochmals wiederholen müssen, wenn sie bei der ersten Verifizierung mit zwei Maßnahmen zu unterschiedlichen Ergebnissen gekommen sind und demnach begründete Zweifel am Wohnsitzmitgliedstaat der Abonnenten haben.[983] In diesem Fall wird die Überprüfung des Wohnsitzmitgliedstaates mit Hilfe des Kriteriums der begründeten Zweifel nicht verschärft, da die Überprüfungsmöglichkeit bei begründeten Zweifeln von der Portabilitätsverordnung ohnehin vorgesehen ist. Aus der vertraglichen Verpflichtung, von dieser Option Gebrauch zu machen, resultiert daher kein unzulässiger Eingriff in die Privatsphäre der Nutzer.

VII. Zwischenergebnis

Der Wohnsitzmitgliedstaat eines Abonnenten ist das zentrale Element der Portabilitätsverordnung, an dem sich entscheidet, ob der grenzüberschreitende Zugriff auf die Online-Inhaltedienste zu ermöglichen ist. Soweit der Wohnsitzmitgliedstaat und der Mitgliedstaat, in dem das Abonnement abgeschlossen wurde, übereinstimmen, müssen Anbieter die grenzüberschreitende

981 Großzügiger *Engels/J. B. Nordemann*, in: Fromm/Nordemann, Art. 5 Portabilitäts-VO Rn. 12.

982 Zur Unzulässigkeit der durchgehenden Lokalisierung des Zugriffsorts, siehe § 3 C. VI. 3. b); offener gegenüber einer vertraglichen Konkretisierung der begründeten Zweifel, *Engels/J. B. Nordemann*, in: Fromm/Nordemann, Art. 5 Portabilitäts-VO Rn. 12.

983 Zur Zulässigkeit der vertraglichen Verpflichtung zur Wiederholung der Überprüfung bei begründeten Zweifeln, siehe *Engels/J. B. Nordemann*, in: Fromm/Nordemann, Art. 2 Portabilitäts-VO Rn. 6, Art. 5 Portabilitäts-VO Rn. 11 f.

Portabilität ermöglichen. Die zutreffende Ermittlung des Wohnsitzmitgliedstaates ist daher für alle beteiligten Akteure von enormer Bedeutung. Bei einer fehlerhaften Überprüfung würden die Anbieter ihre Pflichten entweder gegenüber den Rechteinhabern oder den Abonnenten verletzen. Denn eine fehlerhafte Überprüfung würde entweder dazu führen, dass die Abonnenten ihre Online-Inhaltedienste entgegen des Art. 3 I Portabilitäts-VO nicht grenzüberschreitend nutzen können oder umgekehrt die Anbieter Inhalte grenzüberschreitend nutzbar machen, obwohl der Anwendungsbereich der Portabilitätsverordnung nicht eröffnet ist. Die Pflicht der Anbieter zur Überprüfung des Wohnsitzmitgliedstaates der Abonnenten ist Ausfluss der Interessen der Rechteinhaber, dass die territorialen Lizenzstrukturen nicht unter missbräuchlicher Berufung auf die Portabilitätsverordnung aufgebrochen werden. Diese Gefahr ist auch Grund dafür, dass eine wirksame Verifizierung des Wohnsitzmitgliedstaates aus einer grundrechtlichen Perspektive geboten ist, da ein unkontrollierter grenzüberschreitender Zugriff auf Online-Inhalte einen deutlich stärkeren Eingriff in das grundrechtlich geschützte geistige Eigentum der Rechteinhaber bedeuten würde.

Den Wohnsitzmitgliedstaat eines Abonnenten definiert die Portabilitätsverordnung in Art. 2 Nr. 3 Portabilitäts-VO als den „nach Art. 5 bestimmten Mitgliedstaat, in dem der Abonnent seinen tatsächlichen und dauerhaften Wohnsitz hat". In ihrem Art. 5 I 1 gibt sie zwar einige Maßnahmen an die Hand, mit denen die Diensteanbieter den Wohnsitzmitgliedstaat der Abonnenten überprüfen können, doch erläutert sie nicht weiter, was unter dem tatsächlichen und dauerhaften Wohnsitz eines Abonnenten zu verstehen ist. Durch die Inkorporation der Überprüfung nach Art. 5 Portabilitäts-VO in die Definition des Wohnsitzmitgliedstaates liegt eine gesetzliche Vermutung dafür vor, dass das Ergebnis der Überprüfung des Wohnsitzmitgliedstaates eines Abonnenten tatsächlich seinem Wohnsitzmitgliedstaat entspricht. Allerdings handelt es sich dabei nur um eine widerlegliche Vermutung. Eine unwiderlegliche Vermutung würde das Risiko einer fehlerhaften Überprüfung bei den Rechteinhabern sowie den Abonnenten allokieren. Letzteren darf dieses Risiko jedoch nicht auferlegt werden, da die Portabilitätsverordnung gerade dem Schutz ihrer Erwartungen dient und die legitimen Nutzungsfreiheiten sichert. Bei einer unwiderleglichen Vermutung ließe sich dieses Ziel der Portabilitätsverordnung nicht mehr erreichen.

Bei der Widerlegung der Vermutung kommt es auf das Verständnis des tatsächlichen und dauerhaften Wohnsitzes der Abonnenten an. Das Kriterium des Wohnsitzes sowie ähnliche Kriterien, die zur Bestimmung einer festen Verbindung einer Person zu einem bestimmten Ort herangezogen werden, existieren sowohl in anderen EU-Rechtsakten als auch im nationalen Recht. Diese dürfen allerdings nicht mit dem Wohnsitz im Sinne der Portabilitätsverordnung gleichgesetzt werden, da es sich bei diesem um einen autonomen Begriff des Unionsrechts handelt. Ein Binnenrechtsvergleich auf EU-Ebene sowie ein Rechtsvergleich mit dem nationalen Recht liefern jedoch Erkenntnisse darüber, anhand welcher Merkmale sich ein fester Bezug einer natürlichen Person zu einem bestimmten Ort im Sinne eines Wohnsitzes ermitteln lässt. Die durch den Rechtsvergleich gewonnenen Erkenntnisse lassen sich im Rahmen der teleologischen Auslegung des Wohnsitzes im Rahmen der Portabilitätsverordnung berücksichtigen. Danach liegt der Wohnsitz im Sinne der Portabilitätsverordnung am Ort des Mittelpunktes der Lebensverhältnisse. Zur Bestimmung dieses Mittelpunktes lassen sich Kriterien heranziehen, wie sie auch in anderen Rechtsbereichen zur Lokalisierung des Lebensmittelpunktes verwendet werden. Entscheidend sind damit insbesondere die soziale und berufliche Integration sowie das Innehaben einer Wohnung. Eine behördliche Meldung sowie die Dauer des Aufenthalts an einem Ort dienen lediglich als Indiz.

Im Rechtsverhältnis zwischen Anbietern und Rechteinhabern lässt sich das Risiko für die Diensteanbieter, dass das Ergebnis der Überprüfung des Wohnsitzmitgliedstaates und der tatsächliche Wohnsitzmitgliedstaat eines Abonnenten auseinanderfallen, womit sie die Portabilität ermöglichen, obwohl der Anwendungsbereich der Portabilitätsverordnung nicht eröffnet ist, auf vertraglicher Ebene minimieren. Durch die vertragliche Koppelung des Wohnsitzmitgliedstaates an das Ergebnis der Überprüfung, also die Vereinbarung einer unwiderleglichen Vermutung, wäre eine fehlerhafte Verifizierung ausgeschlossen. Die Rechteinhaber würden dadurch keinen Nachteil erleiden, da deren Interesse darauf gerichtet ist, dass die Anbieter den Wohnsitzmitgliedstaat ordnungsgemäß überprüfen und entsprechend dem Ergebnis der Überprüfung handeln, da dieses in den meisten Fällen richtig ist. Der Versuch, Fehler bei der Überprüfung aufzudecken, würde für die Rechteinhaber – sofern dies überhaupt gelänge – einen unverhältnismäßigen Aufwand erfordern. Zudem werden die Mängel- und Sekundärrechte der Abonnenten durch eine solche Vereinbarung zwischen Rechteinhabern und Anbietern nicht eingeschränkt.

Im Rechtsverhältnis zwischen Anbietern und Abonnenten lässt sich der Wohnsitzmitgliedstaat nicht an das Ergebnis der Überprüfung koppeln, da die Möglichkeit der grenzüberschreitenden Portabilität dadurch im Falle einer fehlerhaften Überprüfung ausgeschlossen wäre. In diesem Rechtsverhältnis lässt sich der Wohnsitzmitgliedstaat bzw. der Wohnsitz allenfalls mit dem Kriterium des Lebensmittelpunktes konkretisieren.

Zur Verifizierung des Wohnsitzmitgliedstaates müssen die Anbieter kostenpflichtiger Dienste zunächst immer auf die Zahlungsinformationen nach Art. 5 I 1 lit. b Portabilitäts-VO zurückgreifen. Die primäre Anwendung einer anderen Überprüfungsmaßnahme stünde mit dem in Art. 5 I 1 und Art. 8 I 2 Portabilitäts-VO normierten Verhältnismäßigkeitsgrundsatz, dem die Anwendung der Überprüfungsmaßnahmen und die Erhebung persönlicher Daten gerecht werden muss, nicht in Einklang. Zwar ist die Verifizierung anhand der Zahlungsinformationen nicht absolut zuverlässig, doch liefert kein anderes Überprüfungsmittel ein solches Maß an Sicherheit, dass es verhältnismäßig wäre, dieses primär heranzuziehen und weitere Daten zu erheben. Diese Unsicherheit rechtfertigt es jedoch, dass Anbieter grundsätzlich zwei Verifizierungsmaßnahmen heranziehen dürfen, womit der Ausnahme- zum Regelfall wird. Eine Wiederholung während der Vertragslaufzeit wegen begründeter Zweifel nach Art. 5 II 1 Portabilitäts-VO ist nur möglich, wenn ein Anbieter bereits bei Vertragsschluss oder Vertragsverlängerung zu zwei verschiedenen Überprüfungsergebnissen kommt. Ansonsten gibt es keine Anhaltspunkte, die bei einem Anbieter während der Vertragslaufzeit Zweifel am Wohnsitzmitgliedstaat eines Abonnenten hervorrufen könnten.

Das Kriterium des „vorübergehenden Aufenthalts in einem Mitgliedstaat" ist für die Möglichkeit der grenzüberschreitenden Portabilität bedeutungslos, da jeder Auslandsaufenthalt als vorübergehend gilt, bis sich der Wohnsitzmitgliedstaat eines Abonnenten ändert. Daher ist dieser das eigentliche Kriterium, nach dem sich richtet, ob das Abonnement bei einem Online-Inhaltedienst im Ausland genutzt werden kann. Nachdem die Nutzung eines Online-Inhaltedienstes daher bei jedem Auslandsaufenthalt unabhängig von seiner Länge möglich sein muss, wird die Möglichkeit der grenzüberschreitenden Portabilität zum Standard bei der Nutzung von Online-Inhaltediensten. Die strengen Vorgaben zur Überprüfung des Wohnsitzmitgliedstaates gewährleisten, dass sich dieser Standard weder durch die Rechteinhaber noch die Diensteanbieter aufheben lässt.

D. Trilaterale Verknüpfung der Rechtsverhältnisse im Bereich der Haftung

Die zentrale Norm der Portabilitätsverordnung, die das Rechtsverhältnis zwischen Anbietern und Abonnenten sowie zwischen Anbietern und Rechteinhabern miteinander verknüpft, ist Art. 7 I Portabilitäts-VO. Sämtliche vertraglichen Vereinbarungen in einem der relevanten Rechtsverhältnisse, welche die grenzüberschreitende Portabilität einschränken, sind danach nicht durchsetzbar.[984] Allerdings kann Art. 7 I Portabilitäts-VO die beiden Rechtsverhältnisse nur in den Bereichen verknüpfen, in denen die Portabilitätsverordnung Vorgaben macht, gegen die verstoßen wird. Ein wichtiger Bereich, in dem ein Gleichlauf der Rechtsverhältnisse erforderlich ist, für den die Portabilitätsverordnung jedoch keine Regelungen bereithält, ist die Beweislastverteilung und der von den Anbietern anzulegende Sorgfaltsmaßstab bei Anwendung der Überprüfungsmaßnahmen. Unterlassungs- und Schadensersatzansprüche, damit einhergehende Fragen der Beweislast sowie der Sorgfaltsmaßstab bestimmen sich nach dem nationalen Recht.

I. Sorgfaltsmaßstab

Während ein Beseitigungs- und Unterlassungsanspruch nach § 97 I UrhG unabhängig von einem Verschulden besteht, ist der Schadensersatzanspruch nach § 97 II UrhG verschuldensabhängig.[985] Daher hat ein Anbieter von Online-Inhaltediensten für vorsätzliche und fahrlässige Urheberrechtsverletzungen einzustehen. Die Fahrlässigkeit definiert sich auch im urheberrechtlichen Bereich nach § 276 II BGB, wonach Fahrlässigkeit bei Außerachtlassen der im Verkehr erforderlichen Sorgfalt vorliegt.[986] Daran sind sehr strenge Anforderungen zu stellen.[987] Grundsätzlich obliegt es demjenigen, der einen urheberrechtlich geschützten Gegenstand nutzt, sich über die Nutzungsberechtigung zu erkundigen und darüber Gewissheit zu verschaffen.[988] Ein übliches Defizit an Sorgfalt kann den Fahrlässigkeitsvorwurf nicht ausschließen.[989] Die Fahrlässigkeit lässt sich nur ausschließen, wenn hinsichtlich der rechtmäßigen Nutzung „keinerlei vernünftige Zweifel" bleiben.[990]

Im Rahmen der Portabilitätsverordnung ist die im Verkehr erforderliche Sorgfalt mit Blick auf die Verifizierungsmaßnahmen des Art. 5 I 1 Portabilitäts-VO sowie die Einschränkungen, welche die Portabilitätsverordnung für die Überprüfung macht, zu bestimmen. Sofern ein Anbieter zwei

984 Zur Verknüpfung der beiden Rechtsverhältnisse über Art. 7 I Portabilitäts-VO, siehe § 3 A. II. 3.

985 *v. Wolff*, in: Wandtke/Bullinger, § 97 UrhG Rn. 51.

986 *Specht*, in: Dreier/Schulze, § 97 UrhG Rn. 78.

987 BGH, Urt. v. 12.11.2009 – I ZR166/07 – *marions-kochbuch.de*, GRUR 2010, 616, 620 Rn. 40; BGH, Urt. v. 18.12.1997 – I ZR 79/95 – *Beatles-Doppel-CD*, GRUR 1998, 568, 569; *Specht*, in: Dreier/Schulze, § 97 UrhG Rn. 78 m.w.N.

988 *Specht*, in: Dreier/Schulze, § 97 UrhG Rn. 78.

989 *Rebe*, in: BeckOK UrhR, § 97 UrhG Rn. 101.

990 *Rebe*, in: BeckOK UrhR, § 97 UrhG Rn. 103.

Verifizierungsmaßnahmen anwendet und basierend auf dem Ergebnis über die Gewährung der Portabilität entscheidet, hat er die Sorgfalt beachtet, welche die Portabilitätsverordnung zulässt. Die Vorgaben für das Rechtsverhältnis zwischen Anbietern und Abonnenten, die dem Schutz der personenbezogenen Daten der Abonnenten dienen und die Möglichkeiten der Anbieter, den Wohnsitzmitgliedstaat nach Belieben zu überprüfen, einschränken, wirken sich damit unmittelbar auf den Sorgfaltsmaßstab aus. Die verbleibenden Zweifel am Wohnsitzmitgliedstaat der Abonnenten, die sich daraus ergeben, dass sich der Wohnsitz mit den Überprüfungsmitteln des Art. 5 I 1 Portabilitäts-VO nicht mit absoluter Zuverlässigkeit ermitteln lässt, können keinen Fahrlässigkeitsvorwurf begründen.

Es entspricht also der im Verkehr erforderlichen Sorgfalt, den Wohnsitzmitgliedstaat mit so vielen Verifizierungsmaßnahmen und so oft zu überprüfen, wie es die Portabilitätsverordnung zulässt. Die Anbieter können sich daher einem Fahrlässigkeitsvorwurf entziehen, wenn sie die Verifizierung des Wohnsitzmitgliedstaates in den Grenzen des Zulässigen vornehmen, wobei sie die Grenzen des Zulässigen ausreizen müssen, um dem strengen Sorgfaltsmaßstab gerecht zu werden. Da es bisher keine höchstrichterliche Rechtsprechung zur Anwendung der Überprüfungsmittel gibt, bedeutet dies für die Anbieter ein gewisses Risiko. Denn fahrlässiges Verhalten eines Anbieters lässt sich nur ausschließen, wenn dieser mit einer abweichenden Beurteilung durch ein Gericht überhaupt nicht zu rechnen hat.[991] Er muss also davon ausgehen können, dass ihm jede weitergehende Überprüfung durch die zwingenden Vorgaben der Portabilitätsverordnung verwehrt ist, wobei er das Risiko eines rechtlichen Irrtums zu tragen hat.[992] Überschreitet ein Anbieter die Grenze des Zulässigen, liegt ein Verstoß gegen die zwingenden Vorgaben der Portabilitätsverordnung vor.

Sofern die Verifizierung mit zwei Maßnahmen vorgenommen und die Überprüfung bei unterschiedlichen Ergebnissen nochmals wiederholt wurde, kann ein Anbieter davon ausgehen, dass ihm jede weitere Überprüfung verwehrt ist. Zugleich hält sich die Überprüfung dabei in dem nach der Portabilitätsverordnung zulässigen Rahmen. Demgegenüber trifft ihn ein Fahrlässigkeitsvorwurf, wenn er bei Vertragsschluss und Vertragsverlängerung nur auf die Zahlungsinformationen eines Abonnenten zurückgreift und es zu einer fehlerhaften Verifizierung kommt. Gleiches gilt für den Fall, dass ein Anbieter bei Vertragsschluss

---

991 *v. Wolff*, in: Wandtke/Bullinger, § 97 UrhG Rn. 56.

992 *Dreier/Specht*, in: Dreier/Schulze, § 97 UrhG Rn. 78 m.w.N.; *Rebe*, in: BeckOK UrhR, § 97 UrhG Rn. 102 m.w.N.

mit zwei Maßnahmen zu unterschiedlichen Ergebnissen kommt und die Verifizierung während der Vertragslaufzeit trotz der begründeten Zweifel am Wohnsitzmitgliedstaat nicht nochmals wiederholt.

II. Beweislastverteilung

Bei der Beweislastverteilung zwischen Anbietern und Rechteinhabern sind wiederum die Vorgaben der Portabilitätsverordnung für das Rechtsverhältnis zwischen Anbietern und Abonnenten zu berücksichtigen, die dem Schutz der personenbezogenen Daten und der Privatsphäre der Abonnenten dienen. Von besonderer Relevanz ist dabei die Vorgabe des Art. 8 II 2 Portabilitäts-VO, wonach die zur Überprüfung des Wohnsitzmitgliedstaates herangezogenen Daten nicht an die Rechteinhaber oder sonstige Dritte weitergegeben werden dürfen, sowie Art. 8 III 2 Portabilitäts-VO, der die unverzügliche und unwiderrufliche Löschung der Daten nach Abschluss der Überprüfung vorschreibt, soweit sie nicht zu einem anderen rechtmäßigen Zweck erhoben wurden.

Nach allgemeinen Grundsätzen trägt die Darlegungs- und Beweislast für das Vorliegen der anspruchsbegründenden Tatsachen derjenige, der den Anspruch geltend macht.[993] Danach obliegt es im Rahmen der grenzüberschreitenden Portabilität grundsätzlich den Rechteinhabern, darzulegen und zu beweisen, dass die Anbieter der Online-Inhaltedienste eine Urheberrechts- oder Vertragsverletzung begangen haben. Demgegenüber trägt der Anspruchsgegner die Beweislast für sämtliche Einwendungen,[994] da sich aus diesen für ihn günstige Rechtsfolgen ergeben.[995] Damit müssen die Rechteinhaber für einen Unterlassungs- und Schadensersatzanspruch nach § 97 UrhG darlegen und beweisen, dass Anbieter die Online-Inhalte ihren Abonnenten außerhalb des Lizenzgebietes zugänglich gemacht haben. Bei der Frage, ob die Inhalte im Anwendungsbereich der Portabilitätsverordnung außerhalb eines Lizenzgebietes zugänglich gemacht wurden, kommt den Diensteanbietern die Vermutungswirkung des Art. 2 Nr. 3 Portabilitäts-VO zugute. Danach wird widerleglich vermutet, dass der Wohnsitzmitgliedstaat eines Abonnenten dem Ergebnis der Überprüfung nach Art. 5 Portabilitäts-VO entspricht. Vermutungsbasis ist das Ergebnis der Überprüfung des Wohnsitzmitgliedstaates. Die Beweislast für

---

993 BGH, Urt. v. 15.11.2012 – I ZR 74/12 – *Morpheus*, GRUR 2013, 511, 514 Rn. 32; BGH, Urt. v. 27.7.2017 – I ZR 68/16 – *Ego-Shooter*, GRUR-RR 2017, 484 Rn. 12 m.w.N.

994 *Wimmers*, in: Schricker/Loewenheim, § 97 UrhG Rn. 349.

995 Vgl. *Sesing*, in: Hoeren/Sieber/Holznagel, Multimedia-Recht, Teil 18.5 Rn. 5.

die Vermutungsbasis trägt die von der Vermutungswirkung begünstigte Partei.[996] Damit obliegt es den Diensteanbietern, darzulegen und zu beweisen, dass der Anwendungsbereich der Portabilitätsverordnung nach einer ordnungsgemäßen Überprüfung des Wohnsitzmitgliedstaates eröffnet war. Die datenschutzrechtlichen Vorgaben der Portabilitätsverordnung erschweren es den Anbietern, diesen Beweis zu erbringen. So sind nach Art. 8 III 2 Portabilitäts-VO die Daten, die zur Überprüfung des Wohnsitzmitgliedstaates herangezogen wurden, nach Abschluss der Überprüfung unverzüglich und unwiderruflich zu vernichten. Lediglich Daten, die nicht ausschließlich zur Überprüfung des Wohnsitzmitgliedstaates erhoben wurden, sind von dieser Löschungspflicht ausgenommen.[997] Demnach bleiben die Zahlungsinformationen der Abonnenten, auf welche die Anbieter kostenpflichtiger Online-Inhaltedienste bei der Überprüfung des Wohnsitzmitgliedstaates primär zurückgreifen müssen, von der Löschungspflicht verschont. Das bedeutet, diese stehen auch später für den Beweis einer ordnungsgemäßen Überprüfung zur Verfügung. Allerdings dürfen die zur Überprüfung des Wohnsitzmitgliedstaates herangezogenen Daten nach Art. 8 II 2 Portabilitäts-VO nicht an die Rechteinhaber weitergegeben werden. Daher ist es für die Diensteanbieter nur schwer möglich, zu beweisen, dass sie die Überprüfung ordnungsgemäß vorgenommen haben und der Anwendungsbereich der Portabilitätsverordnung eröffnet war. Damit die Vermutungswirkung des Art. 2 Nr. 3 Portabilitäts-VO nicht leerläuft, ist die Vermutungsbasis auf eine in qualitativer und quantitativer Hinsicht ordnungsgemäße Überprüfung sowie das Ergebnis der Überprüfung zu beschränken. Die Diensteanbieter müssen demnach lediglich darlegen und beweisen, dass sie den Wohnsitzmitgliedstaat eines Abonnenten mit zwei Maßnahmen aus dem Katalog des Art. 5 I 1 Portabilitäts-VO überprüft haben und zu welchem Ergebnis sie dabei kamen, wie es beispielsweise durch die Anfertigung von Überprüfungsprotokollen problemlos möglich ist. Die Vermutungswirkung enthebt sie der Beweislast dafür, dass der Wohnsitzmitgliedstaat der Abonnenten tatsächlich dem Ergebnis der Überprüfung entspricht, die Überprüfung also fehlerfrei und der Anwendungsbereich der Portabilitätsverordnung tatsächlich eröffnet war.

Für die Rechteinhaber, zu deren Lasten die Vermutung wirkt, besteht die Möglichkeit, diese zu widerlegen. Dies kann zum einen durch Widerlegung der

---

996 *Huber*, in: Musielak/Voit, § 292 ZPO Rn. 4; *Prütting*, in: MüKo ZPO, § 292 ZPO Rn. 20; *Saenger*, in: ders., § 292 ZPO Rn. 7.

997 Erwägungsgrund 30 Portabilitäts-VO.

Vermutungsbasis und zum anderen durch Widerlegung der Vermutung selbst erfolgen.[998] Die Rechteinhaber müssten daher entweder beweisen, dass die Überprüfung nicht ordnungsgemäß erfolgt ist bzw. die Anbieter nicht entsprechend dem Ergebnis der Überprüfung gehandelt haben oder der tatsächliche Wohnsitzmitgliedstaat eines Abonnenten nicht dem Ergebnis der Überprüfung entspricht.[999]

III. Faktische Rechtssicherheit der Anbieter

Die Anbieter sind bei einer fehlerhaften Überprüfung des Wohnsitzmitgliedstaates keinem besonderen Haftungsrisiko ausgesetzt. Zum einen können die Rechteinhaber die Zugänglichmachung ihrer Inhalte außerhalb des Lizenzgebietes kaum beweisen, da diese keine Kenntnis darüber haben, in welchen Ländern die Anbieter ihre Inhalte den Abonnenten im Rahmen der grenzüberschreitenden Portabilität zugänglich machen. Eine Rechtsverletzung wäre für sie nur erkennbar, wenn die Inhalte im Repertoire eines Online-Inhaltedienstes in einem nicht lizenzierten Gebiet gelistet wären oder den Abonnenten dort massenhaft zugänglich gemacht würden. Einzelfälle sind dagegen kaum aufzudecken. Bereits aus diesem Grund ist es für die Rechteinhaber fast ausgeschlossen, bei einer fehlerhaften Verifizierung des Wohnsitzmitgliedstaates gegen die Anbieter vorzugehen.

Darüber hinaus ist es für die Rechteinhaber kaum möglich, die Vermutung des Art. 2 Nr. 3 Portabilitäts-VO, nach welcher der Wohnsitzmitgliedstaat eines Abonnenten dem Ergebnis der Überprüfung entspricht, zu widerlegen. Dafür müssten sie beweisen, dass der tatsächliche Wohnsitzmitgliedstaat der Abonnenten nicht dem Ergebnis der Überprüfung entspricht, wofür eine eigene Überprüfung des Wohnsitzmitgliedstaates notwendig wäre. Allerdings sind nur die Anbieter nach der Portabilitätsverordnung zur Anforderung von Daten der Abonnenten zur Überprüfung des Wohnsitzmitgliedstaates berechtigt. Zudem verbietet Art. 8 II 2 Portabilitäts-VO ausdrücklich, dass die zur Überprüfung erhobenen Daten den Rechteinhabern oder sonstigen Personen irgendwie zugänglich gemacht werden, soweit diese nicht ohnehin nach Art. 8 III 2 Portabilitäts-VO zu löschen sind. Eine fehlerhafte Verifizierung lässt sich für die Rechteinhaber daher nicht aufdecken.

---

998 *Prütting*, in: MüKo ZPO, § 292 ZPO Rn. 20, 23; *Saenger*, in: ders., § 292 ZPO Rn. 12.

999 Zu den Anforderungen an den Beweis des Gegenteils, siehe *Huber*, in: Musielak/Voit, § 292 ZPO Rn. 5; *Prütting*, in: MüKo ZPO, § 292 ZPO Rn. 20, 23; *Saenger*, in: ders., § 292 ZPO Rn. 10, 12.

Auch die ordnungsgemäße Überprüfung des Wohnsitzmitgliedstaates als Vermutungsbasis lässt sich – soweit tatsächlich eine nicht ordnungsgemäße Überprüfung vorliegt – von den Rechteinhabern nicht widerlegen. Ihnen fehlt der dafür notwendige Einblick in den Überprüfungsvorgang, um mögliche Fehler aufzudecken. Soweit es den Diensteanbietern zuvor gelungen ist, die ordnungsgemäße Überprüfung als Vermutungsbasis zu beweisen, ist es ohnehin überaus unwahrscheinlich, dass die Überprüfung nicht den vertraglichen und gesetzlichen Anforderungen entspricht.

Rechtsökonomisch lässt sich diese faktische Sicherheit der Anbieter mit den Kriterien der Beobachtbarkeit und Verifizierbarkeit eines pflichtwidrigen Verhaltens begründen, die beide erfüllt sein müssen, damit ein solches rechtlich sanktioniert werden kann.[1000] Fehlt es an der Verifizierbarkeit eines pflichtwidrigen Verhaltens, kann dieses einem außenstehenden Dritten nicht dargelegt werden, es fehlt also an der Beweisbarkeit. Fehlt es bereits an der Beobachtbarkeit, stellt sich die Frage der Verifizierbarkeit nicht mehr, da das pflichtwidrige Verhalten für den Vertragspartner nicht feststellbar ist.[1001] Genau in diese Lage versetzt die Portabilitätsverordnung die Rechteinhaber: eine fehlerhafte Überprüfung des Wohnsitzmitgliedstaates ist für sie nicht feststellbar. Während diese Situation für die Anbieter aus haftungsrechtlichen Gesichtspunkten begrüßenswert ist, führt sie für die Rechteinhaber zu dem unbefriedigenden Ergebnis, dass sie tatsächliche Verstöße gegen die Portabilitätsverordnung nicht ahnden können.

IV. Privatautonome Vereinbarungen

Beim Sorgfaltsmaßstab, der von den Diensteanbietern anzulegen ist, zeigt sich einmal mehr der Vorteil, den Wohnsitzmitgliedstaat im Rechtsverhältnis zwischen Anbietern und Rechteinhabern vertraglich an das Ergebnis der Überprüfung zu koppeln. Zugleich sollte vereinbart sein, dass ein Anbieter die Überprüfung zu wiederholen hat, wenn er mit zwei Maßnahmen zu unterschiedlichen Ergebnissen kommt. Dadurch ist für beide Vertragsparteien klar, wie weit die Überprüfungspflicht des Anbieters reicht. Die Frage, ob ein Anbieter die im Verkehr erforderliche Sorgfalt angewandt hat, ist in diesem Fall obsolet, da – soweit die vertraglich vereinbarten Pflichten eingehalten wurden – keine Pflichtverletzung vorliegt. Dadurch erhöht sich die Rechtssicherheit sowohl für die Anbieter als auch die Rechteinhaber.

1000 *Schäfer/Ott*, Lehrbuch der ökonomischen Analyse des Rechts, S. 446.
1001 *Schäfer/Ott*, Lehrbuch der ökonomischen Analyse des Rechts, S. 446 f.

Bei der Beweislastverteilung gilt es eine interessengerechte Lösung zu finden, die den Rechteinhabern die Möglichkeit gibt, die Überprüfung des Wohnsitzmitgliedstaates durch die Anbieter zu kontrollieren, um Verstöße gegen die Portabilitätsverordnung sowie gegen vertragliche Vereinbarungen aufzudecken und diese zur Geltendmachung von Ansprüchen auch zu beweisen. Es bedarf demnach Kontrollmechanismen für die ordnungsgemäße Durchführung der Überprüfung des Wohnsitzmitgliedstaates in Bezug auf die Überprüfungszeitpunkte und die vereinbarten Überprüfungsmittel. Ohne vertragliche Vereinbarungen bestünde für die Rechteinhaber solange keine Kontrollmöglichkeit, bis sie die Zugänglichmachung der Inhalte außerhalb des Lizenzgebietes beweisen können und die Anbieter infolgedessen die ordnungsgemäße Überprüfung des Wohnsitzmitgliedstaates als Vermutungsbasis beweisen müssten. Um eine angemessene Kontrollmöglichkeit für die Rechteinhaber zu schaffen, könnte die Vorlage von Prüfprotokollen durch die Anbieter vereinbart werden, sofern diese keine Nutzerdaten enthalten und daher mit den datenschutzrechtlichen Vorgaben in Einklang stehen. Solche Vereinbarungen setzen voraus, dass die Rechteinhaber ihre Interessen gegenüber den Anbietern durchsetzen können. Schließlich bedeuten Kontrollmechanismen für die Anbieter ein erhöhtes Haftungsrisiko. Zugleich führen sie aber auch zu mehr Rechtssicherheit. Nehmen die Anbieter eine ordnungsgemäße Überprüfung des Wohnsitzmitgliedstaates vor, können sie die Rechteinhaber davon in Kenntnis setzen und haben keine Rechtsstreitigkeiten zu befürchten. Daher liegt hinsichtlich vertraglicher Kontrollmechanismen kein Interessenkonflikt vor.

V. Zwischenergebnis

Im Bereich der Haftung wirken sich die Vorgaben, welche die Portabilitätsverordnung zum Schutz der Privatsphäre der Abonnenten macht, auf den von den Anbietern anzulegenden Sorgfaltsmaßstab und die Beweismöglichkeiten aus. Damit die Anbieter einem Fahrlässigkeitsvorwurf für Fehler bei der Verifizierung des Wohnsitzmitgliedstaates entgehen können, müssen sie bei der Überprüfung die Grenze des Zulässigen ausreizen. Die Überprüfung des Wohnsitzmitgliedstaates ist demnach mit zwei Maßnahmen vorzunehmen und bei begründeten Zweifeln zu wiederholen.

Bei der Beweislast dafür, dass der Anwendungsbereich der Portabilitätsverordnung eröffnet ist, kommt den Diensteanbietern die Vermutung des Art. 2 Nr. 3 Portabilitäts-VO zugute, nach welcher widerleglich vermutet wird, dass der Wohnsitzmitgliedstaat eines Abonnenten dem Ergebnis der Überprüfung des Wohnsitzmitgliedstaates entspricht. Für die Rechteinhaber besteht keine

Möglichkeit, eine fehlerhafte Überprüfung des Wohnsitzmitgliedstaates aufzudecken, da sie dazu den Wohnsitzmitgliedstaat der Abonnenten selbst überprüfen müssten, diese Möglichkeit in der Portabilitätsverordnung jedoch nicht vorgesehen ist. Zudem haben sie keinen Einblick in die Überprüfung durch die Anbieter, sodass eine nicht ordnungsgemäße Überprüfung durch die Anbieter für sie nicht feststellbar ist. Die Vermutung des Art. 2 Nr. 3 Portabilitäts-VO zu widerlegen, wäre für sie demnach nicht zu bewältigen. Außerdem obliegt es den Rechteinhabern, eine Zugänglichmachung der Inhalte außerhalb des Lizenzgebietes zu beweisen. Nachdem sie keinen Einblick in die Abrufvorgänge der Online-Inhalte bei den Diensteanbietern durch die Abonnenten haben, ist für sie nicht feststellbar, welche Inhalte zur welchen Zeitpunkten im Rahmen der Portabilität grenzüberschreitend zugänglich gemacht werden. Durch die vertragliche Vereinbarung von Kontrollmechanismen könnten die Rechteinhaber Einblick in die Überprüfung des Wohnsitzmitgliedstaates durch die Diensteanbieter bekommen. Zwar reduziert dies die faktische Rechtssicherheit der Anbieter, die darauf beruht, dass Rechtsverletzungen für die Rechteinhaber nicht beobachtbar sind, doch geht damit auch ein Zugewinn an Rechtssicherheit einher, da nicht mit Schadensersatz- oder Unterlassungsansprüchen seitens der Rechteinhaber zur rechnen ist, wenn die Überprüfung des Wohnsitzmitgliedstaates entsprechend den Vorgaben der Portabilitätsverordnung durchgeführt wurde und dies durch die vereinbarten Kontrollmechanismen zum Ausdruck kommt.

§ 4 Portabilität im bilateralen Vertragsverhältnis zwischen Abonnenten und Anbietern von Online-Inhaltendiensten

Die Portabilitätsverordnung greift sowohl in das Rechtsverhältnis zwischen den Anbietern von Online-Inhaltediensten und den Abonnenten als auch das Rechtsverhältnis zwischen den Anbietern und den Inhabern der Rechte an den zur Verfügung gestellten Online-Inhalten ein. Primär beziehen sich die Vorgaben der Portabilitätsverordnung jedoch auf das Rechtsverhältnis zwischen Diensteanbietern und Abonnenten. Innerhalb dieses Rechtsverhältnisses schafft sie die rechtliche Grundlage für den grenzüberschreitenden Zugang zu den im Heimatland abonnierten Online-Inhaltediensten bei vorübergehenden Aufenthalten in anderen Mitgliedstaaten. Allerdings sieht die Portabilitätsverordnung keine Sanktionen für die Anbieter und keine eigenen Mängel- sowie Sekundärrechte für die Abonnenten vor, wenn die Anbieter die grenzüberschreitende Portabilität entgegen ihrer Verpflichtung nicht oder nicht in vollem Umfang ermöglichen. Darüber hinaus wirft sie auch im Rechtsverhältnis zwischen Anbietern und Abonnenten Fragen der Beweislastverteilung und des vom Anbieter anzulegenden Sorgfaltsmaßstabes auf, insbesondere bei der Überprüfung des Wohnsitzmitgliedstaates. Sowohl die Beweislastverteilung als auch der Sorgfaltsmaßstab wirken sich unmittelbar auf mögliche Sekundäransprüche der Nutzer bei Pflichtverletzungen der Anbieter aus.

Im Folgenden wird untersucht, welche Auswirkungen die Portabilitätsverordnung auf das Rechtsverhältnis zwischen Anbietern von Online-Inhaltediensten und Abonnenten hat. Zunächst werden dafür die unmittelbaren Auswirkungen der Portabilitätsverordnung auf die Gestaltung der Nutzungsverträge dargelegt. Dabei wird zum einen analysiert, welche vertragsrechtliche Folge die Verwendung von Klauseln, die gegen die Vorgaben der Portabilitätsverordnung verstoßen, hat und zum anderen wird die Bedeutung des Transparenzgebots im Rahmen der grenzüberschreitenden Portabilität untersucht. Darüber hinaus wird aufgezeigt, welche Mängel- und Sekundärrechte den Abonnenten zustehen, wenn die Anbieter den grenzüberschreitenden Zugang zu den Online-Inhalten nicht entsprechend den Vorgaben der Portabilitätsverordnung ermöglichen. In diesem Rahmen wird zudem die Haftungs- und Beweislage bezüglich der Voraussetzungen der Portabilitätsverordnung analysiert. Außerdem werden die Grenzen der vertraglichen Gestaltungsfreiheit im Rahmen der grenzüberschreitenden Portabilität ausgelotet.

A. Auswirkungen des zwingenden Vertragsrechts

I. Vertraglicher Zugangsanspruch

Die Portabilitätsverordnung verpflichtet die Anbieter kostenpflichtiger Online-Inhaltedienste in ihrem Art. 3 I dazu, Abonnenten, die sich vorübergehend in einem anderen Mitgliedstaat aufhalten, den Zugriff auf den abonnierten Dienst und dessen Nutzung in derselben Form wie in ihrem Wohnsitzmitgliedstaat zu ermöglichen.[1002] Aus Art. 3 I Portabilitäts-VO geht jedoch nicht eindeutig hervor, ob dieser den Anbietern lediglich die gesetzliche Pflicht auferlegt, die Portabilität zu ermöglichen, oder ob den Abonnenten der Online-Inhaltedienste daraus ein durchsetzbarer Anspruch zusteht.[1003] Als Hinweis darauf, dass den Abonnenten kein solcher Anspruch gegen die Anbieter der Online-Inhaltedienste zusteht, ließe sich Art. 7 I Portabilitäts-VO deuten. Dieser sieht als Rechtsfolge bei Verstößen gegen die Vorgaben der Portabilitätsverordnung lediglich die Undurchsetzbarkeit der vertraglichen Vereinbarungen vor, die den Verstoß begründen.[1004] Er weist den Abonnenten jedoch keinen Anspruch zu, mit dem sie die Portabilität gegenüber den Anbietern durchsetzen könnten. Die Undurchsetzbarkeit der unzulässigen Vereinbarungen als Rechtsfolge schließt einen individuellen Anspruch der Abonnenten jedoch nicht aus. Vielmehr bedarf es der Undurchsetzbarkeit als Rechtsfolge, um einem solchen Anspruch einen zwingenden Charakter zu verleihen.

In Erwägungsgrund 26 der Portabilitätsverordnung hebt der Verordnungsgeber explizit hervor, dass die Abonnenten von Online-Inhaltediensten einen „Anspruch auf die grenzüberschreitende Portabilität von Online-Inhaltediensten haben“ sollten. Dies legt es nahe, dass der Verordnungsgeber einen durchsetzbaren Anspruch im Sinn hatte, um den Normzweck der Portabilitätsverordnung zu erreichen.[1005] Außerdem wäre die praktische Wirksamkeit der Portabilitätsverordnung in Gefahr, wenn den Abonnenten kein durchsetzbarer

---

1002 Zum zwingenden Vertragsrecht des Art. 3 I Portabilitäts-VO, siehe § 2 C. I.

1003 *Engels/J. B. Nordemann*, in: Fromm/Nordemann, Art. 3 Portabilitäts-VO Rn. 11; *Synodinou*, in: dies. u.a., EU Internet Law, S. 217, 240.

1004 *Engels/J. B. Nordemann*, in: Fromm/Nordemann, Art. 3 Portabilitäts-VO Rn. 11.

1005 *Engels/J. B. Nordemann*, in: Fromm/Nordemann, Art. 3 Portabilitäts-VO Rn. 11.

Anspruch zustünde. Denn ohne einen solchen ließe sich durch die Abonnenten auf die Anbieter der Online-Inhaltedienste kein Druck ausüben, sich entsprechend den Vorgaben der Portabilitätsverordnung zu verhalten. Die Durchsetzung über die Abonnenten ist eine Säule der Durchsetzung, die dafür sorgt, dass die Rechtsdurchsetzbarkeit als zentrale Bedingung für die Stabilisierung der Erwartung, Online-Inhaltedienste innerhalb des europäischen Binnenmarktes ohne Einschränkung nutzen zu können, erreicht wird.[1006] Der Grundsatz des *effet utile* lässt sich auch in seiner zweiten Ausprägung, wonach dem Unionsrecht die bestmögliche Wirkung zukommen soll,[1007] fruchtbar machen, um einen Anspruch der Abonnenten zu begründen. Denn ein solcher ist der Erreichung des Ziels der Verordnung und ihrer Wirksamkeit förderlich.

Insgesamt ist ein durchsetzbarer Anspruch damit wünschenswert und auch von der Portabilitätsverordnung intendiert. Nachdem Art. 3 I Portabilitäts-VO nur von einer Pflicht der Anbieter, jedoch von keinem Anspruch der Abonnenten spricht, begründet dieser für sie keinen gesetzlichen Anspruch auf Portabilität. Ein solcher wird indirekt über das zwingende Vertragsrecht der Norm geschaffen, das durch ihren verbindlichen Charakter automatisch in den Vertrag zwischen Diensteanbietern und Abonnenten inkorporiert wird und das vertraglich geschuldete Leistungsprogramm definiert.[1008] Für die Durchsetzung des vertraglichen Anspruchs auf Portabilität sind nach deren Umsetzung die Vorgaben der Digitale-Inhalte-RL maßgeblich, die sowohl die Mängel- und Gewährleistungsrechte als auch die Bereitstellung der digitalen Inhalte und Dienstleistungen als Hauptleistungspflicht harmonisiert.[1009] Festhalten lässt sich, dass den Abonnenten von Online-Inhaltediensten ein vertraglicher Anspruch – unabhängig von seiner genauen Ausgestaltung – gegen die Anbieter auf Ermöglichung der grenzüberschreitenden Portabilität zusteht.[1010]

1006 Ausführlich dazu, siehe § 2 C. III.

1007 *Henninger*, Europäisches Privatrecht und Methode, S. 289; *Riesenhuber*, in: ders., Europäische Methodenlehre, § 10 Rn. 45; ähnlich *Seyr*, Der *effet utile* in der Rechtsprechung des EuGH, S. 276 f.

1008 Vgl. *Grünberger*, AcP 218 (2018), 213, 265; nach *Engels/J. B. Nordemann*, in: Fromm/Nordemann, Art. 3 Portabilitäts-VO Rn. 11 kommt allenfalls ein vertraglicher Anspruch in Betracht, der sich über die §§ 280 ff. BGB durchsetzt; zur Portabilität als eine hybride Form zwischen einer Schrankenregelung und einem Recht der Abonnenten, siehe *Synodinou*, in: dies. u.a., EU Internet Law, S. 217, 240.

1009 Ausführlich zur Analyse der Vorgaben der Digitale-Inhalte-RL mit Blick auf den vertraglichen Anspruch auf Portabilität, siehe § 4 B. I. 5.

1010 So im Ergebnis bereits *Eginger*, ZUM 2017, 698, 705 und *Roos*, MMR 2017, 147, 151.

Unmittelbare Folge dieses zwingenden Zugangsanspruchs ist, dass Klauseln in den Nutzungsverträgen, die den Zugang zu den Online-Inhalten auf eine bestimmte Region oder einen bestimmten Zeitraum beschränken, wie es vor Inkrafttreten der Portabilitätsverordnung gängige Praxis war, gegen Art. 3 I Portabilitäts-VO verstoßen und aufgrund des Art. 7 I Portabilitäts-VO keinen Bestand haben.

Die Pflicht der Diensteanbieter, die grenzüberschreitende Portabilität zu ermöglichen und damit auch der Zugangsanspruch der Abonnenten sind ausgeschlossen, wenn diese die Informationen, welche die Anbieter von ihnen zur Überprüfung des Wohnsitzmitgliedstaates angefordert haben, nicht bereitstellen (Art. 5 III 2 Portabilitäts-VO). Diese Mitwirkung bzw. Informationsverschaffung ist daher eine Obliegenheit der Nutzer.[1011] Nachdem die erste Überprüfung des Wohnsitzmitgliedstaates der Abonnenten nach Art. 5 I 1 Portabilitäts-VO bereits bei Vertragsschluss erfolgt, muss in den Nutzungsbedingungen festgeschrieben werden, welche Informationen sie den Anbietern zur Verifizierung bereitstellen müssen, in welcher Form und zu welchen Zeitpunkten.

II. Unwirksamkeitsfolge des Art. 7 I Portabilitäts-VO

Art. 7 I Portabilitäts-VO ist neben Art. 4 Portabilitäts-VO die zentrale Norm, damit die Anbieter von Online-Inhaltediensten ihren Abonnenten den grenzüberschreitenden Zugang zu ihren abonnierten Diensten ermöglichen können, ohne sich dabei Ansprüchen der Rechteinhaber auszusetzen. Während Art. 4 Portabilitäts-VO auf urheberrechtlicher Seite das Problem fehlender Lizenzen für die Bereitstellung der Online-Inhalte in verschiedenen Mitgliedstaaten überwindet, sichert Art. 7 I Portabilitäts-VO die grenzüberschreitende Portabilität auf vertragsrechtlicher Seite ab. Die Norm schützt die Anbieter vor einem vertragswidrigen Verhalten, wenn die Ermöglichung der grenzüberschreitenden Portabilität gemäß den Lizenzvereinbarungen untersagt oder eingeschränkt ist. Darüber hinaus schützt sie die Abonnenten vor einer vertraglichen Einschränkung der Zugangsverschaffungspflicht des Art. 3 I Portabilitäts-VO. Dazu greift Art. 7 I Portabilitäts-VO in die Vertragsfreiheit der Parteien ein und erklärt sowohl im Rechtsverhältnis zwischen den Anbietern und den Rechteinhabern als auch im Rechtsverhältnis zwischen den Anbietern und den Abonnenten Vertragsbestimmungen, die gegen die Vorgaben

1011 A.A. wohl *Dreier*, in: Dreier/Schulze, Art. 5 Portabilitäts-VO Rn. 4.

der Portabilitätsverordnung verstoßen, für nicht durchsetzbar. Zweck der Norm ist daher, dass diesen vertraglichen Vereinbarungen keinerlei Wirkung zukommt.[1012]

Im Rechtsverhältnis zwischen Anbietern und Abonnenten haben Klauseln, die sich auf die Definition des Wohnsitzmitgliedstaates oder des vorübergehenden Aufenthalts, die Überprüfungskriterien des Wohnsitzmitgliedstaates sowie die grenzüberschreitende Nutzbarkeit des Dienstes beziehen, das größte Potenzial, mit den Vorgaben der Portabilitätsverordnung in Konflikt zu stehen. Zum Beispiel könnten den Abonnenten weitergehende Mitwirkungs- oder Informationspflichten zur Überprüfung des Wohnsitzmitgliedstaates auferlegt werden, als nach der Portabilitätsverordnung zulässig. Unzulässig sind insbesondere auch Vertragsbestimmungen, welche den grenzüberschreitenden Nutzungsumfang entgegen Art. 3 I Portabilitäts-VO einschränken oder die Portabilität auf einen bestimmten Zeitraum begrenzen, was Art. 7 I 2. HS Portabilitäts-VO explizit hervorhebt. Auch im Vertragsverhältnis zwischen den Anbietern von Online-Inhaltediensten und den Rechteinhabern besteht insbesondere bei Vereinbarungen, die sich auf die soeben genannten Punkte beziehen, das Risiko, gegen die Vorgaben der Portabilitätsverordnung zu verstoßen, indem sie die Möglichkeit der Portabilität einschränken oder an zu strenge Voraussetzungen koppeln, wie zum Beispiel unzulässige oder zu viele Überprüfungsmaßnahmen sowie zu häufige Überprüfungen.

1. Mögliche Rechtsfolgen des Art. 7 I Portabilitäts-VO

Begrifflich legt es die Formulierung des Art. 7 I Portabilitäts-VO, wonach die Vertragsbestimmungen nicht durchsetzbar sein sollen, nahe, dass Vertragsbestimmungen, die gegen die Vorgaben der Portabilitätsverordnung verstoßen, zwar nicht in ihrem Bestand berührt sind, sich aus ihnen jedoch dauerhaft keine Rechte ableiten lassen. Damit stünde Art. 7 I Portabilitäts-VO den Anbietern und Abonnenten als Verteidigungsmittel zur Verfügung, sollten Rechte aus diesen Vertragsbestimmungen gegen sie geltend gemacht werden. Sofern Art. 7 I Portabilitäts-VO deren Durchsetzbarkeit verhindert, wäre die Norm nach deutscher Dogmatik als materiell-rechtliche, peremptorische Einrede

1012 *Engels/J. B. Nordemann*, in: Fromm/Nordemann, Art. 7 Portabilitäts-VO Rn. 2 f.

einzuordnen, welche die Durchsetzbarkeit eines Rechts dauerhaft verhindert, sich jedoch nicht auf dessen Existenz auswirkt.[1013]

Art. 7 I Portabilitäts-VO könnte auch dazu führen, dass Vertragsbestimmungen, die gegen die Portabilitätsverordnung verstoßen, überhaupt nicht wirksam vereinbart werden können, sodass aus ihnen keine Rechte entstehen. Damit wären entsprechende Vereinbarungen unwirksam und Art. 7 I Portabilitäts-VO würde sich unmittelbar auf deren Bestand auswirken. Nach deutschem dogmatischem Verständnis wäre Art. 7 I Portabilitäts-VO in diesem Fall eine rechtshindernde Einwendung. Eine solche führt dazu, dass ein Recht überhaupt nicht zur Entstehung gelangt und sie wirkt sich damit unmittelbar auf dessen Existenz aus.[1014] Diese Wirkung tritt *ipso iure* ein.[1015]

Die Bestimmung der genauen Rechtsfolge des Art. 7 I Portabilitäts-VO ist relevant dafür, wie sich die Norm auf den Bestand der jeweiligen Klausel auswirkt, die mit der Portabilitätsverordnung nicht vereinbar ist: entweder bleibt sie bestehen und es können keine Rechte aus ihr geltend gemacht werden, oder sie ist unwirksam. Des Weiteren ist die Bestimmung der Rechtsfolge relevant für die Auswirkungen auf den restlichen Vertrag. Soweit eine Klausel und die Rechte aus dieser nicht durchsetzbar sind, die Klausel jedoch an sich bestehen bleibt, lässt dies den restlichen Vertrag unberührt. Ist eine Vertragsbestimmung dagegen unwirksam, stellt sich die Frage, wie sich dies auf den Bestand des restlichen Vertrages auswirkt; dieser könnte entweder ohne die unwirksamen Vertragsbestimmungen bestehen bleiben oder in seiner Gesamtheit nichtig sein. Sofern der Vertrag bestehen bleibt, schließt sich die Folgefrage an, wie die Lücken des Vertrages zu schließen sind.

2. Auslegung des Art. 7 I Portabilitäts-VO

a) Autonome Auslegung

Grundsätzlich sind Begriffe des Unionsrechts autonom und zugleich einheitlich auszulegen, um eine einheitliche Rechtsanwendung innerhalb der EU zu

---

1013 Vgl. *Gröschler*, AcP 201 (2001), 48, 49 f.; *Leipold*, BGB, § 35 Rn. 16; *Wolf/Neuner*, BGB, § 21 Rn. 20 f.; *Lugani*, in: Staudinger, Eckpfeiler des Zivilrechts, Kap. G Rn. 8; *Roth*, Die Einrede, S. 1.

1014 *Gröschler*, AcP 201 (2001), 48, 49; *Medicus/Petersen*, BGB, Rn. 94; *Wolf/Neuner*, BGB, § 21 Rn. 12, 14.

1015 *Gröschler*, AcP 201 (2001), 48, 50; *Leipold*, BGB, § 35 Rn. 16, *Wolf/Neuner*, BGB, § 21 Rn. 12.

gewährleisten und dem Gleichheitssatz Rechnung zu tragen.[1016] Eine autonome Auslegung unionsrechtlicher Normen ist selbst dann geboten, wenn die darin enthaltenen Begrifflichkeiten und Konzepte im nationalen Recht vorkommen oder an diese angelehnt sind.[1017] Ein Rückgriff auf das nationale Recht ist nur dann möglich, wenn darauf verwiesen wird.[1018] Nachdem Art. 7 I Portabilitäts-VO keinen Verweis auf das nationale Recht enthält, ist der Rechtsfolge der Nichtdurchsetzbarkeit ein unionsautonomes Verständnis zugrunde zu legen.

b) Wortlaut

Bei der wörtlichen Auslegung, welche der EuGH als Ausgangspunkt der Auslegung heranzieht,[1019] ist der wörtliche Sinn nach dem allgemeinen Sprachgebrauch des Fachbereichs zu bestimmen, dem der Begriff entstammt.[1020] Nach dem Wortlaut der deutschen Sprachfassung geht Art. 7 I Portabilitäts-VO von der Nichtdurchsetzbarkeit vertraglicher Vereinbarungen aus, die gegen die Vorgaben der Portabilitätsverordnung verstoßen. Im Fachbereich der Rechtswissenschaften wird durchaus zwischen einer nicht durchsetzbaren und einer unwirksamen bzw. nichtigen Klausel unterschieden.[1021] Im Falle der Nichtdurchsetzbarkeit hätten die Klauseln zwar Bestand, aus ihnen ließen sich jedoch keine Rechte ableiten. Aufgrund der autonomen Auslegung des Art. 7 I Portabilitäts-VO darf bei der Begrifflichkeit „nicht durchsetzbar" jedoch nicht

1016 EuGH, Urt. v. 6.10.1982, Rs. C-283/81 – *C.I.L.F.I.T.*, ECLI:EU:C:1982:335, Rn. 19; EuGH, Urt. v. 14.12.2006, Rs. 316/05 – *Nokia*, ECLI:EU:C:2006:789, Rn. 21; EuGH, Urt. v. 18.10.2011, Rs. C-34/10 – *Brüstle*, ECLI:EU:C:2011:669, Rn. 25; EuGH, Urt. v. 12.12.2013, Rs. C-116/12 – *Christodoulou u.a.*, ECLI:EU:C:2013:825, Rn. 34 m.w.N.; *Anweiler*, Auslegungsmethoden des EuGH, S. 167; *Henninger*, Europäisches Privatrecht und Methode, S. 280; zurückhaltend *Riesenhuber*, in: ders., Europäische Methodenlehre, § 10 Rn. 5.

1017 *Grundmann/Riesenhuber*, JuS 2001, 529.

1018 *Riesenhuber*, in: ders., Europäische Methodenlehre, § 10 Rn. 4 f.

1019 EuGH, Urt. v. 17.4.2008, Rs. C-404/06 – *Quelle*, ECLI:EU:C:2008:231, Rn. 31 ff.; EuGH, Urt. v. 11.11.1997, Rs. C-251/95 – *Sabèl*, ECLI:EU:C:1997:528, Rn. 18; *Grundmann/Riesenhuber*, JuS 2001, 529; *Riesenhuber*, in: ders., Europäische Methodenlehre, § 10 Rn. 13; *Vogenauer*, Gesetzesauslegung, Bd. 1, S. 347; *Henninger*, Europäisches Privatrecht und Methode, S. 280.

1020 EuGH, Urt. v. 5.7.2012, Rs. C-49/11 – *Content Services*, ECLI:EU:C:2012:419, Rn. 32; *Bydlinski*, Juristische Methodenlehre und Rechtsbegriff, S. 437 f.; *Kramer*, Juristische Methodenlehre, S. 61.

1021 Zur unterschiedlichen Wirkung von Einreden und Einwendungen, siehe § 4 A. II. 1.

in den Kategorien von Einreden und Einwendungen des nationalen Rechts mit ihren jeweiligen Rechtsfolgen gedacht werden. Dies liefe der autonomen Auslegung eines unionsrechtlichen Begriffs, der nicht auf dem rechtlichen Sprachgebrauch der Mitgliedstaaten beruht, zuwider.[1022]

Grundsätzlich sind bei der Auslegung einer Norm sämtliche Sprachfassungen zu berücksichtigen,[1023] wobei keine Sprachfassung eine Vorrangstellung gegenüber einer anderen hat.[1024] Zudem existiert im Unionsrecht zum Teil noch kein systematisches, einheitliches Verständnis von Rechtsbegriffen, da ihre Bedeutung relativ zum jeweiligen Kontext ist. Daher kann ein bestimmter Begriff in verschiedenen Normen und Rechtsakten auch eine jeweils andere Bedeutung haben.[1025]

In der englischen Sprachfassung erklärt Art. 7 I Portabilitäts-VO Klauseln, die gegen die Vorgaben der Verordnung verstoßen, für „unenforceable". Dieser Begriff wird vertragsrechtlich für Verträge und Ansprüche verwendet, die zwar materiell-rechtlich fehlerfrei sind und damit Bestand haben, die jedoch vor den Gerichten entweder von einer oder beiden Parteien nicht durchgesetzt werden können, womit sie nicht bindend sind.[1026] Ist ein Vertrag demgegenüber von Anfang an nichtig bzw. inexistent, wird dieser als „void" bezeichnet.[1027] Zwar ist dem Begriff „unenforceable" aufgrund der autonomen Auslegung wiederum nicht zwingend die Bedeutung beizumessen, die er im englischen Vertragsrecht hat, doch ist diese zumindest ein Anhaltspunkt für ein mögliches Verständnis des Begriffs. Die französische, spanische und italienische Sprachfassung der Portabilitätsverordnung sprechen – auf Deutsch übersetzt – davon, dass die Vertragsbestimmungen, die gegen die Vorgaben der Portabilitätsverordnung

---

1022 Vgl. EuGH, Urt. v. 6.10.1982, Rs. 283/81 – *C.I.L.F.I.T.*, ECLI:EU:C:1982:335, Rn. 19.

1023 EuGH, Urt. v. 11.7.1985, Rs. C-107/84 – *Kommission/Deutschland*, ECLI:EU:C:1985:332, Rn. 10; EuGH, Urt. v. 30.5.2013, Rs. C-488/11 – *Brusse u.a./Jahani BV*, ECLI:EU:C:2013:341, Rn. 26 m.w.N.

1024 EuGH, Urt. v. 6.10.1982, Rs. 283/81 – *C.I.L.F.I.T.*, ECLI:EU:C:1982:335, Rn. 18; *Bieber u.a.*, Die Europäische Union, § 7 Rn. 45; *Henninger*, Europäisches Privatrecht und Methode, S. 281 f.; *Pechtsein/Drechsler*, in: Riesenhuber, Europäische Methodenlehre, § 7 Rn. 19; *Riesenhuber*, in: ders., Europäische Methodenlehre, § 10 Rn. 14 m.w.N.

1025 *Henninger*, Europäisches Privatrecht und Methode, S. 280; *Riesenhuber*, in: ders., Europäische Methodenlehre, § 10 Rn. 20.

1026 Vgl. *Beatson/Burrows/Cartwright*, Anson's Law of Contract, S. 22 f.

1027 *Beckmann*, Nichtigkeit und Personenschutz, S. 124; *Mäntysaari*, Comparative Corporate Governance, S. 381; *Stadler*, Gestaltungsfreiheit und Verkehrsschutz, S. 135; vgl. *Beatson/Burrows/Cartwright*, Anson's Law of Contract, S. 22.

verstoßen, „keine Anwendung" finden. Auch diese Formulierung deutet, wie in der deutschen und englischen Sprachfassung, darauf hin, dass die Vertragsbestimmungen nicht in ihrem Bestand berührt sind.

Letztlich lässt sich die Wirkung des Art. 7 I Portabilitäts-VO nicht an seinem Wortlaut festmachen. Die Auslegung des Wortlauts dient zwar zugleich als Ausgangspunkt und Grenze eines möglichen Verständnisses, doch kommt ihr im Endeffekt nur eine relativ geringe Bedeutung zu.[1028] Stimmt der Wortlaut in sämtlichen Sprachfassungen überein und liefert er ein vermeintlich eindeutiges Ergebnis, ist dieses auch nur ein Indiz für das tatsächliche Verständnis des Begriffs,[1029] die *acte-clair*-Doktrin findet in diesem Fall keine Anwendung.[1030] Daher sind zwingend weitere Auslegungsmethoden heranzuziehen.

c) Systematik

Im Rahmen der systematischen Auslegung ist die auszulegende Norm zum einen im Gesamtgefüge des Rechtsaktes zu betrachten, in dem sie erlassen wurde. Zum anderen ist sie im Zusammenhang zu anderen Rechtsakten auszulegen, die zu ihrem Verständnis beitragen können, wofür bei einer unionsrechtlichen Norm zunächst das gesamte Unionsrecht in Betracht kommt.[1031] Insbesondere eignen sich Rechtsakte, die komplementär oder speziell zu dem der auszulegenden Norm sind.[1032] Ein thematisch mit Art. 7 I Portabilitäts-VO sehr eng verknüpfter Rechtsakt ist die Klauselrichtlinie, welche Verbraucher vor missbräuchlichen Vertragsbestimmungen in Verträgen mit Gewerbetreibenden schützen soll.[1033] Sie schreibt in Art. 6 I vor, dass missbräuchliche Klauseln in solchen Verträgen für Verbraucher „unverbindlich" sind. Diese

---

1028 *Anweiler*, Auslegungsmethoden des EuGH, S. 168; *Henninger*, Europäisches Privatrecht und Methode, S. 282; *Riesenhuber*, in: ders., Europäische Methodenlehre, § 10 Rn. 18 f.

1029 EuGH, Urt. v. 28.10.2010, Rs. C-203/09 – *Volvo Car Germany*, ECLI:EU:C:2010:647, Rn. 41.

1030 EuGH, Urt. v. 7.2.1985, Rs. C-19/83 – *Wendelboe/L.J. Music*, ECLI:EU:C:1985:54, Rn. 13-15; *Henninger*, Europäisches Privatrecht und Methode, S. 282; *Riesenhuber*, in: ders, Europäische Methodenlehre, § 10 Rn. 15 m.w.N.; *Höpfner*, Die systemkonforme Auslegung, S. 145 f. lehnt in diesem Zusammenhang die *Sens-Clair*-Doktrin ab.

1031 EuGH, Urt. v. 6.10.1982, Rs. C-283/81 – *C.I.L.F.I.T.*, ECLI:EU:C:1982:335, Rn. 20; *Bydlinski*, Juristische Methodenlehre und Rechtsbegriff, S. 442.

1032 *Riesenhuber*, in: ders., Europäische Methodenlehre, § 10 Rn. 22.

1033 Richtlinie 93/13/EWG des Rates vom 5.4.1993 über missbräuchliche Klauseln in Verbraucherverträgen, EU-ABl. L 95/29 v. 21.4.1993.

Unverbindlichkeit ist in Hinblick auf die Formulierung „müssen" in Erwägungsgrund 21 der Richtlinie zwingend.[1034] In Art. 7 I Klausel-RL ist vorgesehen, dass die Mitgliedstaaten angemessene und wirksame Mittel ergreifen müssen, um dieses Ziel zu erreichen. Die Wahl des Mittels und der Rechtsfolge, die zu diesem Ziel führen, bleibt damit den Mitgliedstaaten überlassen.[1035] Das nationale Recht könnte die Inexistenz solcher Klauseln fingieren, es könnte sie für nichtig erklären oder deren Geltendmachung ausschließen.[1036] Anfänglich lautete die Formulierung im Richtlinienentwurf, dass die Geltendmachung entsprechender Klauseln ausgeschlossen sein soll.[1037] Diese Formulierung sollte es den Mitgliedstaaten jedoch auch ermöglichen, missbräuchliche Klauseln für nichtig oder inexistent zu erklären. Nachdem die ursprünglich gewählte Formulierung ein zu enges Verständnis nahelegte, wurde sie in „für den Verbraucher nicht verbindlich" geändert.[1038] Dies zeigt, dass die Formulierung „Ausschluss der Geltendmachung" im Unionsrecht durchaus die Nichtigkeit bzw. Unwirksamkeit einer Vertragsbestimmung bedeuten kann. Gleiches muss daher auch für die Formulierung „nicht durchsetzbar" in Art. 7 I Portabilitäts-VO gelten. Deutlich wird aber zugleich, dass die Formulierung „nicht durchsetzbar" auch nur den Ausschluss der Geltendmachung von Rechten bedeuten kann, also lediglich die Undurchsetzbarkeit einer Klausel im Sinne einer Einrede des nationalen Rechts. Damit führt auch die systematische Auslegung zu keinem eindeutigen Ergebnis, sondern verdeutlicht vielmehr, dass die Formulierung in Art. 7 I Portabilitäts-VO autonom zu verstehen ist.

1034 EuGH, Urt. v. 21.12.2016, Rs. C-154/15 u.a. – *Gutiérrez Naranjo*, ECLI:EU:C:2016:980, Rn. 54 f.; *Pfeiffer*, in: Grabitz/Hilf/Nettesheim, Art. 6 RL 93/13/EWG Rn. 6.

1035 EuGH, Urt. v. 14.6.2012, Rs. C-618/10 – *Banco Español de Crédito*, ECLI:EU:C:2012:349, Rn. 62; *Kapnopoulou*, Das Recht der missbräuchlichen Klauseln, S. 150; *Pfeiffer*, in: Wolf/Lindacher/Pfeiffer, Art. 6 RL 93/13/EWG Rn. 4.

1036 *Europäische Kommission*, Überprüfter Vorschlag Klauselrichtlinie, KOM(93) 11 endg. – SYN 285, S. 2; *Pfeiffer*, in: Grabitz/Hilf/Nettesheim, Art. 6 RL 93/13/EWG Rn. 4.

1037 *Europäische Kommission*, Überprüfter Vorschlag Klauselrichtlinie, KOM(93) 11 endg. – SYN 285, S. 2.

1038 *Europäische Kommission* (Fn. 1037), S. 2; die Formulierung „unverbindlich" wurde bewusst gewählt, da sie keiner nationalen Rechtsordnung entstammt und dadurch der weite Umsetzungsspielraum betont werden sollte, siehe dazu *Appenzeller*, Die europäische AGB-Kontrolle, S. 165 f.; *Schwartze*, JZ 2001, 246, 247.

d) Telos

Bei der teleologischen Auslegung ist der Zweck einer Rechtsnorm innerhalb des gesamten Regelungssystems zu ermitteln.[1039] Art. 7 I Portabilitäts-VO soll zum einen die Anbieter der Online-Inhaltedienste davor schützen, sich gegenüber den Rechteinhabern vertragsbrüchig zu verhalten, wenn sie gegen Lizenzvereinbarungen verstoßen, welche die grenzüberschreitende Portabilität verbieten oder an unzulässige Voraussetzungen knüpfen. Zum anderen sichert die Norm die Zugangsverschaffungspflicht des Art. 3 I Portabilitäts-VO zugunsten der Abonnenten vor vertraglichen Einschränkungen.

Die Klauselrichtlinie zeigt, dass sich dieser Zweck des Art. 7 I Portabilitäts-VO – der Schutz vor Vertragsbestimmungen, die gegen die Portabilitätsverordnung verstoßen – sowohl mit der Nichtdurchsetzbarkeit als auch der Unwirksamkeit entsprechender Klauseln erreichen ließe. Schließlich ist es das Ziel der Klauselrichtlinie, Verbraucher effektiv vor missbräuchlichen Klauseln zu schützen und der Verwendung missbräuchlicher Klauseln ein Ende zu setzen (Art. 6 I, 7 I Klausel-RL). Der Kommission zufolge dürfe eine entsprechende Klausel dafür „keinerlei Rechtskraft mehr" haben.[1040] Um dieses Ziel zu erreichen, könne sowohl der Ausschluss der Geltendmachung als auch die Nichtigkeit bzw. Unwirksamkeit als wirksames Mittel in Betracht gezogen werden.[1041] Der EuGH hielt es auch für ausreichend bzw. notwendig, dass ein nationales Gericht eine missbräuchliche Klausel schlicht nicht anwendet, um dem Zweck der Klauselrichtlinie gerecht zu werden.[1042]

Auch aus den Erwägungsgründen, die im Rahmen der teleologischen Auslegung Berücksichtigung finden,[1043] geht die genaue Rechtsfolge des Art. 7 I Portabilitäts-VO nicht hervor. Erwägungsgrund 25 spricht ebenfalls nur von der Nichtdurchsetzbarkeit entsprechender Klauseln und enthält keinen Hinweis darauf, inwieweit sich Art. 7 I Portabilitäts-VO auf den Bestand der Vertragsbestimmungen auswirkt. Damit zeigt die teleologische Auslegung lediglich,

---

1039 *Kramer*, Juristische Methodenlehre, S. 159 f.; *Pechstein/Drechsel*, in: Riesenhuber, Europäische Methodenlehre, § 7 Rn. 27.

1040 *Europäische Kommission*, Überprüfter Vorschlag Klauselrichtlinie, KOM(93) 11 endg. – SYN 285, S. 2.

1041 *Europäische Kommission* (Fn. 1040), S. 2; *Basedow*, in: MüKo BGB, § 306 BGB Rn. 4; *Pfeiffer*, in: Wolf/Lindacher/Pfeiffer, Art. 6 RL 93/13/EWG Rn. 4.

1042 EuGH, Urt. v. 21.12.2016, Rs. C-154/15 u.a. – *Gutiérrez Naranjo*, ECLI: EU:C:2016:980, Rn. 57.

1043 *Pechstein/Drechsel*, in: Riesenhuber, Europäische Methodenlehre, § 7 Rn. 32.

dass es verschiedene Rechtsfolgen gibt, mit denen sich der Zweck des Art. 7 I Portabilitäts-VO erreichen lässt.

e) *Auswirkung des effet utile auf die teleologische Auslegung*

Auch hier wird die am Sinn und Zweck einer Vorschrift orientierte teleologische Auslegung[1044] mit Blick auf den *effet utile* der Portabilitätsverordnung vorgenommen; entscheidend ist also, wie sich deren Zweck bestmöglich erreichen lässt.[1045] Bestmöglich erreicht wird der Zweck des Art. 7 I Portabilitäts-VO, wenn die Vertragsbestimmungen, die mit den Vorgaben der Portabilitätsverordnung in Konflikt stehen, unwirksam sind. Zwar können Vertragsbestimmungen, die gegen die Portabilitätsverordnung verstoßen und nicht durchsetzbar sind, den Vertragspartnern nicht zum Nachteil gereichen, womit die Wirkung der Rechtsfolge faktisch der einer unwirksamen Klausel entspricht. Allerdings ist es für eine bestmögliche Erreichung des Zwecks des Art. 7 I Portabilitäts-VO notwendig, dass sich weder die Anbieter noch die Abonnenten an die unzulässigen Vertragsbestimmungen gebunden fühlen und sie keine nachteiligen Folgen aus diesen befürchten. Dies wird nur durch die Unwirksamkeit der Klauseln erreicht. Schließlich könnte es durchaus zu Verunsicherung führen, wenn Klauseln zwar wirksam, jedoch nicht durchsetzbar sind. Es scheint daher nicht nur rechtlich, sondern auch praktisch verfehlt, offensichtlich nicht gewünschte Klauseln in ihrem Bestand unberührt zu lassen und lediglich deren rechtliche Durchsetzbarkeit zu verhindern. Dieses Ergebnis ist letztlich auch dadurch gerechtfertigt, dass eine dauerhaft nicht durchsetzbare Vertragsbestimmung wirtschaftlich betrachtet einer unwirksamen Bestimmung gleichkommt.[1046] Teilweise wird diese wirtschaftliche Überlegung im nationalen Recht auf die rechtliche Ebene übertragen und eine peremptorische Einrede einer Einwendung gleichgestellt, womit beide zum Erlöschen eines Anspruchs führen.[1047] Art. 7 I Portabilitäts-VO führt daher unmittelbar zur Unwirksamkeit von Klauseln, die mit den Vorgaben der Portabilitäts-VO in Konflikt stehen.[1048]

1044 *Kramer*, Juristische Methodenlehre, S. 159.

1045 Zur Bedeutung des *effet utile* bei der teleologischen Auslegung, siehe § 3 B. II. 3.

1046 *Lugani*, in: Staudinger, Eckpfeiler des Zivilrechts, Kap. G. Rn. 8.

1047 *Thomale*, AcP 212 (2012), 920, 933; ähnlich *Wolf/Neuner*, BGB, § 21 Rn. 23.

1048 So auch *Pech*, On-Demand-Streaming-Plattformen, S. 335 f.; *Walter*, MR Int. 2016, 191, 194; a.A. *Dreier*, in: Dreier/Schulze, Art. 7 Portabilitäts-VO Rn. 1; *Engels/J. B. Nordemann*, in: Fromm/Nordemann, Art. 7 Portabilitäts-VO Rn. 8; *Spiegel*, in: Taeger, Smart World – Smart Law?, S. 693, 704; *Spindler*, CR 2016, 73, 75.

3. *Kein Rückgriff auf § 134 BGB und § 307 I 1 BGB*

§ 134 BGB erklärt Rechtsgeschäfte, die gegen ein gesetzliches Verbot verstoßen, für nichtig. Dabei ist im Wege der Auslegung zunächst zu ermitteln, ob eine Norm ein bestimmtes Rechtsgeschäft verbietet, und anschließend, ob ein Verstoß gegen das Verbotsgesetz zur Nichtigkeit des Rechtsgeschäfts führt.[1049] Zwar hat sich im Rahmen der Auslegung nach dem Wortlaut und dem Telos gezeigt, dass Art. 7 I Portabilitäts-VO nicht immer die Unwirksamkeit von Vertragsbestimmungen verlangt, die gegen die Portabilitätsverordnung verstoßen, doch ist eine solche Auslegung jedenfalls aufgrund des *effet utile* der Norm geboten. Theoretisch wären demnach sämtliche gegen die Portabilitätsverordnung verstoßende Vertragsbestimmungen auch nach § 134 BGB unwirksam beziehungsweise nichtig.[1050] Eines Rückgriffs auf § 134 BGB bedarf es jedoch nicht, da sich die Unwirksamkeit als Rechtsfolge unmittelbar aus Art. 7 I Portabilitäts-VO ergibt und es sich damit hinsichtlich der Rechtsfolge um eine *lex perfecta* handelt.[1051] Art. 7 I Portabilitäts-VO ist daher gegenüber § 134 BGB *lex specialis*, womit dieser keine Anwendung findet.[1052]

Darüber hinaus wären Klauseln, mit denen die Wirkung der Portabilitätsverordnung ausgeschlossen wird, aufgrund einer unangemessenen Benachteiligung der Abonnenten gemäß § 307 I 1 BGB unwirksam.[1053] Eines Rückgriffs auf diese Norm des nationalen Rechts bedarf es aufgrund der unmittelbaren Unwirksamkeitsfolge des Art. 7 I Portabilitäts-VO jedoch ebenfalls nicht.[1054]

1049 *Armbrüster*, in: MüKo BGB, § 134 BGB Rn. 41 f.

1050 A.A. hinsichtlich des Charakters als Verbotsgesetz, *Engels/J. B. Nordemann*, in: Fromm/Nordemann, Art. 7 Portabilitäts-VO Rn. 8.

1051 *Armbrüster*, in: MüKo BGB, § 134 BGB Rn. 3; *Medicus/Petersen*, BGB, Rn. 644.

1052 BGH, Urt. v. 17.10.2003 – V ZR 429/02, NJW 2003, 3692; *Armbrüster*, in: MüKo BGB, § 134 BGB Rn. 3 m.w.N.; *Wolf/Neuner*, BGB, § 45 Rn. 2; *Palzer*, JZ 2013, 691, 692.

1053 Ausführlich zur Unwirksamkeit von vertraglichen Einschränkungen des grenzüberschreitenden Zugriffs auf Online-Inhaltedienste im Anwendungsbereich der Portabilitätsverordnung aufgrund einer unangemessenen Benachteiligung gemäß § 307 I 1 BGB, siehe *Pech*, On-Demand-Streaming-Plattformen, S. 338 f.

1054 A.A. *Engels/J. B. Nordemann*, in: Fromm/Nordemann, Art. 7 Portabilitäts-VO Rn. 8, nach denen Art. 7 I Portabilitäts-VO lediglich zur Nichtdurchsetzbarkeit von Vertragsbestimmungen führe, die Verwendung nicht durchsetzbarer Klauseln in den AGB jedoch eine unangemessene Benachteiligung gem. § 307 I 1 BGB sei, womit die Klauseln unwirksam seien.

4. *Verbot der geltungserhaltenden Reduktion*

Art. 7 I Portabilitäts-VO führt zur Unwirksamkeit der Vertragsbestimmungen, die gegen die Vorgaben der Portabilitätsverordnung verstoßen. Bei einem Verstoß gegen eine zwingende Vorgabe, die den Vertragsparteien keinerlei vertraglichen Gestaltungsspielraum lässt, tritt die entsprechende zwingende Vorschrift an die Stelle der unwirksamen Klausel.[1055] Lässt die Verordnung den Vertragsparteien dagegen einen gewissen Gestaltungsspielraum, existieren zwei mögliche Rechtsfolgen im Falle der Unwirksamkeit einer Klausel: die Vertragsbestimmung könnte schlicht wegfallen, womit eine vertragliche Lücke entstehen würde, oder es könnte eine geltungserhaltende Reduktion vorgenommen werden. Dies wäre zum Beispiel der Fall, wenn vertraglich zu viele Überprüfungsmaßnahmen vereinbart wurden, die Nutzer mehr Informationen zur Überprüfung des Wohnsitzmitgliedstaates bereitzustellen haben, als in der Portabilitätsverordnung vorgesehen oder eine zu weitgehende territoriale Beschränkung der Nutzungsmöglichkeit des Online-Inhaltedienstes vorgesehen ist.[1056]

Im Anwendungsbereich der Klauselrichtlinie sieht der EuGH die geltungserhaltende Reduktion einer missbräuchlichen Klausel als unzulässig an. Er begründet dies unter Bezugnahme auf den *effet utile* der Klauselrichtlinie.[1057] Bestünde für die nationalen Gerichte die Möglichkeit, die Klauseln inhaltlich abzuändern und auf ihr gerade noch zulässiges Maß zu reduzieren, ginge der Abschreckungseffekt, dass missbräuchliche Klauseln keinerlei Anwendung finden, verloren. Dadurch wäre das langfristige Ziel der Klauselrichtlinie – der Verwendung missbräuchlicher Klauseln ein Ende zu setzen – gefährdet.[1058]

1055 Ausführlich dazu, siehe § 4 A. II. 5. a).

1056 Zum letzten Beispiel, siehe *Engels/J. B. Nordemann*, in: Fromm/Nordemann, Art. 7 Portabilitäts-VO Rn. 8.

1057 EuGH, Urt. v. 21.4.2016, Rs. C-377/14 – *Radlinger u.a./Finway*, ECLI:EU:C:2016:283, Rn. 98; EuGH, Urt. v. 30.4.2014, Rs. C-26/13 – *Kásler u.a./OTP Jelzálogbánk Zrt*, ECLU:EU:C:2014:282, Rn. 79; *Schmid*, in: BeckOK BGB, § 306 BGB Rn. 3; so auch *Pfeiffer*, in: Grabitz/Hilff/Nettesheim, Art. 6 RL 93/13/EWG Rn. 7; ausführlich zur Rechtsprechung des EuGH zum Verbot der geltungserhaltenden Reduktion, siehe *Appenzeller*, Die europäische AGB-Kontrolle, S. 161 ff.

1058 EuGH, Urt. v. 21.4.2016, Rs. C-377/14 – *Radlinger u.a./Finway*, ECLI:EU:C:2016:283 Rn. 98 m.w.N.; EuGH, Urt. v. 30.4.2014, Rs. C-26/13 – *Kásler u.a./OTP Jelzálogbánk Zrt*, ECLU:EU:C:2014:282, Rn. 79; *Appenzeller*, Die europäische AGB-Kontrolle, S. 161; *Hau*, JZ 2012, 964, 966; *Micklitz/Kas*, ERCL 10 (2014), 1, 19; *Uffmann*, Das Verbot der geltungserhaltenden Reduktion, S. 270.

Ergibt sich die Missbräuchlichkeit erst durch eine Gesamtbetrachtung mehrerer einzelner, an sich zulässiger Klauseln, führt die Missbräuchlichkeit zur Unwirksamkeit jeder einzelnen Klausel.[1059] Außerdem können zulässige Teile einer insgesamt missbräuchlichen Klausel nicht selbstständig fortbestehen.[1060] Dies wäre im Rahmen der Portabilitätsverordnung zum Beispiel bei einer Vertragsbestimmung der Fall, in der zu viele der an sich zulässigen Überprüfungsmaßnahmen des Art. 5 I 1 Portabilitäts-VO vorgeschrieben sind.

Art. 7 I Portabilitäts-VO schützt sowohl die Abonnenten als auch die Anbieter von Online-Inhaltediensten vor Vertragsbestimmungen, die nicht mit den Vorgaben der Portabilitätsverordnung in Einklang stehen. Auf der einen Seite sichert die Norm damit den grenzüberschreitenden Zugangsanspruch der Abonnenten und schützt diese vor einer umfangreichen Erhebung persönlicher Daten. Auf der anderen Seite schützt sie die Anbieter der Online-Inhaltedienste vor Vertragsbestimmungen in den Lizenzvereinbarungen, gegen die sie verstoßen müssten, um die Vorgaben im Rechtsverhältnis zu den Abonnenten einzuhalten. Mit Blick auf dieses Ziel lassen sich die Erwägungen des EuGH, die gegen die Möglichkeit einer geltungserhaltenden Reduktion im Anwendungsbereich der Klauselrichtlinie sprechen, teilweise auf die Portabilitätsverordnung übertragen. Zwar wird der Gefahr, dass die Portabilitätsverordnung aufgrund bestimmter Vertragsklauseln ihrer praktischen Wirksamkeit beraubt wird, durch Art. 7 I Portabilitäts-VO vorgebeugt, da die Klauseln in jedem Fall unwirksam sind. Damit Art. 7 I Portabilitäts-VO jedoch die bestmögliche Wirkung zukommt, wie es der *effet utile* einer unionsrechtlichen Norm fordert,[1061] muss der Verwendung unwirksamer Vertragsbestimmungen optimal vorgebeugt werden. Dies ist wiederum nur gewährleistet, wenn die Verwendung unwirksamer Klauseln nicht völlig gefahrlos möglich ist, weil die Möglichkeit bestünde, diese auf ein noch zulässiges Maß zu reduzieren. Dadurch würde die Sanktion der Unwirksamkeit ihren Abschreckungseffekt verlieren. Zum Beispiel würden die Rechteinhaber daher im Zweifel zu strenge und umfangreiche Anforderungen an die Überprüfung des Wohnsitzmitgliedstaates durch die Anbieter stellen und es in die Hände der Gerichte legen, die jeweilige

---

1059 BGH, Versäumnisurt. v. 25.6.2003 – VIII ZR 335/02, NJW 2003, 3192 a.E.

1060 BGH, Versäumnisurt. v. 25.6.2003 – VIII ZR 335/02, NJW 2003, 3192 a.E.

1061 *Henninger*, Europäisches Privatrecht und Methode, S. 289; *Riesenhuber*, in: ders., Europäische Methodenlehre, § 10 Rn. 45; ähnlich *Seyr*, Der *effet utile* in der Rechtsprechung des EuGH, S. 276 f.

Vertragsbestimmung auf den gerade noch zulässigen Umfang zu reduzieren. Eine geltungserhaltende Reduktion kommt daher grundsätzlich nicht in Betracht.[1062]

5. *Auswirkungen auf den Bestand des Vertrages*

Die Portabilitätsverordnung sieht keine Regelung dafür vor, wie sich die Unwirksamkeit einzelner Vertragsbestimmungen auf den Bestand des restlichen Vertrages auswirkt, womit an dieser Stelle ein Rückgriff auf das nationale Recht notwendig ist. Nach § 139 BGB ist im Falle der Unwirksamkeit einzelner Vertragsbestimmungen der gesamte Vertrag nichtig, wenn das Rechtsgeschäft nach dem hypothetischen Parteiwillen ohne den nichtigen Teil nicht geschlossen worden wäre[1063] oder der übrig gebliebene Teil ohnehin nicht als selbstständiges Rechtsgeschäft Bestand haben kann.[1064]

a) *Aufrechterhaltung nach dem Gesetzeszweck*

§ 139 BGB ist sowohl gegenüber Spezialvorschriften, welche den Fortbestand des restlichen Vertrages explizit regeln, subsidiär, als auch gegenüber Normen, die zwar nur die Nichtigkeit einer bestimmten Vertragsbestimmung anordnen, aus deren Telos sich jedoch eine Aussage zur Aufrechterhaltung des restlichen Vertrages entnehmen lässt.[1065] Verstößt eine Vertragsklausel gegen eine zwingende, nicht abdingbare schutzgesetzliche Vorgabe und ist die Klausel infolgedessen unwirksam, tritt die zwingende gesetzliche Regelung vertragsergänzend an deren Stelle.[1066] Die Totalnichtigkeit ist in diesem Fall unabhängig vom Parteiwillen ausgeschlossen, womit § 139 BGB in diesem Bereich letztlich keine

---

1062 A.A. *Ranke/Glöckler*, MMR 2017, 378, 382; *Engels/J.B. Nordemann*, in: Fromm/Nordemann, Art. 7 Portabilitäts-VO Rn. 8 lassen offen, inwieweit eine geltungserhaltende Reduktion möglich ist.

1063 Zu den unterschiedlichen Rechtsfolgen von § 306 I BGB und § 139 BGB sowie deren Angleichung, siehe *Roth*, in: Staudinger BGB, 2015, § 139 BGB Rn. 5 ff., 78.

1064 BGH, Urt. v. 12.3.2015 – VII ZR 336/16, NJW 2015, 1754 f. Rn. 19 m.w.N.; *Dörner*, in: Schulze u.a., § 139 BGB Rn. 5.

1065 BGH, Urt. v. 16.12.1999 – IX ZR 117/99, NJW 2000, 1333, 1335; *Busche*, in: MüKo BGB, § 139 BGB Rn. 8 m.w.N.; *Dörner*, in: Schulze u.a., § 139 BGB Rn. 3; *Mansel*, in: Jauernig, § 139 BGB Rn. 14; *Ulmer*, FS Steindorff, S. 799, 804.

1066 *Flume*, BGB AT II, S. 576; *Mansel*, in: Jauernig, § 139 BGB Rn. 14; *Roth*, in: Staudinger BGB, 2015, § 139 BGB Rn. 13.

Anwendung findet.[1067] Begründen lässt sich dies mit dem Zweck der gesetzlichen Unwirksamkeitsregelung und dem damit einhergehenden allgemeinen zivilrechtlichen Grundsatz, dass die Anwendung einer Norm wie Art. 7 I Portabilitäts-VO, die eine Vertragspartei vor bestimmten nachteiligen Vertragsbestimmungen schützt, nicht zur Benachteiligung des von ihr geschützten Vertragsteils führen soll.[1068] Dies sind sowohl die Anbieter von Online-Inhaltediensten als auch die Abonnenten. Beide würden entweder durch die nichtigen Lizenz- oder die nichtigen Nutzungsverträge sämtliche Vorteile aus den Verträgen verlieren.[1069] Im Falle einer Unwirksamkeit der Lizenzverträge zwischen Anbietern von Online-Inhaltediensten und Rechteinhabern dürften die Inhalte den Abonnenten nicht weiter zugänglich gemacht werden, was die Anbieter in ihrer Tätigkeit erheblich einschränken und sich negativ auf das Angebot für Abonnenten auswirken würde. Noch deutlicher spricht der Schutzzweck des Art. 7 I Portabilitäts-VO für die Aufrechterhaltung der Verträge zwischen Anbietern und Abonnenten. Schließlich würde die Gesamtnichtigkeit der Nutzungsverträge zum Entfall der Nutzungsmöglichkeit für die Abonnenten führen, während der eigentliche Zweck des Art. 7 I Portabilitäts-VO die Sicherung der uneingeschränkten Zugangsmöglichkeit der Abonnenten ist. Bei einem Verstoß gegen eine zwingende Vorgabe der Portabilitätsverordnung, die den Parteien keinerlei vertraglichen Gestaltungsspielraum lässt, wie es beispielsweise beim grenzüberschreitenden Nutzungsumfang der Fall ist, bleibt der Vertrag damit unabhängig von § 139 BGB wirksam bestehen und richtet sich inhaltlich nach den gesetzlichen Vorgaben der Portabilitätsverordnung.[1070]

Bei einem Verstoß gegen Vorgaben, die zwar ebenfalls zwingend sind, den Vertragsparteien jedoch einen gewissen Gestaltungsspielraum lassen, wie den Vorgaben zur Überprüfung des Wohnsitzmitgliedstaates in Art. 5 Portabilitäts-VO, kann keine gesetzliche Regelung an die Stelle der unwirksamen Klausel treten; es obliegt gerade den Parteien, eine bestimmte Überprüfungsmaßnahme

1067 BGH, Urt. v. 16.12.1999 – IX ZR 117/99, NJW 2000, 1333, 1335; *Roth*, in: Staudinger BGB, 2015, § 139 BGB Rn. 13, 15 und *Wolf/Neuner*, BGB, § 56 Rn. 4 f. begründen dies mit einer teleologischen Reduktion des § 139 BGB.

1068 BGH, Urt. v. 16.12.1999 – IX ZR 117/99, NJW 2000, 1333, 1335; BGH, Urt. v. 25.11.1963 – VII ZR 29/62, NJW 1964, 350; Staudinger BGB, 2015, § 139 BGB Rn. 15; *Wolf/Neuner*, BGB, § 56 Rn. 4.

1069 *Wolf/Neuner*, BGB, § 56 Rn. 4.

1070 *Pech*, On-Demand-Streaming-Plattformen, S. 336, will die Nutzungsverträge bei Unwirksamkeit einzelner Klauseln unter Heranziehung des § 139 BGB aufrechterhalten.

zu vereinbaren. Gleiches gilt bezüglich der Informationsbereitstellung nach Art. 5 III 1 Portabilitäts-VO. Die Gesamtnichtigkeit des Vertrages würde dem Schutzzweck des Art. 7 I Portabilitäts-VO jedoch unabhängig davon zuwiderlaufen, ob eine gesetzliche Regelung existiert, welche die unwirksame Vertragsbestimmung ersetzen kann. Schließlich würden die Anbieter und Abonnenten der Online-Inhaltedienste als von Art. 7 I Portabilitäts-VO geschützte Vertragsparteien durch die Gesamtnichtigkeit ebenfalls einen Nachteil erleiden. Daher fordert der Schutzzweck der Norm auch in diesem Fall ein Fortbestehen des Vertrages mit einer entsprechenden vertraglichen Lücke.

b) Ergänzende Vertragsauslegung

Die Lücken in den Verträgen, die aufgrund des Art. 7 I Portabilitäts-VO entstanden sind, lassen sich unter Umständen im Wege der ergänzenden Vertragsauslegung schließen. Die ergänzende Vertragsauslegung richtet sich nach dem hypothetischen Parteiwillen. Bei diesem kommt es als normatives Kriterium darauf an, welchen Vertragsinhalt die Parteien redlicherweise in Hinblick auf den Vertragszweck unter Abwägung der beiderseitigen Interessen sowie unter Berücksichtigung der Verkehrssitte vereinbart hätten.[1071]

aa) Grenze der ergänzenden Vertragsauslegung

Sofern in den Vertragsbestimmungen der Lizenz- und Nutzungsverträge *per se* unzulässige oder zu viele – an sich zulässige – Überprüfungsmaßnahmen vorgesehen sind, lässt sich nicht feststellen, welche Überprüfungsmaßnahmen aus dem Katalog des Art. 5 I 1 Portabilitäts-VO die Parteien als redliche Vertragspartner und unter Berücksichtigung ihrer gegenseitigen Interessen bei Kenntnis der Unwirksamkeit der entsprechenden Klauseln hypothetisch vereinbart hätten.[1072] An dieser Stelle kommt die ergänzende Vertragsauslegung an ihre Grenzen. Bestehen verschiedene, insbesondere gleichwertige, vertragliche Gestaltungsmöglichkeiten und liefert der Vertrag keinen Anhaltspunkt, welche vertragliche Vereinbarung die Parteien hypothetisch getroffen hätten, liefe es der Privatautonomie zuwider, eine bestimmte vertragliche Gestaltungsmöglichkeit

---

1071 BGH, Urt. v. 24.1.2008 – III ZR 79/07, NJW-RR 2008, 562, 563 Rn. 15; *Busche*, in: MüKo BGB, § 157 BGB Rn. 48 f., § 139 BGB Rn. 29; *Flume*, BGB AT II, S. 322 f.; *Roth*, in: Staudinger BGB, 2015, § 157 BGB Rn. 31.

1072 BGH, Urt. v. 21.10.2009 – VIII ZR 286/07, NJW 2010, 298, 302 Rn. 38; BGH, Urt. v. 20.7.2005 – VIII ZR 397/03, NJW-RR 2005, 1619, 1621; *Graf v. Westphalen*, NJW 2010, 2254, 2257.

im Wege der ergänzenden Vertragsauslegung zur Geltung zu bringen.[1073] Eine ergänzende Vertragsauslegung käme allenfalls dann in Betracht, wenn sich die zur Verfügung stehenden Überprüfungsmaßnahmen aufgrund des Verhältnismäßigkeitsgrundsatzes und des Gebots der Datenminimierung auf zwei reduziert haben. Die Anbieter sind jedoch nur dazu verpflichtet, primär die Zahlungsinformationen der Nutzer heranzuziehen, bei Festlegung der zweiten Überprüfungsmaßnahme sind sie dagegen frei. Wären sie dabei ebenfalls gebunden, bedürfte es auch überhaupt keiner ergänzenden Vertragsauslegung, da ohnehin kein vertraglicher Gestaltungsspielraum bestünde. Die Anbieter wären nach Art. 5 I 1 Portabilitäts-VO verpflichtet, genau diese Überprüfungsmaßnahmen anzuwenden. Bei sonstigen unwirksamen Vereinbarungen, in denen sich der hypothetische Parteiwille manifestiert hat und ein vertraglicher Gestaltungsspielraum besteht, kommt eine ergänzende Vertragsauslegung in Betracht.

bb) Geltungserhaltende Reduktion durch ergänzende Vertragsauslegung

Im Ergebnis entspricht es einer geltungserhaltenden Reduktion, die aufgrund der praktischen Wirksamkeit des Art. 7 I Portabilitäts-VO unzulässig ist, wenn unzulässige Vertragsbestimmungen im Wege der ergänzenden Vertragsauslegung auf ein zulässiges Maß reduziert werden. Eine geltungserhaltende Reduktion unterscheidet sich dann von einer ergänzenden Vertragsauslegung nur in methodischer Hinsicht. Während die geltungserhaltende Reduktion die gänzliche Unwirksamkeit einer Klausel und damit die Entstehung einer Lücke verhindert, schließt die ergänzende Vertragsauslegung eine solche.[1074] Aufgrund dieser methodischen Unterschiede wird eine ergänzende Vertragsauslegung bei unwirksamen AGB trotz des Verbots der geltungserhaltenden Reduktion meist für zulässig erachtet.[1075] Damit unwirksame Vertragsbestimmungen im

---

1073 BGH, Urt. v. 6.4.2009 – II ZR 255/08, NJW 2009, 1962, 1966 Rn. 36; *Basedow*, in: MüKo BGB, § 306 BGB Rn. 39; *Finkenauer*, AcP 213 (2013), 619, 629 ff.; *Roth*, in: Staudinger BGB, 2015, § 157 BGB Rn. 43 m.w.N.; *Stadler*, in: Jauernig, § 306 BGB Rn. 5; *Trinkner*, BB 1983, 1874, 1876; a.A. *Schlosser*, in: Staudinger BGB, 2013, § 306 BGB Rn. 15a m.w.N.; *Stoffels*, AGB-Recht, Rn. 619 f. m.w.N.; jede Einzelheit einer Vertragsergänzung muss nicht in dem Vertrag angelegt sein, siehe dazu BGH, Urt. v. 14.3.2012 – VIII ZR 113/11, NJW 2012, 1865, 1866 Rn. 35.

1074 BGH, Urt. v. 23.1.2013 –VIII ZR 80/12, NJW 2013, 991, 993, Rn. 30 ff.; *Roth*, in: Staudinger BGB, 2015, § 157 BGB Rn. 36.

1075 So zur ergänzenden Vertragsauslegung im Anwendungsbereich der Klauselrichtlinie, BGH, Urt. v. 6.4.2016 – VIII ZR 79/15, NJW 2017, 320, 321 f. Rn. 23 ff.; BGH, Urt. v. 23.1.2013 – VIII ZR 80/12, NJW 2013, 991, 992 f. Rn. 24 ff. m.w.N.; *Pfeiffer*,

Rahmen der grenzüberschreitenden Portabilität nicht völlig gefahrlos verwendet werden können und die Vertragsparteien bemüht sind, zulässige Klauseln zu verwenden, muss die Möglichkeit einer ergänzenden Vertragsauslegung im Rahmen der Portabilitätsverordnung an ähnlich strenge Kriterien gekoppelt sein, wie bei unwirksamen AGB.

Die Voraussetzungen, unter denen eine ergänzende Vertragsauslegung bei unwirksamen AGB in Betracht kommt, sind stark von Einzelfallrechtsprechung geprägt. Abstrakt ist eine solche nur möglich, wenn die ersatzlose Streichung einer Klausel die Interessen der Parteien grob vernachlässigen würde. Es gilt dabei eine strenge Unzumutbarkeitsschwelle zu überwinden, wobei es reicht, wenn die Streichung den Verwender einseitig unzumutbar benachteiligt.[1076] Der Gefahr, dass die ergänzende Vertragsauslegung im Ergebnis einer geltungserhaltenden Reduktion entspricht und der Abschreckungseffekt der Unwirksamkeitsfolge an Wirkung einbüßt,[1077] lässt sich damit wirksam begegnen. Schließlich kommt eine ergänzende Vertragsauslegung dadurch nur in Ausnahmefällen in Betracht.

---

in: Grabitz/Hilf/Nettesheim, Art. 6 RL 93/13/EWG Rn. 8; *Schlosser*, in: Staudinger BGB, 2013, § 306 BGB Rn. 13b; *Stoffels*, AGB-Recht, Rn. 612 ff.; eingehend zur Rechtsprechung des BGH zur ergänzenden Vertragsauslegung, siehe *Basedow*, in: MüKo BGB, § 306 BGB Rn. 33 ff.; *Graf v. Westphalen*, NJW 2010, 2254, 2256 f.; *Thomas*, AcP 209 (2009), 84, 120 ff., 126 f.; *Uffmann*, NJW 2012, 2225 ff.; *Uffmann*, NJW 2011, 1313, 1314 f.; ausführlich zur ergänzenden Vertragsauslegung im AGBG, siehe *Neumann*, Geltungserhaltende Reduktion und ergänzende Auslegung, S. 143 ff.

1076 BGH, Urt. v. 14.3.2012 – VIII ZR 113/11, NJW 2012, 1865, 1866 Rn. 22 f.; BGH, Urt. v. 17.12.2008 – VIII ZR 274/06, NJW 2009, 578, 580 Rn. 25; zum Überblick über die Rechtsprechung des BGH zur ergänzenden Vertragsauslegung bei unwirksamen AGB, siehe *Appenzeller*, Die europäische AGB-Kontrolle, S. 163; *Schlosser* in: Staudinger BGB, 2013, § 306 BGB Rn. 12 ff.; *Stadler*, in: Jauernig, § 306 BGB Rn. 5; kritisch gegenüber dem Unzumutbarkeitskriterium, *Thomas*, AcP 209 (2009), 84, 123 ff.; *Uffmann*, NJW 2012, 2225, 2226; *Uffmann*, NJW 2011, 1313, 1315 ff.

1077 BVerfG, Beschl. v. 7.9.2010 – 1 BvR 2160/09, 1 BvR 851/10, NJW 2011, 1339, 1341 Rn. 41; *Appenzeller*, Die europäische AGB-Kontrolle, S. 162 f.; *Löwe*, BB 1984, 492, 494; *Micklitz/Reich*, FS Magnus, S. 631, 637; *Schmidt*, in: BeckOK BGB, § 306 BGB Rn. 5; *Schwab*, AGB-Recht, Teil 3 Rn. 352 f.; *Stadler*, in: Jauernig, § 306 BGB Rn. 5; *Trinkner*, BB 1983, 1874, 1876; *Uffmann*, NJW 2012, 2225.

c) Schließung vertraglicher Lücken

Im Rechtsverhältnis zwischen Anbietern von Online-Inhaltediensten und Abonnenten führt die ersatzlose Streichung von Vertragsbestimmungen bezüglich der Überprüfungsmaßnahmen oder der Informationen, die zur Überprüfung des Wohnsitzmitgliedstaates von den Abonnenten bereitgestellt werden müssen, zu keiner groben Vernachlässigung der Interessen der Parteien. Dies könnten Klauseln sein, die eine zu häufige Überprüfung des Wohnsitzmitgliedstaates oder eine Überprüfung mit zu vielen Überprüfungsmaßnahmen vorsehen. Genauso wären Klauseln denkbar, die zu viele Informationen oder eine zu häufige Bereitstellung der Informationen von den Abonnenten verlangen. Art. 5 I 1 Portabilitäts-VO schreibt vor, dass Anbieter den Wohnsitzmitgliedstaat der Abonnenten anhand von maximal zwei der aufgeführten Überprüfungsmittel verifizieren. Daraus ergibt sich sowohl die gesetzliche Berechtigung als auch die Pflicht der Anbieter, den Wohnsitzmitgliedstaat der Abonnenten zu überprüfen. Aufgrund dieser gesetzlichen Berechtigung bedarf es keiner vertraglichen Grundlage für eine Überprüfung des Wohnsitzmitgliedstaates und damit auch keiner vertraglichen Festlegung der Überprüfungsmaßnahmen, auf die ein Anbieter zurückgreift. Zwar sollten die Maßnahmen sinnvollerweise in den Nutzungsverträgen festgelegt werden, da die Anbieter oftmals bestimmte Informationen von den Abonnenten zur Überprüfung benötigen. Letztlich stehen den Anbietern jedoch unabhängig von einer Festlegung der Überprüfungsmaßnahmen in den Vertragsbedingungen immer zwei Überprüfungsmaßnahmen zur Verfügung. Gleiches gilt für die Berechtigung der Anbieter nach Art. 5 III 1 Portabilitäts-VO, von den Abonnenten die zur Überprüfung des Wohnsitzmitgliedstaates notwendigen Informationen zu verlangen. Auch hier steht ihnen dieses Recht unabhängig davon zu, ob in den Nutzungsverträgen die Bereitstellung bestimmter Informationen vereinbart wurde. Daher verlieren die Anbieter das Recht, auf zwei der aufgeführten Überprüfungsmaßnahmen zurückzugreifen und von den Abonnenten die zur Überprüfung notwendigen Informationen zu verlangen auch dann nicht, wenn in einer Vertragsbestimmung zu viele oder unzulässige Maßnahmen vereinbart oder von den Abonnenten zu viele Informationen verlangt wurden. Schließlich werden sie durch unwirksame Vertragsbestimmungen nicht schlechter gestellt, als wäre überhaupt keine vertragliche Konkretisierung vorgenommen worden. Die Anbieter befinden sich im Falle unwirksamer Vertragsbestimmungen bezüglich der Überprüfung des Wohnsitzmitgliedstaates daher nicht in der Konfliktsituation, die grenzüberschreitende Portabilität zukünftig ohne Möglichkeit der Überprüfung des Wohnsitzmitgliedstaates ermöglichen zu müssen. Daher sind ihre Interessen nicht beeinträchtigt und eine ergänzende Vertragsauslegung kommt weder in Betracht, noch ist sie notwendig.

Anders wäre bei einer Klausel zu entscheiden, welche die grenzüberschreitende Nutzbarkeit eines Online-Inhaltedienstes auf den Wohnsitzmitgliedstaat des Abonnenten beschränkt.[1078] Eine solche Klausel wäre aufgrund eines Verstoßes gegen Art. 3 I Portabilitäts-VO nach Art. 7 I Portabilitäts-VO unwirksam. Die ersatzlose Streichung einer solchen Klausel hätte zur Folge, dass in den Nutzungsbedingungen überhaupt keine territoriale Einschränkung der Nutzbarkeit des Dienstes vorgesehen wäre. Das vertraglich geschuldete Leistungsprogramm der Diensteanbieter würde sich daher auf eine ortsunabhängige Zugriffs- und Nutzungsmöglichkeit des Dienstes erstrecken. Soweit in den Lizenzvereinbarungen zwischen Rechteinhabern und Anbietern die Lizenzen wirksam territorial beschränkt sind, befänden sich die Anbieter in der Konfliktsituation, den Abonnenten unter Umständen eine weltweite Nutzbarkeit des Dienstes zu schulden, was jedoch einen Vertragsbruch gegenüber den Rechteinhabern sowie eine Urheberrechtsverletzung begründen würde. Dies wäre für die Anbieter als Klauselverwender eine unzumutbare Benachteiligung, sodass die territoriale Nutzbarkeit des Dienstes im Wege der ergänzenden Vertragsauslegung auf das Land, in dem das Abonnement abgeschlossen wurde, beziehungsweise auf die EU, soweit die Voraussetzungen der Portabilitätsverordnung erfüllt sind, zu beschränken wäre.

d) Kontrollverlust durch Unwirksamkeit

Sofern in den Lizenzverträgen eine Klausel, welche die Überprüfung des Wohnsitzmitgliedstaates betrifft, unwirksam ist, verlieren die Rechteinhaber ihren Einfluss auf die Überprüfung durch die Anbieter. Bei Unwirksamkeit einer Vereinbarung darüber, welche Überprüfungsmaßnahmen die Anbieter heranziehen müssen, scheidet eine ergänzende Vertragsauslegung aufgrund mehrerer zur Verfügung stehender Gestaltungsmöglichkeiten aus.[1079] Ist die Auswahl aufgrund des in Art. 5 I 1, 8 I 2 Portabilitäts-VO normierten Verhältnismäßigkeitsgrundsatzes sowie dem Gebot der Datenminimierung auf zwei

---

1078 Dieses Beispiel nennend in Bezug auf eine mögliche geltungserhaltende Reduktion, *Engels/J. B. Nordemann*, in: Fromm/Nordemann, Art. 7 Portabilitäts-VO Rn. 8.

1079 BGH, Urt. v. 6.4.2009 – II ZR 255/08, NJW 2009, 1962, 1966 Rn. 36; *Basedow*, in: MüKo BGB, § 306 BGB Rn. 39; *Finkenauer*, AcP 213 (2013), 619, 629 f.; *Roth*, in: Staudinger BGB, 2015, § 157 BGB Rn. 43 m.w.N.; *Stadler*, in: Jauernig, § 306 BGB Rn. 5; a.A. *Schlosser*, in: Staudinger BGB, 2013, § 306 BGB Rn. 15a m.w.N.; *Stoffels*, AGB-Recht, Rn. 619.

Maßnahmen reduziert, oder haben die Anbieter bereits in den Nutzungsverträgen mit den Abonnenten sowie den Lizenzvereinbarungen mit anderen Rechteinhabern zwei Maßnahmen festgelegt, sodass jede abweichende Vereinbarung unwirksam ist, scheidet eine ergänzende Vertragsauslegung nicht grundsätzlich aus. Jedoch sind die Interessen der Rechteinhaber nicht beeinträchtigt, da ein Anbieter ohnehin nur diese Maßnahmen anwenden darf; es besteht kein vertraglicher Gestaltungsspielraum und es kommt damit auch zu keinem Kontrollverlust. Auch im Falle unwirksamer Vereinbarungen über weitere Modalitäten der Überprüfung, wie einer Klausel, die den Anbietern bestimmte Protokollierungspflichten auferlegt oder den Rechteinhabern Auskunftsansprüche einräumt, fehlt es an einer unzumutbaren Interessenbeeinträchtigung der Rechteinhaber. Schließlich verpflichtet Art. 5 I 1 Portabilitäts-VO die Anbieter dazu, die Überprüfung mit wirksamen Mitteln durchzuführen. Eine ergänzende Vertragsauslegung kommt daher im Rechtsverhältnis zwischen Anbietern und Rechteinhabern nicht in Betracht. Die Rechteinhaber verlieren aufgrund der Unwirksamkeit die Möglichkeit, die grenzüberschreitende Portabilität im Rechtsverhältnis zwischen Anbietern und Abonnenten im Rahmen der vertraglichen Gestaltungsspielräume zu steuern und insbesondere zu kontrollieren.

Zu einem ähnlichen Kontrollverlust kommt es für Diensteanbieter bei Verwendung unwirksamer Vertragsbestimmungen im Rechtsverhältnis zwischen ihnen und den Abonnenten. Auch hier führt die Unwirksamkeit von Klauseln zu keiner unzumutbaren Interessenbeeinträchtigung einer der Parteien, sodass die Anbieter durch die Unwirksamkeit lediglich vertragliche Gestaltungsspielräume nicht mehr zu ihren Gunsten nutzen können, wodurch sie ein Stück an Kontrolle einbüßen.

6. *Unwirksamkeit als Risiko der Anbieter*

Sofern eine Vertragsbestimmung, welche die Überprüfungsmaßnahmen oder insbesondere die von den Abonnenten dafür bereitzustellenden Informationen betrifft, unwirksam ist, kollidieren die Interessen der Anbieter mit denen der Abonnenten. Die Anbieter können den Wohnsitzmitgliedstaat aufgrund fehlender Informationen, die von den Abonnenten bereitzustellen wären, nicht verifizieren und haben daher ein Interesse daran, die grenzüberschreitende Portabilität zunächst nicht ermöglichen zu müssen. Das Interesse der Abonnenten ist demgegenüber darauf gerichtet, ihr Abonnement grenzüberschreitend nutzen zu können. Dieses Interesse erhält seine rechtliche Legitimation dadurch, dass die Informationen in Klauseln angefordert wurden, deren Unwirksamkeit der Anbieter zu verantworten hat. Aus diesem Grund darf sich diese Konfliktsituation der Anbieter nicht zu Lasten der Abonnenten auswirken. Daher bleibt das vertraglich geschuldete Leistungsprogramm der Anbieter von der Unwirksamkeit einzelner Klauseln unberührt, womit die grenzüberschreitende Portabilität zunächst ohne Überprüfung des Wohnsitzmitgliedstaates zu ermöglichen ist. Dies ergibt sich unmittelbar aus Art. 5 III 1 Portabilitäts-VO. Dieser spricht dem Anbieter das Recht zu, vom Abonnenten die zur Überprüfung des Wohnsitzmitgliedstaates notwendigen Informationen zu verlangen. Nur wenn der Abonnent diese Informationen nicht bereitstellt, darf der Anbieter die grenzüberschreitende Portabilität nach Art. 5 III 2 Portabilitäts-VO nicht ermöglichen. Ist eine Klausel, nach der vom Abonnenten bestimmte Informationen bereitzustellen sind, unwirksam, hat der Anbieter die Informationen vom Abonnenten nicht wirksam angefordert. Daher hat er in diesem Fall auch nicht das Recht, die grenzüberschreitende Portabilität nach Art. 5 III 2 Portabilitäts-VO nicht zu ermöglichen.

Unwirksame Vertragsbestimmungen hinsichtlich der Überprüfung des Wohnsitzmitgliedstaates wirken sich damit theoretisch nicht zum Nachteil der Abonnenten aus, sondern erhöhen nur das Risiko für die Anbieter, da diese die Portabilität zunächst ohne Überprüfung des Wohnsitzmitgliedstaates ermöglichen müssen. Praktisch wird die Unwirksamkeit von Vertragsbestimmungen jedoch meist erst festgestellt werden, nachdem ein Abonnent die Informationen trotz der unwirksamen Klausel bereitgestellt oder dies zu Recht verweigert hat, und ihm vom Anbieter die grenzüberschreitende Portabilität rechtswidrigerweise nicht ermöglicht wurde. Entgegen der eigentlichen Risikoverteilung, nach der sich für die Abonnenten aus unwirksamen Klauseln keinerlei negative Folgen ergeben dürften, haben sie faktisch die negativen Folgen unwirksamer Klauseln zu tragen. Diese werden lediglich durch Mängel- und Sekundäransprüche gegenüber den Anbietern kompensiert.

III. Bedeutung des Transparenzgebots

1. Notwendigkeit von Transparenz

Die Notwendigkeit von Transparenz im Rahmen der grenzüberschreitenden Portabilität lässt sich zunächst an den derzeitigen Nutzungsbedingungen von Netflix verdeutlichen. Diese sehen eine Klausel vor, nach der die Abonnenten die Netflix-Inhalte hauptsächlich in dem Land ansehen können, in dem das

Nutzungskonto erstellt wurde.[1080] Daraus geht nicht transparent hervor, in welchen Ländern ein Zugriff auf die abonnierten Inhalte möglich ist. Außerdem erweckt die Formulierung „hauptsächlich" den Eindruck, dass der Zugriff auf die abonnierten Inhalte überwiegend vom Heimatland aus erfolgen muss und die Nutzungsmöglichkeit in anderen Ländern damit einer zeitlichen Befristung unterliegt. Zur Überprüfung des Wohnsitzmitgliedstaates sowie dem Nutzungsumfang in anderen Ländern schweigen die Nutzungsbedingungen. In den Nutzungsbedingungen von Maxdome wird darauf hingewiesen, dass die Nutzung des Dienstes nach den Vorgaben der Portabilitätsverordnung möglich sei, soweit ein Abonnent die Überprüfung des Wohnsitzmitgliedstaates dulde und ermögliche.[1081] Für die Abonnenten besteht damit jedoch keine Klarheit darüber, welche Maßnahmen sie dulden müssen und inwiefern sie die Überprüfung des Wohnsitzmitgliedstaates ermöglichen müssen. Die intransparenten Klauseln führen bei den Abonnenten zu Rechtsunsicherheit hinsichtlich ihrer Rechte und Pflichten.

Für die Abonnenten eines Online-Inhaltedienstes ist dessen Nutzungsmöglichkeit transparent festgelegt, wenn aus den Vertragsbedingungen in klarer und verständlicher Weise hervorgeht, in welchem Umfang, unter welchen Voraussetzungen und für welchen Zeitraum die grenzüberschreitende Portabilität möglich ist. Das bedeutet, dass für die Abonnenten zum Beispiel klar ersichtlich sein muss, welche Informationen sie einem Anbieter zum Zwecke der Überprüfung des Wohnsitzmitgliedstaates zur Verfügung stellen müssen, da dieser die grenzüberschreitende Portabilität gemäß Art. 5 III 2 Portabilitäts-VO nicht ermöglicht, wenn die Abonnenten ihrer Informationsobliegenheit nicht nachkommen. Damit wirkt sich diese unmittelbar auf die Nutzungsmöglichkeit aus.

2. *Relevante Ausprägungen des Transparenzgebots*

Nach dem Transparenzgebot in § 307 I 2 BGB müssen vertragliche Bestimmungen klar und verständlich festgelegt werden. Es geht zurück auf Art. 4 II und 5 S. 1 der Klausel-RL und ist ein Grundprinzip des gesamten europäischen Vertragsrechts.[1082] Nach § 307 III 2 BGB gilt es auch für vertragliche Regelungen, die weder von bestehenden Rechtsvorschriften abweichen, noch solche

---

1080 Nutzungsbedingungen von Netflix, Abschnitt 4.3, Stand: 20.12.2019, abrufbar unter: https://help.netflix.com/legal/termsofuse.

1081 AGB von Maxdome, Abschnitt 3.2, Stand: 21.1.2019, abrufbar unter: https://www.maxdome.de/agb.

1082 *Heiderhoff*, Europäisches Privatrecht, Rn. 256.

ergänzen und damit nach § 307 III 1 BGB keiner Inhaltskontrolle zugänglich sind. Das heißt, auch die Hauptleistungsversprechen und letztlich die gesamten Verbraucherverträge sind vom Geltungsbereich des Transparenzgebots erfasst.[1083] Grund dafür ist, dass vertragliche Klauseln für Verbraucher nur bei transparenter Gestaltung zugänglich sind,[1084] was es ihnen erlaubt, eine informierte Entscheidung als Ausdruck ihrer Privatautonomie zu treffen.[1085]

Ein Kernelement des Transparenzgebots ist die möglichst klare, durchschaubare und verständliche Festlegung der Rechte und Pflichten des Vertragspartners des Verwenders der Klauseln.[1086] Dabei müssen insbesondere sämtliche potenziellen negativen Folgen für den Vertragspartner, vor allem wirtschaftlicher Art, eindeutig aus den Klauseln hervorgehen.[1087] Zudem sind die Anforderungen an die Transparenz von vertraglichen Regelungen umso höher, je weniger der Vertragspartner eine bestimmte Regelung erwarten muss.[1088] Darüber hinaus müssen Vertragsklauseln dem Bestimmtheitsgebot entsprechen, dessen Ziel es ist, Beurteilungsspielräume für den Klauselverwender zu vermeiden, die sich als ungerechtfertigt erweisen. Dafür gilt es den Tatbestand einer Klausel sowie deren Rechtsfolgen möglichst präzise festzulegen.[1089] Eng

---

1083 *Appenzeller*, Die europäische AGB-Kontrolle, S. 115; *Pfeiffer*, NJW 2014, 3069, 3070; *Wurmnest*, in: MüKo BGB, § 307 BGB, Rn. 56.

1084 *Appenzeller*, Die europäische AGB-Kontrolle, S. 107; *Schön*, FS Canaris, S. 1191, 1193 f.

1085 *Appenzeller*, Die europäische AGB-Kontrolle, S. 107; *Fornasier*, Freier Markt und zwingendes Vertragsrecht, S. 70; *Drexl*, Wirtschaftliche Selbstbestimmung, S. 27.

1086 BGH, Urt. v. 22.3.2000 – IV ZR 23/99, NJW 2000, 2103, 2106; BGH, Urt. v. 6.10.1999 – VIII ZR 125/98, NJW 2000, 515, 519; BGH, Urt. v. 22.11.2000 – VI ZR 235/99, NJW 2001, 1132, 1133; BGH, Urt. v. 10.2.2016 – VIII ZR 137/15, NJW 2016, 1308, 1309 Rn. 18; *Bieder*, AcP 216 (2016), 911, 914; *Fuchs*, in: Ulmer/Brandner/Hensen, § 307 BGB Rn. 335; *Pfeiffer*, in: Wolf/Lindacher/Pfeiffer, § 307 BGB Rn. 253; *Wurmnest*, in: MüKo BGB, § 307 BGB Rn. 61; zu den drei wesentlichen Ausprägungen des Transparenzgebots, siehe *Bieder*, AcP 216 (2016), 911, 913 ff.; *Stoffels*, AGB-Recht, Rn. 569 f.; *Wurmnest*, in: MüKo BGB, § 307 BGB Rn. 61 ff.; ähnlich *Gottschalk*, AcP 206 (2006), 555, 595.

1087 BGH, Urt. v. 24.5.2006 – IV ZR 263 /03, NJW 2006, 2545, 2547 m.w.N.; *Wurmnest*, in: MüKo BGB, § 307 BGB Rn. 61.

1088 *Stoffels*, AGB-Recht, Rn. 569.

1089 BGH, Urt. v. 10.2.2016 – VIII ZR 137/15, NJW 2016, 1308, 1309 Rn. 18; BGH, Urt. v. 20.7.2005 – VIII ZR 121/04, NJW-RR 2005, 1496, 1498; *Pech*, On-Demand-Streaming-Plattformen, S. 133 m.w.N.; *Pfeiffer*, in: Wolf/Lindacher/Pfeiffer, § 307 BGB Rn. 258; *Stoffels*, AGB-Recht, Rn. 571; *Fuchs*, in: Ulmer/Brandner/Hensen, § 307 BGB Rn. 338.

verknüpft mit dem Gebot der klaren und verständlichen Festlegung der Rechte und Pflichten ist das Gebot der Rechtsklarheit, wonach die Rechtsposition des Vertragspartners klar und verständlich geregelt sein muss.[1090] Sollte eine unklar formulierte oder schlicht unzutreffende Klausel den täuschenden Eindruck einer falschen Rechtslage suggerieren, sodass der Vertragspartner entweder davon abgehalten wird, seine tatsächlichen Rechte geltend zu machen, oder er sich den vermeintlichen Rechten des Verwenders nicht zur Wehr setzt, liegt eine unangemessene Benachteiligung vor.[1091] Weder das Gebot möglichster Klarheit und Verständlichkeit noch das Gebot der Rechtsklarheit verlangen vom Verwender, den Vertragspartner über seine Rechte, die sich aus dem Gesetz oder der Rechtsnatur des Vertrages ergeben, zu informieren.[1092]

3. *Das Transparenzgebot im Rahmen der grenzüberschreitenden Portabilität*

a) *Intransparenz bei zwingenden Vorgaben*

Auch im Rahmen der grenzüberschreitenden Portabilität können das Gebot der möglichst klaren und verständlichen Festlegung der Rechte und Pflichten auf der einen und das Gebot der Rechtsklarheit auf der anderen Seite zugleich betroffen sein. Dies ist der Fall, wenn sich eine Klausel direkt auf den grenzüberschreitenden Zugang, dessen Umfang sowie dessen Voraussetzungen, also auf von der Portabilitätsverordnung durch zwingende Vorgaben geregelte Bereiche bezieht und dabei durch ihre unklare Formulierung den Eindruck vermittelt, dass dem Abonnenten weniger Rechte zustehen, als nach der Portabilitätsverordnung vorgeschrieben. Suggerieren die Nutzungsbedingungen zum Beispiel durch eine intransparente Klausel, dass die grenzüberschreitende Nutzung überhaupt nicht, nicht in derselben Form, nicht in jedem EU-Mitgliedstaat oder nur für einen bestimmten Zeitraum möglich sei, verstoßen

1090 *Coester*, in: Staudinger BGB, 2013, § 307 BGB Rn. 178; *Stoffels*, AGB-Recht, Rn. 572.

1091 BGH, Urt. v. 22.3.2000 – IV ZR 23/99, NJW 2000, 2103, 2106; BGH, Urt. v. 27.9.2000 – VIII ZR 144/99, NJW 2001, 292, 296; BGH, Urt. v. 5.10.2005 – VIII ZR 382/04, NJW 2006, 211, 213 Rn. 23; *Bieder*, AcP 216 (2016), 911, 914 f.; *Coester*, in: Staudinger BGB, 2013, § 307 Rn. 178; *Fuchs*, in: Ulmer/Brandner/Hensen, § 307 BGB Rn. 342; *Pech*, On-Demand-Streaming-Plattformen, S. 134.

1092 BGH, Urt. v. 10.2.2016 – VIII ZR 137/15, NJW 2016, 1308, 1309 Rn. 18 m.w.N.; BGH, Urt. v. 5.11.1998 – III ZR 226-97, NJW 1999, 276, 277; BGH, Urt. v. 14.5.1996 – XI ZR257/94, NJW 1996, 2092, 2093.

diese sowohl gegen das Gebot möglichster Klarheit und Durchschaubarkeit als auch das Gebot der Rechtsklarheit.

Gleiches gilt für eine intransparente vertragliche Definition des Wohnsitzmitgliedstaates, aus der nicht klar und verständlich hervorgeht, nach welchen Kriterien sich der Wohnsitzmitgliedstaat bestimmt und ändert. Nachdem der Wohnsitzmitgliedstaat das entscheidende Kriterium für die Möglichkeit des grenzübergreifenden Zugangs ist, besteht in diesem Fall nicht die notwendige Klarheit hinsichtlich des Rechts der Abonnenten auf grenzüberschreitende Portabilität. Zugleich könnte durch eine unklare Formulierung unter Umständen der Eindruck erweckt werden, dass dem Wohnsitzmitgliedstaat ein engeres Verständnis zugrunde zu legen ist, als in der Portabilitätsverordnung vorgesehen, was zu einer vermeintlichen Einschränkung der grenzüberschreitenden Portabilität führen würde.

b) Klarheit durch Gesetzestext

Sofern ein Anbieter die gesetzliche Definition des Wohnsitzmitgliedstaates in Art. 2 Nr. 3 Portabilitäts-VO oder des vorübergehenden Aufenthalts in einem Mitgliedstaat in Art. 2 Nr. 4 Portabilitäts-VO nicht weiter konkretisiert oder umformuliert, sondern diese wörtlich übernimmt oder auf sie verweist, liegt kein Verstoß gegen das Transparenzgebot vor. Dies gilt selbst dann, wenn sich für Abonnenten aus den Definitionen der Portabilitätsverordnung nicht transparent ergibt, in welchem Mitgliedstaat sie ihren Wohnsitz im Sinne der Portabilitätsverordnung haben, wie lange ein vorübergehender Aufenthalt in einem Mitgliedstaat sein darf und inwiefern damit ein grenzüberschreitender Zugriff auf die Online-Inhaltedienste möglich ist.[1093] In einer solchen Klausel spiegeln sich lediglich die allgemeinen Verständnisschwierigkeiten von Gesetzen wider, die auch Anwendung finden, wenn sie nicht in den Verträgen rezitiert werden oder kein Verweis auf sie enthalten ist, weshalb sich die Position der Abonnenten dadurch nicht verschlechtert.[1094]

1093 Zur Zulässigkeit unbestimmter gesetzlicher Vorgaben in AGB, siehe *Coester*, in: Staudinger BGB, 2013, § 307 BGB Rn. 187; *Grüneberg*, in: Palandt, § 307 BGB Rn. 22.

1094 *Evermann*, Anforderungen des Transparenzgebots, S. 78, 80; *Joppich*, Das Transparenzgebot, S. 150, 156 f.

c) *Ausnutzung eines gesetzlichen Gestaltungsspielraumes*

Sämtliche Vertragsbestimmungen, die einen gesetzlich vorgesehenen Gestaltungsspielraum ausnutzen und gesetzliche Vorgaben konkretisieren oder ergänzen, müssen sich am Transparenzgebot messen lassen. Schließlich werden dadurch in den Verträgen nicht nur gesetzliche Vorgaben wiedergegeben, die ohnehin gelten.[1095] Sämtliche Klauseln, welche die Vorgaben der Portabilitätsverordnung konkretisieren, ohne ein falsches Bild von der tatsächlichen Rechtslage zu vermitteln, können nur gegen das Gebot der klaren und verständlichen Festlegung der Rechte und Pflichten verstoßen. Zu einem solchen Verstoß könnte es im Zusammenhang mit der Überprüfung des Wohnsitzmitgliedstaates der Abonnenten kommen. Die Portabilitätsverordnung sieht für die Auswahl der Überprüfungsmaßnahmen und der damit einhergehenden Informationsbereitstellung gemäß Art. 5 I, III Portabilitäts-VO explizit einen gewissen vertraglichen Gestaltungsspielraum vor. In den Nutzungsverträgen ist daher transparent festzuschreiben, mit welchen der in Art. 5 I 1 Portabilitäts-VO aufgeführten Überprüfungsmaßnahmen der Anbieter den Wohnsitzmitgliedstaat der Abonnenten überprüft und welche Informationen diese dem Anbieter nach Art. 5 III 1 Portabilitäts-VO zur Überprüfung bereitstellen müssen.[1096] Die Verpflichtung, bei der Anforderung dieser Daten anzugeben, dass diese zum Zwecke der Überprüfung des Wohnsitzmitgliedstaates verwendet werden, ergibt sich für die Diensteanbieter aus Art. 13 I lit. c DSGVO, wonach der von einer Datenverarbeitung Betroffene vom Verantwortlichen über den Zweck der Datenverarbeitung zu informieren ist. In dieser Informationspflicht setzt sich der Grundsatz der Zweckbindung der Datenverarbeitung fort und sie schafft Transparenz bei der Datenverarbeitung.[1097]

Sofern für die Abonnenten nicht klar ersichtlich ist, zu welchen Zeitpunkten sie dem Anbieter welche Informationen bereitstellen müssen, liegt ein Verstoß gegen das Gebot möglichster Klarheit und Verständlichkeit vor.[1098] Ein solcher Verstoß kommt ebenfalls in Betracht, wenn in den Nutzungsbedingungen der Hinweis auf die nachteilige Rechtsfolge fehlt, dass die grenzüberschreitende Portabilität nach Art. 5 III 2 Portabilitäts-VO nicht ermöglicht wird, wenn die

---

1095 *Joppich*, Das Transparenzgebot, S. 159; *Niebling*, WM 1992, 845, 849.

1096 So auch *Pech*, On-Demand-Streaming-Plattformen, S. 337.

1097 Erwägungsgrund 60 DSGVO; *Paal/Hennemann*, in: Paal/Pauly, Art. 13 DSGVO Rn. 16; *Schmidt-Wudy*, in: BeckOK DatenschutzR, Art. 14 DSGVO Rn. 44.

1098 Ähnlich *Pech*, On-Demand-Streaming-Plattformen, S. 337, der darin einen Verstoß gegen das Bestimmtheitsgebot sieht.

Abonnenten der Obliegenheit, die zur Überprüfung des Wohnsitzmitgliedstaates angeforderten Informationen bereitzustellen, nicht nachkommen. Problematisch ist dabei, dass es sich um eine gesetzlich normierte Mitwirkungspflicht handelt und auch die Rechtsfolge bei deren Nichterfüllung gesetzlich normiert ist. Genauso wie vom Klauselverwender nicht verlangt wird, sämtliche gesetzlich festgeschriebenen Rechte des Vertragspartners transparent wiederzugeben,[1099] kann auch nicht verlangt werden, sämtliche gesetzlich festgelegten Pflichten und Obliegenheiten nochmals im Vertrag zu erläutern. Allerdings beruht die Obliegenheit, die Informationen bereitzustellen, auf der Entscheidung des Anbieters darüber, welche der Überprüfungsmaßnahmen er einsetzt. Dazu legt er vertraglich genau fest, welche Informationen und in welcher Form diese bereitzustellen sind. Nachdem sich die Informationsbereitstellung damit nicht ausschließlich aus dem Gesetz ergibt, sondern auf einer privatautonomen Entscheidung beruht, muss auch das Gebot möglichster Klarheit und Verständlichkeit gewahrt sein. Dies wird auch dadurch verdeutlicht, dass die Anforderungen an dieses Gebot umso höher sind, je weniger mit einer bestimmten Regelung zu rechnen ist.[1100] Abonnenten von Online-Inhaltediensten rechnen ohne besonderen Hinweis nicht damit, dass die grenzüberschreitende Portabilität nicht möglich ist, wenn sie einem Anbieter die angeforderten Informationen zur Überprüfung des Wohnsitzmitgliedstaates nicht bereitstellen. Sofern der Hinweis fehlt, dass die Möglichkeit der grenzüberschreitenden Portabilität an die Bereitstellung der vom Anbieter angeforderten Informationen gekoppelt ist, liegt demnach ein Verstoß gegen das Gebot möglichster Klarheit und Verständlichkeit vor. Damit wäre die gesamte Vertragsbestimmung, in welcher der Anbieter die Bereitstellung der Informationen verlangt, intransparent.

4. *Vertragsrechtliche Folgen von Intransparenz*

Sofern eine Klausel aufgrund eines Verstoßes gegen das Transparenzgebot gemäß § 307 I BGB unwirksam ist, richtet sich die Unwirksamkeitsfolge nach § 306 BGB.[1101] Der restliche Vertrag bleibt demnach gemäß § 306 I BGB

1099 BGH, Urt. v. 5.11.1998 – III ZR 226-97, NJW 1999, 276, 277; BGH, Urt. v. 14.5.1996 – XI ZR257/94, NJW 1996, 2092, 2093.

1100 *Stoffels*, AGB-Recht, Rn. 569.

1101 Ausführlich zur dogmatischen Einordnung des Transparenzgebots in der Klausel-RL und den Rechtsfolgen eines Verstoßes gegen das Transparenzgebot, siehe *Appenzeller*, Die europäische AGB-Kontrolle, S. 117 f.; *Gottschalk*, AcP 206 (2006), 555, 587 ff.; *Reich*, VuR 1995, 1, 5.

wirksam und an die Stelle der unwirksamen Klausel treten gemäß § 306 II BGB die gesetzlichen Vorschriften. Die Unwirksamkeit des gesamten Vertrages kommt nach § 306 III BGB nur in Betracht, wenn ein Festhalten an diesem eine unzumutbare Härte für eine Vertragspartei bedeuten würde.

a) Intransparenz bei zwingenden Vorgaben

Sind in den Nutzungsbedingungen Klauseln die grenzüberschreitende Nutzbarkeit des Dienstes betreffend intransparent, sind diese nach § 307 I BGB unwirksam und der Nutzungsumfang richtet sich gemäß § 306 II BGB nach den gesetzlichen Vorschriften; bezüglich der grenzüberschreitenden Portabilität also nach der Portabilitätsverordnung. Eine intransparente Formulierung bleibt damit für die Abonnenten folgenlos, da sich der grenzüberschreitende Nutzungsumfang immer nach den Vorgaben der Portabilitätsverordnung richtet, gleich ob die Klauseln intransparent sind oder Informationen zur grenzüberschreitenden Portabilität gänzlich fehlen. Die Nutzungsbedingungen von Netflix sehen beispielsweise eine Klausel vor, wonach Abonnenten die Netflix-Inhalte hauptsächlich in dem Land ansehen können, in dem sie ihr Konto erstellt haben.[1102] Aus dem Begriff „hauptsächlich" geht in keiner Weise hervor, unter welchen Voraussetzungen die Portabilität möglich ist, in welcher Region und wie lange. Die Klausel ist daher völlig intransparent und aufgrund des § 307 I BGB unwirksam. Dennoch ist Netflix nach Art. 3 I Portabilitäts-VO verpflichtet, den Abonnenten die grenzüberschreitende Portabilität innerhalb der EU zeitlich unbefristet zu ermöglichen.

b) Intransparenz bei vertraglichem Gestaltungsspielraum

Schwieriger gestaltet es sich, wenn nicht transparent festgelegt ist, mit welchen Maßnahmen ein Anbieter den Wohnsitzmitgliedstaat der Abonnenten überprüft, welche Informationen diese dafür bereitstellen müssen oder ein Hinweis auf die Folge fehlt, sollten sie die Informationen nicht zur Verfügung stellen. In diesem Fall kann die Portabilitätsverordnung die Lücke als gesetzliche Vorschrift nach § 306 II BGB nicht schließen, da es gerade dem Anbieter oblegen hätte, ein Überprüfungskriterium zu bestimmen und dementsprechend Informationen anzufordern. Eine Möglichkeit wäre, die Lücke im Wege der ergänzenden Vertragsauslegung zu schließen. Nachdem dispositives Gesetzesrecht

1102 Nutzungsbedingungen von Netflix, Abschnitt 4.3, Stand: 20.12.2019, abrufbar unter: https://help.netflix.com/legal/termsofuse.

nicht zur Verfügung steht, ist eine solche grundsätzlich zulässig.[1103] Jedoch kommt eine solche erst in Betracht, wenn die ersatzlose Streichung zu einer unzumutbaren Interessenbeeinträchtigung zumindest einer Vertragspartei führt.[1104] Aus diesem Grund scheidet sie bei unwirksamen Vertragsbestimmungen im Rahmen der grenzüberschreitenden Portabilität meist aus, da Art. 5 I 1 Portabilitäts-VO den Anbietern gesetzlich das Recht einräumt, den Wohnsitzmitgliedstaat der Abonnenten mit den aufgeführten Überprüfungsmaßnahmen zu überprüfen und nach Art. 5 III 1 Portabilitäts-VO die dazu notwendigen Informationen anzufordern.[1105] Letztlich entsprechen die Rechtsfolgen der Unwirksamkeit wegen Intransparenz denen der Unwirksamkeit aufgrund des Art. 7 I Portabilitäts-VO.[1106] Daher führt auch die Intransparenz einer Vertragsbestimmung lediglich zu einem erhöhten Risiko für die Anbieter.

In praktischer Hinsicht stellt sich die gleiche Problematik wie bei der Unwirksamkeit einer Klausel nach Art. 7 I Portabilitäts-VO. Die Intransparenz einer Klausel wird meist erst festgestellt, wenn der grenzüberschreitende Zugriff zu Unrecht verweigert wurde. Daher stehen den Abonnenten in diesen Fällen meist nur Mängel- und Sekundärrechte gegenüber den Anbietern zur Verfügung. Anknüpfungspunkt eines Schadensersatzanspruchs kann die intransparente Klausel selbst sein, da die Verwendung einer intransparenten und infolgedessen unwirksamen Klausel ein Verstoß gegen eine vorvertragliche Rücksichtnahmepflicht ist.[1107] Daher kommt ein Schadensersatzanspruch nach §§ 311 II, 241 II, 280 I BGB in Betracht.[1108] Allerdings ist danach nur das

---

1103 *Basedow*, in: MüKo BGB, § 306 BGB Rn. 32; *Schlosser*, in: Staudinger BGB, 2013, § 306 BGB Rn. 22; *Stoffels*, AGB-Recht, Rn. 612 ff.; BGH, Urt. v. 23.1.2013 – VIII ZR 80/12, NJW 2013, 991, 992 Rn. 21 ff.; zu verschiedenen Gründen, weshalb eine ergänzende Vertragsauslegung grundsätzlich zulässig sein sollte, siehe *Pfeiffer*, NJW 2014, 3069, 3070.

1104 *Schlosser*, in: Staudinger BGB, 2013, § 306 BGB Rn. 12 ff.; *Uffmann*, NJW 2012, 2225, 2228 f.; ausführlich dazu, siehe § 4 A. II. 5. b) bb).

1105 Ausführlich dazu, siehe § 4 A. II. 5. c).

1106 Ausführlich zu den Folgen unwirksamer Vertragsbestimmungen, siehe § 4 A. II. 5. und 6.

1107 BGH, Urt. v. 11.6.2010 – V ZR 85/09, NJW 2010, 2873, 2875 Rn. 24; BGH, Urt. v. 28.05.1084 – III ZR 63/83, NJW 1984, 2816, 2817; *Grüneberg*, in: Palandt, § 306 BGB Rn. 19; *Basedow*, in: MüKo BGB, § 306 BGB Rn. 49.

1108 BGH, Urt. v. 11.6.2010 – V ZR 85/09, NJW 2010, 2873, 2875 Rn. 24; *Joppich*, Das Transparenzgebot, S. 211.

negative Interesse ersatzfähig.[1109] Der Anbieter kann in diesem Fall jedoch ohnehin aufgrund der Verletzung seiner Vertragspflicht, die grenzüberschreitende Portabilität zu ermöglichen, in Anspruch genommen werden. Schließlich ist diese bei Verwendung unwirksamer Klauseln die Überprüfung des Wohnsitzmitgliedstaates betreffend auch ohne erfolgte Verifizierung zu ermöglichen.[1110]

5. Das Verhältnis des Transparenzgebots zu Art. 7 I Portabilitäts-VO

Intransparente Klauseln könnten bereits nach Art. 7 I Portabilitäts-VO unwirksam sein, sodass es keines Rückgriffs auf das Transparenzgebot in § 307 I 2 BGB bedürfte. Allerdings stehen Klauseln, die gegen das Transparenzgebot verstoßen, nicht immer mit den Vorgaben der Portabilitätsverordnung in Konflikt, wie es Voraussetzung für eine Unwirksamkeit nach Art. 7 I Portabilitäts-VO ist. Eine Klausel, die gegen das Gebot der Rechtsklarheit verstößt, könnte aber dennoch nach Art. 7 I Portabilitäts-VO unwirksam sein. Eine solche Klausel ist zum Beispiel die Formulierung in den Nutzungsbedingungen von Netflix, dass die Nutzung des Dienstes „hauptsächlich" in dem Land möglich sei, in dem das Abonnement abgeschlossen wurde.[1111] Dadurch wird der Anschein einer zeitlichen Befristung der Portabilität erweckt, obwohl die Klausel vermutlich nicht versucht, die Möglichkeit der Portabilität zeitlich zu beschränken. Eine solche Klausel, die durch ihre intransparente Formulierung eine unzutreffende Rechtslage suggeriert und die Abonnenten dadurch von der Durchsetzung ihrer Rechte abhält, verstößt tatsächlich nicht gegen die Vorgaben der Portabilitätsverordnung. Im Rahmen der Auslegung des Art. 7 I Portabilitäts-VO hat sich jedoch gezeigt, dass der Grundsatz des *effet utile* die Unwirksamkeit sämtlicher Vertragsbestimmungen erfordert, damit die Abonnenten nicht durch wirksame, jedoch nicht durchsetzbare Bestimmungen verunsichert und von der Durchsetzung ihrer Rechte abgehalten werden. In dem Ziel, durch die Rechtsfolge der Unwirksamkeit bestmöglich auch vor einer Täuschung durch unzulässige Vertragsbestimmungen zu schützen, lässt sich der Grundgedanke des Transparenzgebots wiedererkennen. Daher könnte sich der Anwendungsbereich des Art. 7 I Portabilitäts-VO auf intransparente Klauseln erstrecken, die zu einer Gefahr für die Verbraucherrechte führen.

1109 BGH, Hinweisbeschl. v. 12.1.2011 – VIII ZR 6/10, NZM 2011, 478 Rn. 2; *Graf v. Westphalen*, NJW 2012, 2243.

1110 Ausführlich dazu, siehe § 4 A. II. 6.

1111 Nutzungsbedingungen von Netflix, Abschnitt 4.3, Stand: 20.12.2019, abrufbar unter: https://help.netflix.com/legal/termsofuse.

Allerdings haben das Transparenzgebot und Art. 7 I Portabilitäts-VO zwei unterschiedliche Anknüpfungspunkte: Art. 7 I Portabilitäts-VO tatsächlich gegen die Vorgaben der Portabilitätsverordnung verstoßende Vertragsbestimmungen und das Transparenzgebot Vertragsbestimmungen, die Rechte und Pflichten nicht klar und verständlich festlegen oder eine falsche Vorstellung von der Rechtslage suggerieren. Es würde sich zu weit vom eigentlichen Zweck des Art. 7 I Portabilitäts-VO entfernen, diesen auch auf Klauseln anzuwenden, welche den zwingenden Zugangsanspruch nur vermeintlich einschränken oder nur vermeintlich an unzulässige Voraussetzungen koppeln. Aufgrund des fließenden Übergangs von Klauseln, welche die Rechtslage tatsächlich zu gestalten versuchen, zu solchen, die nur einen unzutreffenden Eindruck davon vermitteln, bereitet die Abgrenzung Schwierigkeiten. Zum Beispiel ist bei der soeben genannten Klausel von Netflix nicht klar, ob diese nur den Eindruck einer zeitlichen Beschränkung erweckt oder die Möglichkeit der Portabilität tatsächlich einer Beschränkung unterwerfen möchte. Praktisch ist die Abgrenzung in diesen Fällen jedoch ohne Bedeutung, da in beiden Fällen als Rechtsfolge die Unwirksamkeit der Klausel eintritt; entweder nach Art. 7 I Portabilitäts-VO oder nach § 307 I BGB.

IV. Zwischenergebnis

Die Rechtsfolge der Nichtdurchsetzbarkeit vertraglicher Bestimmungen, die gegen die Vorgaben der Portabilitätsverordnung verstoßen, ist ein autonomer Begriff des Unionsrechts. Daher verbietet es sich, der Nichtdurchsetzbarkeit ein Verständnis im Sinne einer Einrede im nationalen Recht zugrunde zu legen. Obwohl die Formulierungen in den anderen Sprachfassungen der Portabilitätsverordnung ebenfalls nahelegen, dass Art. 7 I Portabilitäts-VO den Bestand der Klauseln unangetastet lässt und lediglich dazu führt, dass keinerlei Rechte aus den jeweiligen Vertragsbestimmungen abgeleitet werden können, kann vom Wortlaut nicht auf die tatsächlich intendierte Rechtsfolge geschlossen werden. Auch die Gesetzessystematik lässt keinen Rückschluss darauf zu – weder rechtsaktübergreifend noch innerhalb der Portabilitätsverordnung. Bei einem Blick auf die Klauselrichtlinie, welche in ihrer Zielrichtung dem Art. 7 I Portabilitäts-VO sehr nahekommt, zeigt sich lediglich, dass sich das Ziel, Verbraucher vor unerwünschten Klauseln zu schützen, sowohl durch deren Unwirksamkeit bzw. Nichtigerklärung, als auch durch deren Nichtanwendung oder dem Ausschluss ihrer Geltendmachung erreichen lässt. Aus diesem Grund führt auch eine teleologische Auslegung des Art. 7 I Portabilitäts-VO zu keinem eindeutigen Ergebnis. Die Unwirksamkeitsfolge des Art. 7 I Portabilitäts-VO stützt sich schließlich auf den *effet utile* der Norm. Der bestmögliche Schutz vor unzulässigen Vertragsbestimmungen lässt sich nur durch die Unwirksamkeit der entsprechenden Klauseln erreichen. Dadurch ist ausgeschlossen, dass der Vertragspartner des Verwenders von einer im Bestand unberührten, jedoch nicht durchsetzbaren Klausel verunsichert und von der Geltendmachung seiner Rechte abgehalten wird. Zudem wäre nicht einzusehen, eine Klausel, die offensichtlich unzulässig ist und der daher keinerlei Wirkung zukommen soll, in ihrem Bestand unberührt zu lassen.

Die Möglichkeit einer geltungserhaltenden Reduktion der unzulässigen Klauseln ist ausgeschlossen, da es ansonsten relativ gefahrlos möglich wäre, unzulässige Klauseln zu verwenden, die im Zweifel von den Gerichten auf ein gerade noch zulässiges Maß reduziert würden. Der Abschreckungseffekt der Unwirksamkeitsfolge ginge dadurch verloren. Die Auswirkungen unwirksamer Klauseln auf den gesamten Vertrag richten sich nach dem nationalen Recht. Grundsätzlich ist nach § 139 BGB bei Teilnichtigkeit eines Vertrages der hypothetische Parteiwille entscheidend dafür, ob ein Vertrag ohne den nichtigen Teil aufrechterhalten werden soll. Allerdings kommt § 139 BGB im Rahmen der Portabilitätsverordnung nicht zum Zuge, da der Telos des Art. 7 I Portabilitäts-VO eine Aufrechterhaltung der Verträge fordert. Durch die Unwirksamkeit der gesamten Nutzungsverträge würde für die Abonnenten die Nutzungsmöglichkeit der Online-Inhaltedienste gänzlich entfallen, was dem verbraucherschützenden Zweck des Art. 7 I Portabilitäts-VO zuwiderliefe. Auch die Lizenzverträge zwischen Anbietern und Rechteinhabern bleiben bei unwirksamen Vertragsbestimmungen nach dem Zweck des Art. 7 I Portabilitäts-VO bestehen. Wären die gesamten Lizenzverträge unwirksam, dürften die Anbieter die Inhalte überhaupt nicht mehr zugänglich machen, was zum einen negative wirtschaftliche Folgen für sie hätte und zum anderen auch den Abonnenten die Möglichkeit nehmen würde, auf die Inhalte zuzugreifen und diese zu nutzen.

Die vertraglichen Lücken können zum einen durch das zwingende Gesetzesrecht der Portabilitätsverordnung geschlossen werden und zum anderen kommt in Ausnahmefällen eine ergänzende Vertragsauslegung in Betracht. Diese entspricht im Ergebnis einer unzulässigen geltungserhaltenden Reduktion, doch unterscheidet sie sich von einer solchen in methodischer Hinsicht. Während eine geltungserhaltende Reduktion das Entstehen einer vertraglichen Lücke verhindert, wird eine solche im Wege der ergänzenden Vertragsauslegung geschlossen.

Für die Abonnenten bleibt die Verwendung unwirksamer Vertragsbestimmungen aus rechtlicher Perspektive folgenlos, da die Zugangsverschaffungspflicht des Art. 3 I Portabilitäts-VO uneingeschränkt gilt. Die Unwirksamkeit von

Vertragsbestimmungen wirkt sich damit lediglich zu Lasten der Anbieter und Rechteinhaber aus. Sind beispielsweise Klauseln betreffend die Überprüfung des Wohnsitzmitgliedstaates in den Nutzungsverträgen unwirksam und erhalten die Anbieter von den Abonnenten infolgedessen nicht die Informationen, die sie zur Überprüfung des Wohnsitzmitgliedstaates benötigen, müssen sie die Portabilität zunächst ohne Überprüfung ermöglichen. Rein tatsächlich werden sich unwirksame Klauseln jedoch nachteilig für die Abonnenten auswirken, da eine Klausel faktisch Geltung hat, bis deren Unwirksamkeit gerichtlich festgestellt wurde. Im Vertragsverhältnis zwischen Rechteinhabern und Anbietern führt die Unwirksamkeit von Vertragsbestimmungen dazu, dass die Rechteinhaber die Möglichkeit verlieren, den verbleibenden vertraglichen Gestaltungsspielraum zu ihren Gunsten zu nutzen, um die grenzüberschreitende Portabilität soweit wie möglich zu steuern und zu kontrollieren.

Darüber hinaus ist im Rahmen der Nutzungsverträge das Transparenzgebot des § 307 I 2 BGB in seinen verschiedenen Ausprägungen zu beachten. Intransparente Klauseln werden von Art. 7 I Portabilitäts-VO nicht erfasst, da dieser einen tatsächlichen Verstoß gegen die Portabilitätsverordnung voraussetzt. Soweit Klauseln intransparent und infolgedessen unwirksam sind, wirkt sich dies gleichermaßen wie eine Unwirksamkeit nach Art. 7 I Portabilitäts-VO rechtlich nicht zum Nachteil der Abonnenten, sondern der Anbieter aus, da die Zugangsverschaffungspflicht des Art. 3 I Portabilitäts-VO stets uneingeschränkt gilt.

B. Mängel- und Sekundärrechte der Abonnenten

Durch das zwingende Vertragsrecht der Portabilitätsverordnung in deren Art. 3 I erweitert sich das von den Diensteanbietern vertraglich geschuldete Leistungsprogramm um die Möglichkeit der grenzüberschreitenden Portabilität.[1112] Allerdings wird diese Zugangsverschaffungspflicht für sich betrachtet der schützenswerten normativen Erwartung, einen Online-Inhaltedienst innerhalb des europäischen Binnenmarktes ohne Einschränkungen nutzen zu können, nicht vollkommen gerecht. Schließlich kann das Recht – in diesem Fall die Zugangsverschaffungspflicht der Anbieter in Art. 3 I Portabilitäts-VO – nicht garantieren, dass sich die Normadressaten tatsächlich normgemäß verhalten.[1113] Daher bedarf es für den Fall eines nicht normgemäßen Verhaltens – konkret durch einen Verstoß der Anbieter gegen die zwingenden

1112 Ausführlich dazu, siehe § 2 C. I.

1113 *Grünberger*, AcP 218 (2018), 213, 252; *Luhmann*, Recht der Gesellschaft, S. 135.

Vorgaben der Portabilitätsverordnung – und der damit einhergehenden Enttäuschung einer durch das Recht geschützten Erwartung eines rechtlichen Instrumentariums, mit dem der Erwartung dennoch bestätigt wird, dass sie im Recht ist. Dies wäre zwar durch Sanktionen gegenüber den Anbietern bei Verstößen gegen die Portabilitätsverordnung möglich, doch erfährt die Erwartung die größte Bestätigung, wenn ihre Enttäuschung über durchsetzbare Sekundär- und Mängelrechte der Abonnenten kompensiert wird.[1114]

Die Portabilitätsverordnung sieht weder einen Sanktionsmechanismus für Verstöße gegen ihre Vorgaben vor, noch sieht sie Mängel- und Sekundärrechte vor, wenn Anbieter die Portabilität nicht entsprechend den Vorgaben der Verordnung ermöglichen.[1115] Den Abonnenten von Online-Inhaltediensten steht jedoch aus den nationalen Rechtsordnungen der einzelnen Mitgliedstaaten ein Bündel an Mängel- und Sekundärrechten zu. Aufgrund der vollharmonisierenden Wirkung der Digitale-Inhalte-RL[1116] (DInh-RL) wird sich das Mängelgewährleistungsrecht für digitale Inhalte und Dienstleistungen in Zukunft zwischen den einzelnen Mitgliedstaaten auch nicht mehr unterscheiden.[1117] Lediglich in den von der Richtlinie nicht harmonisierten Bereichen können sich innerhalb des europäischen Binnenmarktes weiterhin Unterschiede bei den Regelungen für digitale Inhalte und Dienstleistungen ergeben.

I. Mängelrechte der Digitale-Inhalte-RL

1. Regelungskonzept und -inhalt

Um eine schnelle Reaktionsmöglichkeit auf die voranschreitende Digitalisierung und neue Geschäftsmodelle zu gewährleisten, legt die Digitale-Inhalte-RL die Rechte und Pflichten von Verbrauchern und Unternehmern bei der Bereitstellung digitaler Inhalte und Dienstleistungen abstrakt fest und verzichtet auf eine Vertragstypologisierung der Bereitstellungsverträge.[1118] Zu dem Katalog

---

1114 Ausführlich dazu, siehe § 2 C. III.

1115 Dazu bereits *Eginger*, ZUM 2017, 698, 705.

1116 Richtlinie (EU) 2019/770 des Europäischen Parlamentes und des Rates vom 20. Mai 2019 über bestimmte vertragliche Aspekte der Bereitstellung digitaler Inhalte und Dienstleistungen, EU-ABl. L 136/1 v. 22.5.2019; die Umsetzungsfrist endet am 01.07.2021, die Umsetzungsnormen sind ab dem 01.01.2022 anzuwenden.

1117 Zum Regelungsansatz der Vollharmonisierung, siehe *Schmidt-Kessel et al.*, GPR 2016, 2, 3 f.; *Wendland*, GPR 2016, 8, 9 f.

1118 Erwägungsgrund 86 DInh-RL; *Europäische Kommission*, Vorschlag Digitale-Inhalte-RL, COM(2015) 634 final, S. 7; *Grünberger*, AcP 218 (2018), 213, 236; *Pech*,

an Vorgaben der Digitale-Inhalte-RL zählen insbesondere die Anforderungen an eine vertragsgemäße Bereitstellung, sowie die (Mängel-) Rechte der Verbraucher bei Leistungsstörungen. Zudem harmonisiert die Digitale-Inhalte-RL die Beweislastverteilung zwischen Unternehmern und Verbrauchern bezüglich der erfolgten Bereitstellung sowie der Vertragsmäßigkeit, und sie regelt gleichermaßen Voraussetzungen und Rechtsfolgen der Beendigung von Verträgen über digitale Inhalte und Dienstleistungen.[1119] Das Recht auf Schadensersatz bleibt von der Digitale-Inhalte-RL dagegen völlig unberührt und fällt weiterhin gänzlich in die Regelungskompetenz der einzelnen Mitgliedstaaten (Art. 3 X DInh-RL). Gleiches gilt für die Voraussetzungen des Zustandekommens eines Vertrages und dessen Wirksamkeit sowie die Folgen der Vertragsbeendigung, soweit diese nicht von der Digitale-Inhalte-RL geregelt sind (Art. 3 X DInh-RL).

2. *Anwendbarkeit auf die Portabilität von Online-Inhaltediensten*

Der Anwendungsbereich der Digitale-Inhalte-RL erstreckt sich ausschließlich auf Verträge, bei denen ein Unternehmer einem Verbraucher auf entgeltlicher Basis digitale Inhalte bereitstellt oder eine digitale Dienstleistung erbringt.[1120] Die für diese Untersuchung relevanten VoD-Dienste ermöglichen ihren Abonnenten während der Vertragslaufzeit den Zugriff auf ein Repertoire an Filmen und Serien über das Internet. Als Gegenleistung zahlen die Abonnenten – meist monatlich – eine Gebühr. Es steht der Anwendbarkeit der Digitale-Inhalte-RL auf die Portabilitätsverordnung auch nicht entgegen, dass die Abonnementverträge zu keiner dauerhaften Nutzungsmöglichkeit der Online-Inhalte führen, sondern die Nutzungsmöglichkeit auf die Dauer der Vertragslaufzeit beschränkt ist. Aus verschiedenen speziellen Sonderregelungen für temporäre Gebrauchsüberlassungen und Nutzungsmöglichkeiten in der Digitale-Inhalte-RL geht

in: Hennemann/Sattler, Immaterialgüter und Digitalisierung, S. 121, 122; *Riehm/Abold*, ZUM 2018, 82, 83; *Spindler*, MMR 2016, 147; *Wendehorst*, NJW 2016, 2609, 2611; kritisch gegenüber dem Verzicht auf eine Vertragstypologisierung, *Kindl*, in: ders./Arroyo Vendrell/Gsell, Verträge über digitale Inhalte und digitale Dienstleistungen, S. 63, 67 f.

1119 Zum genauen Überblick über die Regelungsbereiche der Digitale-Inhalte-RL, siehe *Gsell*, ZUM 2018, 75, 76 f.; *Spindler*, MMR 2016, 147 ff., 219 ff.; *Schmidt-Kessel et al.*, GPR 2016, 54 ff.; *Staudenmayer*, NJW 2016, 2719 ff.; *Wendland*, GPR 2016, 8, 11 ff.

1120 Art. 1, 3 I DInh-RL.

hervor, dass diese auch die vorübergehende Bereitstellung digitaler Inhalte und Dienstleistungen erfasst.[1121]

Nach Art. 3 I DInh-RL erstreckt sich der sachliche Anwendungsbereich der Digitale-Inhalte-RL auf die Bereitstellung digitaler Inhalte und Dienstleistungen. Diesen Begriffen ist ein von den Vertriebswegen unabhängiges, medien- und technologieneutrales Verständnis zugrunde zu legen.[1122] Nach Art. 2 Nr. 1 DInh-RL sind digitale Inhalte „Daten, die in digitaler Form hergestellt und bereitgestellt werden", worunter unter anderem Video- und Audioinhalte, digitale Spiele und Anwendungen sowie sonstige Software fallen.[1123]

Digitale Dienstleistungen sind nach Art. 2 Nr. 2 lit. a DInh-RL „Dienstleistungen, die dem Verbraucher die Erstellung, Verarbeitung oder Speicherung von Daten in digitaler Form oder den Zugang zu solchen Daten ermöglichen," oder gem. lit. b „Dienstleistungen, die die gemeinsame Nutzung der vom Verbraucher oder von anderen Nutzern der entsprechenden Dienstleistung in digitaler Form hochgeladenen oder erstellten Daten oder sonstige Interaktionen mit diesen Daten ermöglichen". Digitale Dienstleistungen sind beispielsweise Cloud-Dienste, welche Nutzern Speicherkapazitäten zur Verfügung stellen, Webhosting-Dienste und soziale Netzwerke.[1124]

Die von VoD-Anbietern zum Abruf bereitgestellten audiovisuellen Inhalte in Form von Daten, die von den Abonnenten im Wege des Streamings abgerufen werden, sind, wie es Erwägungsgrund 19 der Digitale-Inhalte-RL hervorhebt, digitale Inhalte im Sinne des Art. 2 Nr. 1 DInh-RL. Zugleich enthält die von den VoD-Anbietern vertraglich geschuldete Leistung auch ein Dienstleistungselement, das in der Zusammenstellung und ständigen Aktualisierung eines Repertoires an Filmen und Serien liegt, zu dem den Verbrauchern über eine eingerichtete Website, eine dafür zur Verfügung gestellte App oder

1121 Ausführlich dazu, siehe *Schmidt-Kessel et al.*, GPR 2016, 54, 56; *Wendland*, GPR 2016, 8, 13.

1122 *Staudenmayer*, NJW 2016, 2719, 2720; *Wendland*, GPR 2016, 8, 11 f.; Erwägungsgründe 10, 19 DInh-RL heben die Technologieneutralität explizit hervor; zum Zusammenhang zwischen dem Begriff der digitalen Inhalte und dem Bereitstellungsbegriff, siehe *Schmidt-Kessel et al.*, GPR 2016, 54, 55.

1123 Erwägungsgrund 19 DInh-RL; diese Aufzählung ist nicht abschließend, siehe dazu *Wendland*, GPR 2016, 8, 12.

1124 Für weitere Beispiele, siehe *Spindler*, MMR 2016, 147, 148; *Wendland*, GPR 2016, 8, 12; *Wendland*, EuZW 2016, 126, 127; kritisch zur Abgrenzung von digitalen Inhalten zu digitalen Dienstleistungen, *Schmidt-Kessel et al.* GPR 2016, 54, 55.

sonstige dafür notwendige Software Zugang verschafft wird.[1125] Nachdem die Verbraucher durch diese Dienstleistung Zugang zu Daten in digitaler Form erhalten, liegt mit dem Vorhalten der entsprechenden Website, App oder Software eine digitale Dienstleistung im Sinne des Art. 2 Nr. 2 lit. a DInh-RL vor. Damit stellen die Anbieter von VoD-Diensten sowohl digitale Inhalte als auch eine digitale Dienstleistung bereit.

3. Einschränkungen der Portabilität

Die potenziellen Einschränkungen der grenzüberschreitenden Portabilität reichen von der intensivsten Form, der nicht vorhandenen Zugriffsmöglichkeit auf die Online-Inhaltedienste und dem Wegfall der Nutzungsmöglichkeit, über Einschränkungen inhaltlicher Natur bis hin zu Einbußen bei der Qualität. Diese Einschränkungen können verschiedenste Ursachen haben, die entweder aus der Sphäre der Abonnenten oder der Sphäre der Diensteanbieter stammen. Je nachdem welcher Sphäre die Ursache entstammt, liegt eine vertragswidrige Leistung des Diensteanbieters vor oder nicht.[1126] Zum Risiko von Nutzungseinschränkungen durch technische Komplikationen tritt im Rahmen der grenzüberschreitenden Portabilität das Risiko hinzu, dass Anbieter den Wohnsitzmitgliedstaat von Abonnenten unzutreffend ermitteln und die Portabilität daher überhaupt nicht ermöglichen, womit die Nutzungsmöglichkeit des Dienstes während eines Auslandsaufenthalts gänzlich entfällt. Sobald der Zugriff auf einen Online-Inhaltedienst und dessen Nutzung nicht möglich sind, stellt sich die Abgrenzungsfrage, ob die Bereitstellung des Dienstes in diesem Fall nach den Vorgaben der Digitale-Inhalte-RL überhaupt nicht erfolgt ist, also eine Nichtleistung vorliegt, oder lediglich ein vertragswidriger Zustand gegeben ist. Dies sind die beiden Formen von Leistungsstörungen, zwischen denen die Digitale-Inhalte-RL differenziert (Art. 11 DInh-RL). Relevanz erlangt die Abgrenzung aufgrund der unterschiedlichen Rechte der Abonnenten, die ihnen in beiden Fällen zustehen.[1127] Während bei einer nicht erfolgten Bereitstellung lediglich ein Kündigungsrecht (Art. 13 DInh-RL) der Abonnenten

---

1125 Zum Dienstleistungscharakter der von den VoD-Anbietern geschuldeten Leistung, siehe *Justizministerium NRW*, Arbeitsgruppe „Digitaler Neustart", S. 178 f.

1126 Dazu bereits *Spindler*, MMR 2016, 147, 151; ausführlich zur Risikoverteilung bei der Bereitstellung digitaler Inhalte, siehe *Sänn et al.*, Status quo digitaler Inhalte in Deutschland, S. 35 f.; die Internetverbindung fällt beispielsweise in die Risikosphäre der Nutzer, siehe dazu *Wicker*, MMR, 2012, 783, 787.

1127 Dazu bereits *Eginger*, ZUM 2017, 698, 705 f.

besteht, ist bei einer Vertragswidrigkeit neben einem Kündigungsrecht das für die Abonnenten eigentlich interessante Recht auf eine angemessene Minderung vorgesehen (Art. 14 DInh-RL).

Bei sonstigen Einschränkungen des Nutzungsumfangs oder der Nutzungsqualität liegt das Hauptaugenmerk nicht auf der Abgrenzung einer nicht erfolgten Bereitstellung von einer Vertragswidrigkeit, sondern auf der Frage, welche Nutzungsqualität und welcher Nutzungsumfang überhaupt Gegenstand des vertraglich geschuldeten Leistungsprogramms sind. Bei sämtlichen Zugriffs- und Nutzungseinschränkungen kommt es zudem entscheidend auf den vertraglichen Gestaltungsspielraum an, mit dem die Anbieter das vertraglich geschuldete Leistungsprogramm zu ihren Gunsten reduzieren können.

a) Nicht erfolgte Bereitstellung

aa) Voraussetzung der Bereitstellung

Die Digitale-Inhalte-RL normiert in ihrem Art. 5 II lit. a die Voraussetzung dafür, dass ein Anbieter seiner vertraglichen Verpflichtung zur Bereitstellung der digitalen Inhalte und Dienstleistungen nachgekommen ist. Danach muss er den Verbrauchern die geschuldeten digitalen Inhalte und Dienstleistungen, je nach vertraglich vereinbarter Leistungspflicht,[1128] zur Verfügung stellen oder Zugang zu diesen verschaffen. Die Bereitstellung durch die Zurverfügungstellung grenzt sich von der Zugangsverschaffung anhand der tatsächlichen Verfügungsgewalt über die digitalen Inhalte und Dienstleistungen ab.[1129] Bei der Zurverfügungstellung digitaler Inhalte erhält ein Verbraucher die „umfassende Verfügungsmacht" über diese, wie es zum Beispiel beim Download der Fall ist.[1130] Dies ist bei einer digitalen Dienstleistung kaum denkbar. Bei der Bereitstellung durch die Zugangsverschaffung verbleiben die digitalen Inhalte und Dienstleistungen dagegen im Machtbereich des Unternehmers und es wird lediglich der Zugriff auf diese ermöglicht.[1131] On-Demand-Streamingdienste, bei denen die digitalen Inhalte dezentral bei den Anbietern gespeichert sind und von den Nutzern im Wege des Streamings abgerufen werden, sind demnach dieser Kategorie der Bereitstellung zuzuordnen. Gleiches gilt für die

---

1128 *Schmidt-Kessel et al.*, GPR 2016, 54, 56.

1129 *Wendland*, GPR 2016, 8, 13; *Wendland*, EuZW 2016, 126, 127; aus Erwägungsgrund 57 DInh-RL geht hervor, dass die Dauerhaftigkeit der Nutzungsmöglichkeit für die Einordnung als Zugangsverschaffung oder Zurverfügungstellung irrelevant ist.

1130 *Wendland*, GPR 2016, 8, 13; *Wendland*, EuZW 2016, 126, 127.

1131 *Wendland*, GPR 2016, 8, 13; *Wendland*, EuZW 2016, 126, 127.

digitale Dienstleistung, welche die Anbieter mit dem Vorhalten der Website oder App erbringen, um den Zugang zu den digitalen Inhalten zu ermöglichen.

Durch die abstrakten Kriterien der Zurverfügungstellung und der Zugangsverschaffung wird sichergestellt, dass sich das technologie- und medienneutrale Verständnis der digitalen Inhalte und Dienstleistungen beim Begriff der Bereitstellung fortsetzt.[1132] Unabhängig von der Art und Weise der Datenübermittlung lässt sich diese je nach Verfügungsgewalt entweder der Kategorie der Zurverfügungstellung oder der Zugangsverschaffung zuordnen. Es kommt für den Bereitstellungsbegriff demnach nicht darauf an, ob die Übermittlung der Inhalte mittels eines Datenträgers, per Download oder über das Streaming dezentral gespeicherter Daten erfolgt.[1133]

bb) Zugangsunterbrechung

Im Rahmen der grenzüberschreitenden Portabilität stellt sich die Frage, wie es mit Blick auf die vom Anbieter geschuldete Bereitstellung der digitalen Inhalte zu bewerten ist, wenn die grenzüberschreitende Portabilität überhaupt nicht gewährt wird, sondern die Nutzung des VoD-Dienstes lediglich im Wohnsitzmitgliedstaat des Abonnenten möglich ist. Diese Fragestellung ist mit einem zweiten Problem eng verknüpft: wie ist es mit Blick auf die vom VoD-Anbieter geschuldete Bereitstellung der digitalen Inhalte zu bewerten, wenn der Zugriff auf den Online-Inhaltedienst für eine bestimmte Zeit nicht möglich ist?[1134] Bleibt die Möglichkeit der grenzüberschreitenden Portabilität aus, entfällt für die Dauer eines Auslandsaufenthalts die Nutzungsmöglichkeit des Online-Inhaltedienstes. Aus Nutzerperspektive besteht zwischen beiden Situationen daher kein Unterschied; der Zugriff auf den Dienst ist in beiden Fällen für einen bestimmten Zeitraum nicht möglich, sodass eine Zugangsunterbrechung vorliegt.

Nach Art. 5 II lit. a DInh-RL ist die Bereitstellung von digitalen Inhalten und Dienstleistungen erfolgt, wenn sie dem Verbraucher verfügbar oder zugänglich gemacht wurden. Allerdings darf dies nicht so verstanden werden, dass der Zugang bei einer fortlaufenden Bereitstellung digitaler Inhalte zu jeder Zeit

---

1132 *Wendland*, EuZW 2016, 126, 127; zur Medienneutralität des Bereitstellungsbegriffs, siehe *Schmidt-Kessel et al.*, GPR 2016, 54, 56; zu den verschiedenen Fallgruppen der Bereitstellung digitaler Inhalte, die von einem technologieneutralen Bereitstellungsbegriff erfasst werden, siehe *Grünberger*, AcP 218 (2018), 213, 225 f.

1133 Die Technologieneutralität heben Erwägungsgrund 10 und 19 DInh-RL explizit hervor.

1134 Siehe dazu bereits *Eginger*, ZUM 2017, 698, 705 f.; *Spindler*, MMR 2016, 147, 151.

und an jedem Ort möglich sein muss, damit der Anbieter seine Bereitstellungspflicht erfüllt hat. Dies verdeutlicht Erwägungsgrund 51 der Digitale-Inhalte-RL, wonach kurzfristige Zugangsunterbrechungen als Vertragswidrigkeit gelten sollten, soweit sie „mehr als vernachlässigbar und wiederkehrend sind“. Daraus geht hervor, dass temporäre Zugangsunterbrechungen nach dem Regelungsregime der Digitale-Inhalte-RL allenfalls ein vertragswidriger Zustand und keine nicht erfolgte Bereitstellung sind.

Nachdem es erhebliche Rechtsunsicherheit mit sich bringen würde, je nach Länge der Zugangsunterbrechung zwischen einer nicht erfolgten Bereitstellung und einer Vertragswidrigkeit zu differenzieren, muss diese ohne Einfluss auf die Einordnung in eine dieser Kategorien bleiben. Daher ist bei der Abgrenzung der nicht erfolgten Bereitstellung von der Vertragswidrigkeit bei einer nicht vorhandenen Zugriffsmöglichkeit schlicht darauf abzustellen, ob eine Bereitstellung bereits einmal erfolgt ist.[1135] Dadurch lässt sich eine scharfe Grenze ähnlich der des Gefahrübergangs im nationalen Kaufrecht[1136] zwischen beiden Kategorien ziehen. Dies schafft Rechtssicherheit für alle beteiligten Akteure, da Klarheit darüber besteht, welche Rechte und Pflichten die Vertragsparteien im Falle einer Zugangsunterbrechung haben. Vorzuwerfen wäre dieser Abgrenzung allenfalls, dass sie zu undifferenziert sei, da die dem Anbieter vorzuwerfende Pflichtverletzung unabhängig davon, ob die Bereitstellung zuvor bereits erfolgt ist, stets die gleiche sei. Daher dürften auch die Rechte der Abonnenten nicht von einer zuvor erfolgten Bereitstellung abhängen. Allerdings ist diese Unbilligkeit zugunsten der damit geschaffenen Rechtssicherheit in Kauf zu nehmen. Ein Blick auf die Warenkauf-RL[1137] bestätigt, dass sich mit dieser Abgrenzung interessengerechte Ergebnisse erzielen lassen. Danach gelten

---

1135 Diese Differenzierung war in Erwägungsgrund 35 des ursprünglichen Kommissionsentwurfs zur Digitale-Inhalte-RL angelegt, siehe dazu *Europäische Kommission*, Vorschlag Digitale-Inhalte-RL, COM(2015) 634 final, S. 23.

1136 Zum Bedeutungsverlust des Gefahrübergangs und dem Wandel von punktuellen Austauschverträgen hin zu Verträgen mit Dauerschuldcharakter bei der Bereitstellung digitaler Inhalte und Dienstleistungen, siehe *Sänn et al.*, Status quo digitaler Inhalte in Deutschland, S. 34 ff.; zum Dauerschuldcharakter von Verträgen über die Bereitstellung digitaler Inhalte, siehe *Gsell*, ZUM 2018, 75, 80 f.; *Maissen*, in: Schmidt-Kessel/Kramme, Geschäftsmodelle in der digitalen Welt, S. 95, 101, 104; *Schmidt-Kessel et al.*, GPR 2016, 54, 61 ff.

1137 Richtlinie (EU) 2019/771 des Europäischen Parlaments und des Rates vom 20. Mai 2019 über bestimmte vertragsrechtliche Aspekte des Warenkaufs, zur Änderung der Verordnung (EU) 2017/2394 und der Richtlinie 2009/22/EG sowie zur Aufhebung der Richtlinie 1999/44/EG, EU-ABl. L 136/28 v. 22.5.2019.

Waren mit digitalen Elementen, welche die fortlaufende Bereitstellung digitaler Inhalte oder Dienstleistungen umfassen, als geliefert, wenn deren Bereitstellung begonnen hat.[1138] Dafür muss der Unternehmer dem Verbraucher die digitalen Inhalte oder Dienstleistungen so verfügbar oder zugänglich machen, dass deren vertragsgemäße Nutzung möglich ist.[1139] Eine nicht vertragsgemäße Leistung während der fortlaufenden Bereitstellung digitaler Inhalte und Dienstleistungen ist demnach auch nach der Warenkauf-RL als Vertragswidrigkeit einzuordnen.

Im Rahmen der grenzüberschreitenden Portabilität liegt daher stets ein vertragswidriger Zustand vor, wenn diese nicht ermöglicht wird, die Bereitstellung aber zuvor bereits einmal erfolgt ist. Außerdem liegt es auch im Interesse der Nutzer, bei nicht vorhandener Möglichkeit der Portabilität in den Genuss der von der Digitale-Inhalte-RL vorgesehenen Mängelrechte zu kommen. Bei einer nicht erfolgten Bereitstellung stünde ihnen lediglich das Recht auf Vertragsbeendigung zu (Art. 13 I DInh-RL).

b) Portabilität als Vertragsbestandteil

Für den vertragsgemäßen Zustand von digitalen Inhalten und digitalen Dienstleistungen sieht die Digitale-Inhalte-RL in kleinteiliger Aufzählung sowohl subjektive als auch objektive Merkmale vor.[1140] Im Gegensatz zum ursprünglichen Richtlinienentwurf der Kommission haben die subjektiven Merkmale gegenüber den objektiven keine Vorrangstellung, sondern beide stehen gleichwertig auf einer Stufe.[1141]

aa) Subjektive Anforderungen

Grundlage für die Bestimmung des vertragsgemäßen Zustands anhand der subjektiven Merkmale ist der zwischen den Anbietern und Verbrauchern geschlossene Vertrag. Zunächst sind – sofern überhaupt relevant und vorhanden – die konkreten vertraglichen Vereinbarungen über die Quantität,

---

1138 Erwägungsgrund 39 Warenkauf-RL.

1139 Erwägungsgrund 39 Warenkauf-RL.

1140 Nach Art. 6 DInh-RL sind für die Vertragsmäßigkeit außerdem Vorgaben zur Integration digitaler Inhalte und Dienstleistungen in die Umgebung des Verbrauchers (Art. 9 DInh-RL) sowie Beschränkungen durch Rechte Dritter (Art. 10 DInh-RL) zu berücksichtigen.

1141 Kritisch gegenüber dieser Gleichstellung, *Riehm/Abold*, ZUM 2018, 82, 85 f., 91; demgegenüber kritisch zur Subsidiarität der objektiven Anforderungen, *Spindler*, MMR 2016, 147, 152.

Qualität, Beschreibung, Dauer und Version, den Funktionsumfang, die Interoperabilität und sonstigen Leistungsmerkmale wie Zugänglichkeit, Kontinuität und Sicherheit maßgeblich (Art. 7 lit. a DInh-RL).[1142] Außerdem definieren, wie es Erwägungsgrund 42 der Digitale-Inhalte-RL explizit hervorhebt, vorvertragliche Informationen, die nach der Verbraucherrechte-RL 2011/83/EU fester Bestandteil des Vertrages sind, die subjektiven Anforderungen an die Vertragsmäßigkeit.[1143] Dies sind nach Art. 6 I, V Verbraucherrechte-RL, im deutschen Recht § 312d I 2 BGB i.V.m. Art. 246a EGBGB, vorvertragliche Informationen bei Fernabsatz- und außerhalb von Geschäftsräumen geschlossenen Verträgen. Nachdem diese per gesetzlicher Anordnung zum festen Vertragsbestandteil werden, waren sie auch bisher bei der Qualitätsbestimmung nach den §§ 434, 536, 633 BGB zu berücksichtigen.[1144]

Auf zweiter Stufe steht die Möglichkeit der Vereinbarung eines bestimmten Verwendungszwecks (Art. 7 lit. b DInh-RL). Die digitalen Inhalte und Dienstleistungen müssen sämtliche Merkmale aufweisen, die zur Erreichung dieses Zwecks notwendig sind. Daher wird durch das Festsetzen eines Verwendungszwecks ein ganzes „Beschaffenheitsspektrum" zum Vertragsinhalt.[1145]

Zuletzt sind entsprechend den Anforderungen des Vertrages Zubehör, Anleitungen sowie ein Kundendienst bereitzustellen und es haben die im Vertrag vorgesehenen Aktualisierungen zu erfolgen (Art. 7 lit. c, d DInh-RL).

bb) Anwendung auf die grenzüberschreitende Portabilität

Die Anbieter von VoD-Diensten werden mit den Abonnenten kaum einen speziellen Vertragszweck vereinbaren, dessen Spektrum an Beschaffenheitsmerkmalen auch die grenzüberschreitende Portabilität der Dienste umfasst. Natürlich liegt es in der Natur des Bereitstellungsvertrages, dass dieser auf die jederzeitige und innerhalb der EU – aufgrund der Portabilitätsverordnung – ortsungebundene Nutzungsmöglichkeit gerichtet ist. Allerdings bedeutet dies nicht die Vereinbarung eines bestimmten Zwecks, sondern dies ist der gesetzlich vorgeschriebene Nutzungsumfang.

Sofern die Anbieter die Möglichkeit der grenzüberschreitenden Portabilität durch wirksame Klauseln in die Nutzungsverträge oder die vorvertraglichen

1142 Erwägungsgrund 42 DInh-RL.

1143 Erwägungsgrund 42 DInh-RL.

1144 *Sänn et al.*, Status quo digitaler Inhalte in Deutschland, S. 31; *Riehm/Abold*, ZUM 2018, 82, 84.

1145 *Riehm/Abold*, ZUM 2018, 82, 84.

Informationen aufnehmen, begründen diese Vereinbarungen subjektive Anforderungen an die Vertragsmäßigkeit. Wie aus den Nutzungsbedingungen der großen VoD-Dienste hervorgeht, sprechen diese die grenzüberschreitende Nutzbarkeit ihres Dienstes jedoch meist überhaupt nicht an, womit sich hinsichtlich der grenzüberschreitenden Portabilität aus den Verträgen auch keinerlei spezielle subjektive Anforderungen an die Vertragsmäßigkeit ergeben.[1146]

cc) Objektive Anforderungen

Um die objektiven Anforderungen an die Vertragsmäßigkeit zu erfüllen, müssen sich die digitalen Inhalte und Dienstleistungen zum einen „für die Zwecke eignen, für die digitale Inhalte oder digitale Dienstleistungen derselben Art in der Regel genutzt werden". Sofern vorhanden, kann dabei auch auf nationale und europäische Rechtsvorschriften sowie technische Normen und Verhaltenskodizes abgestellt werden (Art. 8 I lit. a DInh-RL). Außerdem müssen digitale Inhalte und Dienstleistungen der Quantität, den Eigenschaften und den Leistungsmerkmalen, wozu die Funktionalität, die Interoperabilität, Zugänglichkeit, Kontinuität und die Sicherheit zählen, entsprechen, die bei gleichartigen digitalen Inhalten und Dienstleistungen üblich sind und die der Verbraucher mit Blick auf die Art der digitalen Inhalte und Dienstleistungen vernünftigerweise erwarten kann (Art. 8 I lit. b DInh-RL). Zudem haften die Unternehmer sowohl für eigene öffentliche Äußerungen – meist in Form von Werbung – als auch für die der Hersteller (Art. 8 I lit. b DInh-RL).[1147] Für Verträge, welche die fortlaufende Bereitstellung digitaler Inhalte über einen bestimmten Zeitraum zum Gegenstand haben, wie es im Rahmen sämtlicher Abonnements von Streaming-Diensten der Fall ist, sieht die Digitale-Inhalte-RL in ihrem Art. 8

1146 Nutzungsbedingungen von Netflix, Stand: 20.12.2019, abrufbar: https://help.netflix.com/legal/termsofuse; Nutzungsbedingungen von Amazon Prime Video, Stand: 27.5.2020, abrufbar: https://bit.ly/2tVta8X; beispielhaft für einen rein deklaratorischen Hinweis auf die Portabilitätsverordnung, siehe die AGB von Sky Deutschland, Abschnitt 3.5, Stand: Dezember 2019, abrufbar: https://bit.ly/2BK7jZL; AGB von Maxdome, Abschnitt 3.2, Stand: 21.1.2019, abrufbar unter: https://www.maxdome.de/agb.

1147 Ausführlich zur objektiven Vertragsmäßigkeit im Rahmen des Kompromissvorschlags des Rates, siehe *Riehm/Abold*, ZUM 2018, 82, 85; *Kindl* in: ders./Arroyo Vendrell/Gsell, Verträge über digitale Inhalte und digitale Dienstleistungen, S. 63, 76 ff.; zum Kommissionsentwurf, siehe *Schmidt-Kessel et al.*, GPR 2016, 54, 65 f.; *Spindler*, MMR 2016, 147, 151 ff.; *Staudenmayer*, NJW 2016, 2719, 2721 f.

IV vor, dass während des gesamten Zeitraums ein vertragsgemäßer Zustand vorliegen muss.

dd) Anwendung auf die grenzüberschreitende Portabilität

Indem die Portabilitätsverordnung die Anbieter sämtlicher Online-Inhaltedienste dazu verpflichtet, den Abonnenten die grenzüberschreitende Portabilität der Dienste zu ermöglichen, wird die Möglichkeit der Portabilität zu einer Eigenschaft bzw. einem Leistungsmerkmal, das bei gleichartigen Online-Diensten üblich ist und von den Abonnenten vernünftigerweise erwartet werden kann (Art. 8 I lit. b DInh-RL).[1148] Außerdem bezieht Art. 8 I lit. a DInh-RL europäische Normen, die Vorgaben für digitale Inhalte und Dienstleistungen enthalten, in den Kreis der objektiven Anforderungen an deren Vertragsmäßigkeit ein, um dadurch den Zweck zu bestimmen, für den digitale Inhalte und Dienstleistungen derselben Art in der Regel genutzt werden und für den sich die digitalen Inhalte und Dienstleistungen daher auch im konkreten Fall eignen müssen. Damit definieren die Vorgaben der Portabilitätsverordnung unmittelbar die objektiven Anforderungen an die Vertragsmäßigkeit von Online-Inhaltediensten.[1149] Das gilt sowohl für die generelle Möglichkeit der grenzüberschreitenden Portabilität als auch für die Vorgaben zu Nutzungsumfang und -qualität. Ein Verstoß gegen die Vorgaben der Portabilitätsverordnung führt infolgedessen zu einem vertragswidrigen Zustand im Sinne des Art. 8 I lit. a, b DInh-RL.[1150] Bei Verträgen über die Bereitstellung digitaler Inhalte und Dienstleistungen über einen bestimmten Zeitraum haftet der Unternehmer für jede Vertragswidrigkeit, die während der Vertragslaufzeit auftritt (Art. 11 III UA 1 DInh-RL).[1151]

Art. 22 I DInh-RL sieht vor, dass sämtliche Vertragsklauseln, welche die Anwendung nationaler Normen zur Umsetzung der Digitale-Inhalte-RL zum Nachteil des Verbrauchers ausschließen oder von diesen abweichen, für den Verbraucher nicht bindend sind. Dadurch ist gewährleistet, dass die objektiven Anforderungen an die Vertragsmäßigkeit nicht durch vertragliche Vereinbarungen abbedungen werden können. Darüber hinaus gewährleistet der

1148 *Grünberger*, AcP 218 (2018), 213, 264.

1149 Vgl. *Grünberger*, AcP 218 (2018), 213, 264.

1150 Ähnlich *Specht*, Diktat der Technik, S. 36.

1151 Die Frage des relevanten Zeitpunktes der Vertragsmäßigkeit stellt sich damit nicht mehr. Zu dieser Problematik, siehe *Sänn et al.*, Status quo digitaler Inhalte in Deutschland, S. 34 ff.

zwingende Charakter der Portabilitätsverordnung, dass die Vorgaben der Portabilitätsverordnung selbst keiner vertraglichen Einschränkung zugänglich sind. Durch diesen doppelt zwingenden Charakter der gesetzlichen Vorgaben wird sichergestellt, dass zum einen nicht auf die Art und Weise der Bestimmung des vertragsgemäßen Zustands Einfluss genommen werden kann und zum anderen nicht auf den Inhalt der objektiven Anforderungen selbst. Wären entweder nur die Vorgaben aus der Portabilitätsverordnung oder die der Digitale-Inhalte-Richtlinie zwingend, wäre eine Mängelhaftung für Einschränkungen bei der grenzüberschreitenden Portabilität nicht sichergestellt.

c) Objektive Anforderungen der Portabilitätsverordnung

aa) Nutzung in derselben Form

Die Portabilitätsverordnung schreibt in Art. 3 I Portabilitäts-VO vor, dass Anbieter von Online-Inhaltediensten es ihren Abonnenten bei vorübergehenden Aufenthalten in anderen Mitgliedstaaten ermöglichen müssen, in derselben Form wie in ihrem Wohnsitzmitgliedstaat auf die Online-Inhaltedienste zugreifen und diese nutzen zu können. Das Erfordernis derselben Form wird dahingehend konkretisiert, dass unter anderem der Zugriff auf dieselben Inhalte, für dieselben Arten und dieselbe Anzahl an Geräten, für dieselbe Zahl von Nutzern und mit demselben Funktionsumfang ermöglicht werden muss. Entgegen der Formulierung in den Erwägungsgründen, wonach die Anbieter die grenzüberschreitende Portabilität entsprechend dieser Vorgaben lediglich ermöglichen „sollten“,[1152] sind diese zwingend.[1153] Ohne diese „Gleichwertigkeitsklausel“[1154] ließe sich der Zweck der Portabilitätsverordnung, dass Nutzer innerhalb der EU ohne Einschränkungen auf ihre im Heimatland abonnierten Online-Inhaltedienste zugreifen können und im Geltungsbereich der Verordnung ein digitaler Binnenmarkt besteht, nicht erreichen. Damit würde sich eine Grenzüberschreitung negativ bemerkbar machen und die zunehmende Digitalisierung würde zu einer Verschlechterung der Position der Verbraucher führen.

Die Aufzählung in Art. 3 I Portabilitäts-VO, welche dieselbe Form konkretisiert, ist nicht abschließend, wie aus der Formulierung „unter anderem“

1152 Erwägungsgrund 21 Portabilitäts-VO.

1153 Ebenfalls von einer Pflicht ausgehend, *Engels/J. B. Nordemann*, in: Fromm/Nordemann, Art. 3 Portabilitäts-VO Rn. 5.

1154 Zu dieser Begrifflichkeit, siehe *Engels/J. B. Nordemann*, in: Fromm/Nordemann, Art. 3 Portabilitäts-VO Rn. 5.

hervorgeht.[1155] Dies bestätigt der Grundsatz des *effet utile*, nach dem sich die Gleichwertigkeit auf sämtliche Merkmale eines Online-Inhaltedienstes erstrecken muss, damit für die Anbieter und Rechteinhaber keine Möglichkeit besteht, Abonnenten durch funktionale oder qualitative Einschränkungen des Online-Inhaltedienstes von dessen grenzüberschreitender Nutzung abzuhalten und den Zweck der Portabilitätsverordnung auszuhöhlen.[1156] Demnach erfordert die Bereitstellung in derselben Form zum Beispiel auch, dass im Ausland die gleichen Inhalte zur Offline-Nutzung zur Verfügung stehen und die gleichen Sprachfassungen verfügbar sind, wie im Wohnsitzmitgliedstaat des Abonnenten. Vertragliche Vereinbarungen zwischen Anbietern und Rechteinhabern, den Abonnenten im Ausland nur die Sprachfassung der im jeweiligen Wohnsitzmitgliedstaat gesprochenen Sprache verfügbar zu machen, um dadurch den Anreiz für einen Missbrauch der Portabilitätsverordnung zu reduzieren, sind daher unzulässig.

Die Vorgaben zur Nutzung in derselben Form definieren als objektive Anforderungen an die Vertragsmäßigkeit im Sinne des Art. 8 I lit. a, b DInh-RL den vertragsgemäßen Zustand der Bereitstellung. Ein Verstoß gegen die Gleichwertigkeitsklausel begründet daher sowohl einen vertragswidrigen Zustand als auch einen Verstoß gegen die Vorgaben der Portabilitätsverordnung, wie es Erwägungsgrund 21 der Portabilitätsverordnung explizit hervorhebt.

bb) Zulässigkeit geringerer Qualitätsstandards

Bei der Qualität der breitgestellten Inhalte macht die Portabilitätsverordnung eine ausdrückliche Einschränkung. Nach Art. 3 III 1 Portabilitäts-VO ist der Anbieter nicht verpflichtet, die Online-Inhalte in der Qualität bereitzustellen, in der er sie im Wohnsitzmitgliedstaat des Abonnenten bereitstellt. Aus Erwägungsgrund 22 der Portabilitätsverordnung geht hervor, dass diese Einschränkung die Anbieter nur davor schützt, die Inhalte in einer besseren Qualität bereitstellen zu müssen, als es der lokale Internetzugang des Landes, in dem sich der Abonnent gerade aufhält, erlaubt. Soweit eine ausreichende Bandbreite verfügbar ist, schulden die Anbieter eine Bereitstellung der Inhalte in der im Heimatland verfügbaren Qualität. Die Einschränkung basiert laut Erwägungsgrund 22 der Portabilitätsverordnung auf der wirtschaftlichen Überlegung,

---

1155 *Engels/J. B. Nordemann*, in: Fromm/Nordemann, Art. 3 Portabilitäts-VO Rn. 5.

1156 *Riesenhuber*, in: ders., Europäische Methodenlehre, § 10 Rn. 45; *Henninger*, Europäisches Privatrecht und Methode, S. 289; siehe dazu auch Erwägungsgrund 21 Portabilitäts-VO.

dass es zu hohen Kosten für die Anbieter und damit zugleich indirekt für die Abonnenten führen würde, wenn die Bereitstellung der Online-Inhaltedienste der im Wohnsitzmitgliedstaat verfügbaren Qualität entsprechen müsste. Abgesehen von dieser wirtschaftlichen Überlegung wäre es den Anbietern selbst unter enormem Kostenaufwand praktisch nicht möglich, die Inhalte in einer höheren Qualität bereitzustellen, als es der lokale Internetzugang zulässt.[1157] In der Portabilitätsverordnung ist nicht ausdrücklich festgeschrieben, wie die Vorgabe, dass die Bereitstellungsqualität nur der technisch möglichen Qualität entsprechen muss, rechtlich einzuordnen ist. Es könnte sich dabei zum einen um eine Einschränkung der Hauptleistungspflicht und zum anderen um eine Haftungsbeschränkung handeln.

Im Falle einer Haftungsbeschränkung würde sich die Hauptleistungspflicht zwar auf den im Wohnsitzmitgliedstaat des Nutzers verfügbaren Qualitätsstandard beziehen, da die Nutzung in derselben Form ermöglicht werden muss. Der Anbieter könnte aufgrund einer schlechteren Qualität jedoch nicht in Anspruch genommen werden. Für eine Einordnung als Haftungsbeschränkung spricht Erwägungsgrund 22 der Portabilitätsverordnung, wonach der Anbieter für eine schlechtere Qualität „nicht haften" sollte.

Zum anderen könnte sich die Einschränkung unmittelbar auf die vertragliche Hauptleistungspflicht auswirken, sodass sich diese außerhalb des Wohnsitzmitgliedstaates bereits nicht auf die Bereitstellung in der im Wohnsitzmitgliedstaat verfügbaren Qualität bezieht, sondern nur auf diejenige, die in dem Mitgliedstaat des momentanen Aufenthalts technisch verfügbar ist. In diesem Fall läge bei einer Bereitstellung in schlechterer Qualität dennoch eine vertragsgemäße Leistung vor. Der Wortlaut des Art. 3 III 1 Portabilitäts-VO legt eine solche Einordnung nahe. Danach erstreckt sich die Verpflichtung zur Gewährleistung der grenzüberschreitenden Portabilität nicht auf die Qualitätsanforderungen, denen der Anbieter im Wohnsitzmitgliedstaat unterliegt. Dies überzeugt auch mit Blick auf das Regelungsregime der Digitale-Inhalte-RL. Die Portabilitätsverordnung definiert durch diese Einschränkung die objektiven Anforderungen an die Vertragsmäßigkeit, sodass eine schlechtere Bereitstellungsqualität bei vorübergehenden Auslandsaufenthalten keinen

1157 Zum technischen Hintergrund, wie es im Rahmen der Bereitstellung digitaler Inhalte und Dienstleistungen zu Qualitätseinschränkungen kommen kann, siehe *Sänn/Pampel/del Monego*, in: Schmidt-Kessel/Kramme, Geschäftsmodelle in der digitalen Welt, S. 167, 180 ff.

vertragswidrigen Zustand begründet. Den Abonnenten stehen in diesem Fall daher keine Mängelrechte gegenüber den Diensteanbietern zu.

cc) Qualitätsgarantie und Verbot künstlicher Verschlechterung

Eine Gegenausnahme zur Einschränkung der Bereitstellungsqualität in anderen Mitgliedstaaten sieht die Portabilitätsverordnung für den Fall vor, dass der Anbieter dem Abonnenten eine bestimmte Qualität beim Zugriff während eines vorübergehenden Auslandsaufenthalts garantiert hat (Art. 3 III 1 2. HS. Portabilitäts-VO).[1158] Eine solche Qualitätsgarantie wäre eine subjektive Anforderung an die Vertragsmäßigkeit im Sinne des Art. 7 lit. a DInh-RL. Nachdem die in einem Mitgliedstaat verfügbare Qualität von zahlreichen Faktoren wie unter anderem dem Netzausbau und der Netzauslastung abhängt, wird jedoch kein Anbieter das Risiko eingehen, eine bestimmte Qualität der Bereitstellung bei Auslandsaufenthalten zuzusichern und sich damit möglichen Ansprüchen der Nutzer aussetzen, sollte die Qualität doch geringer sein.[1159]

Darüber hinaus betont die Portabilitätsverordnung in Art. 3 III 2 ausdrücklich, dass die Anbieter die Qualität der Bereitstellung keinesfalls künstlich herabsetzen dürfen. Im Regelungsregime der Digitale-Inhalte-RL läge in diesem Fall ein vertragswidriger Zustand vor, da die Qualität nicht mehr der im Ausland technisch verfügbaren Qualität entspräche, also dem Qualitätsstandard, den Art. 3 III 1 Portabilitäts-VO als objektive Anforderung an die Vertragsmäßigkeit definiert.

dd) Informationspflichten

Zuletzt sind die Anbieter nach Art. 3 IV Portabilitäts-VO verpflichtet, auf Grundlage der ihnen zur Verfügung stehenden Informationen den Abonnenten mitzuteilen, in welcher Qualität die Inhalte im Ausland zur Verfügung gestellt werden. Aus Erwägungsgrund 22 der Portabilitätsverordnung geht hervor, dass sie dafür nicht aktiv ermitteln müssen, in welcher Qualität die Inhalte in den einzelnen Mitgliedstaaten verfügbar sind. Vielmehr genügt ein Hinweis, zum Beispiel auf der Webseite des Anbieters, dass die verfügbare Qualität beim Zugriff außerhalb des Wohnsitzmitgliedstaates schlechter sein kann als im Heimatland.[1160]

1158 Erwägungsgrund 22 Portabilitäts-VO.

1159 Ähnlich *Engels/J. B. Nordemann*, in: Fromm/Nordemann, Art. 3 Portabilitäts-VO Rn. 6.

1160 Ausführlich zu den Informationspflichten nach Art. 3 IV Portabilitäts-VO, siehe *Engels/J. B. Nordemann*, in: Fromm/Nordemann, Art. 3 Portabilitäts-VO Rn. 7.

Nicht geregelt ist, welcher Zusammenhang zwischen der Informationspflicht des Anbieters in Art. 3 IV Portabilitäts-VO und der Einschränkung der Hauptleistungspflicht in Art. 3 III 1 Portabilitäts-VO besteht. Denkbar wäre, dass diese nur gilt, wenn der Anbieter die Abonnenten zuvor auf die Möglichkeit einer schlechteren Qualität hingewiesen hat. Dafür spricht das berechtigte Interesse der Abonnenten, darüber informiert zu werden, in welcher Qualität die Inhalte ihres Abonnements im Ausland bereitgestellt werden. Zugleich ist die Schutzwürdigkeit der Anbieter eingeschränkt, da sie ohne Aufwand auf die potenziell schlechtere Qualität im Ausland hinweisen könnten. Allerdings steht der klare Wortlaut des Art. 3 III 1 Portabilitäts-VO einer solchen Rechtsfolge bei einem Verstoß gegen die Informationspflicht entgegen. Anbieter hätten dann trotz des eindeutigen Wortlauts für eine schlechtere Bereitstellungsqualität in anderen Mitgliedstaaten einzustehen. Damit haben die Anbieter unabhängig davon, ob sie ihrer Pflicht zur Information über eine potenziell schlechtere Bereitstellungsqualität im Ausland entsprechen, aufgrund des Art. 3 III 1 Portabilitäts-VO für eine schlechtere Bereitstellungsqualität in anderen Mitgliedstaaten nicht einzustehen.

Meist wird der gesetzlichen Einschränkung der Hauptleistungspflicht für die Bereitstellungsqualität in anderen Mitgliedstaaten ohnehin keine Relevanz zukommen, da sie nur Bedeutung hat, wenn eine bestimmte Bereitstellungsqualität für den Wohnsitzmitgliedstaat zum vertraglich geschuldeten Leistungsprogramm zählt. Sofern für die Bereitstellung im Wohnsitzmitgliedstaat vertraglich keine bestimmte Qualität geschuldet ist, erfordert eine vertragsgemäße Leistung auch für die Bereitstellung in anderen Mitgliedstaaten keine bestimmte Qualität. Schließlich ist die Portabilität gemäß Art. 3 I Portabilitäts-VO in „derselben Form" zu ermöglichen, sodass die Anbieter im Rahmen der Portabilität keinen strengeren Anforderungen unterliegen als im Wohnsitzmitgliedstaat des Abonnenten. Mit Blick darauf, dass die verfügbare Qualität maßgeblich von der verfügbaren Internetgeschwindigkeit abhängt, die außerhalb des Einflussbereichs der Anbieter liegt,[1161] werden diese auch im Wohnsitzmitgliedstaat eines Abonnenten allenfalls zusichern, dass sie eine bestimmte Bereitstellungsqualität anbieten, nicht jedoch, dass diese immer und überall verfügbar ist.[1162] Werben Anbieter dagegen mit einer bestimmten

---

1161 Aus diesem Grund ist die Internetverbindung grundsätzlich der Risikosphäre der Abonnenten zuzuordnen, siehe dazu *Wicker*, MMR 2012, 783, 787.

1162 So ebenfalls *Engels/J. B. Nordemann*, in: Fromm/Nordemann, Art. 3 Portabilitäts-VO Rn. 6.

Bereitstellungsqualität, kann diese gem. Art. 8 I lit. b DInh-RL zum Inhalt der vertraglich geschuldeten Leistung werden.[1163] Dies ist wohl der einzig praktisch relevante Fall, in dem eine bestimmte Bereitstellungsqualität überhaupt zum vertraglichen Leistungsprogramm zählt.

Bei Verletzung der gesetzlich normierten Aufklärungspflicht aus Art. 3 IV Portabilitäts-VO wäre damit allenfalls ein Anspruch auf Schadensersatz denkbar.[1164] Nachdem in diesem Fall nicht an die schlechte Qualität als Pflichtverletzung, sondern die fehlende Aufklärung angeknüpft wird, bestünde auch kein Konflikt mit Art. 3 III 1 Portabilitäts-VO. Allerdings müsste dem Abonnenten durch die Informationspflichtverletzung ein Schaden entstanden sein. Es ist wohl in den seltensten Fällen vorstellbar, dass ein Abonnent einen Vertrag nicht abgeschlossen hätte, wenn er zuvor auf eine möglicherweise schlechtere Bereitstellungsqualität im Ausland hingewiesen worden wäre. In diesem Fall wäre der Vertrag nach nationalem Recht über § 249 BGB rückgängig zu machen.[1165] Ein sonstiger Schaden der Abonnenten ist nicht ersichtlich. Damit bleibt ein Verstoß gegen die Hinweispflicht der Anbieter aus Art. 3 IV Portabilitäts-VO letztlich folgenlos. Ein Verstoß könnte allenfalls wettbewerbsrechtliche Konsequenzen haben.[1166]

d) Vertraglicher Gestaltungsspielraum

Durch den zwingenden Charakter sowohl der Vorgaben, welche die Digitale-Inhalte-RL umsetzen, als auch der Portabilitätsverordnung verbleibt den Vertragsparteien kaum ein vertraglicher Gestaltungsspielraum. Die einzige Möglichkeit, wie mit vertraglichen Vereinbarungen auf die Verpflichtung einer ständigen grenzüberschreitenden Zugriffsmöglichkeit auf Online-Inhaltedienste Einfluss genommen werden kann, ist die Vereinbarung sogenannter Service-Level-Agreements. Dies sind Vereinbarungen, welche die Rechte und Pflichten der Parteien in qualitativer und quantitativer Hinsicht konkretisieren und damit auch die Erreichbarkeit und Bereitstellungsqualität der Dienste regeln.[1167] Darin besteht nicht unbedingt ein Verstoß gegen die Vorgaben der

---

1163 Zur Bedeutung von Werbeaussagen für die vertraglich geschuldete Bereitstellungsqualität, siehe *Sänn et al.*, Status quo digitaler Inhalte in Deutschland, S. 33 f.

1164 Allgemein zur Verletzung von Aufklärungspflichten aus § 241 BGB, siehe *Bachmann*, in: MüKo BGB, § 241 BGB Rn. 121 ff.

1165 *Bachmann*, in: MüKo BGB, § 241 BGB Rn. 146.

1166 *Engels/J. B. Nordemann*, in: Fromm/Nordemann, Art. 3 Portabilitäts-VO Rn. 10.

1167 *von dem Bussche/Schelinski*, in: Leupold/Glossner, IT-Recht, Teil 1. Rn. 26 ff.; *Eckhardt*, in: Köhler-Schute, Software as a Service, S. 114, 126 ff.; *Intveen/Hilber/Rabus*, in: Hilber, Cloud Computing, Teil 2 Rn. 196 ff.; *Meents*, in: Borges/Meents, Cloud

Portabilitätsverordnung, da die Diensteanbieter nur verpflichtet sind, den Abonnenten die Nutzung der Dienste bei Auslandsaufenthalten in der Form zu ermöglichen, in der sie in ihrem Wohnsitzmitgliedstaat verfügbar sind. „Dieselbe Form" umfasst sämtliche vertraglichen Vereinbarungen zur generellen Erreichbarkeit und Qualität des Dienstes, die für die Bereitstellung des Dienstes im Wohnsitzmitgliedstaat gelten. Daher führen Einschränkungen der Nutzungsmöglichkeit im Rahmen der grenzüberschreitenden Portabilität, die für die Nutzung im Wohnsitzmitgliedstaat zulässig vereinbart werden können, zu keinem Verstoß gegen die Zugangsverschaffungspflicht des Art. 3 I Portabilitäts-VO.

aa) Portabilität und Verfügbarkeitsquoten

Obwohl die Portabilitätsverordnung – wie soeben erläutert – auf die Zulässigkeit von allgemeinen Klauseln über die Erreichbarkeit grundsätzlich keine Auswirkung hat, da jede zulässige Beschränkung, die im Wohnsitzmitgliedstaat der Abonnenten gilt, über die Gleichwertigkeitsklausel des Art. 3 I Portabilitäts-VO auch im Rahmen der grenzüberschreitenden Portabilität gilt, setzt die Portabilitätsverordnung Vereinbarungen über die generelle Erreichbarkeit dennoch eine Grenze. Solche begründen einen Verstoß gegen die Vorgaben der Portabilitätsverordnung, wenn die Dauer einer zulässigen Zugangsunterbrechung dazu in der Lage wäre, die nicht vorhandene Zugriffsmöglichkeit während eines Auslandsaufenthalts zu erfassen. Dies würde den Anbietern – natürlich abhängig von der Dauer des Auslandsaufenthalts – die Möglichkeit eröffnen, den Abonnenten die grenzüberschreitende Portabilität nicht zu ermöglichen, ohne dadurch gegen ihr vertraglich geschuldetes Leistungsprogramm zu verstoßen. Den Abonnenten stünden daher keinerlei Mängelgewährleistungsrechte zur Verfügung. Dies ließe sich mit Klauseln erreichen, die eine bestimmte monatliche oder jährliche Verfügbarkeitsquote vorsehen.

Solche Klauseln werden im Rahmen von Service-Level-Agreements verwendet, damit nicht jede Unterbrechung der Verfügbarkeit zu einer Vertragswidrigkeit führt.[1168] Zum Beispiel würde eine monatliche Verfügbarkeitsquote von 99,9 % einem Anbieter bereits ermöglichen, seinen Dienst monatlich für ca.

Computing, § 4 Rn. 121 ff., 147 ff.; *Kian*, Cloud Computing, S. 50; *Sänn et al.*, Status quo digitaler Inhalte in Deutschland, S. 42 f.; *Schumacher*, MMR 2006, 12 ff.

1168 *Eckhardt*, in: Köhler-Schute, Software as a Service, S. 114, 128 f.; *Meents*, in: Borges/Meents, Cloud Computing, § 4 Rn. 131 ff.; *Kian*, Cloud Computing, S. 50; *Schumacher*, MMR 2006, 12, 13 f.

45 Minuten nicht breitzustellen,[1169] was der typischen Länge einer Serienfolge entspricht. Je länger der Bezugszeitraum der Quote und damit die zulässige Nichtverfügbarkeit ist, desto einfacher könnten die Anbieter die grenzüberschreitende Portabilität gefahrlos nicht ermöglichen.[1170] Bei einer Verfügbarkeitsquote von 99 % pro Jahr läge die zulässige Nicht-Verfügbarkeit bei fast 4 Tagen.[1171] Besonders mit Blick darauf, dass Abonnenten bei Auslandsaufenthalten meist auch nicht unzählig viele Zugriffsversuche auf Online-Inhaltedienste vornehmen, sondern den Dienst nur zu bestimmten Zeitpunkten nutzen möchten, könnte bereits eine relativ kurze zulässige Nichtverfügbarkeitsdauer reichen, um die Portabilität zulässigerweise nicht zu ermöglichen, insbesondere bei kurzen Auslandsaufenthalten. Aus diesem Grund ist die vertragliche Vereinbarung von Verfügbarkeitsquoten mit einem langen Bezugszeitraum und ohne eine relativ kurz bemessene Obergrenze der zulässigen Ausfalldauer ein Verstoß gegen Art. 3 I Portabilitäts-VO und infolgedessen aufgrund des Art. 7 I Portabilitäts-VO unwirksam. Dadurch nimmt die Portabilitätsverordnung auf die allgemeine Bereitstellungsqualität von Online-Inhaltediensten Einfluss, obwohl dies nicht in ihren Regelungsbereich fällt. Dies ist jedoch erforderlich, um die praktische Wirksamkeit der Portabilitätsverordnung sicherzustellen. Wäre der Anwendungsbereich des Art. 7 I Portabilitäts-VO auf Klauseln beschränkt, welche die grenzüberschreitende Portabilität explizit ausschließen oder einschränken, könnten die Diensteanbieter mit allgemeinen Qualitätseinschränkungen, die sich nicht gezielt gegen die Möglichkeit der grenzüberschreitenden Portabilität richten, die Portabilität zulässigerweise einschränken. Der *effet utile* der Portabilitätsverordnung verlangt demnach einen weiten Anwendungsbereich des Art. 7 I Portabilitäts-VO, der sich auf sämtliche Vereinbarungen erstreckt, die in der Lage sind, einen Ausschluss der grenzüberschreitenden Portabilität für zulässig zu erklären. Dies gilt auch für Vereinbarungen, die primär ein anderes Ziel haben.

bb) Verfügbarkeitsquoten in der AGB-Kontrolle

Art. 7 I Portabilitäts-VO dürfte bei vertraglichen Verfügbarkeitsquoten überhaupt nicht zum Zuge kommen, da pauschale und starre Verfügbarkeitsquoten

1169 *Bedner*, Cloud Computing, S. 272.

1170 So zum Cloud Computing, *Schumacher*, MMR 2006, 12, 14; *Meents*, in: Borges/Meents, Cloud Computing, § 4 Rn. 135, 263.

1171 *Meents*, in: Borges/Meents, Cloud Computing, § 4 Rn. 263; *Roth-Neuschild*, ITRB 2012, 67, 69.

bereits einer Überprüfung anhand des nationalen Rechts – unabhängig von der Umsetzung der Digitale-Inhalte-RL – kaum Stand halten. Können sie schon die Verfügbarkeit im Wohnsitzmitgliedstaat nicht einschränkend regeln, haben sie auch im Rahmen der grenzüberschreitenden Portabilität keine Geltung.

Bisher hing die Zulässigkeit von Regelungen über die Erreichbarkeit von Online-Diensten nicht zuletzt von der vertragstypologischen Einordnung der Bereitstellungsverträge nach nationalem Recht und dem daraus resultierenden vertraglichen Leitbild ab.[1172] Bei Verträgen, die vertragstypologisch als Mietvertrag zu qualifizieren sind, ist ein dauerhafter, ununterbrochener Zugang zu den Diensten und deren durchgehende Nutzbarkeit eine wesentliche Pflicht, die zur Erreichung des Vertragszwecks notwendig ist,[1173] sodass eine Einschränkung in den AGB ausscheidet.[1174] Auch die Qualifizierung einer Verfügbarkeitsquote als Leistungsbeschreibung ändert nichts an deren Zulässigkeit. Leistungsbeschreibungen, die ausschließlich „Art, Umfang und Güte der geschuldeten Leistung festlegen", ohne dabei das Hauptleistungsversprechen zu modifizieren, einzuschränken oder auszugestalten, sind nach weit verbreiteter Auffassung in der Literatur und der Rechtsprechung des BGH keiner AGB-Kontrolle zugänglich.[1175] Der BGH ist bei der Annahme

1172 *Sänn et al.*, Status quo digitaler Inhalte in Deutschland, S. 42 f.; zum Zusammenhang zwischen Leistungsbeschreibung und Vertragstypologie, siehe auch *Intveen/Hilber/Rabus*, in: Hilber, Cloud Computing, Teil 2 Rn. 198.

1173 *Eckhardt*, in: Köhler-Schute, Software as a Service, S. 114, 121; *Sänn et al.*, Status quo digitaler Inhalte in Deutschland, S. 30 f., 43; *Intveen/Hilber/Rabus*, in: Hilber, Cloud Computing, Teil 2 Rn. 204, 219; *Justizministerium NRW*, Arbeitsgruppe „Digitaler Neustart", S. 185; *Kian*, Cloud Computing, S. 48; *Paul*, in: Niemann/Paul, Rechtsfragen des Cloud Computing, Kapitel 8 Rn. 81; *Redeker*, IT-Recht, Rn. 607; *Wicker*, MMR 2012, 783, 787; a.A. *Meents*, in: Borges/Meents, Cloud Computing, § 4 Rn. 261, der davon ausgeht, dass grundsätzlich nur eine Leistung mittlerer Art und Güte geschuldet ist (§ 243 I BGB), was keiner Verfügbarkeit von 100 % entspricht.

1174 *Sänn et al.*, Status quo digitaler Inhalte in Deutschland, S. 30 f., 43; *Justizministerium NRW*, Arbeitsgruppe „Digitaler Neustart", S. 185.

1175 BGH, Urt. v. 12.12.2000 – XI ZR 138/00, NJW 2001, 751, 752 m.w.N., wobei in der konkreten Entscheidung im Ergebnis eine kontrollfähige Leistungsnebenabrede vorlag; BGH, Urt. v. 28.03.2001 – IV ZR 19/00, NJW 2001, 1934, 1935; BGH, Urt. v. 13.07.1994 – IV ZR 107/93, NJW 1994, 2693, 2694; BGH, Urt. v. 21.04.1992 – IV ZR 33/92, NJW-RR 1993, 1049, 1050 m.w.N.; *Intveen/Hilber/Rabus*, in: Hilber, Cloud Computing, Teil 2 Rn. 203; *Kian*, Cloud Computing, S. 51; *Meents*, in: Borges/Meents, Cloud Computing, § 4 Rn. 131, 260 ff.; *Wurmnest*, in: MüKo BGB, § 307 BGB Rn. 13; zur Schwierigkeit der Abgrenzung von Leistungsbeschreibungen

einer Leistungsbeschreibung sehr restriktiv. Sobald das Hauptleistungsversprechen in einer Klausel entgegen einer gesetzlichen Regelung „oder der nach Treu und Glauben und nach der Verkehrssitte geschuldeten Leistung" ausgestaltet wird, unterliegt diese der Inhaltskontrolle.[1176] Damit verbleibt nach ständiger Rechtsprechung des BGH „für die der Überprüfung entzogene Leistungsbeschreibung nur der enge Bereich der Leistungsbezeichnungen, ohne deren Vorliegen mangels Bestimmtheit oder Bestimmbarkeit des wesentlichen Vertragsinhalts ein wirksamer Vertrag nicht angenommen werden kann."[1177] Soweit man eine AGB-Kontrolle – wie es in der Literatur zum Teil vertreten wird – nur zulassen würde, wenn eine vertraglich zugesicherte Leistung im Rahmen der Haftungs- oder Gewährleistungsregelungen eingeschränkt wird,[1178] hinge die Zulässigkeit einer Klausel nur noch von einer geschickten Vertragsgestaltung ab. Kritisch ist daran zu sehen, dass es nicht mehr darauf ankäme, inwieweit durch Vertragsbestimmungen von einem gesetzlich normierten vertragstypologischen Leitbild abgewichen wird und Verbraucher als strukturell unterlegene Partei unangemessen benachteiligt werden.[1179] Um die Wertungen der gesetzlichen Leitbilder nicht zu unterlaufen, müssen diese daher unabhängig von der vertraglichen Gestaltung der Maßstab für Klauseln sein, mit denen von ihnen abgewichen wird. Ausgehend vom gesetzlichen Leitbild des Mietvertrages halten pauschale

---

zu Haftungsausschlüssen und Leistungsmodifizierungen, siehe *von dem Bussche/Schelinski*, in: Leupold/Glossner, IT-Recht, Teil 1. Rn. 30; *Meents*, in: Borges/Meents, Cloud Computing, § 4 Rn. 260 f.; *Roth-Neuschild*, ITRB 2012, 67, 68.

1176 BGH, Urt. v. 30.06.1995 – V ZR 184/94, NJW 1995, 2637, 2638 m.w.N.; *Wurmnest*, in: MüKo BGB, § 307 BGB Rn. 13.

1177 BGH, Urt. v. 28.03.2001 – IV ZR 19/00, NJW 2001, 1934, 1935 m.w.N.; BGH, Urt. v. 22.11.2000 – IV ZR 235/99, NJW 2001, 1132, 1133 m.w.N.; BGH, Urt. v. 13.07.1994 – IV ZR 107/93, NJW 1994, 2693, 2694 m.w.N.; BGH, Urt. v. 21.04.1992 – IV ZR 33/92, NJW-RR 1993, 1049, 1050 m.w.N.

1178 *Meents*, in: Borges/Meents, Cloud Computing, § 4 Rn. 261; so im Ergebnis auch *von dem Bussche/Schelinski*, in: Leupold/Glossner, IT-Recht, Teil 1. Rn. 30; *Kian*, Cloud Computing, S. 51; *Marly*, Praxishandbuch Softwarerecht, Rn. 1108 f.; *Peter*, CR 2005, 404, 410 f.; *Pohle/Ammann*, CR 2009, 273, 275; *Pohle/Ammann*, K&R 2009, 625, 627; *Roth-Neuschild*, ITRB 2012, 67, 68.

1179 *Pech*, On-Demand-Streaming-Plattformen, S. 328 sieht in einer geografischen Einschränkung der Zugriffsmöglichkeit überhaupt keine Leistungsbeschreibung, sondern eine Einschränkung der Zugangsverschaffungspflicht, womit der Anwendungsbereich der Inhaltskontrolle eröffnet sei.

Verfügbarkeitsquoten einer AGB-Kontrolle demnach nicht stand,[1180] da bei der Miete eine ununterbrochene Nutzungsmöglichkeit geschuldet ist.[1181]

Darüber hinaus müssen sich Leistungsbeschreibungen am Transparenzgebot messen lassen (§ 307 III 2 BGB).[1182] Nachdem die Hauptleistungspflicht bei der Miete auf die permanente Zugänglichkeit der Dienste gerichtet ist, steht eine pauschale Einschränkung in diametralem Widerspruch zu dieser, womit sie intransparent ist.[1183]

Zum selben Ergebnis gelangt man bei einer werkvertraglichen Zuordnung, da ein Anbieter hier gleichermaßen wie bei einem Mietvertrag als Erfolg die ununterbrochene Bereitstellung der Dienste schuldet. Aus diesem Grund ist bei der Bereitstellung digitaler Inhalte und Dienstleistungen über einen bestimmten Zeitraum – soweit diese als Werkvertrag einzuordnen sind – auch von einem Dauerwerkvertrag zu sprechen.[1184]

Bei einer dienstvertraglichen Zuordnung erstreckt sich die vertraglich geschuldete Leistung allerdings nur auf ein Bemühen der Bereitstellung – ein konkreter Erfolg ist nicht Gegenstand des vertraglich geschuldeten Leistungsprogramms.[1185] Die Festlegung einer pauschalen Erreichbarkeitsquote, die unabhängig von der Ursache für sämtliche Zugangsunterbrechungen gilt, wäre für die Nutzer der Dienste jedoch ebenfalls intransparent und infolgedessen unwirksam, da aus den Vertragsbestimmungen nicht klar und verständlich hervorginge, zu welchem genauen Zeitpunkt, aus welchem Grund und wie lange ein Dienst nicht verfügbar sein darf.[1186]

1180 *Justizministerium NRW*, Arbeitsgruppe „Digitaler Neustart“, S. 185.

1181 *Eckhardt*, in: Köhler-Schute, Software as a Service, S. 114, 118 ff.; *Sänn et al.*, Status quo digitaler Inhalte in Deutschland, S. 30 f.; 43; *Intveen/Hilber/Rabus*, in: Hilber, Cloud Computing, Teil 2 Rn. 204, 219; *Justizministerium NRW*, Arbeitsgruppe „Digitaler Neustart“, S. 185; *Kian*, Cloud Computing, S. 48; *Paul*, in: Niemann/Paul, Rechtsfragen des Cloud Computing, Kapitel 8 Rn. 81; *Wicker*, MMR 2012, 783, 787.

1182 *Sänn et al.*, Status quo digitaler Inhalte in Deutschland, S. 43; *Intveen/Hilber/Rabus*, in: Hilber, Cloud Computing, Teil 2 Rn. 203; *Marly*, Praxishandbuch Softwarerecht, Rn. 1109; *Meents*, in: Borges/Meents, Cloud Computing, § 4 Rn. 263; *Roth-Neuschild*, ITRB 2012, 67, 69.

1183 *Sänn et al.*, Status quo digitaler Inhalte in Deutschland, S. 43.

1184 *Sänn et al.*, Status quo digitaler Inhalte in Deutschland, S. 37.

1185 Allerdings wird ein Anbieter dadurch nicht von jeder Erfolgspflicht entbunden, siehe dazu *Härting*, CR 2001, 37, 38 f.

1186 *Auer-Reinsdorff*, in: ders. /Conrad, § 21 Rn. 24; *Sänn et al.*, Status quo digitaler Inhalte in Deutschland, S. 43; ähnlich *Meents*, in: Borges/Meents, Cloud

cc) *Auswirkungen der Digitale-Inhalte-RL*

An der Unzulässigkeit pauschaler Verfügbarkeitsquoten wird auch die Umsetzung der Digitale-Inhalte-RL nichts ändern. Diese normiert bei Verträgen über die Bereitstellung digitaler Inhalte und Dienstleistungen die erfolgreiche Bereitstellung als Vertragspflicht des Unternehmers.[1187] Ein gewisser vertraglicher Gestaltungsspielraum hinsichtlich der Erreichbarkeit ist in ihr jedoch angelegt. Sie sieht für kurzfristige Unterbrechungen der Verfügbarkeit eine Erheblichkeitsschwelle vor, die es für eine Vertragswidrigkeit zu überwinden gilt.[1188] Daraus geht hervor, dass keine Verfügbarkeit zu 100 % geschuldet ist, wie es bisher bei einer miet- oder werkvertraglichen Zuordnung der Fall war.[1189] Allerdings fehlt den in diesem Zusammenhang genannten Kriterien eine klare Kontur. Ab welcher Länge ist eine Verfügbarkeitsunterbrechung nicht mehr vernachlässigbar und reicht eine zweimalige Unterbrechung, damit diese wiederkehrend auftritt? Diese begriffliche Unbestimmtheit und die damit einhergehende Rechtsunsicherheit lässt sich mit entsprechenden vertraglichen Regelungen ausräumen, wobei solche eine Gratwanderung zwischen einer zulässigen Leistungsbeschreibung und einem unzulässigen Ausschluss des zwingenden Mängelgewährleistungsrechts bedeuten.

Wegen des geschuldeten Bereitstellungserfolgs würden pauschale Verfügbarkeitsquoten, wie bisher bei einer miet- oder werkvertraglichen Typologie der Bereitstellungsverträge, nach Umsetzung der Digitale-Inhalte-RL ins nationale Recht einer Überprüfung anhand des Transparenzgebots weiterhin nicht standhalten. Zudem wären diese nicht mit dem zukünftigen vertraglichen Leitbild der Bereitstellungsverträge vereinbar, da unabhängig von der Vertragstypologie ein Bereitstellungserfolg geschuldet ist und nur sehr kurze, nicht wiederkehrende Unterbrechungen zulässig sind.

Computing, § 4 Rn. 263; a.A. *Marly*, Praxishandbuch Softwarerecht, Rn. 1109; so wohl auch *Peter*, CR 2005, 404, 411.

1187 Siehe dazu *Grünberger*, AcP 218 (2018), 213, 237.

1188 Erwägungsgrund 51 DInh-RL.

1189 Zum Mietvertrag siehe *Eckhardt*, in: Köhler-Schute, Software as a Service, S. 114, 118 ff.; *Sänn et al.*, Status quo digitaler Inhalte in Deutschland, S. 30 f., 43; *Intveen/Hilber/Rabus*, in: Hilber, Cloud Computing, Teil 2 Rn. 204, 219; *Justizministerium NRW*, Arbeitsgruppe „Digitaler Neustart", S. 185; *Kian*, Cloud Computing, S. 48; *Paul*, in: Niemann/Paul, Rechtsfragen des Cloud Computing, Kapitel 8 Rn. 81; *Wicker*, MMR 2012, 783, 787; aufgrund des geschuldeten Erfolgs ist auch bei einer werkvertraglichen Zuordnung eine ununterbrochene Verfügbarkeit während der Vertragslaufzeit zu fordern.

Demnach stünde eine vertraglich vereinbarte Verfügbarkeitsquote, nach der längerfristige Zugangsunterbrechungen zulässig wären, mit der Digitale-Inhalte-RL sowie dem nationalen Recht, welches diese mit zwingendem Charakter umsetzt, in Konflikt. Nachdem die Digitale-Inhalte-RL nicht zwischen AGB und sonstigen Leistungsbeschreibungen differenziert, würde es der Vereinbarung solcher Verfügbarkeitsquoten auch nicht zur Wirksamkeit verhelfen, diese als vermeintlich AGB-feste Leistungsbeschreibungen einzuordnen.

Damit stehen sowohl die Vorgaben der Portabilitätsverordnung als auch die der Digitale-Inhalte-RL der Vereinbarung von pauschalen Verfügbarkeitsquoten entgegen, die dazu genutzt werden könnten, die grenzüberschreitende Portabilität von Online-Inhaltediensten ohne die Verletzung vertraglicher Pflichten nicht zu ermöglichen. Sofern sich eine Verfügbarkeitsquote im engen Rahmen des nach der Digitale-Inhalte-RL Zulässigen hält, ist sie jedenfalls nicht dazu in der Lage, den Zugriff auf einen Online-Inhaltedienst während eines Auslandsaufenthalts auszuschließen.

4. Beweislastverteilung

a) Beweislast des Anbieters

Die Digitale-Inhalte-RL sieht im Rahmen der Haftung des Unternehmers für Vertragswidrigkeiten eine Beweislastumkehr zugunsten der Verbraucher vor, die bei längerfristigen Verträgen über die Bereitstellung digitaler Inhalte und Dienstleistungen während der gesamten Vertragslaufzeit gilt (Art. 12 III DInh-RL). Die Beweislastumkehr basiert auf der Erwägung, dass die Unternehmer aufgrund ihres Fachwissens, dem Zugang zu Know-how und ihrer umfangreichen technischen Möglichkeiten deutlich besser in der Lage sind, den vertragsgemäßen Zustand von komplexen digitalen Inhalten und Dienstleistungen zu beurteilen.[1190]

Eine Ausnahme von dieser Beweislastumkehr sieht die Digitale-Inhalte-RL vor, wenn die digitale Umgebung des Verbrauchers hinsichtlich Interoperabilität und anderen technischen Anforderungen der digitalen Inhalte und Dienstleistungen nicht kompatibel ist und der Anbieter den Verbraucher

---

1190 Erwägungsgrund 59 DInh-RL; ausführlich zu den Möglichkeiten der Fehlerprüfung für die Abonnenten, siehe *Sänn/Pampel/del Monego*, in: Schmidt-Kessel/Kramme, Geschäftsmodelle in der digitalen Welt, S. 167, 187 ff., wobei sich zeigt, dass selbst grundlegende Methoden der Fehleridentifizierung nur von technisch versierten Nutzern angewandt werden können und die gefundenen Ergebnisse oftmals auch nur wenig Aussagekraft haben.

vor Vertragsschluss davon in Kenntnis gesetzt hat (Art. 12 IV DInh-RL).[1191] Um Transparenz zu gewährleisten, muss dies in eindeutiger und verständlicher Weise erfolgen. Darüber hinaus ist vorgesehen, dass Verbraucher mit den Anbietern zusammenarbeiten müssen, soweit dies notwendig ist, um die digitale Umgebung des Verbrauchers zu überprüfen und dadurch festzustellen, ob ein vertragswidriger Zustand während der Vertragslaufzeit vorlag (Art. 12 V 1 DInh-RL). Kommt ein Verbraucher dieser Kooperationspflicht nicht nach, obwohl ihn der Unternehmer vor Vertragsschluss in transparenter Weise darauf hingewiesen hat, entfällt die Beweislastumkehr und der Beweis für die Vertragswidrigkeit der digitalen Inhalte und Dienstleistungen obliegt dem Verbraucher (Art. 12 V 3 DInh-RL).[1192] Mit Blick auf diese Rechtsfolge ist daher entgegen der Terminologie in Art. 12 V 2 DInh-RL nicht von einer Kooperationspflicht, sondern einer Kooperationsobliegenheit zu sprechen.[1193] Um dem Schutz der Privatsphäre Rechnung zu tragen, beschränkt sich diese auf die technischen Mittel, die für den Verbraucher den geringsten Eingriff bedeuten (Art. 12 V 2 DInh-RL). In den Erwägungsgründen der Digitale-Inhalte-RL sind als Beispiele für solche Mittel automatisch erzeugte Berichte über Zwischenfälle sowie Details über die Internetverbindung, die dem Unternehmer zur Verfügung gestellt werden, aufgeführt.[1194] Einen direkten Zugriff auf seine digitale Umgebung gestattet ein Verbraucher einem Unternehmer nur in Ausnahmefällen, wenn keine anderen Mittel zur Verfügung stehen.[1195]

Zu den typischen technischen Problemen im Rahmen des Streamings, auf welche die eingeschränkte oder auch nicht vorhandene Nutzungsmöglichkeit der Dienste zurückzuführen ist, zählen eine zu geringe Bandbreite,[1196] eine fehlerhafte Konfiguration der Firewall, eine zu große Auslastung der CPU oder der Grafikkarte sowie der Paketverlust und die Paketverzögerung beim Transport der digitalen Inhalte über das Internet.[1197] Die Kooperationsobliegenheit der

1191 Kritisch *Riehm/Abold*, ZUM 2018, 82, 90.

1192 Zur Beweislastverteilung nach der DInh-RL, siehe auch *Riehm/Abold*, ZUM 2018, 82, 90; *Spindler* MMR 2016, 219, 220; *Staudenmayer*, NJW 2016, 2719, 2723.

1193 Von einer Kooperationspflicht sprechen zum Beispiel *Riehm/Abold*, ZUM 2018, 82, 90.

1194 Erwägungsgrund 60 DInh-RL.

1195 Erwägungsgrund 60 DInh-RL.

1196 Die Internetverbindung fällt grundsätzlich in den Risikobereich der Nutzer, siehe dazu *Wicker*, MMR 2012, 783, 787.

1197 *Sänn/Pampel/del Monego*, in: Schmidt-Kessel/Kramme, Geschäftsmodelle in der digitalen Welt, S. 167, 180, 182.

Nutzer kann den Anbietern durchaus dabei helfen, die Ursache von Einschränkungen der Nutzungsmöglichkeit ausfindig zu machen. Dafür eignen sich insbesondere die Möglichkeiten der Kooperation, die bereits in Erwägungsgrund 60 aufgeführt sind: automatisch erzeugte Berichte über Zwischenfälle und Details über die Internetverbindung.[1198] Die Berichte könnten Informationen darüber enthalten, ob die verfügbare Bandbreite für das Streaming zu gering war oder die Nutzung des Online-Inhaltedienstes aufgrund sonstiger technischer Komplikationen, die ihre Ursache im Abspielgerät des Abonnenten haben, nicht möglich war. Denkbar wäre auch die Installation einer Diagnose-App durch die Nutzer.[1199] Generell ist im Rahmen der Kooperation das Datenschutzrecht zu beachten, da Daten über die digitale Umgebung des Verbrauchers meist auch einen Personenbezug aufweisen.[1200] Ein vertraglicher Gestaltungsspielraum innerhalb dessen die Anbieter die Beweislastverteilung zu ihren Gunsten ändern können, scheidet aufgrund des zwingenden Charakters der Vorgaben der Digitale-Inhalte-RL bzw. der umsetzenden Gesetze aus.

b) Kein Haftungsrisiko für Anbieter

Anbieter von Online-Inhaltediensten sehen sich durch die Beweislastverteilung der Digitale-Inhalte-RL vor ein Problem gestellt. Kommt ein Anbieter durch die Verifizierung des Wohnsitzmitgliedstaates zutreffend zu dem Ergebnis, dass der Wohnsitzmitgliedstaat eines Abonnenten und der Mitgliedstaat, in dem dieser das Abonnement abgeschlossen hat, auseinanderfallen, ist der Anwendungsbereich der Portabilitätsverordnung nicht eröffnet. Der Anbieter ist nach Art. 3 I Portabilitäts-VO demnach nicht verpflichtet, die grenzüberschreitende Nutzung des Dienstes zu ermöglichen. Daher liegt ein vertragsgemäßer Zustand vor, obwohl der Online-Inhaltedienst nicht grenzüberschreitend nutzbar ist. Behauptet ein Nutzer aufgrund der nicht vorhandenen Möglichkeit der grenzüberschreitenden Portabilität, dass eine Vertragswidrigkeit bestehe, läge die Beweislast für die Vertragsmäßigkeit, also dem nicht eröffneten Anwendungsbereich der Portabilitätsverordnung, beim Anbieter. Die Überprüfungsmaßnahmen des Art. 5 I 1 Portabilitäts-VO erlauben es den Anbietern jedoch

---

1198 Zum Internet-Service-Provider als Ursache von Zugriffsbeschränkungen, siehe *Sänn/Pampel/del Monego*, in: Schmidt-Kessel/Kramme, Geschäftsmodelle in der digitalen Welt, S. 167, 194.

1199 Zur Nutzungsbereitschaft einer Diagnose-App, siehe *Sänn/Pampel/del Monego*, in: Schmidt-Kessel/Kramme, Geschäftsmodelle in der digitalen Welt, S. 167, 195 f.

1200 *Spindler*, MMR 2016, 219, 220.

nur, punktuell bestimmte Umstände zu überprüfen. Eine Überprüfung sämtlicher Umstände des Einzelfalls, die Aufschluss über den tatsächlichen Wohnsitz eines Abonnenten geben, ist damit nicht möglich. Daher können die Anbieter auch nicht beweisen, wo ein Abonnent seinen Wohnsitz hat.

Die Anbieter befinden sich aufgrund der Vermutungswirkung des Art. 2 Nr. 3 Portabilitäts-VO dennoch nicht in einer Haftungsfalle. Danach wird widerleglich vermutet, dass der Wohnsitzmitgliedstaat eines Abonnenten dem Ergebnis der Überprüfung entspricht. Auf den ersten Blick steht diese Vermutungswirkung mit Art. 12 III DInh-RL in Konflikt, da dieser eine Beweislastumkehr zugunsten der Verbraucher vorsieht. Allerdings entbindet die Vermutungswirkung des Art. 2 Nr. 3 Portabilitäts-VO die Anbieter nicht von der Beweislast für die Vermutungsbasis.[1201] Sie müssen demnach darlegen und beweisen, dass sie die Überprüfung des Wohnsitzmitgliedstaates entsprechend den Vorgaben der Portabilitätsverordnung vorgenommen haben und das Ergebnis der Überprüfung darauf hinwies, dass der Anwendungsbereich der Portabilitätsverordnung nicht eröffnet war. Nachdem die Anbieter die Beweislast der Vermutungsbasis tragen, steht die Vermutung in Einklang mit Art. 12 III DInh-RL. Soweit die ordnungsgemäße Überprüfung des Wohnsitzmitgliedstaates tatsächlich fehlerhaft war, obliegt es den Abonnenten, die Vermutung zu widerlegen. Dies überzeugt auch mit Blick darauf, dass die Anbieter lediglich von der Beweislast für einen Umstand befreit werden, über den sie aufgrund der strengen Vorgaben der Portabilitätsverordnung keine Aussage treffen können. Demgegenüber können die Abonnenten leicht darlegen und beweisen, dass ihr Wohnsitzmitgliedstaat dem Mitgliedstaat entspricht, in dem das Abonnement abgeschlossen wurde.

Die datenschutzrechtlichen Vorgaben der Portabilitätsverordnung erschweren es den Anbietern jedoch, den Beweis einer ordnungsgemäßen Überprüfung des Wohnsitzmitgliedstaates als Vermutungsbasis zu erbringen. In Art. 8 III 1 Portabilitäts-VO ist vorgesehen, dass die zum Zwecke der Überprüfung des Wohnsitzmitgliedstaates erhobenen Daten nicht länger aufbewahrt werden dürfen, als es für die Überprüfung des Wohnsitzmitgliedstaates notwendig ist. Nach Abschluss der Überprüfung sind die Daten unverzüglich und unwiderruflich zu vernichten (Art. 8 III 2 Portabilitäts-VO). Allerdings bezieht sich die Löschungspflicht dem Wortlaut nach nur auf gemäß „Artikel 5 erhobene Daten“. Wie es Erwägungsgrund 30 der Portabilitätsverordnung bestätigt, sind demnach nur solche Daten zu löschen, die ausschließlich zum Zwecke der

1201 Ausführlich dazu, siehe § 3 D. II.

Überprüfung des Wohnsitzmitgliedstaates erhoben wurden. Die Speicherung von Daten, die zu anderen legitimen Zwecken erhoben wurden, bleibt davon unberührt. Die Zahlungsinformationen der Abonnenten, die bei kostenpflichtigen Online-Inhaltediensten aufgrund des Gebots der Datenminimierung aus Art. 5 I lit. c DSGVO und des in Art. 5 I 1 sowie Art. 8 I 2 Portabilitäts-VO verankerten Verhältnismäßigkeitsgrundsatzes primär zur Überprüfung des Wohnsitzmitgliedstaates heranzuziehen sind,[1202] bleiben demnach von der Löschung verschont und können auch zum Beweis der Vermutungsbasis herangezogen werden. Darüber hinaus könnten die Anbieter, wie es bereits für das Rechtsverhältnis zwischen Anbietern und Rechteinhabern vorgeschlagen wurde,[1203] Prüfprotokolle anfertigen, die lediglich Aufschluss darüber geben, welche Überprüfungsmaßnahmen angewandt wurden und zu welchem Ergebnis diese führten. Die Daten der Überprüfung wären in diesen nicht enthalten. Darüber hinaus sind die Diensteanbieter während der Laufzeit des Bereitstellungsvertrages bei begründeten Zweifeln am Wohnsitzmitgliedstaat der Abonnenten nach Art. 5 II 1 Portabilitäts-VO berechtigt, die Überprüfung zu wiederholen. Begründete Zweifel bestehen, sobald ein Abonnent Ansprüche gegenüber einem Anbieter wegen der nicht vorhandenen Möglichkeit der Portabilität geltend macht oder darauf hinweist, dass ein vertragswidriger Zustand vorliege, da die Nutzung des Online-Inhaltedienstes im Ausland nicht möglich ist. Demnach ist eine Wiederholung der Überprüfung des Wohnsitzmitgliedstaates ab diesem Zeitpunkt zulässig. Das Ergebnis dieser wiederholten Überprüfung können die Anbieter anschließend zum Beweis der Vermutungsbasis, also einer ordnungsgemäßen Überprüfung, heranziehen.

5. *Durchsetzbarer Portabilitätsanspruch über das Mängelgewährleistungsrecht*

Bei einem vertragswidrigen Zustand sieht die Digitale-Inhalte-RL in ihrem Art. 14 II, III einen Anspruch des Verbrauchers gegen den Unternehmer auf unentgeltliche Herstellung des vertragsgemäßen Zustands der digitalen Inhalte und Dienstleistungen vor, nachdem dieser über die Vertragswidrigkeit in

1202 Ausführlich dazu, siehe § 3 C. VI. 1. c); Erwägungsgrund 27 der Portabilitätsverordnung betont explizit, dass ein Anbieter zur Überprüfung des Wohnsitzmitgliedstaates zunächst die Informationen heranziehen soll, über die er bereits verfügt, wie Abrechnungsdaten.

1203 Ausführlich dazu, siehe § 3 D. IV.

Kenntnis gesetzt wurde.[1204] Die Herstellung des vertragsgemäßen Zustands hat innerhalb einer angemessenen Frist und ohne erhebliche Unannehmlichkeiten für den Verbraucher zu erfolgen. Auf eine Differenzierung zwischen Nachbesserung und Ersatzlieferung wird verzichtet, da eine solche bei digitalen Inhalten und Dienstleistungen keinen Mehrwert schaffen, sondern den Anspruch unnötig verkomplizieren würde.[1205] Zielführend ist ein Anspruch, der auf das gewünschte Ergebnis gerichtet ist: die Herstellung des vertragsgemäßen Zustands.

Bei digitalen Inhalten und Dienstleistungen, die über einen bestimmten Zeitraum bereitgestellt werden, ist eine ununterbrochene Verfügbarkeit geschuldet, womit es sich bei der Bereitstellung um ein absolutes Fixgeschäft handelt; war der Zugriff auf die Inhalte und deren Nutzung zu einem bestimmten Zeitpunkt nicht möglich, kann die Bereitstellung zu diesem Zeitpunkt nicht mehr nachgeholt werden und die nachträgliche Beseitigung der Vertragswidrigkeit ist unmöglich.[1206] Dementsprechend ist der Sinn und Zweck des Vertrages bei VoD-Diensten die orts- und zeitunabhängige Nutzungsmöglichkeit der digitalen Inhalte und Dienstleistungen, sodass die Leistung zu einem späteren Zeitpunkt nicht mehr der ursprünglichen Leistung entsprechen würde, sondern eine ganz andere wäre.[1207] Die zukünftige Herstellung des vertragsgemäßen Zustands im Rahmen des Streamings, also die Beseitigung der Ursache für die Vertragswidrigkeit, ist jedoch nicht unmöglich, sodass der Anspruch auf Herstellung des vertragsgemäßen Zustands nicht gem. Art. 14 II DInh-RL wegen Unmöglichkeit ausgeschlossen ist. Den Verbrauchern stehen damit nicht nur Sekundärrechte wie das Recht auf Minderung oder auf Vertragsbeendigung nach Art. 14 IV DInh-RL zu, sondern sie können die vertragsgemäße

1204 Zum Vorrang der Nacherfüllung, siehe *Schmidt-Kessel et al.*, GPR 2016, 54, 66; *Gesell, in:* Kindl/Arroyo Vendrell/Gsell, Verträge über digitale Inhalte und digitale Dienstleistungen, S. 85, 87 f.

1205 *Staudenmayer*, NJW 2016, 2719, 2722.

1206 *Eginger*, ZUM 2017, 698, 705; *Meents*, in: Borges/Meents, Cloud Computing, § 4 Rn. 96; *Sänn et al.*, Status quo digitaler Inhalte in Deutschland, S. 119; die ausgeschlossene Nachholbarkeit einer Leistung, die über einen bestimmten Zeitraum geschuldet ist, führt z.B. auch im Rahmen von Miet- und Arbeitsverträgen zur Einordnung als absolute Fixschuld; ausführlich dazu, siehe *Ernst*, in: MüKo BGB, § 275 BGB Rn. 52; *Preis*, in: Müller-Glöge/Preis/Schmidt, § 611a BGB Rn. 675 ff.; *Richardi/Fischinger*, in: Staudinger BGB, 2016, § 611 BGB Rn. 1064; *Waltermann*, Arbeitsrecht, 2. Teil Rn. 217.

1207 Ausführlich zu den Kriterien einer absoluten Fixschuld, siehe *Ernst*, in: MüKo BGB, § 275 BGB Rn. 50 ff.

Nutzbarkeit der digitalen Inhalte und Dienstleistungen, worauf ihr Interesse primär gerichtet ist,[1208] durchsetzen.

Für die grenzüberschreitende Portabilität von Online-Inhaltediensten bedeutet dies, dass über das zwingende Mängelgewährleistungsrecht der Digitale-Inhalte-RL für die Abonnenten ein durchsetzbarer Anspruch auf Ermöglichung der grenzüberschreitenden Portabilität besteht. Dieser modifizierte Erfüllungsanspruch überlagert den primären Erfüllungsanspruch auf eine grenzüberschreitende Zugänglichmachung der abonnierten Inhalte, der aus dem zwingenden Vertragsrecht der Portabilitätsverordnung resultiert, sobald eine Vertragswidrigkeit vorliegt. Nachdem der vertragsgemäße Zustand hergestellt und der Mängelbeseitigungsanspruch erfüllt wurde, wird dieser wiederum von dem primären Erfüllungsanspruch abgelöst, der aufgrund des Dauerschuldcharakters des Vertragsverhältnisses während der gesamten Vertragsdauer besteht. Abonnenten von Online-Inhaltediensten müssen ihren Anspruch auf Portabilität nur durchsetzen, soweit ein Diensteanbieter diese nicht oder nur eingeschränkt ermöglicht. Daher wird nur der Mängelbeseitigungsanspruch als modifizierter Erfüllungsanspruch, nicht jedoch der primäre Erfüllungsanspruch durchgesetzt. Dies käme allenfalls dann in Betracht, wenn die Online-Inhalte noch überhaupt nicht zugänglich gemacht wurden, sodass eine nicht erfolgte Bereitstellung im Sinne des Art. 5 I DInh-RL vorliegen würde, wenn der Zugriff auf die abonnierten Inhalte im Ausland nicht möglich ist. Jede Zugangsunterbrechung und Einschränkung der Portabilität nach diesem Zeitpunkt ist eine Vertragswidrigkeit im Sinne des Art. 7, 8 DInh-RL, die den speziellen Mängelbeseitigungsanspruch auslöst. Die Durchsetzbarkeit über die Abonnenten ist eine von zwei Säulen, auf welche sich die Durchsetzbarkeit der Portabilitätsverordnung als zentrale Bedingung für die Stabilisierung der Erwartung, einen im Wohnsitzmitgliedstaat abonnierten Online-Inhaltedienst innerhalb des europäischen Binnenmarktes in derselben Form nutzen zu können, stützt.

6. *Minderungs- und Kündigungsrecht*

Für den Fall, dass die Herstellung des vertragsgemäßen Zustands der digitalen Inhalte und Dienstleistungen unmöglich ist, sieht die Digitale-Inhalte-RL einen Anspruch auf anteilige Minderung des Preises vor (Art. 14 IV lit. a DInh-RL), wodurch Leistung und Gegenleistung in ein äquivalentes Verhältnis gesetzt werden (Art. 14 V DInh-RL).[1209] Bei der Bereitstellung von digitalen Inhalten

1208 *Magnus*, in: Grabitz/Hilf/Nettesheim, Art. 3 RL 1999/44/EG Rn. 4.
1209 *Magnus*, in: Grabitz/Hilf/Nettesheim, Art. 3 RL 1999/44/EG Rn. 3.

und Dienstleistungen über einen bestimmten Zeitraum ist die nachträgliche Beseitigung einer Vertragswidrigkeit, die zu einem bestimmten Zeitpunkt aufgetreten ist, unmöglich, womit die Bereitstellung einen absoluten Fixschuldcharakter hat.[1210] Die Unmöglichkeit bezieht sich jedoch nicht auf den in die Zukunft gerichteten Anspruch auf Herstellung des vertragsgemäßen Zustands. Es liegt damit nur eine Teilunmöglichkeit vor.

Bei Bereitstellungsverträgen über einen bestimmten Zeitraum haben die Verbraucher das Minderungsrecht für den Zeitraum, in dem die Vertragswidrigkeit vorlag (Art. 14 V 2 DInh-RL). Ermöglicht ein Anbieter eines Online-Inhaltedienstes seinen Abonnenten entgegen den Vorgaben der Portabilitätsverordnung die grenzüberschreitende Portabilität seines Dienstes nicht, liegt die Vertragswidrigkeit für den gesamten Zeitraum des Auslandsaufenthalts vor. Die Höhe der Minderung bestimmt sich nach dem Verhältnis, in dem der verminderte Wert der digitalen Inhalte oder Dienstleistungen zu dem Wert steht, der bei vertragsgemäßen Zustand bestünde (Art. 14 V 1 DInh-RL).[1211] Ohne die Möglichkeit der grenzüberschreitenden Portabilität besteht für die Abonnenten während der Dauer des Auslandsaufenthalts überhaupt keine Nutzungsmöglichkeit des Dienstes, womit sich dessen Wert für sie auf null reduziert. Dementsprechend mindert sich auch der zu zahlende Preis in diesem Zeitraum auf null.

Neben dem Minderungsrecht steht den Verbrauchern bei Unmöglichkeit der Herstellung des vertragsgemäßen Zustands ein Recht zur Beendigung des Vertrages zu (Art. 14 IV lit. a, VI DInh-RL). Dadurch besteht für Verbraucher die Möglichkeit, sich vom Vertrag zu lösen, da es unzumutbar wäre, sich dauerhaft mit einem vertragswidrigen Zustand abfinden zu müssen. Allerdings ist der Anspruch auf Herstellung des vertragsgemäßen Zustands bei Verträgen über einen bestimmten Zeitraum auch auf die zukünftige vertragsgemäße Bereitstellung gerichtet, die nicht unmöglich ist. Soll die Vertragsbeendigung ausschließlich aufgrund der in der Vergangenheit liegenden und in Zukunft behebbaren Vertragswidrigkeit erfolgen, muss daher ein weiterer Fall des Art. 14 IV DInh-RL vorliegen, der eine Vertragsbeendigung rechtfertigt. Darüber hinaus erfordert die Vertragsbeendigung eine nicht nur geringfügige Vertragswidrigkeit (Art. 14 VI 1 DInh-RL), die beim Entfall der grenzüberschreitenden Portabilität und dem damit einhergehenden Entfall der Nutzungsmöglichkeit

1210 Ausführlich dazu, siehe § 4 B. I. 5.

1211 Kritisch gegenüber einem Minderungsrecht ohne Erheblichkeitsschwelle, *Justizministerium NRW*, Arbeitsgruppe „Digitaler Neustart“, S. 187 f.

des Online-Inhaltedienstes während eines Auslandsaufenthalts stets überwunden ist.[1212] In praktischer Hinsicht ist das Recht auf Vertragsbeendigung für die Abonnenten von Online-Inhaltediensten aufgrund der meist sehr kurzen Vertragslaufzeit von keiner besonderen Relevanz.[1213] Darüber hinaus ist ihr Interesse primär nicht auf die Beendigung des Vertrages, sondern auf die Beseitigung der Vertragswidrigkeit gerichtet.[1214]

Im Rahmen der grenzüberschreitenden Portabilität unterscheiden sich auch die Rechtsfolgen der Vertragsbeendigung kaum von denen der Minderung. Denn der Unternehmer hat bei Vertragsbeendigung den Anteil des gezahlten Preises zu erstatten, der dem Zeitraum entspricht, in dem die Vertragswidrigkeit vorlag (Art. 16 I 2 DInh-RL). Bei nicht vorhandener Möglichkeit der Portabilität entspricht dies der Dauer des Auslandsaufenthalts. Darüber hinaus muss ein Unternehmer auch den vom Verbraucher bereits im Voraus gezahlten Preis für den noch verbleibenden Zeitraum des Vertrages erstatten, wenn dieser nicht beendet worden wäre (Art. 16 I 2 DInh-RL). Damit erhalten die Abonnenten bei nicht vorhandener Möglichkeit der Portabilität sowohl bei einer Minderung als auch bei Vertragsbeendigung für die Dauer des Auslandsaufenthalts ihren gezahlten Preis zurück.

II. Bedeutung des nicht harmonisierten nationalen Rechts

1. Bisherige Relevanz der Vertragstypologie

Für die Bestimmung des Inhalts der vertraglich geschuldeten Leistung bei Verträgen über die Bereitstellung digitaler Inhalte und Dienstleistungen kam es bereits vor Schaffung der Digitale-Inhalte-RL in erster Linie nicht auf die Vertragstypologie der Verträge an.[1215] Entsprechend dem Grundsatz der Privatautonomie richtete sich der Nutzungsumfang maßgeblich nach den vom

---

1212 Zur Notwendigkeit eines sofortigen Übergangs zu Sekundärrechten bei einer schwerwiegenden Vertragsverletzung und zugleich kritisch gegenüber einer zu hohen Erheblichkeitsschwelle, siehe *Gsell*, in: Kindl/Arroyo Vendrell/Gsell, Verträge über digitale Inhalte und Dienstleistungen, S. 85, 89 ff.

1213 *Justizministerium NRW*, Arbeitsgruppe „Digitaler Neustart", S. 188.

1214 *Magnus*, in: Grabitz/Hilf/Nettesheim, Art. 3 RL 1999/44/EG Rn. 3.

1215 *Stieper*, FS Köhler, S. 729, 730; abstrakt zur fehlenden Relevanz des Vertragstyps für die vertragliche Verpflichtung, siehe *Oechsler*, in: Staudinger, Eckpfeiler des Zivilrechts, Kap. M Rn. 1.

Anbieter gestellten Nutzungsbedingungen.[1216] Insbesondere mit Blick auf den raschen technologischen Fortschritt und der damit einhergehenden Dynamik der Geschäftsmodelle im digitalen Umfeld, lassen sich Verträge über digitale Inhalte und Dienstleistungen zunehmend ohnehin nicht mehr eindeutig einem bestimmten gesetzlich vorgesehenen Vertragstyp zuordnen.[1217]

Ungeachtet der untergeordneten Bedeutung der Vertragstypologie für den vertraglichen Leistungsumfang, hatte sie für das Vertragsverhältnis zwischen Verbrauchern und Unternehmern dennoch eine zentrale Bedeutung.[1218] Zunächst war die Zuordnung zu einem bestimmten Vertragstyp für die Geltung der spezifischen dispositiven Gesetzesnormen relevant, die zur Schließung vertraglicher Lücken heranzuziehen waren.[1219] Darüber hinaus stehen hinter den verschiedenen Vertragstypen unterschiedliche Leitbilder, an denen sich Vertragsklauseln im Rahmen einer AGB-Kontrolle messen lassen mussten.[1220] Dem Leitbild lässt sich entnehmen, worauf die Parteien bei einem bestimmten Vertrag vertrauen dürfen, obwohl die Erwartungen nicht explizit zum Inhalt des Vertrages wurden.[1221] Es wird maßgeblich durch das für den jeweiligen Vertragstyp geltende dispositive Gesetzesrecht geprägt.[1222] Im Rahmen der AGB-Kontrolle ist es für die Frage heranzuziehen, ob eine bestimmte Klausel mit dem wesentlichen Grundgedanken einer gesetzlichen Regelung, von der abgewichen wird, nicht zu vereinbaren ist und einen Verbraucher

1216 *Kindl*, in: ders./Arroyo Vendrell/Gsell, Verträge über digitale Inhalte und digitale Dienstleistungen, S. 63, 68; *Maissen*, in: Schmidt-Kessel/Kramme, Geschäftsmodelle in der digitalen Welt, S. 95, 96; *Stieper*, FS Köhler, S. 729, 730.

1217 *Maissen*, in: Schmidt-Kessel/Kramme, Geschäftsmodelle in der digitalen Welt, S. 95, 96.

1218 *Druschel/Oehmichen*, CR 2015, 173, 176.

1219 *Boehm*, ZEuP 2016, 358, 363; *Druschel/Oehmichen*, CR 2015, 173, 176; *Intveen/Hilber/Rabus*, in: Hilber, Cloud Computing, Teil 2 Rn. 218; *Maissen*, in: Schmidt-Kessel/Kramme, Geschäftsmodelle in der digitalen Welt, S. 95, 96; *Redeker*, in: Hoeren/Sieber/Holznagel, Multimedia-Recht, Teil 12 Rn. 15; *Stieper*, FS Köhler, S. 729, 730.

1220 Vgl. *Redeker*, in: Hoeren/Sieber/Holznagel, Multimedia-Recht, Teil 12 Rn. 15; *Schulz/Rosenkranz*, ITRB 2009, 232, 233.

1221 Ähnlich *Stieper*, FS Köhler, S. 729, 730, der betont, dass Gegenstand des Vertrages nicht nur das ausdrücklich Vereinbarte ist, sondern auch die Erwartungen, die in Hinblick darauf geweckt werden, dass eine Partei auf die Leistung der anderen Partei vertraut.

1222 *Stieper*, FS Köhler, S. 729, 730 f.; ausführlich und zugleich kritisch dazu, *Oechsler*, in: Staudinger, Eckpfeiler des Zivilrechts, Kap. M Rn. 13 ff.

dadurch unangemessen benachteiligt (§ 307 II Nr. 1 BGB).[1223] Beispielsweise ist die Vereinbarung einer Bereitstellungsquote bei einer mietvertraglichen Vertragstypologie unzulässig, weil Vertragszweck dabei die dauerhafte und ununterbrochene Bereitstellung ist, sodass eine solche Quote weder mit diesem Zweck noch dem Grundgedanken der gesetzlichen Regelungen vereinbar ist.[1224] Damit steckte das vertragliche Leitbild bei Verträgen über digitale Inhalte und Dienstleistungen den zulässigen Rahmen ab, in dem die Unternehmer von dispositiven Regelungen zu ihren Gunsten abweichen durften.[1225]

Des Weiteren richtete sich das einschlägige Mängelgewährleistungs- und Haftungsrecht nach den speziellen Regelungen der einzelnen Vertragstypen.[1226] Je nach Vertragstyp konnten sich demnach Unterschiede bei der Bestimmung der Vertragsmäßigkeit der Leistung ergeben, insbesondere inwieweit ein objektiver oder subjektiver Maßstab anzulegen war. Zudem variierten die Mängelrechte der Verbraucher sowie deren Voraussetzungen.

2. *Bedeutungsverlust der Vertragstypologie*

a) *Irrelevanz für das Mängelgewährleistungsrecht*

Wie bereits anhand des Regelungskonzepts der Digitale-Inhalte-RL deutlich wurde, legt diese die Rechte und Pflichten der Verbraucher und Unternehmer bei Verträgen über die Bereitstellung digitaler Inhalte und Dienstleistungen abstrakt fest und verzichtet dabei zugunsten eines flexiblen Regelungssystems auf eine vertragstypologische Einordnung der Bereitstellungsverträge.[1227]

1223 *Grünberger*, AcP 218 (2018), 213, 249; *Kindl*, in: ders./Arroyo Vendrell/Gsell, Verträge über digitale Inhalte und digitale Dienstleistungen, S. 63, 68; *Kirn/Müller-Hengstenberg*, NJW 2017, 433, 434; *Maissen*, in: Schmidt-Kessel/Kramme, Geschäftsmodelle in der digitalen Welt, S. 95, 96; *Pech*, in: Hennemann/Sattler, Immaterialgüter und Digitalisierung, S. 121, 123; *Schulz/Rosenkranz*, ITRB 2009, 232, 233; *Stieper*, FS Köhler, S. 729, 731; *Wolf/Neuner*, BGB, § 3 Rn. 8; *Wurmnest*, in: MüKo BGB, § 307 BGB Rn. 67 ff.; allgemein zur Bedeutung der Vertragstypologie für die AGB-Kontrolle, siehe *Boehm*, ZEuP 2016, 358, 363; *Druschel/Oehmichen*, CR 2015, 173, 176.

1224 Ausführlich zur Zulässigkeit von Verfügbarkeitsquoten in Abhängigkeit von der Vertragstypologie, siehe § 4 B. I. 3. d) bb).

1225 *Boehm*, ZEuP 2016, 358, 363; *Giedke*, Cloud Computing, S. 121.

1226 *Druschel/Oehmichen*, CR 2015, 173, 176; *Giedke*, Cloud Computing, S. 121; *Pohle/Ammann*, CR 2009, 273, 274; in Bezug auf die Portabilitätsverordnung, *Grünberger*, AcP 218 (2018), 213, 264.

1227 Siehe dazu bereits § 4 B. I. 1.

Insbesondere harmonisiert sie das Mängelgewährleistungsrecht, indem sie die Anforderungen an eine vertragsgemäße Bereitstellung sowie die den Verbrauchern zustehenden Mängelrechte festlegt.[1228]

Die Digitale-Inhalte-RL hat keine unmittelbare Wirkung, sondern sie ist von den Mitgliedstaaten in nationales Recht umzusetzen. Wie die Umsetzung erfolgt, bleibt den Mitgliedstaaten überlassen (Art. 288 III AEUV). Sie können entweder einen eigenen Vertragstyp bzw. Regelungsabschnitt für digitale Inhalte und Dienstleistungen schaffen oder die gesetzlichen Vorgaben zu den einzelnen Vertragstypen, denen Verträge über die Bereitstellung digitaler Inhalte und Dienstleistungen zugeordnet werden können, um entsprechende Regelungen ergänzen. Aufgrund der vollharmonisierenden Wirkung der Digitale-Inhalte-RL und ihren detaillierten Vorgaben verbleibt den einzelnen Mitgliedstaaten jedenfalls inhaltlich kein Umsetzungsspielraum. Die vertragstypologische Zuordnung der Bereitstellungsverträge wird nach Umsetzung der Richtlinie für das Mängelgewährleistungsrecht daher keine Bedeutung mehr haben.[1229]

b) Notwendigkeit eines vertraglichen Leitbildes

aa) Entbehrlichkeit der Leitbilder durch die Digitale-Inhalte-RL

Durch die Digitale-Inhalte-RL wird die vertragstypologische Einordnung der Bereitstellungsverträge auch mit Blick auf die Notwendigkeit eines gesetzlichen Leitbildes weitestgehend entbehrlich. Dies gelingt der Digitale-Inhalte-RL zunächst dadurch, dass sie ein neues, von der konkreten Vertragstypologie unabhängiges Leitbild für Verträge über die Bereitstellung digitaler Inhalte und Dienstleistungen schafft. Das Leitbild unterscheidet sich lediglich bei Bereitstellungsverträgen, die eine einmalige, punktuelle Bereitstellung zum

1228 *Gsell*, ZUM 2018, 75, 76 f.; *Kindl* in: ders./Arroyo Vendrell/Gsell, Verträge über digitale Inhalte und digitale Dienstleistungen, S. 63, 68; *Riehm/Abold*, ZUM 2018, 82 ff.; *Schmidt-Kessel et al.*, GPR 2016, 54, 67 ff.; *Spindler*, MMR 2016, 147, 151 f.; *ders.*, MMR 2016, 219, 220 ff.; *Staudenmayer*, NJW 2016, 2719, 2721 ff.; *Wendland*, GPR 2016, 8, 9; ausführlich zu den Anforderungen an die Vertragsmäßigkeit der Leistung und zum Mängelgewährleistungsrecht, siehe § 4 B. I.

1229 *Justizministerium NRW*, Arbeitsgruppe „Digitaler Neustart", S. 188; *Kindl*, in: ders./Arroyo Vendrell/Gsell, Verträge über digitale Inhalte und digitale Dienstleistungen, S. 63, 68 f.; *Riehm/Abold*, ZUM 2018, 82, 83, 91; zur Bedeutung der Vertragstypologie für den Umsetzungsbedarf der Digitale-Inhalte-RL, siehe *Maissen*, in: Schmidt-Kessel/Kramme, Geschäftsmodelle in der digitalen Welt, S. 95, 98; *Pech*, in: Hennemann/Sattler, Immaterialgüter und Digitalisierung, S. 121, 122.

Gegenstand haben und solchen, die auf eine kontinuierliche, laufzeitbezogene Bereitstellung gerichtet sind. Dies sind die zwei Kategorien von Bereitstellungsverträgen, zwischen denen die Digitale-Inhalte-RL differenziert.[1230] Inhaltlich ist das Leitbild auf die Zugangsverschaffung, Verfügbarmachung und die Nutzbarkeit der digitalen Inhalte und Dienstleistungen gerichtet.[1231]

Die eigentliche Bedeutungslosigkeit der vertraglichen Leitbilder des nationalen Rechts ist nicht durch das von Vertragstypen losgelöste Leitbild der Digitale-Inhalte-RL bedingt, sondern durch die detaillierten Vorgaben zu den Rechten der Verbraucher sowie den objektiven Anforderungen an die Vertragsmäßigkeit der Bereitstellung, denen im umsetzenden nationalen Recht ein zwingender Charakter zu verleihen ist. Nachdem die Regelungen nicht dispositiv auszugestalten sind, bedarf es überhaupt keiner AGB-Kontrolle der davon abweichenden Klauseln mit einem bestimmten Leitbild als Maßstab, sondern entsprechende Klauseln sind schlicht unzulässig. Das heißt, die Bedeutung der Leitbilder wird umso weiter zurückgedrängt, je weniger dispositive Regelungen existieren und je kleiner dementsprechend der vertragliche Gestaltungsspielraum ist.

bb) Verbleibende Relevanz der Leitbilder

Die durch die Digitale-Inhalte-RL zurückgedrängte Relevanz der Vertragstypologie und der vertraglichen Leitbilder bedeutet jedoch nicht, dass beiden in Zukunft überhaupt keine Bedeutung zukommen wird. In den Bereichen, für welche die Digitale-Inhalte-RL keine Vorgaben macht, sind weiterhin die spezifischen Regelungen der jeweiligen Vertragstypen maßgeblich und die AGB müssen sich an dem jeweiligen vertraglichen Leitbild messen lassen. Zu den nicht harmonisierten Bereichen zählt insbesondere das Schadensersatzrecht (Art. 3 X DInh-RL). Darüber hinaus enthält die Richtlinie beispielsweise auch keine Vorgaben dazu, inwieweit digitale Inhalte oder die Zugangsberechtigungen zu diesen weiterveräußert bzw. übertragen werden können. Zudem kann das nationale Recht die Haftung für verdeckte Mängel sowie außervertragliche Rechtsbehelfe in einer Vertragskette regeln.[1232]

1230 *Riehm/Abold*, ZUM 2018, 82, 83.

1231 Ein ähnliches Leitbild lässt sich auch der Portabilitätsverordnung entnehmen, siehe dazu *Peifer*, AfP 2017, 8, 13.

1232 Ausführlich zum nicht harmonisierten Bereich, siehe Art. 3 X DInh-RL und Erwägungsgrund 12 DInh-RL.

Die Rechte, die den Verbrauchern bei Einschränkungen der grenzüberschreitenden Portabilität gegen VoD-Anbieter zustehen, werden jedoch bis auf das Schadensersatzrecht von der Digitale-Inhalte-RL harmonisiert. Demnach beschränkt sich die Bedeutung der Vertragstypologie der Bereitstellungsverträge und der gesetzlichen Leitbilder für die grenzüberschreitende Portabilität auf das einschlägige Schadensersatzrecht und die Zulässigkeit von Haftungserleichterungen zugunsten der Anbieter für die Haftung auf Schadensersatz. Allerdings führt bei den standardisierten Verträgen zwischen Abonnenten und Anbietern von VoD-Diensten das allgemeine AGB-Recht, insbesondere die Klauselverbote der § 308 und § 309 BGB, oftmals zu interessengerechten Ergebnissen, sodass die Bedeutung der Vertragstypologie nicht zu überschätzen ist.[1233]

3. *Schadensersatzansprüche*

a) *Bedeutung der Vertragstypologie*

Im ursprünglichen Kommissionsentwurf der Digitale-Inhalte-RL war für die Verbraucher ein Recht auf Schadensersatz für Schädigungen an deren digitaler Umgebung vorgesehen. Im Laufe des Gesetzgebungsverfahrens wurde dieses allerdings gestrichen, womit das Schadensersatzrecht im alleinigen Regelungsbereich der nationalen Gesetzgeber verbleibt.[1234] Für die Haftung auf Schadensersatz kommt der Vertragstypologie insoweit Bedeutung zu, als die Voraussetzungen für die Schadensersatzhaftung bei den einzelnen Vertragstypen variieren. Während sich die Haftung bei einer dienstvertraglichen Zuordnung[1235] der Bereitstellungsverträge nach den allgemeinen Vorschriften der §§ 280 ff. BGB richtet, sind bei einer (dauer)werkvertraglichen Typologie[1236] zudem die speziellen Regelungen der §§ 634 ff. BGB zu berücksichtigen und bei

1233 *Justizministerium NRW*, Arbeitsgruppe „Digitaler Neustart“, S. 183

1234 *Rat*, Orientierungsaussprache Digitale-Inhalte-RL, 9768/16, S. 8 f.; *Rat*, Allgemeine Ausrichtung Digitale-Inhalte-RL, 9901/17 ADD 1, S. 34 Fn. 66; *Lauristin*, Stellungnahme des Ausschusses für bürgerliche Freiheiten, Justiz und Inneres zum DInh-RL-E, A8-0375/2017, S. 103, 126.

1235 Für eine dienstvertragliche Zuordnung, *Justizministerium NRW*, Arbeitsgruppe „Digitaler Neustart“, S. 179; *Redeker*, IT-Recht, Rn. 1131; *Stieper*, FS Köhler, S. 729, 741; *Zech*, ZUM 2014, 3, 8; *Zech*, ZGE 5 (2013), 368, 389.

1236 Zur Typologie des Dauerwerkvertrages, siehe *Sänn et al.*, Status quo digitaler Inhalte in Deutschland, S. 35, 37 f.; zur Anerkennung eines Dauerwerkvertrages, siehe *Ihrig*, Vertragsrecht und Verträge bei neuen Medien, S. 70 ff.; *Müller-Hengstenberg/Kirn*, NJW 2007, 2370, 2372.

einer mietvertraglichen Typologie[1237] die besonderen Vorgaben der §§ 536a ff. BGB. Die Besonderheit des Mietrechts gegenüber den Haftungsregelungen der anderen Vertragstypen ist die verschuldensunabhängige Haftung für anfängliche Mängel.[1238]

Dem Interesse der Verbraucher, dass sie während eines Auslandsaufenthalts für die Nutzungsmöglichkeit des Dienstes keinen Preis zu zahlen haben, wenn die grenzüberschreitende Portabilität nicht möglich ist, wird bereits durch das von der Digitale-Inhalte-RL harmonisierte Minderungsrecht Rechnung getragen. Bedeutung erlangt ein Anspruch auf Schadensersatz daher nur, wenn die Abonnenten im Ausland den Inhalt, der eigentlich in ihrem Abonnement enthalten, jedoch nicht abrufbar ist, beim gleichen oder einem anderen Anbieter entgeltlich erwerben bzw. „leihen", um in dessen Genuss zu kommen, sie also ein Deckungsgeschäft vornehmen. Dementsprechend hat die vertragstypologische Einordnung der Verträge zwischen Abonnenten und Anbietern von VoD-Diensten für das Schadensersatzrecht nur Relevanz, wenn sich bezüglich der Haftung für Deckungsgeschäfte Unterschiede ergeben. Darüber hinaus ist die Vertragstypologie von Bedeutung, wenn diese entscheidend dafür ist, ob eine Pflichtverletzung vorliegt.

b) *Haftung für Deckungsgeschäfte*

Bei einer dienstvertraglichen Zuordnung richtet sich die Haftung nach den §§ 280 ff. BGB. War die Nutzung eines Online-Inhaltedienstes im Ausland nicht

---

1237 Für eine mietvertragliche Zuordnung des ASP-Vertrages, BGH, Urt. v. 15.11.2006 – XII ZR 120/04, NJW 2007, 2394, Rn. 13 m.w.N.; *Junker*, NJW 2003, 2792, 2797; *Sedlmeier/Kolk*, MMR 2002, 75, 78 ff.; zur mietvertraglichen Einordnung des Cloud Computing, *Eckhardt*, in: Köhler-Schute, Software as a Service, S. 114, 118 ff.; *Giedke*, Cloud Computing, S. 122; *Intveen/Hilber/Rabus*, in: Hilber, Cloud Computing, Teil 2 Rn. 168; *Meents*, in: Borges/Meents, Cloud Computing, § 4 Rn. 45 f.; *Paul*, in: *Niemann/Paul*, Rechtsfragen des Cloud Computing, Kap. 8 Rn. 34; *Pohle/Ammann*, CR 2009, 273, 274 f.; *Schulz/Rosenkranz*, ITRB 2009, 232, 233 f.; für eine entsprechende Anwendung des Mietvertragsrechts, *Pech*, in: Hennemann/Sattler, Immaterialgüter und Digitalisierung, S. 121, 141 f.

1238 Zum Teil werden die Verträge über die Bereitstellung digitaler Inhalte auch als Pachtvertrag eingeordnet, siehe dazu *Druschel/Oehmichen*, CR 2015, 233, 234; *Pech*, in: Hennemann/Sattler, Immaterialgüter und Digitalisierung, S. 121, 141; *Schmidt-Kessel*, K&R 2014, 475, 479; zur Einordnung als Vertrag *sui generis*, siehe *Kloos/Wagner*, CR 2002, 865, 868 ff.; *Pech*, in: Hennemann/Sattler, Immaterialgüter und Digitalisierung, S. 121, 141; ähnlich zur Einordnung von Cloud Computing Verträgen als Typenkombinationsvertrag, *Niemann/Paul*, K&R 2009, 444, 447.

möglich, kann die Leistung später nicht mehr dadurch nachgeholt werden, dass einem Abonnenten die Serien und Filme, die er im Ausland sehen wollte, zu einem späteren Zeitpunkt zur Verfügung gestellt werden. Es liegt ein absolutes Fixgeschäft vor, weshalb die Leistungserbringung mit dem Verstreichen des Zeitpunktes, in dem der Zugriffsversuch erfolgte, gem. § 275 I BGB unmöglich wird.[1239] Ein Schadensersatzanspruch für ein Deckungsgeschäft ergibt sich demnach aus den §§ 611 I, 280 I, III, 283 BGB. Gleichermaßen stünde den Abonnenten nach Werkvertragsrecht ein solcher Schadensersatzanspruch gem. §§ 634 Nr. 4, 280 I, III, 283 BGB zu. In beiden Fällen handelt es sich um eine verschuldensabhängige Haftung, wobei die Verschuldensvermutung des § 280 I 2 BGB greift, womit es grundsätzlich dem Schuldner obliegt, sich zu exkulpieren.[1240] Im Mietvertragsrecht haftet der Vermieter für anfängliche Mängel nach § 536a I 1. Alt. BGB verschuldensunabhängig. Nachdem die Überprüfung des Wohnsitzmitgliedstaates der Abonnenten nach Art. 5 I 1 Portabilitäts-VO zunächst bei Vertragsschluss erfolgt, liegt ein anfänglicher Mangel vor, wenn ein Anbieter aufgrund einer fehlerhaften Verifizierung davon ausgeht, dass die Voraussetzungen des Art. 3 I Portabilitäts-VO nicht erfüllt sind und er die Portabilität daher nicht ermöglicht.[1241] Nimmt ein Anbieter eine wiederholte Überprüfung des Wohnsitzmitgliedstaates gem. Art. 5 I 1 Portabilitäts-VO bei Vertragsverlängerung vor und kommt es hier zu einem Fehler aufgrund dessen die Portabilität nicht ermöglicht wird, läge ein nachträglicher Mangel vor, für den der Anbieter nach § 536a I 2. Alt. BGB ebenfalls nur bei Verschulden haften müsste. Für einen Schadensersatzanspruch wäre der einzig relevante Unterschied zwischen den verschiedenen Vertragstypen damit die Haftung für Vertragswidrigkeiten, deren Ursache bereits bei Vertragsschluss vorlag. In der Praxis wird dieser Unterschied allerdings kaum bestehen, da die verschuldensunabhängige Haftung für anfängliche Mängel im Rahmen des § 309 Nr. 7 BGB abdingbar ist.[1242]

1239 Ausführlich dazu, siehe § 4 B. I. 5.

1240 *Ernst*, in: MüKo BGB, § 280 BGB Rn. 154.

1241 So bereits *Eginger*, ZUM 2017, 698, 708 f.

1242 BGH, Urt. v. 21.7.2010 – XII ZR189/08, NJW 2010, 3152, 3153 Rn. 22; *Eckhardt*, in: Köhler-Schute, Software as a Service, S. 114, 122; *Häublein*, in: MüKo BGB, § 536a BGB Rn. 21; *Hoeren*, IT-Vertragsrecht, S. 254 f.; *Kian*, Cloud Computing, S. 52; *Meents*, in: Borges/Meents, Cloud Computing, § 4 Rn. 247; *Paul*, in: Niemann/Paul, Rechtsfragen des Cloud Computing, Kap. 8 Rn. 150.

Die Schadensersatzansprüche aus dem nationalen Recht laufen damit unabhängig von der Vertragstypologie gleich.[1243] Grundsätzlich steht den Abonnenten der VoD-Dienste damit ein Anspruch auf Schadensersatz zu, wenn die grenzüberschreitende Portabilität nicht möglich ist und sie sich die in ihrem Abonnement enthaltenen Inhalte unter zusätzlichem Kostenaufwand beschaffen.

c) Verletzung einer Vertragspflicht

Nachdem die Digitale-Inhalte-RL das Schadensersatzrecht gänzlich im Regelungsbereich der Mitgliedstaaten belässt, bestimmt sich auch die Pflichtverletzung, die einen Schadensersatzanspruch auslöst, nach nationalem Recht. Daher könnten sich aus der Vertragstypologie der Bereitstellungsverträge unterschiedliche Anforderungen an die Pflichtverletzung ergeben, woraus eine unterschiedlich strenge Haftung resultieren würde.[1244] Indem die Digitale-Inhalte-RL die Vertragsmäßigkeit für die Mängelrechte definiert, werden die Vorgaben jedoch zugleich Gegenstand des vertraglich geschuldeten Leistungsprogramms, da die Haftung im Rahmen der Mängelrechte ansonsten weiter ginge, als die vertraglich geschuldete Leistung.[1245] Das vertraglich geschuldete Leistungsprogramm wird daher von der Digitale-Inhalte-RL einheitlich definiert. Darüber hinaus führt auch die Portabilitätsverordnung durch das von ihr geschaffene zwingende Vertragsrecht unmittelbar dazu, dass die Möglichkeit der Portabilität unabhängig von der Vertragstypologie Gegenstand der vertraglich geschuldeten Leistung ist, womit stets eine Pflichtverletzung vorliegt, wenn die grenzüberschreitende Portabilität nicht möglich oder eingeschränkt ist.[1246] Damit bleibt die Vertragstypologie für die Pflichtverletzung im Rahmen eines Schadensersatzanspruchs ohne Bedeutung. Außerdem ist unabhängig von der Vertragstypologie die Vereinbarung einer pauschalen Bereitstellungsquote, welche eine Pflichtverletzung ausschließen könnte, nicht möglich.[1247]

1243 So ebenfalls *Justizministerium NRW*, Arbeitsgruppe „Digitaler Neustart", S. 188.

1244 Zur Bestimmung der Vertragsmäßigkeit bei den unterschiedlichen Vertragstypen, siehe *Justizministerium NRW*, Arbeitsgruppe „Digitaler Neustart", S. 138 ff., 167 ff., 174 ff.; *Schmidt-Kessel*, K&R 2014, 475, 481 f.

1245 Ausführlich zu den Anforderungen an die Vertragsmäßigkeit, siehe § 4 B. I. 3. b) dd).

1246 *Grünberger*, AcP 218 (2018), 213, 263.

1247 Siehe dazu bereits § 4 B. I. 3. d) bb).

d) *Haftungsbeschränkungen*

Ein Haftungsausschluss ist unter Beachtung der Vorgaben des § 309 Nr. 7 BGB möglich, wonach die Haftung für eine zumindest fahrlässige Verletzung von Leben, Körper, Gesundheit sowie für grobes Verschulden nicht ausgeschlossen werden kann.[1248] Ein pauschaler Haftungsausschluss kommt demnach nicht in Betracht.[1249] Darüber hinaus ist ein Haftungsausschluss für die leicht fahrlässige Verletzung von Kardinalpflichten, also Pflichten, die zur ordnungsgemäßen Durchführung des Vertrages oder zur Erreichung des Vertragszwecks notwendig sind und auf deren Erfüllung der Vertragspartner daher vertrauen darf, unzulässig.[1250] Eine genaue Konturierung haben die Kardinalpflichten durch die Rechtsprechung bislang nicht erfahren.[1251] Zu diesen zählen jedenfalls die im synallagmatischen Verhältnis zueinander stehenden Hauptleistungspflichten.[1252] Die Hauptleistungspflicht des Anbieters eines Online-Inhaltedienstes ist die – bis auf sehr kurzfristige Unterbrechungen – durchgehende Verfügbarkeit und Nutzbarkeit des Online-Inhaltedienstes.[1253] Die Portabilitätsverordnung erweitert dessen örtliche Nutzbarkeit vom Wohnsitzmitgliedstaat eines Abonnenten auf die gesamte EU. Dementsprechend erstreckt sich die Hauptleistungspflicht des Anbieters auf die Bereitstellung in der gesamten EU.[1254]

1248 *Hoeren*, IT-Vertragsrecht, S. 255; *Intveen/Hilber/Rabus*, in: Hilber, Cloud Computing, Teil 2 Rn. 232; *Meents*, in: Borges/Meents, Cloud Computing, § 4 Rn. 247 f.; *Kian*, Cloud Computing, S. 52 f.; *Paul*, in: Niemann/Paul, Rechtsfragen des Cloud Computing, Kap. 8 Rn. 171 f.

1249 *Meents*, in: Borges/Meents, Cloud Computing, § 4 Rn. 247; *Hoeren*, IT-Vertragsrecht, S. 255; *Redeker*, IT-Recht, Rn. 462 f., 467.

1250 BGH, Rechtsentsch. v. 24.10.2001 – VIII ARZ 1/01 – *Wassereinbruch*, NJW 2002, 673, 674; *Boehm*, ZEuP 2016, 358, 374; *Kian*, Cloud Computing, S. 53; *Intveen/Hilber/Rabus*, in: Hilber, Cloud Computing, Teil 2 Rn. 231; *Redeker*, in: Auer-Reinsdorff/Conrad, Handbuch IT- und Datenschutzrecht, § 16 Rn. 93 f.; *Schöttler/Diekmann*, ITRB 2012, 84, 85; *Wicker*, MMR 2014, 787, 788; *Wurmnest*, in: MüKo BGB, § 309 Nr. 7 BGB Rn. 26.

1251 Zur Auswertung der Rechtsprechungspraxis, siehe *Wurmnest*, in: MüKo BGB, § 309 Nr. 7 BGB Rn. 26 f.

1252 BGH, Urt. v. 1.2.2005 – X ZR 10/04, NJW 2005, 1774; BGH, Rechtsentsch. v. 24.10.2001 – VIII ARZ 1/01 – *Wassereinbruch*, NJW 2002, 673, 675 m.w.N.; *Wurmnest*, in: MüKo BGB, § 309 Nr. 7 BGB Rn. 26.

1253 So zum Cloud Computing, *Boehm*, ZEuP 2016, 358, 374 f.; *Intveen/Hilber/Rabus*, in: Hilber, Cloud Computing, Teil 2 Rn. 231; *Kian*, Cloud Computing, S. 53; *Meents*, in: Borges/Meents, Cloud Computing, § 4 Rn. 234; *Wicker*, MMR 2014, 787, 788.

1254 *Pech*, On-Demand-Streaming-Plattformen, S. 339.

Daher haften die Anbieter von Online-Inhaltediensten bei leicht fahrlässiger Verletzung ihrer Pflicht, die grenzüberschreitende Portabilität zu ermöglichen, auf Schadensersatz, ein Haftungsausschluss kommt nicht in Betracht.[1255] Allerdings entsteht dadurch kein besonderes Haftungsrisiko für sie. Sofern sie den Wohnsitzmitgliedstaat der Abonnenten gemäß den Vorgaben der Portabilitätsverordnung überprüfen und zu einem falschen Ergebnis kommen, haben sie dennoch die im Verkehr erforderliche Sorgfalt angewandt, sodass sie kein Fahrlässigkeitsvorwurf trifft und eine Haftung auf Schadensersatz ausscheidet. Zu fordern ist jedoch, dass die Anbieter – wie auch im Rechtsverhältnis zwischen Diensteanbietern und Rechteinhabern – die Grenze der zulässigen Anzahl an Überprüfungsmaßnahmen und -zeitpunkten ausreizen, um mögliche Fehler bestmöglich ausschließen zu können; dies entspricht der im Verkehr erforderlichen Sorgfalt.

e) Beweislastverteilung

aa) Bedeutung der Digitale-Inhalte-RL

Nach der Digitale-Inhalte-RL obliegt bei Verträgen über die Bereitstellung digitaler Inhalte und Dienstleistungen über einen bestimmten Zeitraum den Unternehmern die Beweislast für die Vertragsmäßigkeit der Bereitstellung (Art. 12 III DInh-RL). Diese Beweislastumkehr zugunsten der Verbraucher gilt allerdings nur in dem von der Digitale-Inhalte-RL harmonisierten Bereich. Für das Schadensersatzrecht verbleibt es daher bei der nach nationalem Recht geltenden Beweislastverteilung. Es würde nicht verwundern, wenn es zu einer überschießenden Umsetzung der Digitale-Inhalte-RL käme und die Unternehmer die Vertragsmäßigkeit der Bereitstellung auch im Rahmen von Schadensersatzansprüchen beweisen müssten, um ein einheitliches Haftungsregime für digitale Inhalte zu schaffen.[1256] Denn die Erwägungen, auf denen die Beweislastumkehr für Vertragswidrigkeiten im Rahmen der Digitale-Inhalte-RL basiert, würden eine solche auch für Schadensersatzansprüche der Verbraucher rechtfertigen. Schließlich ist es für die Unternehmer unabhängig von dem geltend gemachten Anspruch aufgrund ihrer umfangreichen technischen Ressourcen einfacher,

---

1255 Zur eingeschränkten Möglichkeit einer summenmäßigen Begrenzung der Haftung, siehe *Intveen/Hilber/Rabus*, in: Hilber, Cloud Computing, Teil 2 Rn. 232; *Meents*, in: Borges/Meents, Cloud Computing, § 4 Rn. 249; *Paul*, in: Niemann/Paul, Rechtsfragen des Cloud Computing, Kap. 8 Rn. 174.

1256 Ausführlich zur überschießenden Umsetzung von Richtlinien, siehe *Habersack/Mayer*, in: Riesenhuber, Europäische Methodenlehre, § 14.

den vertragsgemäßen Zustand zu beweisen, als für die Verbraucher.[1257] Außerdem birgt eine uneinheitliche Beweislastverteilung für sämtliche Mängel- und Sekundärrechte die Gefahr, dass die Beweislast für dieselbe Vertragswidrigkeit je nach geltend gemachtem Recht auseinanderfällt. Möchte ein Verbraucher beispielsweise wegen einer Vertragswidrigkeit gleichzeitig den zu zahlenden Preis mindern und Schadensersatz für ein Deckungsgeschäft verlangen, würde es dem Unternehmer gemäß der Digitale-Inhalte-RL obliegen, die Vertragsmäßigkeit zu beweisen, damit der Verbraucher den Preis nicht mindern kann. Zugleich würde dem Verbraucher die Beweislast für die Vertragswidrigkeit im Rahmen eines Schadensersatzanspruchs obliegen, sofern die Digitale-Inhalte-RL nicht überschießend umgesetzt wird und sich die Beweislastverteilung im Rahmen von Schadensersatzansprüchen ausschließlich nach den Regelungen des nationalen Rechts richtet.

bb) Beweislastverteilung nach nationalem Recht de lege lata

Die Beweislastverteilung nach nationalem Recht *de lege lata* läuft unabhängig von der Vertragstypologie im Wesentlichen gleich. Zu differenzieren ist zwischen der Beweislast für die objektive Pflichtverletzung auf der einen und der Beweislast für das Vertretenmüssen auf der anderen Seite. Aus dem prozessualen Beibringungsgrundsatz leitet sich ab, dass grundsätzlich jede Partei die Tatbestandsvoraussetzungen einer für sie vorteilhaften Rechtsfolge darlegen und beweisen muss.[1258] Dementsprechend hat grundsätzlich der Gläubiger eines Schadensersatzanspruchs darzulegen und zu beweisen, dass eine Pflichtverletzung, ein Mangel oder eine Vertragswidrigkeit und ein Schaden sowie ein Kausalzusammenhang zwischen beiden vorliegt.[1259] Während im Rahmen des § 280 I 2 BGB das Vertretenmüssen gesetzlich vermutet wird,[1260] obliegt

1257 Zu den Schwierigkeiten für Verbraucher den Beweis der Vertragswidrigkeit zu erbringen, siehe auch *Wicker*, MMR 2014, 715, 717.

1258 *Schwarze*, in: Staudinger BGB, 2014, § 280 BGB Rn. F1.

1259 Zu § 536a BGB, siehe BGH, Urt. v. 7.6.2006 – XII ZR 47/04, NJW-RR 2006, 1238; *Ehlert*, in: BeckOK BGB, § 536a BGB Rn. 53; *Emmerich*, in: Staudinger BGB, 2018, § 536a BGB Rn. 46; *Häublein*, in: MüKo BGB, § 536a BGB, Rn. 32; *Teichmann*, in: Jauernig, § 536a BGB Rn. 6; zu § 280 BGB, siehe *Ernst*, in: MüKo BGB, § 280 BGB Rn. 79, 146, 151; *Grüneberg*, in: Palandt, § 280 BGB Rn. 34; *Stadler*, in: Jauernig, § 280 BGB Rn. 23.

1260 *Ernst*, in: MüKo BGB, § 280 BGB Rn. 154; *Stadler*, in: Jauernig, § 280 BGB Rn. 25; *Schwarze*, in: Staudinger BGB, 2014, § 280 BGB Rn. F2 ordnet § 280 I 2 BGB dogmatisch nicht als Beweislastregel ein, sondern als Norm, nach welcher das

es im Rahmen des Mietrechts grundsätzlich dem Mieter, das Verschulden des Vermieters darzulegen und zu beweisen.[1261] Ausgehend von dieser Beweislastverteilung nach dem nationalen Recht bestünde demnach unabhängig von der Vertragstypologie die Problematik, dass die Beweislastverteilung bei den von der Digitale-Inhalte-RL harmonisierten Mängelrechten und dem im nationalen Regelungsbereich belassenen Schadensersatzrecht bei derselben Vertragswidrigkeit voneinander abweichen.

(1) Beweislastverteilung nach Verantwortungsbereichen

Ein Stück weit kann die bisher in verschiedenen Bereichen herangezogene Beweislastverteilung nach Verantwortungsbereichen Abhilfe schaffen. Danach wird zugunsten des Anspruchsgläubigers eine Beweislastumkehr sowohl hinsichtlich der subjektiven Sorgfaltswidrigkeit – dem Vertretenmüssen – als auch der objektiven Sorgfaltswidrigkeit – der Pflichtverletzung – angenommen, wenn feststeht, dass die Ursache der Leistungsstörung in der Verantwortungs-, Risiko- oder Obhutssphäre des Schuldners liegt.[1262] Dies gilt unabhängig von der Typologie eines Vertrages.[1263] Es obliegt allerdings dem Gläubiger, darzulegen und zu beweisen, dass die Leistungsstörung aus der Sphäre des Schuldners stammt; er muss demnach alle möglichen Ursachen der Leistungsstörung, die in seiner eigenen Sphäre liegen könnten, ausräumen.[1264] Zum Risikobereich des Abonnenten eines VoD-Dienstes zählt zunächst seine Verbindung zum Internet.[1265] Besteht keine Internetverbindung mit der für die Nutzung des Online-Inhaltedienstes notwendigen Bandbreite, liegt die Ursache der

---

Vertretenmüssen nicht zu den positiven Haftungsvoraussetzungen zählt und das Nichtvertretenmüssen eine Einwendung des Schuldners ist.

1261 BGH, Urt. v. 16.1.2008 – VIII ZR 222/06, NJW 2008, 1216, 1217 Rn. 24; BGH, Urt. v. 7.6.2006 – XII ZR 47/04, NJW-RR 2006, 1238; *Wiederhold*, in: BeckOK BGB, § 536a BGB Rn. 53; *Emmerich*, in: Staudinger BGB, 2018, § 536a BGB Rn. 46; *Häublein*, in: MüKo BGB, § 536a BGB Rn. 32; *Teichmann*, in: Jauernig, § 536a BGB Rn. 6.

1262 Zu § 536a BGB, siehe BGH, Urt. v. 22.10.2008 – XII ZR 148/06, NJW 2009, 142, 143 Rn. 15 f. m.w.N.; *Emmerich*, in: Staudinger BGB, 2018, § 536a BGB Rn. 46; *Häublein*, in: MüKo BGB, § 536a BGB Rn. 32; *Wiederhold*, in: BeckOK BGB, § 536a BGB Rn. 53; zu § 280 BGB, siehe *Ernst*, in: MüKo BGB, § 280 BGB Rn. 152 f.; *Stadler*, in: Jauernig, § 280 BGB Rn. 23; *Schwarze*, in: Staudinger BGB, 2014, § 280 BGB Rn. F39.

1263 *Ernst*, in: MüKo BGB, § 280 BGB Rn. 153.

1264 BGH, Urt. v. 10.11.2004 – XII ZR 71/01, NJW-RR 2005, 235; *Schwarze*, in: Staudinger BGB, 2014, § 280 BGB Rn. F39.

1265 *Wicker*, MMR 2012, 783, 787.

nicht vorhandenen Zugriffsmöglichkeit demnach in der Sphäre des Nutzers. Der Verantwortungsbereich des Anbieters erstreckt sich nur auf die störungsfreie Abrufbarkeit nach Beginn des Zugriffs.[1266] Darüber hinaus liegt auch die Inkompatibilität des Abspielgerätes mit dem Online-Inhaltedienst in der Verantwortungssphäre des Nutzers.[1267] Dies ist zum Beispiel der Fall, wenn das Betriebssystem des Abspielgerätes nicht auf dem aktuellen Stand ist oder die notwendigen Plug-ins fehlen.[1268] Für die Abonnenten ist es allerdings nicht ohne Weiteres möglich, die potenziellen Fehlerursachen aus ihrer Sphäre auszuschließen. Oftmals wird für sie nur feststellbar sein, dass die Nutzung eines Dienstes nicht möglich ist.[1269] Es wäre denkbar, die verfügbare Internetgeschwindigkeit zum Zeitpunkt des Zugriffs zu messen und zu dokumentieren sowie einen Systembericht über das Betriebssystem und die installierten Plugins zu erstellen. Aufgrund des dafür notwendigen technischen Wissens wird deutlich, dass sich die Abonnenten von VoD-Diensten mit nicht unerheblichen Schwierigkeiten konfrontiert sehen, wenn sie die potenziell aus ihrer Sphäre stammenden Fehlerursachen ausschließen möchten.

(2) Sekundäre Behauptungslast

Den Abonnenten wäre deutlich mehr geholfen, wenn die Diensteanbieter unabhängig davon, ob die Abonnenten die potenziellen Fehlerursachen aus ihrer Sphäre ausschließen können, Auskunft darüber geben müssen, zu welchem Ergebnis die Überprüfung des Wohnsitzmitgliedstaates geführt hat, und ob dies der Grund dafür ist, dass der Online-Inhaltedienst im Ausland nicht nutzbar ist. Dies ließe sich durch eine sekundäre Behauptungslast für die Diensteanbieter erreichen. Eine solche kommt in Betracht, wenn ein deutliches Informationsungleichgewicht zwischen den Parteien besteht und einer Partei die Beweislast für einen Umstand obliegt, über den sie sich im Gegensatz zur anderen Partei kaum Kenntnis verschaffen kann, wohingegen dem nicht beweisbelasteten Prozessgegner genauere Angaben ohne Weiteres zumutbar

1266 *Sänn et al.*, Status quo digitaler Inhalte in Deutschland, S. 35; *Wicker*, MMR 2012, 783, 787.

1267 Ähnlich *Justizministerium NRW*, Arbeitsgruppe „Digitaler Neustart“, S. 186.

1268 Anknüpfungspunkt eines Schadensersatzanspruchs könnte allenfalls die Verletzung einer (vor-)vertraglichen Informationspflicht sein, indem der Anbieter die Nutzer nicht oder nur unzureichend über die technischen Voraussetzungen für die Nutzung des Online-Inhaltedienstes informiert.

1269 Ähnlich *Wicker*, MMR 2014, 715, 717; zu den Schwierigkeiten für die Nutzer, die Ursache von Fehlern bei digitalen Inhalten und Dienstleistungen ausfindig zu machen, siehe Fn. 1190.

sind.[1270] Die sekundäre Behauptungslast führt dazu, dass einfaches Bestreiten einer Behauptung durch die Gegenpartei nicht ausreicht, sondern es einer substantiierten Darlegung bedarf, weshalb die vorgebrachte Behauptung unzutreffend sein soll; ansonsten gilt diese nach § 138 III ZPO als zugestanden.[1271] Zu einer gänzlichen Umkehr der Behauptungs- und Beweislast kommt es dabei jedoch nicht.[1272] Begründen lässt sich die sekundäre Darlegungslast mit dem Grundsatz der redlichen Prozessführung, wonach eine Partei die allein ihr zugänglichen Beweise nicht zurückhalten darf, sondern diese sowohl dem Kläger als auch dem Gericht zugänglich machen muss.[1273]

Beim grenzüberschreitenden Zugriff auf einen Online-Inhaltedienst herrscht zwischen Anbietern und Abonnenten ein erhebliches Informationsgefälle, da die Abonnenten keinerlei Einblick in die technischen Abläufe bei den Diensteanbietern haben. Soweit die Anbieter die grenzüberschreitende Portabilität nicht ermöglichen, weil der Anwendungsbereich der Portabilitätsverordnung laut der Überprüfung des Wohnsitzmitgliedstaates nicht eröffnet ist, bleibt den Abonnenten dieser in der Sphäre der Anbieter liegende Umstand verborgen. Für die Anbieter ist es demgegenüber ein Leichtes, über das Ergebnis der Überprüfung des Wohnsitzmitgliedstaates Auskunft zu geben und zu erläutern, inwiefern darin die Ursache für die nicht vorhandene Nutzungsmöglichkeit im Ausland liegt. Daher lässt sich in Bezug auf diesen Umstand eine sekundäre Behauptungslast annehmen.

(3) Beweiserleichterung nach § 142 ZPO

Eine weitere Beweiserleichterung ist über § 142 ZPO möglich, wonach die Diensteanbieter in dem Fall, dass sich Beweise ausschließlich in ihrem Machtbereich befinden, gerichtlich dazu verpflichtet werden können, die zum Beweis notwendigen Unterlagen vorzulegen,[1274] was im Rahmen der sekundären Behauptungslast nicht möglich ist.[1275] Allerdings ist zu beachten, dass eine solche Verpflichtung nicht zur Ausforschung der nicht beweisbelasteten Partei

---

1270 BGH, Urt. v. 13.6.2002 – VII ZR 30/01, NJW-RR 2002, 1309, 1310; *Meyke*, NJW 2000, 2230, 2232; *Laumen*, in: Baumgärtel/Laumen/Prütting, Hdb. Beweislast, Kap. 22 Rn. 30, 33 f.; *Prütting*, in: MüKo ZPO, § 286 ZPO Rn. 103.

1271 *Laumen*, in: Baumgärtel/Laumen/Prütting, Hdb. Beweislast, Kap. 22 Rn. 36; *Meyke*, NJW 2000, 2230, 2232; *Prütting*, in: MüKo ZPO, § 286 ZPO Rn. 103; *Saenger*, in: ders., § 286 ZPO Rn. 93.

1272 *Hansen*, JuS 1991, 588, 590; *Saenger*, in: ders., § 286 ZPO Rn. 93.

1273 *Hansen*, JuS 1991, 588, 590; *Musielak*, Beweislast im Zivilprozess, S. 143.

1274 *Stadler*, in: Musielak/Voit, § 142 ZPO Rn. 1; *Wicker*, MMR 2014, 715, 717.

1275 *Laumen*, in: Baumgärtel/Laumen/Prütting, Hdb. Beweislast, Kap. 22 Rn. 33.

führen darf, da die beweisbelastete Partei nicht von ihrer Darlegungs- und Substantiierungslast entbunden wird.[1276] Damit die Vorlage eines Dokuments verlangt werden kann, ist daher zunächst eine substantiierte Darlegung einer bestimmten Tatsache notwendig.[1277] Allerdings sind geringere Anforderungen an die Substantiierungslast zu stellen, wenn der darzulegende Umstand außerhalb der Sphäre der beweisbelasteten Partei liegt und diese daher keine Kenntnis darüber haben kann.[1278] Dies ist, wie bereits im Rahmen der sekundären Behauptungslast deutlich wurde, im Rahmen der grenzüberschreitenden Portabilität der Fall. Sobald die Abonnenten darlegen, dass sie einen Online-Inhaltedienst bei einem Auslandsaufenthalt in der EU nicht in derselben Form nutzen konnten, kann daher nach § 142 ZPO angeordnet werden, dass die Diensteanbieter Unterlagen, wie zum Beispiel Prüfprotokolle, vorzulegen haben, aus denen hervorgeht, ob die Nutzungsmöglichkeit aufgrund der Überprüfung des Wohnsitzmitgliedstaates bewusst eingeschränkt wurde.

(4) Widerlegung der Vermutung

Sobald feststeht, dass die nicht vorhandene Nutzungsmöglichkeit eines Online-Inhaltedienstes während eines Auslandsaufenthalts darauf zurückzuführen ist, dass ein Anbieter die Möglichkeit der Portabilität aufgrund des Ergebnisses der Überprüfung des Wohnsitzmitgliedstaates unterbunden hat, liegt es an den Abonnenten, die Vermutung des Art. 2 Nr. 3 Portabilitäts-VO zu widerlegen, indem sie beweisen, dass das Ergebnis der Überprüfung fehlerhaft ist. Dabei sind sie nicht an die in Art. 5 I 1 Portabilitäts-VO aufgeführten Mittel gebunden, da diese nur für die Überprüfung des Wohnsitzmitgliedstaates durch die Diensteanbieter gelten. Damit können Abonnenten von Online-Inhaltediensten durch die Beweiserleichterungen Schadensersatzansprüche gegenüber den Diensteanbietern geltend machen, obwohl es für sie eigentlich kaum möglich ist, die Ursache einer nicht vorhandenen Nutzungsmöglichkeit eines Dienstes bei einem Auslandsaufenthalt zu identifizieren und eine Pflichtverletzung zu beweisen.

1276 BGH, Beschl. v. 29.11.2016 – VI ZV 23/16, BeckRS 2016, 112023 Rn. 15; BGH, Urt. v. 26.6.2007 – XI ZR 277/05, NJW 2007, 2989, 2992 Rn. 20; *Stadler*, in: Musielak/Voit, § 142 ZPO Rn. 1 m.w.N.

1277 BT-Drs. 14/6036, S. 121; BGH, Urt. v. 26.6.2007 – XI ZR 277/05, NJW 2007, 2989, 2992 Rn. 20; *v. Selle*, in: BeckOK ZPO, § 142 ZPO Rn. 11; *Stadler*, in: Musielak/Voit, § 142 ZPO Rn. 1 m.w.N.

1278 *Stadler*, in: Musielak/Voit, § 142 ZPO Rn. 1.

III. Zwischenergebnis

Die Portabilitätsverordnung sieht selbst keine Mängel- und Sekundärrechte für die Abonnenten von Online-Inhaltediensten vor, wenn die Anbieter gegen ihre Pflicht aus Art. 3 I Portabilitäts-VO, die grenzüberschreitende Portabilität bei vorübergehenden Aufenthalten in anderen Mitgliedstaaten in derselben Form zu ermöglichen, verstoßen. Die Mängelrechte bei der Bereitstellung digitaler Inhalte und Dienstleistungen werden sich zukünftig aufgrund der vollharmonisierenden Digitale-Inhalte-RL in den einzelnen Mitgliedstaaten kaum noch unterscheiden. Diese legt sowohl die Anforderungen an eine vertragsgemäße Leistung als auch die Rechte der Verbraucher bei Vertragswidrigkeiten abstrakt fest, wobei sie auf eine vertragstypologische Einordnung der Bereitstellungsverträge verzichtet. Die von der Portabilitätsverordnung geschaffene Möglichkeit, bei vorübergehenden Aufenthalten in anderen Mitgliedstaaten die im Heimatland abonnierten Online-Inhaltedienste in derselben Form nutzen zu können, ist im Regelungsregime der Digitale-Inhalte-RL eine objektive Anforderung an die Vertragsmäßigkeit, sodass ein vertragswidriger Zustand vorliegt, wenn diese Möglichkeit nicht entsprechend den Vorgaben der Portabilitätsverordnung besteht.

Nach Art. 3 I Portabilitäts-VO müssen die Anbieter von Online-Inhaltediensten die grenzüberschreitende Portabilität „in derselben Form" ermöglichen, in der die Abonnenten in ihrem Wohnsitzmitgliedstaat auf den Dienst zugreifen und diesen nutzen können. Der Nutzungsumfang der Dienste darf sich im Wohnsitzmitgliedstaat und im europäischen Ausland daher nicht unterscheiden. Dies wäre der Fall, wenn im Ausland nur ein Teil des im Wohnsitzmitgliedstaat verfügbaren Angebots an Online-Inhalten, weniger Sprachfassungen oder nicht dieselben Funktionen des Dienstes verfügbar wären, wie zum Beispiel die Möglichkeit, bestimmte Inhalte zur Offline-Nutzung herunterzuladen.[1279] Hinsichtlich der Nutzungsqualität macht die Portabilitätsverordnung eine Ausnahme. Zwar dürfen die Diensteanbieter die Qualität im Rahmen der Portabilität nicht künstlich herabsetzen, doch muss die Bereitstellungsqualität nicht der Qualität im Wohnsitzmitgliedstaat des Abonnenten entsprechen, es sei denn, dies wurde vom jeweiligen Anbieter zugesichert.[1280]

Den Verbrauchern steht bei einer Vertragswidrigkeit ein Minderungsrecht für den Zeitraum zu, in dem die Nutzung des Dienstes nicht möglich war. Können sie einen Online-Inhaltedienst bei Auslandsaufenthalten nicht nutzen,

---

1279 Ausführlich zur Nutzung „in derselben Form", siehe § 4 B. I. 3. c) aa).

1280 Zur dogmatischen Einordnung dieser Einschränkung, siehe § 4 B. I. 3. c) bb).

mindert sich der zu zahlende Preis für die Dauer des Auslandsaufenthalts auf null. Zudem steht ihnen ein Anspruch auf Herstellung des vertragsgemäßen Zustands zu, womit die aufgetretenen Mängel für die Zukunft zu beheben sind. Darüber hinaus ist ein Kündigungsrecht vorgesehen, wobei die Abonnenten auf ein solches wegen der kurzen Laufzeit der Bereitstellungsverträge meist nicht angewiesen sind. Zudem ist deren Interesse nicht auf die Beendigung des Vertrages, sondern eine vertragsgemäße Nutzbarkeit des Dienstes gerichtet.

Nachdem zum einen die Vorgaben der Portabilitätsverordnung nicht dispositiv sind und zum anderen das nationale Recht, welches die Digitale-Inhalte-RL umsetzt, zwingenden Charakter haben muss, verbleibt für die Anbieter kaum ein vertraglicher Gestaltungsspielraum, den diese zu ihren Gunsten nutzen könnten, um die Anforderungen an die Vertragsmäßigkeit zu reduzieren oder die Mängelrechte der Abonnenten einzuschränken. Insbesondere können sie in den Nutzungsverträgen keine pauschale Verfügbarkeitsquote vorsehen, nach der trotz Zugangsunterbrechungen keine vertragswidrige Leistung vorläge. Wäre eine solche Quote so großzügig bemessen, dass sie die Nutzung eines Dienstes bei vorübergehenden Auslandsaufenthalten abdecken würde, wäre sie aufgrund eines Verstoßes gegen die Portabilitätsverordnung aufgrund des Art. 7 I Portabilitäts-VO unwirksam. Darüber hinaus halten pauschale Verfügbarkeitsquoten ohne einen sehr kurz bemessenen Bezugszeitraum einer Überprüfung anhand des nationalen Rechts nicht Stand. Daran wird sich auch nach Umsetzung der Digitale-Inhalte-RL nichts ändern, da solche weder mit dem Transparenzgebot noch den in der Digitale-Inhalte-RL vorgesehenen objektiven Anforderungen an die Vertragsmäßigkeit vereinbar sind.

Die Beweislast für eine vertragsgemäße Bereitstellung der digitalen Inhalte trägt nach der Digitale-Inhalte-RL der Anbieter eines Online-Inhaltedienstes. Im Rahmen der grenzüberschreitenden Portabilität stellt sich für die Anbieter das Problem, dass die zur Überprüfung des Wohnsitzmitgliedstaates herangezogenen Daten nach Abschluss der Überprüfung zu löschen sind, es sei denn, die Daten wurden nicht ausschließlich zum Zwecke der Überprüfung des Wohnsitzmitgliedstaates erhoben. Nachdem die Anbieter kostenpflichtiger Online-Inhaltedienste primär die Zahlungsinformationen der Abonnenten zur Überprüfung des Wohnsitzmitgliedstaates heranziehen müssen, können sie auf diese auch zum Beweis eines vertragsgemäßen Zustands bzw. der ordnungsgemäßen Überprüfung des Wohnsitzmitgliedstaates zurückgreifen. Sobald ein Abonnent den Anbieter darauf aufmerksam macht, dass die grenzüberschreitende Portabilität nicht möglich ist, hat der Anbieter nach Art. 5 II 1 Portabilitäts-VO begründete Zweifel am Wohnsitzmitgliedstaat eines Abonnenten, sodass er die Überprüfung wiederholen kann. Das Ergebnis der Überprüfung lässt sich anschließend zum Beweis der Vertragsmäßigkeit heranziehen. Zudem können die Anbieter Prüfprotokolle anfertigen, die Aufschluss darüber geben, mit welchen Maßnahmen und zu welchen Zeitpunkten sie den Wohnsitzmitgliedstaat eines Abonnenten überprüft haben und zu welchem Ergebnis sie kamen. Damit ist es den Anbietern möglich, die für die Vermutung des Art. 2 Nr. 3 Portabilitäts-VO notwendige Vermutungsbasis zu beweisen. Anschließend obliegt es den Abonnenten, die Vermutung zu widerlegen und zu beweisen, dass die Überprüfung des Wohnsitzmitgliedstaates zu einem fehlerhaften Ergebnis führte.

Das Recht auf Schadensersatz bei Vertragswidrigkeiten wird von der Digitale-Inhalte-RL nicht harmonisiert, womit es sich nach dem nicht harmonisierten nationalen Recht richtet. Dem Interesse der Abonnenten, für einen Online-Inhaltedienst keinen Preis zahlen zu müssen, wenn sie auf diesen während eines Auslandsaufenthalts nicht zugreifen und diesen nicht nutzen können, wird durch das in der Digitale-Inhalte-RL vorgesehene Minderungsrecht Rechnung getragen. Daher ist der einzige verbleibende Bereich, im dem das Schadensersatzrecht eigenständige Bedeutung hat, die Ersatzfähigkeit von Deckungsgeschäften, wenn ein Dienst nicht nutzbar war und sich ein Abonnent die Inhalte anderweitig beschaffte. Zwar unterscheiden sich die Regelungen des Schadensersatzrechts bei den unterschiedlichen Vertragstypen des nationalen Rechts, doch läuft die Haftung für Deckungsgeschäfte im Wesentlichen gleich, sodass die Rechte der Abonnenten nicht von der Vertragstypologie der Bereitstellungsverträge abhängen. Ein Ausschluss der Haftung auf Schadensersatz, wenn die grenzüberschreitende Portabilität nicht möglich ist, kommt nicht in Betracht. Denn die grenzüberschreitende Nutzbarkeit eines Online-Inhaltedienstes ist eine Kardinalpflicht, bei welcher sich die Haftung nicht einmal für eine leicht fahrlässige Verletzung ausschließen lässt. Die Schwierigkeit für die Abonnenten, einen Schadensersatzanspruch geltend zu machen, liegt darin, dass es ihnen obliegt, die Pflichtverletzung seitens der Diensteanbieter zu beweisen. Abhilfe schafft eine sekundäre Behauptungslast der Anbieter, die darauf beruht, dass die Abonnenten von Online-Inhaltdiensten keine Kenntnis darüber haben, ob ein Anbieter eines Online-Inhaltedienstes den Zugriff auf diesen und seine Nutzung aufgrund einer fehlerhaften Überprüfung des Wohnsitzmitgliedstaates verweigert. Die Anbieter können daher nicht schlicht bestreiten, dass eine Pflichtverletzung vorliege, sondern sie müssen substantiiert darlegen, dass sie die Vorgaben der Portabilitätsverordnung eingehalten haben, was die ordnungsgemäße Überprüfung des Wohnsitzmitgliedstaates beinhaltet. Darüber hinaus können die Anbieter nach § 142 ZPO dazu verpflichtet werden, mitzuteilen, ob die grenzüberschreitende Portabilität bewusst aufgrund der Überprüfung des Wohnsitzmitgliedstaates unterbunden wurde. Wegen der Schwierigkeiten der Abonnenten, den Beweis einer Pflichtverletzung zu erbringen, würde es auch nicht verwundern, wenn es zu einer überschießenden Umsetzung der Digitale-Inhalte-RL kommt und die Beweislast für die Vertragsmäßigkeit zukünftig auch im Rahmen von Schadensersatzansprüchen bei den Diensteanbietern liegt, um ein Auseinanderfallen der Beweislast für verschiedene Ansprüche, die aus einer bestimmten Vertragswidrigkeit resultieren, zu vermeiden.

§ 5 Zusammenfassung der Ergebnisse und Ausblick

A. Zusammenfassung der Ergebnisse

I. Normzweck der Portabilitätsverordnung

Vor Geltungsbeginn der Portabilitätsverordnung war es für die Abonnenten von VoD-Diensten kaum möglich, auf ihre im Heimatland abonnierten Dienste bei Aufenthalten in anderen Mitgliedstaaten zuzugreifen. Der Grund dafür war die auf wirtschaftlichen Erwägungen basierende Entscheidung der Rechteinhaber, Lizenzen für die bereitzustellenden Inhalte innerhalb des europäischen Binnenmarktes territorial begrenzt auf einzelne Mitgliedstaaten oder Sprachgebiete zu vergeben. Dies hatte zweierlei Folgen: Zum einen konnten Verbraucher nicht generell auf Online-Inhaltedienste anderer Mitgliedstaaten zugreifen und diese in ihrem Heimatland nutzen, zum anderen büßten sie die Zugriffs- und Nutzungsmöglichkeit eines in ihrem Heimatland abonnierten Online-Inhaltedienstes ein, sobald sie sich vorübergehend in einem anderen Mitgliedstaat aufhielten. Bei der Beurteilung, inwieweit die Gebietslizenzierungspraktiken mit den europäischen Grundfreiheiten sowie dem Wettbewerbsrecht vereinbar sind, kommt es entscheidend auf die wirtschaftliche Bedeutung der Gebietslizenzierungspraktiken für die (europäische) Filmindustrie an. Basieren deren derzeitige Finanzierungs- und Verwertungsstrukturen maßgeblich auf den territorial beschränkten Lizenzen und sind diese demnach notwendig dafür, dass die Rechteinhaber mit der Verwertung ihrer Schutzgegenstände eine angemessene Vergütung erzielen können, lässt sich eine in den Gebietslizenzen begründete Beschränkung der Dienstleistungsfreiheit – nach teilweise vertretener Auffassung auch ein Wettbewerbsverstoß – über den spezifischen Gegenstand des Urheberrechts rechtfertigen. Im Kern werden dabei die Intensität der Beschränkung und deren Auswirkungen auf den Binnenmarkt gegen deren positive Wirkungen abgewogen. Soweit die Gebietslizenzen erforderlich sind, damit das Produkt Film aus wirtschaftlichen Gründen überhaupt erst entstehen kann, sind die territorialen Lizenzen auch strukturell bedingt, sodass kein Kartellrechtsverstoß vorliegt.

Die Finanzierungs- und Verwertungsmodelle der europäischen Filmindustrie basieren derzeit maßgeblich auf territorial beschränkten Lizenzen. Es ist zwar nicht ausgeschlossen, dass die europäische Filmindustrie mit alternativen Finanzierungs- und Verwertungskonzepten überleben würde, doch können negative Folgen bei Wegfall der Gebietslizenzen jedenfalls nicht ausgeschlossen werden. Aus Angst davor, der kulturell bedeutenden europäischen Filmindustrie mit einem Verbot der Gebietslizenzierungspraktiken den Todesstoß zu versetzen, wurde bislang weder das Primär- noch das Vertragsrecht fruchtbar gemacht, diesen ein Ende zu setzen. Daraus resultierte das Regulierungsproblem, dass Nutzer bei Auslandsaufenthalten auf die in ihrem Heimatland abonnierten Online-Inhaltedienste nicht weiter zugreifen konnten, obwohl die Möglichkeit der grenzüberschreitenden Portabilität keinerlei negative Auswirkungen auf die Filmwirtschaft gehabt hätte und demnach seit jeher primärrechtlich geboten war.

Der Regulierungsbedarf, der vor Geltungsbeginn der Portabilitätsverordnung bestand, gründet sich auf zwei verschiedene Ansätze. Zunächst lässt sich der verwertungsrechtlich freigestellte rezeptive Werkgenuss dafür ins Feld führen, dass es eines regulatorischen Eingriffs bedurfte. Die urheberrechtlichen Verwertungsrechte basieren auf dem Stufensystem zur mittelbaren Erfassung des Werkgenusses, nach dem nicht der Werkgenuss selbst, sondern die Handlungen der Werkvermittler, die zwischen Rezipienten und Rechteinhabern stehen, zum Anknüpfungspunkt der Verwertungsrechte gemacht werden. Der Wandel des Werkgenusses hin zu Diensten, bei denen urheberrechtlich geschützte Inhalte im Wege des Streamings abgerufen werden, führt zwar aufgrund der technisch bedingten ephemeren Vervielfältigungen in den Wiedergabegeräten zur zunehmend unmittelbaren verwertungsrechtlichen Erfassung des Werkgenusses, doch sorgen urheberrechtliche Schrankenregelungen, insbesondere § 44a Nr. 2 UrhG, dafür, dass der Werkgenuss als Nutzungsfreiheit weiterhin verwertungsrechtlich freigestellt bleibt. Aufgrund der technisch bedingten Abhängigkeit der Rezipienten von den Diensteanbietern beim Streaming können diese den Werkgenuss faktisch jedoch noch stärker kontrollieren, als wenn dieser nur verwertungsrechtlich erfasst wäre. Über Lizenzvereinbarungen besteht für die Rechteinhaber wiederum die Möglichkeit, Einfluss darauf zu nehmen, inwieweit die Anbieter von ihrer tatsächlichen Kontrolle über den Werkgenuss Gebrauch machen müssen. Das Stufensystem zur mittelbaren Erfassung des Werkgenusses kann damit letztlich dafür genutzt werden, den Werkgenuss zu kontrollieren und zu steuern. Wird dadurch eine ungerechtfertigte doppelte Zahlung von den Werkrezipienten für die Möglichkeit des Werkgenusses verlangt, wie es beim Werkgenuss in anderen Mitgliedstaaten der Fall war, bedarf es eines regulatorischen Eingriffs.

Darüber hinaus lässt sich Regulierungsbedarf mit dem rechtssoziologischen Ansatz, dass es Aufgabe des Rechts ist, schützenswerte normative Erwartungen zu stabilisieren, begründen. Abonnenten von Online-Inhaltediensten haben die

Erwartung, bei Auslandsaufenthalten in der EU weiterhin auf diese zugreifen und diese nutzen zu können. Obwohl diese Möglichkeit bisher kaum bestand, hielten sie an dieser Erwartung fest und passten ihre Erwartungshaltung nicht an. Daher ist die Erwartung als normativ einzuordnen. Schutzwürdig ist die Erwartung sowohl aus rechtlicher als auch aus ökonomischer Perspektive. Die rechtliche Schutzwürdigkeit gründet sich maßgeblich darauf, dass die EU das Versprechen gegeben hat, einen Binnenmarkt zu errichten, in dem sich eine Grenzüberschreitung nicht negativ bemerkbar macht. Jede Erwartung, die auf dieses Versprechen vertraut, ist schutzwürdig. Die ökonomische Schutzwürdigkeit entspricht im Wesentlichen der Argumentation beim freien Werkgenuss: die Nutzer haben für die Werkgenussmöglichkeit bereits bezahlt und es wäre ungerechtfertigt, innerhalb des europäischen Binnenmarktes für diese Möglichkeit eine erneute Zahlung zu verlangen.

Die Portabilitätsverordnung ist die Antwort auf das zuvor aufgezeigte Regulierungsproblem. Mit ihrem Wirkungsmechanismus wird für die Abonnenten von Online-Inhaltediensten die Möglichkeit der grenzüberschreitenden Portabilität geschaffen und zugleich eine Gefahr für die europäische Filmindustrie ausgeschlossen. Dies gelingt dadurch, dass der Wirkungsmechanismus der Portabilitätsverordnung die territorial beschränkten Lizenzen nicht verhindert, sondern auf diesen aufbaut.

II. Portabilität im trilateralen Rechtsverhältnis zwischen Rechteinhabern, Diensteanbietern und Abonnenten

Bei der grenzüberschreitenden Portabilität von Online-Inhaltediensten sind zwei verschiedene Rechtsverhältnisse und mit den Rechteinhabern, Diensteanbietern sowie Abonnenten insgesamt drei verschiedene Akteure betroffen, deren Interessen sich zum Teil konträr gegenüberstehen. Dies ist zum einen das Interesse der Abonnenten an einer möglichst umfangreichen und uneingeschränkten Nutzbarkeit eines Online-Inhaltedienstes und zum anderen das Interesse der Rechteinhaber an der bestmöglichen Auswertung ihrer Schutzgegenstände, die auf einer territorial segmentierten Rechtevergabe beruht. Beide Interessen werden dadurch miteinander in Einklang gebracht, dass ein grenzüberschreitender Zugriff auf Online-Inhaltedienste nur zulässig ist, wenn sich Abonnenten vorübergehend in einem anderen Mitgliedstaat als ihrem Wohnsitzmitgliedstaat aufhalten.

Die Diensteanbieter würden sich in einer Konfliktsituation befinden, wenn ihnen die Portabilitätsverordnung nur bestimmte Ergebnispflichten auferlegen würde. Denn sie stehen nicht nur in einer vertraglichen Beziehung zu den

Abonnenten, sondern auch zu den Rechteinhabern, mit denen sie Vereinbarungen getroffen haben. Aus diesem Grund verknüpft die Portabilitätsverordnung die beiden Rechtsverhältnisse Anbieter/Abonnent und Anbieter/Rechteinhaber über Art. 7 I Portabilitäts-VO und erzeugt einen Gleichlauf zwischen diesen, indem sie vertragliche Vereinbarungen, die der grenzüberschreitenden Portabilität entgegenstehen, in den beiden relevanten Rechtsverhältnissen gleichermaßen verhindert. Dadurch kehrt die Portabilitätsverordnung das bisherige Rangverhältnis der Rechtsverhältnisse um. Bislang determinierten die Vereinbarungen zwischen Rechteinhabern und Diensteanbietern den Nutzungsumfang, den Diensteanbieter mit den Abonnenten vereinbaren konnten. Durch die zwingenden Vorgaben der Portabilitätsverordnung für das Rechtsverhältnis Anbieter/Abonnent wird dieses in die Lage versetzt, das gesamte Vertragsgeflecht zu dominieren. Soweit den Interessen der Rechteinhaber Geltung verschafft werden soll, sind diese demnach in die Vorschriften für das Rechtsverhältnis zwischen Anbietern und Abonnenten zu integrieren.

Die zentralen Kriterien der Portabilitätsverordnung sind der „vorübergehende Aufenthalt in einem Mitgliedstaat" und der „Wohnsitzmitgliedstaat" eines Abonnenten. Das Kriterium des „vorübergehenden Aufenthalts in einem Mitgliedstaat" ist Ausfluss der Interessen der Rechteinhaber. Dadurch wird die Möglichkeit des grenzüberschreitenden Zugriffs auf Online-Inhaltedienste auf den Fall beschränkt, dass ein Abonnent bei Auslandsaufenthalten innerhalb der EU auf seine im Heimatland abonnierten Online-Inhaltedienste zugreifen und diese nutzen möchte. In zeitlicher Hinsicht erfährt der Begriff des „vorübergehenden Aufenthalts" in der Portabilitätsverordnung keine klare Konturierung und in den Erwägungsgründen sind lediglich einige Beispiele für vorübergehende Aufenthalte aufgeführt. Zum Schutz des grundrechtlich geschützten geistigen Eigentums der Rechteinhaber ist keine zeitliche Befristung der grenzüberschreitenden Portabilität geboten. Der leichte Eigentumseingriff durch eine zeitlich unbefristete Möglichkeit der Portabilität lässt sich in Hinblick auf die Ziele der Portabilitätsverordnung problemlos rechtfertigen. Außerdem war die Portabilität seit jeher primärrechtlich geboten. Die Dienstleistungsfreiheit kann daher fruchtbar gemacht werden, um den Grundrechtseingriff von geringer Intensität zu rechtfertigen und eine extensive Auslegung des „vorübergehenden Aufenthalts" zu stützen. Zudem fordert der urheberrechtliche Dreistufentest keine zeitliche Befristung der grenzüberschreitenden Portabilität. Darüber hinaus zeigt die Analyse des Gesetzgebungsverfahrens sowie eine Auslegung des Kriteriums des „vorübergehenden Aufenthalts in einem Mitgliedstaat" mit dem gesamten juristischen Auslegungskanon, der auch den *effet utile* der Portabilitätsverordnung berücksichtigt, dass die grenzüberschreitende

Portabilität keiner zeitlichen Befristung unterliegt. Damit bestätigt sich die These, dass ein Auslandsaufenthalt so lange als vorübergehend gilt, bis sich der Wohnsitz eines Abonnenten in einen anderen Mitgliedstaat verlagert. Damit verbleibt auch kein vertraglicher Gestaltungsspielraum, in dessen Rahmen die Möglichkeit der Portabilität zeitlich beschränkt werden könnte.

Dies führt zum eigentlichen zentralen Kriterium der Portabilitätsverordnung: dem Wohnsitzmitgliedstaat der Abonnenten. Den Wohnsitzmitgliedstaat der Abonnenten definiert die Portabilitätsverordnung in ihrem Art. 2 Nr. 3 als den nach Artikel 5 bestimmten Mitgliedstaat, in dem der Abonnent seinen tatsächlichen und dauerhaften Wohnsitz hat. Durch die Inkorporation der Überprüfung in die Definition stellt sie die widerlegliche Vermutung auf, dass ein Abonnent seinen tatsächlichen und dauerhaften Wohnsitz in dem Mitgliedstaat hat, auf den das Ergebnis der Überprüfung hindeutet. Es ist sowohl den Rechteinhabern als auch den Abonnenten möglich, diese Vermutung zu widerlegen und nachzuweisen, dass der tatsächliche Wohnsitzmitgliedstaat nicht mit dem Ergebnis der Überprüfung übereinstimmt. Allerdings lässt die Portabilitätsverordnung offen, was unter dem tatsächlichen und dauerhaften Wohnsitz eines Abonnenten zu verstehen ist.

Sowohl aus einem Binnenrechtsvergleich auf EU-Ebene als auch einem Rechtsvergleich mit dem nationalen Recht geht hervor, dass ein Wohnsitz sinnvollerweise dort zu lokalisieren ist, wo sich der Lebensmittelpunkt einer Person befindet. Die teleologische Auslegung des Wohnsitzes im Rahmen der Portabilitätsverordnung zeigt, dass sich mit diesem Kriterium auch in der Portabilitätsverordnung zweckmäßige Ergebnisse erzielen lassen. Der Lebensmittelpunkt lässt sich wiederum durch eine Gesamtbetrachtung aller Umstände des Einzelfalls lokalisieren, wozu unter anderem die soziale und berufliche Integration sowie das Innehaben einer Wohnung, die zur jederzeitigen Nutzung zur Verfügung steht, zählen. Nachdem die Rechteinhaber mangels Überprüfungsmöglichkeiten und der strengen datenschutzrechtlichen Vorgaben des Art. 8 Portabilitäts-VO die widerlegliche Vermutung, dass der Wohnsitzmitgliedstaat eines Abonnenten dem Ergebnis der Überprüfung entspricht, kaum widerlegen können, bietet es sich an, die Vermutung aufzugreifen und den Wohnsitzmitgliedstaat vertraglich an das Ergebnis der Überprüfung zu koppeln. Dadurch lässt sich im Rechtsverhältnis zwischen Anbietern und Rechteinhabern Rechtssicherheit schaffen, da in diesem Fall keine Pflichtverletzung seitens der Anbieter vorliegen würde, wenn eine ordnungsgemäße Überprüfung des Wohnsitzmitgliedstaates vorgenommen wurde, das Ergebnis der Überprüfung und der tatsächliche Wohnsitzmitgliedstaat jedoch voneinander abweichen. Zudem könnten die Rechteinhaber durch vertraglich vereinbarte

Kontrollmechanismen Einblick in die Überprüfung des Wohnsitzmitgliedstaates durch die Anbieter erhalten.

Im Rechtsverhältnis zwischen Anbietern und Abonnenten ist eine vertragliche Koppelung des Wohnsitzmitgliedstaates an das Ergebnis der Überprüfung nicht möglich, da dies die Zugangsverschaffungspflicht des Art. 3 I Portabilitäts-VO in den Fällen vertraglich ausschließen würde, in denen ein Abonnent seinen tatsächlichen und dauerhaften Wohnsitz in dem Mitgliedstaat hat, in dem das Abonnement abgeschlossen wurde, die Überprüfung jedoch zu einem falschen Ergebnis führt. Einer entsprechenden Vereinbarung stünde demnach Art. 7 I Portabilitäts-VO entgegen.

Zur Überprüfung des Wohnsitzmitgliedstaates sieht die Portabilitätsverordnung einen abschließenden Katalog an Überprüfungsmaßnahmen vor. Die Diensteanbieter müssen aufgrund des in Art. 5 I 1 Portabilitäts-VO und 8 I 2 Portabilitäts-VO verankerten Verhältnismäßigkeitsgrundsatzes, der dem Grundsatz der Datenminimierung in Art. 5 I lit. c DSGVO entspricht, zunächst die Daten zur Überprüfung des Wohnsitzmitgliedstaates heranziehen, über die sie bereits verfügen. Dies sind bei kostenpflichtigen Online-Inhaltediensten die Zahlungsinformationen der Nutzer gem. Art. 5 I 1 lit. b Portabilitäts-VO, wie es auch Erwägungsgrund 27 der Portabilitätsverordnung hervorhebt. Da die Zahlungsinformationen kein absolut verlässliches Mittel sind, um die Verbindung eines Abonnenten zu einem bestimmten Mitgliedstaat im Sinne eines tatsächlichen und dauerhaften Wohnsitzes zu ermitteln, ist die Anwendung von zwei Verifizierungsmaßnahmen stets verhältnismäßig, sodass dies – wie eigentlich von der Portabilitätsverordnung intendiert – kein Ausnahmefall bleibt, sondern der Regelfall wird. Eine wiederholte Überprüfung während der Vertragslaufzeit kommt nur in Betracht, wenn ein Anbieter bei Vertragsschluss oder -verlängerung mit zwei Maßnahmen zu unterschiedlichen Ergebnissen gekommen ist, was auf eine Verbindung des Abonnenten zu mehreren Mitgliedstaaten hindeutet. Dies führt zu begründeten Zweifeln am Wohnsitzmitgliedstaat, wie sie Art. 5 II 1 Portabilitäts-VO für eine Wiederholungsprüfung fordert.

III. Portabilität im bilateralen Vertragsverhältnis zwischen Abonnenten und Anbietern von Online-Inhaltediensten

Die von der Portabilitätsverordnung in ihrem Art. 3 I vorgesehene Pflicht der Anbieter, den Abonnenten von Online-Inhaltediensten die grenzüberschreitende Portabilität zu ermöglichen, wirkt sich unmittelbar auf das vertraglich geschuldete Leistungsprogramm der Diensteanbieter aus. Sämtliche vertraglichen Vereinbarungen, mit denen diese Pflicht eingeschränkt werden soll, erklärt Art. 7 I Portabilitäts-VO für nicht durchsetzbar. Die genaue Rechtsfolge des Art. 7 I Portabilitäts-VO ist anhand einer Auslegung der Norm zu ermitteln. Dabei führen weder der Wortlaut oder die Systematik noch der Telos der Norm zu einem eindeutigen Ergebnis. Damit könnte Art. 7 I Portabilitäts-VO die Unwirksamkeit der Vertragsbestimmungen zur Folge haben oder diese in ihrem Bestand unberührt lassen und ihnen lediglich dauerhaft keine rechtliche Wirkung zukommen lassen, ähnlich der Wirkung einer peremptorischen Einrede im nationalen Recht. Der *effet utile* des Art. 7 I Portabilitäts-VO verlangt jedoch eine Unwirksamkeit der vertraglichen Vereinbarungen, da die Abonnenten nicht von im Bestand unberührten, jedoch unzulässigen Klauseln verunsichert werden dürfen. Der Bestand der gesamten Verträge bleibt von der Unwirksamkeit einzelner vertraglicher Bestimmungen unberührt, wie es sich aus dem Telos des Art. 7 I Portabilitäts-VO ergibt. § 139 BGB findet daher keine Anwendung. Eine geltungserhaltende Reduktion kommt nicht in Betracht, da unzulässige Klauseln aufgrund der Möglichkeit, sie auf ein gerade noch zulässiges Maß zu reduzieren, ansonsten gefahrlos verwendet werden könnten. Es gibt drei verschiedene Möglichkeiten, wie mit den entstehenden vertraglichen Lücken umzugehen ist: (1.) An die Stelle der unwirksamen Vereinbarungen tritt das zwingende Gesetzesrecht der Portabilitätsverordnung. (2.) Die Lücke bleibt bei einem vertraglichen Gestaltungsspielraum bestehen. (3.) Die Lücke wird bei einem vertraglichen Gestaltungsspielraum im Wege der ergänzenden Vertragsauslegung geschlossen, wobei dies nur in Betracht kommt, wenn die Lücke zu einer unzumutbaren Interessenbeeinträchtigung einer Vertragspartei führen würde.

Darüber hinaus ist das Transparenzgebot zu beachten. Klauseln, welche die vertraglichen Rechte und Pflichten der Abonnenten nicht klar und verständlich festlegen, sind danach unwirksam. Gleiches gilt für Klauseln, welche durch eine unklare Formulierung den Eindruck erwecken, dass die grenzüberschreitende Portabilität nicht entsprechend den Vorgaben der Portabilitätsverordnung möglich ist. Für die Abonnenten ist die Verwendung intransparenter Klauseln aus rechtlicher Perspektive folgenlos, da die grenzüberschreitende Portabilität stets gemäß Art. 3 I Portabilitäts-VO zu ermöglichen ist. Die Intransparenz gereicht lediglich den Diensteanbietern und Rechteinhabern zum Nachteil, da sie durch unwirksame Klauseln bestehende vertragliche Gestaltungsspielräume nicht mehr zu ihren Gunsten nutzen können.

Die Portabilitätsverordnung sieht keine Mängel- und Sekundärrechte für den Fall vor, dass die Anbieter die grenzüberschreitende Portabilität nicht entsprechend den Vorgaben der Portabilitätsverordnung ermöglichen. Die Mängelgewährleistungsrechte bei Verstößen gegen die Portabilitätsverordnung richten sich zwar nach dem nationalen Recht, doch wird dieses zukünftig durch die vollharmonisierende Digitale-Inhalte-RL EU-weit gleichlaufen. Die Möglichkeit der grenzüberschreitenden Portabilität ist im Regelungsregime der Digitale-Inhalte-RL eine objektive Anforderung an die Vertragsmäßigkeit gemäß Art. 8 I lit. a, b DInh-RL. Ermöglichen die Diensteanbieter ihren Abonnenten bei Auslandsaufenthalten in der EU nicht, auf den im Heimatland abonnierten Dienst in derselben Form zuzugreifen und ihn zu nutzen, liegt demnach ein vertragswidriger Zustand vor. Als Mängelrechte sind sowohl ein Anspruch auf Herstellung des vertragsgemäßen Zustands, ein Minderungs- sowie ein Kündigungsrecht vorgesehen. Die Beweislast dafür, dass eine vertragsgemäße Leistung vorliegt, obliegt nach der Digitale-Inhalte-RL grundsätzlich dem Anbieter. Die widerlegliche Vermutung der Portabilitätsverordnung, dass der Wohnsitzmitgliedstaat dem Ergebnis der Überprüfung entspricht, ist damit in Einklang zu bringen. Daher muss ein Anbieter – soweit es ihm aufgrund der datenschutzrechtlichen Vorgaben der Portabilitätsverordnung möglich ist – den Beweis einer ordnungsgemäßen Überprüfung des Wohnsitzmitgliedstaates als Vermutungsbasis erbringen. Soweit dieser Beweis erbracht ist und die Vermutungswirkung des Art. 2 Nr. 3 Portabilitäts-VO greift, obliegt es den Abonnenten, darzulegen und zu beweisen, dass die Überprüfung fehlerhaft war und ihr Wohnsitzmitgliedstaat tatsächlich mit dem Mitgliedstaat, in dem das Abonnement abgeschlossen wurde, übereinstimmt.

Das Schadensersatzrecht richtet sich nach dem nicht harmonisierten nationalen Recht, wobei es nicht auf die vertragstypologische Einordnung der Bereitstellungsverträge ankommt. Zwar unterscheiden sich die Schadensersatzregelungen bei den unterschiedlichen Vertragstypen, doch ist der einzig relevante Bereich, in dem es eines Rückgriffs aus das Schadensersatzrecht bedarf, die Haftung für Deckungsgeschäfte, wenn die grenzüberschreitende Portabilität nicht möglich ist; diese läuft unabhängig von der Vertragstypologie im Wesentlichen gleich. Die Beweislast für eine Pflichtverletzung obliegt hier grundsätzlich den Abonnenten, wobei ihnen verschiedene Beweiserleichterungen zugutekommen, welche die Durchsetzbarkeit eines solchen Anspruchs überhaupt erst ermöglichen.

B. Ausblick

Die Portabilitätsverordnung ist der erste Rechtsakt, den die im Mai 2015 von der Europäischen Kommission vorgestellte „Strategie für einen digitalen Binnenmarkt für Europa“ hervorbrachte. Mit ihr wird der vorsichtige Versuch unternommen, den für die Verbraucher spürbaren negativen Folgen der gängigen Gebietslizenzierungspraktiken im audiovisuellen Bereich entgegenzuwirken und dem Binnenmarktprinzip zur Geltung zu verhelfen, ohne die Möglichkeit territorial beschränkter Lizenzen *per se* zu beeinträchtigen und dadurch eine Existenzgefahr für die europäische Filmwirtschaft zu schaffen. Daher ermöglicht die Portabilitätsverordnung lediglich den grenzüberschreitenden Zugriff auf die im Heimatland abonnierten Online-Inhaltedienste mit dem dort angebotenen Leistungsspektrum. Dagegen ist der Abschluss eines Abonnements mit dem Leistungsspektrum, welches Abonnenten mit Wohnsitz in anderen Mitgliedstaaten angeboten wird, und dessen Nutzung im Heimatland weiterhin nicht möglich. Die Vollendung des digitalen Binnenmarktes würde es erfordern, dass auch diese Hürde nicht mehr existiert. In anderen Bereichen ist die EU dem Binnenmarktziel bereits ein ganzes Stück näher. Mit der VO (EU) 2018/302[1281] gegen ungerechtfertigtes Geoblocking und andere Formen der Diskriminierung aufgrund der Staatsangehörigkeit, des Wohnsitzes oder des Ortes der Niederlassung eines Kunden innerhalb des europäischen Binnenmarktes sollen private Hindernisse für den freien Verkehr von Waren und Dienstleistungen unterbunden werden. Solche liegen vor, wenn Kunden grenzüberschreitend ein Geschäft tätigen wollen, die Anbieter jedoch ihre Online-Benutzeroberfläche oder Apps für Kunden anderer Mitgliedstaaten mittels Geoblocking sperren.[1282] Nachdem dieser Zustand im audiovisuellen Bereich weiterhin toleriert werden soll, ist dieser explizit vom Anwendungsbereich der Verordnung ausgenommen;[1283] ansonsten wäre auch die Portabilitätsverordnung obsolet. Ob diese Ausnahme von langer Dauer ist, muss bezweifelt werden.[1284] Spätestens wenn sich die Finanzierungs- und Verwertungsmodelle der europäischen Filmindustrie verändern und sich abzeichnet, dass ein Ende der Gebietslizenzen nicht mit dem Ende der europäischen Filmwirtschaft gleichzusetzen ist, wird diesen der Riegel vorgeschoben werden; sei es mittels sekundärrechtlicher Rechtsakte oder dem Primärrecht.[1285]

1281 Verordnung (EU) 2018/302 des Europäischen Parlaments und des Rates vom 28. Februar 2018 über Maßnahmen gegen ungerechtfertigtes Geoblocking und andere Formen der Diskriminierung aufgrund der Staatsangehörigkeit, des Wohnsitzes oder des Ortes der Niederlassung des Kunden innerhalb des Binnenmarktes und zur Änderung der Verordnungen (EG) Nr. 2006/2004 und (EU) 2017/2394 sowie der Richtlinie 2009/22/EG, EU-ABl. L 60 I/1 v. 2.3.2018 (Geoblocking-VO).

1282 Erwägungsgrund 1 Geoblocking-VO.

1283 *Synodinou*, GRUR Int. 2020, 136, 145.

1284 Kritisch *v. Albrecht/Fiss*, ZUM 2020, 18, 22.

1285 Zu verschiedenen Regulierungsansätzen *de lege ferrenda*, siehe *Synodinou*, GRUR Int. 2020, 136, 147 ff.

Bestrebungen, das Sendelandprinzip im Online-Bereich auszudehnen, sind bereits jetzt erkennbar.[1286] Jüngst wurde dieses durch Art. 3 I SatCab-VO[1287] auf ergänzende Online-Dienste von Sendeunternehmen ausgedehnt. Sobald das Sendelandprinzip uneingeschränkt für den gesamten Online-Bereich gilt, wären sämtliche territorialen Beschränkungen als unzulässige Aufspaltung des europäischen Binnenmarktes einzuordnen, da der Rechtsrahmen in diesem Fall dem der *FAPL/Murphy*-Entscheidung entsprechen würde.

Die Portabilitätsverordnung ist in zweierlei Hinsicht ein Novum, welches die Richtung zukünftiger Rechtsakte vorzeichnet. Zum einen ist sie die erste Verordnung auf dem Gebiet des Urheberrechts. Das Instrument der Verordnung wurde – wie es Erwägungsgrund 35 der Portabilitätsverordnung verdeutlicht – gewählt, um für alle Mitgliedstaaten ein einheitliches Regelungsregime zu schaffen, das EU-weit gleichzeitig in Kraft tritt. Nachdem Verordnungen diesen Vorteil gegenüber Richtlinien generell bieten, würde es naheliegen, dass bei zukünftigen Rechtsakten verstärkt auf das Instrument der Verordnung zurückgegriffen wird. Zum anderen könnte die Portabilitätsverordnung den Beginn eines neuen vertraglichen Leitbildes einläuten. Während die Rechteinhaber bei der Bestimmung des Nutzungsumfangs digitaler Inhalte bisher die Oberhand hatten, rückt die Portabilitätsverordnung die Nutzerinteressen in den Vordergrund, indem sie den Anbietern die zwingende Pflicht auferlegt, die grenzüberschreitende Portabilität zu ermöglichen.[1288] Die Interessen der Verbraucher sowie der Verbraucherschutz könnten damit zu Lasten der Privatautonomie von Rechteinhabern und Diensteanbietern zunehmend prägenden Charakter für Verträge über die Bereitstellung digitaler Inhalte haben.[1289] Natürlich dürfen die Interessen der anderen Akteure nicht gänzlich unberücksichtigt bleiben. Vor dem Hintergrund, dass sich Verträge über die Bereitstellung digitaler Inhalte von einem bipolaren hin zu einem multipolaren Rechtsverhältnis wandeln,[1290] gilt es die legitimen Interessen sämtlicher Akteure, denen Geltung

1286 *Synodinou*, GRUR Int. 2020, 136, 144.

1287 Richtlinie (EU) 2019/789 des Europäischen Parlaments und des Rates vom 17. April 2019 mit Vorschriften für die Ausübung von Urheberrechten und verwandten Schutzrechten in Bezug auf bestimmte Online-Übertragungen von Sendeunternehmen und die Weiterverbreitung von Fernseh- und Hörfunkprogrammen und zur Änderung der Richtlinie 93/83/EWG des Rates, EU-ABl. L 130/82 v. 17.5.2019.

1288 *Grünberger*, AcP 218 (2018), 213, 265; *Peifer*, AfP 2017, 8, 13.

1289 *Peifer*, AfP 2017, 8, 13.

1290 *Gsell*, ZUM 2018, 75, 81 f.

verschafft werden soll, in den verschiedenen Rechtsbeziehungen zu berücksichtigen, um Widersprüche zu vermeiden und ein in sich kohärentes System zu schaffen. Zudem sind regulatorische Eingriffe auf die wachsende Verflechtung zwischen Urheber- und Vertragsrecht bei digitalen Inhalten abzustimmen. Die Portabilitätsverordnung ist für beides ein Paradebeispiel. Das Grundproblem, das es sowohl für das Urheber- als auch das Vertragsrecht im Rahmen der Digitalisierung zu bewältigen gilt, ist die Schaffung eines Regulierungsrahmens, der die Interessen der Verbraucher, Rechteinhaber und sonstigen Werkvermittler bestmöglich in Einklang bringt. Daher sind angemessene Nutzungsfreiheiten zu etablieren, ohne die wirtschaftliche Auswertung urheberrechtlich geschützter Inhalte zur Erzielung einer angemessenen Vergütung zu gefährden und zugleich sind unkalkulierbare Haftungsrisiken zu vermeiden. Eine leicht zu formulierende Forderung, die sich am Ende jedoch als Herkulesaufgabe erweist.

Literaturverzeichnis

Ahlberg, Hartwig/Götting, Horst-Peter (Hg.), BeckOK Urheberrecht, 25. Edition, München, 2019.

AK Europa, Positionspapier – Verordnungsvorschlag zu Gewährleistung der grenzüberschreitenden Portabilität von Online-Inhaltediensten im Binnenmarkt, 2016, abrufbar unter: http://bit.ly/2VE3WeV.

Appenzeller, Carmen, Die europäische AGB-Kontrolle, Baden-Baden 2017.

Alaveras, Georgios/Gomez-Herrera, Estrella/Martens, Bertin, Market fragmentation in Video-on-Demand Services in the EU28, Institute for Prospective Technological Studies, Digital Economy Working Paper 2015/12, abrufbar unter: https://ec.europa.eu/jrc/sites/jrcsh/files/JRC98019.pdf.

Albrecht, Martin von/Fiss, Olaf, Murphy reloaded: Die Zulässigkeit von Geoblocking für audiovisuelle Inhalte im Lichte aktueller Entwicklungen, ZUM 2020, 18.

Albrecht, Martin von/Mutschler-Siebert, Annette/Bosch, Tobias, Die Murphy-Entscheidung und ihre Auswirkungen auf Sport- und Filmlizenzen im Online-Bereich. Die exklusive territoriale Rechtevergabe ist keine Vergangenheit!, ZUM 2012, 93.

Albrecht, Martin von, Praxis der Rechtevergabe im Online-Bereich, ZUM 2011, 706.

Anweiler, Jochen, Die Auslegungsmethoden des Gerichtshofes der Europäischen Gemeinschaften, Frankfurt a.M. u.a 1997.

Artz, Markus u.a. (Hg.)/Gsell, Beate u.a. (Gesamthg. Zivilrecht.), beck-online. GROSSKOMMENTAR, BGB, Stand: 1.4.2019, München.

Auer-Reinsdorff, Astrid/Conrad, Isabell (Hg.), Handbuch IT- und Datenschutzrecht, 2. Aufl., München 2016.

Axster, Oliver, „Bestand" der Kennzeichnungsrechte und ihre „Ausübung" im Sinne von Art. 36 EWGV – Vier Jahre nach "Terranova" –, GRUR 1980, 594.

Bäcker, Kerstin/Höfinger, Michael, Online-Vertrieb digitaler Inhalte: Erstvertrieb, nachgelagerte Märkte, ZUM 2013, 623.

Baetge, Dietmar, Der gewöhnliche Aufenthalt im internationalen Privatrecht, Tübingen 1994.

Bamberger, Heinz Georg u.a. (Hg.), BeckOK BGB, 51. Edition, München 2019.

Basedow, Jürgen, Anforderungen an eine europäische Zivilrechtsdogmatik, in: Zimmermann, Reinhard/Knütel, Rolf/Meincke, Peter (Hg.), Rechtsgeschichte und Privatrechtsdogmatik, Heidelberg 1999, S. 79–100.

Baumann, Hendrik/Hofmann, Ruben A., Gebietssicherungsklauseln in Verträgen zur grenzüberschreitenden Satellitensendung im Spannungsverhältnis zwischen Urheber- und Kartellrecht, ZUM 2011, 890.

Baumgärtel, Gottfried (Begr.)/Laumen, Hans-Willi/Prütting, Hans, (Hg.), Handbuch der Beweislast, Band I, 4. Aufl., Köln 2019.

Beatson, Jack Sir/Burrows, Andrew/Cartwright, John, Ansons's Law of Contract, 29. Aufl., Oxford 2010.

Beaujean, Daniela, Gewinner und Verlierer der Medienkonvergenz. Rückt ein Level-Playing-Field wieder in weite Ferne?, MMR 2018, 3.

Bechthold, Stefan, Multimedia und Urheberrecht – einige grundsätzliche Anmerkungen, GRUR 1998, 18.

Becker, Maximilian, Ein modernes Urheberrecht – Von der Nutzungshandlung zum digitalen Lebensbereich, ZGE 8 (2016), 239.

Becker, Maximilian, Aufmerksamkeitsknappheit – Eine weitere Determinante im Urheberrecht?, ZUM 2013, 829.

Beckmann, Roland Michael, Nichtigkeit und Personenschutz – Parteibezogene Einschränkung der Nichtigkeit von Rechtsgeschäften, Tübingen 1998.

Bedner, Mark, Cloud Computing – Technik, Sicherheit und rechtliche Gestaltung, Kassel 2013.

Berg, Wilfried, Aspekte der Binnenrechtsvergleichung im Kommunalrecht am Beispiel der Bezirke in Bayern, in: Bernreuther, Jörn u.a. (Hg.), Festschrift für Ulrich Spellenberg, München 2010, S. 675–686.

Berger, Christian, Aktuelle Entwicklungen im Urheberrecht – Der EuGH bestimmt die Richtung, ZUM 2012, 353.

Bergmann, Alfred, Die Zulassung der privaten Vervielfältigung durch § 53 UrhG – unvermeidbares Übel oder angemessener Interessenausgleich? –, in: Ahrens, Hans-Jürgen/Joachim, Bornkamm/Kunz-Hallstein, Hans Peter, Festschrift für Eike Ullmann, Saarbrücken 2006, S. 23–36.

Bieber, Roland/Epiney, Astrid/Haag, Marcel/Kotzur, Markus, Die Europäische Union – Europarecht und Politik, 13. Aufl., Baden-Baden 2019.

Bieder, Marcus, Der Schutz vor täuschungsgeneigten Formularverträgen – Überlegungen zur Konkretisierung des AGB-rechtlichen Transparenzgebots (§ 307 Abs. 1 S. 2 BGB), AcP 216 (2016), 911.

Bisges, Marcel, Urheberrechtliche Aspekte des Cloud Computing. Wirtschaftlicher Vorteil gegenüber herkömmlicher Softwareüberlassung?, MMR 2012, 574.

Blenk, Stefan, Die Mitgliedschaft in der Investmentaktiengesellschaft – Kritische Würdigung und Ausstrahlwirkung auf das allgemeine Aktienrecht, Baden-Baden 2018.

Boehm, Franziska, Herausforderungen von Cloud Computing-Verträgen: Vertragstypologische Einordnung, Haftung und Eigentum an Daten, ZEuP 2016, 358.

Borges, Georg/Meents, Jan Geert, Cloud Computing – Rechtshandbuch, München 2016.

Bornkamm, Joachim, Der Dreistufentest als urheberrechtliche Schrankenbestimmung – Karriere eines Begriffs, in: Ahrens, Hans-Jürgen u.a. (Hg.), Festschrift für Willi Erdmann – Zum 65. Geburtstag, Köln u.a. 2002, S. 29–48.

Bräutigam, Peter/Rücker, Daniel (Hg.), E-Commerce – Rechtshandbuch, München 2017.

Brink, Stefan/Wolff, Heinrich Amadeus (Hg.), BeckOK Datenschutzrecht, 29. Edition, München 2019.

Brost, Stefan, Der lange Schatten von »Murphy« – droht das Ende der Exklusivität nationaler Urheberrechtslizenzen?, ZUM 2016, 689.

Buchner, Benedikt, Grundsätze und Rechtmäßigkeit der Datenverarbeitung unter der DS-GVO, DuD 2016, 155.

Budzikiewicz, Christine/Weller, Marc-Philippe/Wurmnest, Wolfgang (Hg.)/ Gsell, Beate u.a (Gesamthg. Zivilrecht.), beck-online.GROSSKOMMENTAR, Rom I-Verordnung (EG) Nr. 593/2008 des Europäischen Parlaments und des Rates vom 17. Juni 2008 über das auf vertragliche Schuldverhältnisse anzuwendende Recht, Stand: 1.2.2020, München.

Bundesverband Informationswirtschaft, Telekommunikation und Neue Medien e.V. (Bitkom), Stellungnahme – Kommissionsentwurf zur Portabilitäts-Verordnung, 2016, abrufbar unter: http://bit.ly/2Hnzyg7 (zit.: *Bitkom*, Stellungnahme Portabilitäts-VO-E).

Bundesverband Interaktive Unterhaltungssoftware e.V. (BIU), Stellungnahme zum Verordnungsvorschlag des Europäischen Parlaments und des Rates zur Gewährleistung der grenzüberschreitenden Portabilität von Online-Inhaltediensten im Binnenmarkt (COM(2015) 627 final), 2016, abrufbar unter: http://bit.ly/2GNkuJ0 (zit.: *BIU*, Stellungnahme Portabilitäts-VO-E).

Bunte, Hermann-Josef (Hg.), Kartellrecht – Kommentar – Band 2 – Europäisches Kartellrecht, 13. Aufl., Köln 2018 (zit.: *Bearbeiter*, in: Langen/Bunte, §/ Art. Rn.).

Busch, Thomas, Zur urheberrechtlichen Einordnung der Nutzung von Streamingangeboten, GRUR 2011, 496.

Busche, Jan/Röhling, Andreas, (Hg.), Zöllner, Wolfgang/Noack, Ulrich (Gesamthg.), Kölner Kommentar zum Kartellrecht – Band 1, §§ 1–34a GWB, Köln 2017.

Büscher, Mareile/Müller, Judith, Urheberrechtliche Fragestellungen des Audio-Video-Streamings, GRUR 2009, 558.

Bydlinski, Franz, Juristische Methodenlehre und Rechtsbegriff, 2. Aufl., Wien/New York 2011.

Cabrera Blázquez, Francisco Javier/Capello, Maja/Grece, Christian/Valais, Sophie, Europäische Audiovisuelle Informationsstelle (Hg.), Territorialität und ihre Auswirkungen auf die Finanzierung audiovisueller Werke, IRIS *Plus 2015-2*, Straßburg, abrufbar unter: https://rm.coe.int/168078347d (zit.: *Cabrera Blázquez et al.*, IRIS *Plus).*

Calliess, Christian/Ruffert, Matthias, EUV/AEUV – Das Verfassungsrecht der Europäischen Union mit Europäischer Grundrechtecharta, 5. Aufl., München 2016.

Canaris, Claus-Wilhelm, Die AGB-rechtliche Leitbildfunktion des neuen Leistungsstörungsrechts, in: Habersack, Mathias u.a. (Hg.), Festschrift für Peter Ulmer zum 70. Geburtstag am 2. Januar 2003, Berlin 2003, S. 1073–1096.

Canaris, Claus-Wilhelm, Die Feststellung von Lücken im Gesetz, Berlin 1983.

Cavada, Jean-Marie, Bericht zu dem Vorschlag für eine Verordnung des Europäischen Parlaments und des Rates zur Gewährleistung der grenzüberschreitenden Portabilität von Online-Inhaltediensten im Binnenmarkt – Rechtsausschuss, 9.12.2016, A8-0378/2016.

Christmann, Sabine, »Murphy«: Zwischen Revolution und Einzelfallentscheidung, ZUM 2012, 187.

Christmann, Sabine, Sonderfragen zur territorialen Rechtevergabe und territorialen Adressierung bei Pay-TV am Beispiel Film und Sport, ZUM 2006, 23.

Christoph, Michael, Wettbewerbsbeschränkungen in Lizenzverträgen über gewerbliche Schutzrechte nach deutschem und europäischem Recht – Inhalt des Schutzrechts, spezifischer Gegenstand und Immanenztheorie, Regensburg 1998.

Cziupka, Johannes, Dispositives Vertragsrecht, Tübingen 2010.

Dauses, Manfred (Begr.)/Ludwigs, Markus (Hg.), Handbuch des EU-Wirtschaftsrechts, Bände I, II, Loseblattslg., 47. Ergänzungslieferung, Stand: März 2019, München.

Deutscher Anwaltverein, Stellungnahme des Deutschen Anwaltvereins durch den Ausschuss Geistiges Eigentum zum Vorschlag der Europäischen Kommission für eine Verordnung des Europäischen Parlaments und des Rates zur Gewährleistung der grenzüberschreitenden Portabilität von

Online-Inhaltediensten im Binnenmarkt (COM(2015) 627 final v. 9.12.2015), 2016, abrufbar unter http://bit.ly/2DBVT7Y (zit.: *DAV*, Stellungnahme Portabilitäts-VO-E).

Deutsche Vereinigung für gewerblichen Rechtsschutz und Urheberrecht e.V., Stellungnahme der GRUR zum Entwurf einer Verordnung zur Gewährleistung der grenzüberschreitenden Portabilität von Online-Inhaltediensten im Binnenmarkt vom 9.12.2015 (COM (2015) 627 endg. (PortabilitätsVO-E), 2016, abrufbar unter: http://bit.ly/2VsrqDB (zit.: *GRUR*, Stellungnahme Portabilitäts-VO-E).

Diemar, Undine von, Die digitale Kopie zum privaten Gebrauch, Münster/Hamburg/London 2002.

Dieselhorst, Jochen, Anwendbares Recht bei Internationalen Online-Diensten, ZUM 1998, 293.

Dreier, Thomas, Kabelweiterleitung und Urheberrecht – Eine vergleichende Darstellung, München 1991.

Dreier, Thomas/Leistner, Matthias, Urheberrecht im Internet: die Forschungsherausforderungen, GRUR-Beil. 2014, 13.

Dreier, Thomas/Schulze, Gernot, Urheberrechtsgesetz, Verwertungsgesellschaftengesetz, Kunsturhebergesetz – Kommentar, 6. Aufl., München 2018.

Drexl, Josef, Die wirtschaftliche Selbstbestimmung des Verbrauchers, Tübingen, 1998.

Dreyer, Gunda/Kotthoff, Jost/Meckel, Astrid/Hentsch, Christian-Henner (Hg.), Urheberrecht – Urheberrechtsgesetz, Verwertungsgesellschaftengesetz, Kunsturhebergesetz – Kommentar, 4 Aufl., Heidelberg 2018.

Druschel, Johannes/Oehmichen, Mike, Digitaler Wandel 3.0? – Anregungen aus Verbrauchersicht. Teil I. Aktueller Stand der Rechtsprechung für digitale Güter auf nationaler und europarechtlicher Ebene, CR 2015, 173.

Druschel, Johannes/Oehmichen, Mike, Digitaler Wandel 3.0? – Anregungen aus Verbrauchersicht. Teil II. Vertragstypologie, Gewährleistung und AGB, CR 2015, 233.

Ebenroth, Carsten Thomas/Hübschle, Wolfgang, Gewerbliche Schutzrechte und Marktaufteilung im Binnenmarkt der Europäischen Union, Heidelberg 1994.

Eckhardt, Jan, Software as a Service (SaaS) – Rechtliche Rahmenbedingungen, in: Köhler-Schute, Christiana (Hg.), Software as a Service – SaaS: Strategien, Konzepte, Lösungen und juristische Rahmenbedingungen, Berlin 2009, S. 114–139.

Eginger, Michael, Die neue Portabilitätsverordnung – Auswirkungen auf die Verbraucherverträge – Vortrag auf dem XXXI. Symposion zum Film- und

Medienrecht »Portabilität von Inhalten in Europa – Herausforderungen für die Filmwirtschaft« des Instituts für Urheber- und Medienrecht am 30.6.2017, ZUM 2017, 698.

Ehle, Kristina/Werner, Jannis, Online-Inhalte auf Europareise. Zum Entwurf einer Portabilitätsverordnung für Online-Inhalte in der EU, CR 2016, 376.

Ehmann, Eugen/Selmayr, Martin (Hg.), DS-GVO – Datenschutz-Grundverordnung – Kommentar, 2. Aufl., München 2018.

Ehlers, Dirk (Hg.), Europäische Grundrechte und Grundfreiheiten, 4. Aufl., Berlin/Boston 2014.

Eichelberger, Jan, Urheberrecht und Streaming, in: Leible, Stefan (Hg.), Der Schutz des geistigen Eigentums im Internet, Tübingen 2012, S. 17–46.

Engels, Sebastian, Die Vereinbarkeit der territorialen Aufspaltung von Verwertungsrechten mit den europäischen Binnenmarktregeln – Eine Untersuchung am Beispiel der Filmwirtschaft, Baden-Baden 2016.

Ensthaler, Jürgen, Streaming und Urheberrechtsverletzung, NJW 2014, 1553.

Europäische Kommission, Digitaler Binnenmarkt: aktualisierte audiovisuelle Regeln, Memo 18/4093 v. 7.6.2018 aktualisiert am 2.10.2018, abrufbar unter: http://europa.eu/rapid/press-release_MEMO-18-4093_de.htm.

Europäische Kommission, Commission Staff Working Document – Geo-blocking practices in e-commerce – Issues paper presenting initial findings of the e-commerce sector inquiry conducted by the Directorate-General for Competition, 18.3.2016, SWD(2016) 70 final (zit.: *Europäische Kommission*, Geo-blocking practices in e-commerce, SWD(2016) 70 final).

Europäische Kommission, Vorschlag für eine Richtlinie des Europäischen Parlaments und des Rates zur Änderung der Richtlinie 2010/13/EU zur Koordinierung bestimmter Rechts- und Verwaltungsvorschriften der Mitgliedstaaten über die Bereitstellung audiovisueller Mediendienste im Hinblick auf sich verändernde Marktgegebenheiten, 25.5.2016, COM(2016) 287 final (zit.: *Europäische Kommission*, Vorschlag AVMD-RL, COM(2016) 287 final).

Europäische Kommission, Commission Staff Working Document – Impact Assessment – Proposal for a Regulation of the European Parliament and of the Council to ensure the cross-border portability of online content services in the internal market, 9.12.2015, SWD(2015) 270 final (zit.: *Europäische Kommission*, Impact Assessment, SWD(2015) 270 final).

Europäische Kommission, Grünbuch über die Finanzdienstleistungen für Privatkunden. Bessere Produkte, größere Auswahl und mehr Möglichkeiten für Verbraucher und Unternehmen, 10.12.2015, COM(2015) 630 final (zit.: *Europäische Kommission*, Grünbuch Finanzdienstleistungen, COM(2015) 630 final).

Europäische Kommission, Commission Staff Working Document – A Digital Single Market Strategy for Europe - Analysis and Evidence – Communication from the Commission to the European Parliament, the Council, the European Social and Economic Committee and the Committee of the Regions – A Digital Single Market Strategy for Europe, 6.5.2015, SWD(2015) 100 final (zit.: *Europäische Kommission*, A Digital Single Market Strategy for Europe - Analysis and Evidence, SWD(2015) 100 final).

Europäische Kommission, Mitteilung der Kommission an das Europäische Parlament, den Rat, den Europäischen Wirtschafts- und Sozialausschuss und den Ausschuss der Regionen – Strategie für einen digitalen Binnenmarkt für Europa, 6.5.2015, COM(2015) 192 final (zit.: *Europäische Kommission*, Strategie für einen digitalen Binnenmarkt für Europa, COM(2015) 192 final).

Europäische Kommission, Vorschlag für eine Verordnung des Europäischen Parlaments und des Rates über bestimmte vertragsrechtliche Aspekte der Bereitstellung digitaler Inhalte, 9.12.2015, COM(2015) 634 final (zit.: *Europäische Kommission*, Vorschlag Digitale Inhalte-RL, COM(2015) 634 final).

Europäische Kommission, Vorschlag für eine Verordnung des Europäischen Parlaments und des Rates zur Gewährleistung der grenzüberschreitenden Portabilität von Online-Inhaltediensten im Binnenmarkt, 9.12.2015, COM(2015) 627 final (zit.: *Europäische Kommission*, Vorschlag Portabilitätsverordnung, COM(2015) 627 final).

Europäische Kommission, Mitteilung der Kommission an das Europäische Parlament, den Rat, den Europäischen Wirtschafts- und Sozialausschuss und den Ausschuss der Regionen – Der europäische Film im digitalen Zeitalter. Brückenschlag zwischen kultureller Vielfalt und Wettbewerbsfähigkeit, 15.5.2014, COM(2014) 272 final (zit.: *Europäische Kommission*, Der europäische Film, COM(2014) 272 final).

Europäische Kommission, Pressemitteilung IP/14/15 v. 13.1.2014, abrufbar unter: https://bit.ly/2LwT7lz.

Europäische Kommission, Überprüfter Vorschlag für eine Richtlinie des Rates über mißbräuchliche [sic] Klauseln in Verbraucherverträgen, 26.1.1993, KOM(93) 11 endg. – SYN 285 (zit.: *Europäische Kommission*, Überprüfter Vorschlag Klauselrichtlinie, KOM(93) 11 endg. – SYN 285).

Evermann, Manja, Die Anforderungen des Transparenzgebots an die Gestaltung von Allgemeinen Versicherungsbedingungen – Unter besonderer Berücksichtigung der Richtlinie 93/13/EWG, Karlsruhe 2002.

Fangerow, Kathleen/Schulz, Daniela, Die Nutzung von Angeboten auf www.kino.to. Eine urheberrechtliche Analyse des Film-Streamings im Internet, GRUR 2010, 677.

Federrath, Hannes, Geoblocking und die Möglichkeiten der Technik, ZUM 2015, 929.

Federrath, Hannes, Herausforderungen des technologischen Wandels an das Recht aus Sicht der Technik, ZGE 6 (2014), 271.

Ferrari, Franco u.a. (Hg.), Internationales Vertragsrecht – Rom I-VO, CISG, CMR, FactÜ, 3. Aufl., München 2018.

Ficsor, Mihály, The Law of Copyright and the Internet, Oxford 2002.

Finkenauer, Thomas, Ergänzende Auslegung bei Individualverträgen, AcP 213 (2013), 619.

Flume, Werner, Allgemeiner Teil des Bürgerlichen Rechts – Zweiter Band – Das Rechtsgeschäft, 3. Aufl., Berlin/Heidelberg/New York, 1979.

Fontaine, Gilles, Europäische Audiovisuelle Informationsstelle (Hg.), The visibility of films and TV content on VOD, Straßburg 2017, abrufbar unter: https://bit.ly/2GkSMRX.

Fontaine, Gilles/Simone, Patrizia, Europäische Audiovisuelle Informationsstelle (Hg.), VOD distribution and the role of aggregators, Straßburg 2017, abrufbar unter: https://bit.ly/2UXP37j.

Fornasier, Matteo, Freier Markt und zwingendes Vertragsrecht – Zugleich ein Beitrag zum Recht der Allgemeinen Geschäftsbedingungen, Berlin 2013.

Franzen, Martin, Privatrechtsangleichung durch die Europäische Gemeinschaft, Berlin/New York 1999.

Frey, Dieter, Modernisierung des Urheberrechts durch Reduzierung der Komplexität und Schaffung europäischer Lösungen – Statement auf dem II. ZUM-Symposion »Urheberrecht zwischen den Legislaturperioden – Rückblick und Ausblick« am 26.1.2018, ZUM 2018, 264.

Fromm, Karl (Begr.)/Nordemann, Wilhelm (Begr.)/Nordemann, Axel/Nordemann, Jan Bernd/Czychowski, Christian (Hg.), Kommentar zum Urheberrechtsgesetz, Verlagsgesetz, Einigungsvertrag (Urheberrecht) und zur EU-Portabilitätsverordnung, Stuttgart 2018.

Fuchs, Andreas, Geoblocking bei audiovisuellen Diensten im Spannungsfeld von Urheber- und Kartellrecht, in: Haesner, Christoph/Kreile, Johannes/Schulze, Gernot (Hg.), Zwischen gestern und morgen. Medien im Wandel – Festschrift für Matthias Schwarz zum 65. Geburtstag, München 2017, S. 351–373.

Gaster, Jens L., Die Auflösung eines klassischen Spannungsverhältnisses im Spiegel der europäischen Rechtsprechung, CR 2005, 247.

Geiger, Christophe/Griffiths, Jonathan/Hilty Reto M., Erklärung für eine ausgewogene Auslegung des Drei-Stufen-Tests im Urheberrecht, GRUR Int 2008, 822.

Gercke, Marco, Die Entwicklung des Internetstrafrechts 2011/2012, ZUM 2012, 625.

Gerlach, Felix-Tessen von, Die urheberrechtliche Bewertung des nicht-linearen Audio-Video-Streamings im Internet – Die verschiedenen technischen Verfahren im System und auf dem Prüfstand urheberrechtlicher Verwertungs- und Leistungsschutzrechte, Baden-Baden 2012 (zit.: *v. Gerlach*, Audio-Video-Streaming im Internet).

Giedke, Anna, Cloud Computing: Eine wirtschaftliche Analyse mit besonderer Berücksichtigung des Urheberrechts, München 2013.

Gießen, Richard u.a. (Hg.), BeckOK Sozialrecht, 53. Edition, München 2019.

Gola, Peter, Datenschutz-Grundverordnung – VO (EU) 2016/ 679 – Kommentar, 2. Aufl., München 2018.

Goldmedia, Wirtschaftliche Bedeutung der Filmindustrie in Deutschland – Studie im Auftrag des Bundesministeriums für Wirtschaft und Energie, 2017, abrufbar unter: https://bit.ly/2KXpxe5.

Gomez, Estrella/Martens, Bertin, Joint Research Centre of the European Commission (Hg.), Language, Copyright and Geographic Segmentation in the EU Digital Single Market for Music and Film, Digital Economy Working Paper 2015-04, abrufbar unter: http://bit.ly/2Wemr6k.

Gottschalk, Eckart, Das Transparenzgebot und allgemeine Geschäftsbedingungen, AcP 206 (2006), 555.

Grabitz, Eberhard (Begr.)/Hilf, Meinhard/Nettesheim, Martin (Hg.), Das Recht der Europäischen Union.

Bände I, II, III, EUV/AEUV, Loseblattslg., 67. Ergänzungslieferung, Stand: Juni 2019, München.

Band IV, Sekundärrecht, Loseblattslg., 40. Ergänzungslieferung, Stand: Oktober 2009, München.

Graf v. Westphalen, Friedrich, AGB-Recht im Jahr 2011, NJW 2012, 2243.

Graf v. Westphalen, Friedrich, AGB-Recht im Jahr 2009, NJW 2010, 2254.

Gramm, Otto Friedrich Freiherr von, Urheberrechtliche Verwertungsverträge und Einschränkungen durch den EWG-Vertrag, GRUR Int 1983, 403.

Grece, Christian, Europäische Audiovisuelle Informationsstelle (Hg.), Trends in the EU SVOD market, Straßburg 2017, abrufbar unter: https://bit.ly/2oY-dEpX.

Grece, Christian, Europäische Audiovisuelle Informationsstelle (Hg.), On-Demand Audiovisual Markets in the European Union – Final Report, Straßburg 2014, abrufbar unter: https://bit.ly/2GIp8bi (zit.: *Grece*, On-Demand Markets).

Gröschler, Peter, Zur Wirkungsweise und zur Frage der Geltendmachung von Einrede und Einwendung im materiellen Zivilrecht, AcP 201 (2001), 48.

Gruber, Urs Peter, Methoden des internationalen Einheitsrechts, Tübingen 2004.

Grünberger, Michael, Verträge über digitale Güter, AcP 218 (2018), 213.

Grünberger, Michael, Die Entwicklung des Urheberrechts im Jahr 2017 – Teil I, ZUM 2018, 271.

Grünberger, Michael, Portabilität von Inhalten in Europa – Herausforderungen für die Filmwirtshaft, ZUM 2017, 697.

Grünberger, Michael, Die Entwicklung des Urheberrechts im Jahr 2016 – Teil 1, ZUM 2017, 324.

Grünberger, Michael, Bedarf es einer Harmonisierung der Verwertungsrechte? – Ein Beitrag zur Entwicklung dogmatischer Bausteine eines umweltsensiblen Urheberrechts, ZUM 2015, 273.

Grünberger, Michael/Podszun, Rupprecht, Ein *more technological approach* für das Immaterialgüterrecht?, ZGE 6 (2014), 269.

Grundmann, Stefan, »Inter-Instrumental-Interpretation« – Systembildung durch Auslegung im Europäischen Unionsrecht, RabelsZ 75 (2011), 882.

Grundmann, Stefan, Die Dogmatik der Vertragsnetze, AcP 207 (2007), 718.

Grundmann, Stefan/Riesenhuber, Karl, Die Auslegung des Europäischen Privat- und Schuldvertragsrechts, JuS 2001, 529

Gsell, Beate, Der europäische Richtlinienvorschlag zu bestimmten vertragsrechtlichen Aspekten der Bereitstellung digitaler Inhalte – Vortrag auf der Arbeitssitzung »Verträge über digitale Inhalte – Überblick und Auswirkungen auf das Urheberrecht« des Instituts für Urheber- und Medienrecht am 10.11.2017 in München, ZUM 2018, 75.

Gsell, Beate, Abhilfen bei Vertragswidrigkeit nach dem europäischen Digital-RL-Vorschlag vor dem Hintergrund des deutschen Rechts, in: Kindl, Johann/ Arroyo Vendrell, Tatiana/Gsell, Beate (Hg.), Verträge über digitale Inhalte und Dienstleistungen, Baden-Baden 2018, S. 85–100.

Häberle, Peter, Grundrechtsgeltung und Grundrechtsinterpretation im Verfassungsstaat – zugleich zur Rechtsvergleichung als fünfter Auslegungsmethode –, JZ 1989, 913.

Handig, Christian, Urheberrechtliche Aspekte bei der Lizenzierung von Radioprogrammen im Internet, GRUR Int 2007, 206.

Hansen, Udo, Die Substantiierungslast, JuS 1991, 588.

Hartlieb, Holger von/Schwarz, Matthias, Handbuch des Film-, Fernseh- und Videorechts, 5. Auflage, München 2011.

Härting, Niko, Die Gewährleistungspflichten von Internet-Dienstleistern, CR 2001, 37.

Hartmann, Thomas, Weiterverkauf und „Verleih“ online vertriebener Inhalte. Zugleich Anmerkung zu EuGH, Urteil vom 3. Juli 2012, Rs. C-128/11 – UsedSoft./.Oracle, GRUR Int. 2012, 980.

Hau, Wolfgang, Anmerkung zu EuGH, Urt. v. 14.6.2012 – C-618/10 – Banesto/Calderón Camino, JZ 2012, 964.

Hauck, Ronny, Gebrauchthandel mit digitalen Gütern, NJW 2014, 3616.

Häuptli, Matthias, Vorübergehende Vervielfältigungen im schweizerischen, europäischen und amerikanischen Urheberrecht, Basel/Genf/München 2004.

Heermann, Peter W., Kein Ende nationaler Urheberrechtslizenzen nach der »FAPL/KarenMurphy«-Entscheidung des EuGH, ZUM 2016, 835.

Heermann, Peter W., Territorial begrenzte Lizenzierung von Fernsehrechten im Lichte der Dienstleistungs- und Wettbewerbsfreiheit, WRP 2012, 371.

Heiderhoff, Bettina, Europäisches Privatrecht, 4. Aufl., Heidelberg 2016.

Heinemann, Andreas, Immaterialgüterschutz in der Wettbewerbsordnung – Eine grundlagenorientierte Untersuchung zum Kartellrecht des geistigen Eigentums, Tübingen 2002.

Henninger, Thomas, Europäisches Privatrecht und Methode, Tübingen 2009.

Herb, Anja, Europäisches Gemeinschaftsrecht und nationaler Zivilprozess, Tübingen 2007.

Heyde, Johann, Die Portabilitätsverordnung – Auswirkungen auf die Lizenzverträge – Vortrag auf dem XXXI. Symposion zum Film- und Medienrecht »Portabilität von Inhalten in Europa – Herausforderungen für die Filmwirtschaft« des Instituts für Urheber- und Medienrecht am 30.6.2017, ZUM 2017, 712.

Hilber, Marc, Handbuch Cloud Computing, Köln 2014.

Hilgert, Peter/Greth, Rüdiger, Urheberrechtsverletzungen im Internet, München 2014.

Hilgert, Peter/Hilgert, Sebastian, Nutzung von Streaming-Portalen. Urheberrechtliche Fragen am Beispiel von Redtube, MMR 2014, 85.

Hilty, Reto M., Kontrolle der digitalen Werknutzung zwischen Vertrag und Erschöpfung, GRUR 2018, 865.

Hirte, Heribert, Ein kleiner „Binnen-Rechtsvergleich“ der Kapitalgesellschaften mit den natürlichen Personen, in: Habersack, Matthias/Hommelhoff, Peter (Hg.), Festschrift für Wulf Goette zum 65. Geburtstag, München 2011, S. 151–159.

Hoeren, Thomas/Bilek, Julia Ariella, Die territoriale Exklusivitätsvereinbarung bei Fußball-Übertragungen - Ein Modell der Vergangenheit. Zu den Risiken und Nebenwirkungen der EuGH-Urteile vom 4.10.2011 – Rs. C-403/08 und 429/08, CR 2011, 735.

Hoeren, Thomas/Sieber, Ulrich/Holznagel, Bernd, Handbuch Multimedia-Recht – Rechtsfragen des elektronischen Geschäftsverkehrs, 48. Ergänzungslieferung, Stand: Februar 2019, München.

Hoeren, Thomas, IT-Vertragsrecht – Praxis Lehrbuch, 2. Aufl., Köln 2012.

Hofmann, Franz, Grundsatz der Technikneutralität im Urheberrecht? – Zugleich Gedanken zu einem more technological approach, ZGE 8 (2016), 482.

Hohagen, Gisbert, Die Freiheit der Vervielfältigung zum eigenen Gebrauch, München 2004.

Holoubek, Michael, Gedanken zur Auslegungslehre, in: Jabloner, Clemens u.a. (Hg.), Vom praktischen Wert der Methode – Festschrift Heinz Mayer zum 65. Geburtstag, Wien 2011, S. 139–154.

Homann, Hans-Jürgen, Praxishandbuch Filmrecht – Ein Leitfaden für Film-, Fernseh- und Medienschaffende, 3. Aufl., Heidelberg 2009.

Höpfner, Clemens, Die systemkonforme Auslegung – zur Auflösung einfachgesetzlicher, verfassungsrechtlicher und europarechtlicher Widersprüche im Recht, Tübingen 2008.

Hugenholtz, P. Bernt/Poort, Joost, Film Financing in the Digital Single Market: Challenges to Territoriality, IIC 2020, 167.

Hüßtege, Rainer/Mansel, Heinz-Peter (Hg.), BGB – Rom-Verordnungen, Band 6, Baden-Baden 2019.

Ihrig, Thomas Philipp, Das gesetzliche Vertragsrecht und die Durchführung von Verträgen im Bereich der neuen Medien – Dargestellt an einer Variante eines Internet-Portalvertrages, Frankfurt a.M. u.a. 2005.

Immenga, Ulrich/Mestmäcker, Ernst-Joachim (Hg.), Wettbewerbsrecht – Band 2 – Kommentar zum Deutschen Kartellrecht, 5. Aufl., München 2014.

Jarass, Hans D., Charta der Grundrechte der Europäischen Union – unter Einbeziehung der vom EuGH entwickelten Grundrechte, der Grundrechtsregelungen der Verträge und der EMRK – Kommentar, 3. Aufl., München 2016.

Jarass, Hans D., Zum Verhältnis von Grundrechtecharta und sonstigem Recht, EuR 2013, 29.

Jarass, Hans D., Der grundrechtliche Eigentumsschutz im EU-Recht, NVwZ 2006, 1089.

John, Georg, der Begriff des gewöhnlichen Aufenthalts und seine Bedeutung im europäischen Privat- und Zivilverfahrensrecht – Teil 1, GPR 2018, 70.

Joliet, René, Markenrecht und freier Warenverkehr Abkehr von Hag I, GRUR Int 1991, 177.

Joos, Ulrich, Die Erschöpfungslehre im Urheberrecht – Eine Untersuchung zu Rechtsinhalt und Aufspaltbarkeit des Urheberrechts mit vergleichenden Hinweisen auf Warenzeichenrecht, Patentrecht und Sortenschutz, München 1991.

Joppich, Tim Gero, Die Kodifikation des Transparenzgebots in § 307 BGB – Die Prinzipien der Transparenzkontrolle unter besonderer Berücksichtigung der Arbeitsvertragskontrolle, Frankfurt a.M. u.a. 2009.

Junker, Abbo, Die Entwicklung des Computerrechts in den Jahren 2001/2002, NJW 2003, 2792.

Justizministerium NRW (Hg.), Bericht der Arbeitsgruppe „Digitaler Neustart" der Konferenz der Justizministerinnen und Justizminister der Länder, 2017, abrufbar unter: https://bit.ly/2L3tFJn.

Kahl, Wolfgang/Schwind, Manuel, Europäische Grundrechte und Grundfreiheiten – Grundbausteine einer Interaktionslehre, EuR 2014, 170.

Kapnopoulou, Elissavet N., Das Recht der mißbräuchlichen [sic] Klauseln in der Europäischen Union, Tübingen 1997.

KEA European Affairs, Multi-Territory Licensing of Audiovisual Works in the European Union – Final Report. Prepared for the European Commission, DG Society and Media, Oktober 2010, abrufbar unter: http://bit.ly/2L6cIy2.

Kian, Bardia, Cloud Computing – Herausforderung für das Rechtssystem, Baden-Baden 2016.

Kindl, Johann, Verträge über digitale Inhalte – Vertragsnatur und geschuldete Leistung, in: Kindl, Johann/ Arroyo Vendrell, Tatiana/Gsell, Beate (Hg.), Verträge über digitale Inhalte und Dienstleistungen, Baden-Baden 2018, S. 63–83.

Kirn, Stefan/Müller-Hengstenberg, Claus, Überfordert die digitale Welt der Industrie 4.0 die Vertragstypen des BGB?, NJW 2017, 433.

Kischel, Uwe, Rechtsvergleichung, München 2015.

Klein, Franz/Orlopp, Gerd (Begr.), Abgabenordnung – einschließlich Steuerrecht, 14. Aufl., München 2018.

Kleinke, Yvonne, Zu Auswirkungen des Internet-Fernsehens auf das Urheberrecht, AfP 2008, 460.

Kloos, Bernhard/Wagner, Axel-Michael, Vom Eigentum zur Verfügbarkeit. Nutzungsorientierte Geschäftskonzepte im IT-Sektor aus vertragsrechtlicher Sicht, CR 2002, 865.

Knies, Bernhard, Redtube.com: Kann Streamen Sünde sein? Zur Rechtmäßigkeit privaten Streamens und der Vorlagefrage des OGH in Sachen kino.to/UPC, CR 2014, 140.

Koch, Benjamin/Druschel, Johannes, Entspricht die Bestimmung der angemessenen Vergütung nach §§ 54, 54 a UrhG dem unionsrechtlichen Konzept des gerechten Ausgleichs?, GRUR 2015, 957.

Koch, Frank A., Der Content bleibt im Netz – gesicherte Werkverwertung durch Streaming-Verfahren, GRUR 2010, 574.

Koenig, Ulrich (Hg.), Abgabenordnung – §§ 1 bis 368, 2. Aufl., München 2014.

Köhler, Helmut, BGB Allgemeiner Teil, 42. Aufl., München 2018.

Körner, Anne u.a (Hg.), Kasseler Kommentar Sozialversicherungsrecht (KassKo) – SGB I, SGB IV, SGB VI, SGB VII, SGB X, SGB XI, Loseblattslg., 104. Ergänzungslieferung, Stand: Juni 2019, München.

Kraft, Tim, Die Portabilitätsverordnung aus der Sicht eines Rundfunkveranstalters – Vortrag auf dem XXXI. Symposion zum Film- und Medienrecht »Portabilität von Inhalten in Europa – Herausforderungen für die Filmwirtschaft« des Instituts für Urheber- und Medienrecht am 30.6.2017, ZUM 2017, 720.

Kramer, Ernst A., Juristische Methodenlehre, 5. Aufl., Bern 2016.

Kreile, Johannes, Ende territorialer Exklusivität – Der EuGH als Totengräber? – Welche Folgen hat der »Karen-Murphy-Case«?, ZUM 2012, 177.

Kreile, Johannes, Medien ohne Grenzen – Offener Markt: Mögliche Konsequenzen im Bereich Film, ZUM 2011, 719.

Kreutzer, Till, Das Modell des deutschen Urheberrechts und Regelungsalternativen – Konzeptionelle Überlegungen zu Werkbegriff, Zuordnung, Umfang und Dauer des Urheberrechts als Reaktion auf den urheberrechtlichen Funktionswandel, Baden-Baden 2008.

Kreutzmann, Alix, Lizenzkartellrecht im Multimedia-Bereich – Darstellung nach europäischem und deutschem Recht, Berlin 2000.

Kühling, Jürgen/Buchner, Benedikt (Hg.), Datenschutz-Grundverordnung/ BDSG – Kommentar, 2. Aufl., München 2018.

Lang, Thomas, Immaterialgüterrechtliche Lizenzierung und kartellrechtliche Verhaltenskontrolle, Frankfurt a.M. u.a. 2009.

Langus, Gregor/Neven, Damien/Poukens, Sophie, Economic Analysis of the Territoriality of the Making Available Right in the EU, Brüssel 2014, abrufbar unter: https://bit.ly/2DJMJXh.

Larenz, Karl/Canaris, Claus-Wilhelm, Methodenlehre der Rechtswissenschaft, 3. Aufl., Heidelberg 1995.

Larenz, Karl, Methodenlehre der Rechtswissenschaft, 2. Aufl., Berlin u.a. 1992.

Lauber, Anne/Schwipps, Karsten, Das Gesetz zur Regulierung des Urheberrechts in der Informationsgesellschaft, GRUR 2004, 293.

Lauristin, Marju, Stellungnahme des Ausschusses für bürgerliche Freiheiten, Justiz und Inneres für den Ausschuss für Binnenmarkt und Verbraucherschutz und den Rechtsausschuss zu dem Vorschlag für eine Richtlinie des Europäischen Parlaments und des Rates über bestimmte vertragsrechtliche Aspekte der Bereitstellung digitaler Inhalte, 21.11.2016, A8-0375/2017, S. 103–132.

Leipold, Dieter, BGB I: Einführung und Allgemeiner Teil, 10. Aufl., Tübingen 2019.

Leistner, Matthias, Das Murphy-Urteil des EuGH: Viel Lärm um nichts oder Anfang vom Ende des Territorialitätsgrundsatzes im Urheberrecht?, JZ 2011, 1140.

Lettl, Tobias, Geistiges Eigentum, Dienstleistungsfreiheit (Art. 56 AEUV) und Kartellverbot (Art. 101 AEUV, § 1 GWB), in: Büscher, Wolfgang u.a. (Hg.), Festschrift für Karl-Heinz Fezer zum 70. Geburtstag, München 2016, S. 275–284.

Leupold, Andreas/Glossner, Silke (Hg.), Münchener Anwalts Handbuch IT-Recht, 3. Aufl., München 2013.

Loewenheim, Ulrich, Handbuch des Urheberrechts, 2. Aufl., München 2010.

Löwe, Walter, Anmerkung zu BGH, Urt. v. 1.2.1984 – VIII ZR 54/83, BB 1984, 492.

Luck, Geoff, The psychology of streaming: exploring music listeners' motivations to favour access over ownership, International Journal of Music and Business Research, vol. 5 (2) (2016), S. 46.

Lueg, Lisa, Anmerkung zu EuGH, Urt. v. 26.4.2017, C-527/15 – Stichting Brein, EuZW 2017, 515.

Lucas, Ina, Zur „Wirksamkeit" technischer Maßnahmen gemäß § 95a UrhG nach Maßgabe der Richtlinie 2001/29/EG – zugleich eine Darstellung deutscher und finnischer Rechtsprechung, GRUR Int. 2017, 114.

Luhmann, Niklas, Rechtssoziologie, 4. Aufl., Wiesbaden 2008.

Luhmann, Niklas, Das Recht der Gesellschaft, Frankfurt a. M. 1993.

Lüttringhaus, Jan D., Vertragsfreiheit und ihre Materialisierung im Europäischen Binnenmarkt, Tübingen 2018.

Madiega, Tambiama, Cross-border portability of online content services, 2017, EPRS Members' Research Service, PE 577.970, abrufbar unter: http://bit.ly/2KB5Oz7.

Maissen, Eva, Service, Kauf oder Nutzungsberechtigung – Vertragstypen bei digitalen Inhalten, in: Schmidt-Kessel, Martin/Kramme, Malte (Hg.), Geschäftsmodelle in der digitalen Welt, Jena 2017, S. 95–112.

Mand, Elmar, Die Kabelweitersendung als urheberrechtlicher Verwertungstatbestand, GRUR 2004, 395.

Mäntysaari, Petri, Comparative Corporate Governance – Shareholders as a Rule-maker, Berlin/Heidelberg 2005.

Marly, Jochen, Praxishandbuch Softwarerecht – Rechtsschutz und Vertragsgestaltung – Urheberrecht, Patentrecht, Pflichtverletzungen, Vertragsgestaltung, Allgemeine Geschäftsbedingungen, 7. Aufl., München 2018.

Marly, Jochen, Bildschirmkopien, Cache-Kopien und Streaming als urheberrechtliche Herausforderungen, EuZW 2014, 616.

Martiny, Miriam, Nationale Sperrfristen, territoriale Lizenzen und das Streaming im digitalen Binnenmarkt der EU, ZUM 2018, 772.

Martiny, Miriam, Geoblocking – Eine wirksame technische Schutzmaßnahme? Voraussetzungen des § 95a UrhG und die Konsequenzen für Nutzer und Rechteinhaber, MMR 2016, 579.

Maus, Joachim, die digitale Kopie von Audio- und Videoprodukten – Die Nutzung von Film und Musik im privaten Bereich und deren Behandlung im deutschen und internationalen Urheberrecht, Baden-Baden 1991.

Medicus, Dieter/Petersen, Jens, Allgemeiner Teil des BGB, 11. Aufl., Heidelberg 2016.

Mestmäcker, Ernst-Joachim/Schweitzer, Heike, Europäisches Wettbewerbsrecht, 3. Aufl., München 2014.

Metzger, Axel, Der Einfluss des EuGH auf die gegenwärtige Entwicklung des Urheberrechts, GRUR 2012, 118.

Meyer, Jürgen/Hölscheidt, Sven (Hg.), Charta der Grundrechte der Europäischen Union, 5. Aufl., Baden-Baden 2019.

Meyke, Rolf, Plausibilitätskontrolle und Beweis, NJW 2000, 2230.

Micklitz, Hans-W./Kas, Betül, Overview of the cases before the CJEU on European Consumer Contract Law (2008–2013) – Part I, ERCL 10 (2014), 1.

Micklitz, Hans-W./Reich, Norbert, Luxemburg ante portas – jetzt auch im deutschen „runderneuerten" AGB-Recht?, in: Mankowski, Peter/Wurmnest, Wolfgang (Hg.), Festschrift für Ulrich Magnus zum 70. Geburtstag, München 2014, S. 631–652.

Micklitz, Hans-W., Perspektiven eines Europäischen Privatrechts, ZEuP 1998, 253.

Mitsdörffer, Sven/Gutfleisch, Ulf, „Geo-Sperren" – wenn Videoportale ausländische Nutzer aussperren. Eine urheberrechtliche Betrachtung, MMR 2009, 731.

Mittenzwei, Julius, Informationen zur Rechtewahrnehmung im Urheberrecht – Der Schutz von Digital Rights Management-Systemen und digitalen Wasserzeichen durch § 95c UrhG, München/Ravensburg 2006.

Müller, Friedrich/Christensen, Ralph, Juristische Methodik, Band II – Europarecht, 3. Aufl., Berlin, 2012.

Müller-Glöge, Rudi/Preis, Ulrich/Schmidt, Ingrid (Hg.), Erfurter Kommentar zum Arbeitsrecht, 19. Aufl., München 2019.

Müller-Hengstenberg, Claus D./Kirn, Stefan, Vertragscharakter des Application Service Providing-Vertrags, NJW 2007, 2370.

Münchener Kommentar Europäisches und Deutsches Wettbewerbsrecht – Kartellrecht, Missbrauchs- und Fusionskontrolle (MüKo Wettbewerbsrecht), Bornkamm, Joachim/Montag, Frank/Säcker, Franz Jürgen (Hg.), Band 1 – Europäisches Wettbewerbsrecht, 2. Aufl., München 2015.

Münchener Kommentar zum Bürgerlichen Gesetzbuch (MüKo BGB), Säcker, Franz Jürgen/Rixecker, Roland/Oetker, Hartmut/Limperg, Bettina (Hg.).

Band 1, §§ 1-240 BGB, AllgPersönlR, ProstG, 8. Aufl., München 2018.

Band 2, §§ 241-310 BGB, 8. Aufl., München 2019.

Band 4, §§ 535-630 BGB, HeizkostenV, BetriebskostenV, EFZG, TzBfG, KSchG, 7. Aufl., München 2016.

Band 11, IPR I, Europäisches Kartellrecht, Art. 1-26 EGBGB, 7. Aufl., München 2018.

Band 12, IPR II, Internationales Wirtschaftsrecht, Art. 50-253 EGBGB, 7. Aufl., München 2018.

Münchener Kommentar zur Zivilprozessordnung mit Gerichtsverfassungsgesetz und Nebengesetzen (MüKo ZPO), Rauscher, Thomas/Krüger, Wolfgang (Hg.).

Band 1, §§ 1-354 ZPO, 5. Aufl., München 2016.

Band 2, §§ 355-945b ZPO, 5. Aufl., München 2016.

Band 3, §§ 946-1117 ZPO, EGZPO, GVG, EGGVG, UKlaG, Internationales und Europäisches Zivilprozessrecht, 5. Aufl., München 2017.

Münchener Kommentar zum Lauterkeitsrecht (MüKo Lauterkeitsrecht), Heermann, Peter W./Schlingloff, Jochen (Hg.), Band 1 – Grundlagen, §§ 1-4 UWG, 2. Aufl., München 2014.

Musielak, Hans-Joachim/Voit, Wolfgang (Hg.), Zivilprozessordnung mit Gerichtsverfassungsgesetz – Kommentar, 16. Aufl., München 2019.

Musielak, Hans-Joachim, Die Grundlagen der Beweislast im Zivilprozeß [sic], Berlin/New York 1975.

Neumann, Johannes, Geltungserhaltende Reduktion und ergänzende Auslegung von Allgemeinen Geschäftsbedingungen, Baden-Baden 1988.

Niebling, Jürgen, Die Inhaltskontrolle von Preisen und Leistungen nach dem AGBG, WM 1992, 845.

Niemann, Fabian/Paul, Jörg-Alexander (Hg.), Praxishandbuch Rechtsfragen des Cloud Computing, Berlin/Boston 2014.

Niemann, Fabian/Paul, Jörg-Alexander, Bewölkt oder wolkenlos – rechtliche Herausforderungen des Cloud Computings, K&R 2009, 444.

Nordemann, Bernd, Urhebervertragsrecht und neues Kartellrecht gem. Art. 81 EG und § 1 GWB, GRUR 2007, 203.

Obergfell, Eva Inés, Filmverträge im deutschen materiellen und internationalen Privatrecht, Köln u.a. 2001.

Obwexer, Walter, Funktionalität und Bedeutung der Rechtsvergleichung in der Rechtsprechung des EuGH, in: Gamper, Anna/Verschraegen, Bea (Hg.), Rechtsvergleichung als juristische Auslegungsmethode, Wien 2013, S. 115–139.

Oder, Bertil Emrah, Der spezifische Gegenstand des geistigen Eigentums im Europäischen Gemeinschaftsrecht, Köln 2000.

Ohly, Ansgar, Geoblocking zwischen Wirtschafts-, Kultur-, Verbraucher und Europapolitik, ZUM 2015, 942.

Ohly, Ansgar, Gutachten F zum 70. Deutschen Juristentag – Urheberrecht in der digitalen Welt – Brauchen wir neue Regelungen zum Urheberrecht und dessen Durchsetzung?, München 2014.

Ohly, Ansgar, Urheberrecht in der digitalen Welt – Brauchen wir neue Regelungen zum Urheberrecht und dessen Durchsetzung?, NJW-Beil. 2014, 47.

Ohly, Ansgar, Urheberrecht als Wirtschaftsrecht, in: Depenheuer, Otto/Peifer, Klaus-Nikolaus (Hg.), Geistiges Eigentum: Schutzrecht oder

Ausbeutungstitel? – Zustand und Entwicklungen im Zeitalter von Digitalisierung und Globalisierung, Berlin/Heidelberg 2008, S. 141–161.

Orfanidis, Dimitrios, Eigentumsproblematik und Mitbestimmung hinsichtlich der Europäischen Verfassung, Frankfurt a.M. 2006.

Oxera/O&O, The Impact of cross-border access to audiovisual content on EU consumers – Prepared for a group of members of the international audiovisual industry, Mai 2016, abrufbar unter: http://bit.ly/2GI6K27.

Paal, Boris P./Pauly, Daniel A. (Hg.), Datenschutz-Grundverordnung. Bundesdatenschutzgesetz, 2. Aufl., München 2018.

Palandt, Otto (Begr.), Bürgerliches Gesetzbuch mit Nebengesetzen, 19. Aufl., München 2019.

Palzer, Christoph, Anmerkung zu BGH, Urt. v. 12.3.2013 – II ZR 179/12, JZ 2013, 691.

Paschke, Marian/Berlit, Wolfgang/Meyer, Claus (Hg.), Hamburger Kommentar Gesamtes Medienrecht, 3. Aufl. 2016.

Pech, Sebastian, On-Demand-Streaming-Plattformen – Die Rolle des Urheberrechts bei neuen Geschäftsmodellen zur Distribution digitaler Inhalte, Baden-Baden 2018.

Pech, Sebastian, Vertragstypologische Einordnung von Verträgen über digitale Inhalte, in: Hennemann, Moritz/Sattler, Andreas (Hg.), Immaterialgüter und Digitalisierung, Baden-Baden 2017, S. 121–144.

Pechstein, Matthias, Enteignung im Unionsrecht, in: Peine, Franz-Joseph/Wolff, Heinrich Amadeus (Hg.), Nachdenken über Eigentum – Festschrift für Alexander v. Brünneck zur Vollendung seines siebzigsten Lebensjahres, Baden-Baden 2011, S. 198–210.

Peifer, Karl-Nikolaus, Please Take Your Personal Belongings With You – Portabilität und Zugang als Paradigmen für Verträge über digitale Inhalte, AfP 2017, 8.

Peifer, Karl-Nikolaus, The Proposal of the EU Commission for a regulation on ensuring the cross-border portability of online content services in the internal market, in: De Franceschi, Alberto (Hg.), European Contract Law and the Digital Single Market – The Implications of the Digital Revolution, Cambridge/Antwerp/Portland 2016, S. 163 ff.

Peifer, Karl-Nikolaus, Territorialität und Dienstleistungsfreiheit: Der Fall „Karen Murphy“ vor dem EuGH, GRUR-Prax 2011, 435.

Peifer, Karl-Nikolaus, Das Territorialitätsprinzip im Europäischen Gemeinschaftsrecht vor dem Hintergrund der technischen Entwicklungen, ZUM 2006, 1.

Perwitz, Ulf, Die Privilegierung privater Nutzung im Recht des geistigen Eigentums, Baden-Baden 2011.

Pfeiffer, Thomas, Europäisch-autonome Auslegung der Klauselrichtlinie am Beispiel der Hauptleistungsklauseln, NJW 2014, 3069.

Peter, Stephan, Verfügbarkeitsvereinbarungen beim ASP-Vertrag. Beschreibung der Leistung oder mängelhaftungsbeschränkende Abrede?, CR 2005, 404.

Peukert, Alexander, Güterzuordnung als Rechtsprinzip, Tübingen 2008.

Peukert, Alexander, Der Schutzbereich des Urheberrechts und das Werk als öffentliches Gut. Insbesondere: Die urheberrechtliche Relevanz des privaten Werkgenusses, in: Hilty, Reto M./Peukert, Alexander (Hg.), Interessenausgleich im Urheberrecht, Baden-Baden 2004, S. 11–46.

Peukert, Alexander, Neue Techniken und ihre Auswirkung auf die Erhebung und Verteilung gesetzlicher Vergütungsansprüche, ZUM 2003, 1050.

Plath, Kai-Uwe (Hg.), DSGVO/BDSG – Kommentar zu DSGVO, BDSG und den Datenschutzbestimmungen von TMG und TKG, 3. Aufl., Köln 2018.

Plum Consulting, The economic potential of cross-border pay-to-view and listen audiovisual media services – Final report for the European Commission, 2012, abrufbar unter: http://bit.ly/2L6cIy2.

Poeppel, Jan, Die Neuordnung der urheberrechtlichen Schranken im digitalen Umfeld, Göttingen 2005.

Pohle, Jan/Ammann, Thorsten, Software as a Service – auch rechtlich eine Evolution?, K&R 2009, 625.

Pohle, Jan/Ammann, Thorsten, Über den Wolken… – Chancen und Risiken des Cloud Computing, CR 2009, 273.

PwC, Perspectives from the Global Entertainment and Media Outlook 2017-2021, 2017, abrufbar unter: https://pwc.to/2vDzu3C.

Radmann, Friedrich, Kino.to – Filmegucken kann Sünde sein, ZUM 2010, 387.

Ranke, Johannes/Glöckler, Moritz, Grenzüberschreitende Portabilität von Online-Inhaltediensten im Binnenmarkt. Auswirkungen auf die Vereinbarungen der territorialen Lizenzen, MMR 2017, 378.

Ranaivoson, Heritiana/De Vinck, Sophie/Van Rompuy, Ben, Analysis of the Legal Rules for Exploitation Windows and Commercial Practices in EU Member States and of the Importance of Exploitation Windows for new Business Practices – Final Report, Gent 2014, abrufbar unter: https://bit.ly/2IH8Q4x.

Ranke, Johannes/Roßnagel, Alexander, Dienstleistungsfreiheit, Urheberrecht und Wettbewerbsschutz im Satellitenfernsehen – Auswirkungen des

EuGH-Urteils zu territorialen Exklusivlizenzvereinbarungen von Lizenzen, MMR 2012, 152.

Rat der Europäischen Union, Proposal for a Regulation of the European Parliament and of the Council on ensuring the cross-border portability of online content services in the internal market - Analysis of the final compromise text with a view to agreement, Trilogergebnis, 13.2.2017, 6091/17.

Rat der Europäischen Union, Vorschlag für eine Richtlinie des Europäischen Parlaments und des Rates über bestimmte vertragsrechtliche Aspekte der Bereitstellung digitaler Inhalte (erste Lesung) – Allgemeine Ausrichtung, 1.6.2017, 9901/17 ADD 1.

Rat der Europäischen Union, Vorschlag für eine Richtlinie des Europäischen Parlaments und des Rates über bestimmte vertragsrechtliche Aspekte der Bereitstellung digitaler Inhalte (erste Lesung) – Orientierungsaussprache, 2.6.2016, 9768/16.

Rat der Europäischen Union, Vorschlag für eine Verordnung des Europäischen Parlaments und des Rates zur Gewährleistung der grenzüberschreitenden Portabilität von Online-Inhaltediensten im Binnenmarkt – Allgemeine Ausrichtung, 18.5.2016, 8939/16.

Ratjen, Eckhard/Langer, Eva, Die räumliche Aufspaltung von Filmlizenzen am Beispiel der Vergabe der Medienrechte der Deutschen Fußball Liga – Die schuldrechtliche und dingliche Wirkung von territorialen Nutzungsrechtseinräumungen und ihre Vereinbarkeit mit europäischem Recht, ZUM 2012, 299.

Raue, Benjamin, Rezension zu Reinhard Sucker, Der digitale Werkgenuss im Urheberrecht, Tübingen 2014, ZGE 6 (2014), 387.

Rauscher, Thomas (Hg.), Europäisches Zivilprozess- und Kollisionsrecht. EuZPR/EuIPR – Kommentar, Band III – Rom I-VO/Rom II-VO, 4. Aufl., Köln 2016.

Reda, Julia, Bericht über die Umsetzung der Richtlinie 2001/29/EG des Europäischen Parlaments und des Rates vom 22. Mai 2001 zur Harmonisierung bestimmter Aspekte des Urheberrechts und der verwandten Schutzrechte in der Informationsgesellschaft (2014/2256(INI)), 24.6.2015, A8-0209/2015.

Redeker, Helmut, IT-Recht, 6. Aufl., München 2017.

Redeker, Helmut, Das Konzept der digitalen Erschöpfung – Urheberrecht für die digitale Welt. Was eigentlich übertragen wird und weitergegeben werden darf, CR 2014, 73.

Rehbinder, Manfred/Peukert, Alexander, Urheberrecht und verwandte Schutzrechte, 18. Aufl., München 2018.

Reich, Michael Mark, Die ökonomische Analyse des Urheberrechts in der Informationsgesellschaft, München 2006.

Reich, Norbert, Zur Umsetzung der EG-Richtlinie über mißbräuchliche [sic] Vertragsklauseln in Verbraucherverträgen 93/13/EWG vom 5.4.1993[1] in deutsches Recht – Kritische Bemerkungen zum Referentenentwurf (RefE) des BMJ[2], VuR 1995, 1.

Reimer, Franz, Juristische Methodenlehre, Baden-Baden 2016.

Reinbothe, Jörg/Lewinski, Silke von, The WIPO Treaties on Copyright – A Commentary on the WCT, the WPPT, and the BTAP, 2. Aufl., Oxford 2015.

Reinbothe, Jörg, Die EG-Richtlinie zum Urheberrecht in der Informationsgesellschaft, GRUR Int 2001, 733.

Reischl, Gerhard, Gewerblicher Rechtsschutz und Urheberrecht in der Rechtsprechung des Europäischen Gerichtshofs, GRUR Int 1982, 151.

Riehm, Thomas/Abold, Metawi Adrian, Mängelgewährleistungspflichten des Anbieters digitaler Inhalte – Vortrag auf der Arbeitssitzung »Verträge über digitale Inhalte – Überblick und Auswirkungen auf das Urheberrecht« des Instituts für Urheber- und Medienrecht am 10.11.2017 in München, ZUM 2018, 82.

Riesenhuber, Karl (Hg.), Europäische Methodenlehre – Handbuch für Ausbildung und Praxis, 3. Aufl., Berlin/München/Boston 2015.

Rixen, Stephan, Sozialrecht als öffentliches Wirtschaftsrecht, Tübingen 2005.

Roos, Philipp, Grenzenloses Streaming? – Die Portabilitätsverordnung als Teil der europäischen Urheberrechtsreform, MMR 2017, 147.

Rösler, Hannes, Europäisches Konsumentenvertragsrecht – Grundkonzeption, Prinzipien und Fortentwicklung, München 2004.

Roßnagel, Alexander/Nebel, Maxi/Richter, Philipp, Was bleibt vom Europäischen Datenschutzrecht? Überlegungen zum Ratsentwurf der DS-GVO, ZD 2015, 455.

Roth, Herbert, Die Einrede des Bürgerlichen Rechts, München 1988.

Roth-Neuschild, Birgit, Vertragliche Absicherung der Verfügbarkeit bei Software as a Service, ITRB 2012, 67.

Rumphorst, Werner, Erwerb des Satellitensenderechts für ein bestimmtes Territorium?, GRUR Int 1993, 934.

Runge, Philipp, Die Vereinbarkeit einer Content Flatrate für Musik mit dem Drei-Stufen-Test, GRUR Int 2007, 130.

Sack, Rolf, Zur Vereinbarkeit wettbewerbsbeschränkender Abreden in Lizenz- und Know-how-Verträgen mit europäischem und deutschem Kartellrecht, WRP 1999, 592.

Saenger, Ingo, Zivilprozessordnung – Familienverfahren, Gerichtsverfassung, Europäisches Verfahrensrecht, 8. Aufl., Baden-Baden 2019.

Sänn, Alexander/Pampel, Jochen/del Monego, Dirk, Technische Qualitätsstandards und Überprüfungsmöglichkeiten, in: Schmidt-Kessel, Martin/Kramme, Malte (Hg.), Geschäftsmodelle in der digitalen Welt, Jena 2017, S. 167–199.

Sänn, Alexander/Schmidt-Kessel, Martin/Hartmann, Christoph/del Monego, Dirk/Baier, Daniel/Pampel, Jochen, Status quo digitaler Inhalte in Deutschland – Eine Untersuchung vor dem Hintergrund der Leistungsstörungen beim Online-Erwerb, Bayreuth 2017, abrufbar unter: https://bit.ly/2UCrigh.

Schack, Haimo, Urheber- und Urhebervertragsrecht, 9. Aufl., Tübingen 2019.

Schack, Haimo, Internationale Urheber-, Marken- und Wettbewerbsverletzungen im Internet – Internationales Privatrecht, MMR 2000, 59.

Schäfer, Hans-Bernd/Ott, Claus, Lehrbuch der ökonomischen Analyse des Zivilrechts, 5. Aufl., Berlin/Heidelberg 2012.

Schantz, Peter, Die Datenschutz-Grundverordnung – Beginn einer neuen Zeitrechnung im Datenschutzrecht, NJW 2016, 1841.

Schippan, Martin, § 95 a UrhG – eine Vorschrift (erstmals richtig) auf dem Prüfstand, ZUM 2006, 853.

Schmidt, Sebastian/Korn, Christine/Heitkämper, Maximilian/Schwarzenberg, Manfred/Zaborowski, Katrin, Verbraucherzentrale Rheinland-Pfalz e.V. (Hg.), Geoblocking – Digitale Inhalte grenzüberschreitend nutzen?, 2017, abrufbar unter: http://bit.ly/2ZkbLZK.

Schmidt-Kessel, Martin/Erler, Katharina/Grimm, Anna/Kramme, Malte, Die Richtlinienvorschläge der Kommission zu Digitalen Inhalten und Online-Handel – Teil 1, GPR 2016, 2.

Schmidt-Kessel, Martin/Erler, Katharina/Grimm, Anna/Kramme, Malte, Die Richtlinienvorschläge der Kommission zu Digitalen Inhalten und Online-Handel – Teil 2, GPR 2016, 54.

Schmidt-Kessel, Martin, Verträge über digitale Inhalte – Einordnung und Verbraucherschutz, K&R 2014, 475.

Schneider, Jochen/Spindler, Gerald, Der Kampf um die gebrauchte Software – Revolution im Urheberrecht? Das Urteil des EuGH vom 3.7.2012 – Rs. C-128/11 – „UsedSoft" Gebrauchtsoftware, CR 2012, 489.

Scholz, Alexander, Filmmarketing 2.0 – Vermarktung von Spielfilmen im Social Web, Marburg 2009.

Schöttler, Ingo/Diekmann, Christian, Typische Haftungsklauseln in IT-AGB. Möglichkeiten und Grenzen von Haftungsbeschränkungen, ITRB 2012, 84.

Schricker, Gerhard (Begr.)/Loewenheim, Ulrich/Leistner, Matthias/Ohly, Ansgar (Hg.), Urheberrecht. Kommentar, 5. Aufl., München 2017.

Schricker, Gerhard/Katzenberger, Paul, Die urheberrechtliche Leerkassettenvergütung. Eine Erwiderung, GRUR 1985, 87.

Schuhmacher, Florian, Marktaufteilung und Urheberrecht im EG-Kartellrecht, GRUR Int 2004, 487.

Schumacher, Volker A., Service Level Agreements: Schwerpunkt bei IT- und Kommunikationsverträgen, MMR 2006, 12.

Schön, Wolfgang, Zwingendes Recht oder informierte Entscheidung – zu einer (neuen) Grundlage unserer Zivilrechtsordnung, in: Heldrich, Andreas u.a. (Hg.), Festschrift für Claus-Wilhelm Canaris zum 70. Geburtstag, Band I, München 2007, S. 1191–1211.

Schulz, Carsten/Rosenkranz, Timo, Cloud Computing – Bedarfsorientierte Nutzung von IT-Ressourcen, ITRB 2009, 232.

Schulze, Gernot, Werkgenuss und Werknutzung in Zeiten des Internets, NJW 2014, 721.

Schulze, Gernot, Wann beginnt eine urheberrechtlich relevante Nutzung?, ZUM 2000, 126.

Schulze, Reiner u.a., Bürgerliches Gesetzbuch – Handkommentar, 10. Aufl., Baden-Baden 2019.

Schulze, Reiner/Zoll, Fryderyk, European Contract Law, 2. Aufl., Baden-Baden 2018.

Schwab, Martin, AGB-Recht, 3. Aufl., Heidelberg 2019.

Schwartze, Andreas, Anmerkung zu EuGH, Urt. v. 27.6.2000 – C-240/98 bis C-244/98 – Océano Grupo/Quintero u.a., JZ 2001, 246.

Schwarz, Matthias, Geoblocking und Portability aus urheber- und europarechtlicher Sicht, ZUM 2015, 950.

Schwarz, Matthias, Die Praxis der segmentierten Rechtevergabe im Online-Bereich, ZUM 2011, 699.

Schwarze, Jürgen/Becker, Ulrich/Hatje, Armin/Schoo, Johann (Hg.), EU-Kommentar, 4. Aufl., Baden-Baden 2019.

Sebastian, Sascha, Geistiges Eigentum als europäisches Menschenrecht. Zur Bedeutung von Art. 1 des 1. Zusatzprotokolls zur EMRK für das Immaterialgüterrecht, GRUR Int 2013, 524.

Sedlmeier, Tobias/Kolk, Daniel, ASP – Eine vertragstypologische Einordnung, MMR 2002, 75.

Senftleben, Martin, Grundprobleme des urheberrechtlichen Dreistufentests, GRUR Int 2004, 200.

Seyr, Sibylle, Der effet utile in der Rechtsprechung des EuGH, Berlin 2008.

Simonelli, Felice, Combating Consumer Discrimination in the Digital Single Market: Preventing Geo-Blocking and other Forms of Geo-Discrimination, Brüssel 2016, abrufbar unter: https://bit.ly/2UT6dmK.

Soldner, André, "Murphy's Law"? – Territoriale Exklusivität in der Vermarktung von Fußballübertragungen auf dem Prüfstand des Europarechts, K&R 2011, 760.

Soppe, Martin, Das Urhebervertragsrecht und seine Bedeutung für die Vertragsgestaltung, NJW 2018, 729.

Specht, Louisa, Diktat der Technik – Regulierungskonzepte technischer Vertragsinhaltsgestaltung am Beispiel von Bürgerlichem Recht und Urheberrecht, Baden-Baden 2019.

Spiegel, Johanna, Ich packe meine Koffer und nehme mit… meine Online-Inhalte, in: Taeger, Jürgen (Hg.), Smart World – Smart Law? – Weltweite Netze mit regionaler Regulierung, S. 693–707.

Spindler, Gerald, Die Modernisierung des europäischen Urheberrechts. Der Vorschlag zur Portabilitäts-VO und die Planungen der EU-Kommission, CR 2016, 73.

Spindler, Gerald, Verträge über digitale Inhalte – Haftung, Gewährleistung und Portabilität. Vorschlag der EU-Kommission zu einer Richtlinie über Verträge zur Bereitstellung digitaler Inhalte, MMR 2016, 219.

Spindler, Gerald, Verträge über digitale Inhalte – Anwendungsbereich und Ansätze. Vorschläge der EU-Kommission zu einer Richtlinie über Verträge zur Bereitstellung digitaler Inhalte, MMR 2016, 147.

Spindler, Gerald/Schuster, Fabian, Recht der elektronischen Medien, 4. Aufl., München 2019.

Spohn, Kolja/Hullen, Nils, Lizenzierung von Musik zur Online-Verwertung. Statt One-Stop-Shop ein Rechte-Puzzle, GRUR 2010, 1053.

Stadler, Astrid, Gestaltungsfreiheit und Verkehrsschutz durch Abstraktion – Eine rechtsvergleichende Studie zur abstrakten und kausalen Gestaltung rechtsgeschäftlicher Zuwendungen anhand des deutschen, schweizerischen, österreichischen, französischen und US-amerikanischen Rechts, Tübingen, 1996.

Starke, Max Fabian, EU-Grundrechte und Vertragsrecht, Tübingen 2016.

Staudenmayer, Dirk, Verträge über digitalen Inhalt. Der Richtlinienvorschlag der Europäischen Kommission, NJW 2016, 2719.

Staudinger, Julius von (Begr.), Kommentar zum Bürgerlichen Gesetzbuch mit Einführungsgesetz und Nebengesetzen, Berlin.

Staudinger, Julius von (Begr.), Kommentar zum Bürgerlichen Gesetzbuch mit Einführungsgesetz und Nebengesetzen. Eckpfeiler des Zivilrechts, 6. Aufl., Berlin 2018.

Stender-Vorwachs, Jutta/Steege, Hans, Anmerkung zu EuGH, Urt. v. 26.4.2017, C-527/15 - Stichting Brein, MMR 2017, 460.

Stickelbrock, Barbara, Die Zukunft der Privatkopie im digitalen Zeitalter, GRUR 2004, 736.

Stieper, Malte, Grenzüberschreitender Zugang zu digitalen Inhalten - oder Reform des europäischen Urheberrechts?, GRUR 2015, 1145.

Stieper, Malte, Digital ist besser - Die Bereitstellung digitaler Inhalte als eigenständiger Vertragstypus, in: Alexander Christian u.a. (Hg.), Festschrift für Helmut Köhler zum 70. Geburtstag, München 2014, S. 729–743.

Stieper, Malte, Anmerkung zu EuGH, Urteil vom 3. Juli 2012 - C-128/11 - UsedSoft, ZUM 2012, 668.

Stieper, Malte, Rezeptiver Werkgenuss als rechtmäßige Nutzung. Urheberrechtliche Bewertung des Streaming vor dem Hintergrund des EuGH-Urteils in Sachen FAPL/Murphy, MMR 2012, 12.

Stieper, Malte, Rechtfertigung, Rechtsnatur und Disponibilität der Schranken des Urheberrechts, Tübingen 2009.

Stoffels, Markus, AGB-Recht, 3. Aufl., München 2015.

Stolz, Alexander, Rezipient = Rechtsverletzer ...? (Keine) Urheberrechtsverletzung durch die Nutzung illegaler Streaming-Angebote, MMR 2013, 353.

Streinz, Rudolf, EUV/AEUV - Vertrag über die Europäische Union, Vertrag über die Arbeitsweise der Europäischen Union, Charta der Grundrechte der Europäischen Union, 3. Aufl., München 2018.

Ströhmholm, Stig, Was bleibt vom Erbe übrig? Überlegungen zur Entwicklung des heutigen Urheberrechts, GRUR Int. 1989, 15.

Stürner, Rolf (Hg.), Jauernig Bürgerliches Gesetzbuch mit Rom-I-, Rom-II-VO, EuUnthVO/HUntProt und EuErbVO - Kommentar, 17. Aufl., München 2018 (zit.: *Bearbeiter*, in: Jauernig, Art./§ Rn.).

Sucker, Reinhard, Der digitale Werkgenuss im Urheberrecht, Tübingen 2014.

Sutterer, Moritz M., Der Verordnungsvorschlag COM(2016) 594 final - das Ursprungslandprinzip und seine Auswirkungen auf Rechtevergabe und Rechtsdurchsetzung, in: Hennemann, Moritz/Sattler, Andreas (Hg.), Immaterialgüter und Digitalisierung, Baden-Baden 2017, S. 145–162.

Sydow, Gernot (Hg.), Nomos Kommentar - Europäische Datenschutzgrundverordnung - Handkommentar, Baden-Baden 2018.

Synodinou, Tatiana-Eleni, Geoblocking in EU Copyright Law: Challenges and Perspectives, GRUR Int. 2020, 136.

Synodinou, Tatiana-Eleni, The portability of Copyright-Protected Works in the EU, in: Synodinou, Tatiana-Eleni/Jougleux, Philippe/Markou, Christina/Prastitou Thalia (Hg.), EU Internet Law – Regulation and Enforcement, Cham 2017, S. 217–266.

Tettinger, Peter J., Zum Schutz geistigen Eigentums in der Charta der Grundrechte der EU, in: Haesemann, Manfred u.a. (Hg.), Festschrift für Kurt Bartenbach – zum 65. Geburtstag am 9. Dezember 2004, Köln u.a. 2005, S. 43–54.

Thomale, Chris, Die Einrede als materielles Gestaltungsrecht, AcP 212 (2012), 920.

Thomas, Stefan, Preisfreiheit im Recht der Allgemeinen Geschäftsbedingungen – Begrenzungserfordernisse und Unwirksamkeitsfolgen formularmäßiger Kostenelemente- und Preisvorbehaltsklauseln, AcP 209 (2009), 84.

Thum, Dorothee, Internationalprivatrechtliche Aspekte der Verwertung urheberrechtlich geschützter Werke im Internet – Zugleich Bericht über eine WIPO-Expertensitzung in Genf, GRUR Int 2001, 9.

TNS Political & Social, Special Eurobarometer 446, Financial Products and Services – Summary, 2016, abrufbar unter: http://bit.ly/2J51qYe.

TNS Political & Social, Flash Eurobarometer 411, Cross-border access to online content – Factsheet, 2015, abrufbar unter: http://bit.ly/2XK7j0X.

TNS Political & Social, Flash Eurobarometer 411, Cross-border access to online content – Report, 2015, abrufbar unter: http://bit.ly/2J1BkWd.

TNS Political & Social, Special Eurobarometer 373, Retail Financial Services – Summary, 2012, abrufbar unter: http://bit.ly/2ZKHHmx.

Trauschel, Carla, Ende territorialer Exklusivität – Der EuGH als Totengräber? Welche Folgen hat der »Karen-Murphy-Case«? – Diskussionsbericht zur gleichlautenden Arbeitssitzung des Instituts für Urheber- und Medienrecht am 9. Dezember 2011, ZUM 2012, 194.

Trinkner, Reinhold, Anmerkung zu BGH, Urt. v. 19.9.1983 – VIII ZR 84/82, BB 1983, 1874.

Tulibacka, Magdalena, Europeanization of Civil Procedures: In Search of a Coherent Approach, CMLR 46 (2009), 1527.

Uffmann, Katharina, Vertragsgerechtigkeit als Leitbild der Inhaltskontrolle. Der BGH und die ergänzende Vertragsauslegung, NJW 2012, 2225.

Uffmann, Katharina, Richtungswechsel des BGH bei der ergänzenden Vertragsauslegung. Dargestellt am Beispiel der Preisanpassungsklauseln in Energielieferverträgen, NJW 2011, 1313.

Uffmann, Katharina, Das Verbot der geltungserhaltenden Reduktion, Tübingen, 2010.

Ullrich, Jan Nicolaus, Alles in einem – Die Einräumung eines Nutzungsrechts i. S. d. § 31 I UrhG für einen On-Demand-Dienst im Internet, ZUM 2010, 311.

Ulmer, Eugen, Die Immaterialgüterrechte im internationalen Privatrecht, Köln u.a. 1975.

Ulmer, Peter/Brandner, Hans Erich/Hensen, Horst-Dieter (Begr.), AGB-Recht – Kommentar, 12. Aufl., Köln 2016.

Ulmer, Peter, Offene Fragen zu § 139 BGB – Vorteilsregel und „Politik des Gesetzes", in: Baur, Jürgen F./Hopt, Klaus J./Mailänder, K. Peter (Hg.), Festschrift für Ernst Steindorff zum 70. Geburtstag am 13. März 1990, Berlin/New York 1990, S. 799–816.

Vedder, Christoph, Ende der territorialen Exklusivität – Totengräber EuGH? – Welche Folgen hat der »Karen-Murphy-Case«?, ZUM 2012, 190.

Verheyen, Sabine, Stellungnahme des Ausschusses für Kultur und Bildung für den Ausschuss für Binnenmarkt und Verbraucherschutz zu dem Vorschlag für eine Verordnung des Europäischen Parlaments und des Rates zur Gewährleistung der grenzüberschreitenden Portabilität von Online-Inhaltediensten im Binnenmarkt, 15.7.2016, A8-0378/2016, S. 77–110.

Vogenauer, Stefan, Die Auslegung von Gesetzen in England und auf dem Kontinent, Band I, Tübingen 2001.

Vorwerk, Volkert/Wolf, Christian (Hg.), BeckOK ZPO, 33. Edition, München 2019.

Wagner, Kristina, Streaming aus der Sicht des Endnutzers – noch Graubereich oder bereits tiefschwarz?, GRUR 2016, 874.

Walter, Michael M., Der Vorschlag der EU-Kommission für eine Portabilitäts-Verordnung vom 09.12.2015, MR Int. 2016, 191.

Waltermann, Raimund, Arbeitsrecht, 19. Aufl., München 2018.

Wandtke, Artur-Axel, Urheberrecht, 6. Aufl., Berlin/Boston 2017.

Wandtke, Artur-Axel/Bullinger, Winfried, Praxiskommentar zum Urheberrecht, 5. Aufl., München 2019.

Wandtke, Artur-Axel/Gerlach, Felix-Tessen von, Die urheberrechtliche Rechtmäßigkeit der Nutzung von Audio-Video Streaminginhalten im Internet, GRUR 2013, 676.

Wegmann, Paul Felix, Vermutung und Fiktion, Zürich 2015.

Weitbrecht, Andreas/Mühle, Jan, Die Entwicklung des europäischen Kartellrechts 2016, EuZW 2017, 165.

Wendehorst, Christiane, Die Digitalisierung und das BGB, NJW 2016, 2609.

Wendland, Matthias, Ein neues europäisches Vertragsrecht für den Online-Handel? Die Richtlinienvorschläge der Kommission zu vertragsrechtlichen Aspekten der Bereitstellung digitaler Inhalte und des Online-Warenhandels, EuZW 2016, 126.

Wendland, Matthias, GEK 2.0? Ein europäischer Rechtsrahmen für den Digitalen Binnenmarkt – Der Kommissionsvorschlag einer Richtlinie über bestimmte vertragsrechtliche Aspekte der Bereitstellung digitaler Inhalte (Digitalgüter-Richtlinie), GPR 2016, 8.

Wicker, Magda, Haftungsbegrenzung des Cloud-Anbieters trotz AGB-Recht? Relevante Haftungsfragen in der Cloud, MMR 2014, 787.

Wicker, Magda, Haftet der Cloud-Anbieter für Schäden beim Cloud-Nutzer? Relevante Haftungsfragen in der Cloud, MMR 2014, 715.

Wicker, Magda, Vertragstypologische Einordnung von Cloud Computing-Verträgen. Rechtliche Lösungen bei auftretenden Mängeln, MMR 2012, 783.

Wiebe, Andreas, Geoblocking im Lichte von europäischem Recht und europäischer Rechtsprechung, ZUM 2015, 932.

Wielsch, Dan, Über Zugangsregeln, in: Grünberger, Michael/Jansen, Nils (Hg.), Privatrechtstheorie heute. Perspektiven deutscher Privatrechtstheorie, Tübingen 2017, S. 268–285.

Wielsch, Dan, Zugangsregeln – Die Rechtsverfassung der Wissensteilung, Tübingen 2008.

Wielsch, Dan, Relationales Urheberrecht – Die vielen Umwelten des Urheberrechts, ZGE 5 (2013), 274.

Wolf, Manfred/Neuner, Jörg, Allgemeiner Teil des Bürgerlichen Rechts, 11. Aufl., München 2016.

Wolf, Manfred/Lindacher, Walter F./Pfeiffer, Thomas (Hg.), AGB-Recht – Kommentar, 6. Aufl., München 2013.

World Intellectual Property Organization (Hg.), From Script to Screen – The Importance of Copyright in the Distribution of Films, 2011, abrufbar unter: http://bit.ly/2GFiXVc (zit.: *WIPO*, From Script to Screen).

World Trade Organization, United States – Section 110(5) of the US Copyright Act – Report of the Panel, WT/DS160/R, 15.6.2000, abrufbar unter: http://bit.ly/2J2RrTo (zit.: *WTO-Panel*, WT/DS160/R).

Wirtz, Anna-Lena, Media-Streaming und Geoblocking – Eine urheberrechtliche Analyse der Werkverwertung durch On-Demand-Dienste, Wiesbaden 2019.

Zech, Herbert, Lizenzen für die Benutzung von Musik, Film und E-Books in der Cloud, ZUM 2014, 3.

Zech, Herbert, Vom Buch zur Cloud – Die Verkehrsfähigkeit digitaler Güter, ZGE 5 (2013), 368.

Zons, Jörn, Markenverwertungsverträge im Europäischen Kartellrecht, Berlin 2003.

Zullo, Marco, Stellungnahme des Ausschusses für Binnenmarkt und Verbraucherschutz für den Rechtsausschuss zu dem Vorschlag für eine Verordnung des Europäischen Parlaments und des Rates zur Gewährleistung der grenzüberschreitenden Portabilität von Online-Inhaltediensten im Binnenmarkt, 30.9.2016, A8-0378/2016, S. 47–76.

Zurth, Patrick, Anmerkung zu EuGH, Urt. v. 26.4.2017, C-527/15 – Stichting Brein, NJW 2017, 1933.

Zweigert, Konrad/Kötz, Hein, Einführung in die Rechtsvergleichung, Tübingen 1996.

Zweigert, Konrad, Rechtsvergleichung als universale Interpretationsmethode, RabelsZ 15 (1949/59), 5.

Alle Internetquellen wurden zuletzt am 09.07.2020 aufgerufen.

www.ingramcontent.com/pod-product-compliance
Ingram Content Group UK Ltd.
Pitfield, Milton Keynes, MK11 3LW, UK
UKHW021926290926
8980IPUK00016B/1470

9 783631 829486